THINKI

新思

新 一 代 人 的 思 想

玻利瓦尔
Bolívar
American Liberator

美洲
解放者

———— ★ ————

Marie Arana

[美]玛丽·阿拉纳··········著

周允东··········译

中信出版集团 | 北京

图书在版编目（CIP）数据

玻利瓦尔：美洲解放者 /（美）玛丽·阿拉纳著；
周允东译 . -- 北京：中信出版社，2021.8
书名原文：Bolívar: American Liberator
ISBN 978-7-5217-2463-9

Ⅰ . ①玻… Ⅱ . ①玛… ②周… Ⅲ . ①玻利瓦尔（
Bolivar Simon 1783-1830）－传记 Ⅳ . ① K837.747=41

中国版本图书馆 CIP 数据核字（2020）233021 号

玻利瓦尔：美洲解放者
著者：　　　[美] 玛丽·阿拉纳
译者：　　　周允东
出版发行：中信出版集团股份有限公司
　　　　　（北京市朝阳区惠新东街甲 4 号富盛大厦 2 座　邮编　100029）
承印者：　北京楠萍印刷有限公司

开本：880mm×1230mm　1/32　　　印张：19.5
插页：16　　　　　　　　　　　　字数：453 千字
版次：2021 年 8 月第 1 版　　　　印次：2021 年 8 月第 1 次印刷
京权图字：01–2020–1150　　　　　书号：ISBN 978–7–5217–2463–9
定价：108.00 元

版权所有·侵权必究
如有印刷、装订问题，本公司负责调换。
服务热线：400–600–8099
投稿邮箱：author@citicpub.com

献给罗莎·维多利亚·阿拉纳和

乔治·温斯顿·阿拉纳,

我忠实的终身同谋。

你无法用平静的语气去谈论一个一生追求轰轰烈烈的人；谈到玻利瓦尔，你必须站在山巅之上，或立于雷电交加之中，或紧握自由的拳头、脚踏暴政的尸体。

——何塞·马蒂[1]

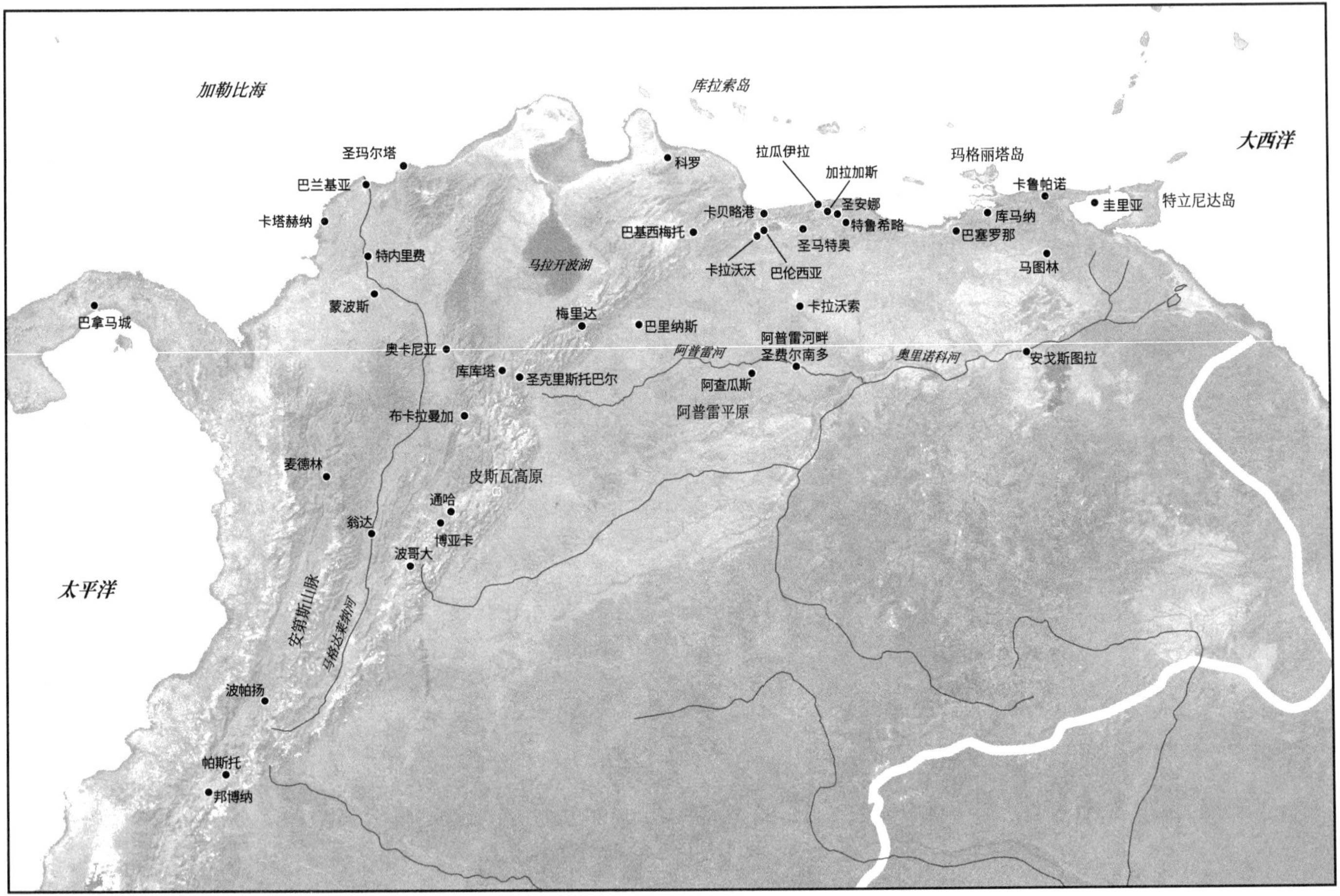
加勒比海
库拉索岛
大西洋
圣玛尔塔
巴兰基亚
卡塔赫纳
科罗
拉瓜伊拉
加拉加斯
玛格丽塔岛
卡鲁帕诺
圭里亚
特立尼达岛
圣安娜
特鲁希略
库马纳
巴塞罗那
卡贝略港
巴基西梅托
圣马特奥
马图林
特内里费
马拉开波湖
卡拉沃沃
巴伦西亚
蒙波斯
巴拿马城
卡拉沃索
梅里达
巴里纳斯
阿普雷河畔
圣费尔南多
奥卡尼亚
阿普雷河
奥里诺科河
安戈斯图拉
库库塔
圣克里斯托巴尔
阿查瓜斯
阿普雷平原
布卡拉曼加
麦德林
皮斯瓦高原
通哈
翁达
博亚卡
波哥大
太平洋
安第斯山脉
马格达莱纳河
波帕扬
帕斯托
邦博纳

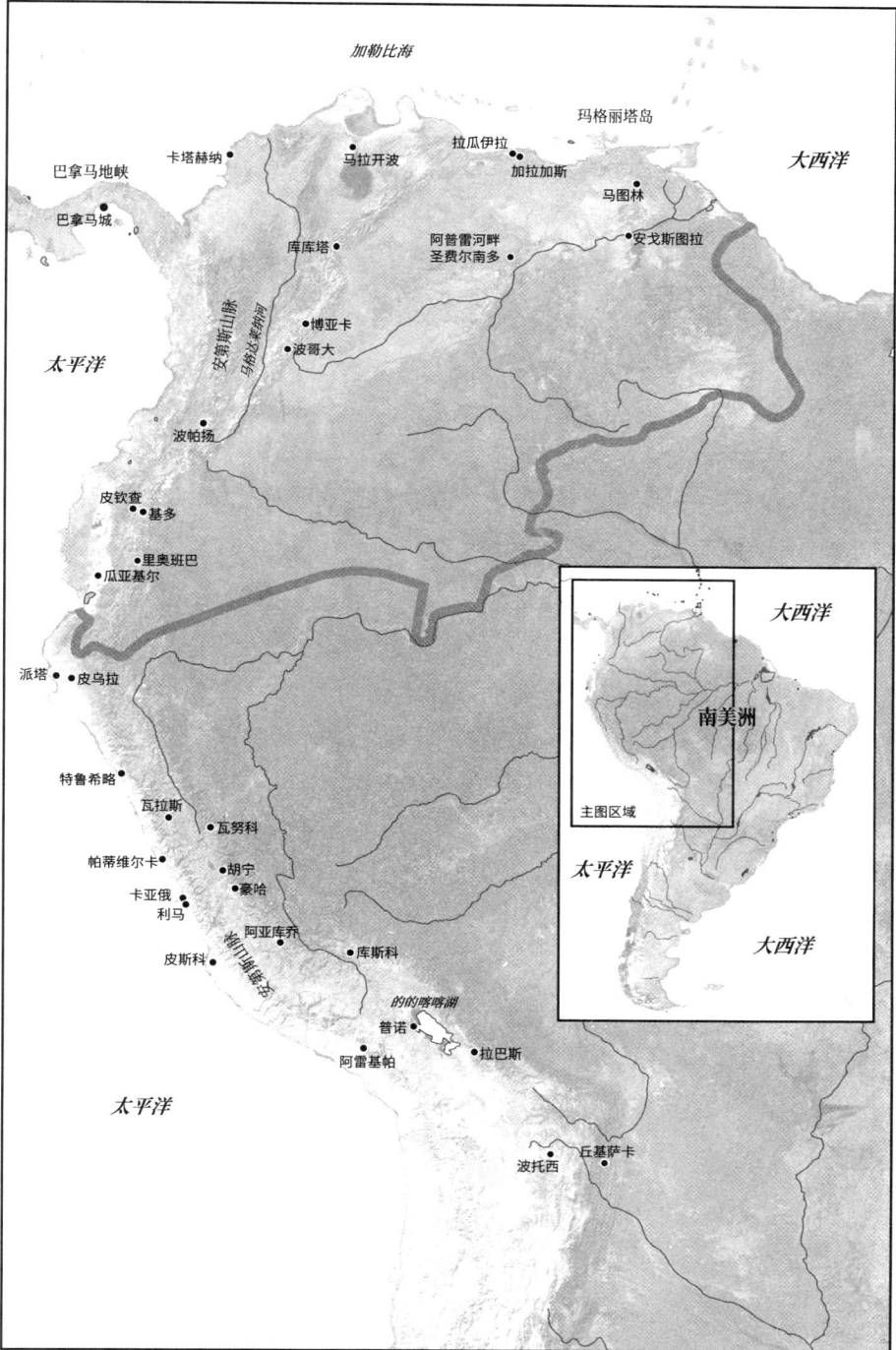

加勒比海

巴拿马地峡

卡塔赫纳

马拉开波

拉瓜伊拉

玛格丽塔岛

大西洋

加拉加斯

巴拿马城

库库塔

马图林

安第斯山脉

阿普雷河畔
圣费尔南多

安戈斯图拉

博亚卡

马格达莱纳河

波哥大

太平洋

波帕扬

皮钦查

基多

里奥班巴

瓜亚基尔

派塔

皮乌拉

大西洋

南美洲

特鲁希略

瓦拉斯

主图区域

瓦努科

帕蒂维尔卡

胡宁

太平洋

卡亚俄

豪哈

利马

阿亚库乔

大西洋

皮斯科

库斯科

科迪耶拉山脉

的的喀喀湖

普诺

阿雷基帕

拉巴斯

太平洋

波托西

丘基萨卡

目 录

第一章

通向波哥大之路

我们同你一样优秀，我们拥你为主人。

我们相信，你能捍卫我们的权利和自由。

如若不能：不。

——加冕典礼，西班牙，1550 年 [1]

他们未见其人先闻其声：马蹄敲击地面的声音，如心跳般坚定，如革命般急促。他从阳光斑驳的森林里现身，他们几乎看不清骑在骏马上的身影。他又瘦又小，一件黑色斗篷在肩头飘动。

起义部队看着他，神色不安。四人一路策马向北，满心希望能遇到一个从博亚卡（Boyacá）战场向南逃窜的保王派。三天前，革命者的闪电袭击打了西班牙人一个措手不及；他们赤着双脚，怒目圆睁，从安第斯山脉上蜂拥而下。大地上，西班牙人如受惊的鹿群般四散奔逃。

"来了个战败的王八蛋。"起义军将军说。埃莫赫内斯·马萨（Hermógenes Maza）将军是西属美洲独立战争中的老兵。他曾被保王派抓去并遭受酷刑，[2] 正渴望复仇。他策马向前。"站住！"他高呼，"来人是谁？" [3]

那个骑在马上的人并不答话，只是全速前进。

马萨将军举起长矛，再次大声发出警告。但那陌生人只是继续向前，对他不理不睬。他越走越近，直至面部特征清晰可辨，而后冷静地转头怒视起义军将军，喝道："是我！浑蛋，别干蠢事。"[4]

将军张口结舌。他垂下长矛，放骑马的人过去。

就这样，在 1819 年 8 月 10 日的闷热下午，[5]西蒙·玻利瓦尔骑马进入新格拉纳达总督辖区[*]的首府圣菲德波哥大[†]。他用了 36 天穿越洪水泛滥的委内瑞拉平原，用了 6 天翻越高耸陡峭的安第斯雪山。当到达海拔 4 000 米的皮斯瓦荒原（Páramo de Pisba[‡]）冰封的山口时，他那些衣衫褴褛的部下已经奄奄一息，为了恢复衰竭的血液循环，得用鞭子不停抽打自己。[6]由于严寒或饥饿，他的部队减员三分之一。[7]大部分武器都已生锈，一匹又一匹战马死于体温过低。最后，他和手下邋遢的部队跟跟跄跄地走下悬崖。在沿途的村庄停留时，他招募了一批新兵，获得了足够的补给，最终得以大获全胜，这使他有朝一日可与拿破仑和汉尼拔齐名。他获胜的消息迅速传开，起义军信心大振，西班牙殖民者胆战心惊。

总督区的首府第一个做出反应。一听到玻利瓦尔进攻的消息，王权代理人纷纷丢下房屋、财产和生意，四散逃走。[8]全家人除了身上的衣服外，什么都没有带。西班牙士兵在仓皇逃跑前炸毁了自己

---

* 西班牙在南美洲殖民地的总督统治区域。1718 年从秘鲁总督辖区划出建立，总督驻圣菲德波哥大。管辖巴拿马、新格拉纳达（今哥伦比亚）、基多（今厄瓜多尔）与委内瑞拉。1723 年被取消。1739 年再建，除基多仍划归秘鲁总督辖区外，其余管辖范围同前。1777 年辖区内成立委内瑞拉都督辖区，实际管辖范围再次缩小。1810 年南美爆发独立运动，1819 年大哥伦比亚共和国成立，该辖区实际解体。——编者注

† 波哥大在殖民时期称"圣菲德波哥大"，简称"圣菲"。1819 年 12 月大哥伦比亚共和国宣布成立并定都于此，取消"圣菲"之名，单称"波哥大"。——编者注

‡ Páramo 意为荒野高原，尤指安第斯山脉和热带南美洲不生树木的高原。——编者注

的军火库，马萨和战友们可以听到震耳欲聋的爆炸声。[9] 就连狂暴残忍的总督胡安·何塞·德·萨马诺（Juan José de Sámano）也穿上庞乔斗篷，戴上脏兮兮的帽子，乔装成低贱的印第安人仓皇逃离了这座城市。他知道玻利瓦尔的报复将是迅速而猛烈的。"殊死一战！"是这位解放者的口号；在一次战斗之后，他残忍地下令处决了800名西班牙人。[10] 萨马诺深知自己也曾冷血无情，他以西班牙国王的名义滥施酷刑并处决过成千上万的人。[11] 报复定会随之而来。那些效忠国王的人从圣菲撤离，将通往南方的道路挤得水泄不通。圣菲几乎成了空城，街道变得异常寂静，留下的只有些拥护独立的平民。得到消息后，玻利瓦尔纵身上马，命令副官们跟随在后，然后一马当先冲向总督府。[12]

　　虽然马萨多年前曾在玻利瓦尔领导下作战，但他现在几乎认不出从面前经过的那个人了。眼前这人形容枯槁，褴褛的蓝外套下露出赤裸的胸膛，破旧的皮帽下披散着长长的灰白头发。他的皮肤因饱经风霜而变得粗糙不堪，被太阳晒成古铜色。他的裤子曾经是深深的猩红色，现在已经褪成了暗粉色；那件兼作床褥用的斗篷被岁月和泥土染得斑驳。[13]

　　他时年36岁，虽然那场将要夺去他生命的疾病已经在他的血管里盘绕，但他看上去仍然精力充沛，好似有无限能量。当他穿过圣菲，沿着王家大街前行时，一位老妇人向他冲了过来。"上帝保佑你，幽灵！"她喊道。[14] 尽管他衣冠不整，但她仍觉出某种无与伦比的伟大。紧接着，一户户居民壮着胆子走出家门，起初是试探几步，后来就成群结队地跟在他后面，一路跟到广场。他敏捷地跳下马，跑上官邸的台阶。[15]

　　尽管身材瘦削——身高约1.68米，体重不足59公斤 [16]——但他身上却有一种不可抗拒的力量。他的眼睛是锐利的黑色，目光令人不安。他前额皱纹很深，颧骨高耸，牙齿整齐洁白，笑容出人意料地灿烂。官方画像呈现出的是个不那么威严的男人：干瘪瘦弱的胸部，令人难以置信的细腿，女人般小巧美丽的双手。但是当玻利瓦尔走进一个房间时，他的力量显而易见。他说话时的声音令人为之一振。他有一种魅力，能使更强壮的人也相形见绌。

他喜欢美食，但也能忍受数天甚至数周的饥饿。他度过了艰辛的马背岁月，在马鞍上的耐力堪称传奇。甚至连委内瑞拉大平原上的野蛮牛仔（llanero）也仰慕地称他为"铁屁股"。和那些人一样，他更喜欢在吊床上或者在光秃秃的地面上裹着斗篷过夜。但到了舞厅或歌剧院，他同样如鱼得水。他舞技精湛，活跃健谈，有教养且阅历丰富，能用法语引用卢梭的名言，用拉丁语引用恺撒大帝的名句。身为鳏夫，他曾宣誓要做单身汉，但同时也是一个贪得无厌的好色之徒。

那个闷热的八月天，当玻利瓦尔在总督府前拾级而上时，他的名字已举世皆知。在华盛顿，约翰·昆西·亚当斯和詹姆斯·门罗为他们这个建立在自由与独立原则基础上的羽翼未丰的国家是否应该支持他的独立斗争而苦恼。在伦敦，参加过英国对拿破仑战争的顽强老兵纷纷加入雇佣军为玻利瓦尔的事业而战。在意大利，诗人拜伦勋爵以玻利瓦尔的名字为自己的船命名，并梦想带着女儿一起移民到委内瑞拉。然而，拉丁美洲还要再历经 5 年的浴血奋战才能将西班牙人赶出它的海岸。待到那场野蛮而残酷的战争结束时，人们会歌颂这样一个人，他凭一己之力，构想、组织并领导了 6 个国家的民族解放运动；这 6 个国家的人口总数是北美的 1.5 倍，[17] 国土面积与现代欧洲相当。他所面对的困难是难以战胜的老牌世界强国，是广袤无垠、尚未开垦的荒野，是四分五裂的众多种族，这样的困难会叫那些最有能力的、指挥着强大军队的将军都望而生畏。玻利瓦尔从未当过兵，没有受过正规的军事训练。然而，凭借坚强的意志和卓越的领导才能，他解放了西属美洲的大部分地区，擘画了统一大陆的梦想。

尽管如此，他还是一个极不完美的人。他冲动任性，刚愎自用，矛盾重重。他虽滔滔不绝地谈论正义，但并不总能在革命的混乱中伸张正义。他的浪漫生活总会介入公共领域。他很难接受批评，也没有耐心听取不同意见。他输牌时完全无法保持风度。多年以来，拉美人民学会了接受他们领导人身上的人性缺陷。这不足为奇，是玻利瓦尔教会了他们。

随着玻利瓦尔声名鹊起，他被誉为南美洲的乔治·华盛顿。[18]这样说有充分的理由。两人都来自富裕而有影响力的家庭；都是自由的坚定捍卫者；都是战争英雄，但都为维持和平而焦头烂额；都拒绝被拥立为王；都声称希望解甲归田，却被要求组建政府；都曾被指责野心过大。

相似之处到此为止。玻利瓦尔参与指挥的军事行动的持续时间是华盛顿的两倍。他所纵横驰骋的疆域面积是华盛顿的 7 倍，并且跨越了多样程度惊人的地理环境：从鳄鱼出没的丛林到白雪皑皑的安第斯山脉。此外，与华盛顿的战争不同，玻利瓦尔的战争如果没有黑人和印第安人军队的帮助是不可能打赢的；他成功地把所有种族都团结到爱国事业中，这成为独立战争的转折点。可以说，他既领导了一场革命，也领导了一场内战。

但是，也许这两人最大的不同之处体现在写作上。华盛顿的遣词造句是有分寸的、威严的、郑重的，是谨慎和深思熟虑的产物。而另一边，玻利瓦尔的演讲稿和信件却热情洋溢、慷慨激昂，它们堪称拉丁美洲最伟大的文学作品。尽管很多文章都是在战场上或在逃亡中仓促写成的，但这些篇章既情绪饱满又笔力雄健，既透露出灵气又立足于史实，既动人又睿智。毫不夸张地说，玻利瓦尔的革命改变了西班牙语，因为他的文字开启了一个崭新的文学时代。在他那个时代，古老而陈旧的卡斯蒂利亚语华而不实，措辞繁复，而经由他那非凡的口和笔，完全变成另一种语言——急切、生动、年轻。

两人还有另一个重要的区别。与华盛顿的荣耀不同，玻利瓦尔的荣耀并没有延续到坟墓。随着时间的推移，在玻利瓦尔创建的各国，政权变得越来越难以驾驭，对他的批评也越来越激烈。最终，他开始相信，拉美人还没有准备好接受一个真正的民主政府：他们卑鄙、无知、多疑，不懂得如何管理自己，因为西班牙殖民者彻底剥夺了他们的这种经历。在他看来，他们需要的是一只强有力的铁腕，一个严格的统治者。他开始做出力排众议的决定。他给了委内瑞拉人一位独裁官，又向玻利维亚人宣布他们将有一位终身总统。

到他41岁的时候，他所解放和建立的每一个共和国的官员都开始怀疑他的智慧。副手们对他的非凡权力既嫉妒又警惕，纷纷宣称不再支持他统一拉美的梦想。地方主义出现了，随之而来的是无休止的边境争端和内战，以及在玻利瓦尔自家后院里的阴谋背叛。最终，他被打败了，别无选择，只能放弃指挥权。他人生的第47个年头——也是最后一年——在贫病和流放中结束了。他把全部财产都捐给了革命事业，结果死时一贫如洗。历史上很少有英雄获得过如此多的荣誉和权力，而他所经历的忘恩负义之事亦无人能及。

但是，1819年8月10日的那个下午，当他站在圣菲德波哥大总督府里那张华丽的总督办公桌前时，玻利瓦尔的美洲拥有无限可能。

西班牙暴君惊恐万状地离开了，甚至忘了拿走桌上的那袋金子。[19] 的确，当玻利瓦尔宣布总督府金库中遗留下来的比索[20] 归自己所有时，他明白形势终于发生了逆转：他的革命注定将继承这个日薄西山的帝国抛下的所有财富。同样，他的革命也将继承一场席卷而来的政治和社会混乱。用不了几年，西班牙套在南美洲人身上长达 3 个世纪的枷锁就会被打破，而那时，真正艰难的自由之旅才刚开始。

***

西蒙·玻利瓦尔的人生旅程始于 1783 年，那是大事频发的一年。在巴黎一幢不起眼的建筑里，本杰明·富兰克林和约翰·亚当斯与英国国王签署了《巴黎和约》，有效地结束了美国独立战争。在金碧辉煌的凡尔赛宫，感情脆弱的玛丽·安托瓦内特失去了腹中那个期待已久的孩子。在法国东北部一所朴素的军事学院，年轻的拿破仑对作战演习产生了浓厚的兴趣。在古城库斯科（Cuzco），图帕克·阿马鲁二世（Túpac Amaru II）的表弟领导了一场反抗西班牙人的暴动，为此他遭到严刑拷打，随后被残忍杀害和肢解。在曼哈顿的一家酒吧，乔治·华盛顿结束了对大陆军的指挥，热情地与麾下军官作别。

但是，在气候宜人的加拉加斯，一座座青山将加勒比海的兴衰变迁隔绝在外，一切仿佛都在沉睡。1783 年 7 月 24 日，当黎明的曙光透过窗户照进市中心富丽堂皇的玻利瓦尔家宅邸，能听见的只有饮用水的涓涓细流从岩石缓缓落入食品罐里的声响。[21] 不久，公鸡就会啼叫，马就会嘶鸣，连同孩子和奴隶在内的热闹非凡的一大家子就会吵吵嚷嚷地开始一天的生活，而唐娜·玛丽亚·德·拉·康塞普西翁·帕拉西奥斯-布兰科就在那时分娩了。

她是个美人，生着一头乌黑的卷发，有着与 23 岁的年龄极不相称的坚毅。14 岁那年，她嫁给了唐·胡安·比森特·德·玻利瓦尔上校。这位高大沉着的金发单身汉大她 32 岁，因为经常四处猎艳而惊动过加拉加斯主教。[22] 夫妻二人将财富和权力的悠久传统带入了他们的婚姻：圣哈辛托街上的豪宅以及多年来继承的大量财产反映出他们在特权世界中的地位。那个夏日，在等待第四个孩子降生的时候，他们在加拉加斯和拉瓜伊拉港（La Guaira）拥有不少于 12 处房产，在阿拉瓜（Aragua）山谷有一个庞大的庄园，另有一座铜矿，数个甘蔗园和果园，一座朗姆酒厂，一家纺织企业，数个可可和靛蓝种植园以及养牛场，还有数以百计的奴隶。他们是委内瑞拉最富有的家庭之一。

按照拉丁美洲的习俗，唐娜·康塞普西翁开始分娩的消息由仆人传到邻居家后不久，朋友们便陆续聚集在宅邸的客厅里，等待孩子诞生，[23] 这个仪式可以追溯到 500 年前。待到那天晚上孩子出生时，一大群前来祝福的人共同举杯祝他健康，其中包括主教、法官、衣袖缀着天鹅绒的加拉加斯各古老家族的族长。还有一位富有的神父，他将为孩子施洗，并将于几个月之内遗赠给他一大笔财产。他们站在宽敞的房间里，两肘搁在厚重的雕花红木柜子和桌子上。[24] 椅子上覆着深色椅套；镜子装饰繁复；锦缎窗帘是深紫色的，闪闪发光，顶上镶着金光灿灿的飞檐。仆人们用托盘端来茶点，在华丽耀眼的枝形吊灯下，谈话愉快而轻松。一个接一个的家庭成员被领进客厅旁边的房间，在那里他们看到了面色苍白的母亲，她穿着白花边的衣服坐在床上，头顶是锦缎华盖。在她身旁的一个奢华摇篮里，躺着熟睡的婴孩。

　　尽管她之前生过三个健康的孩子——玛丽亚·安东尼娅，当时6岁；胡安娜，5岁；胡安·比森特，2岁，唐娜·康塞普西翁很清楚她生病了。[25] 她刚把怀孕的消息告诉丈夫唐·胡安·比森特，他便马上安排了一个他们青睐的女奴去结婚、怀孕，并在大约同一时间生下孩子，这样他的妻子就可以卸下照顾新生儿的责任。[26] 这在当时是很常见的做法。后来事实证明，黑奴希波莉塔（Hipólita）是个忠诚的保姆，她对这个男孩的温柔关爱日后会被生动记载下来，甚至被美化。但在7月24日，她还没有生产，也没有奶水给主人的孩子。在这个婴儿出生后的头几个星期，唐娜·康塞普西翁不得不依靠一位密友伊内斯·曼塞博来哺育婴儿。[27] 伊内斯是后来成为委内瑞拉都督的费尔南多·德·米亚雷斯（Fernando de Miyares）的古巴妻子。唐娜·康塞普西翁身体虚弱，但意志坚强，尽己所能地打起精神。她还没有显露出肺结核病人的那种蜡黄肌肤。聚集在卧室里的一小群亲友满心期待着母亲的康复和孩子的茁壮成长。

　　尽管唐·胡安·比森特在会客室里和亲戚朋友们聊天时，他那双充满活力的蓝眼睛闪烁着光芒，[28] 但妻子的高烧令他心焦。众所周知，肺结核病当时在世界各地都很普遍，但它在哪里都比不上在闷热的南美热带地区那般猖獗。上校已年近六旬，看上去比实际年龄要老得多。[29] 然而，当神父问他想给儿子取什么名字时，他以年轻人的活力回答说："西蒙。"[30] 他边说边指着一个男人的画像，那张勇敢、自信的面孔在整个房间里格外醒目。

＊＊＊

　　唐·胡安·比森特家沙发上方精致的金色相框里，是一幅西蒙·德·玻利瓦尔的肖像画，他被称为"老爷子"（El Viejo）。[31]
差不多两个世纪前，他是第一个从西班牙移民到拉丁美洲的玻利瓦
尔。但"老爷子"绝不是"解放者"的祖先中第一个到达新大陆的。
从唐娜·康塞普西翁那里，新生儿继承了强大的赫德勒（Xedler）家
族血统。[32]赫德勒家族是德意志贵族，定居西班牙的阿尔马格罗，
并在美洲发迹。1528 年，查理五世授予一批德意志银行家征服和开
发南美洲北部海岸的权力。他们的到来标志着一个残酷无情时代的
开始，这个时代的主题就是无节制地追寻财富，尤其是传说中"失
落的黄金国"（El Dorado）。这个家族的另一位远亲洛佩·德·阿吉
雷（Lope de Aguirre）——臭名昭著的巴斯克征服者，人称"疯子"
（El Loco）——同样为了追寻那个令人心醉神迷的幻影，在这片大
陆各处制造了致命的破坏。

　　但是，来自马基纳镇的巴斯克人西蒙·德·玻利瓦尔却肩负着
截然不同的使命。16 世纪 60 年代，他作为西班牙王家公务员的一
员来到圣多明各。[33]在那些年里，王家公务员的明确目标是对已经
成为富矿带的西属美洲地区施加一些管束。圣多明各是加勒比海伊
斯帕尼奥拉岛（Hispaniola，今海地共和国和多米尼加共和国所在
地）的首府。作为（西班牙）在美洲的第一个殖民地，圣多明各在
那个时期成了一项雄心勃勃的新行动的集结地。行动旨在制服委内
瑞拉难以控制的海岸。印第安部落和贪婪的海盗正在那里破坏西班
牙的殖民活动。为此，1588 年，国王腓力二世将治理委内瑞拉省的
额外职责授予该岛总督迭戈·奥索里奥（Diego Osorio）。奥索里奥
决定带着他信任的助手和文员德·玻利瓦尔一起去加拉加斯实现国
王的心愿。德·玻利瓦尔在妻儿的陪伴下，在这个新兴的城市里安
顿了下来，过上优裕的生活，甚至在执行总督命令的同时还收购了

大片土地。

　　在奥索里奥的支持下，德·玻利瓦尔成为加拉加斯的摄政者、检察官和委内瑞拉的总会计师，并以这些身份乘船前往西班牙，当面向国王腓力二世禀报"大陆"（Tierra Firma）*的现状。事实证明，德·玻利瓦尔是一位心系公共福祉的领导人。他引进了在南美这一带前所未有的大规模农业项目，还与教会合作建立了一套公共教育体系。[34] 他与奥索里奥一起规划并建造了拉瓜伊拉港，[35] 港口的建成将无限增加委内瑞拉的财富。1592 年，他帮助成立了日后成为加拉加斯大学的神学院。德·玻利瓦尔建造了大庄园，开辟了新的商业之源；他赋予了这座城市第一个盾徽。他还负责管理西班牙和拉瓜伊拉港之间每年的货物运输，包括从非洲运来的 100 吨黑奴。美洲的第一个玻利瓦尔就这样走进了这片大陆动荡的历史——不是作为冒险家或殖民者，而是作为西班牙王室的高级使者。

　　然而，与这一历史进程相伴的是种族等级制度的不断强化，这一特征将跟随南美洲步入近代。当克里斯托弗·哥伦布的人登上伊斯帕尼奥拉岛，并将他们的意志强加于泰诺人时，一切就已经开始了。起初，伊莎贝拉女王和教会严厉谴责俘虏和屠杀印第安人的行为。[36] 哥伦布的部下犯下了令人痛心的暴行，他们放火摧毁了整个部落村庄，绑架原住民当奴隶，使梅毒和天花这两种致命的瘟疫在此肆虐。幸而奉王室"文明化使命"前来的传教士们记录了这一切。因此，当局试图采取强硬立场，反对任何形式的制度化暴力。它引入了一种委托监护制（encomienda），通过这种制度，西班牙士兵分配到了印第安劳力，有权安排他们在土地或矿场工作，作为交换，

---

* 旧地名，初指南美洲北部，相当于今委内瑞拉、哥伦比亚和巴拿马加勒比海沿岸地区。早期西班牙开拓者考察后确认此地为大陆而非岛屿，故名。——编者注

士兵要向印第安人传授基督教信仰。[37] 士兵们通常粗暴且腐败，会杀害不服从他们蛮横要求的原住民，最终，委托监护制被迫废止。但是，鼓励士兵耕种土地而不是靠掠夺为生的观念为种植园生活的新时代开辟了道路。

自始至终，当局都很难执行禁止奴隶制的法律。就连女王也不得不承认，如果不使用武力，印第安人就会拒绝工作，对西班牙经济至关重要的矿场也会停止运转。若非全面征服美洲印第安人，就不会有黄金、白银和糖。1503 年，也就是哥伦布踏足美洲仅仅 10 年之后，女王针对最初反对的奴隶制开始含糊其词，颁布了如下法令：

> 鉴于国王陛下和我本人已经下令，生活在伊斯帕尼奥拉岛上的印第安人应被视为自由人，不受奴役……我命令你，我们的长官……强迫印第安人与上述岛屿上的基督徒定居者合作，修建他们的房屋，开采、收集黄金和其他金属，并在他们的农场和田地里劳作。[38]

换句话说，杀戮在基督教中是罪孽，种族灭绝不可容忍，但"强迫"反抗的原住民是必要的。西班牙殖民者对此心照不宣。虽说奴隶制受到官方谴责，但政府已然默许，对此睁一只眼闭一只眼。印第安人仍然是一种可以拥有和交易的商品。尽管西班牙水手和印第安妇女从一开始就自由地在一起生儿育女，但是，一种尊卑心理已经形成。在欧洲人创造的新世界里，西班牙人至高无上，原住民最为可鄙。

多明我会神父巴托洛梅·德·拉斯卡萨斯（Bartolomé de Las Casas）对这一切提出了异议，尤其是面对奴隶时的道德摇摆。作为前奴隶主，他经历了一次强烈的心灵转变，对西班牙人加诸泰诺人的暴行以及哥伦布定期运往西班牙的一船船原住民奴隶感到愤慨。"奴隶是这位舰队司令的主要收入来源。"拉斯卡萨斯这样评价哥伦布。[39]最后，在向查理五世提交的一份慷慨激昂的申诉中，他辩称，制度化的野蛮行径已经残酷地摧毁了印第安民族："西班牙人仍表现得像是掠食野兽，他们杀戮、恐吓、折磨和摧残土著人民。"[40]在伊斯帕尼奥拉岛，他们已经令 300 万原住民减少到"不到 200 人"；[41]在南美洲大陆，他们窃取了相当于 100 多万卡斯特亚诺 * 的黄金，杀害了大约 80 万人。[42]他称这是一场"深刻而血腥的美洲悲剧"，"充斥着印第安人的鲜血"。[43]为了减轻伤害，避免继续损耗这些"谦逊、耐心、和平的土著"，[44]他主张西班牙进口非洲奴隶。

　　最终，拉斯卡萨斯将看到这一提议的虚伪，但不是在殖民地贸易活跃起来之前。当西蒙·德·玻利瓦尔让子孙无可争议地成为加拉加斯最富有的贵族地主时，委内瑞拉已有 1 万名非洲奴隶在田地和种植园里劳作。[45]而那些容易热到虚脱，没那么适应在太阳下干活的印第安人，就被送到矿上做工。

　　一旦王室能够施加一些表面上的控制，严格的种族划分便开始了。一种冷酷无情的种族等级制度建立起来。位居顶端的是出生在西班牙、由王室任命的督察，比如西蒙·德·玻利瓦尔；排在下面的是克里奥尔人（creole），即生于殖民地的白人，比如德·玻利瓦尔自己的儿子。在那之后是帕尔多人（pardo），这是一个不断壮大的混血群体，他们或是梅斯蒂索人（mestizo），即西班牙人和印第安人混血；或是穆拉托人（mulatto），即黑白混血儿；或是桑博人

---

* 　Castellano，金衡，合 1/50 马尔克（marco）即 0.46 克；亦为一种古金币名。——编者注

（sambo），即黑人和印第安人混血。和大多数奴隶社会一样，每一种可能存在的肤色都有对应的标签：夸德隆人、奥克托隆人、昆特隆人、摩里斯科人、凯约蒂人、查米索人、希瓦罗人等等*。每个孩子一出生，教堂登记处便会一丝不苟地记录下他们的种族，因为孩子肤色有着切实的影响。如果是印第安人，他将向西班牙纳贡，即承担王室强加的税负；如果他无力支付，就要被迫通过辛勤劳动来偿还债务。印第安人也受制于一种叫米塔制（mita）的徭役，该制度强制他们在一段时期内到矿上或田间做苦工。他们中的许多人都没能活下来。那些印第安人被迫与家人分开，拴上铁链，通常被运往很远的地方以满足总督的需求。[46]

摊派制（repartimiento）相关的法律还强制印第安人购买商品。统治阶层会卖给他们食物和日常必需品，并要求他们用金子或银子支付。这往往导致一些可耻的非法交易，以正常价格的两倍或三倍向印第安人出售病死的骡子、变质食品或残次商品。有时这些商品完全没用：没有胡子的印第安男人被迫购买剃须刀，穿部落服饰的妇女被迫购买丝质长袜。[47]所得款项都被尽职地收集起来，送往马德里的王家金库。

对于黑人来说，在西属美洲的生活同样十分艰难。他们从自己的家庭、国家、语言中被剥离出来，作为渔民、采珠人、可可豆和甘蔗田工人被带到这里。他们或是来自安哥拉和刚果的班图人

---

*   夸德隆人（quadroon），有 1/4 黑人血统的黑白混血儿；奥克托隆人（octoroon），有 1/8 黑人血统的黑白混血儿；昆特隆人（quintroon），有 1/16 黑人血统的黑白混血儿；摩里斯科人（morisco），西班牙人和穆拉托人的后代，该词原义是指西班牙改信基督教的摩尔人；凯约蒂人（coyote），梅斯蒂索人和印第安人的后代；查米索人（chamiso），凯约蒂人和印第安人的后代；希瓦罗人（gíbaro），洛沃人（lobo）和奇诺人（chino）的后代，混有白人、黑人、印第安人血统，具体血统溯源可参考当时的种族等级画。——编者注

（Bantu），或是来自黄金海岸的曼丁哥人（Mandingo）。在 200 多年的时间里，大约有 100 万奴隶被葡萄牙人、西班牙人和英国人贩卖到南美洲。他们统一被贬为种族等级制度中的最底层，尽管如此，他们还是在这里的文化中留下了不可磨灭的印记。他们从事各类工作，从田间农夫到能工巧匠，从家奴到贴身保姆，但直到玻利瓦尔革命后，主流的大门才渐渐向他们敞开。

　　尽管西班牙力图保持对其殖民地的绝对控制，但它无法阻止在一个由男性征服者打造的世界中不可避免地发生跨种族融合。王室（出于不得已）很快认定，只要西班牙男人能够说服非西班牙女人受洗成为基督徒，跨种族婚姻就是可以接受的。事实上，西班牙人在种族上也不算"纯正"的欧洲人。在经历了几个世纪的动荡历史后，其血统中留下了阿拉伯人、腓尼基人、非洲人、罗马人、巴斯克人、希腊人、利古里亚人、凯尔特人、日耳曼人、巴尔干人和犹太人的痕迹。但是，自从他们开始与美洲印第安人和黑人融合之后，一个代表所有大陆的宇宙种族[*]开始成形。16 世纪晚期，当西班牙督察西蒙·德·玻利瓦尔抵达委内瑞拉时，当地的人口包括 5 000 名西班牙人、1 万名非洲人和 35 万印第安原住民。[48] 根据德国自然科学家亚历山大·冯·洪堡（Alexander von Humboldt）的说法，待到 200 年后"解放者"出生时，委内瑞拉有 80 万居民，其中一半以上是梅斯蒂索人或穆拉托人。[49] 今天，超过三分之二的拉丁美洲人属于混血种族。[50] 世界上其他任何地方都没有在如此短的时间内形成过民族构成如此复杂的文明。[51]

---

[*]　这个术语是由墨西哥哲学家、政治家何塞·巴斯孔塞洛斯（José Vasconcelos）在 1925 年的著名文章《宇宙种族》（La raza cósmica）中创造的。

***

在西蒙·玻利瓦尔出生的贵族家庭中，种族几乎不构成问题。为了确保子孙后代享受贵族血统所能享受的一切特权，婚姻向来都是经过安排的。但是在 1792 年，当唐娜·康塞普西翁决定为她公公在 60 年前购买的贵族头衔寻求官方认可时，西班牙严厉的司法之轮转动起来，这个家族的种族纯洁性开始暗暗遭受怀疑。

对于像玻利瓦尔这样的克里奥尔人来说，贵族头衔是极大的贵重资产。尽管克里奥尔人享有财富，生活安逸，但他们是二等公民，不得担任政府最具权力的职务。他们中的许多人渴望得到侯爵或男爵爵位可能带来的独特优势——担任公职的机会、获得更高收入的可能、传承世袭权利的能力。1728 年，当"解放者"的祖父胡安·德·玻利瓦尔得知西班牙国王腓力五世为了给僧侣募资，向一座西班牙修道院捐出一个侯爵爵位时，他当即买下了这个头衔。[52]他花了 22 000 达克特（旧时欧洲通用的金币或银币）。贵族就是这样产生的。

他的儿子胡安·比森特·德·玻利瓦尔完全有权使用这个头衔，以圣路易斯侯爵自居，但他没有。对他来说，做富有而显赫的玻利瓦尔家族后人，这就足够了；能支配他继承的巨额财产就够了。但是，当唐·胡安·比森特去世后，唐娜·康塞普西翁决定帮儿子们获得正式的侯爵身份时，她发现玻利瓦尔家族的血统并没有那么纯洁。

原来，胡安·德·玻利瓦尔的祖母是他曾祖父弗朗西斯科·马林·德·纳瓦埃斯（Francisco Marín de Narváez）与一名女仆的私生女。女仆究竟是白种人、棕种人还是黑种人，谁也说不清。但西班牙严格的继承法不允许这样的越轨行为，且不说这还属于棘手的种族问题。头衔的官方认定始终悬而未决，胡安·比森特·德·玻利瓦尔的儿子们无法获得这个头衔。他们似乎并不在乎。随着时间的推移，他们会去掉玻利瓦尔姓氏前的"德"，连这个贵族身份的最后标志也丢弃了。

玻利瓦尔的种族构成一直是一代又一代历史学家津津乐道的话题，但争论焦点最终都落在那个女仆的肤色上，到头来，这也只能靠猜测。有人说，17 世纪加拉加斯一位富有的女族长的贴身女仆最有可能是白人；还有人说她一定是穆拉托人或梅斯蒂索人。不过，有一件事可以肯定：这个家族的文件或信件中没有提过种族问题。更为重要的是，这个非婚生女孩在 7 岁生日时继承了父亲的一大笔遗产。无论母亲的肤色如何，当小何塞法·马林·德·纳瓦埃斯（Josefa Marín de Narváez）满 14 岁时，这位少女成了最理想的那类婚姻对象。

争论"何塞法·马林节点"的人并不仅限于历史学家。西蒙·玻利瓦尔在政治上的支持者和反对者都用它来支持自己的观点。对一些人来说，何塞法的母亲是来自阿罗阿的印第安人；[53] 对其他人来说，她是来自加拉加斯的黑奴。[54] 玻利瓦尔的批判者经常搬出种族问题来指责其人格缺陷。他的拥趸则用其血统来印证某个族群的伟大。但是，倘若玻利瓦尔的血管里真的流淌着非洲血液，那么它很可能早已存在于这个家族之中，早在他的西班牙祖先踏足美洲之前。倘若他有一部分印第安血统，那么他很可能与众多有着印第安血统却自认是纯正白人的拉美人没什么区别。说到底，何塞法的种族归属更像是照见历史辩论家的一面镜子，而无助于深入理解玻利瓦尔其人。尽管人们在这个话题上耗费了大量笔墨，但"何塞法·马林节点"不过是毫无事实根据的流言蜚语。

　　然而，当唐·胡安·比森特招呼着客人或唐娜·康塞普西翁柔声哄着新生的婴儿时，确实有理由从他们的屋檐下传出流言。小西蒙的五世祖并不是家里唯一曾对女仆行使初夜权的人。他的父亲唐·胡安·比森特多年来也一直是这样做的。

　　唐·胡安·比森特·德·玻利瓦尔-庞特出生在一个相当富有的家庭，坐拥几代克里奥尔人精心积累的财富。他从何塞法那里继承了圣哈辛托街的豪华住宅和利润丰厚的可可种植园；从外曾祖父庞特那里继承了加拉加斯大教堂里的一个小礼拜堂；还有圣马特奥（San Mateo）的大片甘蔗田，它的所有权可以追溯到最早的西蒙·德·玻利瓦尔。年轻时，唐·胡安·比森特接受过正规军事训练，16 岁时为西班牙国王效力，抵御英国侵略者对委内瑞拉港口的掠夺。21 岁时，他被任命为加拉加斯的检察官，深受西班牙当局的器重，以至于被召至马德里法院任职 5 年。1758 年，他以富于教养且见多识广的形象回到委内瑞拉，因而获得了更重要的职位。到 32 岁时，他俨然成了不折不扣的名流。[55]

　　他也成了一个行为不端的浪荡子。[56]他带着无拘无束的旺盛欲望回到了委内瑞拉。他开始调戏家中女仆，要求她们主动献出肉体。[57]他挑出最有魅力的女人，派她们的丈夫去远方探险。他将女人们堵在卧室和内室——位于他宽敞宅邸幽静的壁龛里。他屡次三番、明目张胆的越轨行为几近赤裸裸的强奸，使受害者再也无法保持沉默。1765 年，当加拉加斯主教[58]来圣马特奥种植园做教务访问时，他听取了一连串来自唐·胡安·比森特的女仆以及男性雇工的妻子的控诉。

　　其中一人声称，她已经被迫做了 3 年他的性奴，只要他兴致一来，她就得唯命是从。她做证说，至少还有另两个女仆也在同一时间被他凌虐；他会心血来潮地从她们中间选出一个，把那个不幸的女人叫到他的卧室，然后锁上门，玷污她。另一个名叫玛加丽塔的证人声称，他在走廊里袭击了她，正要把她拖进自己的房间，但被告知有客来访，于是改变了主意。尽管玛加丽塔在那个特殊的场合幸免于难，但她承认自己最终还是屈服了。她不敢锁上屋门来拒绝他，"害怕他的权力和暴脾气"。[59] 玛加丽塔的妹妹玛丽亚·雅辛塔也写了一封请愿书，请求主教替自己出面求情，对抗"这只恶狼，他想强行占有我，把我们两人都交给魔鬼"。她声称，唐·胡安·比森特几天之内屡次纠缠她，要拉她一起触犯戒律，他甚至把她的丈夫送去一个偏僻的养牛场，以便更好地实现计划。"有时我真不知道怎样才能保护自己不受这恶人侵犯，"她对主教说，"有时我觉得最好一口答应他，然后随身带把刀，直接杀死他，好把我们大家从这个残酷的暴君手里解放出来。"[60]

这些指控震惊了主教，他不得不亲自找唐·胡安·比森特本人谈话。他向上校暗示，他"与女人散漫的生活方式"已露骨到教会无法置之不理；众所周知，他的生活处在"道德沦丧的状态"。[61] 主教谨慎地告诫每一位证人，务必保证他们的陈述绝对准确，这一点至关重要。但随着极具说服力且相互印证的证词涌现，这一点毫无疑问：唐·胡安·比森特是个道德败坏的人。必须阻止他。

但主教也知道，被指控的可不是普通公民。唐·胡安·比森特在委内瑞拉克里奥尔人中的地位几乎无人能及，他的荣誉和头衔直接来自西班牙宫廷。主教决定建议妇女们全心祷告，避免与折磨她们的人接触，并要求她们发誓保持沉默。他向唐·胡安·比森特表示，他并不采信这些证人的话，但如果再有人来告发类似的违法行为，他将被迫"用法律手段"[62]剥夺他的爵位。他建议他停止与女性的一切往来，只通过神父办公室与她们联系。主教的警告暗含一层明确且不容违抗的意思：教会不容许再有任何控诉。唐·胡安·比森特该结婚了。

***

当玛丽亚·德·拉·康塞普西翁·帕拉西奥斯-布兰科在 14 岁嫁给唐·胡安·比森特时，她并不比委内瑞拉同阶层的新娘年轻：众所周知，美洲贵族家的女儿早在 12 岁时就能出嫁。一个女孩可能在 4 岁时被送到修道院，8 年后出来与一个 16 岁男孩交换终身誓言。[63]

这就是"曼图亚诺"（Mantuano）——克里奥尔人中的最高阶层，玻利瓦尔家族和帕拉西奥斯家族同属这个阶层。他们是富有的白人，受到特别优待，是西班牙帝国在委内瑞拉的中坚力量，管理着殖民地的所有资产，指挥着殖民地的所有军队。在加拉加斯，他们据称由九大家族组成。曼图亚诺们的门廊里悬着自家的盾徽，雕刻在巨大的石板上。他们戴别致的帽子，携手杖出行。所有女性中，只有他们的妻子被允许穿戴披肩头纱或长袍外套；当黑奴用精致的镀金轿子抬着她们在城市中穿行时，这些层叠遮挡的服饰标志出她们的身份地位。无论走到哪里，缝在裙子上的小铃铛都在宣告她们的到来。

我们永远无法确知康塞普西翁的父母是如何安排她嫁给一个显赫的、有权势的、46 岁的浪荡子，也就是唐·胡安·比森特的，不过能了解到的是，他们有个战略优势：他们是他的邻居。帕拉西奥斯一家就住在玻利瓦尔家后面，在特拉波索斯街的转角处，相隔只有几米。[64] 加拉加斯城很小，长不超过 14 个街区，宽不超过 12 个街区。在居住着帕拉西奥斯家和玻利瓦尔家的那个狭小的象限里，精英们过从甚密，通常因世代通婚而彼此沾亲带故。[65] 我们可以大胆推测，在 18 世纪加拉加斯这个与世隔绝的封闭世界，唐·胡安·比森特从马德里回来时得知，帕拉西奥斯家族刚刚出生了一个婴儿。[66] 毕竟，孩子父亲只小他 4 岁，而且也是个军人。两人都是杰出的曼图亚诺，活跃在加拉加斯的公共生活中。唐·胡安·比森特与这位父亲有如此多的共同点，想必有机会一睹其女的风采。多年后，康塞普西翁长成少女，唐·胡安·比森特注意到她是个活泼美丽的孩子。

　　无论过程如何，这桩婚姻成了现实，双方签订结婚协议，联结起两个颇具影响力的家族。唐·胡安·比森特安定下来，开始过上稳重甚至宁静的婚姻生活。唐娜·康塞普西翁开始履行妻子的职责。作为一个在 10 个兄弟姐妹组成的热闹大家庭中长大的人，她一定发现玻利瓦尔的宅邸虽然有许多漂亮的房间，却是个阴沉的地方，像坟墓一样黑暗和令人生畏。她打开了通向露台的门，使阳光点亮大厅。她在笨重的餐具柜上装饰了许多鲜花。她让空气中飘满音乐。[67] 18 岁时，她开始往这些房间里添置孩子。第一个是玛丽亚·安东尼娅，她长得最像她——身材娇小，头发深褐色，意志坚定。随后很快又来了三个：胡安娜，一个无精打采的金发姑娘，长得更像她的父亲；胡安·比森特，一个可爱的金发蓝眼睛男孩；最后是西蒙，一个有着黑色卷发的小淘气。

　　尽管有种种不同，但唐娜·康塞普西翁和她丈夫有一个共同特点。两人的先祖一样声名显赫，一样是人中龙凤。她的母亲弗朗西斯卡·布兰科·埃雷拉是中世纪王侯的后裔。她的父亲费利西亚诺·帕拉西奥斯-索霍出生于一个典型的知识分子家庭。她的叔叔佩德罗·帕拉西奥斯-索霍是著名的神父、音乐家，也是加拉加斯音乐学校的创始人，她也因此得以发挥自己在音乐上的天赋。她擅长竖琴，这是她最喜欢的乐器，但她也喜欢唱歌、弹吉他和跳舞。虽然命运只允许西蒙·玻利瓦尔与母亲共度一段短暂的时光，但他从母亲那里继承了两种特质：蓬勃向上的精力和对舞蹈的由衷热情。

＊＊＊

当唐·胡安·比森特开始适应新生活时，他开始对西班牙的统治感到不安。50 年来，他一直是国王的忠诚子民，是值得信赖的法官、执政官和军事指挥官，但到了 1776 年，就在英国殖民地纷纷宣布独立之际，唐·胡安·比森特也开始梦想起义。他有充分的理由这样做。西班牙的波旁王朝野心勃勃，决心对其殖民地实行严格的统治。它实施了一系列针对克里奥尔人的法律，对唐·胡安·比森特的生意造成了直接影响。首先，从委内瑞拉划分出了幅员辽阔的新格拉纳达总督辖区，这个辖区最初是从太平洋一直延伸到大西洋，覆盖南美北部地区；接着，在加拉加斯上任了一位管理经济事务的监政官，以及一位主管政治和军事事务的都督。现在，随着与马德里直接建立起联系，委内瑞拉的牧场、矿山和种植园开始受到更加严格的管制。在马德里和塞维利亚，管理美洲的西印度院（Council of the Indies）加强了控制。税收增加了。所有的交易中都能感受到帝国的存在。吉普斯夸公司（Guipuzcoana Company）＊是一家强大的

＊   18 世纪西班牙国王批准建立的与美洲殖民地进行垄断贸易的特许公司之一。1728 年设立，其
　　 股东为西班牙吉普斯夸省商人。1785 年停止活动。——编者注

巴斯克公司，垄断了进出口业务，从每一笔销售中抽取丰厚的利润。

唐·胡安·比森特之所以十分担心这些新规定的影响，是因为在他看来，这将不仅仅是经济方面的打击。克里奥尔人被挤出了政府管理部门。在整个西属美洲地区，从加利福尼亚到布宜诺斯艾利斯，西班牙开始只委任半岛人（peninsulare）——出生在西班牙本土或加那利群岛的人——担任重要职务。这是一场彻底的、最终变得激进的变革，颠覆了克里奥尔人和西班牙人之间孕育了200多年的信任文化。在意大利，被流放的秘鲁耶稣会神父胡安·巴勃罗·维斯卡尔多-古斯曼（Juan Pablo Viscardo y Guzmán）愤怒地写道，这等于在宣称美洲人"在自己的国土上都没有能力胜任那些严格意义上属于我们自己的职位"。[68]

对于像唐·胡安·比森特这样的克里奥尔人来说，最恼人的地方在于，被委以最高职位的半岛人往往在教育程度和血统上都很低下。这与英属北美多年来存在的情绪类似。[69]乔治·华盛顿和本杰明·富兰克林都曾强烈抗议英国出生的臣民享受的优惠待遇，因为很明显，美国出生的臣民在技能方面要高明得多。在西班牙殖民地，王室的新特使大多是西班牙中产人士：商人或没什么涵养的中层官员。当他们接管了最令人垂涎的权力宝座时，不得不靠边让位的克里奥尔人绝不会忽视他们的这些缺陷。在西班牙，并非所有人都对可能造成的后果视而不见。一位波旁王朝大臣意味深长地表示，西印度群岛殖民地的臣民或许曾经学会了在没有自由的情况下生活，可一旦他们获得了自由的权利，就不会坐视它被剥夺。[70]不管马德里的宫廷是否了解这些后果，西班牙已经明确了界限。它的殖民战略从共识转为对抗，从合作走向胁迫；为了确保能牢牢攥紧美洲所代表的巨大财富，它对其法律施加了严格钳制。

唐·胡安·比森特和他的曼图亚诺同伴或许没有完全意识到，他们的不满已经成为席卷世界的反叛精神的一部分。这就是所谓的启蒙运动。先前的欧洲科学革命早早为它播下了种子，那场革命挑战了法律、权威，甚至信仰本身。但是，当唐·胡安·比森特和唐娜·康塞普西翁开始结婚生子时，一场席卷美洲南北的大规模革命的车轮已然启动。亚当·斯密出版了《国富论》，主张废除人为施加的经济控制，解放人民，建设更强大的社会。托马斯·潘恩在《常识》一书中讨论了君主制和世袭制是否合理的问题。他认为，欧洲的君主制所做的不过是令"世界陷于血泊和瓦砾之中"。在法国，让-雅克·卢梭和伏尔泰雄辩地支持自由、平等和民意。孟德斯鸠在《论法的精神》一书中预见了唐·胡安·比森特的不满："［西］印度和西班牙是两个国家而同属一个主人。但［西］印度是主，西班牙仅仅是附属而已。"[71] 他认为，试图使用政治强制力将一主导国束缚在附属国身上是毫无道理的。此时的殖民地就内在性质而言，实为两者中更强大的那个。

1782年2月24日，就在日后光耀门楣的那个孩子出生前一年半的时候，唐·胡安·比森特会见了两位曼图亚诺同胞，写了一封提议革命的信，寄给了弗朗西斯科·德·米兰达（Francisco de Miranda），这是一位持不同政见的委内瑞拉上校，曾大胆地公开表示他的家乡应该脱离对西班牙王室的效忠。米兰达曾在彭萨科拉（Pensacola）战役中随西班牙军团参加战斗，因为越权行事而受到上级的训斥，从那以后，米兰达便开始反叛西班牙，毫不掩饰他的仇恨。唐·胡安·比森特在写给他的信中说，加拉加斯的贵族们被西班牙当局施加的侮辱彻底激怒了。新上任的监政官和都督"对待所有美洲人，不论阶级、官职或地位如何，都像对待卑贱的奴隶一样"。这三位曼图亚诺敦促米兰达加入他们的反抗大业，但随即又表达了某种不安，考虑到西班牙正在其他地方残酷镇压起义人士，"我们不愿也不会在没有您的建议的情况下采取任何行动，因为我们所有的希望都寄托于您的谨慎考量"。[72]

因此，这场煽动背后的驱动力是谨慎而非勇气。曼图亚诺人还没有做好颠覆世界的准备。

***

唐·胡安·比森特绝对想不到，自家摇篮里长大的孩子会成为从殖民者手中争取独立的人，不仅仅代表委内瑞拉，更代表大部分西属美洲人。当儿子长到一岁半时，他只知道即使家财散尽，孩子长大后也会是个有钱人。这都拜一位神父所赐。胡安·费利克斯·赫雷斯·德·阿里斯蒂杰塔（Juan Félix Jerez de Aristiguieta）曾为这个男孩施洗。和当时许多有权势的神职人员一样，他是一位富裕的地主，拥有许多贵重资产。他也是唐·胡安·比森特的外甥。[73]他在1785年去世，由于没有直系继承人，他把名下全部财产留给了小西蒙，出乎所有人的意料。这些财产包括大教堂旁边的一座宏伟宅邸，3个种植园，共计95 000棵可可树，以及他所有的奴隶。[74]

次年，唐·胡安·比森特也去世了。1786年1月的一个温暖夜晚，他躺在圣哈辛托街上的房子里，多年来一直折磨着他的肺结核病终于夺去了他的生命。他那时还不到60岁。他的儿子西蒙还不到3岁。他的妻子怀了第五个孩子，但那孩子将不会久留人世。

即使已处于弥留之际，唐·胡安·比森特仍有条不紊地准备了自己的遗嘱，堪称行事周全的典范。[75]在遗嘱中，他表明自己不欠任何人钱。他列明了家系，描述了他在漫长而辉煌的职业生涯中所担任的崇高职务。尽管曾动过短暂的、半心半意的造反念头，但他坚持将自己的遗体安葬在加拉加斯大教堂内的家族礼拜堂，"用我的军徽做装饰，并按照军法赋予我的特权下葬"。他将名下财产平均分配给5个孩子（包括未出生的那个），将代理权授予妻子和岳父，并增加了一个特别条款，要求唐娜·康塞普西翁"履行我交代给她的事，以减轻我良心的负担"。这句话只有一个意思：他安排她把钱分给他的私生子女。遗嘱还详细说明了将有多少神父和修士随同他的灵柩前往最后的安息之地，以及在他的灵魂前去接受审判之际，该做多少狂热的弥撒来为之祈祷。显而易见，他死的时候很焦虑。

要不是他的妻子务实而有商业头脑，他的离开可能会使这个家庭陷入混乱。唐娜·康塞普西翁安葬了丈夫，怀孕到足月，诞下的女婴几天后便夭折，然后她着手整理家族财产。她托父亲和兄弟们帮忙打理生意，这些生意日后将变为一个名副其实的商业帝国，而她则试图为孩子们的生活带来一些秩序。

特别是西蒙这个不守规矩的孩子。他是由黑奴奶妈希波莉塔抚养长大的，他后来称"她的乳汁养育了我的生命"，她也是"据我所知唯一的父亲"。[76]她对这个小男孩关爱备至，极富耐心，但几乎控制不了他。他任性、暴躁、桀骜不驯，显然亟须严加约束。[77]他的母亲责令家族中的男性成员帮助管教他，可男人们觉得他放肆无礼起来很是有趣。没人责备他，更不用说惩罚他了。[78]最终，她获得了王家检审庭（Royal Audiencia）的支持。王家检审庭是西班牙在加拉加斯的最高执法机构，负责监督所有的法律事务。由于这个男孩继承了一大笔遗产，而他的父亲已经去世，无法对这笔遗产加以监管，因此检审庭指派了一位杰出的法学家来全程监护小西蒙的成长。这位法学家名叫何塞·米格尔·桑斯（José Miguel Sanz）。

桑斯是律师学院杰出的院长，以进步的教育理念而闻名。作为一位热心的读者和作家，他多年来一直在努力说服殖民当局，希望能允许他进口第一台印刷机到殖民地。然而，他始终未能如愿。不论如何，桑斯受到西班牙人的高度尊敬，也深受其他克里奥尔人的敬仰。更为重要的是，36 岁的他堪称尽职尽责的年轻父亲的理想人选。很难找到比他更合适的代理监护人了。作为西蒙·玻利瓦尔财产的管理人，桑斯尽职地亲自探访了他的小监护对象，目睹了这个男孩是何等地骄傲自大。但在西蒙快 6 岁时，桑斯决定承担起更大的责任，安排他住到自己家里。[79]

桑斯一只眼睛失明，作风冷峻，即使他自己的妻儿也可能对他望而生畏，但西蒙不会。据说西蒙对他的要求多次做出肆无忌惮的回应。"你是个行走的火药桶，小子！"一次在西蒙公然不服管教之后，桑斯警告他。"那你最好快跑，"那 6 岁的孩子对他说，"不然我烧了你。"[80]

为惩罚西蒙屡次三番的行为不端，桑斯在出门处理庭审案件期间会把西蒙锁在他家二楼的一个房间里，并关照妻子不要把他放出来。[81] 男孩感到无聊、恼怒，他大喊大叫，肆意宣泄怨气。桑斯的妻子很同情他，把糖果和新烤的面包绑在长杆上，从一扇开着的窗户递给他。她让西蒙发誓保守秘密，保证不泄露她的违规行为。每天下午，当律师回来问他表现如何时，她只是笑笑，说这孩子是安静的化身。

最后，桑斯聘请了一位学识渊博的嘉布遣会修士弗朗西斯科·德·安杜哈尔（Francisco de Andújar）来家里，让西蒙接受道德教育。[82] 这位数学家神父为了引起学生对课程的兴趣，在教学中融进了大量引人入胜的故事，可再多的耐心和魅力也改变不了这个男孩的本性：爱开玩笑，爱搞恶作剧，骄纵任性。我们不清楚西蒙在桑斯的照顾下生活了多久，甚至不清楚他是否真的曾在桑斯家中过夜，但可以肯定的是，在 8 岁生日之前，他回到了圣哈辛托街的家中。那时，他母亲的身体每况愈下。她发现自己很难集中精力管理家庭事务，更别说操心小儿子的举止了。她担心自己的病会传染给孩子们，便把自己隔离在圣马特奥的糖料种植园里，让孩子们和用人们自行其是。西蒙整天和奴隶的孩子嬉戏玩耍，性子越来越野。

如果说唐娜·康塞普西翁在身体状况急剧恶化时还有什么重大心愿，那就是确保大儿子胡安·比森特继承她公公多年前买下的侯爵爵位。与玻利瓦尔家族不同，帕拉西奥斯家族一向非常重视声望和贵族身份。当唐·胡安·比森特·德·玻利瓦尔去世后，她的儿子们有了继承这一头衔的可能，于是唐娜·康塞普西翁派弟弟埃斯特万前往西班牙，加紧促成这桩大事。当埃斯特万报告说，由于何塞法·马林·德·纳瓦埃斯血统可疑，司法程序已经中止时，唐·费利西亚诺·帕拉西奥斯取消了这一冒险计划，不愿提起诉讼，以免暴露玻利瓦尔家族中不受欢迎的血统，连累他们大家。毫无疑问，经营玻利瓦尔的财富已经成为帕拉西奥斯家族的摇钱树。胡安·比森特和西蒙继承的资产所得的收入供养着他们母亲的兄弟姐妹。姻亲们依赖玻利瓦尔的财产生活了好多年。

在一次赴圣马特奥的长期疗养中，唐娜·康塞普西翁一直待到雨季，其间她的病情急转直下。她回到加拉加斯后便在 1792 年 7 月 6 日死于急性肺结核，[83] 留下 4 个孩子由其年迈的父亲照顾。唐·费利西亚诺·帕拉西奥斯自己的身体也不是很好，他提笔写信给马德里的埃斯特万，以令人钦佩的镇定传达了如下消息："康塞普西翁决心与病痛做个了断。她吐出大量鲜血，病情持续恶化，直到今天上午 11 点半，上帝前来帮忙，带走了她。"[84] 她去世前经历了漫长而痛苦的折磨：一连流了 7 天血。[85]

把女儿安葬在玻利瓦尔家族的礼拜堂之后，唐·费利西亚诺就开始费尽心思为他失去双亲的外孙女们张罗婚事。不到两个月，他就把 15 岁的玛丽亚·安东尼娅嫁给了她的远房表亲巴勃罗·克莱门特·弗朗西亚。[86] 又过了 3 个月，他把年仅 13 岁的胡安娜嫁给了她的舅舅迪奥尼西奥·帕拉西奥斯。[87] 至于外孙们，唐·费利西亚诺决定把西蒙和胡安·比森特——当时分别是 9 岁和 11 岁——留在圣哈辛托街的宅邸里，由玻利瓦尔家的仆人看护。他命人修了一条走廊，连接那座房子和他自己的房子，这样孩子们就可以和他一起度过白天，晚上再回到自己熟悉的床上。[88] 这似乎是个非常合理的解决方案，用永恒和稳定的幻象安抚孩子们。然而，这种脆弱的安慰并没有持续多久。唐·费利西亚诺·帕拉西奥斯次年便撒手人寰，留下外孙们在日渐衰落的家庭世界里再次体会骨肉分离。

两个男孩非常富有，净资产至少相当于如今的 4 000 万美元。[89] 正因为如此，他们永远不会被人忽视，但是金钱并没有给他们带来多少幸福。在生命的头 10 年里，西蒙先后失去了父亲、母亲、（外）祖父母、一个妹妹，以及大多数叔伯和姑婶。玻利瓦尔家那头几乎没有几人活下来争夺家产，这使帕拉西奥斯家族的人确信财产属于他们。唐·费利西亚诺·帕拉西奥斯对这一合法遗产志在必得，他在去世前特别关照此事，确保所有财富最终都能流向他自己的孩子。他立下一份遗嘱，安排自家儿子成为玻利瓦尔兄弟的法定监护人。12 岁的胡安·比森特被舅舅胡安·费利克斯·帕拉西奥斯收养，并被移送到 80 公里外的一座大庄园。[90] 10 岁的西蒙被委托给舅舅卡洛斯照顾。卡洛斯是个性情乖戾、懒惰、贪婪的单身汉，和姐妹们一起住在长廊那头的唐·费利西亚诺家宅。

卡洛斯忙于挥霍玻利瓦尔家族的财富，几乎没有时间来监护这个敏感的年轻人。他把孩子托付给姐妹和仆人。打小就固执任性的西蒙开始和街头男孩厮混，学习时兴的粗俗语言，将老师教他的一切抛在脑后。[91] 只要有机会，他就一头扎进加拉加斯的后巷，或者从家中畜栏里牵出一匹马，骑去周边的乡村。他逃避学业，而将注意力转向周遭那个极不完美的世界，一个西班牙打造的世界。他对自己看到的事物懵懵懂懂，直到后来长大成人并往返欧洲大陆后，才形成了更深刻的见解。但这种教育将使他终身受益。

＊＊＊

从 16 世纪中期到 18 世纪中期的 200 年间，西班牙缔造的世界一直在与财政破产做斗争。这个以振奋人心的"向更远方！"（Plus Ultra!）为格言的帝国以过量的白银充斥全球市场，阻碍了其殖民地的经济增长，并不止一次地使自己濒临财政崩溃。西班牙误入歧途的财政战略在 18 世纪晚期的加拉加斯街头体现得最为明显，那里的人们对母国的愤懑正在不断加剧。

西属美洲殖民地的情况在近代史上没有先例：一个富于生机的殖民经济体被迫屈从一个不发达的母国，有时是通过暴力手段。正如半个世纪前孟德斯鸠所预言的，主人如今成了附庸的奴隶。甚至在英国跨入工业时代时，西班牙也没有试图发展工厂；[92] 它无视通往现代化的道路，固守原始的农业根基。但波旁国王及其宫廷无法忽视摆在眼前的压力：西班牙人口在迅速增长，基础设施建设步履维艰，迫切需要增加帝国的财政收入。西班牙的国王们都不去做新尝试，而决定牢牢抓住他们已有的东西。

1767 年 4 月 1 日午夜，西班牙王室把所有耶稣会教士驱逐出西属美洲。5 000 名神职人员（其中大多数出生于美洲）被押往海岸，送上轮船并遣返欧洲，[93] 这便使王室得以不受约束地管理教育和教会遍地的财产。西班牙国王卡洛斯四世明确表示学习对美洲是不可取的：如果让殖民地臣民保持愚昧无知，这将对西班牙更有利，也使管理更方便。[94]

绝对统治一直是西班牙殖民主义的标志。从一开始，每位总督和都督就必须直接向西班牙王廷汇报，使国王成为美洲资源的最高监督者。在国王的支持下，西班牙从新大陆榨取了大量金银，并把它们作为原材料卖到了欧洲。它控制了全世界的可可供应，并将其从加的斯的仓库运往全球各地。它对铜、靛蓝、糖、珍珠、绿宝石、棉花、羊毛、番茄、马铃薯和皮革也是类似的操作。为防止殖民地自己交易这些货物，它强加了严苛的宗主制度，禁止一切对外联系，走私可被判处死刑。[95] 殖民地之间的一切活动均受到密切监视。但是，随着殖民统治时间渐长，监管变得松懈。1779 年英国和西班牙之间爆发的战争使西班牙的贸易陷入瘫痪，促进了走私贸易的活跃。禁书交易十分猖獗。据说加拉加斯到处都是偷运来的货物。[96] 为了制止这种情况，西班牙着手全面修订法律，使之更为严厉，甚至禁止美洲人享有最基本的自由。

1480 年，费尔南多和伊莎贝拉为了稳固帝国统治而建立的宗教裁判所被赋予了更大的权力。种种要求施加死刑、酷刑的法律得到了严格的执行。没有西班牙西印度院的许可，不得出版或销售书籍和报纸。[97] 殖民地居民被禁止拥有印刷机。每一份文件的执行，每一个项目的批准，每一封信的投递，都是需要获得政府批准的耗时耗钱的事情。没有国王允许，任何外来人，甚至西班牙人，都不能访问这些殖民地。在美洲近海的所有非西班牙船只都被视为敌舰并遭到攻击。

西班牙还极力压制美洲的创业精神。只有在西班牙出生的人才获准拥有自己的商店或在街上卖东西。[98] 任何美洲人不得种植葡萄、拥有葡萄园、种植烟草、酿酒或种植橄榄树——西班牙不允许竞争。毕竟，它通过向殖民地出售商品，每年能赚取 6 000 万美元（相当于今天的 10 亿美元）。[99]

但是，在一次奇怪的自毁行动中，西班牙对其殖民地的生产力和自主权施加了严格的限制。克里奥尔人被征收惩罚性税收；印第安人或梅斯蒂索人只能从事卑微的劳动；黑奴只能在田里劳动，或者在家里做用人。不允许任何美洲人拥有矿山，也不能在不向殖民当局报备的情况下开采矿脉。禁止开办工厂，除非是注册的制糖厂。[100] 巴斯克企业控制了所有的航运。制造业被严格禁止，即便西班牙并没有与之匹敌的制造业。最令人恼火的是，新征的高税收——每年 4 600 万美元[101]——没有用于改善殖民地的条件。这笔钱被原封不动运回了西班牙。

美洲人对此十分抗拒。"大自然用无边无际的浩瀚海洋将我们与西班牙隔开，"遭放逐的秘鲁耶稣会会士维斯卡尔多-古斯曼在1791 年写道，"一个儿子如果发现自己与父亲如此遥远，在处理自己的事务时还总是等着父亲做决定，那他就是一个傻瓜。"[102] 就像托马斯·杰斐逊的《英属美洲民权概观》一样，这是对殖民主义固有缺陷的有力批评。

一个游荡在加拉加斯街道上的富有孤儿理解不了周遭暗涌的经济动荡，但是他不可能看不到人的动荡。目之所及，街道上处处都是黑人和穆拉托人。这片殖民地上的帕尔多人太多了，[103] 他们是黑奴的混血后裔。欧洲的奴隶船刚刚将 2.6 万非洲人卖到加拉加斯，这是这个殖民地有史以来规模最大的一次奴隶输入。[104] 每十个委内瑞拉人中就有一个黑奴，一半的人口是黑奴的后代。尽管西班牙已禁止种族通婚，但这些法律遭到无视的证据在他身边比比皆是。在西蒙·玻利瓦尔的早年生活时期，加拉加斯的人口增长了三分之一以上，种族阶层也前所未有地增多，呈现出名副其实的肤色"光谱"。其中有白人和印第安人的混血儿，几乎都是私生子。也有纯血统的印第安人，但人数不多，他们的群体数量已锐减至原先的三分之一。[105] 那些没有死于疾病的人被逼入偏远乡村，以原始部落的形式生活在那里。另一边，白人占了总人口的四分之一，但其中绝大多数是贫穷的加那利群岛人（克里奥尔人认为他们血统不纯，明显比自己低贱）；要么是浅肤色的梅斯蒂索人，冒充白人。即使是一个在这个拥挤城市的后巷里踢石子的孩子，也能看到一个严密的、用肤色编码的等级制度在发挥作用。

　　种族问题一直是西属美洲的一大症结。以法律强迫印第安人向国王进贡，无论是通过强迫劳动还是税收，都激起了强烈的种族仇恨。几个世纪过去了，随着有色人种的增多，确定"白人"的制度变得空前腐败，滋生了越来越多的敌意。西班牙开始出售"血统净化证明书"（Cédulas de Gracias al Sacar），这种证书向浅肤色的人授予每个白人自动拥有的权利：受教育的权利、受雇从事更好工作的权利、担任神职的权利、担任公职的权利、与白人结婚的权利、继承财富的权利。[106] 出售证明书为马德里创造了新的收入，也不失为一个精明的社会策略。从西班牙的角度来看，可购买的"白人"身份将提升有色人种的希望，并防止克里奥尔主人们变得自大。然而，结果却适得其反。西属美洲的种族问题变得越来越严重。

到玻利瓦尔出生的时候，殖民地爆发了一系列种族叛乱。麻烦始于 1781 年的秘鲁，当时一名男子号称自己是最后一任印加统治者的直系后人，自称图帕克·阿马鲁二世*。他绑架了一位西班牙执政官，公开处决了他，并与 6 000 个印第安人一起向库斯科进发，沿途杀害西班牙人。此前的外交手段没能奏效。一开始，图帕克·阿马鲁二世写信给国王的使节，恳求他废除对印第安人的残酷剥削。[107] 当去信被无视后，他集结了一支庞大的军队，并向克里奥尔人发出一份警告：

> 我已经决心摆脱难以承受的重负，除掉这坏政府的领导人……如果你们选择支持我，将不必承担任何不良后果，无论是你们的生命还是你们的种植园，但如果你们拒斥这份警告，就将面临毁灭，承受我军团的怒火，它将把你们的城市化为灰烬……有 7 万多人听命于我。[108]

最终，保王派军队镇压了叛乱，印第安人付出了约 10 万条生命。[109] 被俘的图帕克·阿马鲁二世被带到库斯科的中央广场，西班牙视察官要他供出同伙的名字。"我只知道两个人，"那俘虏答道，"就是你和我：你是我们国家的压迫者，而我希望把它从你的暴政下拯救出来。"[110] 那西班牙人被这番无礼激怒，命手下割下那印第安人的舌头，并当场将他处以车裂之刑。但是，拴着他的手腕和脚踝的四匹马不听使唤。士兵们转而选择割断图帕克·阿马鲁的喉咙，砍下他的头颅和手脚，并把它们挂在城里各个十字路口的木桩上示

---

*   秘鲁印第安人起义领袖。本名何塞·加夫列尔·孔多尔坎基（José Gabriel Condorcanqui）。

众。酷刑和处决持续了一整天，直到他的所有家人都被杀害。图帕克·阿马鲁最小的孩子看到母亲的舌头被扯下来时，发出一声刺耳的尖叫。传说那声叫喊是如此撕心裂肺，令人过耳难忘，昭示着西班牙在美洲统治的终结。[111]

图帕克·阿马鲁二世的命运引起了巨大反响，相关消息传遍整个殖民地，既鼓舞又恐吓了所有打算发动类似暴动的人。对黑人来说，奴隶制的剥削前所未有地不堪忍受，他们起义的冲动越发迫切；他们已经没有什么可失去的了。但对克里奥尔人来说，叛乱的想法现在激起了一种恐惧，他们担心复仇不仅将来自西班牙，还将来自大量的有色人种。几个月后，这些担忧在新格拉纳达得到了印证。当时，一支由克里奥尔人领导的 2 万人队伍游行反对波哥大的总督辖区政府，抗议高税收。其中一位领导人何塞·安东尼奥·加兰被狂热的气氛冲昏了头脑，宣布黑奴获得自由，并敦促他们拿起砍刀反抗他们的主人。加兰和同党也一同被处决——枪决或绞死。西班牙成功地用残暴手段镇压了不满分子，至少暂时如此。

但是，西班牙几乎无力压制欧洲启蒙运动为殖民地带去的自由诉求，哪怕向外国读物颁布禁令也无济于事。1789 年，《人权宣言》在法国发表。5 年后，新格拉纳达总督辖区最重要的知识分子之一安东尼奥·纳里尼奥（Antonio Nariño）将它与美国《独立宣言》一起秘密翻译过来，并偷运到整个美洲大陆志同道合的克里奥尔人手中。他们的奋斗口号是："不公终将带来独立！"（L'injustice à la fin produit l'indépendance! ）——引自伏尔泰的《坦克雷德》（Tancrède）。纳里尼奥被捕后被送往非洲地牢。但是在此期间，随着法国共和派攻占巴士底狱，将王室成员送上断头台，随着玛丽·安托瓦内特的头颅被高高挂起，昭示全巴黎，一阵血腥的回音响彻圣多明各的街道，委内瑞拉人也吹响了战斗的号角。

这并非纳里尼奥等知识分子想象中的庄严的独立之路，这是一场奴隶之子领导下的起义。有着一半黑人和一半印第安人血统的何塞·莱昂纳多·奇里诺（José Leonardo Chirino）从委内瑞拉来到圣多明各，目睹了那里的奴隶起义如何消灭了岛上的白人，并将这个新大陆曾经最富生产力的殖民地变成了黑人的海地共和国。[112] 1795年，他回到委内瑞拉，召集了一支由 300 名黑人组成的革命力量，洗劫了大庄园，杀死了白人地主，使整个科罗城陷入恐慌。但是没过多久，西班牙人就制伏了他们。奇里诺被捉拿并遭斩首，他的头颅被放在科罗和加拉加斯之间道路上的铁笼子里，他的双手被送到正西方的两个不同城镇。对于那些心怀不满的曼图亚诺来说，个中教训再清楚不过：那些愿为自由献身的人也可能想要平等，一场革命真的能颠覆一切。

在大街上，在马厩里，在厨房里，西蒙·玻利瓦尔想必从惊慌失措的仆人口中听说了这些事情。他就这样长到了 12 岁。

第二章

成年礼

一个孩子雕刻小木棍过程中一瞬间的收获，要胜过听老师讲课一整天。

——西蒙·罗德里格斯[1]

西蒙的舅舅和监护人卡洛斯·帕拉西奥斯暴躁易怒，对孩子毫无耐心。他经常一连数月撇下外甥不管，自顾自地在殖民地旅行，拜访玻利瓦尔家族的各个庄园。他把西蒙送进了唐·费利西亚诺的前秘书、一个古怪的年轻人西蒙·罗德里格斯（Simón Rodríguez）开办的小学。[2]这是一所破旧的小学校，旷课成风，一个老师要教114个学生，几乎没有什么教学设施，但这对唐·卡洛斯来说是一种良心上的慰藉，他本着单身汉的逻辑，认为教室对不安分的男孩而言是完美的解决方案。

1795年6月，当黑人革命者奇里诺逃进委内瑞拉的森林，[3]躲避愤怒的追捕者时，西蒙也决定逃跑。[4]他的舅舅此番离开加拉加斯已经两个半月。西蒙收拾了一些自己的东西，穿过城镇去姐姐玛丽亚·安东尼娅家寻求庇护，他的老奶妈希波莉塔在那里做工。[5]玛丽亚·安东尼娅和她的丈夫巴勃罗·克莱门特很乐意收留他，去检审庭登记变更了他的住址，并正式申请由帕拉西奥斯家为这个男孩提供经济支持，毕竟他们是靠西蒙的遗产生活的。

8天后，卡洛斯·帕拉西奥斯出庭，试图赢回监护权。7月31日，他对玛丽亚·安东尼娅及其丈夫提起诉讼，坚持要把西蒙接回他家，为此不惜诉诸武力。[6]巴勃罗·克莱门特认为，如果把孩子送回卡洛斯家，他那活跃的头脑只会继续被忽视。"关于这种忽视，我们已经警告过他的监护人，"克莱门特愤怒地说，"这孩子总是一个人在街上游荡，不是步行就是骑马。更糟糕的是，他总是和那些不属于同一阶层的男孩为伴。全城人都注意到了。"[7]

尽管克莱门特夫妇做了种种抗辩，检审庭还是判决他们将男孩交还给他的法定监护人。西蒙拒绝回去。不论检审庭法官如何劝说他回到舅舅身边，也不论最终不愿违抗法律的克莱门特夫妇如何敦促他离开，12岁的西蒙仍然坚守立场。"奴隶的权利都比我多！"他坚称，"法庭完全有权分配财产，任意处置一个人的东西，但不能任意处置这个人……一个人有权住在他想住的房子里，你们不能拒绝。"[8]

男孩的抗拒惹恼了唐·卡洛斯，他决定送他去和公立学校的老师西蒙·罗德里格斯一同生活。唐·卡洛斯向检审庭保证，罗德里格斯是"一个备受尊敬、能力很强的人，他的工作就是教育孩子，所以他会为这个孩子提供良好的教育，让孩子住在自己宽敞舒适的房子里，一直关注他的成长"。[9]

检审庭欣然同意。但是西蒙仍然执意拒绝离开姐姐的家。甚至他比较喜欢的舅舅（比卡洛斯对他好）费利西亚诺·帕拉西奥斯也没能使他让步，最后懊恼之下给了他胸口一拳。[10]他姐姐一家对这次袭击非常愤怒，巴勃罗·克莱门特甚至威胁要拔剑决斗。最后，一个强壮的黑奴把又踢又嚷的西蒙拖到了罗德里格斯家。1795 年 8 月 1 日，检审庭记录显示，25 岁的老师正式成为这个孩子的监护人。

罗德里格斯家的房子既不宽敞也不舒适，老师也不可能一直看着西蒙。总而言之，这地方一片混乱。一连十天，西蒙苦苦哀求姐姐和姐夫来救他。最后，克莱门特夫妇代表西蒙提交了另一份请愿书，敦促当局对孩子生活状况进行调查。检审庭方面下令检查罗德里格斯家的房子，发现 5 间卧室共住了 19 个人：老师和他的妻子，老师的弟弟、弟媳和他们刚出生的孩子，一个寄宿生和他的侄子，5 个托管的男学生，罗德里格斯妻子的两个兄弟姐妹，3 个仆人，还有两个黑奴。条件恶劣，乱成一团，伙食不可避免地很差。为了迎合新来的被监护人的口味，罗德里格斯安排西蒙的每顿饭都从唐·卡洛斯家的厨房送来。尽管如此，这个男孩还是伤心欲绝。[11]

三天后，罗德里格斯向检审庭报告说西蒙失踪了。[12] 检审庭为此还组织了搜查队，不过没等他们赶到加拉加斯街头，一个神父就带着这个男孩出现了。西蒙似乎跑去向大主教反映了自己的情况：主教大人亲自写了一封信，请求宽恕这个孩子。

没过两个月，西蒙便感到与儿时生活环境分离的痛苦，这彻底改变了他的想法。1795 年 10 月 14 日，他收回了所有关于卡洛斯舅舅的负面言论。他通过姐姐向检审庭申请，将他送回帕拉西奥斯家的"港湾"，他保证在那里遵守规矩，专心学习。[13] 检审庭批准了他的诉求，但有一个条件：鉴于这位舅舅经常离开加拉加斯，唐·卡洛斯"应该聘请一位受尊敬的老师，最好是一位神父，他可以一直陪伴这个男孩，给他最好的教育"。[14] 三天之内，西蒙·罗德里格斯辞去了工作，成为西蒙的家庭教师。

西蒙·玻利瓦尔绝不是模范学生——他太喜欢游戏，在课桌和铅笔面前太耐不住性子——但在接下来的 3 年里，在一些极为杰出的头脑的指导下，他接受了颇为系统的私人教育。罗德里格斯负责阅读和语法。后来成为拉丁美洲文坛杰出人物的安德烈斯·贝略（Andrés Bello）辅导他文学和地理。负责数学和科学教育的是曾在桑斯家里教过他的神父弗朗西斯科·德·安杜哈尔，这位了不起的学者受到著名自然科学家亚历山大·冯·洪堡的盛赞。[15] 据说西蒙还曾师从其他许多当时备受尊敬的加拉加斯人学习历史、宗教和拉丁语。[16] 但是，即便一些滔滔不绝的传记作家对他早年的才华和教育做出了种种断言，西蒙·玻利瓦尔早在被唤起学习的渴望之前就已度过了童年。在那些激荡岁月里，是他抑制不住的冒险本能和强烈的好奇心，教会了他更多。

＊＊＊

最了解这份难以抑制的天性的老师是西蒙·罗德里格斯。他并没有特别高超的教学技巧，太多作家包括玻利瓦尔自己都夸大了他的能力。但罗德里格斯有着开阔和敏捷的思维，以及对冒险的敏锐直觉。他对西蒙·玻利瓦尔的教育做出的最重要贡献在于，他理解这个男孩的怪癖，并允许他做自己。

罗德里格斯在当时肯定没有公开宣扬自由和平等主义，因为那将会受到严惩；但他是卢梭、洛克、伏尔泰和孟德斯鸠的狂热崇拜者。也就是说，他是启蒙运动提出的自决观念的坚定支持者。他反对西班牙教会和殖民地法律碍手碍脚的束缚，他拥护的是法国百科全书派引领的现代潮流。他相信科学而非宗教，相信个人而非国家。

他于 1771 年出生在加拉加斯，父母很可能是曼图亚诺，他们秘密生下了他，并秘密处置了他。他们听天由命地将他留在一处门阶上，包裹着婴儿的毯子里塞了张纸条，上面写着他是白人的私生子。[17] 他先是被唐娜·罗萨莉娅·罗德里格斯收养，后来又被神父唐·亚历杭德罗·卡雷尼奥收养。他从这两位恩人那里得到了自己的姓名：罗德里格斯·卡雷尼奥；然而最终，出于对教会的不满，他一怒之下彻底删去了"卡雷尼奥"。

事实上，罗德里格斯一生中的大部分时间都在赌气。他性情急躁、情欲旺盛、难以捉摸、漂泊不定，说起话来滔滔不绝，基本教学方法就是把他自己的热爱传递给学生。他举止粗鲁，身材瘦小，几乎算不上一个有魅力的人。他五官怪异，不成比例：耳朵太大，鼻子太勾，嘴巴在不动的时候就绷成一条可怕的线。他与安德烈斯·贝略形成了鲜明对比，后者是一位面容清秀的学者，比玻利瓦尔大不了两岁，受雇让这个男孩接触优秀的文学作品。寡言而冷静的贝略很快就意识到，他永远没办法让西蒙正常接受教育，而罗德里格斯却反其道而行之。他对孩子的反复无常表现出真正的兴趣；他鼓励他的冒险精神，把教学放在户外，在马背上，在野地里。罗德里格斯将卢梭的《爱弥儿》奉为圭臬，这本书讲述了一个孤儿的故事，他的教室就是大自然。卢梭的这部小说与其说是真正的文学作品，不如说是有关教育的论著。它描述中的理想教师允许孩子把自己想象成主人，同时坚定地引导其身心进步。罗德里格斯随心所欲的夸张教学法——使学习变得生动的能力——正是一个过度活跃的男孩所需要的。破天荒头一回，有位老师传授了玻利瓦尔能理解的东西。或许他没能更好地学会拼写，也没能真正熟练掌握写作技能，但罗德里格斯帮助这个男孩奠定了热爱思考的基础。他毕生对自由的追求将根植于此。

如果说年轻的西蒙没有立即理解卢梭、洛克和伏尔泰关于自由的理念是如何影响世界的，那么他很快就会在 1797 年形成清晰的概念。那时，委内瑞拉发生了另一场大胆争取独立而未遂的运动，这次的领导人是有地位的白人。运动最先始于马德里，是共济会组织的反对国王的政变。西班牙作家兼教育家胡安·包蒂斯塔·比科内利在委内瑞拉的拉瓜伊拉港遭到指控、逮捕并被判入狱。在那里，戴着镣铐的他与两名持不同政见的克里奥尔人取得了联系：一位是退役陆军上尉曼努埃尔·瓜尔（Manuel Gual），他的父亲曾与胡安·比森特·德·玻利瓦尔上校并肩作战；另一位是何塞·马里亚·埃斯帕尼亚（José María España），他是海滨城镇马库托的地主和地方检审庭法官。

曼努埃尔·瓜尔和何塞·马里亚·埃斯帕尼亚两人在加拉加斯精心策划的反西班牙的密谋最终被当局识破，两人通过加勒比海的几个港口逃之夭夭。法庭审查他们的文件时了解到了他们的革命目标：完全控制军队和政府，自由种植和销售烟草，取消销售税，与外国势力自由贸易，结束金银出口，自由组建军队，实现各肤色人民绝对平等，取消印第安人纳贡，废除奴隶制。[18]

殖民地政府开始抓捕任何与这场疯狂阴谋有一丝牵连的人，理发师、神父、医生、士兵、农民都不放过，而他们发现了指向西蒙·罗德里格斯的证据。[19] 无法确定罗德里格斯是否告诉过他的学生自己与瓜尔和埃斯帕尼亚有联系，但 14 岁的玻利瓦尔很可能旁听了对罗德里格斯的审判，[20] 因为他的儿时导师、著名律师何塞·米格尔·桑斯负责为老师辩护。[21] 在桑斯的帮助下，罗德里格斯躲过定罪，但法庭裁定，只有他永久离开殖民地，才会撤销对他的指控。[22]

罗德里格斯乘船前往牙买加，甚至没有和妻子、兄弟、前同事或他那敏感的学生道别。[23] 在牙买加，他化名塞缪尔·鲁滨逊，然后前往美国，最终去到欧洲，许多年后他在那里再次遇到了西蒙·玻利瓦尔。这个男孩被留下来，跟随其他远不如罗德里格斯有趣的老师艰难继续学业。但是卡洛斯·帕拉西奥斯对外甥现在该做什么有着自己的打算。为了令他满足继承遗产的条件，[24] 唐·卡洛斯让西蒙加入了阿拉瓜山谷的"白人志愿者"精英民兵队。这是西蒙的祖父胡安·德·玻利瓦尔创办的，他父亲唐·胡安·比森特曾负责指挥。西蒙花了一年时间接受"军事"训练，这是曼图亚诺男孩必经的成年礼。在此期间，他研习了地形学、物理学，在格斗技术方面无疑只学到了皮毛。尽管如此，他还是被提拔为少尉，由此跻身一个令人垂涎的核心集团。

"我一直担心孩子们，"埃斯特万·帕拉西奥斯从西班牙致信卡洛斯，"尤其是西蒙。"[25] 西蒙刚满 15 岁，两位舅舅就决定让他在埃斯特万的监督下到马德里学习一段时间，好圆满完成他的学业。这是唐·胡安·比森特·德·玻利瓦尔一直以来的愿望，唐娜·康塞普西翁也有此意，只是由于西蒙外祖父的固执（也许是舍不得花钱），才使他们两兄弟留在了家里。1799 年 1 月，西蒙乘船前往加的斯，他以为哥哥胡安·比森特随后也将前来。卡洛斯非常担心这个男孩的巨额遗产可能会从家族指缝中溜走，他在给埃斯特万的信中写道："正如我之前说过的，要好好看管他，因为首先，他会胡乱花钱，毫无约束和智慧可言；其次，他并不像他想象的那么富有……如果他的行为缺乏判断力，就要对他严加训斥，或者把他送进一所管理严格的学校。"[26]

西蒙在拉瓜伊拉港口登上"圣伊尔德丰索号"轮船时，何塞·马里亚·埃斯帕尼亚——瓜尔-埃斯帕尼亚同党中的一个——正乘独木舟秘密重返委内瑞拉，结束近两年的逃亡。[27] 几个月来，埃斯帕尼亚设法躲避了当局的追捕，从一个村庄逃到另一个村庄，直到最后躲进了一户黑人家庭。在西蒙横渡大西洋的途中，西班牙军队突袭了埃斯帕尼亚的藏身之处，逮捕了他，并以叛国罪将他定罪。他被绑在一头骡子的尾巴上，拖到加拉加斯的中央广场。在那里，他被处以绞刑，遭到肢解，头和四肢被送往殖民地的偏远角落。人们再一次目睹了铁笼子、腐烂的肉体和贪婪的秃鹫，这一切都在提醒他们：西班牙绝不姑息革命者。不到一年，西班牙间谍就在特立尼达岛上找到了曼努埃尔·瓜尔，并用一小瓶毒药轻而易举地结果了他。[28]

***

自打记事起，西蒙就恳求舅舅们送他去西班牙，所以在 1799 年 1 月 19 日登上"圣伊尔德丰索号"甲板时，他意气风发地期待着一场人生冒险。他的客舱同伴埃斯特万·埃斯科瓦尔（Esteban Escobar）是一位绝顶聪明的 13 岁男孩，获得奖学金前往西班牙塞哥维亚的军事学院学习。由于有相似的成长背景，这两个男孩成了朋友。

他们乘坐的是一艘轻快敏捷的战舰，修建于港口城市卡塔赫纳（Cartagena）。它原属一支由六艘战舰组成的分舰队，曾参加过加勒比海和大西洋上的多起小规模战斗，并将在 5 年后的特拉法尔加海战中遭遇惨痛的命运。它有 74 门大炮，能承载 600 人，是西班牙王室最好的现役战舰之一。但是乘坐一艘为作战而造的船在海上航行是一件危险的事情。"圣伊尔德丰索号"上一次从美洲向加的斯运送乘客时，它所在的由 26 艘舰船组成的船队在圣文森特角海战中与英国人相遇。西班牙的战舰现在被用来运送乘客和货物，这是西班牙经济一蹶不振的一个标志。

"圣伊尔德丰索号"上一点也不舒适：住宿拥挤，食物不合标准，同船乘客粗鲁无礼。但男孩们被分配了特殊的住处，享受在甲板以上居住的特权，远离舱底和害虫。随着他们向北航行，穿过加勒比海水晶般湛蓝的海域时，他们逐渐适应了海上的生活。

从一开始，船长就对这两位年轻乘客很慷慨。可想而知，他们在他的教导下收获良多：玻利瓦尔后来将发现，这些知识对一场一路延伸到大海的革命而言至关重要。然而，船长的宽宏大度并不能掩盖远航的潜在危险和时代的紧张氛围。"圣伊尔德丰索号"以运载贵金属而闻名——之前它曾向加的斯运送汞和白银，所以觊觎它的不仅有英国敌人，还有几个世纪以来横行在加勒比海域的海盗。[29]

这次航行之所以危险，还有另一个原因：羽翼未丰的美国海军陷入了一场激烈的"准战争"，对手是无情劫掠美国商船的法国私掠船。在美国独立战争期间，法国和美国曾是盟友，但法国大革命和随后的贸易战破坏了这份友谊。海上角力随时可能演变成全面冲突。事实上，在这个动荡不安的时期，联盟关系经常发生变化，很难判断一艘驶近的船是敌是友。几年前还与葡萄牙结盟对抗法国的西班牙，现在却与法国联合对抗英国。而贯穿西蒙·玻利瓦尔的少年时代，美国在经历了一场对抗英国的残酷革命之后，业已成为英国的主要贸易伙伴。

尽管冒着重重危险，"圣伊尔德丰索号"在离开拉瓜伊拉港 14 天之后，还是于 2 月 2 日如期抵达了墨西哥的韦拉克鲁斯（Veracruz）。在把 700 万银币装上船队的货舱后，[30] 船长本打算起锚向东，经哈瓦那前往加的斯，但他被告知英国的封锁切断了通往这一方向的所有航行。"圣伊尔德丰索号"不得不在韦拉克鲁斯港停泊了 46 天。

利用这段令人麻木的耽搁期，西蒙从当地一个商人那里借了 400 比索，[31] 搭乘公共马车去了墨西哥城。他的舅舅佩德罗（帕拉西奥斯兄弟中年纪最小的一个）给过西蒙一封加拉加斯主教的介绍信。当西蒙坐着马车进入这座辉煌的城市时，这个新西班牙的明珠、西班牙殖民帝国的骄傲以其富丽堂皇给他留下了深刻印象。"墨西哥城让人想到柏林，"亚历山大·冯·洪堡写道，"但还要更美，它的建筑风格有种更内敛的味道。"[32] 这个繁华的总督辖区首府正值普遍富足的好日子，在这个黄金时代，贵族们人人都在兴修豪宅，好把邻居比下去。气派的林荫大道，奢华的住宅，宽敞的公园，活跃的商业，这些都代表了墨西哥日后再无法超越的宏伟巅峰，令玻利瓦尔叹为观止。

他在乌卢阿帕侯爵的豪华宅邸舒舒服服待了一周。安排住宿的是墨西哥城首席法官唐·吉列尔莫·阿吉雷（Don Guillermo Aguirre），他是写下西蒙手中那封介绍信的主教的侄子。在阿吉雷的引见下，西蒙打入了墨西哥上流社会，并被介绍给位高权重的总督阿桑萨（Asanza）。有很多著述论及西蒙与总督的谈话，以及他发表的据说大胆且极具煽动性的革命言论，这些不能确定是否为真，因为很难相信一位墨西哥统治者会与一个 15 岁的孩子进行政治辩论。但毫无疑问，两人确实交谈过，而他们简短交谈的主题是眼下阻碍"圣伊尔德丰索号"起航的封锁。西班牙有如此庞大的帝国，墨西哥有如此丰富的金银，可英国人却能使西班牙的贸易陷入停滞。西蒙的出现是封锁带来的直接后果，印证着西班牙的无能。任何人都不免会有这种想法。

据说此番西蒙被引见给墨西哥上流社会，为他带来了第一段浪漫史。他曾在加拉加斯和漂亮的表姐妹们打情骂俏，从他爱好音乐的舅舅索霍神父那里学会了跳舞，他穿着打褶花边领的衬衣和俊俏的马夹，俨然一副花花公子模样。但在港口城市韦拉克鲁斯度过了 25 天的无聊和闲散日子之后，西蒙终于有机会体验一次情感的冲动。

她就是玛丽亚·伊格纳西亚·罗德里格斯·德·贝拉斯科-奥索里奥（María Ignacia Rodríguez de Velasco y Osorio），一个 21 岁的已婚女子。这位贵族的女儿生着亚麻色头发和蓝色眼睛。她的姐姐乌卢阿帕侯爵夫人身为西蒙的女主人，介绍了二人的会面。西蒙和玛丽亚·伊格纳西亚的罗曼史转瞬即逝，只持续了 8 天，但两人在侯爵夫人家中都像在自家一样自在，所以他们在楼上狭窄的楼梯间里偷偷度过了一段私密时光。[33] 这位外号"金发罗德里格斯"的女子在墨西哥城早已名声在外。[34] 她 15 岁就结婚了，是一个典型的骄奢淫逸之人，后因走马灯似的更换丈夫、有好几十位情人而震惊整个墨西哥，这些男人中就包括墨西哥皇帝阿古斯丁·德·伊图尔维德（Agustín de Iturbide）和男爵亚历山大·冯·洪堡，后者声称她是他见过的最美丽的女人。[35] 我们无从得知西蒙·玻利瓦尔是否第一次经历这样的浪漫邂逅。但可以确定的是，这是他第一次作为完全独立的男人与女性交往，不受家庭的监督和约束。

3 月 20 日，封锁解除后，西蒙终于返回韦拉克鲁斯，前往哈瓦那。很快，他的船加入了一支更大的船队，向北小心翼翼地驶过巴哈马群岛（Bahamas），驶向切萨皮克湾（Chesapeake Bay）。船队的船长决定冒着航程更长和补给耗尽的风险，沿北美海岸航行，直到船只远离威胁。在哈瓦那，他们装上了牛、山羊、绵羊、鸡，补充足够维持 60 天的食物和淡水。余下的航程将耗时 72 天。他们靠近加的斯时遭遇了猛烈的风暴，舰队被冲散，"圣伊尔德丰索号"沿着葡萄牙海岸向西班牙北部航行。待到停靠在巴斯克港口城市桑托尼亚（Santoña）时，船上散发出变质奶酪和舱底的动物血水的恶臭。经历了太阳的无情炙烤和狂风的猛烈吹打，水手们个个衣衫褴褛。他们在雨中眯起眼睛眺望桑托尼亚灰色的拥挤房屋，想必感到极度疲惫和饥饿。不过，他们躲过了战争。

***

西班牙已经打了 6 年之久的仗，而且还将再打 26 年，直至它的实力被榨干，它作为世界上最强大国家之一的地位成为一段古老的记忆。卡洛斯四世国王在自己的国家已成笑柄。作为一个能力低下、意志薄弱的人，他把所有权力都让给了多年来一直给他戴绿帽子的首相曼努埃尔·德·戈多伊（Manuel de Godoy）。戈多伊 17 岁时作为王家侍卫来到王宫，不久，他那阳刚英俊的外表就引起了王后的注意。尽管相貌平平、皮肤糟糕，但王后玛丽亚·路易莎（María Luisa）对英俊的年轻男子有着难以抑制的惊人胃口。戈多伊很快成了她的情人。王后用更高的头衔和更大的权力来回报他的性爱，安排他结婚以掩盖他们之间的风流丑事，并说服她的蠢丈夫在 1792 年任命他为首相。同年，王后生下了第十四个孩子，传遍全欧洲的流言称，这个孩子长得和新首相惊人地相像。当国王在宫廷作坊里摆弄家具、擦亮宝剑消磨时光时，戈多伊篡取了大权。正是由于戈多伊向英国宣战，引发了灾难性的后果，西班牙经济才开始急剧衰退；西班牙人民也将复仇的怒火对准了戈多伊。人们不可能不注意到，就在几年前，法国国王和王后被押上了断头台。为了重获支持，玛丽亚·路易莎王后任命体弱多病的弗朗西斯科·萨韦德拉（Francisco Saavedra）为新首相，后者曾在新大陆帮助美国人在约克镇战役中击败英国人；然而，一涉及性就会轻狂放荡的她，又把目光投向了另一个男人。[36]

她宣泄色欲的新对象是曼努埃尔·马略（Manuel Mallo），一个来自加拉加斯的高大魁梧的年轻保镖。[37]他碰巧是埃斯特万·帕拉西奥斯的朋友和知己，而埃斯特万正是西蒙要拜访的舅舅。这个15岁的男孩几乎无从知晓，他的母国实际是个堕落的温床，全不似它表现出的那样强大而不可侵犯。无论在政治、经济还是道德上，整个西班牙都在承受自身毁灭性治理的后果。上层阶级摸摸口袋就能感受得到，而底层人民只需要摸摸（饿瘪的）肚子。一位来自西印度的富有年轻贵族受到热烈欢迎，也就不足为奇了。[38]

据埃斯特万舅舅说，西蒙到达马德里时"一表人才"。"他完全没有经过学校教育，但有意愿和智慧去接受这样的教育，而且，尽管他在旅途中花了不少钱，但他到达这里时仍是一团糟。我得给他重新置办行装。我很喜欢他，虽然照顾他要费老大一番精力，但我乐意满足他的需要。"[39]

埃斯特万已经在马德里待了6年多，致力于为西蒙的哥哥胡安·比森特坐实侯爵头衔。在这个过程中，他花费了玻利瓦尔家族的大量金钱，却收效甚微。无论埃斯特万多么英俊迷人，无论他怎样打入了时髦的音乐圈，他归根到底还是不擅长政治，无法赢得那种足以消除家谱中恼人缺陷的影响力。他本打算放弃努力，两手空空地回到加拉加斯，但有三件事使他改变了主意：他被任命为审计法院的庭长，[40]这职位虽然薪水不高，但很受尊敬；他认识了刚刚被任命为首相的萨韦德拉；最后，他的室友，令人无法抗拒的曼努埃尔·马略，成了王后的宠儿。整个西班牙都听说了玛丽亚·路易莎新近的婚外情，整个加拉加斯都在议论纷纷。虽然马略实际出生于新格拉纳达，但他在加拉加斯长大，是曼图亚诺社会的固定成员。埃斯特万确信自己的运势会随着朋友的得势扶摇直上，于是决定留下来。他敦促远在加拉加斯的兄弟们送胡安·比森特和西蒙过来，这样他们也可以充分利用这个新的美洲时刻。当胡安·比森特一口回绝，唐·卡洛斯·帕拉西奥斯提出让西蒙单独前往时，埃斯特万表示同意。当帕拉西奥斯的弟弟佩德罗来信说他也想去沾沾马略的光时，埃斯特万也同意了。

　　西蒙在"圣伊尔德丰索号"停靠桑托尼亚港 11 天后到达马德里，他的行李很少，几乎没有什么衣服。[41] 几天后，他的舅舅佩德罗也辗转来到这座城市，身无分文，衣衫褴褛；他的船先是被波多黎各附近的英国海盗劫持，后来又被英国海军扣押，这才放他重归自由。[42] 起初，西蒙和佩德罗搬进了埃斯特万与马略合住的房子里，但环境太拥挤了，很明显，他们需要自觅住处。他们三人在花园大街租了一间不大的公寓，雇了三个男仆料理起居。"我们确实享受到一些便利，"佩德罗在给弟弟卡洛斯的信中写道，"但这太复杂了，无法在信里解释。"[43] 事实上，这种便利是微不足道的。显然，马略在王后的闺房里势力很大，但在王后的宫廷里几乎没什么影响力，与先前戈多伊的权势不可同日而语。更令人不安的是，与英国的战争阻碍了资金的正常输送，而几位年轻的委内瑞拉人迫切需要资金来维持自己的形象。帕拉西奥斯两兄弟都不像西蒙那样拥有巨额财产。埃斯特万开始尽其所能安排西蒙的教育，以便这个男孩在马德里的社交圈中脱颖而出、大放异彩。

他雇裁缝给这个男孩做了优雅的制服、晚礼服、羊绒夹克、天鹅绒背心、丝绸衬衫、蕾丝衣领和斗篷。[44] 他安排了专门的老师来教他标准西班牙语语法、法语、数学和世界史。[45] 但几个月后，埃斯特万有了更好的主意——请乌斯塔里斯（Ustáriz）侯爵来负责孩子的教育。乌斯塔里斯侯爵是加拉加斯人，也是他们家族的老朋友。时年 65 岁的侯爵是西班牙最高军事委员会的一名德高望重的成员，正处于辉煌事业的巅峰期，但他膝下无子。他没有丝毫犹豫，愉快地接受了这一职责。这位老人学识渊博，博览群书，可谓理想的教师。他是自由、睿智、正直的楷模，也是一切委内瑞拉事物的狂热爱好者。他和玻利瓦尔很快就一见如故。几天后，16 岁的玻利瓦尔搬进了侯爵位于阿托查大街 8 号的富丽堂皇的府邸，[46] 开始在他的指导下学习。

在侯爵慈父般的教诲下，西蒙经历了迅速的蜕变。在那之前，他的学业一直很不稳定。他唯一留存下来的写于这段时期之前的信是给舅舅佩德罗的。[47] 这封信显示了一位 15 岁的贵族惊人的无知。他连最简单的单词都拼错，对语法规范几乎一窍不通。他的导师当然立刻意识到了这一点，并着手彻底改造这个男孩。他聘请了西班牙文学、法语和意大利语、启蒙哲学和世界史方面最好的老师。他向西蒙推荐各种书籍，讲述自己的经历来激起他的好奇心。西蒙读书写字时，他就站在男孩的身后看着。西蒙的书房装修豪华，周围全是侯爵的藏书。他贪婪地阅读，花费相当大的精力用于掌握古典文学和当代欧洲思想著作。他听贝多芬和普莱耶尔的音乐，他们是当时的作曲家，作品刚刚被引入马德里的沙龙。他学习会计原理，这些原理有朝一日会被用于对付巧取豪夺的舅舅卡洛斯。他的教学计划虽说注重文化和学术素养，却也不乏体育锻炼。他接受击剑训练，灵活的腿脚助他练就了精湛的剑术。他学习舞蹈，这种消遣给他带来了极大的乐趣。到了晚上，他会和侯爵进行长篇大论的哲学探讨，与显赫的客人交往，或者和舅舅们一起参加各类社交活动。

有时，这几位年轻的委内瑞拉人会到宫里拜访马略，在那里西蒙有机会亲眼见到玛丽亚·路易莎王后。他曾匆匆见过她一面，当时她到马略与埃斯特万同住的房子里去拜访马略。那个掩着僧侣斗篷、偷偷溜进情人住所的女人不会引起男孩特别的敬畏。[48] 但在这里，在王宫华丽的大厅里，毫无疑问，她有着强大的气场。她被一个个谄媚者环绕，随心所欲地统治着手下群臣，她冷酷的面孔和华丽的丝质长袍显得威仪凛然。在玻利瓦尔到来后不到一年完成的一幅画像中，弗朗西斯科·德·戈雅捕捉到了这位王后集放荡与狡诈于一身的骇人形象。从戈雅直率而公开的讽刺描绘可以判断，即便在当时，她的批评者也是数不胜数。马德里一位受人尊敬的外交官写道："世界上没有哪个女人比她更镇定或更奸诈。她简单几句评论就成了不可更改的法律。她为着自己卑劣可耻的恶习牺牲了王室的最大利益。"[49] 现在，面对她困顿的帝国、露骨的淫欲乃至蛀蚀的牙齿，这个来自殖民地的年轻人不可能看不出王后的腐败。他接受着西班牙贵族式的教育，但同时也了解到君主制的大厦有多么脆弱。

当时伟大的编年史家亨利·亚当斯在《托马斯·杰斐逊和詹姆斯·麦迪逊执政时期的美国历史》（*History of the United States During the Administrations of Thomas Jefferson and James Madison*）中描述了西班牙宫廷的昏庸：

      1800 年，王后的宠儿是一个姓马略的人，据说此人因她而发迹，又据寝宫里的女仆说，此人随意殴打王后陛下，仿佛她是随便哪个粗鄙用人。那年某日，戈多伊来觐见国王，并像往常一样当着王后的面与他交谈，卡洛斯问了他一个问题："曼努埃尔，这个马略是怎么回事？我看他天天坐着新马车招摇过市。他从哪儿弄来这么多钱？""陛下，"戈多伊答道，"马略在世上一无所有；但他被一位丑陋老妪包养，她靠打劫她的丈夫来供养她的情人。"国王听了哈哈大笑，转身对妻子说："路易莎，你怎么看？""啊，卡洛斯！"她回答，"难道你不知道曼努埃尔总爱开玩笑吗？"[50]

一天下午，玻利瓦尔去王宫看望王后15岁的儿子，未来的国王费尔南多王子。费尔南多邀他去打羽毛球。他们对战正酣时，西蒙把羽毛球打到了王子的头上，年轻的王子恼羞成怒，拒绝继续比赛。王后一直在旁观看，她坚持要费尔南多继续下去，并教导他要表现得像个举止得体的好主人。"费尔南多七世如何能料想到，"玻利瓦尔在27年后评论说，"这次意外预示着有一天我会夺走他王冠上最珍贵的宝石？"[51]

大约同一时间，在1800年2月，埃斯特万和佩德罗搬出了位于花园大街的公寓，一起离开了马德里，[52] 意欲远离一个日益严重的问题。原因尚不完全清楚，但有理由推测，随着时移世易，朝廷权力更迭，两任首相来来去去，王后的情人被打回了原形：一个普通的小白脸，连累他们受到了怀疑。马略的地位变化也可能缘于王后极强的嫉妒心，她怀疑马略不忠，另有情妇。不管怎么说，埃斯特万被捕入狱——在那个错综复杂的时代，这是件稀松平常的事，而佩德罗开始隐姓埋名，大部分时间都待在加的斯。只有乌斯塔里斯侯爵在日益腐败的马德里屹立不倒，他成了玻利瓦尔唯一的靠山。

但那时，有一件非常紧迫的事情让年轻的西蒙分心：他坠入了爱河。他在侯爵家遇到了玛丽亚·特蕾莎·罗德里格斯·德尔·托罗（María Teresa Rodríguez del Toro），经过两三次下午会面后，他向女孩表达了自己的爱慕之情，并赢得了对方的芳心。她是加拉加斯富人家的女儿，是他儿时好友费尔南多·德尔·托罗的堂妹。这意味着，尽管她出生在西班牙，却是在玻利瓦尔珍视的美洲风俗文化中长大的。她白皙纤弱，身材高挑，不算特别漂亮，但有一双黑色的大眼睛和优美的身形。她不到 19 岁，比西蒙大了将近两岁，却显得纯洁天真，有着孩子般的随和天性。每逢侯爵和她的父亲下棋或安坐在壁炉旁的椅子上探讨政治时，玻利瓦尔就会借机与玛丽亚·特蕾莎谈心。没过多久，他开始梦想着和她共度余生。[53]

西蒙很快就向她的父亲唐·贝尔纳多·罗德里格斯·德尔·托罗（Don Bernardo Rodríguez del Toro）提亲，这令他大吃一惊。毫无疑问，这样的求婚对玛丽亚·特雷莎相当有利：玻利瓦尔这个姓氏本身就极具说服力，而西蒙作为一个年轻人，受过王室接见，又明显深得侯爵大人青睐，享有很高的声誉。但唐·贝尔纳多担心的是这位求婚者的年龄。他还没满 17 岁。唐·贝尔纳多决定带玛丽亚·特蕾莎去他们在毕尔巴鄂的避暑别墅，给年轻人的激情降降温，同时也考验考验男孩求婚的诚意和耐心。

在此期间，玻利瓦尔说服侯爵帮助他争取玛丽亚·特蕾莎。他匆匆写了一封信给舅舅佩德罗，告诉他自己打算结婚。他也给爱人写了一封信，称她为"我灵魂中的甜蜜魔咒"。[54] 6 个月后的 1801 年 3 月 20 日，他带着官方护照前往毕尔巴鄂与她会合。

几乎没有什么证据能确定接下来一年里发生了什么，但很明显，玻利瓦尔大部分时间都在毕尔巴鄂度过。整个春天和夏天，他都住在未来的新娘及其家人那里。到了 8 月，唐·贝尔纳多把玛丽亚·特蕾莎带回了马德里，但玻利瓦尔留在了毕尔巴鄂。几个月后，在 1802 年初，他短暂访问了巴黎。这是为什么？一些历史学家认为他曾计划帮助舅舅埃斯特万越狱。还有人说，玻利瓦尔成了不受欢迎的人，因为玛丽亚·路易莎王后认为是他帮马略向别人传送情书。不过也有人说，刚刚重新就任首相的戈多伊鄙夷王后的情人，连带他所有的"印第安"朋党，于是故意限制玻利瓦尔的行动。最有可能的是，玻利瓦尔留在毕尔巴鄂并前往巴黎，只是因为他在毕尔巴鄂结识了法国朋友，并试图向未来的岳父证明自己——彰显他是见过世面的人。不管出于什么原因，在康沃利斯和拿破仑签署了一项有效结束英法战争的条约后不久，玻利瓦尔获得了护照，[55] 返回马德里。那是 1802 年 4 月 29 日。他 18 岁了。

　　他一到马德里就立刻申请了结婚证，并于 5 月 5 日拿到了它。[56]他兴高采烈地买了两张去加拉加斯的票，搭乘三年前的同一艘船——"圣伊尔德丰索号"。显然，他已说服了心上人一起回到他的家乡，那里的生活远没有这么复杂，还有一大笔遗产在等待着他们。毕竟根据约定，他继承遗产的主要前提之一就是必须居住在委内瑞拉。[57]

　　5 月 26 日，一个和煦的春日，西蒙和玛丽亚·特蕾莎带着女方父亲的祝福，在离新娘家几步之遥的马德里圣何塞教区教堂举行了婚礼。[58]由于埃斯特万仍在监狱服刑，佩德罗无法从加的斯赶来，这场新郎热切期盼的婚礼主要由新娘一方的家人参加。三个星期后，这对幸福的新婚夫妇从拉科鲁尼亚港（La Coruña）起航离开西班牙，乘坐的船舱被玻利瓦尔精心装点了鲜花。[59]

　　回到委内瑞拉后，玻利瓦尔以为他们可以从此过上舒适的地主生活：打理田产，收获庄稼，管理金钱和奴隶。他们无忧无虑地度过了几个月，[60] 住的是玻利瓦尔从施洗神父那里继承来的位于加拉加斯大教堂旁边的豪宅，这幢房子是他舅舅卡洛斯觊觎多年的。[61] 玛丽亚·特蕾莎受到了热烈欢迎，不仅有西蒙的家人，还有她自己的家人。德尔·托罗家族在委内瑞拉有着悠久而辉煌的历史，她的叔叔德尔·托罗侯爵在首府是个颇有影响力的人物。但玛丽亚·特蕾莎还从没有亲身体验过殖民地的生活，所以当她第一眼看到这个热带城市，看到充满异域风情的种族、色彩缤纷的鸟儿，以及身后跟着奴隶随从的有钱妇女时，想必印象深刻。

　　玻利瓦尔曾希望带她去家族的某座大庄园，也许是圣马特奥的种植园，好向她展示自己的童年乐土，哪怕只是短暂一瞥：糖料田、果园和花园，他们经常一起憧憬的迷人乡村生活。[62] 但他从未实现这件事。她的身体虚弱到不能旅行，无力承受在车辙纵横、坑坑洼洼的路上乘马车长途跋涉。就在这座城市，在这个令他幼年丧父、童年丧母的地方，玛丽亚·特蕾莎染上了严重的黄热病。至于她是在加拉加斯还是在拉瓜伊拉，甚至是在"圣伊尔德丰索号"上感染的这种病，我们永远不会知道。但毫无疑问，疾病很快就找上了她，致命程度使她那发狂的丈夫措手不及。就在他们满怀喜悦地抵达委内瑞拉后不到 5 个月，她去世了。[63]

第三章

异乡奇遇记

我突然明白，人不是为爱而生的。

——西蒙·玻利瓦尔 [1]

　　玛丽亚·特蕾莎因疾病而消瘦发黄的遗体被安放在敞开的棺材里供加拉加斯所有人瞻仰。[2] 她身穿一件装饰华贵的白色锦缎长袍，倚靠的枕头里装着她丈夫的洗礼服；不会再有孩子穿了。她的脸上遮着一块布。葬礼结束后，送葬的人们都离去了，她的棺木被钉上并推入家族墓室，与玻利瓦尔家的先人们一起永恒。[3]

　　据西蒙的哥哥胡安·比森特说，极度悲伤令西蒙进入某种癫狂状态，摇摆于愤怒和绝望之间。[4] 要不是胡安·比森特把醒着的每一分钟都用来照顾他，他可能会失去活下去的意志。"我曾认为我妻子是神的化身，"玻利瓦尔后来对他的一位将军说，"是上天把她从我身边偷走的，因为她本就不属于这个世界。"[5] 精疲力竭的他试图打理名下的可可和靛蓝种植园，但工作并不能分散他的注意力；目之所及尽是梦想生活的碎片。"愿上帝赐予我一个儿子。"他给佩德罗舅舅的信里曾这样写道。[6] 那年他17岁，正沐浴在爱河中。但现在他的梦想被剥夺了，他不得不重新思考自己充满希望的少年时代的每一个抱负。他再也无法继续独自住在大教堂旁边那座巨大的宅邸里了，空荡荡的房间让他想起一去不返的幸福。他在加拉加斯社交界的会客厅里得不到任何安慰。他再不能指望过上大庄园里的宁静生活，有一个百依百顺的妻子和一群生气勃勃的孩子。他后来回忆道：

> 假如我没有成为鳏夫，我的人生可能会大不相同。我可能永远也成不了玻利瓦尔将军，也成不了解放者，不过我得承认，以我的性格也很难成为圣马特奥市长……当我和妻子在一起时，我满脑子只有最热烈的爱，而不是政治理念。那些思想彼时还不在我的想象范围内……我妻子的死使我早早踏上了政治道路，去追随玛尔斯的战车。[7]

如果说玻利瓦尔日后养成了从接二连三的挫折中复原的超凡能力，那么这种能力始于他生命中的第 20 年。他从绝望的深渊中找到了活下去的勇气。他变得咄咄逼人、争强好斗、直言不讳。不久，他便与安东尼奥·尼古拉斯·布里塞尼奥（Antonio Nicolás Briceño）发生了法律纠纷。[8]他声称这位邻居非法侵入了他在图伊山谷的一处庄园，跑到他的土地上建房种田。这之后没多久，他又写信指责舅舅卡洛斯·帕拉西奥斯没有及时向他通报财务状况。[9]最后，他将自己的财产管理权完全移交给另一个人——何塞·曼努埃尔·哈恩（José Manuel Jaén）。但这些都不是他的兴趣所在，也算不上真正的年轻人该过的生活。迎来 20 岁生日时，他计划了一趟回欧洲的旅行。简直无法想象他对这里的一切有多么厌倦，多么渴望离开。[10]

1803 年 10 月，他委托一艘船将他的可可、咖啡和靛蓝从拉瓜伊拉运往西班牙，他本人也随船同行。他带着一摞普鲁塔克、孟德斯鸠、伏尔泰和卢梭的书，[11] 开始了横渡大西洋的艰辛旅行。颠簸了两个月后，他到达了加的斯。

　　他在这个港口停留了一段时间，卖掉了庄园出产的作物，并向代理人哈恩做了详细指示。[12] 但是 1 月的加的斯多雨多风，他急于离开。2 月，他前往北方的马德里安抚岳父唐·贝尔纳多·罗德里格斯·德尔·托罗，交给他一些玛丽亚·特蕾莎的遗物以寄托愁情哀思。玻利瓦尔在马德里度过了寒冷的两个月，这座城市充满了无数关于亡妻的回忆和帝国衰落的迹象，徒增他的压抑。他还穿着丧服，根据礼仪和习俗至少要穿一年。[13] 他和唐·贝尔纳多相拥而泣，[14] 从中得到了些许安慰，但会见老朋友、尝试重建旧日人脉，这些活动和在加拉加斯时一样让人不堪忍受。3 月，由于面包严重短缺，国王颁布法令要求所有临时居民撤离首都，[15] 这几乎令玻利瓦尔感到解脱。到了 4 月，紫罗兰遍地盛放，芳香弥漫在比利牛斯山温暖的空气中，他和儿时伙伴、特蕾莎的堂兄费尔南多·德尔·托罗一起翻越群山进入了法国。[16]

　　5 月 18 日，他们到达了巴黎，那时法国参议院尚未宣布拿破仑为皇帝。[17] 首都处处群情高涨，为无穷的可能性激动不已。法国所能取得的成就似乎不可限量。启蒙哲学家们塑造了一个新时代；大革命纵有种种暴行，却使一个民族焕然一新；拿破仑在欧洲和中东取得的惊人军事胜利表明，法国可能成为主导世界的强国。

　　玻利瓦尔无比着迷地看着拿破仑这颗璀璨的新星冉冉升起。此番踏上巴黎街头，他根本没法无视这个人的成就：这里一派欣欣向荣，与西班牙的腐朽衰落形成了鲜明对比。拿破仑正在对所有公共机构——教育、银行、民法，甚至是交通和下水道——进行重新整顿，其改进大胆而显著。一个更大的全球战略似乎也在推进。那时，拿破仑已将路易斯安那卖给了托马斯·杰斐逊；而几个月前，他在席卷海地的血腥起义中承认落败，海地共和国就此诞生。但是，尽管法国的新大陆势力似乎正在萎缩，但在旧大陆，它正崛起为一个强有力的国家。在加冕的那一刻，世上没有哪个统治者能比这位新皇帝更令人钦佩。看着拿破仑穿戴朴素的外套和便帽，在杜伊勒里宫检阅他整齐严明的军队阵列时，玻利瓦尔满心敬畏。[18]"我崇拜他，视他为共和国的英雄，"玻利瓦尔后来说，"视他为荣耀之星，自由的天才"[19]——也许最重要的是，视他为人民的谦卑仆人。但这种想法很快就变了。

***

玻利瓦尔和费尔南多·德尔·托罗在维维恩大街的外宾酒店找了一套公寓，离卢浮宫只有几个街区。在那里，他们建立了一个舒适场所供朋友聚会，其中包括基多的卡洛斯·蒙图法尔（Carlos Montúfar）和瓜亚基尔（Guayaquil）的比森特·罗卡富埃特（Vicente Rocafuerte），这些年轻的克里奥尔人多年后将再次出现在玻利瓦尔的生活中，扮演完全不同的角色。日子一天天过去，这一行列中加入了玻利瓦尔的老师西蒙·罗德里格斯，他此时30岁出头，仍在流亡中。有一群精神饱满的友人做伴，这位鳏夫终于脱下丧服，拥抱巴黎所能提供的一切修复精神的乐事。

这是一座逸乐之城，自由奔放，各类娱乐设施应有尽有，从金碧辉煌的歌剧院到烟雾缭绕的赌场。大革命期间空无一人的剧院，如今夜夜笙歌，全巴黎都聚在这里聆听弗雷德里克·迪韦努瓦

（Frédéric Duvernoy）精妙的圆号，或是库西诺（Cousineau）的竖琴或克莱采尔（Kreutzer）的小提琴。芭蕾舞风行一时，《关不住的女儿》（*La Fille mal gardée*）和《舞蹈癖》（*Dansomanie*）这样的演出让观众眼花缭乱。[20] 王家宫殿（Palais-Royal）是一处由拱廊和公共花园组成的宏伟建筑群，也是玻利瓦尔最流连忘返的地方之一，[21] 他经常光顾坐落其间的法兰西剧院，以及数不清的餐馆、商店、书店、珍奇屋，还有赌场和出了名的风月场所。他和西蒙·罗德里格斯一起阅读爱尔维修、霍尔巴赫和休谟的作品，在烟雾缭绕的咖啡馆里一连几小时为斯宾诺莎争论不休。[22] 白天，巴黎街头挤满了各式各样的马车——大的小的，两轮的四轮的，封闭的敞篷的，轧轧作响碾过路上的泥泞和辙痕。糕点摊贩、卖鱼小贩和修鞋匠的吆喝声在空气中回荡。到了晚上，新奇的煤气灯闪着奇迹般的微光点亮整座城市，让狂欢一直持续到黎明。[23]

就在这个如北极星般辉煌的现代都市里，玻利瓦尔深入结交了范妮·德尼·德·特罗布里昂（Fanny Denis de Trobriand）。她是德尔维厄·杜·维拉尔（Dervieu du Villars）伯爵夫人，是玻利瓦尔访问毕尔巴鄂期间遇到的巴黎人之一。这位漂亮的社交名媛几乎没认出三年前打过交道的那个严肃青年，但她对他现在的形象很是满意。"他完全变了一个人，"作家弗洛拉·特里斯坦后来回忆道，"玻利瓦尔至少长高了 4 英寸（约 10 厘米）；他已经有了一定的风度和魅力，富有光泽的黑髭衬着明亮的皓齿，赋予他一种惊人的男子气概。"[24]

范妮比玻利瓦尔年长近 10 岁。她 16 岁嫁给里昂的总司令、大她 25 岁的德尔维厄·杜·维拉尔伯爵。相传伯爵在大革命中被特务逮捕并判处死刑，英勇的范妮在一天深夜突然闯入革命检察官住处，用手枪抵住他的头，逼他签署了她丈夫的赦免令。[25] 德尔维厄·杜·维拉尔伯爵后来成为拿破仑军队的上校，大革命一结束就当上了拿破仑政府的参议员。18 世纪 90 年代中期，他在圣皮埃尔下街购置了一座豪宅，范妮就在那里确立了自己上流社会贵妇的地位。老伯爵更偏爱里昂的乡间别墅，常常一离开巴黎就是很长一段时间，任凭他年轻的妻子随性活跃在社交圈内。她成了巴黎社交活动的常客，在皇帝的宫廷里受男人们追捧，还成了知名美人雷卡米耶夫人（Mme de Récamier）的密友。

在那个叛逆的年代，范妮和许多法国妇女一样获得了另一种自由，即不加掩饰地滥交。[26] 她的风骚和活泼引出无数风流韵事，据说她至少跟三个情人生过孩子，其中包括约瑟芬皇后的儿子欧仁·德·博阿尔内王子（Prince Eugène de Beauharnais），他后来被拿破仑任命为意大利总督。她有一头金发和深蓝色的迷人眼眸，活泼爽朗。[27] 她皮肤白皙，面容清秀，声音悦耳，一副猫儿般的慵懒模样，是个毋庸置疑的美人，因机敏和智慧而更添了几分姿色。她主持的沙龙吸引了当时的不少大人物，包括亚历山大·冯·洪堡男爵、植物学家艾梅·邦普朗（Aimé Bonpland）、警察部长皮埃尔·德尼-拉加德（Pierre Denis-Lagarde）、作家兼哲学家邦雅曼·贡斯当（Benjamin Constant），以及才华横溢的斯塔尔夫人（Madame de Staël）。

范妮欢迎玻利瓦尔进入这个熙熙攘攘的社交圈；这个年轻人的聪明才智吸引了她，如今的他与毕尔巴鄂的那个阴郁少年判若两人，这种变化也令她吃惊。正如一位同侪所言：

> 他的精神、心性、品味、性格都已经完全改变了。他在外宾酒店以 500 法郎租着一套公寓。他有穿着漂亮制服的仆人，

一辆四轮马车，几匹骏马，还在歌剧院有包厢。大家都知道他包养了一个芭蕾舞女演员。最后，他那极其奢华的行头鲜明衬出其他人的装扮是多么可怜和过时。[28]

某次高雅聚会上，他与范妮共舞，得知她祖上有一位阿里斯蒂杰塔。[29]在他自己的家系中也有人姓这个，事实上，就是那位遗赠给他巨额财富的神父。尽管二人家系之间的关联从未得到证实，但他们开始以"表姐""表弟"相称。[30]这般称谓自有其便利之处。从那天起，玻利瓦尔成了杜·维拉尔伯爵夫人最频繁的拜访者之一。老伯爵相信这位年轻的委内瑞拉人是他妻子的亲戚，热情地接待了他。[31]玻利瓦尔和范妮很快发展成情人，他们在圣皮埃尔下街的房子里共度漫长而愉快的下午，或者骑马去附近的乡村。[32]

但是，玻利瓦尔借以摆脱不幸过往的法国女人绝不只有范妮和那位姓名不详的芭蕾舞女演员。他在毕尔巴鄂遇到的另一位年轻主妇也再度现身，助他忘却自己的鳏居生活。她就是特蕾丝·莱内（Thérèse Laisney），秘鲁裔退役上校马里亚诺·德·特里斯坦-莫斯科索（Mariano de Tristan y Moscoso）的结发妻子。[33]他们的女儿弗洛拉·特里斯坦（Flora Tristan）后来成为声名显赫的社会主义活动家，以及画家保罗·高更的外祖母。她的一些记述反映了父母与玻利瓦尔之间的关系：

> 我父亲离开毕尔巴鄂8个月后，在巴黎的报纸上看到一则通知，说有人尝试联系他。我父亲马上前往那个刊出的地址……他爬上三楼，看见玻利瓦尔正躺在床上。他憔悴不堪，脸色苍白，病入膏肓。他的初恋，他可爱的妻子，已经去

世了……

尽管他日后会成为伟大战士和政治天才，但他当时几乎深陷痛苦之中不能自拔，需要一个富有同情心的女人作为救命稻草。在巴黎，有 6 个星期他只拜访我们家。他只和我母亲说话。[34]

在巴黎得到慰藉之后，玻利瓦尔再次出现在弗洛拉·特里斯坦的叙述中。据她说（她的时间线不太可靠），玻利瓦尔短暂离开了这座城市一段时间。回来后，他依旧住进外宾酒店，她母亲迫不及待地赶来看他：

我母亲拐进黎塞留街时，差一点被一辆华丽的马车撞倒，几匹马拉着车从街角冲了出来。她被逼到墙根，但出人意料的是马车突然停了下来，上面的乘客猛地打开门，扑到她身上，把她紧紧搂在怀里，几乎使她窒息。"是我！是我！你不认识我了吗？哦，认不出最好！那说明我已经改头换面了。"[35]

如果说从前并不知道，那么在巴黎的短短一年半时间里，玻利瓦尔真的懂得了女人对现在的他来说是多么重要，又是多么微不足道。在余生中，他会不可抗拒地受到她们的吸引，但他也会发现她们出奇地容易得到，也容易抛弃。一旦厌倦，他就会离开，对男人的圈子表现出更多兴趣。然而，他又是个无可救药的浪漫主义者，没有女人的陪伴就活不下去。正如历史学家希尔·福托尔（Gil Fortoul）在谈到玻利瓦尔对女人不加节制的欲望时所说的："总而言之，可以说他从未独身过。"[36] 也可以说，他再也不想娶妻了。很久以后，玻利瓦尔承认："我非常爱我的妻子，在她死后，我发誓再不结婚。如你所见，我信守了诺言。"[37]

　　巴黎教会了他如何从性爱中获得抚慰。许多年后，在革命的战场上，玻利瓦尔将和手下士兵一起重温那段醉人的巴黎时光。他的一位将军曼努埃尔·罗埃尔加斯·德·塞尔维耶斯（Manuel Roergas de Serviez）回忆道：

　　　　他由衷热爱享乐，尤其是肉体上的享乐，听解放者——列举在法国结识的所有美人，不得不承认他的记忆力的确很好，细致入微的叙述令人惊叹不已。他会背诵布吕内的双关语，唱当时流行的所有歌曲，还会为自己过去的轻率行为大吼大叫，取笑自己的天真。[38]

＊＊＊

　　玻利瓦尔可能是在范妮·杜·维拉尔家里遇见亚历山大·冯·洪堡男爵的，因为据说这位伟大的自然科学家经常光顾她的沙龙。[39] 但引见他的也有可能是随同洪堡来到巴黎的卡洛斯·蒙图法尔。[40] 蒙图法尔是一位来自基多的植物学家，也是玻利瓦尔在巴黎时的拉美青年小圈子中的一员。他陪同洪堡和艾梅·邦普朗踏上了著名的"新大陆"探险的最后一程。1799 年至 1804 年间，洪堡和邦普朗进行了一次意义非凡的远行，穿越整个拉丁美洲，从亚马孙盆地到钦博拉索山巅，沿途记录观察结果并采集动植物标本。洪堡后来用 30 卷的篇幅描述了这次旅行，它改变了西方科学，奠定了现代地理学的基础。不过在发表研究成果的过程中，英气逼人的洪堡在社交圈里也备受追捧，会见了许多同时代的杰出人物。1804 年 8 月，他几乎直接从杰斐逊的白宫来到巴黎。[41] 他曾为总统购买路易斯安那出谋划策，与他商讨刘易斯和克拉克远征*事宜，还让总统肖像画家查尔斯·威尔逊·皮尔（Charles Willson Peale）为自己画了像。[42] 与洪堡在华盛顿度过了一个愉快的春夜之后，麦迪逊夫人写道："我们最近在一位迷人的普鲁士男爵的陪伴下享受了盛情款待……所有的女人都说自己爱上他了。"[43]

由此看来，洪堡在巴黎的沙龙里受到追捧并得到范妮·杜·维拉尔的青睐也就不足为奇了。甚至可能是玻利瓦尔把范妮介绍给他的。不管怎样，玻利瓦尔有各种各样的理由拜访洪堡，因为他了解到男爵在访问加拉加斯期间，不仅见过玻利瓦尔的姐姐，[44] 还见了帕拉西奥斯家的人，甚至住在他的亲家德尔·托罗家。[45] 在交谈中，玻利瓦尔还发现洪堡非常尊敬的那位渊博的学者安杜哈尔神父，曾经在他小时候教过他的数学。

总之，洪堡位于圣日耳曼郊区大街上的雅致公寓里多了玻利瓦尔这位常客。[46] 来自欧洲各地的访客都聚在这里参观男爵非凡的藏品——6万件来自赤道附近美洲的植物标本。[47] 洪堡用他那古怪混杂的语言（部分西班牙语，部分英语，部分法语）[48] 赞美了南美洲的自然美景、人民及其前景。邦普朗也表示目睹了惊人丰富的自然资源。玻利瓦尔被迷住了。洪堡和邦普朗或许不完全相信这个年轻人的认真程度，[49] 但他们不会怀疑他的活力和热情。他们成了亲密的朋友。[50]

有一次，三人讨论起殖民地政治，玻利瓦尔热情洋溢地表示要

---

*   刘易斯与克拉克远征（1804—1806）是美国国内首次横越大陆西抵太平洋沿岸的往返考察活动。领队为美国陆军的上尉梅里韦瑟·刘易斯（Meriwether Lewis）和少尉威廉·克拉克（William Clark），该活动由杰斐逊总统所发起。——译者注

建立一个自由的大陆，摆脱西班牙王权的枷锁。他问洪堡是否认为美洲具备自治的能力。这位科学家大胆表示，殖民地可能确实已经准备好迎接自由，但他旋即又补充说，他想不出有谁能领导他们赢得自由。邦普朗对问题实质有着更精辟的见解，他回应道：革命自会造就领袖。[51]

彼时彼刻的玻利瓦尔是否想过自己会是那个领导者，我们不得而知。他才 21 岁，是尚待破茧的蛹。但巴黎之行期间，一种政治观念在他心里埋下了种子：一个人可以改变历史进程。没有比拿破仑更好的例子了。况且，南美洲是一片充满种种可能性的土地，告诉玻利瓦尔这些的是那个时代最伟大的科学家。

然而那年晚些时候，拿破仑在巴黎圣母院加冕称帝，这动摇了玻利瓦尔对他的仰慕。尚不清楚玻利瓦尔是否现场目睹了 1804 年 12 月 2 日的加冕礼，见证了胜利的游行、华丽的马车、貂皮长袍以及崇拜者的欢呼。西蒙·罗德里格斯回忆道："那一天是法国人欢天喜地的大日子，我和玻利瓦尔却决定留在酒店。"[52] 据罗德里格斯说，两人关上窗户，拉上窗帘，在整个巴黎一片欢腾之际，执意对庆典充耳不闻。美国海军军官海勒姆·波尔丁（Hiram Paulding）证实了这一说法，他是在 20 年后访问秘鲁时听玻利瓦尔亲口讲述的。[53] 但无论如何，玻利瓦尔的副官丹尼尔·奥利里（Daniel O'Leary）用激烈而明确的措辞记录了解放者对加冕典礼的感受：

> 他自立为皇帝，从那天起，我就视他为一个虚伪的暴君，是对自由的侮辱，是文明进步的障碍……这一悲哀的情景在我那热爱自由与荣耀的灵魂中激起了何等的义愤！从那以后，我再不能容忍拿破仑，他的荣耀似乎来自地狱。法国也让我诧异：

一个伟大的共和国，到处都是战利品和纪念碑，炫耀着自己的军队和制度，却把自由之帽抛在一边，戴上了皇冠。[54]

当拿破仑从教皇庇护七世手中接过皇冠，戴在自己头上时，不只玻利瓦尔一人认为拿破仑做得太过分。为拿破仑创作《英雄交响曲》的贝多芬决定拿掉献词中皇帝的名字。威廉·华兹华斯称加冕礼是"全人类悲哀的倒退"。[55] 然而在玻利瓦尔的余生中，他对拿破仑的态度始终是矛盾的，他的感情在崇拜与厌恶之间摇摆不定。他日后对他的一位传记作家说：

> 我认为拿破仑戴在头顶的皇冠是一件可悲的、过时的遗物。对我来说，他的伟大之处在于他的举世赞誉，在于他个人能够激发出的关注。我承认，这一切只让我想到自己国家遭受的奴役，想到解放它的人将获得的荣耀。但我从未想过我会成为那样的人。[56]

到 1804 年底，玻利瓦尔对皇帝的厌恶到了无以复加的程度；他的神经由于太多个深夜的纵情声色而高度紧张，以至于他在一次宴会上大发脾气。出席那场宴会的有许多尊贵客人，其中包括参议员、授勋士兵和几位著名神父。他对拿破仑放声大骂，激起了公愤，争论很快演变为骂战。他指责拿破仑是自由的叛徒。他批判在座的神职人员盲目支持拿破仑。晚会狼狈收场，宾客不欢而散。[57] 次日早上，他觉得有必要写封信给马里亚诺·德·特里斯坦上校；上校当时就在现场，后来建议玻利瓦尔最好离开这个国家。

上校，我认识您已有 6 年，6 年来，我一直把您当作真正的朋友来爱戴，对您高尚的品格和诚实的见解怀有最深切的敬意。害您在我席上目睹了不光彩的场面，我的歉意溢于言表。这都缘于几位偏执教士的狂热……还有他们为波拿巴辩护的呼声！和您一样，我钦佩他作为军人的天赋。但是，人们怎么会看不到他一心只追求个人权力呢？他正在变成一个暴君……把国家的命运托付给某一人，这明智吗？我不是政治家，不能在议会前进行辩论；我不是军队统帅，不期望能鼓舞任何军队的信心；我也不是智者，无法冷静而耐心地分析复杂事实……我是个无名小卒，只是个有钱人，等闲之辈，波拿巴匕首上的一块石头……但我很好奇：这个共和国是会允许一个外国人公开谈论它的统治者，还是会因为他的自由言论而驱逐他出境？[58]

他身体状况欠佳。[59] 放荡不羁的生活终于拖垮了他。他在巴黎的赌桌上输了一大笔钱，[60] 不得不向范妮借钱，他不愿再经历第二次这样的屈辱了。他又玩了一次，还了债，然后发誓永不再赌。但是，随着欧洲逐渐进入冬季，严寒彻骨，他变得非常虚弱，看起来病恹恹的。西蒙·罗德里格斯眼看着以前的学生从身体到精神都濒临崩溃，提出趁春暖花开时做一次短途旅行。在温暖的天气里信步漫游法国和意大利，无疑是让一个疲惫的年轻人恢复精力的最佳方式。

***

那时，玻利瓦尔的老师——性情古怪、四处游荡的罗德里格斯——离开委内瑞拉已经 6 年多了。他在瓜尔-埃斯帕尼亚谋反期间逃亡，[61]在牙买加找到了安全的避难所。他更名为塞缪尔·罗宾逊后，在一所学校教了一段时间书，并学习了英语和印刷术。此后不久，他现身巴尔的摩，在那里生活了近 3 年，为一家印刷厂工作。罗德里格斯以各种各样的方式谋生，他先后做过老师、小农场农民、房地产经理、肥皂制造商、烛台制造商、火药商人、记者、作家，办过孤儿院和养老院，倡导过卖淫改革和前卫教育理念。但他始终是在旅行，在启蒙思想的指导下学习和生活；在启蒙运动中，文学可以跨越国界。"我不想像树一样在一个地方扎根，"他写道，"而是宁愿像风，像水，像太阳，像所有那些永远运动不息的事物。"[62]他做到了。

1799 年，他前往法国巴约讷（Bayonne），在那里教授西班牙语、法语和英语，并与流亡的墨西哥神父弗雷·塞尔万多·特蕾莎·德·米耶尔（Fray Servando Teresa de Mier）一起，开始筹划在巴黎建立一所语言学校。到 1801 年，这个梦想实现了。鉴于法国与西班牙新近结成联盟，他和米耶尔在巴黎教授当时颇为流行的西班牙语，颇见成效。但罗德里格斯的流浪精神让他很快渴望再度上路。1804 年，当玻利瓦尔在巴黎与他见面时，罗德里格斯刚从维也纳回来。这又是一次意义非凡的旅行，他在维也纳一位著名奥地利化学家[63]的实验室里短暂工作了一段时间。他毫不犹豫地放弃了原本的规划，转而帮助曾经的学生恢复健康。

1805 年 4 月，玻利瓦尔、罗德里格斯和费尔南多·德尔·托罗踏上赴意大利的疗养之旅。他们乘坐公共马车抵达里昂，休息了几天，随后把行李先行寄往目的地，自己则像卢梭那样徒步旅行，每天走上一小段。每年这个时候，法国的乡村都是一派欣欣向荣的景象：紫藤花、罂粟花和鸢尾花竞相绽放，柳树和白杨萌发新绿。玻利瓦尔一向热爱大自然，很享受在开阔的道路上旅行。渐渐地，新鲜的空气和适度的运动帮他找回了活力。

他们翻越了萨瓦山（Savoy Alps），在莱斯沙米特山谷（valley of Les Charmettes）短暂逗留。据说，卢梭曾在这里度过了几年的快乐时光，就住在他众所周知的情人和"妈妈"瓦朗夫人家里。当他们探访卢梭的藏身之处时，罗德里格斯津津乐道这位他心目中的英雄的曲折人生。他们从那里出发前往意大利，逐渐意识到凯旋门和纪念碑（甚至包括一座高耸的金字塔）都是为拿破仑在意大利的加冕所做的准备。

这三个人成了其乐融融的旅伴。33 岁的罗德里格斯年纪最长，他快活、质朴、无拘无束，永远扮演着老师和煽动者的角色。费尔南多·德尔·托罗是贵族也是士兵，他父亲是德尔·托罗侯爵；洪堡在加拉加斯时就住在这位尊贵的曼图亚诺家里。但同时费尔南多也同样嗜赌成性，追求享乐。[64] 玻利瓦尔是三人中最年轻的那个，他躁动而情绪化，已有过不少生活阅历，却仍对一切充满好奇。不难想象他们沿着泥泞的道路前行，一路高歌，一路高谈阔论——老师大谈特谈他的哲学，士兵追忆他的丰功伟绩，未来的解放者惊叹于周围正在上演的历史。刚入境意大利，他们就一头扎进对意大利语的学习中，乐此不疲地阅读薄伽丘、彼特拉克和但丁的作品，玻利瓦尔从中学到了许多有用的格言。不过，他们也没有落下任何旅行者都会做的事——在露天市场买水果，在沿途的小旅店歇脚，躲避雨中疾驰而过的马车溅起的泥汤，在咖啡馆里谈天说地，在喧闹的路边小餐馆里研究路线。那时很少有南美人到乡间旅行，想必他们古怪的举止和口音引起了不少人的注意。[65]

5月26日，他们在米兰见证拿破仑戴上历史悠久的伦巴第王冠，据说王冠上有耶稣受难时留下的一颗钉子。"上帝将它赐予我，"拿破仑将它戴在自己头上时宣布，"谁敢碰它一根手指，谁就会倒大霉。"当时在场的还有范妮、她年迈的丈夫，以及她年轻的情人欧仁·德·博阿尔内，似乎整个欧洲此刻都在为一个人的胜利而欢欣鼓舞。[66] 几天后，在蒙泰基亚罗〔Montechiaro〕的战场上，玻利瓦尔有机会目睹重回朴素着装的拿破仑检阅手下部队。而且，据玻利瓦尔说，拿破仑从宝座上回望，用他的小望远镜对准站在远处山丘上的那几位南美旅行者。[67]"说不定他会把我们当成密探。"[68] 玻利瓦尔的一个同伴说。于是敬畏化作了恐惧，他们决定继续赶路。

米兰狂热的庆祝活动持续了好几天。6月8日，拿破仑任命他的继子，24岁的欧仁·德·博阿尔内，为新意大利王国的总督。[69] 玻利瓦尔和友人旁观了这一切。范妮和欧仁是情人，这已不是什么秘密，她也喜欢挑起约瑟芬皇后的儿子和玻利瓦尔之间的竞争。几年后，她在一封信中提到，她和玻利瓦尔在意大利见过面，至于是在大型聚会上还是单独会面，我们就不得而知了。不论在哪种场合，这都将是一次尴尬的邂逅：玻利瓦尔早已决意告别。

庆祝活动结束后不久，玻利瓦尔一行就动身上路。他们向罗马进发，一路上随性地在维罗纳、威尼斯、费拉拉、博洛尼亚、帕多瓦、佛罗伦萨和佩鲁贾做了停留。据说佛罗伦萨的艺术和历史让玻利瓦尔欣喜；威尼斯让他失望，因为他觉得不够宏伟；但永恒之城罗马给了他深刻的启迪，点燃了他事业的火种。[70]

到了7月，他已置身罗马，参观了古罗马竞技场、罗马广场、卡斯达和波利克斯神庙的废墟；追思历史，阅读提图斯·李维的著作，想象尤利乌斯·恺撒踏在这片土地上擘画帝国命运的日子。这三个朋友在圣三一教堂附近的西班牙广场找了一套公寓。[71] 他们成天上街闲逛，迫不及待要见识这座城市，同时不厌其烦地谈论着古罗马的苦难和辉煌——如何从一个不起眼的村庄建成一个伟大的共和国。"我接受的是砖砌的罗马，留下的是一座大理石的都城。"[72] 恺撒*曾如是吹嘘。为委内瑞拉做同样事情的念头已成了玻利瓦尔的明确目标。[73] 毫无疑问，正是在恺撒的废墟之上，他开始建立美洲的希望。

在罗马，玻利瓦尔再次见到了亚历山大·冯·洪堡和斯塔尔夫人；后者由于直言不讳地谴责拿破仑，实际上是被赶出巴黎的。[74] 当时，斯塔尔夫人与经常往来的几位著名作家结伴旅行，忙着为她日后最著名的书《柯丽娜》搜集素材。另一边，洪堡来此地拜访他的兄弟威廉，他是著名哲学家，也是普鲁士驻罗马教廷的公使。[75] 威廉·冯·洪堡（Wilhelm von Humboldt）是教廷的宠儿，他在平乔山（Monte Pincio）的豪宅成了当时的名流聚集地。[76] 玻利瓦尔很可能就是在那高耸的马耳他别墅里遇到了许多当时恰好在罗马的欧洲知识分子，[77] 让他对这个世界有了更多的了解。

尽管有人声称玻利瓦尔和亚历山大·冯·洪堡曾一同前往那不勒斯，并肩攀登维苏威火山，但玻利瓦尔和洪堡的文章都没有提及此事。更有可能的是，玻利瓦尔与洪堡的所有会面都在威廉家中进行，洪堡在那里继续宣讲他的探险，讨论新世界的自然奇迹，而玻利瓦尔则试图将谈话主题引向美洲脱离西班牙实现独立。尽管这个年轻人的思想越来越激进，洪堡仍然保持着严谨的客观态度。[78]

一年多以前，洪堡在游历美洲大陆的中心地带时，曾在日记中

---

*　这句话实际上应为奥古斯都所言。——编者注

生动记下了殖民主义的不公。"一小部分欧洲的西班牙人怎么能在好几个世纪里霸占这么庞大的帝国？"[79]他诘问道。但他从未在公开场合发表这类言论；他认定西属美洲人民本质上自满、懒惰，没有足够的动力去摆脱枷锁。[80]将近半个世纪后，在玻利瓦尔去世之后很久，洪堡致信玻利瓦尔的副官丹尼尔·奥利里表达了歉意：

> 在美洲期间，我从未遇到过有人发泄不满；我注意到，虽然人们没有表现出对西班牙有多么热爱，但至少有认同……直到后来，当斗争开始时，我才意识到他们对我隐瞒了真相，他们心中不仅没有什么爱，而且存在着根深蒂固的仇恨……但最让我惊讶的是玻利瓦尔辉煌的事业，在我们分别后发展得如此迅猛……我承认当时我错了，那时我只当他是个幼稚的人，不可能实现如此宏伟的抱负。[81]

不管是谁向洪堡隐瞒了殖民地对西班牙根深蒂固的仇恨，那人绝不可能是玻利瓦尔。恰恰相反，他一直试图在这个问题上启发洪堡，但他始终无法让洪堡相信，他的反叛理想绝不只是一个羽翼未丰的年轻人的一时兴起。很久以后，在革命如火如荼、玻利瓦尔的大名响彻世界的时候，他们互通过几封客套的信，但再没有见过面。

不过，在罗马熙来攘往的洪堡别墅里，威廉·冯·洪堡公使将玻利瓦尔介绍给了西班牙驻罗马教廷大使安东尼奥·巴尔加斯·拉古纳（Antonio Vargas Laguna）。巴尔加斯后因对拿破仑发表了严厉而有理有据的言论而入狱，但在 1805 年那些令人陶醉的早年日子里，宽容普遍存在，法国被视为世界上的进步力量，这位坦率的大使也受到高度尊重。为表示慷慨，他提出带玻利瓦尔去梵蒂冈觐见教皇庇护七世。[82]

巴尔加斯提前告知玻利瓦尔，觐见教皇的客人应准备好亲吻教皇的凉鞋，并对教皇的象征符号表示敬意，那时他或许以为这位年轻客人已做好了充分的心理准备。然而，在这位大使监督下发生的一幕令他备感意外。当他们被领进教皇办公室时，玻利瓦尔被要求上前跪下并亲吻教皇凉鞋上的十字架，但他拒绝了。巴尔加斯大吃一惊，显然很慌张。教皇看到这名外交官的窘态，试图大事化小。"随这个印第安年轻人的便吧。"他喃喃地说。他伸出一只手，玻利瓦尔接过去，吻了他的戒指。接下去，教皇问了他一个关于西印度群岛的问题，玻利瓦尔的回答令教皇颇为满意，然后谒见就结束了，教皇转向了另一个人。离开梵蒂冈后，巴尔加斯斥责这位年轻人不遵守恰当的礼节，但玻利瓦尔对此进行了尖锐的反驳："如果教皇把基督教的最高象征穿在凉鞋上，说明他根本不尊重它；最骄傲的基督教国王都把它嵌在冠冕上。"

很难想象当时的玻利瓦尔更讨厌哪一点：是被要求亲吻一只鞋子，还是被一个西班牙人训斥。他已经离开西班牙的势力范围将近一年了，与它的隔阂也变得越发清晰。正如亚历山大·冯·洪堡多年后才意识到的，他对西班牙怀有根深蒂固的仇恨。一开始，这是身为曼图亚诺的一种天然反应；待他成为一名已婚地主，在委内瑞拉努力打理名下资产的几个月里，这种仇恨不断滋长；在法国，他看到一个民族摆脱了波旁王室的统治，迎来繁荣昌盛，这种仇恨变得更加强烈。

8月15日，一个闷热的下午，玻利瓦尔和罗德里格斯、德尔·托罗一起艰难地爬上了萨克罗山（Monte Sacro），个个汗流浃背。[83] 罗德里格斯向二人说起了古罗马的平民，他们厌倦了贵族统治，在公元前494年奋力攀上了这同一座山来发泄怒火，并誓要脱离罗马共和国。这三位旅行者到达山顶时，燃烧的夕阳正在地平线上徘徊。他们坐在一块巨大的废墟大理石上，眺望着眼前金碧辉煌的城市。玻利瓦尔似乎陷入了沉思，琢磨着历史的兴衰更迭。过了一会儿，他站起身来，开始高声探讨为什么罗马如此不愿意给予人民简简单单的自由。傲慢与固执！政治上的愚蠢！他情绪激动，踱来踱去，仿佛他迄今为止的短短生命中上演的所有悲剧都是为了让他理解这种愤怒。突然间，他的眼眸因激动而发亮，他转过身来，双膝跪地，攥紧罗德里格斯的手，向列祖列宗的在天之灵起誓，他定将解放他的国家。"不把那些浑蛋一个不剩地除掉，我决不会罢休！"[84] 他高呼。20年后，他在写给罗德里格斯的信中忆起这一幕："你还记得我们一起去萨克罗山，在那神圣的土地上发誓要为家乡的自由不懈奋斗吗？你一定没有忘记那个永恒荣耀之日。"[85]

萨克罗山上的誓言标志着一个转折点，是一种激进精神的真正体现。但究其根本，它可以被看作玻利瓦尔祖辈们的愤怒的延伸，是殖民地受挫后的愤怒，在300年间从一个美洲人传给了另一个美洲人。1824年，当美国海军军官海勒姆·波尔丁问玻利瓦尔是什么促使他从事解放美洲的大业时，他回答说：

> 从孩提时代起，我就很少想其他事情：我对希腊和罗马的英雄故事非常着迷。美国刚刚发生的革命也是一个例子。华盛顿唤醒了我想要成为他那样的人的愿望……当我和两个同伴……到达罗马后，我们爬上了帕拉蒂诺山［Mount Palatino，原文如此］，全都跪下来，彼此拥抱，发誓要么解放我们的国家，要么为此付出生命。[86]

　　玻利瓦尔在萨克罗山上发愿后不久就离开罗马，返回了法国，尽管尚不清楚他是在 1805 年底还是 1806 年初抵达的巴黎。巴黎共济会[87]的一份记录显示，他是在 1805 年 11 月至 1806 年 2 月之间的某个时候入会的。[88]这个反对君主制的兄弟会当时正在疯狂招募年轻男性。最有可能的是，他和同伴们知道，他们最好趁着天气温和徒步回去，于是在 11 月霜冻之前到达巴黎。归来后的玻利瓦尔已与之前判若两人：健壮、精力充沛，因锻炼而恢复了健康，再也不会屈从于浪荡子的生活了。他是一个典型的革命者：节制、自律、永不满足的好奇心。如果他确实在那个时候加入共济会，那一定是为了结识其他像他一样渴望改变世界的人。

　　他回来的时候，范妮很可能不在巴黎，但不管怎么说，她已经怀上了儿子欧仁。[89]从孩子的出生日期 1806 年 4 月 23 日可以推断，他是在 1805 年 7 月下旬被怀上的，就在范妮的情人欧仁·德·博阿尔内被任命为意大利总督之后，大约在玻利瓦尔离开米兰一个月后（孩子的出生证明上写着博阿尔内是他的教父）。[90]很久以后，当玻利瓦尔作为南美洲的解放者广为人知时，范妮试图暗示她的一个孩子可能是他的。[91]

　　但是他对范妮已经完全失去了兴趣，他的希望和抱负已转向别处。也许是因为她怀上了另一个男人的孩子，也许只是因为他厌倦了她。在离开巴黎去意大利之前，他送给她一枚刻字的戒指[92]作为临别赠礼，而她哭着恳求他别走。后来他功成名就，而她债台高筑之时，她试图向他借钱，说服他买下她的房子，甚至建议让她的儿子和他家族里的任何一个女人成亲。[93]他对她的执着和努力置之不理，直到最后，直到她给他写了几十封求情信之后，[94]他才给一个途经欧洲的部下发了一个简短指示：拿上这张我的肖像，他写道，把它交给德尔维厄夫人。[95]

当玻利瓦尔跪地起誓要解放他的家乡时，一位更加年长、阅历丰富的委内瑞拉人也在为此做准备。1805 年 9 月 2 日，一位头发花白的老兵以乔治·马丁先生[96]的名义在英国格雷夫森德登上"波利号"轮船，前往纽约召集一支自由战士大军。他就是弗朗西斯科·德·米兰达，大约 25 年前玻利瓦尔的父亲曾求助过的知名革命者。

时年 55 岁的米兰达过着极为丰富多彩的生活。他见过许多当时的重要人物，包括托马斯·杰斐逊、亚历山大·汉密尔顿、乔治·华盛顿、詹姆斯·麦迪逊、托马斯·潘恩、亨利·诺克斯、叶卡捷琳娜二世、马克西米利安·罗伯斯庇尔、拉斐德将军，甚至还有约瑟夫·海顿。他既是一位魅力四射、游历广泛、通晓多种语言的体面人，又是一个不幸的流浪者，在追求自由的过程中，他将被指控为各种各样的可鄙角色：走私犯、逃兵、江湖骗子和小白脸。他于 1750 年出生在加拉加斯，是加那利群岛人的后代。他的父亲是著名商人，拥有众多产业，包括一家纺织厂和一家面包店，[97]但当西班牙当局选他担任一个新民兵组织的领导人时，曼图亚诺精英们奋起反抗。正是这同一群人——包括胡安·比森特·德·玻利瓦尔——日后又联名写信恳求米兰达发动反抗西班牙的暴动。[98]他们发起了一场反对米兰达父亲的运动，严厉批判米兰达父亲是"穆拉托人、政府走狗、小店主、暴发户，配不上"[99]他荣耀的任命。米兰达的父亲被迫卷入了一场令人难堪的法律战，被要求提供冗长的家谱来证明自己血统的"纯洁性"。

受到这种羞辱的刺激，米兰达在 1771 年 20 岁的时候出发去了西班牙。在马德里学习两年后，他成为西班牙军队的一名上尉，这是他父亲以 8.5 万里亚尔为他买来的衔职。[100] 接着，他参加了西班牙与摩尔人在北非的战斗，在美国革命的最后阶段与英国人的战斗，并作为间谍刺探英国人在加勒比海的行动。1782 年，西班牙当局因他与一名英国走私犯短暂合作而对他发起通缉，他逃往哈瓦那郊外的山区。此后不到一年时间里，甚至就在小玻利瓦尔出生的时候，米兰达开始沿新独立的美利坚合众国的东海岸一路北上，向老兵咨询如何发动一场革命。他既结交建国元勋也结交乌合之众，凭着阳刚英俊的相貌和渊博的学识招蜂引蝶，与新英格兰显贵结伴出入妓院，[101] 但始终贪婪地阅读各种书籍。他是个魅力十足的男人。

最终，米兰达离开美国，遍游欧洲——从马赛到伊斯坦布尔，从科林斯到圣彼得堡——为他的事业做动员，争取追随者。在伦敦，他被任命为首相的美洲事务顾问。他向威廉·皮特递交了无数份文件，描述西班牙的防御工事，概述他关于建立统一的、解放的南美的计划，譬如其议会制度将仿效英国，其最高执政者将由印加人的后裔来担任。在以后的日子里，他多次试图从英国政府那里拿回这些文件，但他的请求被置之不理。[102]

自始至终，米兰达一直是个不知疲倦的外交家，为了这项事业努力。他和即将成为约翰·亚当斯女婿的威廉·斯蒂芬斯·史密斯一起去普鲁士，并成为挚友，两人共用衣柜，在妓院里寻欢作乐。[103] 米兰达曾在法国北方军团中担任陆军元帅，法国军方误以为他曾在美国独立战争中担任准将，[104] 因而授予他这一军衔。显然，他特别善于夸大事实。他和叶卡捷琳娜二世成了密友，以至于宫廷中的人都当他们是热恋中的情人。一位旁观的友人点明，米兰达"在旅行中收益巨大，没有什么能不被他吸引，甚至连沙俄女皇都不曾逃过"。[105]

然而，尽管米兰达为法国效忠，他却陷入了法国大革命的阴谋之网中，并因叛逃和怯懦而受到审判。他被宣告无罪，但是罗伯斯庇尔怀疑米兰达还有其他背叛行为，将他投入监狱，等着上断头台。尽管米兰达最终活了下来，他的名字还作为大革命英雄之一被刻在凯旋门上，[106] 但这段经历给他留下了深刻而痛苦的记忆。他为法国甘冒生命危险，得到的回报却是迫害或牢狱之灾。"这算个什么国家！"他在一封公开信中怒斥。[107]1799 年，瓜尔和埃斯帕尼亚正密谋推翻西班牙在委内瑞拉的统治，米兰达在给瓜尔的信中写道："我们眼前有两个伟大的例子，美国独立战争和法国大革命。让我们谨慎地模仿前者，警惕地避开后者。"[108] 他对法国感到厌恶，于是定居伦敦，在瓜尔和埃斯帕尼亚失败后，他从那里重新开始了解放家乡的运动。

1805 年秋天，当英国人陶醉于在特拉法尔加击败法国和西班牙联合舰队的决定性胜利时，当思绪万千的玻利瓦尔正踏着落满秋叶的道路从罗马返回巴黎时，米兰达登上"波利号"，在阔别 20 年后重返北美。像汉尼拔一样，米兰达在各国间奔走，为他那些困于水深火热之中的人民寻求支持，他认为美国才是最了解这些人的地方。5 个月后，在 1806 年 2 月 2 日寒气入骨的早晨，他的战舰"利安德号"载着 180 人驶离纽约港。[109] 其中有前总统约翰·亚当斯 20 岁的外孙威廉·斯图本·史密斯，他是米兰达旧日旅伴威廉·斯蒂芬斯·史密斯的儿子。[110] 那时，老史密斯已成为纽约港的重要官员和这项行动的首要推动者。历经了一个又一个灾难，在海上颠簸 6 个月后，这支准备不足、装备简陋的远征军终于抵达了委内瑞拉海岸。[111] 原本与"利安德号"同行的两艘纵帆船——"蜜蜂号"和"巴克斯号"——落入了西班牙人手中。当米兰达将军的杂牌军最终开入委内瑞拉城市科罗时，他们发现那里空无一人。科罗的神父们听说入侵者多达 4 000

人，[112] 这个谣传把当地居民都吓跑了。西班牙军队只当米兰达是个疯子，所以这些企图成为解放者的人几乎没遇到什么对抗，除了双方在城镇两端紧张地对射之外。就连克里奥尔人也公然谴责米兰达是狂热分子，掠夺者，是个 35 年来都不愿踏上委内瑞拉土地的叛逃者。没有一个人愿意加入他的事业。

米兰达和部下在委内瑞拉总共逗留了 11 天，[113] 在此期间，他的独立战争显然成了一场不折不扣的灾难。8 月 13 日，这位挫败的将军下令撤退，他那艘破旧的船起锚驶向阿鲁巴，留下委内瑞拉人一头雾水，奇怪这人到底是谁。一段时间后，负责保卫海岸的指挥官德尔·托罗侯爵在一份船长日志中写道："8 月 10 日，这位军官率部队向科罗进发……抗击叛徒米兰达。"[114] 那位年轻军官就是胡安·比森特·玻利瓦尔，西蒙的哥哥。

＊＊＊

拿破仑在欧洲的战争令玻利瓦尔产生了巨大的幻灭感。当时的海上霸主英国封锁了整个法国海岸，使玻利瓦尔无法获得资金或轻易回国。他也对米兰达失败的远征感到颓丧。他一早就获知他们将在委内瑞拉登陆。在他们起航前的几个月，这次行动就成了纽约、华盛顿以及欧洲谈论的话题。[115] 在米兰达踏上科罗的一个多月前，玻利瓦尔就在写给一个朋友的信中声称这次行动必定失败。委内瑞拉还没有为米兰达的革命做好准备，玻利瓦尔抱怨道："他只会搞砸。"[116]

他急于离开巴黎，急于回家。一个朋友借给他 2 400 法郎，[117] 使他得以从法国到了德意志地区，从一个中立港口出发。他有家庭责任待履行：他曾答应姐姐玛丽亚·安东尼娅把她的儿子，也就是他的外甥阿纳克莱托·克莱门特（Anacleto Clemente）送到费城的一所私立学校读书。当时年仅 10 岁的阿纳克莱托早些时候已抵达巴黎，就在拿破仑战争升级之际。[118] 在当时的法国，处境最危险的就是年轻男性。拿破仑的大军有百万之众，是英国常备军的 10 倍，堪称一台掠夺成性的战争机器，连 15 岁少年都会被招募为新兵。玛丽亚·安东尼娅自然担心儿子和弟弟的安危。1806 年 10 月，玻利瓦尔和外甥向东出发，希望从汉堡起航，此时拿破仑的铁骑刚穿过奥尔施塔特平原上的浓雾，击溃普鲁士军队，占领了柏林。[119] 11 月下旬，玻利瓦尔和外甥从荷兰潜入德意志地区，成功登上了一艘开往美国南卡罗来纳州查尔斯顿的轮船。[120]

这是一场艰难的凛冬之行，海上刮着冰冷刺骨的寒风，当船终于在 1807 年 1 月驶进查尔斯顿时，[121] 玻利瓦尔正发着高烧，还身无分文。幸好他和同船的一位乘客——来自查尔斯顿的 M. 科尔米克先生 [122]——建立了友谊，后者热情款待了玻利瓦尔和他的外甥。我们不知道玻利瓦尔在科尔米克的家中休养了多久，但是不久之后，他乘船去了费城，在那里他终于收到了从加拉加斯运来的钱，并把阿纳克莱托安全送进了学校。一些历史学家声称，玻利瓦尔接下来从费城去了波士顿和纽约，但缺乏相关证据。唯一可以确定的是，到了 6 月，他已回到加拉加斯的家中。[123]

尽管如此，我们可以从玻利瓦尔的北美之行中推断出很多东西。毕竟，那是美国高速发展和动荡不安的时期。他来到南方的时候，奴隶制正是南方经济中最赚钱、最根深蒂固的商业活动。[124] 在查尔斯顿短暂停留期间，他很可能参观了臭名昭著的奴隶市场，那里离富丽堂皇的富人豪宅不远，而且喧嚣非凡。他环顾四周时不可能注意不到，这里几乎没有在他自己的美洲普遍存在的种族融合迹象：罕有黑白混血儿，几乎没有印第安人，种族之间的差异泾渭分明。

他来的时候也正值这个新独立国家的扩张时期。自独立战争以来，美国的人口增长了一倍，增速是欧洲任何一个国家的两倍多。无论走到哪里，他都能听见锤子把钉子敲进新建筑的声音，满载着大理石的马车吱嘎作响，这是一个向上攀登的国家发出的疯狂奏鸣曲。从 1803 年开始的短短 4 年时间里，美国向西扩张了 1 600 多公里，直逼落基山脉。

在费城，玻利瓦尔看到的种种迹象表明，美国在赢得独立后的短短 23 年里已成为世界上商业化程度最高的国家之一。[125] 北方人热衷于工作，他们的态度与玻利瓦尔在查尔斯顿看到的悠闲的蓄奴贵族形成了鲜明对比。在他去过的国家中，没有哪个如此推崇商业和利润。[126] 在他旅行过的那么多国家中，星期天也从未像这里的一样神圣不可侵犯——没有音乐，没有饮酒，没有喧闹的狂欢：美利坚合众国正迅速成为世界上最合乎福音精神的基督教国家。[127] 玻利瓦尔对自己的所见所闻不能不感到震惊；他知道自己的美洲同胞在种族、精神和历史上与北方邻居完全不同，他在整个革命生涯中经常这么说，但毫无疑问，自由带来了巨大的繁荣和民主。"在我对美国的短暂访问期间，"他后来写道，"我有生以来第一次亲眼看到了理性的自由。"[128]

在这个动荡的历史时刻，对玻利瓦尔来说最值得注意的是北美人对待他们南方邻居的态度。那是一种满腹狐疑的态度，而且并非毫无依据。这个国家刚刚结束对威廉·斯蒂芬斯·史密斯充满敌意的审判。[129] 史密斯被控叛国罪，在审讯过程中，他因与米兰达有牵连而遭到公开抨击。在被告席上，史密斯讲述了总统杰斐逊和国务卿麦迪逊如何与米兰达共进晚餐，如何公开讨论米兰达解放委内瑞拉的计划。[130] 事实上，史密斯发誓他们已经批准了米兰达计划。因此，史密斯认为向米兰达提供人员、弹药和军舰是完全正当的，而这些行动在检方看来明显违反了 1794 年的《中立法案》。[131] 这一事件最终演变成一场激烈的政治斗争。到事件结束时，讨论的真正主题变为美国总统的权力、赋予国会的宣战权力、向外国叛乱分子提供武器的生意，以及法庭给犯罪适当量刑的能力。在审判过程中，控方试图抹黑亚当斯家族、杰斐逊和麦迪逊，以及未来任何胆敢向美国寻求军事支持的南美叛军。

当玻利瓦尔在这个国家旅行时，无论身在何处，无论遇见何人，无论何时亮明自己委内瑞拉人的身份，他都受到米兰达名声的影响。不管他对米兰达持什么样的看法，也不管他怎样批评米兰达采取行动的时机，米兰达与世界强国建立起的非凡联系都不容忽视。至少在美国，对那些有影响力的人物而言，米兰达这个名字是西属美洲人争取独立的同义词。毫无疑问，这对任何团结美洲的希望而言都是沉重的打击。

在《独立宣言》发表后仅仅 25 年，拉丁美洲就已经成为美国全球外交这场更大游戏中的一个毽子，被随意踢来踢去。1786 年，托马斯·杰斐逊暗示美国可能想把西属美洲据为己有。在一封给朋友的信中，杰斐逊透露，西班牙的殖民地已经成熟，可以采摘了。"我担心的是，"他说，"［西班牙］力量太弱，对它的控制持续不了多久，等不到我们有足够的人口去从他们手中一点点夺取它。"[132] 仅仅 6 个月后，杰斐逊的政治对手约翰·亚当斯致信外交国务秘书约翰·杰伊，称伦敦错误地幻想南美洲的革命会"得到美国的认可"，以为北美人不仅不会阻止，还会"尽一切可能推动它"。[133]
然而，亚当斯一经当选总统，就开始对该地区发表不同言论："要
想在西属美洲人中建立民主，就如同希望在飞禽、走兽和游鱼中建
立民主一样。"[134]亚当斯的国务卿蒂莫西·皮克林附议此观点并补
充评判道：那些人"腐败且异乎寻常地娘娘腔"。[135]他指的可能就
是米兰达本人。而在谈及欧洲的自由之梦时，国父们的言辞就要友
善得多。"这符合我们的原则，"杰斐逊在担任国务卿时这样评价新
成立的法兰西共和国，"但凡是遵循本民族意志而组建的政府，我
们均承认其合法性。"[136]

　　承认一个民族独立的意愿或许符合美国的原则，但一个更为紧
迫的政治现实开始在羽翼未丰的美利坚合众国扎根。就在玻利瓦尔
凛冬踏入费城的几周之前，杰斐逊总统发表了一份再明确不过的声
明：任何公民，只要密谋参与反对西班牙统治的战争，计划反抗马
德里的合法政权，都将受到严厉的起诉和惩罚。[137]或许他在试图表
明对干预主权国家政府的态度，或许他在试图化解米兰达-史密斯事
件造成的尴尬局面。不管怎样，经济现实决定了北美对同半球邻国
的看法——或者说根本没有看法。1807年春天，当西蒙·玻利瓦尔
渡过加勒比海返回故乡时，他的心里比谁都清楚这一点。在解放南
美洲之前，美利坚合众国将是他踏足的最后一片外国土地。此后，
他将视其为一次开阔眼界的经历，一种不可否认的启迪。但美国不
是可供效仿的模板，也不是可以依靠的国家。

第四章

建设革命

他们说宏伟的工程需要冷静地建设！

难道 300 年的冷静还不够吗？

——西蒙·玻利瓦尔 [1]

　　1807 年 6 月，玻利瓦尔怀着坚定的决心回到加拉加斯。他坚信，他的美洲就像法国和美国一样，能够摆脱过去，甩开主人，重新定义自己。但他也知道解放绝非易事。战争和封锁使贸易陷入停滞；克里奥尔人与外界隔绝，他们获取的信息仅限于马德里和宗教裁判所允许的范围。然而现在，就连马德里似乎也奇怪地缺席了，它与加拉加斯的摄政者们断了联系。整个南美都无所适从，等待着母国的下一步指示。

　　当玻利瓦尔开始管理他的庄园，壮大家族生意，和奴隶一起打理田地时，他了解到同阶级的许多克里奥尔人也热切渴望解放。[2] 关于如何赢得解放存在着不同的看法。年轻人似乎不愿考虑任何革命以外的可能，他们的父辈却害怕在种族战争中失去一切。但毫无疑问，独立的意愿是存在的。米兰达只是没有培养它罢了。

　　玻利瓦尔逐渐适应了时代的潮流。他与邻居安东尼奥·布里塞尼奥的土地纠纷从用干草叉对峙发展到对簿公堂；[3] 这期间他遇到了志同道合的共和派人士。他们聚集在炫目的沙龙里，[4] 表面上是为了社交。沙龙的组织者是这个殖民地最优秀、最聪明的人：玻利瓦尔从前的老师、作家安德烈斯·贝略；他的姻亲，德尔·托罗侯爵的兄弟们；儿时好友托马斯和马里亚诺·蒙蒂利亚（Mariano Montilla）；他的年轻舅舅佩德罗·帕拉西奥斯和姨父何塞·费利克斯·里瓦斯（José Félix Ribas）。这些特权贵族的后代，现在成了谋反者。他们的聚会被伪装成文学活动或独奏会，甚至是赌博活动，许多聚会都由玻利瓦尔兄弟主持，尤其是在他们位于瓜伊雷河畔的房子里。房子被大片花园环绕，非常适合秘密谈话。当玻利瓦尔向朋友们讲述他在欧洲或美国旅行时的令人大开眼界的故事时，当安德烈斯·贝略——当时已是一位杰出官员——背诵他翻译的伏尔泰著作时，[5] 他们全都在畅所欲言地谈论煽动叛乱。但是，纵有高涨的希望和激烈的讨论，要将华丽辞藻转化为革命行动，还需要一个奇迹。

这个奇迹是拿破仑·波拿巴带来的，他在 1807 年秋天，借征服葡萄牙之名穿过了西班牙。

对伊比利亚半岛的入侵开始得很简单，有些人可能会说，它缘于赤裸裸的邀请。事情始于 10 月，当时国王卡洛斯四世偶然发现了几张儿子的亲笔文书，里面清楚地写明王储正计划罢黜他的父亲，很可能还要毒死他的母亲。[6] 国王吓坏了，致信拿破仑汇报此事，谴责儿子的同时提议由拿破仑的一个兄弟继承他的王位。[7]24 小时内，费尔南多王子也匆匆给拿破仑写了一封信，请皇帝从他的家族中为他挑选一位新娘，以便帝国间的联合。这是赤裸裸的夺权行为，是王子叛国的现成证据。多年来，费尔南多一直耿耿于怀于首相戈多伊对他母亲的性控制，以及他父亲怯懦地把所有权力都交给那个私通犯。但事实证明，卡洛斯四世的表现超乎儿子的预期。在王后和首相的怂恿下，国王开始与法国进行认真的谈判。

拿破仑利用家族纷争，奉承国王，许给他扩张帝国的机会。1807 年 10 月 27 日，由拿破仑提出并由戈多伊签署的《枫丹白露条约》承诺，法国将与西班牙联合入侵葡萄牙，所得领土一半归西班牙。考虑到国王的长女夏洛特是葡萄牙的王后，这项安排实属背信弃义。拿破仑得到允许率领 2.5 万名士兵穿过西班牙领土前往里斯本。[8] 然而，实际入侵时，拿破仑派出了 4 倍于这个数字的军队，[9] 在一场不流血的政变中打倒了里斯本，并在西班牙站稳了脚跟。到 1807 年底，夏洛特王后和布拉干萨王室已逃离葡萄牙，带着 1 万名最忠诚的臣民，搭乘一支由 50 艘船组成的船队前往巴西。4 个月后，在 1808 年的春天，法国军队潜入西班牙最具战略意义的要塞并取得了控制权。国王卡洛斯四世终于明白了自己的困境。西班牙被占领了。他开始考虑秘密逃往墨西哥。[10]

西班牙人民被彻底激怒了。他们把所有的不幸都归咎于戈多伊，并在一场暴乱中洗劫了他的官邸。在这场起义中，卡洛斯四世被迫将王位让予儿子费尔南多七世。拿破仑设法把整个王室——母亲、父亲和儿子——都引诱到巴约讷开会。在一顿丰盛的晚餐后，新登基的国王费尔南多七世被告知，西班牙波旁王朝的时代结束了。他不再是国王了。作为回应，卡洛斯四世试图宣布自己的退位无效，但最终同意将西班牙及其殖民地让给拿破仑，换取 150 万比索的年薪。[11] 到了 4 月底，波旁王朝实际上已沦为法国领土上的囚徒。皇帝的哥哥约瑟夫·波拿巴加冕为西班牙的新国王，使从得克萨斯到火地岛的美洲成为拿破仑帝国引擎中的一个小齿轮。

如果说愚弄西班牙的国王很容易，那么要愚弄它的人民则没那么容易。几年后，塔列朗（Talleyrand）写到，入侵西班牙不仅是犯罪，这更是一个严重的误判、一桩明显的蠢事，给拿破仑带来了灾难性的后果：西班牙人民发动了一场激烈的游击战，令强大的侵略者始料未及。[12] 普通民众拿起武器反抗法国人，掀起一场夜以继日的风暴。作为回应，拿破仑的将军们洗劫西班牙的城市，绞死领导人，强奸妇女。但是马德里的抵抗无法平息。直到法国将军们召集了声名狼藉的马穆鲁克骑兵来镇压民众，才终于降服了这座城市。

即使在母国爆发暴力冲突的时候，即使在西班牙各地纷纷涌现出执政的洪达*，宣称效忠费尔南多国王时，它的殖民地仍然毫无动静，一无所知。英国的封锁阻断了大西洋彼岸的通讯，托马斯·杰斐逊几个月前通过的《禁运法案》扼杀了所有的南北贸易，加剧了隔离状态。在加拉加斯，西班牙被法国野蛮蹂躏的消息直到整整 7 个月之后才传到人们耳中，那是 1808 年 7 月初，特立尼达拉岛的一名官员派人将两份翻烂了的旧《泰晤士报》送到了都督办公室。[13] 这些出版物貌似无甚恶意，四大版上刊载的都是房地产和航运新闻。但是夹在这些新闻之间的是一个引人注目的消息：西班牙国王已被废黜，拿破仑现已占领这个国家。安德烈斯·贝略当时是委内瑞拉最重要的西班牙人胡安·德·卡萨斯（Juan de Casas）都督的秘书，他为上司翻译了这些消息，但他的上司只当它们是英国人的谎言而不予理睬。然而几天后，消息得到了证实。一艘法国军舰和一艘英国护卫舰同时抵达拉瓜伊拉，带来了同一故事的不同版本。身着华

---

*　西班牙文 Junta 的音译，意为"执政委员会"或"会议"。西班牙历史上指具有行政和司法职能的委员会。尤以 1808 年抗法独立战争中各地组织的以国王名义执政的洪达为著。现一般指国家政变后成立的执政委员会。——编者注

丽制服的法国官员向都督递交了一份由约瑟夫·波拿巴签署的正式文件，宣布西班牙已向法国投降，各殖民地现在都处于拿破仑统治之下。另一边，那艘英国船的船长怒气冲冲地从拉瓜伊拉赶来，宣称法国人是骗子，并报告说西班牙人民还没有屈服。事实上，根据他的描述，西班牙发动了一场血腥的战争，目前由塞维利亚的一个洪达代表这个战时国家，而英国已承诺无条件向其提供支持。[14]

这个消息给殖民地带来了巨大的激励，令人蠢蠢欲动。像玻利瓦尔这样的持不同政见者开始思忖，属于他们的时刻是否已到来。他们何不成立自己的洪达？为什么要向塞维利亚那一具临时拼凑起来的躯壳低头呢？他们不是一直声称可以自治吗？总之，有一件事可以肯定：克里奥尔人决不允许拿破仑统治西属美洲。在到达加拉加斯的几天内，约瑟夫·波拿巴的代理人就遭遇了公然的敌意和奚落，他们被迫逃离这座城市，趁夜色偷偷溜走。[15]

克里奥尔人立即开始了建立自治洪达的运动。德尔·托罗侯爵收到了弗朗西斯科·德·米兰达的一封信，信中敦促委内瑞拉人把握良机夺取权力。[16]侯爵有些犹豫，但加拉加斯市议会里的其他人却没有。他们慷慨激昂地请求都督允许他们建立自己的政府，它将像西班牙的洪达一样继续向费尔南多国王效忠。都督没有接到王廷的任何指示，他担心自己别无选择，只能顺应门外叫嚣的群众。他勉强同意了。

对玻利瓦尔圈子里的许多人来说，这是祈盼已久的时刻——一个把握主动权，决定自己经济命运的机会。他们集会讨论，迫切希望组建一个地方洪达，至少在表面上宣誓效忠费尔南多。但玻利瓦尔表示反对，他怀有对独立的绝对信念，他对那些举起自由旗帜同时宣誓效忠国王的人毫无耐心。[17]更何况他认识费尔南多国王，他少年时代曾与这个烦人的小牢骚鬼吵过架，在他心里这样的国王根本不值得尊重。如果说玻利瓦尔对王子是鄙夷，那么他对王后就是厌恶。她的淫荡尽人皆知，而通过她的众多情人之一、他的朋友曼努埃尔·马略，他已对她的弱点了如指掌。然而，他最蔑视的还是卡洛斯四世，是他的优柔寡断和无能使一个帝国沦为奴隶。玻利瓦尔的敌意酝酿了太久，此时让步几无可能。正如他后来所写的，他对西班牙的厌恶之情是如此之深，连把他与西班牙隔开的大海都相形见绌。[18] 他继续与没那么激进的同伴集会，但拒绝妥协。[19] 他决定观望等待。

　　事实证明，这是一个明智的选择。8 月 3 日，卡萨斯都督接待了另一位来自西班牙的访客，他是母国新成立的中央洪达的代表华金·梅嫩德斯（Joaquín Menéndez）。令卡萨斯长舒一口气的是，梅嫩德斯确认了他作为殖民地统治者的地位，并命令他今后接受来自塞维利亚的指挥。[20] 这就是卡萨斯所需要的全部弹药。一夜之间，那些致力于建立独立的委内瑞拉洪达的克里奥尔人被打上了不法之徒的标签。其中最有影响力的是曼努埃尔·德·马托斯（Manuel de Matos），他曾试图在城市广场煽动暴动，呼吁立即驱逐所有西班牙人，结果被捕入狱。卡萨斯都督的儿子拜访了玻利瓦尔兄弟，警告他们停止主持阴谋会议。"可我是完全无辜的！"玻利瓦尔抗议道。[21] 尽管如此，他还是决定离开这座城市一段时间。受惠于命运的安排，他和布里塞尼奥的官司还在审理中，而且他刚刚被选为自己庄园附近一个小镇的镇长——这让他看起来忙碌到没有余力去惹麻烦。

　　都督重新巩固了在殖民地的权威，并由此开启了一个谨慎的时代。持不同政见者如今要在严格保密的情况下举行会议，而且只允许信得过的伙伴参会。这些人中几乎没有对现状心怀不满的人，而多为特权人士：身居高位，学识渊博，受人尊敬，来自有着悠久而显赫历史的家族。保王派历史学家何塞·多明戈·迪亚兹（José Domingo Díaz）指出："我们第一次看到，一场革命由最可能蒙受损失的人煽动并付诸实施。"[22] 组成这个圈子的人有：德尔·托罗侯爵及其兄弟们，世代处于权力顶峰；托瓦尔家族，住在殖民地最豪华的房子里；胡安·比森特和西蒙·玻利瓦尔，坐拥令人垂涎的阿罗阿铜矿等许多贵重的财产；蒙蒂利亚家族，公认的达官贵人，国王宫廷里的熟面孔。他们并不是逐利之人，而是出身名门望族的富人，对政府抱有更高的期望，并相信只有他们自己才能实现。

那个时候，玻利瓦尔兄弟变得比大多数曼图亚诺同伴更为激进。德高望重的83岁高龄的托瓦尔伯爵（Count of Tovar）曾代表"全城最有名望的绅士们"起草了一封正式信件，要求集会的权利，并把他的克里奥尔同胞称为"费尔南多七世的封臣"，但玻利瓦尔兄弟坚决拒绝在信上签名。[23] 收到这封信后没几天，卡萨斯都督就把老伯爵及其同伙——包括玻利瓦尔的舅舅佩德罗·帕拉西奥斯和姨父何塞·费利克斯·里瓦斯——全部抓起来投进了监狱。但他们在狱里并没待多久。西班牙正在进行的战争使一切陷入混乱，而塞维利亚方面也没有发来任何明确指示，导致都督甚至不能完全确定他的敌人到底是谁。

但这一切都不重要了。到1809年5月，来了一位新的都督，陆军元帅比森特·恩帕兰（Vicente Emparán）。在法国和西班牙还是盟友的时候，拿破仑曾经举荐过他。[24] 恩帕兰的任命也得到了拿破仑最痛恨的敌人塞维利亚洪达的支持，[25] 这佐证了当时的混乱和矛盾。更具讽刺意味的是：陪同恩帕兰前往加拉加斯赴任的正是玻利瓦尔的大舅子、在欧洲徒步旅行时的老伙伴费尔南多·德尔·托罗，他在军队里一路升迁，当上了恩帕兰的监察长。玻利瓦尔突然发现自己正处于一个极富战略优势的位置，尽管这个位置也很棘手。他的姻亲德尔·托罗家族，就像许多克里奥尔家族一样，代表了许多彼此冲突的效忠对象。费尔南多是新都督办公室的核心人物，但他也是革命者德尔·托罗侯爵的兄弟。不仅如此，费尔南多还目击过一个"犯罪现场"：当玻利瓦尔发誓要推翻国王时，他就在萨克罗山之上。

不过，国王早已名存实亡。费尔南多七世的权力一直是虚构的，捏造的。他在巴约讷身陷囹圄，始终在拿破仑的掌心里，无力统治一个幅员辽阔的帝国。尽管拿破仑在西属美洲激起了民愤，尽管他野心勃勃，但谁也不能否认，法兰西皇帝的入侵为美洲解放事业成功的可能性打开了大门。克里奥尔人心知肚明。他们知道自己突然占了上风，需要迅速行动；或许他们也在猜想，向一个阶下囚国王宣誓效忠只是一种政治上的手段，一种空洞的姿态，一种掩饰异议的方式。

但是，混乱的时代造就难以驾驭的机遇，尽管克里奥尔人有共同利益，但他们的意见时有分歧。许多与西班牙有着密切家族关系的人坚决反对与母国彻底决裂，他们辩称自己只想多要一些权利，对经济发展多一点控制。一心争取独立的人坚持认为必须彻底决裂，但他们内部的各方策略也大不相同。更为复杂的是，一个新的社会现实摆在眼前。这场革命不能指望得到黑人、帕尔多人和原住民的支持。几乎没有非白人支持独立，因为他们担心没有了西班牙的监督，他们所服务的克里奥尔地主会变得更加残暴。最终，这些种族矛盾将在争取独立的战争中起到决定性作用。但即使是现在，在这种不祥之兆初露苗头之际，富有的克里奥尔人就开始察觉到自家田里或厨房里的异样。

客厅里的谈话越热烈，就有越多奴隶逃离他们的住所。奴隶们在夜幕的掩护下溜走，去开阔的平原上寻找自由。[26]

1809 年年中，恩帕兰刚在加拉加斯的新住处安顿下来，殖民地独立的第一枪就打响了。它始于 1 600 公里外的西班牙殖民地基多，当地的克里奥尔人驱逐了他们的宗主，把政府掌握在自己手中。尽管这些尝试很短命——几个月内就被一系列血腥打击粉碎了，但革命的机器已经开始摇摇晃晃地运转起来了。圣诞节前夕，加拉加斯的克里奥尔人，包括玻利瓦尔在内，准备袭击市政厅，但新上任的都督事先得到了警告，设法制止了这一行动。恩帕兰把玻利瓦尔拉到一边，告诉他不要再和国家的敌人交往，但玻利瓦尔不再试图掩盖他的政治立场。[27] 他的回答礼貌而坚决。他平静地回答说，这个警告已经足够清楚了，但他和他的革命队伍早已对西班牙宣战了；届时，全世界都将看到结果。

认识玻利瓦尔的人中几乎没有人能在这个节骨眼上预料到他日后会在争取独立的战争中扮演核心角色。西班牙人和克里奥尔人尊敬他的血统、财富和才华，但双方都没有把他看作一位领袖。只有他的哥哥胡安·比森特对此抱有希望。一天晚上，大家在瓜伊雷河畔的玻利瓦尔家密谋时，胡安·比森特提名玻利瓦尔担任这群谋反者的领导人，结果被彻底驳回。西蒙·玻利瓦尔过于年轻了，他的同党们说——他太没经验，太易冲动，太有煽动性。

***

随着伊比利亚岛战火四起，一座座西班牙城市相继落入拿破仑手中，中央洪达被迫逃离塞维利亚。其成员最终来到加的斯避难。

到 1810 年 1 月底，他们重组了政府，并将新的统治机构命名为摄政委员会（Regency）。在摄政委员会颁布的诸多改革法令中，其中一项从根本上转变了西班牙对待其殖民地的方式：西属美洲殖民地将成为这个国家不可分割的一部分。虽然其内容听起来很受欢迎，但它们显然并不真实。法令的细节规定，殖民地居民将没有选举权，他们的地区也不被赋予平等的代表权。4 月 17 日，在这一切签署生效为法律的 4 个月后，摄政委员会代表们抵达加拉加斯，宣布这一既成事实，并在全城贴满了海报。

恰巧，摄政委员会代表中有一位是来自基多的年轻贵族卡洛斯·蒙图法尔，他曾经陪同洪堡探险，并在巴黎与玻利瓦尔和德尔·托罗交情甚笃。三个年轻人当年一起住在薇薇安拱廊街，在范妮的沙龙里度过了许多个晚上，为美洲的未来举杯共饮。玻利瓦尔急忙赶到拉瓜伊拉去见这位朋友，打探最新消息。他得知中央洪达已经解散，拿破仑已使西班牙屈服，摄政委员会正在努力维持对殖民地的控制，这些都是他所需要的情报。[28]

谋反者们计划在 24 小时内发动一场政变，推翻都督，控制委内瑞拉。种种迹象已表明，恩帕兰是个软弱的统治者，最擅长和稀泥，每逢关键时刻都优柔寡断。可能由于先前曾为拿破仑效力，他对法国态度尽量友好。甚至对那些构成直接威胁的反叛者，他也表现得很友好，比如对费尔南多·德尔·托罗的家族，以及对西蒙·玻利瓦尔本人。他显然是个软柿子，克里奥尔人有信心在兵不血刃的情况下把他赶下台。他们于 1810 年濯足节[*]（4 月 19 日）的凌晨 3 点在何塞·安赫尔·阿拉莫（José Angel Alamo）家中碰头。[29] 一名目击

---

[*]　即圣星期四，指复活节前的星期四，纪念耶稣基督在受难前夕最后晚餐上为十二使徒洗脚及给他们持守互爱的诫命从而创立圣餐礼。——编者注

者称当时他们人数近百。至于玻利瓦尔那天是否在场，这个问题颇具争议。一些当时身在加拉加斯的历史学家声称他在场，尽管他的名字没有出现在任何文件上。还有人说，恩帕兰曾警告过他不要露面，否则将遭到监禁或流放。也有一些人声称，玻利瓦尔回避了最后一次会议，因为他很清楚即将主导会议的并非真正寻求独立的人，而是愿意做出让步的隐形保王派。[30]

不管怎样，经过一番持续到黎明的热烈讨论，克里奥尔人来到了市政厅。一路上，他们号召市民聚集到城市广场。他们信心十足地邀都督参加市议会召集的一次特别会议。这显然超出了他们的权限，但恩帕兰中招了。他不到一个小时就露面了，看到一大群披着长斗篷的激进分子在广场上转来转去，[31] 他开始警惕起来。他前脚刚迈进市政厅的办公室，后脚克里奥尔人就要求立即成立一个本地洪达。都督听罢他们的诉求，辩称今天是神圣的日子，而这件事有待三思，所以一切讨论都要推迟到清晨弥撒之后。他专横地打断了会议，大步走向广场对面的教堂，但没等走到广场中央，众人就开始高喊："回市政厅，长官！回市政厅！"一个克里奥尔人当着一众王家警卫的面牢牢抓住恩帕兰的胳膊。"人们在叫您，先生。"他说。[32] 他示意都督回去把谈话进行完。按理说，遇到这种对殖民地统治者的公然冒犯，王家警卫早就拔剑出鞘了，但军队督察长费尔南多·德尔·托罗已命令他们退下。大惊失色的恩帕兰焦急地环顾四周，但不得不服从。

会议重新启动，克里奥尔人开始阐述关于如何在西班牙国王名义下施行自治的提案。但还没等他们说完，忽听得大厅里一阵喧嚣，各会议厅的门猛然敞开，大教堂的执事、伟大探险家科尔特斯的后裔、仪表堂堂的何塞·科尔特斯·德·马达里亚加（José Cortés de

Madariaga）堂而皇之地走了进来。这位教士坐下旁听，听到克里奥尔人礼貌地邀请恩帕兰领导他们的洪达时，科尔特斯再也无法自持。市政厅难道不了解他们所代表的人民吗？他大发雷霆。他们难道不知道委内瑞拉人憎恨恩帕兰吗？为什么还要在这个人面前卑躬屈膝？他们怎么能邀请一位西班牙都督来领导他们的起义？如果克里奥尔人真的想独立，他们就会把他赶走，彻底终结西班牙的统治，把国王班底全部送上离开拉瓜伊拉的第一班船。会场里一阵哗然，半是激烈的反对，半是热烈的赞同。但神父说到了点子上。[33]

恩帕兰提出抗议。他坚称，人民站在他这一边。为了证明这一点，他走上阳台，询问下方聚集的群众对他的看法。他们认可他的领导吗？他们欢迎摄政委员会的统治吗？科尔特斯就站在后面，夸张地打着手势，力劝他们说"不"。人们收到了他的暗示。"不！"他们喊道。接着喊声越发洪亮："不！不！我们不要！"[34]

都督一阵错愕。"那我也不要了。"他吼道，然后回到屋内。这意味着公开明确的放弃。他的表态被适时记录在会议纪要中。[35]西班牙的统治结束了。两天之内，恩帕兰和副手们就登上了一艘开往费城的船。[36]一个新的政府成立了。他们称其为"加拉加斯最高洪达，效忠于费尔南多七世国王"。他们发表的最引人瞩目的宣言有：殖民地可以进行自由贸易，印第安人不必再缴纳惩罚性贡品，奴隶市场将成为历史遗迹。

那一年，布宜诺斯艾利斯、波哥大、基多和墨西哥殖民地就像挨个倒下的骨牌一般，纷纷宣示主权，建立洪达，将西班牙执政官发配到公海之上。到年底，除利马外，美洲大陆上的主要城市都摆脱了西班牙驻军。这是一种奇怪又魔幻的分离：费尔南多国王的美洲帝国竟以他的名义宣布自治。然而，尽管人们大谈自由，却很少有人提及民主的另外两大支柱：博爱和平等。这两个曾引领法国和北美革命的口号不会很快在西属美洲叫响。阶级问题太过微妙，种族问题堪称一触即爆的火药桶，这片地区的族群和联盟是一团理不清的乱麻。还有一个问题：在占人口绝大多数的有色人种看来，独立运动由贵族发起是一项硬伤。在某些地区，如委内瑞拉的科罗和马拉开波（Maracaibo），新格拉纳达的帕斯托（Pasto），以及秘鲁的所有地区，美洲人将发现自己对西班牙的忠诚度远远超过对脚下土地的忠诚度。达成任何统一的目标都将耗费数年时间，围绕这一目标还将上演一场内战。争取解放的斗争才刚刚开始。

＊＊＊

对脆弱的加拉加斯洪达来说，当务之急是尽快建立联盟。有太多的不利因素——战争、封锁、禁运——无时无刻不在威胁着这个羽翼未丰的政府。必须站稳脚跟，以便发展独立的统治。洪达派了三名代表前往科罗，同属委内瑞拉的该地区一直自认与加拉加斯平起平坐，这些特使在当地受到了公然的蔑视。在马拉开波，他们遭到监禁后被驱逐出境。很明显，要赢得紧张的民众的支持需要时间，甚至可能需要军事干预，而成功很可能取决于世界强国的认可。到了 5 月，洪达着手组织外交使团前往伦敦、华盛顿和加勒比地区。[37]

玻利瓦尔对 4 月 19 日政变的成功感到惊讶。作为一个坚定的激进分子，他不相信克制是对抗压迫的有效策略，但他不得不承认，温和派赢得了胜利——不是通过交战，而是通过谈判。他从图伊山谷的庄园骑马前往加拉加斯毛遂自荐。谨慎的市议会成员们——现在已是洪达的统治者——对玻利瓦尔毫不妥协的立场十分警惕，但当他提出为前往伦敦的外交使团支付所有费用时，[38]他们别无选择，只能接受。因为他们的国库已经耗尽了——把恩帕兰及其随从送去费城，花费了该市相当一部分的资金。他们勉强同意了玻利瓦尔的条件，任命他为伦敦代表团团长，并授予他上校军衔，以使他的名字更有威望。为了弥补玻利瓦尔相对匮乏的经验，他们坚持为他配备了一名寄托着他们无限信任的副手，此人便是加拉加斯前市长路易斯·洛佩斯·门德斯（Luis López Méndez）；此外，安德烈斯·贝略被任命为秘书。出于同样的考虑，洪达派玻利瓦尔的哥哥胡安·比森特前往美国，派头十足的科尔特斯执事前往新格拉纳达，以及另两个代表团前往加勒比地区的英属诸岛——库拉索、特立尼达和牙买加。

6月初，玻利瓦尔、洛佩斯·门德斯和贝略乘坐英国双桅横帆战舰"威灵顿将军号"起航，这艘战舰是海军指挥官科克伦勋爵（Lord Cochrane）特意派来的。[39]7月10日，"威灵顿将军号"在西班牙战舰"卡斯蒂利亚号"的护卫下，到达英国的朴次茅斯（Portsmouth）。"卡斯蒂利亚号"船长并不知道，他保护的这艘船载有反对派政府的代表。这三名加拉加斯人在护送下迅速通过海关并被签发护照；他们于7月13日抵达伦敦，在杜克大街的莫林酒店安顿下来，住进了舒适的房间。

即便在法国、西班牙、俄国和加勒比地区的多条战线上均有战事，英国看上去正蓬勃发展。虽然英国国王被绑在椅子上，堵住嘴，饱受精神错乱的折磨，但他强悍的帝国正在崛起。这个小小的岛国单是人口就有美国的两倍、委内瑞拉的12倍。[40]在制造业和工业方面，它领先世界。一种忙碌而富足的氛围在伦敦随处可见，新崛起的银行家给几位南美人留下了深刻的印象。它的贸易呈爆炸式增长。

它是那般熙攘繁华，那般现代化。

　　玻利瓦尔立即着手安排与英国外交大臣韦尔斯利侯爵理查德·科利（Richard Colley）的会晤。事实上，韦尔斯利侯爵曾表达过与委内瑞拉代表团会晤的迫切愿望。[41] 尽管他把自己描绘成一个中立派，但他有意利用这次访问来迫使西班牙摄政委员会接受英国的商业诉求。[42] 几十年来，由于敏锐地意识到西属美洲拥有丰富的原材料，英国一直试图强行打入。但西班牙对其殖民地贸易实行惩罚式垄断，挫败了英国的野心。1806 年和 1807 年，在列强旷日持久的战争期间，英国人曾两次入侵布宜诺斯艾利斯，但两次都被击退。由于无法在大陆上取得军事进展，英国将目光投向控制公海贸易，尤其趁着现在西班牙毫无防御能力。但在这点上，拿破仑再度改写了历史。英国和西班牙做了两个多世纪针锋相对的敌人，如今却迅速结成对抗法国的盟友。英国想保持这种联结，但也想利用西班牙的弱势在商业上占得优势。韦尔斯利侯爵需要谨慎对待来自委内瑞拉的反对派外交官。

　　第一次会晤于 7 月 16 日举行，鉴于几位加拉加斯人代表的不是获得普遍承认的国家，所以会晤地点不在外交部，而在韦尔斯利的家——位于海德公园旁边的富丽堂皇的阿普斯利宅邸。[43] 到了约定的时间，玻利瓦尔、洛佩斯·门德斯和贝略被领着穿过宅邸巨大而华丽的大厅，上了楼，经过饰有金银细丝的墙面和精致的大理石壁炉，进入灯火通明的会客厅，韦尔斯利和下属正等在那里。窗子开着，从花园飘来夏日的暖风。一阵礼节性的寒暄确立了法语为双方的交流语言，之后外交大臣毫不迟疑地发表了讲话。他的法语极好（他妻子是巴黎人），[44] 而且，他曾经担任过驻西班牙大使，掌握基本的西班牙语。他直截了当地宣布，委内瑞拉人对母国采取的行动是不明智的：西班牙的国家大业尚未失败。恰恰相反，在英国的帮助下，西班牙很有可能赶走拿破仑。他表示，首先他需要知道加拉加斯洪达派代表团来是要报告殖民地的不端行为，还是要寻求彻底脱离西班牙。这种先发制人的谈话方式，意在表明英国的联盟立场，并把来客引向正题。

玻利瓦尔率先开口，滔滔不绝讲起流利的法语。他向韦尔斯利生动阐述了导致这场革命（"革命"一词正是他的原话）的前因后果，描述了克里奥尔人的挫败、都督的昏庸、激进分子的秘密会议、对贸易的压制、在殖民地的恶劣行径，以及委内瑞拉人拒绝屈从于一个不合法的政府引发的最终冲突。[45] 玻利瓦尔解释说，西班牙的摄政委员会代表了一种武断的安排，委内瑞拉人"渴望用一切可能的手段摆脱这种无法忍受的枷锁"。[46]

毫无疑问，他是在极力主张彻底的自由，尽管他从加拉加斯得到的指示禁止他这样做：他得到的指示是表达对费尔南多七世国王的效忠，任何情况下拒不承认西班牙摄政委员会的合法性，绝口不提独立。韦尔斯利侯爵神情冷漠地听完了玻利瓦尔的讲述，他那张强硬的面孔并未流露出对这番呼吁的同情，随后，他干脆利落地回答说，由于英国是西班牙的盟友，他既不能阻止也不能支持其殖民地争取独立。这场谈话到这里似乎已经结束。

但玻利瓦尔继续说了下去，观点越来越激烈。在那里，面对欧洲最有权势的人之一，这个年轻人或许是第一次运用了自己清晰洪亮的声音、大胆的想象力，以及很快将成为他个人标志的非凡说服力。他那双黑色的眸子闪着光，额头上青筋暴起，迫切地传达出一个萌芽中的国家的所有梦想和希望。热血上涌之际，他把国书递给侯爵，确信韦尔斯利能从其中找到一些曾激励过他的人民的信念。

玻利瓦尔忘记了那些文件里包含对他的指示，这些指示被加拉加斯洪达仔细地罗列在上面。他继续辩称，委内瑞拉理应享有自治的自由，毫无疑问，它的能力要胜过饱受战争蹂躏的西班牙政府或是被囚禁的国王。玻利瓦尔说话期间，韦尔斯利侯爵和助手们一面翻阅文件，一面等他说完。他的话音刚落，侯爵抬起头，冷冷地评论称玻利瓦尔方才表达的观点与他刚刚递交的文件南辕北辙。他的政府不是号称"加拉加斯最高洪达，效忠于费尔南多七世国王"吗？大家都能看见，这上面写着代表团接到的指示是不要提及独立的话题，不是吗？[47]

玻利瓦尔一时语塞。[48] 由于没有受过外交和礼仪方面的训练，他在参加会晤之前没有检查过随身文件。他的周密准备全在脑子里完成，他自己围绕争取绝对独立形成了一套有力的论证。代表们迅速变更策略。他们向韦尔斯利侯爵表示，委内瑞拉人宁死也不愿被一个趁乱上位的不合法政府统治。他们现在想要的是与英国在贸易上的合作，这样的联盟对英国而言百利无害。玻利瓦尔补充说，委内瑞拉在战争时期这样做是很自然的。

尽管韦尔斯利侯爵为人刻板，但他对拉丁民族的脾性还是有所了解的——也许缘于他的爱尔兰血统，也许缘于他那暴躁的法国妻子，[49] 也许缘于他在塞维利亚的外交工作经历。不管怎么说，他并不像看上去那么不懂变通。在伦敦，尽人皆知他是个不可救药的好色之徒，有着不太体面的个人作风。[50] 他完全能够理解激情。韦尔斯利觉得玻利瓦尔的热情很有吸引力，并称赞了玻利瓦尔捍卫民族利益的热忱。玻利瓦尔善意地回应说，这位外交大臣以更大的热忱捍卫了西班牙的利益。这个爱尔兰人笑了。他向代表们表示感谢，并祝他们一切顺利。他亲切地送他们离去，并邀请他们在几天后的

7 月 19 日再次会面。

接下来的会晤没有取得更多的成果。这位外交大臣虽然态度友好，但注意力却坚定地集中在与拿破仑的战争上，表示要赢得战争必须依赖与西班牙的合作。即便如此，几位拉美人还是感到振奋。他们在外交上得到了世界上实力最强的大国的认同。他们就人民的愿景发表了自己的看法。正如哈罗比伯爵预言的那样："加拉加斯发生的事件是一出大戏的开始。大幕拉开得比我们想象的要快。"[51]委内瑞拉人离开时几乎毫无疑问地认为，尽管英国直接承诺支持西班牙，但也充分理解了他们的长远抱负：克里奥尔人对待自由是认真的。

在伦敦，还有另一位盟友需要争取，那就是弗朗西斯科·德·米兰达。尽管代表们受命避开他，但玻利瓦尔再次偏离了剧本。他找到了那位传说中的革命家。由于西班牙现处于拿破仑的统治之下，米兰达对西班牙国王的言辞变得更加强硬。这位老兵适逢花甲之年，曾经风度翩翩的冒险家如今已两鬓斑白，但他以年轻人的热情欢迎了这几位同胞。"尽管年事已高，"安德烈斯·贝略评论道，"他似乎正处于青春和理想的巅峰，仍在努力推动西属美洲的独立。"[52]米兰达邀请他们去他在格拉夫顿街 27 号的家，[53]那里多年来一直充当着拉美人在伦敦的聚点。据洛佩斯·门德斯说，在这个令人眼花缭乱的城市里，是米兰达给了他们宾至如归的感觉：

> 我们唯一有信心与之进行秘密磋商的是我们的同胞，他还为我们介绍了必要的准备信息；他比任何人都更有资格向我们提供广泛而可靠的建议，因为他有丰富的经验和旅行经历，与当地政府有长期联系，并为美洲做出了众所周知的努力。[54]

米兰达甚至很可能向玻利瓦尔简要介绍了如何重启与英国外交大臣的会谈。米兰达对韦尔斯利侯爵非常了解，因为他是侯爵那位更有名的弟弟威灵顿公爵的好友。事实上，米兰达在相当长的一段时间里都是外交部的在编职员，支取微薄的津贴。就在两年前，在拿破仑入侵西班牙、改变世界秩序之前，英国外交部差点协助米兰达发起一次新的解放远征。最后，威灵顿公爵奉命带米兰达去伦敦街头散步，告知他那个坏消息：英国打算帮助西班牙，而不是委内瑞拉。如果说有谁能让玻利瓦尔对英国人的反复和狡诈有所准备，那就是米兰达。[55]

玻利瓦尔和同僚们大部分时间都待在这位老将军舒适的房子里，受惠于他那了不起的藏书室，里面有 6 000 册藏书，其中许多都有他的亲笔批注。米兰达也很乐意把这些旅行者介绍给他尊贵的朋友圈，邀请他们拜访格洛斯特公爵、坎伯兰公爵、财政大臣尼古拉斯·范西塔特、废奴主义者威廉·威尔伯福斯、教育家约翰·兰卡斯特，还有他的私人理财师约翰·特恩布尔。但英国人自己也会找上门来，急于向这几位委内瑞拉人打听加拉加斯最近发生的事情：韦尔斯利侯爵的儿子理查德是莫林酒店的常客，伦敦社交界的其他成员也是如此。对他们来说，实际上对任何一个愿意倾听的人来说，玻利瓦尔描绘了一幅西属美洲的独立的壮丽蓝图，描述了这片大陆如何渴望自由，以及为任何愿意协助这项事业的人准备的投资机遇。

毫无疑问，在米兰达于伦敦创建的激进西属美洲人组成的共济会团体"美洲大同盟"（Great American Reunion）的集会中，玻利瓦尔谈到了这些事。总的来说，秘密社团性质的共济会运动已被证明是整个大西洋世界革命中的一股异常强大的力量，共济会会员在米兰达的时代形成了庞大的社交圈，其中不乏显赫人物，包括乔治·华盛顿、本杰明·富兰克林、托马斯·杰斐逊、詹姆斯·门罗、拉斐德侯爵、威廉·皮特、威灵顿公爵、亚历山大·普希金和沃尔特·司各特爵士。米兰达的"美洲大同盟"定期在他位于格拉夫顿街的家里集会。会上的米兰达俨然成了许多充满幻想的年轻反叛者的良师益友。最终，西班牙语美洲独立战争中的三位杰出人物——阿根廷解放者何塞·德·圣马丁（José de San Martín）、智利独立领袖贝尔纳多·奥希金斯（Bernardo O'Higgins）和玻利瓦尔——坐在米兰达的藏书馆里，[56] 与他的朋友们聚会，充分思考他们的起义策略。

　　和所有共济会会馆一样，米兰达的会馆被西班牙王室和天主教会视为眼中钉，他们对革命组织十分警惕，因此派保王派特工定期监视。1811 年，其中一名特工截获了一个阿根廷"弟兄"写给一个新格拉纳达人的信，[57] 信中透露了所有正式加入米兰达秘密社团的人的名字。赫然在列的有安德烈斯·贝略和路易斯·洛佩斯·门德斯——玻利瓦尔那场宿命之旅的同伴。甚至直言不讳的加拉加斯执事何塞·科尔特斯·德·马达里亚加也被列为在格拉夫顿街宣过誓的人。奇怪的是，玻利瓦尔不在名单上。鉴于他后来对秘密组织的批评乃至禁止，他很可能认为秘密兄弟会的概念在一场人民革命中毫无意义。[58] 不宣而战不是他的作风。

　　但是，在有关独立的核心问题上，米兰达和玻利瓦尔达成了空前的共识。单独相处时，他们讨论了建立共和国的棘手问题，涉及其中的每一处细节。在米兰达去过的无数国家里，他总是特意研究其公共服务——记录费城或维也纳如何为城市居民服务，以及这些服务在马德里是如何被严重忽视的。[59] 他谈到灌溉、矿山、学校、博物馆、孤儿院、监狱、公共卫生和行政管理的细节，[60] 听得玻利瓦尔近乎入迷。他们还谈到了对任何民主制度都至关重要的公共道德，并花了很长时间讨论美国这个个案。玻利瓦尔折服于这位老人的见识和智慧，更折服于他的军事行动经历，于是恳请他回国，重新加入委内瑞拉争取独立的斗争。

米兰达犹豫不决。他目睹过委内瑞拉人的冷漠，也不相信他作为一个领导人会受到拥戴。随着季节由夏入秋，玻利瓦尔使尽浑身解数试图使将军相信事实并非他想的那样。

米兰达和玻利瓦尔之间那些重大谈话并不总发生在米兰达的藏书馆里。他们两人结伴出现在各种地方：歌剧院、戏院、皮卡迪利大街、皇家天文台，或在海德公园或邱园散步——伦敦的报纸连篇累牍地报道了他们的郊游。徜徉在伦敦街巷的这两人想必是个古怪的组合：一位是优雅、英俊的老人，另一位是沉不住气、神经质的年轻人，两人用西班牙语热烈地交谈着，时不时停下来为各自的观点申辩。米兰达把玻利瓦尔介绍给了肖像画家查尔斯·吉尔（约书亚·雷诺兹爵士的学生），[61] 显然也介绍给了他的裁缝，因为在吉尔于伦敦为他绘制的肖像中，玻利瓦尔穿着一件时髦的高领夹克，戴着一条黑领带，这正是彼时英国社会优雅的写照。他的头发往后梳得溜光，下巴刚毅地挺着，眼里闪烁着坚定的光芒。

玻利瓦尔有时也会独自探索这座城市。多年后，他谈起自己在伦敦一家妓院的"奇遇"，[62] 那件事让他觉得既好笑又惊奇。在与一个妓女协商的过程中，他提出的一个要求惹怒了她。她指责他是同性恋，闹到整个妓院鸡飞狗跳。当他试图用几张钞票平息她的怒火时，她轻蔑地把它们扔进了火里。她不会说西班牙语，他也不会讲英语，所以没什么指望能纠正她的误解。正如他后来对朋友说的那样，他在最终离开那个快乐之家时，比进去时要急不可耐许多。

他不太可能知道那个女人或许在为她的性命担忧。就在几个星期前，也就是 7 月 8 日，伦敦警方突击搜查了白天鹅酒吧（White Swan）并逮捕了一批嫌疑人。[63] 那是一家位于维尔街上的"莫利之家"（时人对跨性别者俱乐部的称呼）。一群愤怒的暴民尾随被指认为同性恋的人来到弓街站，将他们打倒，向他们身上扔泥巴，并以更严厉的惩罚相威胁。这些人被控鸡奸未遂，其中一些人被处以绞刑。当这个妓女表达不满的时候，她的脑海里显然浮现出了英国的严刑峻法。然而对玻利瓦尔来说，这一事件成了伦敦和巴黎之间巨大文化差异的鲜活隐喻。在他去世前两年，他对此事仍记忆犹新。

＊＊＊

1810 年 9 月 22 日，玻利瓦尔乘坐一艘新式 18 炮单桅船"蓝宝石号"离开伦敦前往加拉加斯。他本打算让米兰达与他同行，事实上米兰达也是这样以为的，他已经把自己的行李和 63 本书送上了船。但韦尔斯利侯爵认为，让这位老革命家打着英国旗帜回国是不明智的。结果只有玻利瓦尔一人登上"蓝宝石号"，于 12 月 5 日抵达拉瓜伊拉。米兰达设法在一艘远没有那么舒适的邮船上预定了座位，并于 12 月 10 日抵达委内瑞拉。洛佩斯·门德斯和贝略决定留在格拉夫顿街的住所，继续米兰达的外交努力，在此后的革命中扮演了完全不同的角色。

　　玻利瓦尔看到他离开期间委内瑞拉的情况后非常失望。[64] 当他在伦敦的客厅里鼓吹无条件独立的时候，加拉加斯洪达已经巩固了与费尔南多七世的联系，削弱了自身对外省的影响力，并分裂成 20 个争吵不休的派系。科罗、马拉开波和加拉加斯之间相互妒忌，关系恶化，用一位旅行者的话说，"存在着致命的敌意，我担心还会为此流很多血"。[65] 洪达似乎完全不知道首府以外上演的内乱。黑人和帕尔多人不相信克里奥尔人的政府，他们公开表示坚决忠于摄政委员会。保王派正忙着招募下层民众加入他们的事业。洪达对这些现状视而不见，着手模仿美利坚合众国政府，罔顾这个范本属于罕见的民族团结与意识形态一致的产物，根本不适配于在种族、阶级或经验上毫无同质性可言的民众——那些人几乎没什么能达成一致的地方。

由于担心米兰达感到处境尴尬，玻利瓦尔四处奔走，试图为他争取支持。但是，要说服那些人放下怨恨，不再将米兰达视作装腔作势之人，或者更糟的是，视作一个叛逃者，而让他们像对待英雄一样欢迎这位老将军，这并不容易。当米兰达于 12 月 10 日到达时，玻利瓦尔召集了一大群人在拉瓜伊拉迎接他，但其中唯一有洪达官方背景的只有无畏的科尔特斯·德·马达里亚加执事。[66] 洪达方面仅发出这样一个冷淡问候，以此应付尴尬的局面。

那一天，在攒动的人群中，玻利瓦尔的形象并不起眼。在他旁边，穿着华丽长袍的科尔特斯似乎要高大许多。他们在码头上看着英国的双桅船"埃文号"驶近，载来那位来自库拉索的大人物。米兰达还以为人们来接他去就任新成立的委内瑞拉政府的领导人，[67] 所以特意换上了礼服。在船舷现身时，他身着象征荣誉的旧军装；他曾穿着它们率领法国军队在马斯特里赫特和尼尔温登奋战。军装外套是天蓝色的，裤子是白色的，伟大的法兰西共和国鲜艳的三色饰带在他胸前飘动。[68] 他胸膛宽阔厚实，嘴唇丰满，腰板挺直，但看上去比实际年龄至少老了 10 岁。他那稀疏的头发上扑了粉，扎成一条干瘦的马尾。他在单侧耳朵上戴了一枚金耳环，这在那个时代的欧洲绅士中蔚为流行。

据保王派历史学家何塞·多明戈·迪亚兹观察：

> 我见证了米兰达的凯旋，他被视作上天的礼物来欢迎，身上寄托了最坏的暴民的全部希望。他那时大约65岁，神情严肃，不知疲倦地高谈阔论，对社会渣滓总是过分友好，随时准备给他们以希望。最疯狂的人把他视为政治圣人，是唯一有能力领导政府的人；而另一边，头脑更理性的温和派人士则认为他代表着迫在眉睫的危险。[69]

就这样，这位将军经过1806年那次莽撞的擅闯之后回到了故土。米兰达很快就明白，"最疯狂"的玻利瓦尔高估了他的同胞们接纳他的热情。他后来才知道，即使是到码头欢迎他的科尔特斯·德·马达里亚加也曾强烈反对他回国，威胁说如果米兰达获准重返委内瑞拉，他就离开。[70]这位神父之所以露面，只是为了传达洪达冷淡的问候。米兰达去了玻利瓦尔的家，他在那里住了几天，开始琢磨自己的真实处境。不管玻利瓦尔说了多少漂亮话，委内瑞拉对未来的剧变实际上毫无准备。他必须设法掌控局面。被动等待不会有结果。[71]

三个星期后，他等来了中将军衔，以及相应的薪水和福利。[72]他抱怨说，对于一个他这样有经验的高级军官来说，这很难令人满意。米兰达强烈要求授予自己上将军衔，并领取同级别的工资。当他的提议被忽视时，他决定发动一场政治运动，以唤起公众对他的支持。这样的努力放到英国或许很正常，但在刚刚走出殖民阴影的委内瑞拉，克里奥尔人觉得这很唐突。即便如此，在玻利瓦尔的帮助下，他还是成功地在国会中赢得了帕奥（Pao）省代表的席位。相反，玻利瓦尔并没有参与竞选或谋求政府职位。事实上，在官僚机构重新洗牌的过程中，洪达还将他的军衔从中校降为上尉。[73] 然而他毫不气馁，全心全意辅佐米兰达。他们一起接手了一个名为爱国社（Patriotic Society）的政党，米兰达做了任何一个现代政治家在竞选中都会做的事情：发表演讲，号召社会中有权势的人支持他，为党报《委内瑞拉爱国者报》（*El Patriota de Venezuela*）撰写文章。

不久，米兰达控制了首府的《加拉加斯公报》（*Gazeta de Caracas*）。[74] 洪达的领导人基本都在三十来岁，几乎不为所动。他们认为他自负、可笑，而且最糟糕的是，他完全跟不上时代的步伐。尽管如此，米兰达的努力开始在有色种族等级中得到回报。对于一个父亲曾被迫自证"血统清白"的候选人来说，这样的发展也算是合乎逻辑。在群众集会上，帕尔多人竭力展示出他们的集体力量，提出各种诉求。渐渐地，他们占据了原先只属于白人的位置，进而渗透到了军队高层。富有的曼图亚诺人大为震惊。1811 年 3 月，他们做出回应，对政府进行了大规模重组：出身地主家庭的 31 名代表入主国会，其中大多数人支持费尔南多国王的统治；由三名轮值主席组成的执政机构取代了洪达。然而，到了 6 月，这三位新上任的官员意识到了一个新的现实。纵使他们做出了种种努力，但谁得到了人民的压倒性支持一望即知。米兰达的爱国社遥遥领先。[75]

第五章

米兰达的沉浮

自由是一道美味多汁的佳肴，但极难消化。

——让-雅克·卢梭 [1]

米兰达和玻利瓦尔携手取得了巨大成功，但这并不代表两人之间没有嫌隙。首先，米兰达极端的傲慢连最挑剔的曼图亚诺都觉得过分。他极其自负，喜欢搬出知名人物以自抬身价，却从不懂得用赞美来回应别人的赞美。米兰达在为他举办的宴会上的举止震惊了前洪达首脑胡安·赫尔曼·罗斯希奥（Juan Germán Roscio）："他心满意足地听完大家的祝酒词，然后不做任何回应，仿佛在场的每个人都低他一等。那些有良好教养的人再熟悉不过的礼貌用语，从他嘴里冒不出一句来。" [2]

米兰达与德尔·托罗侯爵——玻利瓦尔最亲密的老友之一——之间的敌意加剧了米兰达对玻利瓦尔的不满。这种敌对关系始于多年之前，当时侯爵收到了不止一封米兰达的来信，信中建议他利用拿破仑入侵西班牙的契机建立一个本地洪达，断绝与母国的关系。[3]这位侯爵后来成为独立运动最热心的支持者之一，但在情况不甚明朗的当时，他的第一反应是把米兰达的信件上报主政的都督，而都督转头上报了加的斯。米兰达对此耿耿于怀。他也无法原谅玻利瓦尔对侯爵毫不含糊的忠诚。不仅德尔·托罗家和玻利瓦尔家世代交好，而且这位侯爵还是玻利瓦尔亡妻玛丽亚·特蕾莎的叔叔。[4]

令米兰达和德尔·托罗之间的紧张关系达到顶点的事件，是国会决定忽略米兰达丰富的军事经验，任命德尔·托罗侯爵为新成立的陆军部的部长。这次没有委任米兰达足以让人惊掉下巴。全委内瑞拉没有一个战士的资历能比得上米兰达，包括那位骄傲的侯爵在内。玻利瓦尔很为难，但他拒绝背叛妻子的叔叔。因此，纵有共同的梦想和抱负，不信任的种子已然播下。到了那年6月，当国会讨论是否有可能让年轻的玻利瓦尔担任军职时，老将军不无道理地宣称玻利瓦尔没有准备好承担任何重要职务。玻利瓦尔就是一个新兵蛋子，太冲动，米兰达嗤之以鼻。[5]

然而这场争吵很快被国会上的一片哗然淹没，因为有人发现，新任命的议员之一费利西亚诺·蒙特内格罗-科隆（Feliciano Montenegro y Colón）实际上是摄政委员会派来的密探，带着陆军部的计划潜逃了。[6]这次明目张胆的盗窃警醒了羽翼未丰的政府。为什么委内瑞拉人要继续向一个派间谍来窃取宝贵文件的国王宣誓效忠？7月1日，担任轮值主席的三人执政委员会成员克里斯托瓦尔·门多萨（Cristóbal Mendoza）公开谴责了这一冒犯行径，并宣布或许是时候讨论国家主权完整的问题了。[7]加拉加斯市民一向倾向于完全独立，听到这些话都激动不已。国会大厅里顿时活跃起来，男男女女、大人小孩蜂拥而入，旁听辩论。代表们一个接一个地走上讲台，其中一些人告诫要谨慎行事，另一些人则吐露了对西班牙和摄政委员会的愤怒。爱国社成员也大声疾呼，让更多人听到他们的谴责。7月4日晚，玻利瓦尔在爱国社的一次特别会议上发言，以不容分说的口吻主张绝对独立。"让我们勇敢地奠定南美自由的基石！"他喊道，"犹豫就会灭亡！"[8]一位在场的英国旅行者回忆道：

> 在所有人中，年轻的玻利瓦尔给人的印象最为深刻：他声音尖厉，情绪激动，态度专横，尤其是他眼睛里燃烧着令人过目难忘的火焰，那种眼神只属于征服者或梦想家。他身材矮小瘦削，皮肤略黑，眉毛棱角分明，太阳穴凹陷，手脚都很小，穿着欧洲绅士的衣服……我听着他讲话，虽然我不太精通西班牙语，但我听懂了他说自己宁死也不愿让家乡做西班牙的奴隶。他的气势镇住了那个大厅，似乎人人都感觉到了。他们告诉我，他是一个拥有巨额财富的贵族，但他愿意为国家的自由倾尽所有。在我看来，命中注定这个年轻人要么会英年早逝，要么会成为盖世英雄。[9]

整个夜晚，年轻的革命者们在酒精和愤怒的驱使下涌上街头，大肆破坏王家财产。[10]第二天，也就是 7 月 5 日早上，国会大厅里出现了更为激烈的骚动。米兰达发言，报告了最近从伊比利亚半岛发回的消息：威灵顿公爵刚刚第二次击败拿破仑最伟大的元帅马塞纳的军队。不久，西班牙将摆脱拿破仑的统治，它的将军们将把注意力转向征服殖民地，瓦解他们已经建立起来的所有自由。他直言，如果他们真的关心委内瑞拉的未来，现在就是采取行动的时候。

这是一番难以抗拒的呼吁。那天下午，脱离西班牙的提案交由国会投票表决，结果只有一票反对，获得通过。三人执政委员会轮值主席克里斯托瓦尔·门多萨宣布了完全独立，第一共和国诞生了。米兰达以胜利的姿态展开他的黄红蓝三色旗，加拉加斯为之欢呼沸腾。直到深夜，狂欢者在广场上发表欣喜若狂的演说，将西班牙国旗撕成碎片，闯入私人住宅毁坏国王画像，而保王派则战战兢兢，害怕加的斯的愤怒和上天的报复。

对玻利瓦尔来说，这一重大胜利的喜悦很快就被悲伤冲淡了。他得知哥哥胡安·比森特在美国执行完外交任务后，于回国途中遭遇了海难。玻利瓦尔要过一段时间才能了解到哥哥逝世的细节，但他最终会明白，那次旅程从头到尾都不顺利。西班牙驻华盛顿的大使路易斯·德·奥尼斯（Luis de Onís）欺骗了胡安·比森特，让他相信摄政委员会打算承认委内瑞拉政府，于是，心地善良的胡安·比森特把委托给他的 7 万比索用于购买农具而不是枪炮。他的船在向南航行时，在百慕大附近遭遇飓风。他和他的船货一起在无情的 8 月疾风中撞上了礁石。[11]

***

墨西哥的激进革命者米格尔·伊达尔戈（Miguel Hidalgo）神父鲜血淋漓的头颅被挂上了瓜纳华托的屋顶，向全世界昭告了西班牙对待革命的态度。而就在同一时间，步入共和的委内瑞拉还沉浸在刚刚宣布独立的狂喜之中。加拉加斯的爱国者*帮派四处围捕西班牙人和保王派，并缴走他们所有的武器。黑人聚落那些出身高贵者，称他们为"公民"，并当街威胁他们。[12]帕尔多人在军中被授予高

---

*   爱国者（patriot）指的是在 1808—1825 年西属美洲独立革命期间出现的支持独立、拥护独立政府的人，与"保王派"相对。——编者注

位，在舞会和庆祝晚宴上受到欢迎。据一位英国人说，其中有些人"傲慢无礼到要求娶［前检审庭白人法官的］女儿的地步"。[13] 即便如此，费尔南多国王的忠实追随者也不是好欺负的。几天之内，他们就在加拉加斯西北部组织了一场报复性的起义。他们装备弯刀、步枪和临时制作的锡盾聚集在一起，边喊"国王万岁！"边骑马冲向新的主人。"去死吧，叛徒！"[14]

但这是一场拙劣的武力展示，爱国者部队很快就围剿了他们：16 名俘虏靠墙站成一排，被执行枪决，接着被吊起来。之后他们的头被钉在木桩上，在城市的各个角落接受伊达尔戈式的示众。反击是迅速而残酷的，但就连新政府的总工程师、温文尔雅的知识分子胡安·赫尔曼·罗斯希奥也表示赞同。"不流点血，我们的统治就会被视为软弱可欺。"他在给朋友安德烈斯·贝略的信中写道，后者当时仍住在米兰达位于伦敦的宅邸。[15]

尽管新共和国的缔造者们宣称建立的是完全的民主政体，但很快人们就会看清，民主在委内瑞拉呈现出另一副面孔。只有有产公民才有选举权，[16] 其他人只有权"享受法律的好处，而不参与法律的制订"。[17] 玻利瓦尔感到很沮丧。米兰达同样忧心忡忡，他最初设想的是建立一个在印加君主后裔统治下的统一美洲。但当国会开始制订宪法时，他们的见解很大程度上被忽略了。米兰达和玻利瓦尔或许在一些问题上存在分歧——玻利瓦尔希望驱逐所有西班牙人，而米兰达愿意让他们留下来，但两人都主张新的共和国最需要一个统一的目标，以及一个能够实现它的强有力的中央政府。另一边，国会却赞成由各省组成一个松散的联邦，保留旧有的执政小集团，并着手制订一部宪法，以确保现行阶级结构的主导地位。其结果无论如何也称不上平等。军队仍然实行种族隔离（即使黑人民兵也要由白人领导）；奴隶贸易暂停，但奴隶主可以保留已有的奴隶；尽管帕尔多人被告知摆脱了"公民权降格"，但在未来的共和国里，他们没有投票权和选举权。简而言之，宪法把所有权力都交给了富有的白人，这骗不了任何人。

几乎是在同一时间，包括教会在内的西班牙代理人开始利用这种不公正。加拉加斯大主教指示手下教士对黑人和帕尔多人进行教育，让他们了解新法律中固有的种族歧视。保王派在沿海地区四处活动，试图挑唆奴隶起义。没过多久，他们的策略就奏效了。奴隶们发现承诺的自由被骗走后愤愤不平，挺身反抗他们的克里奥尔主人，掠夺田庄，屠杀满门，烧毁田地，破坏财产。随着白人在恐惧中退缩，黑人反革命队伍不断壮大，沉醉于手中新获得的权力。

在马拉开波、科罗和瓜亚纳（Guayana，从农业发达的西部延伸到东部大草原的大片土地），穷人和被剥削者誓死效忠费尔南多国王。可可田在阳光下枯萎，矿井被废弃，经济开始了危险的螺旋式下滑。1811 年 7 月 19 日，距首都不到 160 公里的巴伦西亚市（Valencia）爆发了一场暴力起义。国会决定派德尔·托罗侯爵率军前去镇压，但无论是国会还是德尔·托罗本人都不太有信心完成使命。就在几个月前，洪达曾派侯爵去平息科罗的保王派骚乱，而这位在沙龙里比在战场上更自在的老贵族不去围攻那座港口城市，却礼貌地与骚乱领导者通起信来。[18] 最终，当外交努力失败后，他带着劣质弹药和几门由奴隶背着的老式大炮，踏上了 320 多公里的沙漠之路。他的士兵中只有十分之一的人配了枪。当他们到达时，西班牙人只是简单地用霰弹射击他们，将军和手下部队就转身逃命了。

巴伦西亚的情况几乎如出一辙。侯爵的军队刚一发动进攻，保王派就以优势兵力反击，侯爵顿时丢了勇气。加拉加斯的共和派清楚地认识到，他们中间唯一真正的军人是米兰达；他们任命他为指挥官，找他来领导一支更大规模的远征军。米兰达同意了，但开出一个奇怪的前提条件：找个借口免去那个热切的年轻人玻利瓦尔（他满心期待随米兰达一起远征）的阿拉瓜民兵指挥官职务。

很难说清玻利瓦尔身上的哪一点最让米兰达恼火，是缺乏经验，是盲目自信，还是对侯爵的忠诚，甚至可能是他的耀眼程度，但米兰达的这条约定牢不可变，他是认真的。国会议员对这位将军的要求很意外，甚至大吃一惊。他们问他为什么对玻利瓦尔如此不满，他回答说："因为他是个危险的年轻人。"[19] 最后，他们同意了米兰达的条件。玻利瓦尔听说这个消息后，带着勃然大怒冲进会厅。"你们凭什么剥夺我为国效力的机会？"他怒吼道，"如果我的部下都开往了前线，而他们的指挥官却被留在了后方，人们会怎么说我？一个懦夫！一个叛徒！"[20] 玻利瓦尔的曼图亚诺同侪都很同情他，他们一致认为米兰达是个专横的伪君子，但他们急需他的军事专长。最终，德尔·托罗侯爵把玻利瓦尔收为自己的副官，虽然他的军队还在战场上等着米兰达的援兵。玻利瓦尔上校在巴伦西亚战场上表现出色，迎着炮火英勇作战，通过两场战役把保王派赶出了这座城市。

米兰达或许很傲慢，甚至对玻利瓦尔的野心警惕过度，但他并不是恶毒小人。他决定，应该由玻利瓦尔把共和国的胜利消息带回加拉加斯。此外，他在向国会提交的报告中特别提到玻利瓦尔的英勇行为，并建议恢复他的上校军衔。[21] 但私下里，他变得更加挑剔。[22] 玻利瓦尔的作风更像是个游击队领袖，而不是纪律严明的欧洲士兵；在米兰达看来，他太不拘小节，太轻视军事礼仪，对部下太过随意和友好。然而，巴伦西亚的胜利对玻利瓦尔来说是一个转折点。正是在那里，他建立了自己作为一名战士的信誉；正是在那里，撇开与国会的种种分歧，他全心全意地投身于一场由别人发起的革命。

当米兰达的军队继续控制巴伦西亚时，有关这位指挥官傲慢成性的消息开始传回首都。曼图亚诺向来不喜欢米兰达外国人般自命不凡的派头；现在，连军中也对他毫不掩饰的轻蔑态度怨声载道。据说，在这支由 4 000 人组成的临时部队立正接受他的检阅时，他曾公开嘲笑道："能让我这样地位的将军，在不牺牲尊严和名誉的情况下指挥的军队在哪里呢？"[23] 他会用法语说一些气话，让士兵们莫名其妙；在没有得到应有的尊重时，他会对军官厉声斥责；他还会高声质问，何时才能有英国人或北美人来帮助他把这些无可救药的笨蛋打造成战士。

说句公道话，实际的事态发展几乎完全偏离了米兰达在格拉夫顿街惬意的书房里酝酿的自由之梦。内战的阴霾最使他烦恼。他来这里是为了与西班牙王室的士兵战斗，而不是拿起武器对抗委内瑞拉同胞。他没料到自己最激烈的反抗者会是像他父亲一样的加那利群岛人，而事实上许多保王派都是这般出身。尽管米兰达在巴伦西亚首战告捷，但他目睹了很多令人沮丧的事。手下部队缺乏经验且不守规矩，不像他以前带过的任何部队；更多时候，敌方的准备更充分，装备更精良；米兰达 4 000 人的部队中，伤亡人数已占到一半以上。[24] 为了给那些胆敢再挑起保王起义的人一个严厉的教训，米兰达在加拉加斯判处起义领导人绞刑。但 4 个月后，由于在人权问题上犹豫不决，国会驳回了所有指控，并将这些起义者遣送回西班牙。[25]

***

在这自由的曙光初现之际，我们已经开始看出一个大陆的特征。美洲出生的人渴望自由，但不习惯自由；资源丰富，但不熟悉自治；种族混居，但对自己所属种族以外的任何其他种族都不信任。在长达300年的独裁统治中，是西班牙向他们精心灌输了这些特质。"分而治之"成了一种准则。教育不被鼓励，而且在很多情况下是非法的，因此无知成了一种通病。殖民地之间禁止交流，因此，它们就像车轮上的辐条一样，只能各自直接向国王汇报。没有协作精神，没有组织模式，没有层级意识。这就是为什么科罗、马拉开波和瓜亚纳的人民拒绝服从他们新近独立的加拉加斯兄弟；如果可以选择，他们宁愿服从国王。尽管美洲人从一开始就有跨种族通婚倾向，但西班牙始终极力保持种族隔离，助长各种族间的猜疑。再加上完全反对独立的教会，便出现了这样一幅与那个革命时代任何其他地方都不同的画面。就算西属美洲现在发现自己强大到足以起来反抗西班牙，它也永远无法摆脱西印度院当初精心安排的种种分化。玻利瓦尔比谁都清楚这些深藏的缺陷，他准确预测了时至今日仍然普遍存在的分裂局面。这就是为什么他如此坚决地反对联邦制；这个概念他认为在美国更可行，那里的人口很大程度上是同质的，所以从根本上更容易管理。

12月21日新通过的联邦宪法本着误导性的前提，制订出了228条笨拙的条款，诞生于那个怨声载道的时代，从一开始就注定失败。它以克里斯托弗·哥伦布的名字将新国家命名为哥伦比亚，[26] 并将首都从加拉加斯迁至新征服的巴伦西亚。然而，甚至在1812年3月1日新政府成立之前，就已有势力在着手摧毁它了。

唐·胡安·曼努埃尔·卡希加尔（Don Juan Manuel Cajigal）是一位西班牙将军的堂弟，30 年前米兰达曾在那位将军麾下作战。卡希加尔来科罗的目的是恢复西班牙统治，并协助新都督费尔南多·米亚雷斯（Fernando Miyares）就任。他手下军官中有一名护卫舰的舰长多明戈·德·蒙特韦德（Domingo de Monteverde），卡希加尔命他南下协助一伙号称支持王室的密谋者。到 3 月 17 日，蒙特韦德占领了相关地区，但他逾越军令，自封为自己军队的统帅。[27]他招募了数千名帕尔多人、黑人和加那利群岛人，随后开始向爱国军队发起进攻。

蒙特韦德正在筹划袭击位于他和加拉加斯之间的几个城镇，在一个阳光明媚的春日，大自然帮助了他。这一天是 1812 年 3 月 26 日，适逢圣周的星期四，也是委内瑞拉宣布独立两周年。在加拉加斯，阳光热得令人窒息，空气凝滞，湛蓝的天空中没有一丝云彩。下午 4 点，一队步兵正前往大教堂，为游行做准备。教堂里挤满了礼拜者，他们来参加弥撒，重现耶稣最后的晚餐前为门徒洗脚的仪式。[28]整点刚过 7 分钟，晴朗的天空中莫名其妙地落下了零星的雨点，接着，从地底深处传来了震耳欲聋的隆隆声。地面开始剧烈波动，汹涌起伏，仿佛有什么巨物在下面蠕动，接着房屋开始倒塌。[29]

在感觉格外漫长的两分钟内，一场可怕的地震撼动了加拉加斯，剧烈的震荡撕裂了城墙和整栋的建筑物。伴随一阵刺耳的钟声，[30]圣三一大教堂从地基处坍塌。[31]保王派历史学家何塞·多明戈·迪亚兹正赶往弥撒现场，突然脚下的大地开始摇撼。他眼看着圣哈辛托教堂在他穿过广场的过程中被夷为平地。阳台哗啦一声倒到脚边，屋顶吱吱嘎嘎地塌了下来。惊恐的哭喊声从倒塌的住宅里传出，住户们挣扎着穿过一片混乱，找寻出口。当地震停止时，这座城市只剩一片废墟，沐浴在滚滚尘埃中，笼罩着一片阴森的死寂。

迪亚兹神志不清地跑向曾经是教堂的那堆废墟。透过尘土飞扬的黑云，他可以辨认出断肢和被压碎的尸体，还有处处可见的顽强的生命迹象：挥舞的手臂，乱成一团的人们。[32] 当他从废墟中穿过，眯着眼睛看向烟霾时，他碰巧看到一张熟悉的面孔从另一个方向走来。

> 我永远不会忘记那一刻。那里，就在最高处，我发现了西蒙·玻利瓦尔，他只穿了衬衫，正和我做着相同的事情——穿过人群，试图评估损失。他的脸上布满恐惧和绝望。看到我时，他大声呼喊，对我说了下面这些荒谬的话："如果大自然决意与我们作对，我们就要与它斗争，迫使它屈从！"[33]

大自然的确在与加拉加斯作对。几分钟之内，这座城市就变成了一个坟场。1 万多人被瓦砾掩埋。据说，另有 6 000 人被裂开的沟壑吞噬。有些在田间劳动的人受惊猝死。[34] 半个小时后，又一场地震袭击了这座城市。幸存者浑身沾满灰尘和鲜血，跌跌撞撞地穿过尸体散落的街道，寻找亲人。待到夜幕降临时，堆积如山的尸体显然必须成堆焚烧。它们的数量实在多到不适合集体掩埋。[35]

很快就有人开始抢劫。穷人们冲进来，尽其所能地把东西掠走，从尸体上抢黄金，从向他们求救的被困妇女耳朵上扯下珠宝。犯罪活动无人发现，也无人制止，因为大火冒出的浓烟盘旋着升上天空，与厚厚的黄色尘埃一起制造出一片黑暗。[36]

玻利瓦尔家的房子受损严重，地板严重弯曲变形，门被扯离了门框，窗户也脱落了，[37] 但他更关心的是周围的灾情。他组织起能找到的所有奴隶和朋友，带上临时制作的担架，四处挖掘生者，抬走死者。没有工具可供挖掘或清除这些堆叠的废墟，于是他们徒手作业。[38] 为这些事情奔忙的途中，他匆匆穿过主广场，撞见一位红脸神父对着一群畏畏缩缩的人大喊大叫，劝他们忏悔，将破坏归咎于他们。"跪下，罪人！"神父对他们说，"现在是你们赎罪的时候了。神圣正义之手降临在你们身上，因为你们侮辱了国王陛下，最贤德的君王，费尔南多七世！"[39]

就算玻利瓦尔拔剑威胁了那位神父——传言中他确实那样做了，他也很快会发现自己无法对抗整个神职集团。他仔细地搜索着废墟，努力让同行的幸存者们不再迷信，但没过多久，教会机构就使加拉加斯相信，地震是上帝伸出的愤怒之手，惩罚他们造反的背叛行为。两年前宣布独立的日子不也是圣星期四吗？革命是一种亵渎，所有的革命追随者都是亵渎者。人民需要为背叛母国的罪行赎罪。由于担心落入所多玛和蛾摩拉的命运，此时的委内瑞拉人急于与上帝和解。[40] 日子一天天过去，有钱有势的男人娶了与他们发生过性关系的奴隶为妻。[41] 历经磨难的革命者们制作了巨大的木质十字架，并像基督一样拖着它们穿过这座被毁坏的城市。[42]

这次地震发生在南美洲的北半部分，从安第斯山脉到海岸，地震的冲击是毁灭性的。[43] 奇怪的自然现象发生了：水从地面的一处裂口喷出，在瓦莱西洛（Valecillo）形成了一个新的湖泊；尤鲁比河（Yurubí）被截断；其他河流改道。[44] 但教会把矛头指向了大量的人员死亡。一名旅行者估计的死亡人数为 3 万人，[45] 其他估计则高达 12 万人。[46]

很快便显而易见，地震造成的破坏主要集中在共和派据点，这为神职人员的谴责增添了更多佐证。在革命政府牢牢控制的拉瓜伊拉港，唯一屹立不倒的房子属于曾经势力强大的西班牙吉普斯夸公

司。[47]数以百计的爱国军士兵在圣卡洛斯（San Carlos）和圣费利佩
（San Felipe）的军营中被压死；在巴基西梅托（Barquisimeto），又
有 1 200 多名士兵落入地震裂缝中。[48]甚至连远在新格拉纳达的新
独立的城市卡塔赫纳也报告了严重的破坏。相比之下，在保王派的
前哨站，在科罗、马拉开波和同情保王派的温床巴伦西亚，几乎连
一块砖也没有移位。[49]王室代言人们迅速行动，拿这一事实大做文
章，并进一步补充了上帝眷顾的证据：例如，8 个月前持不同政见
的西班牙人被送上绞架的地方，被一颗滚落的石头砸翻了；教堂里
剩下的唯一一根柱子上有一幅完好无损的国王御徽图。[50]大众的恐
慌情绪被调动起来。这些启示吓坏了委内瑞拉人民，他们确信上帝
既已发话，自己就该站到保王一方。原本支持共和的人纷纷投靠国
王的军队。当西班牙的蒙特韦德将军迅速向共和国首都进军时，他
毫不费力地招募到了军队。[51]

＊＊＊

　　与其说上帝以地震的方式将愤怒发泄在委内瑞拉身上，不如说他
的宣泄对象是整个美洲。一年多来，地震撼动了这个半球。1811 年
秋天，一颗看上去比太阳还大一半的炽热彗星照亮了北美的天空。[52]
第一次地震发生在 12 月 16 日，震中位于孟菲斯和圣路易斯之间，导
致密西西比河产生恶臭气体并溢出河岸，令平底船驶进城市，棺材漂
浮在街道上。大地因为巨大而宽阔的裂缝而变得疯狂，水喷得有树那
么高。1812 年 2 月，一场更猛烈的地震袭击了密苏里州，引发的洪
水淹没了新马德里。[53]4 月，加拉加斯灾难的消息传到华盛顿，[54]许多
北美人开始相信整个人类需要惩罚。宗教狂热达到了高潮。《匹兹堡

公报》（*Pittsburgh Gazette*）发表社论称："这段时期充斥着不祥与警示……过去的一年已经出现了一颗壮观的彗星和不计其数的地震……我们经常'听闻战争和战争动员'……难道你们辨别不出时代的预兆吗？"[55]

震动持续不断，如果有人站在热气球垂下的吊篮里，就会看到地面始终在运动。[56]《匹兹堡公报》的社论发表一周后，位于加勒比海圣文森特岛上的一座火山喷发出的碎石、黑烟和火红熔岩直冲云霄，把整个岛屿笼罩在黑暗之中。[57] 地下的轰隆声持续了好几个月。到了 12 月，当地壳运动一路向北，引发了一场席卷加利福尼亚海岸的海啸时，华盛顿城早已焦头烂额，几乎没有余力关注超出其行政区划之外的灾难。这个国家又与英国开战了。[58]

1812 年的战争是美国和它的前殖民者之间的一系列麻烦带来的后果。英国海军在公海上围捕美国水手，强迫他们服役；英国陆军从加拿大潜入，帮助印第安部落抵抗西进扩张。美国人受够了英国持续的封锁，它与杰斐逊的导向错误的《禁运法案》一道，削弱了这个国家的经济活力；还有许多主战的鹰派认为革命尚未完成，除非美国解放了加拿大并将殖民者完全驱逐出这块大陆。

这个国家有很多理由避免卷入南美的冲突。但它需要采取务实的态度，因为与西班牙殖民地的贸易额一度占美国出口总额的 40%。[59] 现在，禁运、封锁以及西班牙的战争，把这些利润丰厚的贸易交到了英国手中，使英国商人在拉丁美洲几乎处于垄断地位。[60] 当新独立的委内瑞拉派大使泰莱斯福罗·德·奥雷亚（Telesforo de Orea）到华盛顿建立外交关系时，他注定不会被怠慢。詹姆斯·麦迪逊总统还没有准备好承认新共和国，但是他需要做出一些表示支持的姿态。在敦促国会武装整个国家以对抗英国的演讲中，总统报告了南美"伟大社区"的"开明先声"。他说，美国国会"有义务深入关注他们的命运"。[61]总统在国会几乎没有得到支持——无论是对他的战争还是对他的泛美意图。国会发表了一份干巴巴的声明，承诺当这些"伟大社区"取得国家地位时，它将考虑做出适当的回应。[62]

这传达出的信息已经十分明确：美国不会承认委内瑞拉宣布的独立，也不会出手援助南美洲轻率的革命。事实上，当约翰·亚当斯第一次听说米兰达计划在西属美洲建立一个以印加王为首的庞大帝国时，他表示哭笑不得。[63]国务卿詹姆斯·门罗尽可能彬彬有礼地会见了奥雷亚大使，向他通报了美国的立场。[64]在那次会面几个月后，英国和美国这两个曾被米兰达和玻利瓦尔寄予厚望的国家，在陆地和海洋上开战。

***

随着加拉加斯化身一片废墟，共和国人口锐减，[65]蒙特韦德的军队正向新首都巴伦西亚挺进，委内瑞拉国会陷入恐慌。其成员孤注一掷想要拯救共和国，并意识到目前急需迅速而统一的行动，于是他们授予德尔·托罗侯爵独裁权。当他拒绝后，他们把独裁权授予了米兰达，米兰达接受了。

米兰达大元帅上任后做的第一件事就是从首都撤离。蒙特韦德侵略军的名声先于人马抵达，传言他们中有许多都是好斗的平原牛仔，所到之处极尽杀戮劫掠之能事，这令米兰达心生畏惧。他集结麾下军队，返回加拉加斯。途中，他在圣马特奥停留，拜访了玻利瓦尔，并命他指挥战略重地卡贝略港。玻利瓦尔接受了，但"并非没有疑虑"。[66] 一方面，这是一项重大的政治责任，远远超出了他曾经表现出的任何能力：卡贝略港的要塞圣费利佩的地牢里关着强大的革命敌人，而且爱国军的大部分武器和弹药都储存在那里。[67] 另一方面，需要指挥的是整个城镇，而不是要塞。玻利瓦尔更喜欢进攻，他渴望站在光荣的战争前线。5月4日，也就是蒙特韦德占领巴伦西亚的第二天，[68] 玻利瓦尔骑马进入卡贝略港，第一次见到了那座矮墩墩的阴森要塞，他将在它的阴影下度过58个备受煎熬的日子。

在前线，米兰达的军官们同样恼火又挫败。他们渴望与蒙特韦德全面开战，但米兰达限制了他们，只在必要时才进行小规模战斗。每次战斗之后，无论胜败他都会出让领土并撤退。当然，他有他的理由。尽管他的军官个个好战又坚定，但共和国的士兵们却缺乏经验，容易受惊。他们中的许多人是农家孩子，是被剑指着心口才应征入伍的，被带到营房时还戴着镣铐。[69] 尽管如此，米兰达有6 000人；蒙特韦德只有1 500人，虽然骁勇善战，却被共和国士兵团团包围。6月20日，米兰达撤退到加拉加斯以西不到320公里的拉维多利亚，在那里他成功击退了蒙特韦德的猛烈进攻，这是那场战争截至彼时最血腥的一次战斗。[70] 多年来，历史学家们一贯认为，如果米兰达抓住了这一黄金时机——如果他把握主动权，下令发动全面进攻——他可能会拯救共和国。但他没有采取行动，这种懦弱使他的士兵担忧。在那几个月里，士气一落千丈，以至于一个心灰意冷的军团集体投奔了西班牙阵营。[71] 即使是前共和国军总司令德尔·托罗侯爵，也和他受伤的兄弟费尔南多一起做了逃兵，到特立尼达岛上寻求避难。[72] 就在米兰达继续观望的时候，敌人向相反方向出兵，往西边冲卡贝略港的玻利瓦尔驻军而去。

米兰达为什么会犹豫不决？因为他害怕一场血腥的、无胜算的种族战争。6月，巴洛文托农场爆发了一场大规模的奴隶起义，[73]转变了米兰达的一些想法。[74]就在几个星期前，他还敦促国会通过一项法案，规定奴隶如果加入他的军队就可以获得自由；[75]他曾指示一名驻海地的外交官为他们的大业招募黑人士兵。[76]现在，恰恰是他希望动员的那些人穿过克里奥尔人的大庄园，屠杀白人，烧毁财产。他开始相信，占加拉加斯半数人口的有色人种[77]只会为自己的利益而战，不会为更普遍的独立而战。在他的脑海中，还留有海地革命的恐怖记忆——1791年臭名昭著的"火光之夜"，当时圣多明各殖民地的2 000名白人惨遭屠杀，180个甘蔗种植园被大火夷为平地。"虽然我渴望让新世界获得自由和独立，但我害怕那种无政府状态，"他在给一位朋友的信中写道，"愿上帝保佑我美丽的祖国不要变成另一个圣多明各。否则还不如让［黑人］再忍受一个世纪西班牙野蛮、愚蠢的统治。"[78]

但是其他的可能性也开始在米兰达的脑海中浮现。西班牙刚刚颁布了有史以来最自由的宪法。那年春天，加的斯摄政委员会发布的一份文件暗示，殖民地可能会被赋予更多自由。盯着眼前不断堆积的麻烦——经济瘫痪、地震肆虐、饥荒蔓延、步步逼近的激烈内战，米兰达开始怀疑，相信西班牙是否会更有助于避免进一步的混乱。他是个厌倦了战争的老兵，背负着理想化的目标，他不敢想象祖国会在自己的手中四分五裂。

***

玻利瓦尔住进了坐落于卡贝略港主广场上的市政厅里的一

间简朴房间，全然不知自己已落入陷阱。这座城市表面看来还算宜人，到处都是芳香的花园和维护良好的房屋，还有一座迷人的公园，面向西边广阔的大海。在北边一个可以俯瞰全城的海角上，坐落着圣费利佩要塞，这是委内瑞拉迄今为止最坚固的防御工事：一座坚固厚重的堡垒，距离加拉加斯不到 160 公里。东边是避风港，为长长的沙滩环抱，背靠着长满仙人掌的小山。空气是那样的凝滞，没有一丝风，据说这个港口的名字之所以叫"卡贝略"（西班牙语中的"头发"一词），就因为只需一根头发便能拴住停泊在这里的船只。[79]

卡贝略港的居民完全依靠雨水生存，因为他们距离最近的河流有 1.6 公里远，森林覆盖的高山使他们与这个国家其他地区隔绝开来。水是用蓄水池收集的，非常宝贵，尽管由于红树林沼泽的侵蚀作用，地面似乎永远是潮湿的。换句话说，卡贝略港虽然看似美丽，却是个不健康的小镇，空气中弥漫着令人窒息的恶臭。当地人称之为"西班牙人的墓地"；[80] 这么说不无道理，因为他们全年都在埋葬死于黄热病的人。

在夏季闷热的最初几个星期里，玻利瓦尔在卡贝略港几乎无所事事，除了练习剑法，骑马穿过风景如画的宽阔街道，以及操心如何为手下人提供足够的粮食。但在 1812 年 6 月 30 日，这一切都改变了。要塞的指挥官拉蒙·艾梅里奇（Ramón Aymerich）离开此地去办婚礼。[81] 趁他不在，副手弗朗西斯科·维诺尼（Francisco Vinoni）公然叛变，释放了地牢里的所有西班牙囚犯，升起西班牙国旗，以费尔南多国王之名占领了要塞，并威胁向广场开火，除非玻利瓦尔投降。[82]

玻利瓦尔拒绝了，他敦促叛徒们三思并放下武器。[83] 双方几乎立即交火。由于共和国的大部分军火存放在要塞里，玻利瓦尔无力保卫这座城市。[84]他的士兵几乎没有来复枪，没有火药，食物有限，也没有水。更糟糕的是，负责守卫主城门的上尉很快带着手下 120 名士兵集体投敌。[85]玻利瓦尔率团坚守阵地，尽可能长时间地守住广场，与此同时，猛烈的炮火雨点般落向他们，居民们纷纷翻过城墙，逃进山里。玻利瓦尔的胜算几乎为零。7 月 1 日，就在阵亡和脱逃使他的部队减员到不足 40 人时，玻利瓦尔又得知蒙特韦德 500 人的部队正冲他们而来。[86]绝望之下，他派信使带了一封简短的信给米兰达，请求他派兵增援。但是，当信使在 4 天后把信送到大元帅手中时，玻利瓦尔的命数已定。在庆祝共和国成立一周年的晚宴结束后，米兰达与他的军官们正喝着咖啡，轻松地聊着杰斐逊和亚当斯，[87]这时玻利瓦尔的信到了。他展信读道：

> 大元帅，今天下午 1 点，一名叛变军官带着手下所有部队和囚犯占领了要塞，并向这座城市开火。要塞里有 200 吨火药和卡贝略港几乎所有的大炮和弹药；这座城镇岌岌可危，房屋一片废墟，而我正试图在没有武器和补给的情况下保卫它到最后一刻。船上的水手都加入了要塞一方，使情况更糟。我希望您赶快派出手头的后备军，在我完蛋之前来支援我。[88]

米兰达沉默良久。当他最终向手下军官开口时，那声音严厉而冷酷：

> 你们看，先生们，世道就是这样。几分钟之前，我们还

很安全：现在一切都变得不确定，充满风险。昨天，蒙特韦德还没有火药，没有铅，没有枪。今天，他就大丰收了。有人催促我向敌人进攻，但敌人已经掌握了大势。这里的邮戳是 7 月 1 日，现在是 7 月 5 日的日落时分。让我们看看明天会发生什么。[89]

但是明天太晚了。7 月 6 日，玻利瓦尔和 5 名衣衫褴褛的军官及 3 名士兵组成的小分队——他部队的仅存力量——别无选择，只能逃离卡贝略港。[90] 他们沿着海岸偷偷溜到附近的巴布拉塔港，[91] 悄悄登上一艘开往拉瓜伊拉的船。等蒙特韦德的人到达卡贝略港时，保王军已牢牢控制了这个港口及其巨大的仓库。他们刚把这一切收入囊中，一大群满载新兵的西班牙船只又赶来增援。[92] 现在他们完全有机会夺取加拉加斯。

玻利瓦尔沮丧又屈辱，他很清楚共和国势力最重要的立足点之一丢在了自己手上。他要承担责任。他怎么能预料到，作为卡贝略港镇子的指挥官——一个与要塞指挥官相比相形见绌的职位，他最终也要对要塞负责呢？他给米兰达写了两封饱受煎熬的信和一份对灾难事件的详尽报告。他对自己的失败感到痛苦，也对手下人的反复无常和缺乏经验感到厌恶。"我的将军，"他写道，

> 我的情绪很低落，我觉得我现在没有勇气指挥哪怕一个士兵。我的虚荣心曾使我相信，单凭胜利的渴望和爱国热情就能弥补我经验的不足。如今我请求您把我的军衔降至最低，或者给我几天时间让我冷静下来……在经历极端条件下的 13 个不眠之夜后，我已处于罕见的精神崩溃状态……我尽职了，将军，

但凡我的士兵有一个愿意留下，我也会战斗到最后，但他们抛弃了我……唉，整个国家都在我手中失去了。[93]

事实上，就在他 7 月 12 日在加拉加斯的共和国军总部写下这番话时，一系列事件正在迅速破坏革命所取得的一切成就。就在这几天，在玻利瓦尔递交报告并为自己没有与卡贝略港共存亡而痛心疾首之前几天，[94] 米兰达已决定把独立抛到九霄云外。

***

"委内瑞拉伤在了心脏。"米兰达在向部下通报卡贝略港事件时这样说。[95] 也许这是一种幻灭感的真实表达。也许这是他采取下一步行动的借口。第二天一早，在曙光穿透夜色之前，[96] 他的军官们就看见他在住处外面的走廊里踱来踱去。他穿着制服，剃了胡子，梳洗妥当，仿佛在为一个重要场合做准备。"他们现在可能已经攻占广场了，"他对手下说，这里的"他们"指的是玻利瓦尔在卡贝略港的对手，"我们势必要采取非常措施来拯救委内瑞拉。"[97] 这话的意思并不是要给军队注入新鲜力量。像大多数手下士兵一样，米兰达早就对这个即将破产的共和国不抱多大希望了。然而，他的下属怕他发火，因此没敢劝他投降，直到米兰达在与新任财政部部长卡萨·莱昂侯爵（Marquis de Casa León）的短暂交谈中亲自提出这一可能性。[98] 卡萨·莱昂立即抓住米兰达含糊提到的停火可能，建议大元帅召开紧急会议讨论此事。[99] 这位侯爵是生于西班牙的富有地主，他挂心自己的大量财产，而且对命途多舛的共和国冒险丧失了信心。他只想与西班牙和解。[100]

　　就在当天，米兰达召集他能聚起的少数几位领导人开会——其中包括两位执政委员会成员弗朗西斯科·埃斯佩霍（Francisco Espejo）和胡安·赫尔曼·罗斯希奥、国防部部长何塞·德·萨塔-布西（José de Sata y Bussy）、司法部部长弗朗西斯科·安东尼奥·保罗（Francisco Antonio Paúl）和卡萨·莱昂侯爵——提议与敌人进行谈判。他认为，共和国陷入了绝境：西部地区、奥里诺科河沿岸、平原地区以及整个海岸线都在西班牙的控制之下。在国家的粮仓，即东南部肥沃的山谷，奴隶们正以费尔南多国王的名义屠杀他们的主人。甚至在他们脚下的拉维多利亚街道上，也有人看到蒙特韦德的士兵在小巷里奔跑。共和国军队每天都因士兵逃跑而减员。现在，随着卡贝略港的陷落，他们已经没有多少武器可供作战了，是讨论停战的时候了。[101]众人表示一致同意。卡萨·莱昂侯爵很高兴，自告奋勇充当中间人。[102]

　　与蒙特韦德的谈判于 7 月 12 日在巴伦西亚开启，当时玻利瓦尔刚从拉瓜伊拉抵达加拉加斯，并向大元帅呈交了第一封道歉信。为了在与西班牙人谈判之前展示一下自己的实力，共和国军发动了一场适度的攻击。[103]但每个人都心知肚明，下一步要讨论的是板上钉钉的投降事宜。当谈判还在进行时，米兰达从拉维多利亚来到拉瓜伊拉，租了一艘船以备撤离。[104]他设法让卡萨·莱昂侯爵为他的航行预留了 2.2 万比索。[105]正如一位历史学家所说，这是一个无可辩驳的证据，表明大元帅为了自己的事业而放弃了共和国的事业。[106]

　　7 月 25 日，几乎没经多少争论，共和国方面就同意了蒙特韦德提出的条款，甚至任由他来制定所有的细节。该协议似乎确保了最重要的几点：爱国者的生命和财产将得到保护，政治犯将得到大赦，任何想要离开这个国家的共和派都可以获得护照。[107]这份协议被签署并盖章。尽管米兰达没有发表正式声明，但相关消息开始慢慢传到共和派在加拉加斯的大本营。

米兰达当即下令终止在拉瓜伊拉的一切军事行动，以便有中立船只可供他和其他试图逃离这个摇摇欲坠的共和国的领导人使用。他在确保自己的士兵有组织地解除武装的同时，还强令那些造反的奴隶交出了武器。[108] 他试图在拉维多利亚有序组织撤退，但麾下军队几乎有一半已经投靠西班牙一方；其余很多人在返回加拉加斯的长途跋涉中失散在森林里。米兰达于 7 月 29 日进入首都，蒙特韦德的部队就紧随其后，这令翘首等待的民众陷入恐慌。独立的旗帜被降下，费尔南多国王的旗帜在城市广场升起，从那一刻起，一种隐现的恐惧笼罩了整个城市。[109]

恐惧之后紧接着就是愤怒。那些向来不喜欢米兰达的克里奥尔人，现在被他轻易的屈服激怒了。在他们看来，这位大元帅没有发动过一次有力的进攻，没有展现出任何气魄或技巧来部署他的 6 000 名战士。难道激战到底不强过这份屈辱吗？在这座城市被西班牙士兵包围之前，加拉加斯政府没有一名成员接到过投降的预警。米兰达没有和城里的任何领导人协商过；他没有把自己的计划透露给手下军官；[110] 另外，尽管外籍士兵为他出了那么大的力，他却没有在投降协议中拟定条款来保障他们的安全通行。[111] 在共和国的捍卫者们忙着逃跑，或者忙着取悦蒙特韦德之际，几乎没人想到要捍卫米兰达，尽管投降者显然不止他一个。

玻利瓦尔对领袖突然单方面辞职感到震惊，随即，他的惊讶变成了愤怒。当初在卡贝略港，如果有这么多听命于米兰达的枪炮和人马能供他差遣，不知会取得怎样的成就？况且，如果米兰达自己坚持不下去，何不把权杖交给能胜任的人？[112] 可现在，大元帅的公告张贴在加拉加斯各处，宣布爱国军已不复存在：不到 300 名蒙特韦德的士兵 [113] 如今控制了这座 1.4 万人口的城市。[114] 对玻利瓦尔来说，米兰达的大转变只有一个可能的原因：这是最高级别的叛国罪，需要予以迅速而强硬的惩罚。

玻利瓦尔立即寻求其他共和派人士的支持，希望重建军队，组织一个反对蒙特韦德的新战线，但他逐渐明白，时机已经错失。[115] 这些人中有许多都已携家带口奔赴港口。共和国的迅速崩溃和蒙特韦德随处施暴的传闻把他们吓跑了。但是，当玻利瓦尔赶回拉瓜伊拉见证这一情况时，他很快发现，争先恐后的移民大潮被米兰达亲手堵截了：4 天来，共和派人士翻山越岭，拥入码头，准备登船，却得知米兰达已下令封港。港口指挥官曼努埃尔·马里亚·德·拉斯卡萨斯（Manuel María de Las Casas）上校明确告诉他们，在米兰达本人出航之前，任何船只不得离港。[116] 玻利瓦尔及其支持者们又气又恼地等待着大元帅的到来，并考虑用什么办法能阻止他逃跑。

7 月 30 日，也就是米兰达打算出逃的那天晚上，拉瓜伊拉港口的废墟上尘土飞扬，充斥着焦躁的人群。令人窒息的热浪终于开始消散，透过临时旅馆敞开的大门，可以看到一大堆人聚集在一起。[117] 他们踱着步子，紧张不安，急于逃跑。昏暗的灯光映出一派悲惨景象：船只被禁航的水手，被剥夺武器的士兵，权威尽失的军官，忧心忡忡的母亲，不停哭泣的孩子。在外面嘈杂的街道上，仆人拖着行李箱，骡子在瓦砾中蹒跚而行，身材粗壮的搬运工上前揽活。骤起的晚风吹得海面波涛汹涌，船只在海面上颠簸，考验着水手们的双腿。[118]

米兰达的行李早在 15 天前就被送到了拉瓜伊拉，就在"蓝宝石号"上等着他；[119] 当年玻利瓦尔正是搭乘这艘船心潮澎湃地从伦敦归来。两年过去了，一场革命也过去了，如今这艘小型护卫舰的舰长亨利·海恩斯（Henry Haynes）只想赶紧接上那位老革命家，逃离共和国的废墟。当晚 7 点，米兰达刚到港口指挥官家，海恩斯舰长就去恳求他解除封港令，立即登船。大元帅回答说，他太累了，不能马上出海。一进入指挥官拉斯卡萨斯宽敞宏伟的住所——曾经的吉普斯夸公司大厦，他便备感舒适。拉斯卡萨斯邀他共进晚餐，劝他留下过夜。米兰达得到保证，先前允诺他的 2.2 万比索[120] 已运上了"蓝宝石号"，在一名英国特工手中。主人向他保证一切都已就绪，但绝对没有理由非要在天亮之前离开。

米兰达与拉斯卡萨斯和拉瓜伊拉市长米格尔·培尼亚（Miguel Peña）共进晚餐。作陪的有米兰达的副官卡洛斯·索夫莱特（Carlos Soublette）和前秘书佩德罗·瓜尔（曼努埃尔·瓜尔的侄子）。他们讨论了投降协定条款，瓜尔固执地怀疑西班牙是否会履行这些条款。[121] 米兰达粗暴地打消了他的顾虑。他生硬地表示，西班牙被战争搞得心烦意乱，根本没有余力严控委内瑞拉。他希望日后能与新格拉纳达结盟，从卡塔赫纳重返加拉加斯。前任大元帅就带着这样的梦想走向床榻，索夫莱特为他引路，并答应次日一大早会叫醒他。

但是，一场背叛的噩梦即将降临在米兰达身上。拉斯卡萨斯上校为了讨好新主子，已经事先联系了蒙特韦德。[122] 指挥官知道西班牙人很快就会到达并控制港口。这些他也向培尼亚市长透露过。但正在上演还有其他密谋。几天前，愤怒的玻利瓦尔一行找到拉斯卡萨斯和培尼亚，说服他们阻止米兰达离开委内瑞拉。[123] 现在，行动已见成效，米兰达正在另一个房间熟睡，包括玻利瓦尔在内的 12 个同谋者聚集在拉斯卡萨斯家里，决定下一步行动。一场热火朝天的讨论接踵而至，他们对米兰达积怨已久，大倒了一番苦水。他们谈到了他对自己同胞的蔑视，[124] 他为法国和英国效力的经历，以及在"蓝宝石号"上等待他的潜在利益。怎么这么巧就从海上冒出个英国船长，急着接米兰达脱险？考虑到英国和西班牙是盟友，谁能确定米兰达没有与之勾结呢？为什么要找卡萨·莱昂侯爵（他从那时起成为蒙特韦德最看重的顾问之一）搜罗这么大一笔钱？也许最令人费解的是：如果米兰达相信蒙特韦德会遵守投降的条件，那为什么不愿意留下来监督这些条款的执行呢？

到了凌晨3点，12人已经做出决定。他们将逮捕前任领导人，以叛国罪起诉他，并且利用他们在拉瓜伊拉的人手对蒙特韦德发动进攻。[125] 拉斯卡萨斯似乎也同意了。他让部队进入警戒状态，士兵们包围了房子，一个同谋者跑上山去安排圣卡洛斯要塞里的地牢。[126] 玻利瓦尔和一群人把卡洛斯·索夫莱特从睡梦中叫醒，命令他把他们带到米兰达床边。索夫莱特敲门时，大元帅正在酣睡。"太早了！"米兰达咆哮着，完全误解了副官的意图。[127] 但他很快就明白，需要重点关注的是索夫莱特身边的人。"叫他们等着。"米兰达说。玻利瓦尔和托马斯静候在旁，确信已有足够多的士兵包围了这座建筑，不必担心任何埋伏。几分钟后，门打开了，他们看到大元帅衣着打扮一丝不苟，表现得异常镇定。玻利瓦尔开门见山地告诉米兰达，他被俘了。米兰达抓住索夫莱特提灯笼的那只手，把它高高举起，挨个儿端详来抓他的人的面孔。"流氓！流氓！"他叹道，随后把手放下，"你们就知道惹麻烦。"他再无二话，缓步走向吉普斯夸大厦的正门，步入温暖的夜色，顺从地跟着卫兵迈向山上的要塞。那是7月31日的凌晨，天还没破晓。

培尼亚市长得知米兰达被关进了圣卡洛斯地牢，立即动身前往加拉加斯向蒙特韦德报告这一消息。但是，天边刚露出第一缕微光，他就遇到了从另一个方向赶来的一队身着全套西班牙制服的信使。[128] 他们送来的公报要求封锁港口，这正是两面派拉斯卡萨斯意料之中的。没有委内瑞拉新领导人的明确批准，任何船只、旅客和任何国家的公民都不得离开拉瓜伊拉。这项法令明显违反了投降条款。现在大家都成了蒙特韦德的俘虏。

拉斯卡萨斯上校不失时机地命令手下士兵降下共和国三色旗，升起西班牙国旗。"您可真是出人意表，"海恩斯舰长对拉斯卡萨斯冷言道，"短短几小时就完全改变了效忠对象。"[129] 海恩斯的"蓝宝石号"最终成功潜逃，顺便带走了米兰达的钱。在地震后负责运送救援物资的美国军舰"玛蒂尔达号"也成功脱险，不过事前经历了一番猛烈的炮击。[130] 在混乱中，玻利瓦尔也成功逃脱了追捕。[131] 他匆忙伪装了一番，趁夜色骑马遁入森林，翻越悬崖峭壁，直奔加拉加斯。[132]

米兰达就没那么幸运了。在圣卡洛斯这座铜墙铁壁的堡垒里待了几个月后，这位曾与杰斐逊和华盛顿等人共进晚餐、与俄国女皇传出风流韵事的梦想家，被人从囚室带出来，塞进了卡贝略港潮湿的地牢里，在那里他又苦熬了半年，感慨于命运的残酷。[133] 他在牢里写信给能想到的每一个人，痛斥蒙特韦德的背信弃义；为了引起重视，他甚至声称自己效忠于英国王室。1813 年 6 月 4 日，他被推上一艘小破船，[134] 运往波多黎各的莫罗城堡，最终被送到加的斯城外的拉卡拉卡地牢，那里老鼠出没，十分可怖。三年后，他脖套铁项圈死在了那里。他的尸体和一车普通犯人的尸体一起被扔到了乱葬岗。

***

任何革命故事都绕不开背叛这一主题。欺骗总是位于激进变革的中心。然而，历史并不会以善意的目光看待那天早上在拉瓜伊拉发生的事情。尽管玻利瓦尔将有种种荣耀加身，但米兰达的命运是他身上永远洗刷不掉的污点。他诱导一位老人发动革命，革命失败后却把老人交到敌人手里。毫无疑问，这是骇人听闻的欺骗行径。

但是，各方都不乏欺骗。爱国者们被米兰达的虚张声势所骗，曾把所有的希望都寄托在他身上；他们现在的反应来自被出卖的愤怒。他们曾经相信米兰达能指引他们走过革命的起起伏伏，结果发现这位领导人更适应失败而不是胜利。面对明显优势，他摇摆不定，优柔寡断；面对失败，他却总是能够表现得十分出色。与他一同起义的伙伴们确信认清了他的真面目：一个只会在战斗中退缩的骗子，一个缺乏坚定意志却自命不凡的将军。来自美国的特派领事亚历山大·斯科特（Alexander Scott）当时负责监督震后救援物资供应，他向国务卿詹姆斯·门罗提交的报告反映了一种普遍看法："米兰达可耻而阴险的投降协定将国家的自由拱手出让。如今他声称自己是英国政府的间谍，这是出于事实还是出于内心的卑劣和怯懦，我无法断定……他是一个蛮横又善变的暴君，毫无勇气、信誉和能力。"[135] 米兰达的下属同样严厉指责他为彻头彻尾的懦夫，他的行为无异于叛国。对他们来说，私下谈判是不可原谅的。[136] 米兰达还想拿金钱报酬，[137] 更是无耻下流。

随着时间的推移，历史学家对米兰达越来越宽容。他被视作"初代领导人"[138] 或伟大先驱——如果没有他，拉丁美洲独立的梦想可能永远不会起步。当然，正如许多传记作者所描述的那样，他是一位宣传大师，更擅长谋划宏伟计划而不是实际落地执行。[139] 一位传记作家写到，孵化革命对他来说是一种职业，而他做得很出色。[140] 没有人会怀疑米兰达对国家的热爱和他为实现国家自由而付出的毕生努力。这就是为什么在今天的拉丁美洲历史上，他是一个虽然复杂但深受爱戴的人物。他在位于加拉加斯的先贤祠的宏伟纪念碑象征着他的重生与胜利。

　　但是，在米兰达所处的时代，当加拉加斯获悉他投降时，却是一片谩骂声；在巴伦西亚和科罗，保王派纷纷走上街头欢呼庆祝。玻利瓦尔经历了卡贝略港的惨败之后，对将军的叛变感到倍加痛心。玻利瓦尔承受了千夫所指的折磨，只求能有一次洗刷名誉的机会，[141] 结果却要眼睁睁看着所有希望都随着一个懦弱的签名化为泡影吗？他不能原谅米兰达，而且不像未来几代委内瑞拉人，他永远不会改变主意。在他看来，米兰达是"令人作呕的领导人，独裁者，极端专横，执着于自己的野心和欲望；他要么根本不明白个中利害，要么心甘情愿放弃祖国的自由"。[142] 玻利瓦尔认定这位大元帅活该在西班牙的地牢里腐烂，因此他从未停止吹嘘自己在这件事中发挥的作用。20年后，他的一个副官贝尔福德·H. 威尔逊（Belford H. Wilson）在写给另一个副官丹尼尔·奥利里的信中说："直到生命的最后时刻，他都为这件事感到高兴，他总是宣称，这全靠他一人所为，意在惩罚米兰达的通敌和叛国行为；他竟敢向劣等势力投降，还企图登船逃跑，说明他很清楚投降协议不会被遵守。"[143] 后来，威尔逊又写道："玻利瓦尔将军总要补上一句，说他原本希望以叛徒之名将米兰达枪毙，但被其他人拦了下来。"[144]

　　具有讽刺意味的是（那段岁月充斥着各种讽刺之事），那天晚上，当玻利瓦尔躲过西班牙哨兵，进入加拉加斯腹地时，他寻求庇护的人正是代表米兰达与蒙特韦德协商投降的那位卡萨·莱昂侯爵。他从小就认识侯爵和他的兄弟，有信心能在侯爵那里藏身。他也知道，对共和运动的领袖来说，整个加拉加斯没有哪里比一个迎合王室的西班牙人家里更安全了。

侯爵对他表示欢迎，并立即把他的下落告诉了另一个西班牙人弗朗西斯科·伊图尔韦（Francisco Iturbe），后者不仅是玻利瓦尔家的世交，还是王室的官员，与蒙特韦德交情甚笃。伊图尔韦也是一个心胸宽广的善良之人，得知玻利瓦尔的困境后，他放下所有的政治包袱，主动与新任长官接触，为这位年轻中校申请护照。[145] 在那个动荡时期，这是一个大胆的诉求；加拉加斯正被围困，房屋被洗劫一空，（支持独立的）爱国者从床上被抓走，戴着镣铐被押往监狱。监狱一时间拥挤不堪，为了给更多的囚犯腾出空间，狱警们把碱泼在墙上，使牢房里的囚犯窒息而死。[146] 米兰达被俘后的第二天，骄傲的教士科尔特斯·德·马达里亚加从一艘逃离的船上被拖下来，遭到毒打。[147] 共和国宪法的制订者胡安·赫尔曼·罗斯希奥，被缚住手脚囚禁起来，并遭到当众羞辱。6 位最受尊敬的共和国领导人 [148] 被绑在骡子身上，在泥泞中拖行，然后被毫不留情地扔进拉瓜伊拉的肮脏牢房。最终，他们连同一份文件被送往加的斯地牢，文件将他们描述为"八大怪物——威胁世界的所有美洲新生邪恶的根源"。[149]

就在加拉加斯，伊图尔韦偷偷安排了玻利瓦尔与蒙特韦德会面。在西班牙重建殖民地权威的这段时间里，将有 1 500 名革命领袖 [150] 被投入监狱。如果说地震摧毁了这座城市，那么西班牙的再征服将湮灭它的精神。玻利瓦尔原本也有可能被押到卡贝略港或加的斯的地牢里去等死，所幸他显赫的家族与加拉加斯的保王派之间有着长期而复杂的关系。于是现在，伊图尔韦救了他一命。

当伊图尔韦第一次以自己的性命做担保为玻利瓦尔进言时，蒙特韦德拒绝了他，声称手中有一份报告显示玻利瓦尔是个狂热的爱国者，曾驻守卡贝略港，对西班牙作战。[151] 但伊图尔韦坚持不懈，把玻利瓦尔带到蒙特韦德的办公室，用最热忱的措辞介绍他："这是卡贝略港的指挥官西蒙·玻利瓦尔阁下，我个人愿为他作保。如果他受到任何伤害，我会痛苦不堪。我以我的生命为他担保。"[152]

"好吧，"蒙特韦德答道，然后打量着玻利瓦尔，对秘书说，"发给这个人一张通行证，作为他俘虏米兰达为国王效劳的奖励。"玻利瓦尔曾发誓保持沉默，全程由伊图尔韦代为发言，但他此时无法忍住不开口。"我逮捕米兰达是因为他背叛了自己的国家，不是为了效劳国王！"他斩钉截铁地说。蒙特韦德大吃一惊，气得要取消通行证。但是伊图尔韦温和地坚称长官方才已经同意了，然后他打趣地对秘书补充道："继续！别理这个捣蛋鬼。把他的护照给他，一了百了。"

8 月 27 日，玻利瓦尔乘坐西班牙纵帆船"耶稣、马利亚与圣约瑟号"前往库拉索岛，随行的还有一名男仆、几只箱子，以及他的年轻姨父何塞·费利克斯·里瓦斯。[153] 他把名下所有财产，或者说余下的财产，都交给了姐姐胡安娜。保王派陶醉在轻松取胜的喜悦中，拉下了委内瑞拉第一共和国的最后帷幕。当他们致力于血腥清洗殖民地反叛者时，蒙特韦德还不知道，自己放走的玻利瓦尔正是所有反叛者中最危险的那个。据说，在随后持续数月的混乱里，只要提到玻利瓦尔的名字，蒙特韦德的脸就会变得死一般惨白。[154]

第六章

一瞥荣耀

取胜之道是从失败中学来的。

——西蒙·玻利瓦尔[1]

祖国动荡不安的海岸在身后渐渐远去，此时的玻利瓦尔已经开始考虑回国的计划。但大海提醒了他，他的生命是如此脆弱：航行一路受到风暴袭扰，当船终于抵达英属库拉索的港口后，玻利瓦尔遇到了更多麻烦。[2]海关官员异乎寻常地态度恶劣；他们没收了他的行李，拿走了他的钱，并要求他偿付把他运离卡贝略港的船欠下的债务。[3]更糟的是，他得知蒙特韦德违反米兰达的投降条件，侵占了革命领导人在委内瑞拉的所有财产。他的矿山、土地和大庄园都不再属于他了。玻利瓦尔写信给伊图尔韦，请他为自己说情。他开始对自己的窘境感到"非常恐惧"。[4]他的个人财富曾为他买下了一条通往革命的道路，现在他需要他的财产来助他回归革命。

玻利瓦尔在库拉索干燥炎热的海岸被迫赋闲了两个月，这对他产生了深远的影响。这是他第一次来到鲜有娱乐活动的异国他乡。在寂静的首府威廉斯塔德（Willemstad），没有沙龙可进行振奋人心的交谈，除了耀目的殷红落日之外没有令人兴奋的景色，没有影响力广泛的人物，也没有重大历史事件。他和战友们困在一起，无事可做，只有反思保卫新共和国的失败尝试：为什么会出这么大的问题？事情本可以怎样？

到了 10 月下旬，他从一位商人朋友那里得到了一笔贷款，[5]带着他的一小队战友起航前往新格拉纳达，据他们所知，那里独立的旗帜仍在飘扬。在卡塔赫纳港口下船的玻利瓦尔已经与之前判若两人。历经战火洗礼，因失败而清醒，他似乎变得更加审慎、明智和成熟。[6]仿佛过去两年的所有失误和灾难使解放面临的实际情况更加明晰。有了这种来之不易的智慧，他开始整理自己的想法。本着余生中都将恪守的原则，他把想法都落到了纸面上。在1812 年 11 月那个清朗的日子里，他携带寥寥无几的私人物品登岸，那时的他充分意识到，在革命最激烈的时候，语言和武器有同等价值。[7]

到达卡塔赫纳后，玻利瓦尔就住进了圣阿古斯丁·奇基托大街上一所简陋的房子里。它很小，是白色的，在加勒比的阳光下分外耀眼，里面的空间只有十步宽。卧室和凉亭里都挂着吊床，一个小小的木制阳台从其中一扇窗户探出来，面向街道。微风轻拂，天穹蔚蓝，繁星点缀的晴朗夜空，熙熙攘攘的港口——所有这一切都使这位年轻的旅行者感到满心希冀，机遇无限。[8]

在新格拉纳达，革命的确如火如荼，只不过一片混乱——捍卫革命的是一系列相互竞争的独立政府。新格拉纳达人想要获得自由，但在如何赢得自由和由谁执政的问题上众说纷纭。其结果导致各地区和派系之间的分裂难以调和。这个时期的新格拉纳达后来被称为"愚人国"（La patria boba）。在安东尼奥·纳里尼奥总统的领导下，波哥大市自立为首都[*]；在通哈（Tunja），卡米洛·托雷斯（Camilo Torres）领导建立了一个松散的新格拉纳达联合省[†]；但防御工事坚固的港口城市卡塔赫纳挺身反对这两座城市，宣布自己的主权，并制订了自己的宪法。其他共同体、城市和省份也沉醉在宏大的幻想中，纷纷效仿。⁹这一地区已成为不满的发酵缸、斗嘴官员的喧嚣场，以及海盗和机会主义者的温床。¹⁰尽管新格拉纳达拥有大量财富和许多白人，¹¹但它正处于内战的边缘。玻利瓦尔并没有因为这种灾难性局面而气馁，而是渴望加入其中。他和委内瑞拉革命战友¹²——他的姨父何塞·费利克斯·里瓦斯、激进的邻居安东尼奥·尼古拉斯·布里塞尼奥、卡拉瓦尼奥兄弟和蒙蒂利亚兄弟——都认为他们的军事经验必将有用武之地。¹³

他们想的没错。玻利瓦尔和战友们受到了卡塔赫纳政府的热情接待。24 岁的总统曼努埃尔·罗德里格斯·托里塞斯（Manuel Rodríguez Torices）¹⁴迫切需要经验丰富的军官，不仅因为西班牙军队已驻扎在附近的圣玛尔塔港，还因为托里塞斯需要遏制手下主将、法国海盗皮埃尔·拉巴蒂（Pierre Labatut）贪得无厌的野心。他指示拉巴蒂向玻利瓦尔和其他人委以要职。

但拉巴蒂将军太了解这些人了。[15] 和他们一样，他也是米兰达革命军队的老兵。他知道玻利瓦尔在卡贝略港的溃败，也知道米兰达对这位年轻上校的苛刻评价。在拉巴蒂成为公海冒险家之前，他是拿破仑军队里的一名中士，作为一名士兵资历平平。但他是米兰达面前的红人，在共和国绝望的最后时日，他一直在拉瓜伊拉。当"玛蒂尔达号"狼狈地从港口驶出，躲避敌人的大炮时，[16] 他就站在甲板上。[17] 他有许多机会回顾过去，思考米兰达的命运。拉巴蒂立即对玻利瓦尔产生了怀疑，当然，他有充分的理由感到嫉妒：这位克里奥尔贵族设法讨得了乳臭未干的总统的欢心。据传，玻利瓦尔甚至还给波哥大的安东尼奥·纳里尼奥总统和通哈的卡米洛·托雷斯写了些自以为是的信。[18] 拉巴蒂并不急着帮玻利瓦尔的事业起步。1812 年 12 月 1 日，他把玻利瓦尔派到巴兰卡（Barranca）的边远哨所，[19] 那是马格达莱纳（Magdalena）河畔的一个不起眼的小镇。

玻利瓦尔确实曾激情澎湃地上书纳里尼奥、托雷斯和通哈的国会，但在动身赴巴兰卡就任之前，他转去鼓舞更为重要的受众：普通的新格拉纳达公民。他希望说服民众：他们的斗争与委内瑞拉的斗争息息相关，只有所有殖民地统一战线，才能一劳永逸地把西班牙逐出美洲。在接下来的两个星期里，他密集发表了一系列文章。首先，他发表了有关蒙特韦德将军的官方声明，旨在控诉：这个西班牙人违背了他曾经许下的每一个诺言。然后，他安排发布了一份从库拉索就开始构思的陈词。他称之为"委内瑞拉上校西蒙·玻利瓦尔致新格拉纳达公民的宣言"。[20] 12 月 15 日，也就是玻利瓦尔离开这座城市几天之后，这份宣言散播开来。

它通常被称为《卡塔赫纳宣言》，是拉丁美洲历史上最伟大的文献之一。在宣言中，玻利瓦尔与他之前的革命者彻底划清界限，那些人只会用保守呆板的说辞附和法国或北美的理念。他的观点对新格拉纳达领导人产生的影响不可小觑，而随着这份文件的广泛传播，它也极大影响了该地区的民众。玻利瓦尔的遣词造句有力而直接，他的思维方式新颖而引人入胜。他使语言变得鲜活。

　　"我是，"宣言如此开头，"不幸的加拉加斯的儿子。"他以令人信服的逻辑分析了委内瑞拉革命失败的原因，解释了这个羽翼未丰的共和国缘何垮台：它被联邦制的行政区划无可救药地割裂；因缺乏强大统一的军队而灭亡；当然，还有地震、从中作梗的教会势力和对纸币的过度依赖。总的来说，它的领导人变得过于宽容、草率和腐败。他们从未树立起坚实的、不容置疑的权威。"每一个阴谋都得到了宽恕，每次宽恕又招来一个新的阴谋。"他解释道。共和国软弱无力的初迹象很早就出现了，最初的洪达没能征服争强好胜的科罗，所有的保王派反对势力都是从那里冒出来的。如果共和国领导层行事果决，如果各机构能够统一有序而不是各自为政，事情结果可能会不同。但在新格拉纳达，他认为，现在共和派有机会纠正历史：他恳求大家要团结，要坚决；进攻委内瑞拉；铲除西班牙人，他们是美洲的毒瘤，任其发展只会越发强大。只有这样，新格拉纳达才能自由。"科罗之于加拉加斯，如同加拉加斯之于整个美洲。"他用清晰的逻辑写道。[21] 简而言之，现在要对委内瑞拉采取委内瑞拉当初应该对科罗采取的行动，因为所有南美人都被共同的过去和共同的命运紧密联系在一起。这是一番激情洋溢的呼吁，蕴含着颠扑不破的真理。随着时间的推移，它将被视为玻利瓦尔思想的基石。

　　诗人安德烈斯·贝略后来将玻利瓦尔比作一棵树，[22] 他就带着那样的坚定意志，将自己的根牢牢扎下，承受风雨的洗礼，变得更加强大。毫无疑问，他从错误中学到了很多东西。一个没有接受过正规军事训练的士兵，一个没有学过治国之道的起义者，还有什么其他方式去驾驭一场革命呢？就在几个月前，玻利瓦尔还是个受辱之人，一心要向失职的指挥官寻仇。现在，新机会抛出了橄榄枝，他决定不再把任何事情视为理所当然。他动身前往小镇巴兰卡。无论这项任务多么微不足道、多么意义不明，他也决心做出一番成就，相信自己可以把机缘转化为革命的优势。

　　那时他已经对新格拉纳达人有了很多了解。他曾走过卡塔赫纳古老的街道，坐在色彩缤纷的广场上，与当地居民打成一片。他尽可能地了解农村的革命运动。他特意去结识了富有的克里奥尔人，他们在马格达莱纳河沿岸的战略要地拥有财产，并且可能对他未来的事业有所帮助。他会见了乌帕尔山谷的地主，他们的革命热情令他印象深刻；他们不仅在道义上支持这位年轻的军官，还为他提供家畜、骡子和给养。[23] 正是通过这种社交方式，他结识了阿妮塔·勒努瓦（Anita Lenoit）。她是镇上一位法国商人的女儿，芳龄 17 岁，长得天使般可爱。勒努瓦立刻被这个瘦长结实、活力焕发的年轻委内瑞拉人迷住了。她代表他写了一封信给玛丽亚·康塞普西翁·洛佩雷纳（María Concepción Loperena），一个在各省颇具政治影响力的富有寡妇，恳求她助力玻利瓦尔的事业。[24] 传说玻利瓦尔与清秀的勒努瓦有过一段短暂却热烈的风流韵事。这个娇弱天真的女孩深陷爱河，几个星期后，她出现在玻利瓦尔的军队中，热切地跟随他逆流而上。

　　玻利瓦尔到达巴兰卡，就在马格达莱纳河奔流入海处附近。他从手下仅有的 70 个士兵 [25] 那里得知，敌军已经加强了对这条河的控制；海岸一带的共和派与内地的共和派完全失去了联系。玻利瓦尔立即着手招募更多的士兵。这可不是件容易的事。愿意应征的只有来自社会底层的男人：贫民窟居民、逃亡奴隶、失业农民、几乎赤身裸体的部落男子；他们没有受过训练，没有纪律，没有武器，没有鞋子，只有一条褴褛的裤子，一条布满跳蚤的毯子，一顶破帽子。[26] 然而，玻利瓦尔收编了他们，训练他们，供给他们吃喝。他就带着这样的军队出发去对抗王家士兵。

直觉告诉他应采取大胆的攻势，用迅疾的战略进攻把敌人赶出河岸。但是拉巴蒂将军明令禁止任何此类行动。将军准备带领一支远征军去圣玛尔塔攻打西班牙人，他命令玻利瓦尔原地等待进一步指示。玻利瓦尔信不过拉巴蒂的能力，他怀疑这位从前的海盗只想独占荣耀，于是决定抗命。12 月 21 日，在建造好所需的船只后，玻利瓦尔开始悄悄地组织 200 名士兵向上游进发。他们乘 10 艘有稻草篷顶的大型独木舟前往特内里费（Tenerife），那里驻扎着 500 名保王军士兵。快抵达时，玻利瓦尔先行派出一名军官，给敌方指挥官一个和平投降的机会。西班牙人嗤之以鼻。于是玻利瓦尔带着 200 人绕道登岸，用来复枪向敌人射击。保王军士兵吓坏了，他们在混乱中放弃了堡垒，四散逃入森林。[27] 这是一场漂亮的大胜仗。特内里费是西班牙弹药和装备的主要仓库，所有的剑和步枪子弹都被玻利瓦尔缴获。他把镇上居民召集到河岸，斥责他们支持西班牙人，并要求他们宣誓效忠卡塔赫纳。[28] "西班牙帝国统治哪里，"他告诉他们，"哪里就有死亡和荒芜！"[29] 他给他们上了激动人心的一课，向他们宣扬自由，并招募了数百人加入解放事业。第二天，他带着一支武器精良的生力军，前往那条河上的下一块飞地——共和派控制的重镇蒙波斯（Mompox）。人们一早就听说了玻利瓦尔的英勇无畏，喜笑颜开地迎接了他，为他举办欢庆舞会，还有一批新兵入伍。

玻利瓦尔没有多做停留。他从米兰达的踌躇不决中吸取了教训。他立即再度召集起一支 500 人的精锐部队，向瓜马尔、班科、塔马拉梅克等地进攻，扫荡河岸地带的敌军游击队，乘其不备实施突袭。这绝非易事。水里到处是鳄鱼，陆地上蛇群出没；一路上遍布乱糟糟的绿色蔓草，单凭两条腿是走不过去的，需要不停地手拔斧劈。[30] 当他们艰难跋涉过杂草遍布的沼泽，营地里的保王军大惊失色。他们被玻利瓦尔部队的强悍和果决所震撼，纷纷逃离要塞，丢下船只、武器和俘虏。那些俘虏都被玻利瓦尔收入了一个益发强大的战争机器之中。在河东岸的山谷里，他在卡塔赫纳结识的联络人兑现了承诺；寡妇洛佩雷纳和其他富裕地主为他的部队提供了骡子、粮食和结实的衣服。[31] 他行动迅速，几乎不做逗留，所到之处，敌人都因他的逼近而惊慌失措。在《卡塔赫纳宣言》中，玻利瓦尔曾写道："一切防御战都是有害和毁灭性的。"[32] 他主张急速而持续的进攻，基于这种在革命中前所未有的新战略，他迅速行进了 500 多公里的艰难路途；[33] 到 1813 年 1 月 8 日，他控制了整条河。[34] 这次行动持续了 15 天的时间。[35] 在向卡塔赫纳国会汇报这一成就后不久，他解放了奥卡尼亚市（Ocaña），这里是一处天然的部队集结地，可以由此越过山脉攻入委内瑞拉。

至此，玻利瓦尔的名字在新格拉纳达家喻户晓，广受景仰。[36] "我出生在加拉加斯，"他后来说，"却成名于蒙波斯。"[37] 与此同时，拉巴蒂将军率领他的强盗部队（大部分是冒险家）开入圣玛尔塔，大肆劫掠，将执政官赶出了河岸。[38] 拉巴蒂感到有必要抢夺这份荣耀。于是这位将军指责玻利瓦尔违抗军令，[39] 要求军事法庭审判他，甚至还亲自到首都去确保军事法庭的召开，[40] 但托里塞斯总统并不理睬他。玻利瓦尔的军事实力不容置疑。他打通了该地区近 500 公里的主要航路，解放了西岸的平原地带，对此，卡塔赫纳、波哥大和通哈的独立政府只有感谢的份。就在他卑微凄惨地被委内瑞拉抛弃后的短短 4 个月，他加入了另一场革命，确立了一项大胆的战略，抢了指挥官的风头，赢得了荣誉和赞美。

＊＊＊

与此同时，在加拉加斯，蒙特韦德用肆无忌惮的暴力手段威吓民众已达数月之久。再体弱多病的共和派人士也逃不过他的摧残。从闷热的夏天到湿冷的冬天，不断有受害者在地牢里死去，为更多入狱者腾出空间。随着杀人机器的运转，[41] 西班牙人没收并瓜分了克里奥尔人的土地和财产。[42] 一名来自马德里的官员 [43] 原本相信可以通过实施新的宽容政策来根除动乱。在目睹了蒙特韦德的恐怖统治之后，[44] 他胆战心惊，绝望地放弃了自己的使命。

曾经是革命传声筒的《加拉加斯公报》重回西班牙人手中，它粗暴地斥责了它的读者："幸福。繁荣。自由。300 年的奴役……继续啊。老实说：你何时更有被奴役的感觉？更加悲惨？你何时更痛苦，更受饥饿的折磨？你何曾生活于这样的恐惧之中，被迫逃到山上，以避免成为那场可耻的献祭中的又一个牺牲品？为什么？为了什么？就为了几句话。空洞无物的话。"[45] 刺耳的宣传攻势铺天盖地，抨击爱国者"大而空的承诺"，[46] 以及他们幼稚而不负责任的行为。更糟的是，根据西班牙人的说法，他们曾向英国寻求帮助，这是对西班牙国王的冒犯。[47] 为防止这种疯狂在未来重演，为拯救克里奥尔人，蒙特韦德放任手下军官们去实施最严厉的惩罚。

事实上，蒙特韦德从来就不是最高管理者。西班牙已派遣费尔南多·米亚雷斯接任加拉加斯都督一职。但蒙特韦德自封为"治安军总司令"，从米亚雷斯登陆马拉开波的那一刻起就成功地把他吓跑了。天性懦弱的米亚雷斯退居波多黎各，不敢参与这场血腥的斗争。为了不让米亚雷斯接手实权，蒙特韦德向他保证，一旦委内瑞拉被完全平定，他就会交出指挥权。米亚雷斯乐意将打杀之事交由他人代劳，于是甘愿受骗。他手下那些更勇敢的军官，陆军元帅曼努埃尔·卡希加尔和准将曼努埃尔·德尔·菲耶罗（Manuel del Fierro），窝了一肚子火，但最终就连他们也被蒙特韦德收服。经过数月徒劳的等待，米亚雷斯意识到自己不过是个笑柄，于是偷偷溜回西班牙，留下殖民地承受一个非法政权的蹂躏。

蒙特韦德治下的残暴和掠夺责任不全在他，但毫无疑问，他对手下将军们的暴行视而不见，并故意无视加的斯宪法所规定的征服准则。同样毫无疑问的是，他的军官们沉迷于杀戮。在加拉加斯周围的平原上，没有上级权力监督的库马纳省省长欧塞维奥·安托尼扬萨斯（Eusebio Antoñanzas）肆无忌惮地使用暴力，命令手下军队洗劫城镇，抢劫无辜，杀死任何挡道的人。可怕的安托尼扬萨斯常常带头向毫无防备的房屋投掷燃烧的火把，并在住户逃离火场时屠杀他们。[48] 同样可怕的还有他的副手安东尼奥·苏亚索拉（Antonio Zuazola），他命令手下割开囚犯的喉咙，割掉他们的耳朵，将这些人肉战利品作为装饰。看到一个西班牙士兵骑马路过，一串耳朵挂在他的帽子上拍打着，或者看到钉在爱国者家门上的一段残肢时，任谁都会感到毛骨悚然。苏亚索拉会命手下把犯人背对背缝起来，剥掉他们脚上的皮，然后强迫他们一起蹒跚踩过碎玻璃。一个孕妇前来乞求饶她丈夫一命，却被捆起来斩首；她肚子里未出世的胎儿开始蠕动，而他们用一柄刺刀结果了他。1.2 万克里奥尔人就这样惨死。[49] "如果有可能，"西班牙将军德尔·菲耶罗从加拉加斯寄出的家信中写道，"最好把所有美洲人从地球上消灭掉。"[50] 甚至有人看到打扮得像鞑靼武士的方济各会神父 [51] 在共和派社区奔走，并敦促他们的战友："别放过任何 7 岁以上的人！"[52]

如果说这种肆无忌惮的野蛮行径有助于鼓舞保王派的士气，那么它也激怒了美洲人。在偏远地区，共和派的反抗情绪迅速高涨。但这种反抗是以一种高度分散的方式进行的，争取独立完全依靠一个个"考迪罗"*，这些军阀斗争时仰仗的是自己的地区声望而不是一些更宏大事业的理念。1813 年 1 月，当玻利瓦尔扫荡马格达莱纳河一带的保王派驻军时，数千公里之外的爱国者圣地亚哥·马里尼奥（Santiago Mariño）发动了一场解放委内瑞拉东部的运动。6 个月内，马里尼奥就解放了具有历史意义的巴塞罗那和库马纳两省，成为这两省实际上的领袖。他手下的年轻战士同样雄心勃勃：骁勇的帕尔多人曼努埃尔·皮亚尔（Manuel Piar）上校在对西班牙人的作战中取得了重大胜利，何塞·弗朗西斯科·贝穆德斯（José Francisco Bermúdez）和兄弟贝尔纳多·贝穆德斯（Bernardo Bermúdez）在革命的关键时刻展现出非凡的勇气。在新格拉纳达也有许多抱负远大的人物。皮埃尔·拉巴蒂最终与卡塔赫纳决裂，宣布自己为港口城市圣玛尔塔的总统。年轻的托里塞斯继续统治着卡塔赫纳，通过雇用海盗击退一切威胁者。在波哥大有纳里尼奥总统，在通哈有托雷斯总统。在与委内瑞拉接壤的潘普洛纳（Pamplona），曼努埃尔·德尔·卡斯蒂略

---

*   Caudillo 的音译，19 世纪盛行于拉丁美洲的一种政治领袖。常指游击队或非正规部队的军事首领，特别是拥有私人军队的政客。常通过暴力获取财富。其管辖范围或是一小块地区或是整个国家。——编者注

（Manuel del Castillo）上校——一个出身名门、自负且胸怀大志的新格拉纳达人——已经明确表示，他不再听命于任何人。[53]

卡斯蒂略上校和他那微不足道的 300 名士兵正准备保卫新格拉纳达，抵御蒙特韦德即将到来的入侵。得知玻利瓦尔已经深入奥卡尼亚腹地，他立即派人去请求玻利瓦尔支援。玻利瓦尔没有同意，回答说他需要得到卡塔赫纳的批准。事实上，他在等待另一项行动的获批：率军跨境进入委内瑞拉。几个星期以来，他一直在为攻入他的祖国做准备。蒙特韦德的势力已渗透到新格拉纳达的库库塔山谷，如果玻利瓦尔要同蒙特韦德军队作战，那绝不是在他人的指挥之下。

玻利瓦尔拖延时间还另有原因。他的部队中逃兵现象十分严重。玻利瓦尔在沿着马格达莱纳河胜利进军途中招募的许多新兵对战争已失去了热情，不是因为战利品达不到预期，就是因为不愿冒生命危险去解放自己家乡以外的土地。玻利瓦尔把他的部队交给姨父何塞·费利克斯·里瓦斯 [54] 管理，他自己则前往蒙波斯，从河两岸筹措弹药，招募新兵。到了 2 月 9 日，他已经把队伍扩充到 400 人；托里塞斯总统命令他将这些人与卡斯蒂略的 300 人整编，前往库库塔攻打西班牙人。[55] 只有这样，他才会听从玻利瓦尔的要求，同意他带兵进攻委内瑞拉。

为了报答恩人，玻利瓦尔立即率领军队前往库库塔，取道海拔极高、狂风肆虐的安第斯山脉，那里荒凉的高原一望无际。他的士兵们带上了能获取的任何食物；沿途没有村庄，没有任何人类定居的迹象，除了山腰上奇怪的棚屋。士兵中很少有人能勇敢地面对这段艰难旅程，因为他们是河岸居民，生长在热带地区，对寒冷气候和令人眩晕的高度毫无准备。他们冒着 2 月的雨水，越过湿滑的岩石，深入潮湿的峡谷，沿着悬崖的边缘攀爬，只要踏空一步就必死无疑。[56] 在拉阿瓜达高地（Alto de la Aguada），他们瞥见保王军守卫着一处山口，而此时蒙特韦德正在准备向新格拉纳达发动进攻。玻利瓦尔决定派出一名密探，随身携带一封信，信中谎称卡斯蒂略和他的共和军正从潘普洛纳推进。密探被抓，信件被缴获，西班牙将军拉蒙·科雷亚（Ramón Correa）[57] 中了圈套。他放弃了山口，前往潘普洛纳，以为能在途中奇袭卡斯蒂略。不料玻利瓦尔从天而降，西班牙人惊惶失措，仓皇撤退。科雷亚跌跌撞撞逃回库库塔重整部队。

不久，玻利瓦尔和卡斯蒂略会合，一同向前推进，直到2月28日黎明——大斋节的最后一个星期日，他们的部队越过了库库塔以西的苏利亚河（Zulia River）。[58] 早上9点，科雷亚将军正在教堂望弥撒，一名军官闯了进来，向他报告革命军正在逼近。他急忙集结军队，准备迎战。库库塔战役极为血腥，双方实力悬殊——科雷亚军队的规模是玻利瓦尔军队的两倍，[59] 但就在共和军的努力几乎要付诸东流之际，玻利瓦尔命令里瓦斯师全体亮出刺刀，向山上冲锋。这是一场疯狂、迅速、残酷的较量，伤亡惨重。在搏斗中，科雷亚将军头部受伤倒下。[60] 这是一次勇猛的冲锋，在强大力量面前孤注一掷的行动使西班牙人猝不及防。他们惊慌地逃离了那个边境城市，玻利瓦尔得以控制大量的食品和弹药，以及价值百万比索的物资，这些物资是马拉开波富有的保王派运到库库塔保管的。[61] 玻利瓦尔以2人阵亡、14人受伤的极小代价，[62] 换来了新格拉纳达的自由。

新格拉纳达人立即向他表达了感谢。玻利瓦尔在卡塔赫纳、通哈和波哥大受到表彰。[63] 托里塞斯总统授予他荣誉公民称号，他被升为准将。这位年轻的委内瑞拉人迎接了一个又一个挑战，克服了一个又一个障碍，包括在攀登安第斯山脉时突发的一场高烧。[64] 几个月后，卡米洛·托雷斯和安东尼奥·纳里尼奥以罕见的团结在通哈会面，确认整个新格拉纳达地区将联盟，并宣布其脱离西班牙独立。

即便如此，玻利瓦尔觉得这只是个开始。委内瑞拉还没有获得自由，西班牙人还没有被逐出美洲大陆。焦躁不安的他派高大优雅的里瓦斯去见托雷斯和纳里尼奥，说服他们进攻委内瑞拉。在此期间，他整顿士兵，给他们分发缴获的战利品，然后带领他们越过边境进入委内瑞拉。在崎岖险峻的安第斯山脚下的城镇圣安东尼奥停留时，他向他们讲明此行将付出更大的牺牲。"忠诚的共和人！"他热切地呼吁，"美洲正等待着从你们手中获得自由和拯救！"[65] 玻利瓦尔告诉他们，新格拉纳达的命运与其邻国的命运紧密相连。他从一开始就这样相信，现在仍然如此。"如果一个国家戴着枷锁，"他在几天后给托雷斯总统的一封激情澎湃的信中写道，"则另一个国家同为奴隶。西班牙的统治就像坏疽，始于一处，然后会将其他一切通通毁灭，除非它像受感染的肢体一样被截去。"[66]

但是，解放外国领土的愿景并未得到所有部下的支持，尤其是卡斯蒂略上校和他精干的军士长弗朗西斯科·德·波拉·桑坦德（Francisco de Paula Santander）。尽管卡斯蒂略对玻利瓦尔在库库塔的胜利感到振奋，在早先的报告中也是这样表述的，但他坚决反对让新格拉纳达士兵开赴委内瑞拉。更重要的是，卡斯蒂略被玻利瓦尔的晋升深深刺痛了；他认为自己是他部队唯一的指挥官，而现在，托里塞斯总统任命玻利瓦尔为整个远征解放军的首领。玻利瓦尔的队伍里出现了一道深深的裂痕，那是一种嫉恨，将对他的未来产生深远的影响。

两个月来，卡斯蒂略一直在对玻利瓦尔暗中使坏，毫不掩饰自己的愤怒。他为军衔争吵不休，就新准将对库库塔战役战利品的分配正式提起申诉，大加斥责任何听从玻利瓦尔解放委内瑞拉的"疯

狂行动"[67] 的人。5 月 7 日，当玻利瓦尔终于获准向梅里达（Mérida）
和特鲁希略（Trujillo）进军时，卡斯蒂略公然拒绝同往。他认为攻
打委内瑞拉有悖他的原则。[68] 玻利瓦尔试图安抚他，给他写了一封
言辞友好的信作为缓和手段。[69] 但卡斯蒂略铁了心要挫败这项行动。
他带着 100 名士兵突然请辞，把其余部下交由他的下级军官弗朗西
斯科·桑坦德指挥。

　　桑坦德也是个骄傲的新格拉纳达人，很反感傲慢任性的玻利瓦
尔。起初，他无视准将越境进入委内瑞拉的命令，坚决不从。面对
公然抗命的军官，玻利瓦尔怒不可遏。"立刻进军！"他咆哮道，
"在这件事上你没的选！进军！要么你毙了我，要么我向上帝发誓，
我一定毙了你。"[70] 桑坦德照做了，但他永远不会忘记这次羞辱。在
此后的一生中和许多场胜利之后，这次侮辱一直折磨着他。对玻
利瓦尔来说，与卡斯蒂略和桑坦德的摩擦标志着他与下属长期斗争
的开始。随着时间的推移，他会了解到，每一个革命兄弟背后都是
一个现成的叛徒；尽管他致力于建立统一的"大哥伦比亚"*，但总是
有一些心胸狭窄的阻挠者乐于经营自己的小地盘。

＊＊＊

　　并不是所有军官都这样乖戾。至少目前，玻利瓦尔有不少靠

---

* "大哥伦比亚"亦称"大哥伦比亚共和国"，是 1819—1830 年由今哥伦比亚、委内瑞拉、巴
　拿马和厄瓜多尔组成的联邦共和国。1819 年在玻利瓦尔的建议下，在安戈斯图拉议会上宣
　布成立，名为"哥伦比亚联邦共和国"，为与今哥伦比亚共和国区别，史称"大哥伦比亚共
　和国"。最初规定由原新格拉纳达总督区领地（今哥伦比亚、委内瑞拉、厄瓜多尔）组成。
　1821 年巴拿马宣告独立后加入，次年厄瓜多尔解放后也正式加入。第一任总统为玻利瓦尔。
　1826 年出现联邦派和中央集权派的纷争。1830 年委内瑞拉、厄瓜多尔退出，翌年新格拉纳达
　成立独立共和国，大哥伦比亚最后解体。——编者注

得住的手下，例如戴着鲜艳红帽子的何塞·费利克斯·里瓦斯，或是无畏的青年阿塔纳西奥·吉拉尔多（Atanasio Girardot），甚至是暴脾气的老邻居安东尼奥·尼古拉斯·布里塞尼奥，或是像拉斐尔·乌达内塔（Rafael Urdaneta）这样能随他战斗到最后的死忠分子。乌达内塔在写给玻利瓦尔的信中说："将军，如果两个人就足以解放祖国，我愿与您并肩战斗。"[71] 带着这些军官和一支 500 人的小型"解放军"，他展开迅捷而果决的战斗，处处打得敌人措手不及，一鼓作气直捣加拉加斯。

任何一个稍有判断力的人都会看出这项行动之鲁莽。玻利瓦尔一得到进军的命令就立即写信给刚就任联合省总统的安东尼奥·纳里尼奥，告知军队的真实情况。[72] 许多人饥肠辘辘，衣衫褴褛，饱受瘟疫折磨。有些人擅自逃离。还有一些人驻扎在遥远的营地，已有好几个星期领不到军饷，只得向当地人乞讨。肉是稀缺品，大米完全没有，武器破旧不堪。向特鲁希略进军还将带来更大挑战，玻利瓦尔补充说，他们需要越过艰难崎岖的地带，一路上无法获取食物：饱受战争摧残的农民没有种植庄稼，牧场主的牲畜被劫掠者抢走了。[73] 他恳求总统给他提供急需的弹药和资金。"我将在特鲁希略等待这份请求的结果，"他在结束时自信地写道，"战斗的胜负将取决于此。"[74]

但是，5 月 23 日，当玻利瓦尔的军队从安第斯山脉直扫而下，进入绿色谷地梅里达时，他们没有遇到敌人的抵抗。西班牙人听闻玻利瓦尔在新格拉纳达屡屡得胜，还以为会有一支大军袭来，于是撤出了这座城市。当玻利瓦尔进入梅里达时，那里的居民——坚定支持独立的人们——成群结队地夹道欢迎他，为首的是面带灿烂微笑的共和国前主席克里斯托瓦尔·门多萨。城里挂满了鲜艳的彩旗，玻利瓦尔被推崇为"解放者"，600 名新兵加入了他的事业，其中许多是该地区贵族家庭的儿子。他们中间很大一部分是倒戈的保王派，这使得一位西班牙指挥官[75]断定这些人原本就是地下革命者——名副其实的特洛伊木马。

为了领导这支从梅里达招募的新部队，玻利瓦尔任命比森特·坎波·埃利亚斯（Vicente Campo Elías）为指挥官，此人身为西班牙人却对祖国深恶痛绝，杀死了一些自己的亲戚，并誓要杀光委内瑞拉的全部西班牙人，然后拔剑自刎，彻底摆脱这被诅咒的种族。[76]事实上，在玻利瓦尔的行伍之中，对殖民者的愤恨已高涨到极点，一些军官甚至认为屠杀西班牙人本身就是目标。这并非无缘无故：在附近的巴里纳斯，国王的指挥官刚刚发布了一项诰命，要求消灭所有公开表明身份的共和派——无一例外。[77]尼古拉斯·布里塞尼奥曾经因侵占土地闹到检审庭，还用草叉攻击老邻居和表亲家玻利瓦尔，这会儿他开始像疯牛般横冲直撞。他率领 143 名士兵[78]在山区展开了一场血腥战役，[79]那些士兵从未骑过马，从未握过武器，他们唯一的作战资格是强烈的种族仇恨。在圣克里斯托瓦尔镇（San Cristóbal），布里塞尼奥发表了一篇檄文，煽动奴隶杀死他们的西班牙主人。然后，为了亮明态度，他在广场上将两个性格安静而谦逊西班牙人砍了脑袋。他把其中一人的头颅连同一封用死者鲜血签名的信寄给了卡斯蒂略。[80]另一人的则寄给了玻利瓦尔。

玻利瓦尔被吓坏了。他谴责这是"撒旦的手笔"，[81]并派了一名官员去管住布里塞尼奥。但那时的布里塞尼奥已经听不进任何人的话了。像其他反叛的独裁军阀一样，他视自己为天选的解放者。[82]这位后来被称为"魔鬼布里塞尼奥"的军官宣布，任何一名普通士兵只要献给他 20 颗西班牙人的头颅就可晋升少尉，30 颗人头可晋升中尉，

50 颗人头可晋升上尉。[83] 但两个月后，布里塞尼奥被保王军队击败，与其他 8 名革命军领导人一起被俘并遭枪杀。这个消息对玻利瓦尔来说不啻沉重一击。他不赞成布里塞尼奥的行为，但后者的爱国之心和对自由的热爱无可指摘。他对西班牙人发动了一场绝对战争，并在一段时间内成功地震慑了他们。他的残酷无情给玻利瓦尔留下了深刻而持久的印象。他需要把这种愤怒的能量转化成统一的战争机器。[84]

6 月 14 日，玻利瓦尔的军队解放了特鲁希略省，其过程与解放梅里达类似：他差遣密探渗透进保王军军营，让敌人相信他的军队凶猛无比，坚不可摧，有上千人之众，于是西班牙人一见他发动进攻就逃之夭夭。在那个温暖的夏日早晨 9 点钟，解放者的军队骑马进入了那座古城，甚至连剑都没挥一下。共和派人士欢天喜地接待了这位英雄，让他们年轻漂亮的女儿给他戴上月桂花环。

玻利瓦尔很清楚自己打的是心理战。突袭和欺诈是他的得力助手，在他所到之处向敌人散播恐惧。他的士兵和他一样都是自学成才的，他们边行军边从残酷的战斗中学习如何打仗。有的士兵年仅 13 岁，虽然稚气未脱，心中却充满勇气。他们知道自己在武器、训练和经验等各方面都不如西班牙对手，但他们也发现，凭借隐秘、巧妙和迅捷的游击战术可以迷惑对手。他们还有另一项优势：西班牙人是外来者，因此人数有限；在他们看来，美洲人是无穷无尽的，而且更能适应这里的地形。最后，没有什么比胜利更能激发信心了，革命军的胜利正呈指数级增长，鼓舞了他们以不屈不挠的精神去为曾经看似不可能的事业奋斗。

在兴高采烈地抵达特鲁希略之后，玻利瓦尔坐下来仔细考虑一个他思索已久的战略。在梅里达，他曾抱怨敌人蔑视战争规矩，强烈抗议他们草率处决 8 名共和军战俘，包括布里塞尼奥。"我们已

经没有什么仁慈可言了。"他当时宣布，并发誓要向那些凶手寻仇，
"既然敌人已经把我们逼入了一场殊死之战，我们就要把他们从美
洲根除，将袭扰这片土地的怪物清洗干净。我们的仇恨不会平息，
我们的战争至死不渝。"[85] 这原本不过是战场上的话术，因势利导的
演说词，但如今，在特鲁希略战役胜利之际，他考虑将其写入法律。
他推敲了一整夜，在黎明时做出了一个决定：米兰达的革命和第一
共和国之所以失败，是因为草率的宽容——缺乏魄力。[86] 他不会让
这种事再次发生。15 日破晓前，他召集了一次军事会议来公布新法
令。法令指明，委内瑞拉境内的所有西班牙人都将成为一场灭绝战
争的目标，除非他们与费尔南多国王断绝关系，为美洲人而战斗。
另一方面，曾经为王室效力的美洲人将不会受到惩罚。其措辞简单
粗暴：

> 西班牙人和加那利群岛人：等死吧，即使你曾中立。
> 美洲人：活下去，即使你曾有罪。[87]

他的军事会议成员中没有一个反对这项法令。事实上，他们都
极力拥护。玻利瓦尔相信自己找到了一种方法，可以团结像布里塞
尼奥这样的特立独行者，并利用他们的愤怒，于是他当天就签署了
这份文件。尽管他认为自己清楚这会给战争带来什么，但这项法令
的最终结果却是席卷而来的暴力风暴。

史学界对玻利瓦尔发布"殊死战"（war to the death）宣言普遍持负
面评价。一些历史学家称之为罪大恶极之举。[88] 有些人说，这是一种欠
考虑的行为，鲁莽至极，毫无必要。美国的政治家后来用它来谴责玻利
瓦尔革命血腥的雅各宾派本质，以及西属美洲人的野蛮秉性。但仍有一

些人急于为玻利瓦尔辩护，声称此举是对 300 年的非人道压迫和西班牙刚刚颁布的针对革命人士的残忍诏命的合理回应。[89] 或许更有说服力的观点是，玻利瓦尔的法令力图表明，正在进行的不是一场内战，而是一场坚决反对外来侵略者的战争；有了它，驱逐西班牙势力就成为一个明确的目标，而美洲人——无论种族或意识形态如何——就是英雄。"美洲人要么任由自己被逐步消灭，"玻利瓦尔辩称，"要么着手消灭一个邪恶种族，只要还留它一口气，它便会不知疲倦地灭亡我们。"[90]

玻利瓦尔的公告一出，立即收获了反响。数百名保王派战士倒戈到共和派一边；[91] 玻利瓦尔的军队所到之处，都有士兵志愿加入。玻利瓦尔再清楚不过，在米兰达松懈的领导下，共和军曾成群结队地溜号，以为自己叛逃并为西班牙而战，就不会受到西班牙人的残酷对待，而如果他们被心慈手软的革命者抓住，则很可能得到赦免。[92] 现在，毫无疑问，玻利瓦尔的爱国军不会宽恕任何人。这或许是个骇人的宣言，但它在短期内起了作用：它使保王派感到恐惧，也强化了共和派的信念。然而，从长远来看——历史会清楚地证明这一点——它会使委内瑞拉陷入一片血海。

***

随着在梅里达和特鲁希略的胜利，玻利瓦尔的战争严格来说已经结束了。他在新格拉纳达的上级明令他停止进攻，他不能一路打到加拉加斯去。但是，当玻利瓦尔得知共和派同僚圣地亚哥·马里尼奥正从东部率 5 000 人马向首都进军时，他无法抑制自己要胜过他的冲动。在给卡米洛·托雷斯的信中，他非常坦率地写道："我担心杰出的友军会在我们分享荣耀之前解放我们的首都。不过我们将飞身赶去，我希望没有任何解放者会在我之前踏上加拉加斯的废墟。"[93]

到了 6 月底，玻利瓦尔率部队再度开拔，越过了一条险峻山路，向巴里纳斯平原进发。蒙特韦德闻此消息，赶赴南方迎战。尽管西班牙军队人数占优，纪律更严明，但事实证明，共和军行动更敏捷。在尼克伊陶（Niquitao）郊外，里瓦斯上校率军从冰雪覆盖的山峰上冲下来，与一个西班牙师展开白刃战，赢得了决定性胜利。他抓获了 400 多名俘虏，[94] 并成功地把他们收编进共和军阵营。距他们仅 130 公里的南边，玻利瓦尔在闷热天气中骑马穿越了尘土飞扬的巴里纳斯平原。7 月 6 日，他对巴里纳斯城发动了一次迅猛的先发进攻，占领了该城，迫使西班牙人向北方疯狂撤退。[95] 他毫不迟疑地展开追剿，途中与里瓦斯和吉拉尔多的部队会合。共和军以迅雷不及掩耳之势大胆进攻，一举将敌人击溃。通过一次又一次的突袭，革命军势如破竹，推进了 160 公里，击溃了两个师，令西班牙人抱头鼠窜。10 天之内，他们就消灭、监禁或击散了 5 000 名敌军。

玻利瓦尔在阿劳雷（Araure）度过了自己的 30 岁生日；出发迎战蒙特韦德之前，他在此小作停留，举杯庆祝。准备离开的时候，他得知勇敢的 14 岁士兵加夫列尔·皮康（Gabriel Picón）扑向一门西班牙大炮，身受重伤，正躺在战地医院里。[96] 他留下来向男孩的父亲写了一封信；此后类似的牺牲越来越多，而他也将无数次重复这一行为。"今天在战场上抛洒鲜血的光荣英雄没有死，也不畏惧死；但是如果他不在了，他将永远活在爱国同胞的心中。"[97] 信里还夹了一首短诗，那是现存的唯一一首玻利瓦尔写过的诗。诗的最后一行写道："现在停止哭泣，记住 / 你对国家的爱才是最重要的。"[98]

现在，有了乌达内塔和吉拉尔多的加入，玻利瓦尔临时组建的 1 500 人军团终于在巴伦西亚城外的草原遇上了蒙特韦德。每一步行动中，蒙特韦德都发现自己做得太少，做得太迟，这次遭遇也不例外。[99]他的 1 200 名士兵排成战斗阵列守卫通往巴伦西亚的道路，尽管他们训练有素，但人数太少，很快就寡不敌众，遭到对手包抄。玻利瓦尔的步兵纵身跃上骑兵的马背，每匹马载着两名或两名以上的士兵突入敌军阵列。一进到里面，他们就跳下马来，从内部攻击该团。这招很管用。这是一场漫长而血腥的战斗，直刺敌人心脏的攻势使蒙特韦德一方蒙受了惨重的损失。当玻利瓦尔胜利的军队最终开入巴伦西亚时，蒙特韦德已经逃走，慌不择路地奔赴卡贝略港的要塞。[100]

　　下一个被攻陷的是加拉加斯。4 天后，卡萨·莱昂侯爵——审时度势的他先前由效忠米兰达转为效忠蒙特韦德——与玻利瓦尔会面，商定西班牙的投降事宜。陪同他的是玻利瓦尔家族的老朋友弗朗西斯科·伊图尔韦，就在一年前，他还为玻利瓦尔的安全出境谈判。这太具有讽刺意味了。侯爵把逃亡的玻利瓦尔藏到家中，伊图尔韦救了他的命。尽管共和派和保王派之间流了那么多血，但某些家族友谊依然存在。会议的氛围亲切友好。就这样，在米兰达向保王派投降的会厅里，现在是保王派在向玻利瓦尔投降。[101]

　　作为加拉加斯和平投降的交换，玻利瓦尔对西班牙人实行大赦，废除了过去的苛刻言论。他让他们放心，自己会保证他们的安全，并向提出申请的人（包括军人）发放护照，允许他们携家人、财产乃至随身武器移居国外。他在一封致加拉加斯市政府的信中表示，他这样做的动机是"向世界表明，即使在胜利时，高贵的美洲人也会抛开仇恨，给予宽恕"。[102]他在给新格拉纳达联合省总统卡米洛·托雷斯的信中写道："阁下，我实现了解放祖国的承诺。我们没有打不赢的仗。"[103]

　　但在加拉加斯，当卡萨·莱昂和伊图尔韦带着玻利瓦尔的承诺返回时，没有人接待他们。躲在卡贝略港的蒙特韦德已把一切权力委托给该城执政官曼努埃尔·德尔·菲耶罗；而菲耶罗以惊人的怯懦放弃了这座城市，甚至没有对他本人要求的谈判协议做出批示。他惊慌失措地逃往拉瓜伊拉，[104] 连同 6 000 名仓皇的保王人士 [105] 一起。在夜幕的掩护下，菲耶罗偷偷登船，向库拉索驶去。[106] 他离开拉瓜伊拉时，场面一派喧嚣混乱：西班牙人急于登船，纷纷推搡着挤乘独木舟，结果独木舟在汹涌的黑浪中倾覆。[107] 最后 50 艘船把他们送到了安全地带。在加拉加斯，无情的热浪席卷全城，被丢下的保王派别无选择，只能放弃财产，扔掉背上驮的一堆衣物，以便迅速从陆路去往卡贝略港的要塞。[108]

　　玻利瓦尔于 1813 年 8 月 6 日进入加拉加斯。[109] 对尤里乌斯·恺撒多有研究的他知道征服者应该如何登场。他安排在加拉加斯的城门口接受迎接，就像恺撒的战车在罗马受迎接时一样，迎接他的是穿着白衣、戴着花环、光鲜亮丽的花季少女。[110] 当年恺撒进城时，战车由白马牵引；玻利瓦尔进城时，战车是由加拉加斯最显赫家族的女儿们牵引的。该市 3 万名居民中很多都在现场，熙熙攘攘地排列在道路两旁。过去 6 个月的战争被称为"惊人的战役"，人们尽其所能地热烈庆祝它的胜利。礼炮声此起彼伏，大教堂敲响钟声，向自由致敬；最后，这位归来的英雄被授予"独裁官"和"解放者"的称号。[111]

　　玻利瓦尔取得了伟大的胜利，这一点毋庸置疑。他从 8 个月前不足 500 人的部队起家，击败了西班牙强大的战争机器。与此形成鲜明对比的是，拥有 50 万大军的拿破仑几乎在同一时间狼狈离开西班牙，在欧洲战场上节节败退。当玻利瓦尔带着浓密的小胡子和灿烂的微笑进入城里，踏出马车拥抱故乡居民时，他受到了前所未有的爱戴。[112] 色彩斑斓的丝绸从阳台上垂挂下来，号角奏出欢快的旋律，窗户里抛出的玫瑰如雨点纷纷飘落，人们争相目睹这位伟人及其军队的风采，欢呼声响彻方圆数公里。[113] 欢迎是如此的热烈而荣耀，梦想终于得以实现，玻利瓦尔禁不住喜极而泣。[114] 某个细心的目击者可能曾看到一只亮眼睛的狗跟在玻利瓦尔身边小跑，这只忠实的马士提夫犬内瓦多（Nevado）是战争期间别人送给玻利瓦尔的，[115] 还将陪伴他 8 年。那个旁观者或许还注意到了其中一个 19 岁的白衣姑娘，她头发光泽，眼睛乌黑，明显被车上那个英雄迷住了。玻利瓦尔本人也注意到了她脸上飞扬的神采。

她就是何塞菲娜·"珀皮塔"·马查多（Josefina "Pepita" Machado），是加拉加斯一个富裕中产家庭的女儿。她既不是曼图亚诺，也不是有爵位的西班牙人，并没有与生俱来的社会垂青。这样一位成长于动乱时代的少女很可能明白，革命中的世界是变动不居的，而她身后那位杰出的战士可能会提供一个难得的机遇。[116] 我们无从得知谁是更主动的那一方，但随着地牢里的革命犯人被释放一空，[117] 加拉加斯人欢庆到深夜，在点亮夏夜的烟火下，珀皮塔成了玻利瓦尔的情人。她还会和他继续纠缠 6 年。

历史学家们并不认为她是美人。她嘴唇丰满，笑声爽朗而富有感染力，无可否认，她的身材很有吸引力。她会跳舞。不过，除了卖弄风情之外，她的脸蛋平平无奇。她还很执拗、直言不讳、争强好胜，日后将引起玻利瓦尔军官们的厌恶。她拖着母亲和姐妹，跟随玻利瓦尔去到各个地方，必要时甚至还会去战场。[118]

从玻利瓦尔的巴黎岁月到 1813 年 8 月加拉加斯把他当作救世主迎接的那天，其间几乎没有证据表明玻利瓦尔有过浪漫史，可传闻却绘声绘色，流传甚广。他是个公然调情的单身汉，是个热烈但善变的追求者，况且，他每解放一个城市，都有可爱的少女前来迎接，还有野心勃勃的父母在她们背后怂恿。毕竟，他不仅是个英雄，还是个非常富有的人。可以肯定，在那些自由自在的岁月里，珀皮塔·马查多并不是唯一引起他注意的"白衣少女"。但从珀皮塔身上，他看到的是一个作为革命者和奋斗者的女人。她在他的战争世界里待得很自在，也敏锐地意识到她与解放者的浪漫关系所带来的社会荣耀。另一边，作为一名沉浸在胜利喜悦中的士兵，一个历经艰难困苦终于重返家乡的浪子，玻利瓦尔精神抖擞地投入了这段风流关系。最终，珀皮塔赢得了他的信任，甚至还参与了国家事务，这令诋毁她的人颇感失望。其中一人抱怨道："最重要的事务，最终都会落入奉承他的人手中，尤其是他臭名昭著的情妇何塞菲娜小姐，世上最工于心计、睚眦必报的女人。我与那个女妖打过上百次交道了，我必须承认，我想象不出他看上了她身上的哪一点。"[119]

第七章

地狱军团

> 所有杀人犯都会受到惩罚；除非，他们杀了一大批人，
> 最后吹响了胜利的号角。

> ——伏尔泰[1]

除却珀皮塔提供的一切愉快消遣外，玻利瓦尔还有一个国家等待建立，秩序也有待从混乱中恢复。这并不容易。首都还留有1 500个西班牙人，在全面撤离的过程中，房屋、商店和仓库被洗劫一空。玻利瓦尔确保了街道的安全，承诺实现和平过渡，任命前总统克里斯托瓦尔·门多萨担任市长，并邀请外国人移民到这里来帮助重建国家。但他没有设法恢复国会或举行选举。他独揽了一切权力。他有他的理由。他表示自己不会忍受那个早先破坏了1810年共和国的坏事政府。巴里纳斯市长要求恢复旧的联邦宪法，也被玻利瓦尔拒绝了。在他看来，正是这部宪法导致了第一共和国的覆灭。他表示从今以后，将把巴里纳斯排除在加拉加斯之外。他认定新的共和国——后来被称为"第二共和国"——应当是一个统一的整体。他辩称法国和英国都有强大而统一的政府；美国即便成了联邦制国家，也有中央集权的财政部和战争部。[2]

　　事情并没有就此停止。委内瑞拉东部各省的解放者和最高统帅圣地亚哥·马里尼奥坚持在巴塞罗那和库马纳成立彼此独立的政府，分别有自己的指挥官，[3] 玻利瓦尔回应称，委内瑞拉应该是一个政体，接受一个元首领导。言下之意，那个元首将是西蒙·玻利瓦尔本人。他对马里尼奥说，两个分立的权力机构"会显得很荒谬"。他接着表示，委内瑞拉不仅应当保持统一，而且应当与新格拉纳达联合，从而"建立一个能够赢得尊重的国家。我们怎么能想着把任何东西一分为二呢？"[4] 马里尼奥没有听进去。不只是他，全国各地集会的共和派要人都开始抱怨玻利瓦尔的专制主义。事实证明，家乡是一个极难驾驭的地方。

　　但是玻利瓦尔在家乡没有待太久。尽管他急于推进国家治理事宜，西班牙却不打算轻易离开。驻扎在160多公里外的卡贝略港要塞的蒙特韦德将军，此时断然拒绝承认独立。"西班牙不与叛乱分子讨价还价。"[5] 他如此回应一位神父打着休战旗送来的谈判条约，然后转头将神父关进了监狱。[6] 他拒绝了玻利瓦尔交换战俘的提议，不管这笔交易多么划算。1813年9月下旬，蒙特韦德的部队补充了1 200名新兵后，向巴伦西亚平原的共和军发起进攻，遭到了猛烈的反击。共和军的胜利付出了相当的代价。玻利瓦尔手下最能干的军官之一、勇敢而备受爱戴的新格拉纳达人阿塔纳西奥·吉拉尔多，在试图将共和国国旗插上高地时，被一颗子弹击中前额而死。

　　听闻这位年轻上校英勇牺牲，玻利瓦尔悲痛万分。但他从中看到了激发人们更高热情的机会。他决定为一位伟大的英雄举行一场配得上他的葬礼。他下令将吉拉尔多的遗体送回他在安蒂奥基亚的出生地，而他的心脏则由精心安排的队伍在加拉加斯送葬。就这样，吉拉尔多的心脏被当胸剖出，置于一个镀金瓮里，由一名随军神父带到了首都。送葬队伍由一组鼓手开路，奏着缓慢而哀伤的挽歌，而玻利瓦尔和三个连的盛装骑兵在队尾肃穆地骑行。[7]

这场戏收效很好。化悲痛为勇气的爱国将领们第一时间向西班牙人发起进攻；他们成功地打伤了蒙特韦德，然后逮捕并处决了他可怕的副手苏亚索拉上校——那个割人耳朵的残暴屠夫。但这些胜利反倒加剧了黑人的恐惧，他们始终对白人领导的革命心存顾虑。一场奴隶的反动起义席卷了乡村地区，其激烈程度令爱国者们大吃一惊。在卡拉沃索（Calabozo）大草原，野蛮牛仔们迫不及待要袭击富人，他们宣称效忠蒙特韦德，横扫共和军据点，洗劫大庄园，屠杀那里的居民。到了 11 月，受到刺激的玻利瓦尔重返战场，带兵作战。而那时，他的"殊死战"也如火如荼地重新启动。结果，全体人民都卷入了战争：妻子、孩子、厨师、仆人、医生、乐手，甚至流动妓女，都跟着士兵上了战场。长途跋涉的人群像一条浩浩荡荡的河流，锅碗瓢盆叮当作响，婴儿哇哇啼哭，晾晒的衣物在风中飞舞。玻利瓦尔的随行人员中有珀皮塔，可能还有她的母亲和姐妹（珀皮塔出行很少不带她们一起），外加他的黑人老保姆希波莉塔，她负责煮饭、照料伤员，以及为他熨衣服。

一个为西班牙效命的英国旅人目睹了加拉加斯的巨变。西班牙人被拖进地牢，手中财富被强制上缴爱国者的金库。违者被带到集市上枪毙。[8]不是一击毙命，而是挨个儿击中四肢，好让旁观者欣赏他们在乐手演奏的欢快旋律中扭动。这种表演营造出一种狂欢的氛围，人们群情激愤，直至高呼："杀了他！"[9]刽子手便会朝着受害者的脑袋来上最后一枪，终结他的痛苦。观看垂死挣扎的西班牙人已经变成了一项娱乐活动，一种欢乐源泉。

在加拉加斯以外，爱国者们就没那么好过了。凶悍的平原牛仔大军"地狱军团"骑马从贫瘠的大草原上呼啸而来，惩罚任何胆敢自称革命者的人。领导这支有色人种大军的是令人闻风丧胆的何塞·托马斯·博韦斯（José Tomás Boves）。身为一名来自阿斯图里亚斯的西班牙水手，博韦斯曾因走私在海上被捕，在卡贝略港蹲了地牢，后被流放到委内瑞拉大平原，和那里四处打劫的牛仔混在了一起。他满头金发，肩膀壮实，有着硕大的脑袋，锐利的蓝眼睛，以及明显的施虐倾向。[10] 他受到生猛的同伙们近乎崇拜的爱戴，并把他们引向了难以想象的暴力。正如玻利瓦尔的副官丹尼尔·奥利里后来所写的："在革命制造的所有怪物中……博韦斯是最坏的那个。"[11] 他是百年难遇的野蛮人，是美洲的匈奴王阿提拉。博韦斯被蒙特韦德收至麾下，但不听命于任何人。他组建了一支由黑人、帕尔多人和梅斯蒂索人组成的平原牛仔大军，许诺他们可以放手掠夺，将有丰厚的战利品，以及消灭克里奥尔阶级的机会。

平原牛仔个个都是高超的骑手，受过良好的作战训练。他们没什么物质需求，骑马不用马鞍，浑身上下只围一条缠腰布。他们只吃肉，肉就绑在马腹两侧，以奔马的汗水腌制。他们用兽皮搭建帐篷，睡在地上，以艰苦为乐。他们住在开阔的大草原，那里被骄阳炙烤，逢雨天则根本无法通行。他们最趁手的武器是一杆阿尔瓦里科棕榈制成的长矛，在篝火中烤得又坚又利。他们习惯快速突袭，习惯骑在马背上泅过泛滥的洪水，把全部家当都装在皮袋子里，然后顶在头上或咬在嘴里。他们可以像成吉思汗的军队那样策马疾驰，身体悬在马侧，使人看不见、碰不着，同时用长矛直刺迷惑中的敌兵。在战争中，他们没什么得失要权衡，也没有效忠的政权。他们是盗贼，憎恨统治阶级，那在他们眼中等同于克里奥尔人；他们为废除对自己种族不利的法律而战斗，而这是西班牙人承诺的；他们信奉的原则是无情的正义，结果便是无尽的杀戮。[12]

起初，玻利瓦尔轻而易举地击溃了博韦斯毫无纪律的部队。10月14日，他派手下最骁勇的上校坎波·埃利亚斯率领2 500人的军队在卡拉沃索迎战平原牛仔，并几乎将后者连人带马尽数消灭。[13]战斗结束后，坎波·埃利亚斯将数百名俘虏全部杀死。[14]但是博韦斯逃脱了。随着时间的推移，博韦斯与同样有魄力的西班牙人胡安·亚涅斯（Juan Yañez）和弗朗西斯科·托马斯·莫拉莱斯（Francisco Tomás Morales）结盟。此二人一个曾是杂货商，一个曾是屠夫，他们放弃了在保王军中的职位，组建了自己的劫掠大军。[15]到次年年初，博韦斯和莫拉莱斯已经拉起了一支由7 000名持大砍刀的野蛮牛仔组成的强大队伍；而亚涅斯将巴里纳斯夷为平地，杀死了所有的居民，在尸体前额烙上字母R作为"共和派"（republican）的标记，然后焚毁了整座城。[16]在西班牙控制的卡贝略港堡垒，受伤的蒙特韦德遭到罢免并被驱逐出境，取而代之的是同样残酷的萨洛蒙（Salomón）上校。在科罗的要塞，陆军元帅胡安·曼努埃尔·卡希加尔（后被任命为都督）派该市市长何塞·德·塞瓦略斯（José de Cevallos）与亚涅斯联手，对玻利瓦尔发动正面强攻。共和军和保王军互有胜负，轮番屠杀敌方士兵。双方都暴行累累，罄竹难书，没有哪支军队敢说自己道德上占优。

玻利瓦尔很快明白了一件事，尤其是1813年12月4日在阿劳雷第一次出击之后。他明白自己或许能打胜仗（也确实取得了辉煌的胜利），但他的部队根本无法像敌人那样迅速有效地补充兵员。每遭受一次共和军的打击，"地狱军团"都会像神话中的九头蛇一样，带着更多的脑袋和更大的愤怒卷土重来。个中原因显而易见，尽管共和派迟迟未能意识到它的严重性：有色种族都站在西班牙人一边。这个国家的绝大多数人口——黑人、印第安人、混血儿——都在按照古老的民主意识行事。压制特权人群、促进阶级平等的奋斗目标将他们联合起来。然而这只是西班牙将军们鼓吹的狭隘民主，令他们对眼前的革命斗争视而不见。广大有色种族知道世界是不公平的，知道凌驾于他们之上的克里奥尔人是富有的白人，但他们没有理解真正的压迫金字塔。他们没有考虑到苦难的根源在于帝国，是西班牙精心构建了那个不公正的世界，暴政的根源在于殖民，而殖民制度已经存在了 300 多年。

***

12 月来了又去，即使西班牙摆脱了拿破仑的束缚，费尔南多恢复了岌岌可危的统治，委内瑞拉的屠杀仍在继续。刚从漫长的恐怖黑夜中走出来的西班牙，完全有可能对蹂躏着殖民地的大屠杀一无所知。对玻利瓦尔来说，"殊死战"是一种报复措施；他曾相信这将使美洲人团结起来反对外国人。结果恰恰相反：美洲人将矛头转向了美洲人，委内瑞拉人拿起武器反对自己的邻人；革命演变成了一次种族冲突，一场全面内战。

1814 年 1 月 2 日，玻利瓦尔在古老的圣弗朗西斯科教堂（他祖先的教堂）召开了一次公众集会，向人民发表演讲。他意识到人们对他的独裁手段心存顾虑，并感到有必要巩固自己的地位。"市民们！"他说，"我不是你们的君主。"

为了把你们从无政府状态中拯救出来……我行使最高权力。我给了你们法律，我给了你们政府……你们授予我"解放者"的光荣称号。你们军队中的军官和士兵，他们才是你们的解放者，才配得到全国人民的感激。你们最清楚，是他们使你们获得重生……现在我请求你们把我从这远超我能力范畴的职位上解放出来。选出你们的议员，你们的法官，一个公正的政府，确保拯救共和国的军队会保护你们的自由……一人独揽大权的国家是一个奴隶的国家！[17]

演讲结束时，市长门多萨恳求玻利瓦尔继续担任最高统帅，在场听众以震耳欲聋的呼声表示支持。玻利瓦尔推辞说："有比我更为杰出的公民！"他顿了一下，又补充道："马里尼奥将军！东部的解放者！那位领袖才配得上指引你们的命运！"[18]可是众人都不同意。他们坚持要他保留独裁官的头衔。玻利瓦尔交出手中的权力，只为重新得到赋予。在漫长的解放者生涯中，他一次又一次采用这样的策略：辞去一个职位，在恳求下重新出任该职位，并在此过程中将责任分摊给了每个人。

事实上，玻利瓦尔需要来自各方的帮助。他几乎没有能力武装手下士兵。委内瑞拉不能制造武器，尽管玻利瓦尔夺取了铅、硫黄和煤来制造子弹和火药，但所有枪械都必须从其他地方购买。[19]在一个被拿破仑战争搅得天翻地覆的世界里，这可不是件容易的事。英国已经将军火贸易列为非法，而美国正渴望从西班牙手中购买佛罗里达，断然拒绝向西属美洲的革命军出售武器。[20]玻利瓦尔被迫通过商船非法购入武器，他欢迎加勒比地区的船长和商人助他一臂之力。枪支短缺将对独立战争产生灾难性的影响；一些历史学家认为，这是导致第二共和国灭亡的一个决定性因素。[21]

单靠枪支不能解决问题。博韦斯的"地狱军团"并不依赖枪支，况且在任何情况下，面对骑兵用长矛和砍刀发起的猛攻，一个拿着步枪的人毫无胜算：当时的滑膛步枪需要 6 个复杂的动作来上膛，尽管占据有利位置的第一轮射击可能会击倒敌军先锋，但不等爱国士兵重新上膛，下一拨骑兵已经把他们的脑袋砍掉了。

玻利瓦尔需要的不仅是马匹和武器，他还需要强大的伙伴来帮助驯服一群不守规矩的人。他很清楚，如果不能更好地控制爱国军队，他就无法继续执政。同时进行一场革命和一场内战超出了他的预期。到 1814 年初，他想尽一切办法来补救。他提出，如果有西班牙逃兵愿意加入他的队伍，将得到无条件特赦。他派了一名外交官到美国游说，寻求支持。他给韦尔斯利侯爵写了一封热情洋溢的信，祝贺其弟威灵顿公爵大胜拿破仑，并恳请他干预南美洲战事。[22] 他给委内瑞拉东部的解放者马里尼奥写了数封亲切甚至语带恳求的信，为保住这个国家做最后的努力。马里尼奥生性傲慢，野心勃勃。他是西班牙贵族父亲和爱尔兰母亲诞下的天之骄子，有着自己的宏图大志。[23] 他勇敢而富于魅力，在激烈的战斗中学会了行军打仗，年仅 26 岁便迅速攀上了指挥岗位。起初，他派手下一名军官，大胆的帕尔多人上尉曼努埃尔·皮亚尔，带着一艘双桅横帆船和五艘纵帆船[24] 去协助玻利瓦尔在卡贝略港实施海上封锁；后来，他没做任何解释就粗暴地召回了皮亚尔。[25] 到了 1814 年 1 月中旬，马里尼奥的态度有所缓和；东部解放者向西部解放者发出了更积极的回应。他将出兵。

尽管如此，马里尼奥迟迟没有付诸行动。2 月 2 日，玻利瓦尔再度派坎波·埃利亚斯率 1 500 人迎战博韦斯；博韦斯已像一把利刃一样横扫了整个国家——"地狱军团"现在离首都只有 80 公里。马里尼奥答应要帮助玻利瓦尔，但这位东部解放者始终没有出现。[26] 这一失察酿成了致命后果。博韦斯此番带着满腔怒火来战；他最青睐的将军亚涅斯在奥斯皮诺（Ospino）阵亡，当他的手下去寻尸体时，发现尸体已被肢解，尸块挂在道路两边。[27] 坎波·埃利亚斯最终与博韦斯在拉普埃尔塔（La Puerta）交战，尽管他的军队勇猛无比，却无法与震怒之下的骑兵相匹敌。"地狱军团"轻而易举地打败了共和国步兵，留下了 1 000 多具尸体。

以暴制暴再度上演。乡间尸横遍野，城镇被夷为平地或被遗弃。湖上漂浮着尸体，枝头悬挂着骷髅。[28] 逃亡者蜷缩在山上和森林里，害怕马蹄的嗒嗒声和地平线上腾起的尘土。人们学会了极端的实用主义。如果自称保王派更有利，那他们就会这么说；如果说相反的话能让他们活下来，他们也会说。有些逃兵反复投靠敌军，多达 8 次乃至 10 次。[29] 现在，有一点很明确：保王军队在人数上占优，即便玻利瓦尔不愿承认。许多正在上演的冲突中，勇敢比规模更重要。虽是如此，他的军队不顾一切地四处补充兵员，何塞·费利克斯·里瓦斯甚至被迫从神学院招募男孩；年仅 12 岁的儿童就被要求去军队报到。[30]

里瓦斯和他的少年兵能够在拉维多利亚抵挡住博韦斯的副指挥莫拉莱斯上校，很大程度上有赖于坎波·埃利亚斯的支援，但这份胜利很快被灾难抵消。玻利瓦尔此前已命里瓦斯进军附近的奥库马雷镇（Ocumare），那是离加拉加斯不远的一处共和派飞地，他听说博韦斯率领一支 1 000 名奴隶组成的骑兵部队 [31] 正往那里去。但里瓦斯的部队开入奥库马雷时，发现那里像坟墓一样寂静。整座城已被洗劫一空。死去的妇女和儿童散落在街道上。教堂的地板上流满了老人的鲜血。[32] 在那个大屠杀现场，里瓦斯找到了唯一一个能向他讲述那些暴行的神父。[33] 但扔在路边的一个麻袋更能说明问题。它属于莫拉莱斯将军，在突袭过程中掉落，又在疯狂的大屠杀中被遗忘。那是一包信件，其中透露了一个计划：煽动拉瓜伊拉地牢里的保王派囚犯暴动。[34]

拉瓜伊拉的一名指挥官，玻利瓦尔的外甥莱安德罗·帕拉西奥斯（Leandro Palacios）[35] 此前就已警告过他可能发生这类不测。得知这一新的证据，玻利瓦尔立刻想起不到两年前他自己在卡贝略港的惨痛经历——他无力遏制的地牢暴动，正是那场暴动扼杀了革命。玻利瓦尔无法承受失去拉瓜伊拉，那样会直接威胁到首都；更糟的是，他没有多余的军队可供调遣。他迅速而果断地做出反应。他下令立即处决在拉瓜伊拉和加拉加斯的每一个西班牙囚犯，甚至不放过病人、老人，以及那些转变立场后可能庇护过一两位爱国士兵的人。[36] 他的话简明扼要："没有迟疑，没有例外，你应挥刀砍向地牢或医院里的每个西班牙人。"[37] 时任加拉加斯临时军事指挥官的胡安·包蒂斯塔·阿里斯门迪（Juan Bautista Arismendi）上校非常乐于从命。他一字不差地执行了命令。[38] 在不经任何审讯、不走正当法律程序的情况下，他和手下将 1 000 多名西班牙囚犯 [39] 押到阳光下，在 4 天的时间里 [40] 全数斩首。

在这件事上，玻利瓦尔永远无法翻案。一个愣头青士兵在战场上的兽行是一回事，一位解放者屠戮 1 000 个被铁链锁住的囚犯则完全是另一回事。他发起的"殊死战"很难说是正当的。随着时间的推移，全世界都将知晓此事，而这次大规模的处决将为他打上残忍的标签。[41]

＊＊＊

即便如此，彼时彼刻，全世界还有别的大事有待关注。到 1814
年中，拿破仑已沦为厄尔巴岛上的一名囚犯，路易十八正忙着复辟
法国的君主制，而英国对美利坚合众国的疲软战争已持续两年，英
国人正准备加大打击力度。他们将在几个月后入侵华盛顿，烧毁白
宫和国会大厦，火焰从 50 公里外都能看见。[42] 海军少将乔治·科
伯恩（George Cockburn）在被遗弃的白宫里溜达了一番，揣走了几
件小摆设，[43] 然后喝着总统的酒，[44] 在多利·麦迪逊的桌上用了餐，
随后才下令点燃这座总统官邸。在西班牙，费尔南多国王不等到达
马德里，就开始破坏摄政委员会的政绩。他废除了自由主义立场的
1812 年加的斯宪法，其中确立了普选权、新闻自由和商业自由等诸
多权利；在那之后，他逮捕了起草宪法的领导人，恢复了宗教裁判
所，并开始实行铁腕统治。那是一段剑拔弩张的时期。

在蜂拥而至的博韦斯大军面前，留给玻利瓦尔的时间似乎不多
了。更糟的是，他的敌人已脱胎换骨，不再是严格效力于西班牙国
王的有序队伍了。他的新敌人规模庞大、无纪无法，对费尔南多国
王和他的帝国并无真正的爱，除了强奸和掠夺外没有明确的计划。
博韦斯的军队变得如此庞大而凶残，以至于似乎能同时出现在各种
地方，恐吓村庄，侵犯妇女，将婴儿挑在长矛上取乐。[45] 西班牙陆
军元帅曼努埃尔·卡希加尔负责统领王家民兵武装，也熟悉战争规
则，他写信要求博韦斯停止不必要的残忍行为，服从他的指挥。[46]
博韦斯对卡希加尔的回应粗暴而明确：他是有色人种的领袖，只拥
护他们的事业。他没有上级，不听命于任何人，而且一旦消灭了革
命军，他会去追杀卡希加尔本人。[47]

虽然现在马里尼奥已正式加入玻利瓦尔的阵营，但两人没能取得足以改变形势的战果。起初，也有令人鼓舞的时刻——例如，在卡拉沃沃（Carabobo）平原上，玻利瓦尔和里瓦斯与卡希加尔将军的军队进行了漫长而顽强的斗争。大自然本身似乎站在爱国军一边。炮火使稀树草原上的高草熊熊燃烧起来，一阵凛冽的风把呛人的浓烟迎面吹向西班牙人。[48] 玻利瓦尔的军队趁机从侧翼包抄，重创敌人，并缴获 4 000 匹敌军战马。[49] 混乱中，卡希加尔将军只得徒步逃跑，在森林里摸索，吃野果，最后逃到奥里诺科以期改日再战。然而，爱国军的这种幸运对博韦斯而言却是常态。平原牛仔惯于借助尘土、风、火、烟乃至季节性的洪水以达到目的。他们在拉普埃尔塔大败玻利瓦尔，使他不得不跑到自己在圣马特奥的大庄园避难。接着，爱国军又遭受了不可估量的损失，近乎全军覆没。"地狱军团"在巴伦西亚轻取了他们。博韦斯亲自带头冲锋，一众铁骑席卷了这座城市。[50]

巴伦西亚投降后，博韦斯签署了一项条约，甚至在教堂举行了一场弥撒，向市民保证他们的安全。[51] 镇上的人都惊呆了，深深地表示感激。[52] 一位西班牙将军后来回忆，在胜利的那天晚上，博韦斯邀请城里的太太们参加庆祝舞会，让她们相信这样做可以保证丈夫的平安。[53] 当她们反抗时，他拿出鞭子强迫她们跳舞；等娱乐够了之后，他把她们全部斩首了。[54] 几天之内，他的军队策马向首都进发，市民们陷入恐慌，这也迫使玻利瓦尔考虑大规模撤离。解放者要求把城中教堂里所有珍贵的金银器皿都收归共和国国库。[55] 而全部国库财物都被装进了 24 只大箱子，即刻运往马里尼奥在东部的共和派据点。马里尼奥向玻利瓦尔保证，在他的海岸领地巴塞罗那，爱国者们将安全无虞。

　　7 月 7 日星期四的早晨，加拉加斯上方灰蒙蒙的天空下起了倾盆大雨，[56] 两万人——几乎是这个城市的全部人口 [57]——开始向远在 320 公里外的巴塞罗那进发。玻利瓦尔的军队已经缩水至 1 200人，[58] 他们在齐膝的泥泞中艰难跋涉，尽可能地带上他们的财物。这些人大多是克里奥尔人，这些贵族去教堂都从来不步行，更别说蹚沼泽地了。路况越来越糟，暑热难耐，蚊子又多又狠，连身强体壮的人也越来越虚弱。[59] 士兵们把丧失行动能力的人扶上他们的马，以一马载两人的形式穿过危险的沼泽地带。很快，他们来到了一片更荒凉的地带，有高悬的河流和险峻的山脉，到处是蛇和美洲虎，找不到食物和休息的地方。[60] 23 天来，这个规模逐渐缩小的群体向前一点一点移动，他们衣衫褴褛，饥肠辘辘，没有地方躲避倾泻的暴雨，没有披风抵御夜晚的湿气。[61] 许多人在途中死去，或淹死在洪水中，或被流窜的强盗杀死，或被野兽吃掉。[62] 而许多侥幸活下来的人后来死于霍乱和黄热病。[63] 他们常常会突如其来地精神崩溃。玻利瓦尔提及一位饥饿的母亲，绝望之下，她把婴儿从自己空空的乳房上一把拿开，然后扔了出去，那是一种更痛快、更仁慈的死法。[64]

　　我们只能想象这次悲剧性的出走有多么恐怖。玻利瓦尔紧紧裹起斗篷以抵挡如注的暴雨，他看着他的人民走过，却无法给予他们多少希望或安慰。3 年的战争使他从骄奢的富豪变成了坚强的战士；从前睡在镀金的床上，如今在临时的吊床上过夜。他的头发很长，满脸胡须；可即便毛发浓密，他的脸颊仍能看出明显的凹陷。[65] 虽然精神状态还在，但他的身体已十分虚弱，饱受痔疮之苦，[66] 很容易发烧，胃也很脆弱。可他一心只有那个愿景。他不能容忍悲观主义。如果有那么一刻，就像米兰达经历过的那样，他看着血染的大地，禁不住怀疑自己的理想之战是否真的值得这样令人心碎的牺牲，玻利瓦尔也绝不会表露出来。他的双眼始终坚定地眺望着那个梦想。[67]

他不允许姐姐们留在加拉加斯，即便玛丽亚·安东尼娅硬要留下。[68]有 4 000 人留在了这座幽灵首都：有些人，如卡萨·莱昂侯爵，是因为身为西班牙人，有望得到赦免；有些是因为他们是帕尔多人；其他人是因为他们宁愿作为爱国者死在自己家中；还有一些人因为身为修女、神父或艺术家，觉得自己不会受战争偏见的影响。[69]但是玻利瓦尔知道博韦斯的人会对任何落入他们手中的克里奥尔人做什么：他见过堆积如山的头骨，听过强奸和残害的惨剧。[70]玻利瓦尔决定让仅存的几位家人在他的保护下转移。玛丽亚·安东尼娅、胡安娜和她们的孩子，以及他的情妇珀皮塔·马查多和她的家人，随他一起经历了这场艰苦的旅行。[71]刚抵达委内瑞拉东北部海岸，一年里跟随玻利瓦尔经历了一场又一场战斗[72]的珀皮塔就被船送往圣托马斯岛，[73]等待她情人的指示。玻利瓦尔的姐姐们被送往库拉索。[74]

***

当加拉加斯人最终零零散散进入巴塞罗那，或者更靠东的库马纳时，他们意识到马里尼奥许诺的避风港不过是海市蜃楼。港口一片混乱，挤了太多的爱国者，却没有足够的船只送他们离开；而在南方，保王派将军莫拉莱斯率领一支掠夺成性的平原牛仔大军，正冲他们而来。眼下，至少对共和国方面而言，这场战争完全成了防御战，而这正是玻利瓦尔曾竭力避免的。更糟糕的是，他们身处的这一带对玻利瓦尔来说完全陌生。委内瑞拉东部的地形截然不同，马里尼奥的部队已告知过他。

　　眼看"地狱军团"逼近，爱国者们开始尽全力组织防御战，保卫这些重要的港口城市。玻利瓦尔匆忙召集了一支军队开赴阿拉瓜，马里尼奥的副指挥弗朗西斯科·贝穆德斯正在那里等他。形势似乎一派利好：他们总共集结了 6 000 名爱国士兵。但 8 月 17 日，保王派将军莫拉莱斯率领 8 000 人的部队浩浩荡荡进入阿拉瓜山谷。次日早上，一场残酷的战斗打响了。到下午晚些时候，3 700 名爱国士兵死在了一片焦黑而血腥的土地上。玻利瓦尔和贝穆德斯不得不放弃战斗。共和军四散逃往山上，莫拉莱斯和他的骑兵则占领了阿拉瓜，屠杀了 3 000 名居民，其中包括那些在教堂避难的人。[75]

　　这是一次彻底的失败。共和军领袖们现在只能逃往库马纳，最后逃到圭里亚（Guiria），那是一片更靠东的狭长地带。8 月 25 日，玻利瓦尔抵达库马纳，等在那里的马里尼奥带着加拉加斯运出的金银财宝——这是重新装备共和军、发动新一轮进攻的唯一希望。[76]但是，为了准备撤离，马里尼奥在混乱中把财宝放在了几艘属于一名意大利船长的船上，现在这名船长威胁要把财宝全部带走。[77]玻利瓦尔惊慌失措，派马里亚诺·蒙蒂利亚上校去说服那个背信弃义的船长归还财宝，但蒙蒂利亚刚登上船长的纵帆船便被俘虏了。马里尼奥随后登船，试图挽回局面，可他也没有再出现，于是玻利瓦尔跟着上了船。当船起锚驶往玛格丽塔岛时，两位解放者成功说服意大利船长归还了 24 个宝箱中的 16 个。待他们靠岸上岛后，一切将会友好解决。[78]但是，马里尼奥手下的玛格丽塔岛指挥官——野心勃勃的帕尔多人曼努埃尔·皮亚尔上校——并不买账。得知玻利瓦尔和马里尼奥同在一艘驶近的船上后，皮亚尔拒绝承认他们的权威，并下令开火。[79]意大利船长命令他的船只迅速掉头返回大陆，但在那里受到了同样的待遇。这一次，在码头上与他们对峙的是玻利瓦尔的副手、傲慢的陆军元帅何塞·费利克斯·里瓦斯。他指控玻利瓦尔和马里尼奥是懦夫，擅离职守，密谋私吞金银财宝。[80]很明显，里瓦斯和皮亚尔利用对方的猜疑，准备把权力握到自己手中，决心推翻他们的上级。最后，马里尼奥信任的军官、几天前还与玻利瓦尔并肩作战的弗朗西斯科·贝穆德斯也开始心生疑窦。[81]马里尼奥和玻利瓦尔对这一骇人的事态发展感到吃惊，试图为自己的行为辩解，称离开海岸是为了抢救共和国的珍贵宝物，而不是带着它们潜逃；但不信任和误解占了上风。皮亚尔和里瓦斯公开剥夺了两位解放者的权力，分别自封为东部和西部的最高统帅。没费多少工夫，马里尼奥就被关进监狱，玻利瓦尔被迫交出财宝箱。[82]

玻利瓦尔既困惑又心痛，可他别无选择，只能按里瓦斯的要求去做。在东部各省，他实质上是一个局外人，受马里尼奥军队轻视，现在又遭到自己的陆军元帅背叛，他已经完全失去了对共和国的控制。里瓦斯突如其来的敌意尤为伤人；毕竟他是玻利瓦尔的姨父，娶了他母亲的妹妹。毫无疑问，里瓦斯性急、虚荣、太渴望权力，他向来如此，但他此前一直对玻利瓦尔表现出完全的忠诚。冥冥中玻利瓦尔遭遇了与米兰达相似的命运，被曾经最忠诚的捍卫者抛弃了。里瓦斯迫不及待要将玻利瓦尔赶出委内瑞拉；他把马里尼奥从监狱里提出来，用同一条船放逐了两人。

就这样，第二共和国也像第一共和国一样迅速瓦解了，爱国领导人分裂成许多小的派别，开始两败俱伤的内讧。诡异的是，玻利瓦尔几乎重复了他在两年前走过的路。他从动荡的委内瑞拉海岸起航，希望去更平静的海岸从头来过。[83]然而，这一次，陪同他的不是他的姨父，而是他从前的对手马里尼奥将军，这种古怪而不稳定的合伙关系只有革命的大熔炉才能锻造出来。那天是 1814 年 9 月 8 日。就在他们离开几小时后，皮亚尔上校带着 200 名步枪兵从玛格丽塔岛赶来，打算干掉他们俩。[84]

* * *

1814 年 7 月 16 日，博韦斯进入了幽灵城加拉加斯，迎接他的是白旗和神经紧张的大主教。[85] 在路上，他曾向西班牙将军卡希加尔明确表示，加拉加斯由他来统治，而不是某个心慈手软的统治者。[86] 出任委内瑞拉临时都督的卡希加尔试图安抚博韦斯，承诺授他为上校，但博韦斯嗤之以鼻，称自己就可以提拔自己做上校——他不是任何人手下的军官。如此明目张胆的抗命弄得卡希加尔面红耳赤，哑口无言。[87] 他迅速赶往卡贝略港的要塞，在那里一面生闷气，一面向马德里发出严词控诉。[88]

在加拉加斯，博韦斯发表了一份公告，承诺既往不咎，所有留在首都的人都将免受伤害。[89] 但就在委内瑞拉的西班牙人大主教纳西索·科利-普拉特（Narciso Coll y Pratt）[90] 刚做完一场感恩和平的弥撒之后，杀戮便开始了。凡是协助过革命事业的人都倒在长矛或弯刀之下，只有忠于费尔南多国王的人才可以活下去。在这种情况下，有色人种得到的奖赏尤甚：乞丐被派去管理大庄园，为城市提供食物。[91] 帕尔多人在军队里升至高位。罕见且具有讽刺意味的是，保王派的胜利成功推翻了西班牙打造了 300 年的社会金字塔。[92] 一夜之间，博韦斯颠覆了种族秩序：他认为忠诚可靠的有色人种得到了优待，白人则被视为危险的敌人。[93] 在博韦斯看来，身为克里奥尔人或曼图亚诺就等同于犯罪。只有在海地，底层阶级才取得过如此惊人的逆袭；但即便在海地，那场血腥赢得的革命打的也是自由的名义，而不是国王的名义。

到了10月，博韦斯已经沿海岸北上，从加拉加斯去到了库马纳。这里同样是一座被遗弃的城市。"地狱军团"已壮大到超过万人的规模，[94] 控制了整个委内瑞拉海岸。另一方面，爱国者领导层陷入了混乱。皮亚尔将军无视里瓦斯元帅绝望的公报。[95] 里瓦斯和贝穆德斯也争吵不休，无法就如何对付博韦斯达成一致。12月5日，他们终于在库马纳以南的乌里卡（Urica）山谷与敌交战。拥有两倍兵力的保王军轻而易举地击溃了共和军，但就在共和军士兵撤退时，他们中的一员纵身跃向博韦斯，刺中了他的心脏。博韦斯当场死亡。

博韦斯对委内瑞拉人、他们的革命以及他们将成为怎样的美洲人产生的影响，怎么强调也不为过。正是他第一次允许黑人和印第安人想象自己在国家的未来中发声。毕竟，克里奥尔人的革命开始时很像它的北美版本，是一场属于白人、由白人发动、为白人服务的运动。博韦斯改变了这一点；讽刺的是，西班牙看出了种族战争的潜在力量，并加以利用。他的尸体从战场上被找回，在乌里卡隆重下葬；全国各地的西班牙神父都为他举行了悼念仪式，其中最费心的是革命的狂热敌人——大主教科利-普拉特。

博韦斯的横死激发了"地狱军团"的复仇欲。莫拉莱斯将军接手指挥博韦斯的军队，几天后，里瓦斯和贝穆德斯在共和派控制的马图林（Maturín）城外与他交战。爱国军又是一败涂地。部队现在已所剩无几，四散而逃。里瓦斯向西狼狈逃去，穿过高山和低谷，最后躲到帕斯夸（Pascua）附近的一所房子里，他筋疲力尽，很快就病倒了。一天晚上，他被一群愤怒的市民叫醒；他们是支持博韦斯的保王派，说服里瓦斯的男仆透露了他的藏身之地。他们把里瓦斯拖进城里，杀害并肢解了他。他的脑袋被放到一缸沸油里炸过，装进铁笼运到加拉加斯，然后被搁在通往拉瓜伊拉的路上示众，头顶戴着他常戴的神气的红帽子。没有人感到惊讶。

　　人们目睹了太多的暴行，不再会为某一起暴行而震惊。到1814年底，博韦斯已经杀死了8万名共和派人士。[96] 但是玻利瓦尔的"殊死战"也处决了数千人。[97] 对此，玻利瓦尔没有否认。他公开表示，他在革命运动中遇到的"所有欧洲人……几乎无一例外地全部被枪决了"。[98] 这种毫无节制的暴力并不是委内瑞拉人民自发的，而是敌对双方领导人为了威吓敌人而蓄意制定的战略招致的。[99] 玻利瓦尔并非好斗之人，冷血杀戮让他厌恶。[100] 但他很擅长利用恐惧。而另一边，博韦斯陶醉于杀戮。他曾笑着看一个未出生的孩子在死去母亲肚子里挣扎，[101] 还曾经把观看一个男孩目睹父亲受残害当成乐事。[102] 据说，博韦斯之所以渴望向库马纳进军，正是因为他的嗜血欲望已经达到了极致。不管博韦斯和玻利瓦尔本意如何，他们政策的结果都是一样的：整个国家弥漫着死亡的气息，医院里伤残者泛滥，人们流离失所，妇女辗转各地以便照顾残废和垂死的人。[103] 这个国家被蹂躏得面目全非。一位西班牙官员这样描述委内瑞拉：

　　　　省已经不复存在。曾经住着几千人的城镇现在只剩下几百甚至几十人。有些地方只残留了人类居住过的痕迹。道路上，田野里，到处都是未及掩埋的尸体；整座村庄被付之一炬；整个家族被赶尽杀绝，空余回忆。[104]

事到如今，共和派只控制着一小块土地：玛格丽塔岛。当玻利瓦尔从遥远的海岸审视这个缩水的宇宙时，他想必看出了一个明显的事实：他帮助点燃的起义与他在西班牙老师乌斯塔里斯侯爵舒适的图书馆里读到的任何其他起义都不同，当然也与自那以后的任何革命都不相似。[105] 这不是一群志同道合的白人通过阶级和信仰联合起来，一致推翻压迫者、颠覆旧体制，不像法国或美国。[106] 它也不像海地，后者的革命人士之中存在着很强的共性。拉丁美洲的混血人口占压倒性多数，为其他社会所罕见，而这个群体大到不容忽视。不能调动他们的积极性，革命就不会成功。如果说米兰达教他明白了克里奥尔人有多么害怕面对西属美洲危险的种族问题，那么博韦斯则教他明白，如果不去面对，就不可能赢得战争。

大约同一时期，阿根廷解放者何塞·德·圣马丁想到了招募黑人军队，当时他正考虑解放智利和秘鲁。安德鲁·杰克逊也有过这样的想法，他曾带领两个营的自由黑人——其中包括海地难民——保卫新奥尔良，抵御迫在眉睫的英国进攻。杰克逊日后会宣称支持把所有解放的奴隶运回非洲，但在风雨飘摇的1814年，"老山核桃"（Old Hickory）力排众议，辩称黑人是一流的士兵。"他们若不支持我们，必将反对我们。"杰克逊这话听起来很像玻利瓦尔会说的，"不相信他们，便是把他们变成敌人，信任他们，就能以爱与荣耀将他们与国家利益绑在一起，因为国家赋予他们与白人平等的权利和特权。"[107] 一个北美人提出这样的观点相当讽刺，因为在华盛顿的权力大厅里，单是玻利瓦尔开始吸纳黑人和穆拉托人加入革命这一点，就足以使他的整项事业显得可疑。然而，要不了多久，至少在玻利瓦尔、圣马丁和杰克逊这三个同时代的美洲人看来，这个想法势在必行。

9月初离开祖国时，玻利瓦尔向同胞们传达的信息是痛心疾首的，但也是坚定的。"命运选择我来打破你们的枷锁，"他写道，"上天无疑也指派我向你们施加不幸。是的，我给你们带来了和平与自由，可这些无价的财富随即便带来了战争和奴役。"他清楚地认识到这个国家需要理解并克服种族分歧，他接着说：

> 政府的摧毁、法律的废除、习俗的改革、观念的逆转，以及最终在一个奴隶的国家中确立自由，这些目标不可能在一夜之间实现，那超出了我们的控制能力……我向你们发誓，不论作为解放者还是死人，我都会努力不辜负你们曾赋予我的荣誉；在这个地球上，没有任何人力能阻挡我决心要走的路，直到我从西边归来解放你们，身负鲜血和桂冠……不要将你的力量与敌人的相比，因为精神不能与物质相提并论。你们是人，他们是野兽；你们是自由的，他们是奴隶。[108]

***

玻利瓦尔于 1814 年 9 月 19 日抵达新格拉纳达的卡塔赫纳，尽管他在委内瑞拉遭遇了惨败，卡塔赫纳人民还是热情地接待了他。对他们来说，他是为他们打下共和国的英雄。他住进西班牙主教的宅邸，[109] 那位主教几年前就撤离了这座城市。和他共享这座宏伟豪宅的是一个他非常熟悉的家庭：他的战友、米兰达的前副官卡洛斯·索夫莱特的母亲和姐妹们。[110]

索夫莱特一家是玻利瓦尔的远房表亲，和他一样，也是从加拉加斯逃难来的。在卡塔赫纳芳香四溢、挂满九重葛的花园里，在两旁耸立着庄严棕榈树的林荫大道上，他花费了相当多的时间与可爱的伊莎贝尔·索夫莱特（Isabel Soublette）耳鬓厮磨。16 岁的伊莎贝尔风情万种，有着一头浓密的淡红色头发。[111] 她一点也不像强势的珀皮塔，后者因为暗中插手政治事务而惹恼了他的军官，[112] 后又去往加勒比地区避险。伊莎贝尔太年轻稚嫩，这注定只是一段露水情缘。最终，她和玻利瓦尔坠入爱河，又在后来的另一段革命流亡途中重温旧梦。很久以后，在她与另一个男人的婚礼上，他送给她一套房子作为这段情愫的纪念。[113]

但是，对玻利瓦尔来说，浪漫只是不间断的战争中的一剂短暂的安慰，革命从未远离过他的脑海。他被一种不可思议的能量所点燃，神经高度紧绷，忙得脚不沾地。主教的宅邸与其说是爱情的巢穴，不如说是密谋的巢穴；[114] 在那里，他开始谋划一场重启革命的运动。但很显然，委内瑞拉发生过的事正在新格拉纳达上演。波哥大的前总统安东尼奥·纳里尼奥如今和米兰达一起在加的斯地牢里苦熬。各共和政府受到保王派来自四面八方的威胁。在南方，西班牙人牢牢控制着波帕扬（Popayán）的金矿。在北方，他们夺回了重要港口圣玛尔塔。玻利瓦尔明白，仅靠卡塔赫纳无法重燃他的革命之火，他需要新格拉纳达各方的坚定支持。他为此前往通哈，那里的国会给了他振奋人心的支持，交给他一支军队，并指示他即刻进军，征服自行其是的首都波哥大。总统卡米洛·托雷斯给了他信心："将军，只要您的剑还在，您的国家就没有死……您是个不幸的士兵。但您是个伟大的人。"[115]

波哥大的统治者却不认为玻利瓦尔伟大。对他们来说，他不过是个恐怖分子，是一场野蛮战争的缔造者。大主教甚至把他逐出了教会。12 月初，玻利瓦尔率领 1 800 人的军队在波哥大城外安营扎寨，劝波哥大的领导人听从他。"我以人格向你们担保，"他给其中一人的信中写道,"我的目标是保护人民生命,因此我敦促你们与我谈判,使你们的人民免受围城和战争之苦。"[116] 这座城市敷衍抵抗了两天后宣布投降。12 月 12 日,玻利瓦尔进入该城并夺取大权,承诺保障人民的权利。没过多久,教会就撤销了对玻利瓦尔的教籍革除令,并且态度大转,以他的名义举行了一次盛大的弥撒。[117] 新格拉纳达联合省议会对玻利瓦尔的成功喜出望外,任命他为军队总司令,卡米洛·托雷斯政府则忙不迭地从通哈迁出,重回波哥大。

但是新格拉纳达的其余地方就没那么容易征服了。西班牙将军们重新控制了内河航道。为了赶走他们,玻利瓦尔需要拿下圣玛尔塔,那是马格达莱纳河奔流入海的港口。在国会的支持下,他从波哥大山区向海岸进发,解放了沿河的城镇,就像两年前他沿着相反方向所做的一样。历史在 1815 年头几个月里重演了,不过,他的敌人很快便又赶回来纠缠他。

当玻利瓦尔抵达蒙波斯时,他的老对头曼努埃尔·德尔·卡斯蒂略上校已经控制了卡塔赫纳。卡斯蒂略是忠诚的共和派和狂热的美洲人,深受该市人民的爱戴,但他却强烈反对这位委内瑞拉解放者,而且明目张胆。就像一年前拒斥玻利瓦尔解放委内瑞拉的远征那样,卡斯蒂略又开始了强烈的反对。他立即着手抹黑玻利瓦尔,把委内瑞拉的失败归咎于他的懦弱无能。他发表了抨击文章,逮捕任何涉嫌支持玻利瓦尔的人。在这件事上,他也得到了其他一些对玻利瓦尔满怀嫉妒的人的助力。他们鼓动卡斯蒂略不惜一切代价抵制玻利瓦尔,自己解放圣玛尔塔。在这场信任投票的推动下,卡斯蒂略走上了疯狂的内战之路。他拒绝了玻利瓦尔无数次的和解努力。他令卡塔赫纳保持高度戒严。他命手下指挥官沿河集结部队,对付玻利瓦尔的军队。[118] 无奈玻利瓦尔只能在湿热的河岸上延宕了一个多月，任天花和霍乱一个接一个地夺去手下士兵的生命。[119] 卡斯蒂略的行为嚣张到连西班牙人都热情地向他派遣了一名信使，表示要帮助他彻底镇压解放者。

这造成了灾难性的局面。而随着事态的发展，玻利瓦尔做出了严重的误判。他决定采取在波哥大时用过的战术：在市郊扎营，发出几封措辞强硬的公函，然后以攻城相威胁。他将指挥部迁至拉波帕修道院，这是一座城墙围起的堡垒，坐落在一个俯瞰卡塔赫纳的苍翠海岬上。到了那里他却发现，卡斯蒂略已经污染了水源。[120] 动物腐尸在修道院的井里上下浮动。更糟的是，卡塔赫纳的大炮掉转向他，炮火持续不断，根本无法去湖边获取淡水。玻利瓦尔的军队因口渴而虚弱不堪，大量死于猖獗的传染病。6 个星期过去了，在这种无谓的人力耗损下，保王军再次开始沿马格达莱纳河扫荡，夺回了所有玻利瓦尔已经占领的土地，为大规模入侵开辟了道路。[121]

3 月 30 日，玻利瓦尔写信给卡塔赫纳主教，恳求他利用手中的神圣职权促成调解。对共和派同志武力相向的想法是可耻的。[122] 他在 4 月 12 日写道："我已经提出退兵。在我看来，这份宽宏大量超乎任何人的预期。这绝非故作慷慨，而是发自肺腑的，我无法忍受看到此地毁于可怕的暴乱……一念及此，我便不寒而栗。"[123] 但是神父没有回复那封信，也没有回复之后的任何一封信。4 月 24 日，他给玻利瓦尔递了一份简短的消息，[124] 通知他一支 60 艘战船组成的强大舰队和 1.4 万多名西班牙战士（都是打过拿破仑战争的老兵）已经在委内瑞拉登陆。统领军队的是西班牙最杰出的战士之一巴勃罗·莫里略（Pablo Morillo），这位将军在特拉法尔加战役中脱颖而出，后于威灵顿公爵手下英勇作战。[125]

玻利瓦尔可能多少猜到了迟早会迎来这样的远征，但他不会知道西班牙人推动这次远征的信念有多么强烈。费尔南多国王对民主原则表示出极度的不耐烦；[126] 为了取悦他，王廷敦促他实行"绝对专制"；马德里街头开始有暴民大喊："宪法去死！"[127] 西班牙正力图恢复帝国秩序，并希望收复自己反叛的殖民地。

此后的历史迅速发展。保王派利用卡斯蒂略和玻利瓦尔之间的僵持局面，沿马格达莱纳河加速推进，轻取了蒙波斯。玻利瓦尔为自己进退维谷的处境而坐立难安。他召开紧急军事会议，解释称鉴于卡斯蒂略的固执，他只得辞去职务，离开新格拉纳达。[128] 他的军队从前有 2 400 人，现在只剩下 700 人。他与卡塔赫纳方面协商签订了一项条约，确保这些人的安全。5 月 8 日，他将指挥棒移交表弟弗洛伦西奥·帕拉西奥斯（Florencio Palacios），[129] 随后乘坐一艘英国船前往牙买加。同行的还有他的秘书、副官，以及少数忠心耿耿的战友。几天后，东部解放者圣地亚哥·马里尼奥也追随他而去。

那时的所有迹象都表明，西属美洲的独立事业无法存续了。人称"大陆平定者"的西班牙将军巴勃罗·莫里略在玛格丽塔岛登陆，一路西进。不难想象，他那 60 艘船组成的壮观远征队驶近宁静的玛格丽塔海岸时，场面是何等的震撼。6 个步兵团和 2 个骑兵团穿着华丽制服，佩戴闪闪发光的勋章，装备着最先进的武器，乘坐美洲人从未见过的战列舰抵达。这是西班牙向新大陆派遣的最庞大、最有组织的部队。一看到这摄人心魄的阵仗，玛格丽塔岛的执政官胡安·包蒂斯塔·阿里斯门迪将军就投降了。4 月 7 日，莫里略将军大步走下船，拥抱臭名昭著的"拉瓜伊拉屠夫"，他后来回忆道："我对他们都很尊重，甚至包括阿里斯门迪，那个凶残的阿里斯门迪，一年前，就是这台杀人机器以最惨无人道的方式杀死了 800 名西班牙俘虏。"[130] 莫里略在美洲的使命再清楚不过：他要重新征服委内瑞拉这个西班牙最顽固、最叛逆的殖民地，随后平定新格拉纳达和基多。再之后，他将翻越安第斯山脉，在忠诚的秘鲁的帮助下，粉碎以圣马丁为首的阿根廷乱党。

圣马丁曾在西班牙英勇作战，帮母国抵御拿破仑入侵，但在返回布宜诺斯艾利斯后，他参加了阿根廷革命，一路成为北方革命军的指挥官。就在莫里略的船驶近委内瑞拉的时候，圣马丁开始策划一项大胆的战略，训练一支更有纪律的军队，好穿越安第斯山脉，从海上袭击利马总督。这是一个巧妙的计划，严格保密，并且部署周密。但眼下，那场胜利尚未到来。在莫里略看来，西班牙久经沙场的军队必能轻而易举地征服圣马丁，还有玻利瓦尔和其他不守规矩的美洲人。

5 月 11 日，当玻利瓦尔的船从哥伦比亚海岸线渐行渐远时，[131] 莫里略和他的军团在拉瓜伊拉蜂拥登岸，转陆路前往加拉加斯。首都城防由卡希加尔都督负责，他发表了一长串指责解放者的声明。根据他的说法，玻利瓦尔的革命生涯告终了：他树敌结怨，使祖国血流成河，明显不具备治国能力，把个人偏见强加于人民，搞幼稚的自我崇拜，在首都的大撤离中造成了不可估量且毫无必要的苦难。"总有一天，"新任都督补充说，"上帝会惩罚他的恶劣行径。"[132]

痛批玻利瓦尔似乎没有太大的必要。人们已有充分的理由相信他的革命真的终结了。莫里略宣布大赦，声明一切恢复到从前。"国王费尔南多七世的军队没流一滴血就进入了你们的国家！"他对人们说，"现在我相信你们会重回从前的和平与忠诚。如果不照做，那就准备好颤抖吧！"[133] 但加拉加斯已经今非昔比，社会发生了天翻地覆的变化。帕尔多人成了统治者，白人寥寥无几。再也回不到殖民时代的老路了。莫里略在政治上的技艺远不及军事上的高明，他不过问行政细节，而是重组军队，于 7 月率领 56 艘战船和 5 000 名博韦斯最精锐的骑兵 [134] 驶向圣玛尔塔。到了 8 月，他已经在计划围攻卡塔赫纳了。

固执而妄自尊大的卡斯蒂略上校决定封锁卡塔赫纳要塞，以抗衡不可避免的命运。就在西班牙人登陆圣玛尔塔的前一天，他携手一位年轻女子步入了婚姻的殿堂。哪怕危险已迫在眉睫，这个男人似乎仍蒙蔽在不切实际的幻境里。最终，这座城市在莫里略的围困下瘫痪，卡斯蒂略被一支西属美洲前所未见的强大军队包围。卡斯蒂略开始了一场自杀式的努力，这将成为哥伦比亚历史上最悲惨的记忆之一。从 9 月到 12 月，他把人们封锁在那个巨大的石头城堡里长达 108 天。从外面看，这座城市几乎坚不可摧；然而从内部看，却是另一番景象。没有东西吃，没有东西喝。

卡塔赫纳这座曾经美丽、繁荣的城市渐渐地从内部开始死亡。[135] 到了 11 月底，形势已经非常严峻。一切驴子、狗、猫、老鼠，甚至树上的叶子、墙缝里的青草、死人的鞋子都被吃光了，饥荒肆虐，疾病横行。[136] 几名共和派人士，包括安东尼奥·何塞·德·苏克雷（Antonio José de Sucre）、卡洛斯·索夫莱特和何塞·弗朗西斯科·贝穆德斯，设法从外部潜入了这座高墙中的城市。他们废黜了卡斯蒂略，并写信请求玻利瓦尔回来，但损失已难挽回。城市一片废墟，人们在劫难逃。他们中的一半——超过 6 000 人——在西班牙封锁期间丧命。每天都有 300 具尸体从街上被清理掉，[137] 以防止发生食人行为。12 月 5 日，在新月的微光中，[138] 2 000 名爱国者偷偷爬墙溜出城，蜂拥向海岸，等在那里的海盗们许诺把他们载往自由的彼岸。[139] 他们中的许多人淹死了；其他人或被抢劫，或被遗弃在野外；但还有一些人安全逃脱了，他们将在玻利瓦尔的未来中扮演重要角色，其中包括苏克雷、布里塞尼奥、贝穆德斯、索夫莱特、路易斯·迪库德雷（Luis Ducoudray）和马里亚诺·蒙蒂利亚。次日，当莫里略将军率军冲进卡塔赫纳时，他们发现那里的街道已荒废，房屋寂静无声。在一所房子的角落里，蜷缩着曼努埃尔·德尔·卡斯蒂略。他被抓起来击毙了。

　　毫无疑问，西班牙现在成了这片"大陆"的主人。到 1815 年中期，无数迹象证明了这一点。加拉加斯大教堂举行了盛大的弥撒，纪念以大屠杀在美洲恐怖史上写下最血腥一页的博韦斯。[140] "御座感谢他的重大贡献。"著名大主教科利-普拉特宣称。其中承载着南美历史上普遍存在的一种观念：有权便可为所欲为。在秘鲁这个最听话的西班牙殖民地，曾为西班牙而战的印加人马特奥·普马卡瓦（Mateo Pumacahua）挺身反抗西班牙，占领了拉巴斯（La Paz）和阿雷基帕（Arequipa），结果被王家军队追捕，最终被绞死、斩首、肢解，以儆效尤。数千公里之外，在加拉加斯通往拉瓜伊拉的公路上，何塞·费利克斯·里瓦斯的油炸头颅被装在铁笼里示众 1 000 天，[141] 承受鸟啄蝇叮，提醒任何胆敢经过的人：与西班牙作对绝无荣耀可言，做一个反叛者绝无胜利可言。他的遗孀、玻利瓦尔母亲的妹妹约瑟法·帕拉西奥斯从此一言不发，把自己关在房间里，7 年都拒绝开门。[142]

＊＊＊

　　革命开始伤害玻利瓦尔的身体。任谁都看得出。在牙买加，总督曼彻斯特公爵隔着餐桌看到了一个筋疲力尽的男人：焦躁不宁，坐立难安。看着一双黑眼睛在那张异常憔悴的脸上熠熠发光，总督的评论是，油被火焰燃尽了。[143] 玻利瓦尔当时只有 32 岁。

但是在未来更艰难的岁月里，玻利瓦尔会证明自己比表面看起来的要强大得多。他对逆境有着惊人的耐受力，挑战似乎使他兴奋不已。抵达金斯敦后不到两周，他就开始给韦尔斯利侯爵写信，试图说服这位前外交大臣，英国人是时候把目光转向拉丁美洲的独立了。"我看到熊熊烈火在吞噬我愚昧的国家，"玻利瓦尔对他说，"在无数次尝试扑灭它之后，我来敲响警钟，请求帮助，告诉大不列颠和其他所有人：你们同类中的一大部分即将灭亡，地球上最美的那一半很快将变成沙漠。"[144] 然而，英国的目光却牢牢锁定在别处。那就是滑铁卢战役。拿破仑逃过一劫，再次入侵，而韦尔斯利的弟弟威灵顿公爵将击败他并赢得永恒的荣誉。不过，英国的坐视不理还有其他原因。这个国家正要缔约加入神圣同盟，那是一个包括普鲁士、奥地利和俄国在内的强大阴谋集团，坚决镇压革命。因此，反讽的是，英国给出的唯一反应就是禁止其在加勒比地区的退役军官为玻利瓦尔的事业效力。

没有人愿意伸出援手。在美国，年届八十的约翰·亚当斯也许从未忘记女婿和米兰达之间危险的友谊，他此时写道：

> 我能对南美的革命和政体有什么看法？那里的人民无知、偏执、迷信，对君主的神圣深信不疑，对神父盲目忠诚，对宗教裁判所敬畏有加，其程度远胜任何欧洲民族，甚至超过西班牙、葡萄牙或奥属尼德兰，连罗马都相形见绌。[145]

1815 年 9 月 1 日，麦迪逊总统发布了一则公告，禁止美国公民参加西班牙领地的军事抵抗行动，[146] 彻底粉碎了玻利瓦尔的希望。

玻利瓦尔唯一的支持来自库拉索的一位富有荷兰人。他就是路易斯·布里翁（Luis Brion），一个渴望冒险的年轻犹太商人。布里翁在费城接受过教育，拥有多重国籍，还有一艘 24 炮的英国双桅横帆船。他是加勒比地区自由商人网络中的一员，玻利瓦尔从他们那里购置武器和弹药。布里翁是自由贸易的热心支持者，希望西班牙退出美洲，因此他想尽一切办法帮助玻利瓦尔。他向玻利瓦尔提供了自己的战舰。[147] 玻利瓦尔十分感激，称他为"美洲最好的朋友"，然后派手下一位可靠的上校米格尔·卡拉瓦尼奥（Miguel Carabaño）前往库拉索，敦促布里翁发起全面远征。

在此期间，玻利瓦尔撰写社论、备忘录，给他能想到的任何人写信，其中一封恭敬地回绝了接管围困中的卡塔赫纳要塞的邀请。[148] 他不知道，就在他写下这些话时，卡塔赫纳已是尸横遍野，为数不多的幸存者正在策划一场疯狂的逃亡。

在玻利瓦尔这一时期的众多文书中，有一封信显示出惊人的先见之明。[149] 收信人是一位在牙买加的英国人，此人对他的独立斗争表现出兴趣。[150] 这不仅是一封友好的信函，更是一份高明的时局综述。显然，玻利瓦尔有意让它广泛传播。这封信以生动的散文写成，反映了他对殖民遗留问题的深入把握。起初它只在英国人的小圈子里传播，那是它最开始的目标读者。重译成西班牙语是十几年之后的事了。但这封信是玻利瓦尔政治思想的蓝图，其中的理念将体现在那段思想形成期的无数文件中。

这封《牙买加来信》明确宣布，美洲和西班牙之间的纽带已经永久切断，再也无法修复。虽然"邪恶的继母"竭尽全力想重新套回枷锁，但为时已晚。殖民地已经尝到了自由的滋味。"西班牙给我们留下的仇恨，"他宣称，"比两地之间相隔的海洋还深。"[151]

玻利瓦尔的信既是对这片大美无言的土地的颂歌，又是对其所受剥削的愤怒呐喊，更是对拉丁美洲政治现实的精彩提炼。他解释说，他的人民不是印第安人，不是帕尔多人，也不是欧洲人，而是一个全新的种族，显然不适用于欧洲式的政府。对这些美洲人来说，君主制从根本上就是可憎的；而费城式的民主制则不适合被300年的奴役所胁迫和操控的人民。"鉴于我们不具备北方兄弟的政治美德，"他辩称，"民主制度非但救不了我们，反而会招致毁灭……我们这片地区充斥着从西班牙那里学到的恶习，纵观历史，西班牙是个狼子野心、卑鄙贪婪的主人。"玻利瓦尔坚持认为，对这些羽翼未丰的共和国而言，最大的福祉就是有一位强有力的终身执政者，能够施展智慧，伸张正义，奉行仁政。他的美洲需要一个强大的中央集权政府—— 一个能改善人民悲惨境况的政府，而不是某个遥远海岸的理想主义者空想出来的一个概念化、理论化的完美模型。

《牙买加来信》不仅仅是政治宣传，还是灵验的预言书。在文中，玻利瓦尔预测，饱受革命摧残的墨西哥将临时选择君主制，事实也的确如此。他设想的松散国家联盟后来成了中美洲联邦。考虑到巴拿马"地处两大洋之间的重要位置"，他构想了开凿一条运河。关于阿根廷，他预见了军事独裁；关于智利，他预言"最有希望建立一个有公正和温和法律的共和国"。关于秘鲁，他预测将会出现一种两难局面，享有特权的白人不会容忍真正的民主，广大有色种族不会容忍贵族的统治，叛乱的威胁不断出现。所有这些都将成为现实。在一些国家，甚至可以说玻利瓦尔的前瞻判断至今仍然成立。

然而，在当时，玻利瓦尔只能提出革命学说，他过着乞丐般的生活，和从前的同志一起，用能讨到的一切资金资助一连串进出牙买加的革命冒险活动。他的大部分经济援助来自在加拉加斯认识的英国人马克斯韦尔·希斯洛普（Maxwell Hyslop），后者是一位商人，与布里翁一样积极倡导自由贸易。玻利瓦尔用希斯洛普的贷款租下两个小房间，[152] 购置了一张吊床，雇用了一个叫皮奥（Pio）的黑人男仆。"我，"他在库拉索向布里翁报告说，"生活在不确定和痛苦之中。"[153] 最后他写信告诉希斯洛普，他受不了泼妇房东，离开了她的房子。

几天后的 12 月 10 日，玻利瓦尔部队从前的军需官费利克斯·阿梅斯托伊（Félix Amestoy）去那个地址找他时，玻利瓦尔已经不在那儿了。当天他刚找好新的住处。但是阿梅斯托伊并不知道。看到角落里的吊床，他决定打个盹儿，等玻利瓦尔回来。玻利瓦尔的男仆皮奥也不知道自己的主人已经搬走。[154] 趁着黑夜，他蹑手蹑脚进屋，袭击了躺在吊床上的人，用刀刺了他好几下。[155] 杀戮结束后，皮奥迅速从窗口逃走，但他喝醉了，动静很大，而且被害者在谋杀过程中大喊出声："一个黑人要杀我！"[156] 没过多久，皮奥就被捉拿归案。他承认，为了让他刺杀玻利瓦尔，几个外国人供他喝酒，并付给他 2 000 比索——难以想象的巨款。[157] 法庭没有确定是谁指使了这起谋杀，也没有查明动机。几个星期后，皮奥被判有罪并处以绞刑——他的头被砍下来，固定到木桩上，在金斯敦的春道上示众。

关于那个致命夜晚有许多传说。一些历史学家声称，玻利瓦尔之所以得救，是因为当时待在朱莉娅·科比尔（Julia Cobier）的床上，这位以美貌和智慧而闻名的富有寡妇是他那段时间的约会对象。[158] 还有人说他去希斯洛普家吃晚饭了。[159] 甚至有传言称，莫里略将军本人授意了这起暗杀，酬金从西班牙人手中移交给金斯敦的一位波兰犹太人，后者最终雇用了皮奥来执行暗杀。[160] 不管怎样，这一事件足以使玻利瓦尔心力交瘁。他于 12 月 18 日离开牙买加，在当局处决皮奥之前。在布里翁和希斯洛普的帮助下，他带着食物和补给航向被围城的卡塔赫纳。[161]

　　然而，在海上时，玻利瓦尔从相向而来的海盗那里震惊地得知卡塔赫纳已经沦陷。船首间的喊话传来了沉痛的消息：派出的可靠中间人卡拉瓦尼奥上校已经死了，他和布里翁的战舰都没能到达卡塔赫纳。半座城都毁了。那些虚弱到无力逃跑的可怜人被不分青红皂白地屠杀了。保王派甚至在夺取卡塔赫纳之后继续悬挂革命军的旗帜，目的正是伏击像玻利瓦尔这样的援兵。最后，成功逃脱的爱国者都去了海地。玻利瓦尔立即下令改变航向，追随同志的脚步。

　　选择去海地有充分的理由。在牙买加逗留的 4 个月里，玻利瓦尔结识了希斯洛普富有的同行罗伯特·萨瑟兰（Robert Sutherland），[162] 这位英国人在海地经营利润丰厚的船运生意。萨瑟兰贩卖棉花和咖啡，实际控制着该岛的进出口贸易，是海地事实意义上的商务和财政部长。[163] 但同时他也是一位热忱的自由主义者和活跃的军火走私商，向革命者出售武器和弹药。[164] 靠着海地的萨瑟兰、牙买加的希斯洛普和库拉索的布里翁，玻利瓦尔很快拥有了这一带最具影响力的船运商和生意人组成的坚实网络。从萨瑟兰那里，他还有其他收获：萨瑟兰与海地革命英雄、总统亚历山大·佩蒂翁（Alexandre Pétion）私交甚笃。佩蒂翁的父亲是法国人，母亲是非裔。他是一位坚定的共和主义者，为人慷慨大方，他向整个加勒比海地区表明，他的国家欢迎所有追求自由的人。萨瑟兰曾对玻利瓦尔谈到与佩蒂翁建立关系的重要性，为此，他敦促玻利瓦尔以私人访客的身份访问海地。

圣诞节前夕，玻利瓦尔在奥凯港（Aux Cayes）登陆，许多来自卡塔赫纳的流亡者都在这里避难。到了元旦那天，他舒舒服服地在首都太子港住下。萨瑟兰接待了他，亲自护送他到洁白闪光的总统府会见大人物佩蒂翁。[165] 海地总统热烈欢迎了玻利瓦尔。"我立刻就被他吸引住了，"佩蒂翁后来在一封信中吐露，"我能感受到他的伟大。"[166] 不久，他便向解放者提供了全力支持。玻利瓦尔提出报答，打算日后授予他西属美洲独立运动赞助人的称谓，但总统回答说："不，别提我的名字；我唯一的愿望就是看到那些在奴隶制枷锁下颤抖的人获得自由。解放我的兄弟们，那就是最好的报答。"[167] 这是个大胆的要求：废除奴隶制将改变南美洲的社会结构。但玻利瓦尔已经意识到，他需要拉拢有色人种阶层站在自己一方。他欣然同意。几天之内，玻利瓦尔就得到了发动新一轮入侵所需的一切：1 000 支枪、约 14 吨火药、一支由 7 艘船组成的舰队，以及驭船所需的船长和水手。[168] 虽然这不是玻利瓦尔预期的来自英国或美国的强大支持，但足以让他尝试重返委内瑞拉了。

他马上召集在海地的同僚们开会，他们中既有朋友，也不乏竞争对手：圣地亚哥·马里尼奥、曼努埃尔·皮亚尔、何塞·弗朗西斯科·贝穆德斯、卡洛斯·索夫莱特、弗朗西斯科·塞亚（Francisco Zea）、马里亚诺·蒙蒂利亚、法国雇佣兵路易斯·迪库德雷和风度翩翩的苏格兰上校格雷戈尔·麦格雷戈（Gregor McGregor），他在革命之初娶了玻利瓦尔的一位表亲。[169] 在这些人中，路易斯·布里翁是玻利瓦尔最坚定的支持者，他此时推举玻利瓦尔领导远征，但蒙蒂利亚、贝穆德斯和其他一些人反对。蒙蒂利亚甚至向玻利瓦尔提出决斗；[170] 贝穆德斯则延续了对玻利瓦尔的不服从，[171] 这一态度从第二共和国末期二人并肩与"地狱军团"作战时就开始了。最后，蒙蒂利亚和贝穆德斯被远征军除名。东部解放者马里尼奥被任命为参谋长，辅佐他的是暴脾气的法国人迪库德雷。但随着计划的推进，玻利瓦尔掌握了指挥权。

　　玻利瓦尔忙碌地投入了远征的筹备，鼓舞他的有新赞助人佩蒂翁的信任，至关重要的欧洲商人网络，以及热忱的共和派合作伙伴。饶是如此，这几个月里，他还是抽出时间和年轻的伊莎贝尔·索夫莱特重修旧好。[172] 伊莎贝尔·索夫莱特和哥哥卡洛斯一起从卡塔赫纳逃到了这里。这段转瞬即逝的罗曼史很快就被革命的风暴吹熄，但就像在海地的宾至如归一样，这给了他短暂的家的幻觉。

第八章

挣扎重生的革命

我们的人民不是欧洲人，也不是北美人；事实上，与其说我们是欧洲的孩子，不如说我们是非洲和美洲的混血儿……不可能确切地说我们属于哪个人种。

——西蒙·玻利瓦尔[1]

1816 年是没有夏天的一年。[2]正如拜伦勋爵所说，明亮的太阳已经消失，星星"徘徊于黑暗的永恒的太空"。[3]1815 年 4 月 10 日，印度尼西亚的坦博拉火山发生了史上最大规模的喷发，大量火山灰甚至飘到欧洲和美洲上空。一年后，地球的大气层充满了硫，以致明亮的落日映红了英国的天空，暴雨冲毁了欧洲的庄稼，挥之不去的阴霾笼罩在北美上空。当时，几乎没有人想到，一个遥远的地方发生的一次地质事件会影响整个地球；然而，如此多的迹象指向一种古怪的失衡：盛夏时节，宾夕法尼亚州严重的霜冻导致牲畜死亡；[4]在德意志，粮食歉收造成严重饥荒；斑疹伤寒肆虐整个地中海地区。[5]还有让人意想不到的连锁反应。食品匮乏引起的骚乱席卷了英格兰和爱尔兰,[6]卢德派[*]再次以疯狂的方式烧毁了纺织厂。[7]在瑞士一座阴雨连绵的黑暗城堡里，玛丽·雪莱创作了小说《弗兰肯斯坦》。[8]在北欧，J. M. W. 透纳被炽红的天空所震撼，在接下来的几年里把它们记录于宏伟的油画中。[9]在法国，猖獗的疾病催生了医学发现的新时代。[10]而在玻利瓦尔筹划重启革命的加勒比地区，一片宁静后迎来了飓风季，时间比往年提前了一个月，以异乎寻常的狂怒翻搅着大海。[11]

　　1816 年也成了革命最残酷的一年。[12]大规模的斩首、绞刑、枪决在"治安"的名义下上演。莫里略将军颁布了严刑峻法，旨在彻底铲除委内瑞拉这个最不服管教的西班牙殖民地上的革命分子。保王派在荒僻乡村逮捕犯罪嫌疑人，转而将他们关押到重兵把守的市镇。任何在乡间游荡的人都有可能被送上绞刑架。莫里略的部下焚烧庄稼，清除森林里的果树，杀死家畜，扣押马匹，处决任何能锻造长矛头或其他武器的铁匠。保王派指挥官收取税金和罚款，借此变得有钱有势。[13]另一边，革命人士被剥夺了曾经拥有的一切财产。仅一年时间里，委内瑞拉财产没收委员会（Committee of Confiscation）就出售了价值近百万比索的土地，供养了西班牙的国库，使其军队能够获得急需的物资。被征用的大庄园超过 200 个，它们原本都属于爱国领袖，包括帕拉西奥斯家、德尔·托罗家和托瓦尔家，他们中的许多人在那次向东的大规模移民时逃走了。[14]但规模最大、最具报复性的没收是针对玻利瓦尔的：他被剥夺了 5 处房产和规模更小的其他许多财产，总价值高达惊人的 20 万比索。[15]

　　那些没有以"国王的叛徒"[16]身份被处决的革命人士被判处苦

---

* 英国工人以破坏机器为手段反对工厂主压迫和剥削的自发工人运动。首领称为卢德王，故名。——译者注

役，在保王派的差遣下铺路架桥。妻子们被锁在房子里，叛乱的教士被拘留和流放。[17]但总的来说，强加新秩序并不那么困难；博韦斯在恐吓民众方面已经做得很到位了。莫里略紧接着在新格拉纳达展开类似的棘手工作，清洗了当地的共和派领导人。曼努埃尔·德尔·卡斯蒂略被俘时瑟缩在废弃的卡塔赫纳堡垒里，如今他被拖到公共广场上，从背后枪毙。[18]新格拉纳达联合省总统、政治家和演说家卡米洛·托雷斯，曾试图带着妻子和孩子逃离波哥大，但最终被捕，头部中弹身亡。为了宣示国王的不满，托雷斯被分尸，而后被悬于城市的四个角落。4年前曾在卡塔赫纳热情接待玻利瓦尔的年轻总统曼努埃尔·托里塞斯被枪杀后又以绞索吊起。

莫里略如此迅速地从委内瑞拉转战新格拉纳达，实际上给自己制造了一个战略问题：[19]委内瑞拉革命分子如今已没什么可失去的了，[20]他们在平原上流窜，试图重新组织军事行动，势力也日渐壮大。目前，除了爱国者的据点玛格丽塔岛（阿里斯门迪率领一支50人的精悍部队夺回了这里），整个委内瑞拉海岸都牢牢控制在西班牙人的手里，可虽说如此，广阔的内陆荒野却是摆在西班牙面前的大难题，莫里略心知肚明。他的前任们依靠的平原牛仔，正在印证博韦斯的话：他们不听命于任何人。换了新领袖后，他们逐渐倒向共和派阵营。莫里略还有其他的担忧。一艘载有100万比索（原本要用作他部队的军饷）的船只在港口被烧毁；更糟糕的是，他的舰队在对抗玛格丽塔岛时损失惨重。[21]如果莫里略能够从西班牙获得资金和援军，这些困难本来是可以克服的；但印度尼西亚火山给欧洲和母国造成了不可估量的损失。莫里略苦苦相求，却没有得到马德里方面的回应。他郁郁不得志，开始担心无法履行自己的职责。[22]甚至在玻利瓦尔返回委内瑞拉之前，这位西班牙将军就已开始做最坏的设想。[23]

玻利瓦尔的远征队 3 月 31 日从海地起航，船上满是争执的军官、唠叨的妻子、大批仆人和一支海地黑人部队。[24]他们驶离港口，却只遇到极弱的风力。[25]他们再怎么着急发动新一轮革命，现在也只能在一片平静的海面上龟速航行。玻利瓦尔决定不走直达委内瑞拉的航线，而是在圣托马斯岛短暂停留——表面是去招募更多新兵，实际则是去接他的情妇珀皮塔·马查多；几个月来，二人一直保持着密切的通信往来。[26]然而，舰队刚刚驶出约 250 公里，玻利瓦尔就从一艘经过的船上得知珀皮塔已经从圣托马斯去了奥凯，正在海地等他。这消息引起了极大的慌乱。布里翁强烈反对为珀皮塔改变远征计划。但玻利瓦尔态度坚决：没有他，珀皮塔及其家人可能处境危险。[27]他命令所有船只在贝阿塔岛停靠，然后派卡洛斯·索夫莱特驾一艘纵帆船回海地接自己的情妇。

义愤填膺的法国上校迪库德雷表示，一整支舰队停泊在圣多明各海岸外，就为等一个女人，这使革命行动停滞了整整两天多。第三天，神采奕奕的珀皮塔和母亲、姐妹一起出现在索夫莱特的帆船甲板上，水手们眼睁睁看着衣冠楚楚的玻利瓦尔去了她的住处，又过了整整一天一夜。[28]就如安东尼与克娄巴特拉缠绵不休而贻误战机一样，[29]现在玻利瓦尔也因为难以抑制的性欲而犯了众怒。有些人怒气冲冲地威胁要放弃这次远征；其中一个——玻利瓦尔的表弟弗洛伦西奥·帕拉西奥斯——真的这样做了，朝着雅克梅勒（Jacmel）的方向扬长而去。[30]

这是个糟糕的开始，而就像那年讨厌的气象一样，在这一年结束前，情况还会越来越糟。但玻利瓦尔一向是个节制的享乐主义者，从不耽溺于眼前的快乐。几天后，爱国者们又回到了公海上。他们在圣托马斯岛短暂停留，装载了用作食物的牲畜，又在萨巴岛补充了蔬菜。整个航行花了一个月的时间，但最终，在 5 月 2 日，远征队告别了波涛汹涌的大海，在玛格丽塔岛靠岸。在那里，玻利瓦尔宣布成立第三共和国，[31] 解放西属美洲，[32] 并结束他的"殊死战"。[33] 阿里斯门迪热烈欢迎了他，玻利瓦尔恢复了共和国最高元首的职位。在那一小块共和国领地上，人们尽最大可能帮这位最高统帅了解当前局势。

消息不太好。玛格丽塔岛是整个委内瑞拉唯一的共和派据点，这全都得益于执政官阿里斯门迪令人敬畏的坚韧和勇气。这位执政官身材高大，体格健壮，肌肉发达。作为克里奥尔人和印第安人的混血，他身上不协调地混合了旧世界的热情好客与阶级革命的精神。他年仅 40 岁，但由于生活的艰辛和遍体的伤痕，他看上去要老得多。[34] 据一个认识他的水手说：

> ［他的脸］显出一种奇特的凶狠表情，而他的微笑更加剧了这种感觉。他的笑总能使人瞬间战栗，伴随着面部肌肉的骇人扭曲，只有处于同样兴奋状态下的鬣狗可与之相比。他的不快总是以这种恶魔般的咧嘴一笑为标志……如果此时此刻，激怒他的对象就在他的地盘之内，将难逃一死。[35]

如果说西班牙人畏惧玻利瓦尔是因为他挑起了"殊死战"，那么他们畏惧阿里斯门迪是因为他是将这场战争贯彻到底的屠夫。毕竟，阿里斯门迪正是在拉瓜伊拉将上千名不幸的战俘斩首的那个人。尽管玻利瓦尔的小型远征军和阿里斯门迪的部队都不足以构成莫里略庞大军队的对手，但一想到这么多共和国斗士在城下集结，西班牙人还是会战战兢兢：凶神恶煞的马里尼奥、英勇的皮亚尔、新加入的恐怖加勒比海盗贝卢切（Renato Beluche），[36] 更不用说欧洲战争中身经百战的老兵了。玻利瓦尔积极助长了这种恐惧感：他曾给共和派同僚写过夸大其词的信，希望虚假信息能被泄露出去；他还公开吹嘘自己麾下有 14 艘战舰（而非实际的 7 艘）和 2 000 人，以及"足够的武器和弹药，可以再打 10 年仗"。[37] 还有传言说，有了一位穆拉托总统和好几船海地战士的支持，玻利瓦尔将给美洲带来一场黑人革命。[38] 吓破了胆的保王派在海岸与他的军队短暂交手后，很快撤退到了库马纳。

到了 6 月，飓风带来创纪录的强风，[39] 瓢泼大雨从南美大陆北部下到南卡罗来纳海岸，玻利瓦尔仍然招不到足够的人手，也无法组织起现有人手来削弱西班牙的统治。因为远征军主要由军官组成，[40] 所以这支 300 人的队伍刚在卡鲁帕诺（Carúpano）登陆，便分散到内陆地区，使出浑身解数招募士兵，可军队的规模始终没能增加到 3 倍以上。[41]

但他兑现了对佩蒂翁的诺言。1816 年 6 月 2 日，在卡鲁帕诺，玻利瓦尔宣布西属美洲奴隶获得绝对自由。"在此我颁布法律，"他宣布，"赋予所有在西班牙枷锁下战栗了 3 个世纪的奴隶完全的自由。"[42] 然后，然后他明确指出，他们有 24 小时来加入他的革命。这是一个大胆的宣言，履行了他对海地的义务，但也冒着疏远克里奥尔同胞的风险；后者认为他们的生计（如果能重新夺回的话）依赖于田间的奴隶劳动。[43] 但玻利瓦尔的需求更迫切。他缺乏战士，而招募从前的奴隶正是扩充兵力的途径。玻利瓦尔认识到，如果不能拉拢有色人种，他们就会站到他的对立面，而他再也无法承受这样的风险。没有黑人的支持，他的革命就失败了。

　　讽刺的是，就在几个月前，加拉加斯临时都督、西班牙将军何塞·德·塞瓦略斯还写信给他在西班牙的上级，抱怨西班牙法律禁止黑人在军中服役。他认为，如果西班牙不支持这一数量不断增长的人群，"它将形成一个比古希腊的希洛人*更加危险的阶级"。众所周知，黑人曾经在博韦斯和莫拉莱斯的率领下为西班牙而战，但形式并不正规；将军们没给他们武器和制服，也没对他们进行军事训练。"我们都知道，委内瑞拉恢复了我王的统治，全仗这些人的努力，"塞瓦略斯写道，"高举我们旗帜的军队几乎全由黑人组成。许多人表现出非凡的勇气……请赋予他们宪法规定的任何公民享有的白人特权。"[44]但是马德里没有采纳他的建议，现在，玻利瓦尔公开采取了行动。

　　然而，尽管玻利瓦尔发表了令人钦佩的声明，但到了7月，他的军事行动却陷入了混乱。他的军官们无法协同作战，下属传递错误的信息，所有这一切导致了在奥库马雷海滩上的灾难性后果。玻利瓦尔原本希望从那里直插内陆，为此目的，索夫莱特上校在巴伦西亚和加拉加斯中间的马拉凯占据了一处有利位置；麦格雷戈已朝着乔罗尼行军；被玻利瓦尔提拔为海军上将的布里翁随舰队沿海岸线南下。但是7月10日在奥库马雷，计划遭到重挫。索夫莱特派副官向玻利瓦尔带信，告知阵地位置有利，一切进展顺利；但这位信使，不论出于恶意还是误解，报告的内容却完全不同。[45]他说，保王派的莫拉莱斯将军率7 000人的部队正在逼近，而且距离已不足5公里。[46]接着，这位副官又回到了索夫莱特那里，报告说玻利瓦尔已经起锚离开了。

　　玻利瓦尔的远征军陷入了一片混乱，奥库马雷成了混乱的中心。

---

*　希洛人（Helots），古斯巴达的国有农奴，曾多次发动起义，尤以第三次美塞尼亚战争的规模最大。——编者注

没有可以信赖的人传达可靠的事实，似乎也没有人知道什么是可靠的事实。玻利瓦尔命令他的船长，一个叫维拉雷（Villaret）的法国人，把远征军的大量武器装上一艘可用的军舰，但是维拉雷拒绝执行命令，认为船组人员太少，不足以保护这么多的枪械。正当他们就此事争论时，一群惊慌失措的法国妇女携奴隶涌向海滩，急着逃命；比起拯救革命，维拉雷船长似乎更热衷于拯救本国妇女。[47] 形势十分严峻：昂贵的战争物资散落海滩，水手们拒绝将其装船，闹哄哄的人群随时可能摧毁这场脆弱的军事行动。其间，两个吃了熊心豹子胆的海盗趁乱带着大量武器逃走了。更糟糕的是，因为影响恶劣而被玻利瓦尔留在后方的弗朗西斯科·贝穆德斯，此时突然出现在港口，似要来挑拨离间。怒气冲冲的玻利瓦尔断然禁止他登陆。[48]

接下来发生的事我们不得而知，只知道索夫莱特留下的一句模棱两可的话："事情都被爱情搞砸了。"[49] 他在给一位朋友的信中如是写道。这表明，另一个让事情变得更加复杂的因素，很可能是珀皮塔。她一直陪伴在玻利瓦尔身边，并和往常一样带着母亲和姐妹一起——她们也需要拯救。玻利瓦尔是否浪费了宝贵的时间去照应珀皮塔和她的家人，[50] 我们永远无从得知。但有一点很清楚：随着骚乱愈演愈烈，有传言称莫拉莱斯将军已经攻占了奥库马雷。尽管消息并不属实，但在那个关头上没有人会怀疑。

玻利瓦尔多次力图控制局势，却始终无法拨乱反正。除了离开，别无他法。短短几个小时内，佩蒂翁对革命的一切宝贵贡献不是被偷走，就是被保王派缴获。莫拉莱斯欣喜若狂地报告称："那些自诩委内瑞拉主人的犯罪团伙像烟雾一样消失了。"[51] 他发现奥库马雷空无一人，这港口被遗弃了。革命者珍贵的物资散落一地。

在玻利瓦尔的一生中，几乎没有什么事件像奥库马雷那灾难性的几天一样成为众矢之的。[52] 即使他本人也追悔不已，并在很久以后承认，在戎马生涯中的那个时刻，他本该做出更好的判断。[53] 不过，在事情刚刚过去时，他总会千方百计地为自己辩解。

他乘上一艘轻便的单桅帆船，试图向更南边海岸的革命军运送一些武器，[54] 但他发现所到的每个港口都挂着保王派旗帜。玻利瓦尔又一次被迫从海上灰溜溜逃走。他派海军上将布里翁去美国执行一项疯狂的任务：寻求外交上的承认，设法获得任何可能的武器和援助。但布里翁的船被狂风吹离了航线，在巴拿马海岸附近失事。布里翁奇迹般地活了下来。[55] 玻利瓦尔本人也没有逃过加勒比海的狂风。一路颠簸后，他终于把珀皮塔和她的家人安顿在圣托马斯附近。[56] 直到一个月后的 8 月 16 日，他才抵达委内瑞拉东部的圭里亚港。[57]

玻利瓦尔期待着与马里尼奥重聚，继续向加拉加斯推进革命，但遭遇了当头一击。到达圭里亚后，他在马里尼奥那里受到了冷遇。贝穆德斯驾船从奥库马雷回到了老上司的身边，此人对玻利瓦尔充满了敌意。宿怨卷土重来，毁掉了玻利瓦尔建立起的一切友好关系。这两个东部人既已回到了自己的领地，便不愿成为玻利瓦尔的附庸。对他们来说，玻利瓦尔不过是另一个革命者而已——一介武夫，他的伟大还未铸就，他的天赋和想象力还不为人知。[58] 甚至他自己也不太明白怎样做才能实现革命迫切需要的团结。他用了好几天时间争取支持，沿用从前的头衔，以解放者、委内瑞拉和新格拉纳达军队总司令自居，但没过多久，一场针对他的政变爆发了。8 月 22 日，马里尼奥的支持者聚集在圭里亚的广场，开始高喊："打倒玻利瓦尔！马里尼奥和贝穆德斯万岁！"[59] 一批群众也跟着喊起来。玻利瓦尔显然不在自己的势力范围内；这里位于他很不熟悉的委内瑞拉偏远地区，远离加拉加斯，远离他的新格拉纳达崇拜者。与此同时，他的生命也面临威胁。西班牙都督悬赏 1 万比索要他的人头。[60] 如果他不能依靠革命同志来保护自己，就死定了。

玻利瓦尔匆匆赶往港口以便逃走，但刚到海滩就被马里尼奥的人马包围。他们准备拘捕他。玻利瓦尔拔剑挥动，从他们当中辟出一条路。突然间，怒不可遏的贝穆德斯执佩剑向他猛刺过来。要不是玻利瓦尔异乎寻常地镇定，加上两个敏捷的士兵及时拉开贝穆德斯，这把剑一定会命中目标。一个目击者断言："贝穆德斯用剑从未像这次一样决绝。"[61] 玻利瓦尔设法从冲突中溜走，跳上一只独木舟，向等待着他的船疾驰而去。他经历了背叛和羞辱，但活了下来。他一路返回海地。

＊＊＊

当时没人意识到的讽刺之处在于，玻利瓦尔从奥库马雷出逃的那天，正是米兰达在加的斯潮湿的监牢里咽气的日子。历史重演了。当初玻利瓦尔否定了米兰达的权威，而今玻利瓦尔的部下也抛弃了他。毫无疑问，解放者树敌众多。他手下的一些军官正在千方百计地为自己攫取大权。在贝穆德斯和皮亚尔的鼓动下，马里尼奥公开反对玻利瓦尔的战略和目标——"共和国"一词的真正含义。路易斯·迪库德雷曾因玻利瓦尔干涉而未能取得陆军元帅头衔，[62] 现在他拼尽全力反对他，这一切最终都记录在他充斥着谩骂的著名作品《回忆西蒙·玻利瓦尔》(Memories of Simón Bolívar)中。就连一度是玻利瓦尔最有力的支持者的阿里斯门迪，也被玻利瓦尔从奥库马雷的撤退激怒了。"玻利瓦尔三番五次地表现出懦弱，"他说，"他应该被送上军事法庭枪毙。"[63]

现在，委内瑞拉的革命由各路军阀掌控，他们各自坐拥一小块领地和一帮人马。皮亚尔正在瓜亚纳的荒野与保王派作战。何塞·安东尼奥·派斯（José Antonio Páez）在西部平原活动。马里尼奥在圭里亚，阿里斯门迪在玛格丽塔，曼努埃尔·塞德尼奥（Manuel Cedeño）在奥里诺科河附近，佩德罗·萨拉萨（Pedro Zaraza）在北部平原，何塞·塔迪奥·莫纳加斯（José Tadeo Monagas）在库马纳。共和国混乱不堪，共和派人士逃往四面八方的角落，聚集在他们所能找到的最有权势的领导人手下。玻利瓦尔从未想过要成为割据一方的军阀。他没有私人军队，没有根深蒂固的权力基础——他构想的共和国是美洲的广阔版图。但他不得不与这种分裂局面和地方主义抗争。[64]

9月初，玻利瓦尔抵达海地。佩蒂翁毫不犹豫地欢迎他回来，并继续给予他精神和物质上的支持。萨瑟兰似乎也愿意再次资助他。如果说玻利瓦尔自己的军官怀疑他是否有能力领导一场成功的革命，那么这两个人对他深信不疑。佩蒂翁慷慨地赞扬了他，坚信玻利瓦尔具有实现真正解放的远见和勇气。萨瑟兰更加务实；他明白，如果玻利瓦尔在西属美洲掌权，海地将会获得一个强大的贸易伙伴。[65]

但很快又出现了另一种选择。在太子港期间，玻利瓦尔收到了一封来自西班牙起义者弗朗西斯科·哈维尔·米纳（Francisco Javier Mina）的信。[66]米纳想方设法穿过波士顿和巴尔的摩，在新奥尔良定居下来，试图重启墨西哥的革命。[67]玻利瓦尔的英名不仅传遍欧洲，也传遍海地，因为佩蒂翁对他评价很高。米纳听闻了玻利瓦尔的英勇无畏，就提议他去墨西哥与自己会合。米纳承诺，一旦墨西哥赢得独立，一支由自由墨西哥人组成的庞大军队将帮助玻利瓦尔解放他的祖国。对于一个多年来苦苦寻求援助的战士来说，这是一项诱人的提议。同样令人印象深刻的是，米纳真的从北美城市为墨西哥成功募集到了人员和枪支，[68]而这是玻利瓦尔从未为自己的事业争取到的。但是，玻利瓦尔刚开始考虑帮助米纳的可能性，就收到了两封委内瑞拉的来信。其中一封来自阿里斯门迪，他已经意识到玻利瓦尔走后留下的领导真空。对于广大民众来说，根本没有一个指挥官像他这样能鼓舞人心或具有吸引力；没有人像他那样致力于凝聚一场日益分裂的革命。[69]第二封信来自加拉加斯附近的革命者，他们恳求他回来领导革命。接着，他们承认贝穆德斯为奥库马雷的事攻击他实属厚颜无耻，并补充说："试着忘记圭里亚的不快场面吧。"[70]

尽管革命者们缺乏团结，尽管他们无法无天，但还是取得了令人鼓舞的进展。派斯现在掌控着大平原，取得了令人瞩目的成就，将博韦斯的平原牛仔争取到了共和派一方，即便派斯并不认为自己是任何人的盟友。马里尼奥和贝穆德斯在库马纳附近赢得了重大胜利。[71]虽说如此，军阀之间的敌意依然很重。阿里斯门迪公然仇视马里尼奥。皮亚尔和贝穆德斯交恶。皮亚尔好胜心切，开始嫉妒手下的上校们，一怒之下把他们派往了偏远驻地。此时，军阀之间几乎没有合作。[72]

这就是玻利瓦尔被召回时的乱局，也正是这种环境铸就了他的伟大。尽管这些军阀拥有明显的权力和常备军，但没人能比得上玻利瓦尔在海外建立的声誉，也没人能比得上人民对他的崇拜。没人拥有他那样的雄辩才华、见过世面的从容、对历史的理解、与对手合作的意愿，以及领导军队并激励其做出更大牺牲的能力。尽管玻利瓦尔最终在太子港见到了哈维尔·米纳，并祝他的墨西哥远征一切顺利，[73]但他不能忽视自己同胞的呼吁。他也不能忽视布里翁，后者在海难之后一瘸一拐地进入海地，并承诺会募集更多人员、更多船只、更多武器。[74]

玻利瓦尔最后一次离开海地是在 12 月 21 日。一个星期后，他登上玛格丽塔岛，发表了一份公告，敦促委内瑞拉人民选举国会并组建政府。[75] 在写给 1810 年独立宣言的两名起草者的信中，他写道："如果我们不建立秩序、不修复战时的破坏，那么拿起武器打倒暴君也是枉然。"[76] 在一封给圣地亚哥·马里尼奥的私人信件中，他写道："将军，我是你最好的朋友。不幸的是，你的朋友不是我的朋友，这就是目前我们必须避免的麻烦之源，不仅是为了拯救我们自己，也是为了拯救我们亲爱的祖国。"[77]

玻利瓦尔开始积极建立联盟。他写信给皮亚尔、莫纳加斯、萨拉萨、塞德尼奥。他意识到没有他们的合作无法取得任何成果，是他们使革命保持了生机。[78] 他们当中最有价值的人也是最任性、最暴躁、最古怪的人。如何利用他们的能量？如何指挥一群脾气暴躁、任性自大的人？他将使出浑身解数来争取军阀支持他的事业；在那之后，他需要向他们灌输严明的纪律——这项努力将贯穿整个革命进程。

***

1817 年 1 月，玻利瓦尔带着 400 人在巴塞罗那登陆，希望向西南方向的加拉加斯进发。刚登陆，他就着手招募印第安人，即便这些人的装备只有弓箭。[79] 但莫里略将军已赶回来镇压起义，通往首都的道路戒备森严，玻利瓦尔无法取得任何进展。几个星期之内，一支 10 倍于玻利瓦尔兵力的西班牙军队开赴巴塞罗那。[80] 尽管如此，他要求团结的呼吁并没有遭到无视。乌达内塔上校曾与派斯在阿普雷平原作战，现在他决定北上加入解放者的行列。[81] 马里尼奥听说解放者身陷危机，也毫不迟疑地行动起来。

在这一点上，贝穆德斯有所顾虑，试图抗辩，但马里尼奥语带惊诧地打断了他。"我都不认识你了！"马里尼奥斥责他的副手，"我们怎么能眼看着玻利瓦尔置身险境，还让阿里斯门迪和所有其他的革命者陪他一起送死？不，这不可能。"[82] 不知怎么的，贝穆德斯克制住了怒火，和马里尼奥一起向巴塞罗那进军。而玻利瓦尔也决定抛开和贝穆德斯在圭里亚海滩上的过节——那些威胁、袭击未遂和精准刺来的剑。2 月 9 日下午，玻利瓦尔骑马出来迎接他。[83] 当趾高气昂的贝穆德斯从桥上走近时，玻利瓦尔张开了双臂。"我是来拥抱解放者中的解放者的！"他喊道。玻利瓦尔的大度征服了贝穆德斯，他激动得一时语塞。终于，他以一声沙哑的呼喊打破了沉默："自由美洲万岁！"[84]

皮亚尔可没那么容易服气。他继续无视玻利瓦尔要求团结的呼吁。"小分队不可能实现大目标。"玻利瓦尔写信给他，指示他率手下部队前来会合。[85] 但是皮亚尔未予理会，继续留在原地，据守委内瑞拉内陆深处的瓜亚纳省。

尽管玻利瓦尔的人手有所增加，但他仍然不是西班牙人的对手。马里尼奥和贝穆德斯的进攻暂时吓退了西班牙人，可他们一旦意识到自己的优势，定会杀回巴塞罗那。如今的玻利瓦尔彻底改变了策略。有了新的援军，他决定沿着奥里诺科河向瓜亚纳的荒野进军，在那里与皮亚尔会师，并吸引强大的派斯加入，进而控制平原地区，阻止西班牙人将势力范围扩展到加拉加斯以外。这是一项高明的计划——引莫里略在委内瑞拉内陆地区进行一场代价高昂的追逐战，让他血本无归。考虑到布里翁的舰队封锁了海岸，共和军实际上控制了大部分海滨地区。如果玻利瓦尔及其军阀同盟能够控制水道和内陆地区，最终就能对加拉加斯展开钳形攻势。无论在陆地还是海上，革命者都将占据优势。

这让玻利瓦尔放下了早期对加拉加斯的执念，这也是他从博韦斯那里得到的另一个教训：谁能统治平原，谁就能胜利开入首都。玻利瓦尔知道，派斯极有潜力成为他手下的博韦斯—— 一个强大的平原牛仔，能召集帕尔多人为他而战，让保王派胆战心惊。派斯已经扭转了西班牙占优势的局面。1814 年年中，在玻利瓦尔和马里尼奥还顶着无赖和小偷的骂名逃离委内瑞拉的时候，派斯便离开了保王派阵营，加入了阿普雷平原的革命者行列。[86] 从那以后，他一直折磨着西班牙军队。他组建了一支强大的部队，并吸纳博韦斯"地狱军团"中的顽强战士。到 1817 年初，当玻利瓦尔沿奥里诺科河向瓜亚纳挺进时，派斯已集结了一队 1 100 人的强大骑兵。他们是如此可怕，以至于西班牙将军们总是高估他们的人数。[87]

1 月 28 日，在穆库里塔斯（Mucuritas）附近广袤的稀树草原上，就在皮亚尔驻军地以西，派斯大胜莫里略将军，运用了日后成为他标志性机动的恐怖"大倒转"（about-face）。派斯的兵力是莫里略的 3 倍，[88] 他们以侧翼进攻挑衅西班牙人，然后立即撤退，逆风而去，吸引敌人先头部队紧随其后。半路上，派斯的部队突然放火点燃稀树草原上的干草，烟雾向后喷涌，迎面吹向西班牙人。几分钟后，派斯的骑兵陡然掉头，穿过火焰向他们的追兵发起攻击，用长矛刺穿尖兵，惊得其余人惊慌逃窜。

"我们还没怎么向前推进，"一个西班牙军官说，"就看到远处一大片如林的长矛全速向我们刺来。那是派斯，率 4 000 匹战马，马背上是世界上最无畏的骑兵……就像一股倾泻的激流。"[89] 派斯的骑兵后来又取得了许多类似的胜利，尽管从未彻底击败保王派，但给对方造成了重大损失，并削弱了其士气。每次保王军穿过燃烧的草地逃跑时，都把马、剑、枪和重炮丢给了派斯的部队；[90] 每个西班牙士兵倒下时，那个放倒他的祖胸露背的平原牛仔就会穿着马德里的华服骑马离去。[91] 莫里略后来承认："他们连续 14 次攻击我疲惫不堪的部队，让我认识到这些人绝不像传言中那样只是一群无足轻重的乌合之众，他们是有组织的军队，可以与国王陛下最优秀的军队相抗衡。"[92]

得知派斯的胜利，玻利瓦尔心潮澎湃。[93] 他明白，只有在委内瑞拉的内陆地区，在这样的人的帮助下，革命才有可能实现。[94] 平原上有马、骡子和它们赖以生存的草料；有牲畜给军队提供衣食；有熟悉地形的骑兵，他们的大长矛使西班牙人的刺刀毫无用处。"我们刚刚从内陆腹地得到了最好的消息，"玻利瓦尔在给外甥莱安德罗·帕拉西奥斯的信中兴高采烈地写道，"等到我们联合起来，届时将有 1 万多人的兵力，没人能阻止我们开赴波哥大和秘鲁，把那些地方从暴政的枷锁中解放出来。"[95] 玻利瓦尔第一时间派阿里斯门迪去见派斯，希望能说服平原牛仔加入抗击西班牙人的统一战线。"命运在召唤我们前往美洲世界的遥远边疆！"他告诉手下人。[96]

***

然而，与此同时，亟待驯服的却是帕尔多人皮亚尔。从几位解放者和他们的副手在玛格丽塔的对峙开始，皮亚尔变得越来越固执难管，处处无视玻利瓦尔的要求和指示。3 月 25 日，玻利瓦尔只带了 15 名军官深入内陆，前往的正是皮亚尔的营地。[97]当玻利瓦尔、索夫莱特、阿里斯门迪和贝穆德斯 5 月初抵达时，[98]这位军阀已经证明了自己的价值。皮亚尔率领的由帕尔多人和印第安人组成的杂牌军攻占了西班牙嘉布遣会修士在科罗尼河畔的一个庞大的传教区。那里有欣欣向荣的农场和牧场，足以养活整支军队。后来，他在风景如画的老城安戈斯图拉（Angostura）*附近的圣费利克斯战场赢得了对西班牙人的决定性胜利。他沿河筑起防御工事，筹划对安戈斯图拉发动战略攻击，封锁瓜亚纳，直到饥饿的西班牙人不得不讨饶。玻利瓦尔和皮亚尔准备发动一次大规模进攻。为了避免间谍干扰，他们逮捕了 24 名疑似保王派间谍的修士；玻利瓦尔或皮亚尔（历史实情不得而知）发布了一项命令，把这些可怜的修士转移到"迪维纳帕斯托拉"（Divina Pastora，直译为"神圣牧场"）。这个命令被按照字面意思执行了。神职人员被送往神圣牧场，也就是说，被送去见他们的造物主了。这种可怕的下场令玻利瓦尔备受指责，而玻利瓦尔又将其归咎于皮亚尔。

不论如何，在皮亚尔的领导下，共和军无疑取得了很大的进展，皮亚尔为自己的胜利而得意扬扬。他的部队几乎只装备了长矛，却战胜了一支强大得多的军队。400 名保王兵在战斗中丧生，300 人被俘后遭到屠杀，其余的人纷纷跳进奥里诺科河逃命。

玻利瓦尔对皮亚尔下令杀死所有西班牙战俘感到很不高兴，毕竟他明确表示过"殊死战"已告终了。但他不能否认，皮亚尔的胜利帮助他在瓜亚纳建立了不可或缺的爱国者据点。他表彰了皮亚尔，提拔他为将军，并试图安抚他。

---

* 委内瑞拉玻利瓦尔城（Ciudad Bolivar）的旧称。1846 年改今名。今为玻利瓦尔州首府。——编者注

　　皮亚尔假意服从玻利瓦尔，公开宣誓效忠于他，但实际上对他的图谋非常怀疑。皮亚尔出色的领导和勇猛的战斗可不是为了荣耀解放者，而是为了实现自己的雄心。他对玻利瓦尔理所当然地篡夺了该地区的领导权感到不满。与马里尼奥的东部和阿里斯门迪的玛格丽塔岛不同，皮亚尔没有天然的大本营。他在奥里诺科河上的每一亩土地都是靠激烈的战斗赢来的。他的士兵大都是目不识丁的帕尔多人，这些边缘群体无条件效忠于他。虽然他很少承认这一点，但他本人就是帕尔多人——相貌英俊，眼睛碧蓝，皮肤红润，[99] 作风张扬，对暴力有着明显的偏好。尽管他自称是葡萄牙贵族的后裔，但他对克里奥尔白人怀有深深的怨恨。

　　皮亚尔出生在荷属库拉索，父亲是商船船员，母亲是穆拉托人。他未受过教育却心高气傲，在很小的时候就开始了自己的事业。他机敏、聪明、足智多谋，精通多种语言。除了母语荷兰语和西班牙语外，他还会说法语、英语，与黑人交流时能使用他们的方言，如帕皮阿门托语*、帕图瓦语和圭亚那克里奥尔语。最重要的是，他是一位出类拔萃的战士：在米兰达手下证明了自己的勇气，与马里尼奥并肩解放了东部地区，和玻利瓦尔一起策划了一场更大范围的革命，在陆战和海战中都有不俗表现。随着时间的推移，他来到了委内瑞拉的这个偏远地区，培养了一支由叛逆士兵组成的可怕军队。他一直努力与玻利瓦尔和马里尼奥划清界限，现在却陷入一种令人沮丧的境地：他被夺去了对自己领土的控制权。尽管皮亚尔表面上顺从玻利瓦尔，但他毫不掩饰自己对这个人的反感。毕竟，就在 3 年前，他还和里瓦斯一起流放了解放者；他在玛格丽塔海岸向玻利

---

* 　Papiamento，在荷属安的列斯群岛讲的一种由荷兰语、英语、西班牙语等混杂而成的语言。——编者注

瓦尔的船开火，在卡鲁帕诺带几名士兵去枪杀他。如今，皮亚尔着手削弱玻利瓦尔在瓜亚纳的权威也就不足为奇了。起初，他试图在下辖的卡罗尼传教区的原住民中煽动叛乱。失败之后，他决定在马图林（位于瓜亚纳和库马纳之间的一片土地，时任执政官是黑人）挑起一场帕尔多人起义。

此时的皮亚尔公然违抗玻利瓦尔的命令，宣布自己的健康状况不佳，想从战场上抽身，好好休养一阵。[100] 玻利瓦尔很为难。"国家需要你，"他答复，"如果你是我的长官，我不会抛弃你。"[101] 但最终，在 6 月 30 日，他接受了皮亚尔的休假申请，向他发放了前往库拉索的护照。

可是，皮亚尔没有回库拉索的家。他开始在附近城镇游说，声称自己因肤色问题被玻利瓦尔撤职，试图借此煽动种族怒火。他告诉手下一名军官："我凭借我的剑和机遇升至总司令，却因穆拉托人的身份而无权参与共和国的管理……我以我的荣誉起誓，一心为那些在战斗中抛洒热血的人而战，结果却越发被束缚在可耻的奴隶制之下；我将去往马图林，如有必要我将去到世界尽头，去引领那些没有权力、只有双手的人民。"[102] 但是，当皮亚尔抵达马图林时，黑人执政官安德烈斯·罗哈斯（Andrés Rojas）公然嘲笑了他的种族叛乱提议。[103]

玻利瓦尔闻讯后怒不可遏。他告诉手下一名军官，他绝不会再任人暗算，就像卡斯蒂略在卡塔赫纳、里瓦斯和皮亚尔在卡鲁帕诺、马里尼奥和贝穆德斯在圭里亚对他做的那样。"如果说目前为止我一直很克制，那是出于谨慎，而不是软弱……只要我一息尚存，长剑在手，这里就不会有暴君，不会有混乱无序。"[104] 玻利瓦尔发怒的消息传开，皮亚尔闻风逃往库马纳，试图在老上司和老朋友马里尼奥那里寻求庇护，但马里尼奥帮不上他什么忙。7月23日，玻利瓦尔签署了皮亚尔的逮捕令。他指示眼下最信任的军官之一贝穆德斯追捕他。贝穆德斯求之不得：他一直认为皮亚尔应对自己兄弟的死负责。[105] 他立即纵马向南实施抓捕。索夫莱特将军负责提出指控，布里翁将军负责主持军事法庭。由于担心此举带来的影响，玻利瓦尔一夜无眠，随后他向秘书口述了一份声明：

> 我要公开谴责一个人对社会、政府和国家犯下的最残暴的罪行。皮亚尔将军……诽谤政府，宣扬充满仇恨的种族战争，煽动公民抗命、暴动，鼓励暗杀、掠夺和混乱……皮亚尔将军到底想让有色人种得到什么？平等吗？不，这点他们已经得到了，皮亚尔将军本人就是铁证……皮亚尔将军，以其愚蠢的、可憎的阴谋，妄图煽动一场兄弟之间的战争，让残忍者屠杀那些生来肤色较浅的无辜者……皮亚尔将军违反法律，阴谋破坏现行体制，不服从政府，逃避责难，懦夫一般弃军而逃；上述行为已使他成为法外之徒。严惩他是义不容辞的，惩罚他的人将是法律的帮手。[106]

皮亚尔被逮捕，押往安戈斯图拉。与此同时，相关方面召集了一次军事会议，与会人员包括了爱国军队的一些级别最高的军官。10月4日审判开始之际，皮亚尔没有为自己辩护，只是声称针对自己的所有指控都不成立。也许他无法想象以他的身份地位会被判有罪——在场的有那么多他的朋友。不管怎样，他全权委托律师费尔南多·加林多（Fernando Galindo）来做辩护。那是一位出身名门的克里奥尔人，也是玻利瓦尔的远房亲戚，他口若悬河地代表皮亚尔发言：

被告就是那位经常拯救共和国生命的皮亚尔将军，他打破了无数委内瑞拉人的枷锁，解放了多个省份，他的剑比拿破仑的更令西班牙人惧怕，暴君在他面前瑟瑟发抖……他的阴谋计划在哪里？他的同谋名单在哪里？煽动群众反对现行体制的宣言在哪里？最后，他为如此庞大的愚蠢事业所做的准备在哪里？[107]

然而，军事会议最终裁定皮亚尔犯有以下所有罪行：抗命、煽动叛乱、密谋分裂以及叛逃。10 月 15 日，军事会议宣读了一致通过的裁决：判处死刑。据说玻利瓦尔看到审判结果时落下泪来。[108]但他还是签署了死刑判决，特意删除了剥夺皮亚尔将军军衔的条款。

第二天下午 5 点，皮亚尔将军被带到山坡上的安戈斯图拉主广场。[109]等待他的是一群市民和驻守在那里的所有士兵。他表现得很冷静，泰然自若，似乎相信自己最终会得到减刑，会被流放；不论哪种情况，玻利瓦尔肯定不敢枪决他。判决书被再度宣读，他一边听一边傲慢地盯着人群，不耐烦地拍打着右脚。但玻利瓦尔没有出现，也没有在最后一刻下赦免令。当行刑队的士兵鱼贯而至，列队举起他们的步枪时，皮亚尔明白自己不会得到宽恕了。他拒绝遮住眼睛，两次撕下脸上的方巾，当方巾第三次遮住他的眼睛时，他猛地掀开斗篷，露出胸膛，命刽子手瞄得准一些。在 20 发子弹射出枪膛之际，他高喊："祖国万岁！"[110]

枪声响起时，玻利瓦尔正在司令部里。安戈斯图拉的市民们重复着死者喊出的口号："祖国万岁！"泪水再次盈满了他的眼眶。[111]但他从不后悔自己的决定。尽管皮亚尔作战英勇，是一名难能可贵的出色将军，但他有一些为玻利瓦尔所鄙夷的特质：他是一个分裂分子，一个种族主义者，一个置自己的事业于集体利益之上的人。

许多年后，玻利瓦尔说："皮亚尔将军之死是拯救这个国家的政治需要……从来没有一个人比他死得更有用，更具政治意义，同时也更咎由自取。"[112]

他开始向皮亚尔的部下解释处决他的原因。这绝非易事，因为士兵中有不少帕尔多人，他们中的许多人都为皮亚尔的胜利感到骄傲。但是，正如玻利瓦尔现在告诉他们的，一支军队需要同心同德。[113] 分裂是不可接受的。尽管种族问题在 300 年的艰难历史中一直困扰着美洲人民，但它已不再是造成不和的正当理由。军阀的权力必须受制于总司令的权力；即使是最受尊敬的将军，无论肤色如何，也不能凌驾于法律之上。[114] 玻利瓦尔向士兵们保证，他的承诺真实有效：奴隶自由，人人平等，公民可以享受到一个有序政府的所有好处。随着时间的推移，玻利瓦尔对其他将军的要求不那么严格了；例如，他没有惩罚马里尼奥，尽管马里尼奥长期以来公然抗命。因此，有些人想知道为什么玻利瓦尔选择了一个帕尔多人来表达自己的立场。但毫无疑问，长期四分五裂的共和军在玻利瓦尔的领导下正在积蓄力量。他的军团现在已有将近 1.3 万人。[115] 玻利瓦尔被确立为共和国的最高领导人，[116] 忙着把各路军阀改造成将军。他设立了一个总参谋部来监督他们的行动。他建立了军事法庭，坚持程序正义。甚至可以说，玻利瓦尔的军事机器是伴随着皮亚尔的倒台而诞生的，它变得更加统一，越来越有组织，薪资结构也写入了法律。[117]

***

马里尼奥的确有过非常严重的违纪行为。1817 年 3 月下旬，玻利瓦尔动身前往瓜亚纳前，命令马里尼奥向西进发，等待进一步的指示。[118] 但玻利瓦尔一消失，马里尼奥就跳出来要继承他的衣钵。他转而去了东部，到了他的老根据地库马纳附近的一个小镇，巩固自己的权力。他违抗命令，藐视指挥系统，激怒了手下军官；也许更糟的是，他无视玻利瓦尔留在巴塞罗那的部队发出的求救信号。结果，驻扎在女修道院里的卡萨要塞（Casa Fuerte）的400多名士兵 [119] 以及辖区内的几百名公民，都被西班牙人残忍杀害。这是一次毁灭性的损失，其中不乏英勇就义的惨烈事迹。玻利瓦尔的副官中有一位名叫张伯伦的年轻英国上尉，他宁愿开枪自杀也不愿向敌人投降。当一名西班牙军官抓住张伯伦的妻子，试图强行带走她时，她掏出一把手枪杀死了他。军官的手下被激怒了，当场将她砍成碎片。[120]

　　不止一部编年史中记录下了卡萨要塞发生的屠杀事件，这一惨剧是有可能避免的。[121] 马里尼奥将军尚未走远，他原本可以赶来解围。但是马里尼奥从未回头。他甘愿协助玻利瓦尔的前提，是像一名指挥官协助另一名指挥官那样；但他憎恶在自认属于自己的地盘上听命于玻利瓦尔。他在海滨小镇圣费利佩·德·卡里亚科安顿下来，随后开始散布谣言，说玻利瓦尔可能在鳄鱼出没的奥里诺科河流域的荒野中被捕或遇害。[122] 科尔特斯·德·马达里亚加教士近期刚从西班牙越狱，踌躇满志地回到了美洲。在他的支持下，马里尼奥跃跃欲试，试图执掌共和国大权。5月8日，他召集了一个10人组成的代表大会（其中包括玻利瓦尔的亲信布里翁和雄辩的弗朗西斯科·安东尼奥·塞亚），宣布成立新的委内瑞拉共和国政府。科尔特斯·德·马达里亚加提名马里尼奥担任最高执政官，在全票赞成下，政府恢复了1811年的旧联邦宪法，宣布与美国和英国开放贸易，布里翁被任命为海军总司令。但委内瑞拉人民对马里尼奥仓促拼凑的政权视而不见。一个地方军阀不可能统治一个幅员辽阔、混乱不堪的共和国；[123] 所谓的共和国也根本不存在，因为委内瑞拉正在退回保王派的怀抱。次日，这个小小的国会便收起木槌，匆忙解散了，因为敌人正在迅速逼近。到 5 月底，马里尼奥的政府已然瓦解，科尔特斯赶往牙买加避难，马里尼奥的残余军队开始遭受西班牙军队的沉重打击。

就算玻利瓦尔注意到了马里尼奥的惊人背叛，他也没有对此大惊小怪。有很多事情把玻利瓦尔的注意力从那场未遂的政变上转移开来。到了 6 月，玻利瓦尔力图巩固奥里诺科河沿岸的势力；7 月 17 日，他拿下了安戈斯图拉；8 月 3 日，他占领了瓜亚纳；然后，带着胜利的喜悦，秉承着无军纪不革命的信念，他把愤怒的矛头对准了皮亚尔。

也许玻利瓦尔认定了马里尼奥对权力的无耻追求迟早会无果而终。东部解放者很快就名誉扫地，快到用不着西部解放者动一根手指。马里尼奥的 30 名军官厌恶他的背信弃义，转投玻利瓦尔。马里尼奥的前副手贝穆德斯在此之前早就投奔了玻利瓦尔。现在，拉斐尔·乌达内塔将军和安东尼奥·何塞·德·苏克雷上校等许多人都从马里尼奥的营地赶往瓜亚纳，接受玻利瓦尔的指挥。布里翁将军为了甩开这桩肮脏的勾当，适时率领一支舰队沿奥里诺科河而上，以巩固玻利瓦尔对这条河的控制。玻利瓦尔在给一位朋友的信中评论说，整件事就像木薯在沸腾的肉汤中溶解一样容易。[124] 马里尼奥是自行溃败的。

最后，玻利瓦尔决定原谅马里尼奥。"对那个所谓的联邦政府，我不愿写一个字或发表任何评论，"他告诉朋友，"在这里，人们掌权不是因为想这么做，而是因为能这么做。"对马里尼奥，玻利瓦尔毫不留情，冷若冰霜。"如果你坚持抗命，"他在一封信中警告道，"你将不再是委内瑞拉公民，而是公敌。如果你决定不再为共和国效力，只要说出来，政府很乐意批准你离开。"[125] 那是在处决皮亚尔之前一个月。一个月后，当马里尼奥可能还在担心同样不光彩的命运时，他从曾经效力于他的一位军官那里收到了一条截然不同的信息。苏克雷上校出现在这位任性的将军家门口，告诉他玻利瓦尔想重新起用他。玻利瓦尔催促苏克雷尽其所能争取马里尼奥。玻利瓦尔指示称，如遇反抗，就用武力把他带回来。但"如果他自愿服从，就应给予他最高尊严，那是一个刚刚为国做出了重大贡献、拒绝用内战玷污国家的人应当享有的。纠正自己的错误无疑是一桩好事，而做好事理应得到回报"。[126]

说服马里尼奥花了几个月的时间；而当他最终同意时，玻利瓦尔任命他为总司令，并安排了两名最得力的将军辅助他。[127] 玻利瓦尔一步步、煞费苦心地向那些长期困扰他的桀骜军阀灌输了一些秩序意识。现在，有了贝穆德斯和马里尼奥的支持，又远离了挡路的皮亚尔，东部已经牢牢地处于玻利瓦尔的统治之下。轮到在西部做同样的事情了，和派斯一起。

第九章

艰难西进

闪电未及从空中劈下，玻利瓦尔已降临首都。

——弗朗西斯科·桑坦德[1]

玻利瓦尔听到何塞·德·圣马丁的胜利消息时喜忧参半。这位帮助阿根廷*摆脱西班牙统治的老兵正向北挺进，为自由辟出一条胜利之路。1817年2月，玻利瓦尔还在海滨城市巴塞罗那费力组建几百人的部队，圣马丁将军已率领一支由数千人（其中一半人曾是奴隶）组成的大军翻越冰雪覆顶的安第斯山脉进入智利，打了西班牙人一个措手不及。负责保卫该地区的西班牙将军们从未料想过有人能完成这样的壮举。到了年底，圣马丁已打得他们节节败退。这无疑是好消息；但令人不安的是，他和手下人马正开赴玻利瓦尔梦寐以求的目标——秘鲁总督区的心脏。[2]

眼下玻利瓦尔已控制了委内瑞拉东部大部分地区，他把重点放在向西推进，越过平原直奔新格拉纳达。最终，凭借精妙的战略和一点点运气——正如他在给阿根廷新任的共和派最高执政官胡

---

* 今阿根廷所在地区当时的国名是"拉普拉塔联合省"，亦称"南美联合省"，于1816年宣布独立。"阿根廷"一名的普遍使用始于19世纪20年代。本书中统一使用阿根廷指代该地。——编者注

安·德·普埃雷东（Juan de Pueyrredón）的信中所写的那样——他可能会向南推进，与圣马丁会师，创造一个天衣无缝的统一美洲。"美洲就此团结一致，"他对普埃雷东说，"如果天意允许，它将自封为万国女王，所有共和国之母。"[3]然而，他的当务之急是赢得邻近盟友的支持，其中最主要的就是西部大平原地区令人生畏的军阀何塞·安东尼奥·派斯。

近一年前，派斯在穆库里塔斯战役的大胜改变了战争走向。那是莫里略将军启动平定美洲殖民地运动以来的第一场失败。派斯全凭意志的力量取胜：1 100 名平原牛仔和印第安人光着脚，只有缠腰布蔽体，手持弓箭和长矛，与 4 000 名装备精良、身着潇洒制服的参与过拿破仑战争的老兵展开较量。他们利用火、尘土、风和骇人的凶残智取了西班牙轻骑兵，把他们像羊群一样驱散在燃烧的平原上。这场标志性的胜利使派斯一战成名。他的队伍很快壮大起来，有许多人想在他的旗帜下战斗，分享从西班牙人那里得来的战利品。

派斯时年 28 岁，不会读书写字，[4]不会用刀叉吃饭，从未见识过任何与大城市沾边的东西。[5]他是贫穷的加那利群岛人的孩子，[6]在巴里纳斯一个偏僻的小村庄里长大。15 岁时，他出于自卫杀死了一名男子，为躲避西班牙法律的审判，他逃入卡萨纳雷的荒野。在那片被称为"大平原"的草海中，他找到了一份农场工人的工作，每星期只能挣到几美分；在那片险恶的土地上，他学会了骑马。他的同伴有帕尔多人、印第安人、梅斯蒂索人，大多是委内瑞拉社会的渣滓。他们中的许多人和他一样，为了躲避贫困或牢狱之灾而逃亡。他们喊他"美人儿派斯"，因为尽管他的头发是棕色的，但皮肤白皙如月光，面颊在热带稀树草原的酷热中泛着粉红。他从更粗野的人那里习得了恶劣环境中的生存之道。他日常以肉为食，以河水为饮，以麻绳或干兽皮做成的吊床为榻。凌晨 3 点，他就会起床，到平原上把牲畜圈到一起，给它们打上烙印，阉割它们，赶它们去牧场。派斯的工头是个身材高大的黑奴，蓄着一脸又长又乱的胡子，名叫曼努埃洛特（Manuelote）。他沉默寡言，要求苛刻，态度严厉，但他把手艺传授给了派斯：驯服马匹，杀死鳄鱼，哄牛群过河，拉牛尾让牛掉头。晚上，经过一天的辛苦工作后，曼努埃洛特会叫派斯给他洗脚，摇晃他的吊床，直到他睡着。[7]

最后，曼努埃洛特带他去了另一个牧场。牧场主见派斯是一个勤奋又可亲的年轻人，便对他倍加上心，教他入行，帮他打造自己的牧群，直到战火燃起。24 岁时，派斯已经先后在保王军和爱国军中服役，并在梅里达与乌达内塔将军的游击队作战。但当一名军官命令他交出自己的战马，让给另一名军官时，他厌恶地退出了。派斯决定徒步穿越安第斯山脉，回到大平原，组建自己的骑兵军团。[8] 1814 年年中，他带着年轻的妻子和幼小的孩子艰难跋涉，到达了卡萨纳雷平原。当时正值博韦斯大举进攻加拉加斯，而玻利瓦尔带着 2 万惊慌失措的市民撤离了首都。派斯坚信他能组建一支匹敌博韦斯的强大骑兵部队，不论他的爱国军战友对这个想法如何嗤之以鼻，他很快便指挥起一个 1 000 多人的兵团。几个月后，博韦斯阵亡，派斯彼时的地位吸引来了众多博韦斯曾经的手下。当派斯的阿普雷平原军开始接连取胜时，他的梦想实现了。[9]

为躲避灼热的太阳，派斯的军队在夜间行军，有时能一口气策马约 100 公里。只要有可能，他们就逆风而行，这样西班牙人便看不见也闻不到他们逼近时扬起的尘土。休息时，他们坐在牛的头骨上，那就是他们的家具；[10] 他们有着斯巴达人的简朴和贝都因人的坚韧。即使天降倾盆暴雨，他们也在露天活动、吃饭、睡觉。当河水泛滥时，他们骑马冲进泥泞的水中，将全部财物顶在头上。他们是自己领地的主人，对美洲虎、秃鹫、吸血蝙蝠和咬人的昆虫早已司空见惯，习以为常，而这些都令彬彬有礼的王家士兵们胆战心惊。为了追击派斯，莫里略的军队精疲力竭，数千名士兵因此丧生。他们不是死于疟疾、伤寒或黄热病，就是死于中暑、皮肤溃烂或饥饿。而派斯的人反过来像复仇的影子一样追杀莫里略，在夜间闪电般突袭他的营地，仅付出微乎其微的代价便屠尽所到之处的一切人和动物。或者，大平原骑兵会趁莫里略的军队长途行军后正筋疲力尽之际扫过他们的营地，在其间横冲直撞，吓跑西班牙人的牲畜和驮畜，让他们没有补给。[11] 渐渐地，正如莫里略后来承认的那样，派斯开始让他疲惫不堪。[12]

　　派斯被称为所向披靡的"阿普雷雄狮"，向来不愿意屈从于别人的权威。但凡涉及权力，他便表现得野心勃勃，反复无常，贪婪无度。但他也很精明，善于妥协：如果结盟对他有利，他就会结盟；如果盟友忤逆他，他就会实施代价高昂的报复。当玻利瓦尔派两名上校向派斯提议，让他承认玻利瓦尔为最高统帅时，派斯出于反保王主义的狂热同意了。[13] 他向麾下军队解释说，玻利瓦尔的成就举世闻名，仅凭这位解放者的智慧就使他有资格担任这一职务。派斯甚至坚持要他的手下在宗教仪式上宣誓永远效忠玻利瓦尔。[14] 事实上，玻利瓦尔之于派斯的重要性并不亚于派斯之于玻利瓦尔的。解放者能帮这位未受教育的军阀看到更广阔的战略可能性，以及更复杂周密的作战方式。与这样一个人结盟似乎没有风险。玻利瓦尔或许满怀野心，或许渴慕权力，但他不可能贪恋一个马背上的帝国。双方都只是想利用对方一段时间。

　　1818 年 1 月，派斯带着一帮库纳维切（Cunaviche）印第安人去见玻利瓦尔。[15] 在前往会面地圣胡安-德帕亚拉（San Juan de Payara）的路上，他决定突袭圣费尔南多镇，吓走占领这处要冲的西班牙军团。他担心嗖嗖掠过的步枪子弹会让库纳维切人失去勇气，于是不停给这群印第安人灌烈酒。土酿烧酒达到了预期效果。库纳维切印第安人扎着皮质缠腰布，插着鲜艳的羽毛，勇猛地冲向西班牙人的营地。他们用手中长矛刺破自己的舌头，把鲜血涂抹在脸上。原本井然有序的西班牙人惊惧交加，仓皇撤退。[16]

1 月 30 日，派斯终于见到了最高统帅。玻利瓦尔一看到远处的派斯，立刻催马上前迎接。他们下了马，热情拥抱，互致问候。[17]然而，他们显然属于两个世界。在派斯看来，玻利瓦尔是知识分子的化身——优雅、活跃、身材瘦弱、样貌精致、眼睛炯炯有神。在玻利瓦尔看来，派斯不像他曾经指挥过的任何一位将军：不像马里尼奥，不像乌达内塔，不像苏克雷，也不像桑坦德——不像克里奥尔贵族，甚至也不像平民出身的皮亚尔，而是一个身材魁梧、样貌粗糙、行事粗鲁的平原牛仔。即便如此，玻利瓦尔了解这类人；他打小就认识像派斯这样粗野的加那利群岛男孩，曾在加拉加斯的后巷里和他们一起踢石头。

那时派斯 30 岁，正是精力充沛的年纪。他个子不高，但肩宽胸阔，壮得像头公牛，上半身与细长的双腿很不协调。他的头发卷曲如狮子，被无情的阳光晒得褪了色；他的脖子粗壮且肌肉发达。他的强健与红润衬得玻利瓦尔又瘦又憔悴。派斯患有癫痫病，尤其常在血流成河的激烈战斗中发作；大开杀戒会令他兴奋过度，以至于口吐白沫，摔下马来，无助地扑腾着，直到身形庞大的黑人男仆"第一黑人"（El Negro Primero）把他拎起来，策马而去。而另一边，玻利瓦尔是个自控力极强的人；他不怎么喝酒，也没有暴力倾向，即使在率众冲锋时，也能神奇地设法避免人身伤害。在他们第一次碰面的现场，不知情的旁观者或许会认为这两人根本不可能和谐相处。一个是陪王子打网球长大的，另一个是给奴隶洗脚长大的。但这种设想是错误的。派斯或许是乡巴佬、恶棍、未驯服的"阿普雷雄狮"，但假以时日，他将成为举国瞩目的人物、世界外交家和沙龙常客。另一方面，尽管玻利瓦尔身材瘦小，但他日后将表现出大力神般的体能和耐力。不出一年，他就会比阿普雷平原的任何牛仔都骑得更持久，骑术出神入化到士兵们都钦佩地喊他"铁屁股"。[18]

***

玻利瓦尔和派斯共处了几天，讨论向西推进革命事宜。当务之急是如何让玻利瓦尔的军队渡过阿普雷河。他带了 3 000 人来到圣胡安–德帕亚拉，其中三分之一骑着马。他们没有船，没有造船的木材，也没有舰队司令能指挥他们渡过这条奥里诺科河的支流。据他们所见，这条河由 4 艘西班牙战舰严密守卫着。2 月 6 日，当玻利瓦尔和派斯正在河边勘察，思索着如何打破僵局时，派斯突然转向玻利瓦尔，告诉他不要担心。他眉飞色舞地提议部队开拔。船只将由他来提供。"可是，伙计！"玻利瓦尔惊讶地喊道，"船从哪里来？"派斯回答说它们就在河的下游，就在那目之所及之处——前方排成一列的敌舰。

"那你打算怎么做？"玻利瓦尔问道。

"用我的骑兵。"

玻利瓦尔怒道："你是说海上骑兵吗？在陆地上活动的骑兵不可能创出这样的奇迹。"[19]

派斯叫上一伙共 50 人，敏捷地骑马来到河边，解开马鞍。他大喊："给我去取那些船！"士兵们把马鞍往地上一滑，把长矛紧咬在嘴里，随后大叫着骑在光溜溜的马背上冲进河里。西班牙哨兵们立刻被惊动，以一两轮攻势回应。但只见那群凶猛的游牧民在水里翻腾，惊动了鳄鱼，之后又七手八脚地爬上船来，吓得西班牙人纷纷弃船跳河，向对岸游去。[20] 玻利瓦尔原以为他的部下会被炸成碎片，可令他吃惊的是，派斯的骑兵成功夺取了那 4 艘船。[21] 之后，他们的军队轻而易举地横扫了营地。待到行动结束，他们共缴获14 艘船和一个弹药库。[22] "简直不敢相信，"一位目击者后来报告说，"一队骑兵，除了长矛外没有其他武器，除了马匹外没有其他交通工具，他们竟然可以渡过一条湍急的河流，在鳄鱼成群的浅滩发动攻击并掳走一支炮艇舰队；但是现在在英国，有许多［参过战的］军官可以证明这件事是真的。"[23]

玻利瓦尔最终赢得了这些无法无天的野蛮骑兵的尊敬和爱戴，尽管起初他们不免对他有所怀疑。[24] 玻利瓦尔是个城里来的绅士，身穿洁白无瑕的衬衫，喷着欧洲的古龙水，即使在外作战的时候也是如此。他恰恰是他们最痛恨的社会阶层的产物。但他同样是西蒙·罗德里格斯非传统户外教育的产物，这种教育对自然之人大加赞美。没过多久，派斯的骑兵们就发现，他们的新领袖是一名优秀的泅水者、熟练的骑手、不知疲倦的徒步旅行者，有能力在所有他们喜欢的粗野运动中与他们一较高下。在一次挑战中，他把双手绑在背后跳进湖里，发誓说即使在这样不利的情况下，他也能游得比任何挑战者都快。看到他的副官从马鞍上起跳，越过马头后不可思议地两脚结实着地，他也想做同样的事，而且还真的做到了，尽管尝试了好几次。[25] "我承认我当时疯了，"他后来对一个朋友说，"但在那些日子里，我不希望任何人说他们比我更敏捷或更能干，或者说有什么是我做不到的……不要认为这种事情对一个领导者没有用处。"[26]

　　最终，玻利瓦尔决定不再在圣费尔南多浪费时间，所以他留下派斯和他的骑兵围攻圣费尔南多，并从西班牙人那里赢取一切能得到的战利品。[27]他本人则率领 4 000 人北上至卡拉沃索。莫里略将军刚率领一支 2 500 人的军队到达那里。玻利瓦尔的开局战略非常高明。2 月 12 日，解放者给了莫里略一次终生难忘的突袭，在清晨 6 点到达后者的所在地，造成了毁灭性损失。[28]莫里略一发现身处劣势，就把自己关在指挥部里，促使玻利瓦尔向他发出一份高压公报，敦促他投降。但这并不是一场提到玻利瓦尔的名字就足以吓倒西班牙人的"惊人的战役"，而莫里略也不是无能之将。这位西班牙人设法躲开了玻利瓦尔的部队，带着少量残部徒步遁入黑夜逃跑了。玻利瓦尔缴获了莫里略的武器和补给，但没能追上他并迫使他正面交战。结果，爱国军很快就丧失了优势。沮丧又疲惫的玻利瓦尔等待派斯带来生力军。他自己的部队从安戈斯图拉出发，历时近两个月，经过近 900 公里的艰苦跋涉，已然筋疲力尽。"飞吧，飞吧，立刻与我会师！"玻利瓦尔写信给"阿普雷雄狮"，"好让我们把握住时机。"[29]

　　尽管派斯和玻利瓦尔的军事联盟最终将成为共和国立足的基石，但派斯仍然不习惯听命于人。随之而来的是接二连三的争执、沟通不畅和误解。派斯拖拖拉拉，坚持自己做决定。他抱怨玻利瓦尔不了解大平原，不充分依赖当地人的智慧。他也知道，手下的平原牛仔和印第安人不愿意离开家园太远；委内瑞拉的大城市对他们没有丝毫吸引力。另一边，玻利瓦尔有自己的想法。他一路往北，远至卡拉沃索，而且还想走得更远，去到魂牵梦萦的加拉加斯。他的错误就是从这里开始的。[30]

在卡拉沃索，他觉得自己已经把莫里略玩弄于股掌之中，差一点就当场俘虏了他。他并不知道莫里略早先便溃不成军，是在狼狈状态下去的卡拉沃索。平定军在爱国军控制的玛格丽塔岛上损失惨重。[31] 在那里，莫里略被更紧迫的事情分散了注意力，他试图了断和该岛执政官阿里斯门迪将军之间由来已久的仇恨。莫里略花了一个月的时间试图夺回这片狂热的土地，但徒劳无功，还损失惨重，伤亡人数远超预期。他的军队原是一支 3 000 人的精锐部队，现在只剩下 700 名可怜的病弱士兵。[32] 这些幸存者饱受伤寒和黄热病的折磨，挣扎着回到了加拉加斯。莫里略向马德里方面请辞，遭到拒绝后，他请求补充兵员。[33] 玻利瓦尔和派斯结盟的消息对这位西班牙将军来说是又一个沉重打击，但当他听说二人袭击并围困了西班牙在河畔的战略要塞圣费尔南多时，他还是南下前去驰援。如果玻利瓦尔在卡拉沃索表现出更强的决断力，如果他能阻止莫里略逃跑，趁他最脆弱的时候展开追击，也许就能确保胜利。可事实是，莫里略的军队得到了喘息之机。

在接下来的两个星期里，玻利瓦尔和派斯大部分时间都在争吵：派斯想继续向圣费尔南多镇施压，把西班牙人从阿普雷彻底赶走，并夺取足够的战利品来回报他的手下。[34] 而玻利瓦尔想继续向首都推进。[35] 3 月 3 日，也就是圣费尔南多最终在派斯的围攻下崩溃的前一天，玻利瓦尔开始向加拉加斯进军。他的逼近在当时由保王派主导的城市里引发了极大恐慌。"几个小时之内，"一名目击者回忆说，"加拉加斯所有人都像闪电一样冲向拉瓜伊拉的海岸，各年龄段的男男女女都吵着要逃走。"[36] 但玻利瓦尔并未真正到达加拉加斯。莫里略和莫拉莱斯将军带着加强营前去阻拦。3月16日，玻利瓦尔和莫里略终于在起伏的拉普埃尔塔平原上相遇，这里是瓜里科河的河谷与大草原的交会处，爱国军曾在这里两度迎战博韦斯的军团，均以失败告终。黎明时分，玻利瓦尔和莫拉莱斯之间的战斗开始了，玻利瓦尔本有机会获胜，因为莫拉莱斯军队的人数只有他军队的一半。但是，莫里略将军带来了新的生力军，还亲自打头阵以激发士气。尽管莫里略受了重伤，不得不被担架抬走，保王军还是粉碎了玻利瓦尔的进攻，迫使爱国军撤退。解放者的部队此时已严重瘫痪，损失了1 000多名步兵、大量军备和所有文件。[37]

　　一个月后的4月17日，玻利瓦尔试图在林孔-德托罗斯的农田里重组他的骑兵部队，这时，一个由8名保王者组成的小分队撞见了玻利瓦尔参谋人员的一名低级用人，此人碰巧独自在田野里游荡。[38]从那个倒霉的俘虏身上，他们得到了共和军营地的口令和玻利瓦尔就寝的确切地点。那天晚上，借着盈月之光，[39]他们伪装成爱国士兵进入了营地。他们声称掌握了重要情报，要求面见最高统帅。代理参谋长弗朗西斯科·德·波拉·桑坦德上校盘问了这些人，没有发现异常，然后指了指玻利瓦尔的吊床。"将军！"桑坦德喊了一声，玻利瓦尔转过身来，只听刺客的枪声在他头顶响起。玻利瓦尔没有受伤，但那几个保王分子借着漆黑的夜色，在一片混乱中设法逃走了，一路杀死了许多爱国士兵。西班牙将军们毫不拖延地发起下一轮进攻，在日出前猛攻营地，赶走了共和派，使玻利瓦尔取得的一点点进展化为了泡影。

　　命运似乎已经抛弃了共和国的军队。它最大的赞助人亚历山大·佩蒂翁于3月29日在太子港死于严重的伤寒。5月，派斯在科赫德斯（Cojedes）平原被击败。玻利瓦尔因为长了一种磨人的炭疽脓疱[40]被迫从前线撤下，他可能是被受感染的马或骡子传染的。"我的病情正在好转，"他满怀希望地致信一位将军称，"有一块已经破裂了，很快我就能重回马背，尽管我怀疑自己还要三天，甚至四天才能摆脱这些创口。即便如此，只要有一丁点儿需要，我就准备行军，即使还需要担架抬着。"[41]

6月，北方传来消息，贝穆德斯和马里尼奥把库马纳和库马纳科（Cumanaco）输给了西班牙人。这两个从前的同志互相指责是对方造成了自己的失利。在西面，隶属派斯骑兵队的英国上校亨利·C.威尔逊（Henry C. Wilson）不服管理，[42]正发起一场运动，力劝派斯与玻利瓦尔分道扬镳。当时没有人知道，威尔逊上校，连他同手下那些不知情的英国士兵，是被西班牙驻伦敦大使巧妙地安插过来的。[43]似乎玻利瓦尔能真正统辖的地区就只有瓜亚纳的核心地带了。当他最终到达首府安戈斯图拉时，革命者的前景似乎有了转机，这全有赖于他的乐观精神。即使有很多损失和痛苦，他还是受到了周围环境的鼓舞，再度积聚起能量。他在司令部重新站稳了脚跟，开始了一连串的通信，内容从国事到心事无所不包。

他开始寻找他的情妇珀皮塔·马查多。"他们说，马查多一家都去了加拉加斯，"他在给外甥莱安德罗·帕拉西奥斯的信中写道，"如果这属实，那便无须多言；如果不然，我想请你帮个忙。何塞·门德斯·蒙桑托（José Méndez Monsanto）先生为她和她家人的航行准备了400比索，而我会支付她们前来此地所需的一切费用……尽力说服她们上路，告诉珀皮塔，如果她想让我忠实于她，她最好到这里来。"[44]

在相对安全的安戈斯图拉，他全身心投入疏于打理的政府事务。如果革命停滞不前，那是因为委内瑞拉的人民有待动员，盟友有待争取，士兵有待招募。每当玻利瓦尔的革命看似进展不顺时，通常预示着即将迎来一次大的跃进。眼下他拼命工作，搜集更多的情报，进行宣传，建立外交关系，装备军队：一个更大的计划正在他的脑子里成形。正如莫里略有朝一日会写下的那样，玻利瓦尔就是革命。[45]他在失败中比在胜利中更危险。

＊＊＊

安戈斯图拉这个名字的原意是"（河、湖等的）狭窄处"，这座城市坐落于奥里诺科河一处收窄的地方，距离大海约556公里。此地位于群山和激流之间，是洪堡曾经造访过的一个前哨地，被他描述为一条大河上的平静堡垒，两侧是丰富的自然资源。[46]50年前建造它的是富有进取心的西班牙国王，他深知从富饶的内陆地区向外运送大量货物在经济上的重要性。农田沿河呈扇形展开，农田后面是欣欣向荣的牧场。空气中弥漫着橘子、柠檬和无花果树的芳香。[47]这里曾经是一座美丽的城市。闪闪发光的白房子低矮而宽敞，用土坯盖成，覆着红瓦，镶着漂亮的木窗。[48]河岸上矗立着许多富丽堂皇的大厦，有些还带有宽敞的阳台；据说玻利瓦尔把其中最华丽的一座送给了他的昔日情人伊莎贝尔·索夫莱特作为结婚贺礼。任谁都看得出，安戈斯图拉曾经是河畔的一颗明珠，但在皮亚尔的长期围城和随后的占领中，它已经沦为废墟。[49]

安戈斯图拉的房子被破坏得如此严重，以至于玻利瓦尔在6月初返回时颇有感触地写道："让我痛心的是，为了得到木材，市区里的所有房子都遭到破坏或损毁；就连主广场上的房屋都遭了殃，尤其是门窗。"[50]似乎委内瑞拉的每个城市都经历了类似的劫掠。资源匮乏，所需的一切都从手边的建筑物上简单粗暴地取得。军队开始依赖临时凑合的物品：衣服可以用窗帘做，马车可以用门做，矛尖可以用铁栅栏做。在平原上，派斯将手下人掳来的银器都聚在一起，熔化来当作钱。[51] 在沿海地区，爱国士兵贩卖咖啡和可可，好从安的列斯群岛购买枪支。[52]

玻利瓦尔全身心地投入这个共和国新首都的建设中。他想建立有效的媒体和良性运转的国会，发展外交关系，创建一个外籍军团。到 6 月 27 日，他开始发行一份报纸。他将它命名为《奥里诺科邮报》(*El Correo del Orinoco*)，它将成为他未来政府的官方发声渠道：他可以通过它发布法律、法令、战报、欧洲和北美要闻。出于对出版物浓厚的个人兴趣，他从一开始就设定了一项使命："我们是自由的，我们在一个自由的国家写作，我们不想欺骗任何人。"[53] 这直接叫板了西班牙王室的喉舌《加拉加斯公报》，近十年来该报一直在发布亲保王派的宣传（用的是米兰达的旧印刷机）。如果西班牙国王一贯坚持让美洲人保持无知，[54] 那么他将坚持让美洲人了解实情。"印刷机是解放军的步兵！"他的报纸欢呼道。[55]

在《奥里诺科邮报》上，[56] 读者了解到玻利瓦尔终于着手组建国会。[57] 许多人纳闷为什么以前未做此考虑。他的密友兼心腹、1812 年旧国会的前主席费尔南多·佩尼亚尔韦尔（Fernando Peñalver）最终说服他相信这个问题亟待解决，现在到了公民参与国家事务的时候了。就在玻利瓦尔着手储备大炮、来复枪、火药等战争物资的同期，他组织了一次选举。因此，1818 年的最后几个月被各种各样的行政工作占据，迫使玻利瓦尔要像在战场上那般在办公桌前发挥聪明才智。

从他这一时期的信件和文件中可以看出，这位领导人参与了创建共和国的各个方面，尽管他对政府的架构感到困惑，但他仍努力采购武器和征兵，使货币正规化，[58] 刺激奥里诺科河沿岸的贸易。玻利瓦尔为士兵的军饷发愁；他军队中的逃兵现象很严重，但这几乎怨不得他的部下——他们衣不蔽体，身无分文，营养不良。[59] 他需要为此做些什么。他还必须解决一些棘手的法律纠纷。他把那个企图挑拨他和派斯关系的英国雇佣兵抓了起来，然后驱逐出境。他接受了另一位满腹牢骚的英国人古斯塔夫斯·希皮斯利（Gustavus Hippisley）的辞呈；那位上校几周前才来到这里，就开始对自己的待遇怨声连天了。

此后不久，他接到了美国特派员 J. 巴普蒂斯·欧文（J. Baptis Irvine）的两起投诉。这位性情暴躁的巴尔的摩记者受美国政府委托，就两艘沿奥里诺科河航行、向西班牙人运送补给的美国船只被扣押一事寻求赔偿。他投诉的第二件事是：玻利瓦尔手下浮夸的苏格兰将军格雷戈尔·麦格雷戈在休假期间出现在佛罗里达海岸，占领了阿米利亚岛（Amelia Island），插上自己的旗帜，并把它变成了海盗避难所。麦格雷戈做这件事的时机再糟糕不过了；美国国务卿约翰·昆西·亚当斯当时正在向马德里方面施压，要求交出佛罗里达。玻利瓦尔的信件显示出一位彬彬有礼但态度坚定的最高领袖形象，他坚守自己的立场，力图维持与外国人的和平。[60] 即便这些对话并不总是意气相投，它们也表明了一个新的现实：玻利瓦尔和他的革命正在逐渐得到外界的认可。[61]

***

事实上，奥里诺科河畔的外来者比比皆是。住在河滨一幢豪华别墅里的海军上将布里翁正监督着一连串沿河开展的大生意。当时的商业格外繁荣，法国商人能进口上等葡萄酒卖给安戈斯图拉的居民。一位克里奥尔主妇可以用欧式花边布铺床。[62] 战争物资也突然变得充足起来。6 月，一艘英国船只运来了 1 万名士兵的衣物和给养。[63] 几天后，布里翁亲自运来了一批贵重的武器。[64] 7 月底，一艘大船从伦敦驶来，后面跟着一艘来自纽约的双桅帆船，运来了滑膛枪、手枪、火药、刀剑和马鞍，足以装备整个军队。玻利瓦尔买下了所有这些物资，用骡子、水果、烟草、牲畜等一切力所能及的方式支付。[65] 玻利瓦尔曾这样致信他在伦敦的联络官路易斯·洛佩斯·门德斯："武器始终是我的心病。"[66] 而现在他收到了大量的武器。装备多到有时候根本用不上。有一艘船为派斯的骑兵运来了精美的皮革马鞍，[67] 粗野的牛仔们根本不需要这些。无论如何，威灵顿公爵对拿破仑作战之后余下的军备，开始令玻利瓦尔的军队呈现出明显的优势。几个月之内，他就储备了足够 5 万士兵全副武装的装备。[68]

威灵顿公爵的胜利还给共和国带来了别的东西：经验丰富的退伍军人团。具有讽刺意味的是，曾经在西班牙与莫里略将军的军官并肩作战的英国士兵，现在却应征去委内瑞拉与他们打仗。在滑铁卢战役之后的两年里，英国军队的规模大幅缩减。1817 年 4 月，伦敦《泰晤士报》报道称，50 万退役士兵将回到英国 2 500 万人口的家园。即便在经济繁荣时期，这种局面也够困难了，况且现在并不是经济繁荣时期。英格兰和爱尔兰遭受了饥荒和骚乱，失业泛滥，士兵们回去后几乎肯定会陷入贫困。结果，当玻利瓦尔在伦敦的联络官洛佩斯·门德斯宣布他想招募有经验的士兵参加革命时，应征者如潮水般涌来。

洛佩斯·门德斯自从 1810 年被玻利瓦尔留在格拉夫顿街 27 号

的米兰达家中以来，就一直住在那里，担任革命的宣传员。他从未争取到英国官方对委内瑞拉共和国的支持，但是现在，在威灵顿公爵的默许下，[69] 英国的退伍军人在政府发布禁令之前争相入伍。[70] 毕竟，威灵顿公爵曾计划帮助米兰达。

英国军官在面试中详细得知了洛佩斯·门德斯给他们开出的条件：报酬与他们从英国军队得到的相等，军衔升一级，抵达委内瑞拉后开始发放军饷，并全额报销路费。一场激烈的应聘竞争开始了，为了确保在军团中占有一席之地，人们甚至开始金钱交易。古斯塔夫斯·希皮斯利上校是第一批向洛佩斯·门德斯自荐的指挥官人选之一，他提出要组建一支骑兵部队。这支部队被称为委内瑞拉第一轻骑兵团，由 30 名军官和 160 名士官组成，包括野战医生、兽医、小号手、铁匠、一名马术师和一名裁缝。按照计划，他们将于 1817 年 11 月离开英国海岸，后面还有 4 个旅跟来，这支队伍总共由 800 多名军官组成，其中一些人的妻子也会随军。

考虑到即将面对的原始环境，在伦敦为这些军官所做的准备工作极为细致考究，甚至堪称可笑。上校为军官们精心准备了带有金色蕾丝和金银细丝肩章的正装制服，以及漂亮的野战制服，袖口和领子装饰华丽，配有精致腰带、皮质弹药袋、军刀、深红色绶带、保暖披风、鲜艳的帽子，外加当时风靡军中的威灵顿军靴。金纽扣上铸有兵团徽章的图案。马具和马鞍都是从伦敦最好的马具厂定做的。他们还订购了特制来复枪。这一切都基于这样一种假设：一旦到达西班牙语美洲，上校指挥官和团部人员就能得到报销。同时，他们也完全罔顾了如下事实：士兵们将生活在热带地区，与那些赤身光脚、不备马鞍的人并肩作战，后者除了棍棒和长矛外，没有其他武器。[71]

为了给这些志愿者饯行，整个伦敦都组织了宴会和社交活动。随着天气越来越冷，人们可以看到军团成员穿着制服，神气十足地站在城市的各个角落。政府很快就将颁布一份公告，禁止公民武装对抗西班牙，但无论走到哪里，委内瑞拉军团还是会得到狂热的、近乎崇拜的宣传。在伦敦，"他们在市区和近郊频繁举行宴会和其他聚会，一些绅士出现在娱乐场所，最后还有一点，无论军官们在哪里聚餐，军乐队都会在身边为他们演奏，以上这些都是人们的日常聊天话题"。[72]

1817 年 11 月从英国出发的 5 艘船中，只有 4 艘在次年 3 月抵达委内瑞拉。有一艘载着枪骑兵团的船在海上风暴中沉没了，船上所有报名参军的人全部遇难。当其他 4 艘船沿奥里诺科河向瓜亚纳进发时，由于疟疾、斑疹伤寒、内斗或中途弃船，部队已大幅减员。在 800 多名全副武装、满怀希望出发的士兵中，只有 150 人踏入了安戈斯图拉。毕竟，他们还够不上身经百战的老兵，只是追寻黄金国的冒险家和梦想家。[73]事实上，没有人向洛佩斯·门德斯出示过服役证明。[74]到头来，古斯塔夫斯·希皮斯利这位摇身一变成为委内瑞拉第一轻骑兵团指挥官的人，在应征之前只是一名中尉。[75]尽管勇敢的爱尔兰上校詹姆斯·鲁克（James Rooke）或玻利瓦尔的副官丹尼尔·奥利里等许多人都是认真而训练有素的士兵，但也有许多人根本没有军队服役的经历。

他们到来的时候更像一个戏班子，而不是粗犷的士兵；那些华服除了用来卖钱外，毫无用处。他们常常喝得烂醉如泥，令他们的上级感到惊愕不已。正如一位历史学家所描述的那样，在委内瑞拉的爱尔兰人、苏格兰人和英格兰人"一手拿着来复枪，一手拿着酒瓶"。酒精浸透了他们生活的方方面面，他们每时每刻都离不开它。"他们应征入伍时喝酒。他们在港口候船时喝酒。推迟出发的时候他们喝酒，航行的时候他们也喝酒。"[76] 希皮斯利的信件显示，在 4 个月的旅途中，他们常常喝得醉醺醺的，连简单的任务也无法完成。[77] 他们会喝到不可避免地闹起事来，或者没能从岸上回来，或者落水淹死。在他们抵达玻利瓦尔在圣费尔南多的营地前几个小时，指挥官希皮斯利发出了一份通告。他担心他的士兵会给玻利瓦尔留下坏印象，[78] 众所周知，玻利瓦尔并不酗酒。"任何人被发现喝醉酒，无论在不在当班，"他警告说，"都将受到军法最严厉的制裁。"[79]

英国人于 1818 年 4 月中旬到达安戈斯图拉。到 5 月中旬，他们已经艰难地逆阿普雷河而上到达了圣费尔南多。此时此刻，共和国正处于最危急的时刻：玻利瓦尔刚刚在拉普埃尔塔被莫里略的军队击溃，而就在不久前，还有人企图刺杀他。当英国军官走下独木舟，踏上圣费尔南多的土地时，玻利瓦尔病了，正在治疗他化脓的伤口。在他们眼前的是一个性情乖戾的小个子男人——饱经痛苦折磨，心烦意乱。他尽可能热情地欢迎他们，但出于可以理解的原因，他有些心不在焉；他下达了一些含混不清的命令，又被上校立即提出的付款要求吓了一跳。直到他回到安戈斯图拉，精神焕发，精力充沛，他才看清了他们的真面目。他很快看出那个自以为是的小丑希皮斯利是有待割除的毒瘤。若非造成了悲惨的后果，此人的错误判断和狂妄自大也许会显得滑稽可笑。玻利瓦尔接受了他的辞呈，痛斥他"荒谬的威胁，我根本没放在眼里"。[80] 然后他把亨利·C. 威尔逊上校投入了监狱，因为后者企图暗中破坏他对派斯的指挥。他允许任何对其岗位状况感到震惊的外国人离开，不必担心任何报复或指责。留下来的人将被证明集勇气和奉献精神于一身。不出一个月，他就将派人去英国征募更多的士兵。5 年中，53 艘船将 6 000 多名来自英国和爱尔兰的志愿者带到南美洲，其中实际抵达的有 5 300 人。[81] 那些溯奥里诺科河而上抵达大平原的人很快就认识到，在那片遥远的土地上 [82] 打仗可不是什么轻松的事情。在那个特定的历史时期，他们的贡献对革命产生了重大的影响。玻利瓦尔对此深信不疑。他曾说过，西班牙语美洲真正的解放者是他在伦敦的征兵员路易斯·洛佩斯·门德斯。[83]

***

1818 年 8 月，玻利瓦尔得知，他的外甥莱安德罗·帕拉西奥斯在加勒比海地区募集枪支和人手时，终于找到了珀皮塔·马查多。[84] 他的情妇并没有像流言所说的那样回了加拉加斯，而是同她的母亲和姐妹留在熙熙攘攘的圣托马斯港，为回去做准备。玻利瓦尔已经差不多有两年没见过她了，他很想再见到她。但许多问题萦绕着他：她为什么计划回加拉加斯？她是想投靠他的敌人吗？她和另一个男人好上了吗？"人们说了无数让我觉得荒谬的谣言，"他在给莱安德罗的信中写道，"真正激怒我的是它们在我心中激起的疑虑。"[85] 在下一份信件里，他附了一封给珀皮塔的信，恳求她过来。随着春天的到来，玻利瓦尔正忙着筹备在新格拉纳达发动大规模进攻，[86] 莱安德罗传来了好消息：珀皮塔和她的家人刚刚登上了一艘前往安戈斯图拉的船。[87]

玻利瓦尔十分高兴。他以为珀皮塔会及时赶到，像从前那样陪他南征北战，但这不可能发生了。在她到达安戈斯图拉之前，在夏天把奥里诺科河变成一个热气腾腾的大蒸锅之前，他的战争计划就要求他再次向西移动。

不妨想象一下其中的戏剧性：他假定自己的爱人会跟随他上战场，他幻想有她陪在身边。[88] 当然，她陪他经历过许多关键时刻。"惊人的战役"结束时她在场，当一群女孩簇拥着他迈向光荣时，她就在她们当中回望他。在令人痛心的加拉加斯大撤离中，她一直和他在一起，两人冒着风雨从博韦斯手下逃生。她加入了他从海地发起的凯旋运动，迫使整个远征队下锚等待，只为了让他们团聚。她也目睹了他逃离奥库马雷时的狼狈，当时革命似乎已经无可挽回地失败了。自从那次灾难性的撤退之后，自从他匆匆把她送去圣托马斯岛的那一天起，他就再也没有见过她。

自打莱安德罗在信中透露了她要来的消息之后，珀皮塔的名字就像一个任性的精灵一样飘进了充满传说的梦幻岛。她的历史评价很差。但她并非传说，而是真实存在的：一个争强好胜的、桀骜不驯的、有血有肉的女人，为玻利瓦尔所爱，却受到他手下的嫌恶。据说她曾试图追随他上战场，却因病无法远行。[89] 有人说她死在了路上。同样极具争议的是，有人认为她因肺结核死于距奥里诺科河约 121 公里的圣拉斐尔镇，但从未到达安戈斯图拉；[90] 也有人说她死在了阿查瓜斯（Achaguas），这意味着她不仅成功地到达了安戈斯图拉，[91] 还多走了约 500 公里，经过了圣费尔南多，进入荒野去追寻他的足迹。我们也许永远无从得知到底发生了什么。可以肯定的是，玻利瓦尔抱着珀皮塔即将到来的希望过完了那繁忙的一年，他发动了几次突击，策划了一场战争，组建了国会，巩固了共和国。

到了 1819 年 1 月，当她还在路上的时候，玻利瓦尔在圣胡安-德帕亚拉筹备向新格拉纳达进军，急于率领他重整旗鼓的部队对抗莫里略的军队。但当他听说一大队英国雇佣兵即将抵达时，他擢升派斯为少将，接替自己指挥，随后便返回安戈斯图拉。他需要亲自前往那里还有另一个原因：来自共和国各省的新当选国会议员已经开始奉命聚集在安戈斯图拉。玻利瓦尔打算开启国会程序，公布他的宪法，并发表他对这个萌芽中的共和国的看法。[92]

他在少量随行人员的陪同下乘坐一叶长长的独木舟，顺毒蛇出没的奥里诺科河蜿蜒而下，边航行边起草国家宪法。他们从雄伟的棕榈树和巨大的阔叶树下滑过，夜晚聆听猫头鹰、蝙蝠、猴子和青蛙没完没了的叫声。在闷热的白天，他在吊床上荡来荡去，驱赶蚊子，并向秘书口述自己的想法。这些理论和想法从他写《牙买加来信》时就一直在构思，那时的革命前景远比现在渺茫。其间，他对委内瑞拉有了更深入的了解。他游历了这个幅员辽阔的国家，从高山到荒凉的大平原。他沿着整个北部的海岸线航行，向东西两个方向行军，也见证过岛屿和平原上的地貌和人民有着多大的不同。他和派斯的牛仔们住在一起，和原住民部落并肩战斗，和曾经为奴者分享口粮。这些都不是一个富有的曼图亚诺通常会交往的那种人；身在马德里时是很难理解这片土地的，虽然年轻的他曾在乌斯塔里斯侯爵的图书馆里一本接一本地阅读，试图弄懂他的祖国。这才是真正的委内瑞拉，不是哲学家的海市蜃楼，而是清晰的现实。在这里，强盗、牛仔、游牧民、水手、棚户居民和丛林中的印第安人如今都自称爱国者。这才是他想要解放的美洲。[93]

1819 年 2 月 15 日中午，在一阵利落的礼炮声和三声加农炮的响声之后，玻利瓦尔在安戈斯图拉朴素的政府大楼里就座，准备宣布第二届国会的开幕。[94] 他用清晰、洪亮的声音向听众阐述他对共和国的愿景，使他们为之着迷。共和国管理班子中的大部分都出席了会议，去年年底当选的 35 人当中有 26 人到场。[95]

玻利瓦尔开始让渡权力。他坚持认为，没有什么比让一个人掌权这么长时间更危险的了。他解释说，手头的工作太过繁杂。他描述了殖民地先前如何遭受剥夺，被剥夺的不仅有自由，还有参与真正的民主政治的权利。西班牙语美洲人在所有与国家治理有关的事情上都显得意志消沉，能力不足，与现实世界隔绝。因此，建立一个共和国的工作将是艰巨的：他们必须对蒙昧的国民进行再教育，眼下全体国民没有正义或公平政府的概念，对民主政治提出的高要求一无所知。正如卢梭所言，自由是一道美味多汁的佳肴，但极难消化。

玻利瓦尔认为，尽管美国在平衡来之不易的自由方面取得了成功，其联邦体制对委内瑞拉来说却并不是一个好的模式。北美和南美殖民地在性质上就像英国和西班牙一样不同。他强调："法律必须适合其服务对象。"而且，按照他的说法，从任何实操角度来看，西班牙语美洲在这个蜕变的节骨眼上都不具备组建一个真正的代议制政府所需的道德品质，那种制度"太过崇高，可能更适合一个圣徒共和国"。

正如玻利瓦尔所解释的，委内瑞拉就像西班牙语美洲大陆的其他地方一样，被地理、经济、人文等诸多方面的分歧所撕裂。推出一个罔顾或加剧这些分歧的政府不符合国会的利益。"团结，团结，团结必须是我们的座右铭！"他告诉他们。但在这个共和国面临的所有挑战中，最大的是种族问题：

> 我们的人民与欧洲人或北美人截然不同；事实上，与其说我们是欧洲的孩子，不如说我们是非洲和美洲的混血儿……我们不可能确切说出自己属于哪一个种族。大多数印第安人都

被消灭了；西班牙人与美洲人和非洲人混了血；接下去，他们的孩子又与印第安人和西班牙人混血……我们每个人的肤色都有明显可见的不同：这种多样性对约束力提出了最高级别的要求……在这个多元族裔的社会里，我们需要有无比坚定的手腕和无比高明的手段来处理所有的种族分歧，在这里，即使最微小的变化都可能打破、分裂或破坏其微妙的平衡。

这并不是说西班牙语美洲人血统更低下，而是说他们共同组成了一个完全不同的种族：一个新的民族，由三个世纪的历史锻造，承受了西班牙的残酷打压。玻利瓦尔借用荷马的话："当一个人失去自由时，他就失去了一半的精神。"对于一群生活在愚昧、暴政、罪恶三重枷锁下的民众来说，仅仅有法典和法规是不够的；真正需要的是明智的、深思熟虑的领导。国会有责任为这个新的人类种族建立一种新的政府—— 一个既能管理又能教育的政府，因为只有"有道德的人、爱国的人、有学识的人才能建立共和国"。为了实现这一目标，他提议设立一个"道德权"（poder moral）机构作为国家基本机构之一，负责向民众灌输道德规范和公民责任。

事实上，玻利瓦尔最关心的问题是教育。他呼吁国会议员们建立一个强大的教育体系，保障公民自由，全面抵制西班牙旧有的司法体系，并建立一个稳固的中央政府，将所有委内瑞拉人团结在一个"统一且不可分割"的共和国之中。他恳求他们，"就像为我自己的生命那样恳求"，批准奴隶的绝对自由身份。他支持选出一位强有力的终身总统。他呼吁设立一个类似于英国上议院的世袭制参议院，充当政府和被统治者之间的仲裁者。他敦促国会慷慨地奖励军队，不仅要表示感激，还要授予荣誉，因为这些士兵不是为"权力、财富甚至荣誉而战，而是为自由而战"。[96]

玻利瓦尔雄辩而又激昂的演说令代表们热泪盈眶。它不仅是演讲的典范——文风严谨，论述全面——而且展现出广博的知识面。演讲中，他援引并借鉴了罗马和希腊的法律、斯巴达的智慧、从成吉思汗到乔治·华盛顿时代的人类历史，以及文学中闪光的启迪性片段。对许多人来说，他关于种族的坦率言论是前所未有的，这也不可避免地冒犯到一些抱持着根深蒂固偏见的人。但是，没人能够否认这些话背后的爱国主义、原则性和理性。演讲过程中，他多次被经久不息的狂热掌声打断。[97]

演讲进入尾声，玻利瓦尔抬眼望向拥挤的房间——那是个炎热的下午，闷热难耐，房间里挤满了头戴草帽、身穿白色马裤的议员。[98] "我请求你们，"他郑重地说，"给委内瑞拉一个特别支持人民的、特别公正的、特别道德的政府——一个将终结无政府状态、暴政和相互指责的政府。"然后他干脆利落地收尾："先生们，开始你们的工作吧。我的任务完成了。"实际上，他已经交出了最高统帅的所有权力。但过不了多久，那些权力就会再度回到他手中。

第二天上午，安戈斯图拉的国会选举玻利瓦尔为共和国总统，可敬的新格拉纳达教授弗朗西斯科·安东尼奥·塞亚（Francisco Antonio Zea）为共和国副总统。这项工作完成后，他们着手审定玻利瓦尔起草的宪法。接连 6 个月，[99] 国会议员们——有些打着赤脚，有些穿着打补丁的衣服[100]——每天都聚集在市政厅里磋商。一段时间后，他们制订出一份文件，采纳了玻利瓦尔的许多观点，但拒绝了世袭制的参议院和"道德权"部门。[101] 然而，他们构想的共和国距离变成实现还很遥远。那项工作不是在政府大厅里完成的，而要在战场上完成。

***

　　当玻利瓦尔还在安戈斯图拉的时候，派斯没有理会西班牙人的诱战。他接到了明确的命令。派斯完全遵照玻利瓦尔的命令行事，当他听说莫里略的军队要开赴他所在的圣费尔南多时，他没有与那位将军交战，而是将那里夷为平地。整个 1819 年 2 月和 3 月，派斯一直在用游击战术耍弄莫里略的军队，袭击他的侧翼，使他的军队疲惫不堪，但又不足以激怒他挑起全面战斗。当玻利瓦尔带着一个营的 300 名英国士兵沿奥里诺科河返回时，派斯的阿普雷大军已经跃跃欲试了。

　　派斯最终在 4 月 2 日下午得到了批准。他带着 150 名骑手渡过阿劳卡河（River Arauca），来到克塞拉斯-德尔梅迪奥（Queseras del Medio）平原上的莫里略营地。他安排 90 名士兵在河边等候，派出 20 人一组的 3 个小队向保王派的营地策马疾驰。看到平原上腾起巨大的尘埃云，莫里略确信来的是玻利瓦尔的主力部队。他集结了手下 1 000 名士兵前去迎战。几乎就在同时，派斯的骑兵开始撤退，诱敌追击。莫里略的士兵开枪了，枪声在上空回荡，保王军的骑兵紧随其后。当追击进入白热化阶段，所有战马轰隆隆地穿过平原奔向河边时，派斯命令他最凶悍的骑手胡安·何塞·龙东（Juan José Rondón）带领的小队突然掉头向后，猛冲向敌人。其他的骑兵紧随其后。西班牙人一时不知所措。他们下了马，以便更好地瞄准逼近的敌军，但派斯和他的士兵全速奔驰，挂在坐骑的一侧，躲过西班牙人的视线。保王兵几乎什么也看不见：昏暗的光线、他们自己的枪炮冒出的硝烟和呛人的灰尘使战场上一片模糊。派斯的人轻而易举地追了上来，他们在马上高高跃起，将长矛刺向左右两旁的保王士兵，实施迅疾而剧烈的打击。长矛的猛刺、大刀的挥砍和派斯骑兵们刺耳的野蛮呼号声令西班牙人崩溃。他们的骑兵转身就逃，步兵丢弃了所有的重炮，疯狂地奔向森林。莫里略当晚被迫撤退到几小时行程之外的安全地带。[102] 很难说这位西班牙将军是否真的相信他后来写下的东西，抑或是他只想淡化自己的失败，总之他在给马德里的报告中称派斯的部队不是 150 人，而是 700 人。[103]

事实上，派斯用一小撮敏捷的游侠在保王军周围打游击。国王的 400 名士兵死在克塞拉斯-德尔梅迪奥，许多人受了伤，蹒跚逃离。[104] 而另一边，派斯的人离开战场时损失很小，只有 2 死 6 伤。这是爱国者的光荣胜利，在精神上给了敌人沉重一击。玻利瓦尔兴高采烈，慷慨嘉奖了英勇的骑兵们。这场爱国军对保王军以少胜多的较量成为革命勇气的巅峰，在南美洲编年史上留下了浓墨重彩的一笔。这场大卫和巨人歌利亚式的对抗标志着战争的转折。在那之后，莫里略就像完全变了个人。有了阿普雷的野蛮骑兵和玻利瓦尔新招募的英国军团并肩为伍，爱国者显然获得了新的力量。虽然莫里略拥有一支 7 000 人的强大军队，[105] 但他的公报中却开始反映出一种明显的悲观情绪。他对自己平定运动的命运越来越担忧。[106]

然而，战争还远未结束。在随后的几个月里，爱国军和保王军在平原上频繁交手，但没有哪一方赢得足够多的小规模战斗以建立起自己的优势。在东部，乌达内塔将军的部队始终无法接近加拉加斯。在西部，桑坦德将军正在扩充军队，等待命令。玻利瓦尔急于趁天气尚好时把战争向西推进到新格拉纳达，但又希望在踏上这段艰难旅程之前再给莫里略一次致命的打击。他变得沮丧懊恼，焦躁不安。"耐心点，"派斯劝他，"每座山的后面都有一片开阔平原。"[107] 这句格言起不到什么安慰作用：平原正是令玻利瓦尔牵肠挂肚的地方。到了 5 月，雨季开始了，奥里诺科河支流组成的广阔水网随时可能泛滥，淹没植被，把猎物赶到更高的地方。[108] 来回追击莫里略的爱国士兵们缺少食物，也缺少休息，还要被迫穿越之前已被自己烧为灰烬的稀树草原。但他们不敢抱怨。总统本人也在忍受着这些斯巴达式的清苦条件。[109]

***

此时的玻利瓦尔 35 岁，正处于体力和脑力的巅峰时期。他不知疲倦地工作着，神经紧绷，睡眠极少，靠着跟士兵一样的口粮维生，和士兵们并肩行军，督促他们前进，激励他们做出更大的牺牲。[110] 他的脸已经失去了青春的光泽，尽管动作还活跃敏捷，面容却像个老人：瘦骨嶙峋，面色焦黄。[111] 他的头发已经长得很长，一缕缕细鬈发垂落肩头，白天他就用绳子把它们扎起来。几缕乱发飘在他的额前，盖住了日渐稀疏的发际线。他的胡子和鬓角是很不协调的金黄色。他那漂亮的鹰钩鼻上长了一个小瘤，这使他的虚荣心受到了极大的伤害。直到几年以后瘤子才消失，留下了一个疤。[112] 一个英国人在平原上初次见到他时，就注意到他惊人朴素的衣着——黄麻便鞋，简单的外套，头戴一顶英国士兵的头盔。他虽然形象粗陋，却有一种罕见的优雅气度，这在战场上和一群粗人在一起时尤为醒目。[113] 要说有什么不符合士兵惯例的地方，那就是他对身体卫生的注重：他在拂晓时洗澡，有时一天洗两三次，[114] 而且，尽管战场上条件艰苦，他的牙齿始终光洁亮白。

事实上，解放大军的生活相当困苦。[115] 一个步兵经常要在炎热的天气里长途跋涉，不得不边走边打猎，喝带泥的河水。他的正餐是肉，不加盐，也不加其他佐料，而那还是在有幸与赶牛人同行的前提下。每个士兵每天只能得到将近 1 公斤的牛肉，仅此而已。[116] 派斯的牛仔已经习惯了这种艰苦生活，他们公然蔑视其他人，[117] 尤其是英国人，因为英国人自诩勇士，却连一匹马也不能驯服，不能与鳄鱼搏斗，也不能在湍急的河流中游泳。如果有肉的话，通常会先紧着骑兵们吃，步兵们则会照例收到次等部分。但即使身边有牛，他们也一连几天无法吃到，因为秃鹫或篝火的烟雾很容易暴露位置。[118]

玻利瓦尔费了很大的力气从安戈斯图拉运来补给品——佐肉用的盐，做面包用的面粉，外科医生用的药，给军官们的烟草。[119] 最重要的似乎是为英国人准备的备用鞋，他们不像帕尔多人和印第安人，格外不擅长光脚行军。在那段时间里，他的信件显示了一位指挥官对细节的执着：譬如马蹄铁的精确图案，制造马蹄铁的特殊软铁，运输弹药的包装方式，以及火药的确切种类。[120] 在他 2 月离开安戈斯图拉时，武器和弹药储备充足，甚至还有几件制服，但食物和药品却很少。西班牙人很容易就注意到了英国人送来的那些无用的衣服，他们对玻利瓦尔设法争取到他们前盟友的支持感到极为愤慨。"还是头一次，"莫里略将军怒气冲冲地向西班牙陆军部报告，"我们看到叛军从头到脚都穿成了英国人，甚至有人看到一些阿普雷牛仔戴着有羽毛的帽子，坐在英制马鞍上。"[121]

***

玻利瓦尔想把他的战争扩展到南美其他地区，这已经不是什么秘密了。他在几个月前对新格拉纳达人做出的承诺中也说过同样的话。[122] 但是，时间在流逝，天空始终细雨绵绵，平原上泥泞不堪。[123]

就算西班牙人相信玻利瓦尔会兑现他向西推进革命的承诺，他们也绝不认为他会选择现在开始。加拉加斯仍然处于保王派的控制之下。他没有成功拿下它；事实上，他都没有真正地尝试过。在这样一个紧要关头，他为什么要去新格拉纳达呢？只有傻瓜才会冒雨尝试这样的旅程，因为雨会把河流变成海洋，让山谷消失在湖底，令安第斯山脉结冰打滑，无法通行。玻利瓦尔在安戈斯图拉的国会上对他的计划只字未提，此时他却把计划透露给了两位最信任的将军——派斯和桑坦德，这两人在他看来对这项事业至关重要。他要他们发誓保密，坚称出其不意是至关重要的。"这是给你看的，而且只有你能看。"他写信给桑坦德说。[124] 派斯此前已经答应了。[125]

5 月 23 日，当他和他的步兵沿着阿普雷河西进时，玻利瓦尔召集了他的军官参加战前会议，其中包括索夫莱特、佩德罗·布里塞尼奥·门德斯（Pedro Briceño Méndez）、詹姆斯·鲁克、何塞·安东尼奥·安索阿特吉（José Antonio Anzoátegui）和其他几名军官。他们在荒无人烟的小村庄塞坦塔的一间破败棚屋里集合。没有可用的桌子，也没有椅子。他们就坐在被秃鹰啄光肉、被太阳晒得惨白的牛头骨上。尽管军官们，甚至整支爱国军，都以为他们会待在附近越冬，[126] 但解放者解释说，在雨季留下来是愚蠢的，届时会粮食短缺，疟疾和黄热病猖獗。他吐露了自己的计划：他要率领全军翻越安第斯山脉，突袭新格拉纳达一侧的敌人，转至另一个战区作战，震惊世界。

安索阿特吉、索夫莱特和几位更重要的上校热烈拥护这项提议，其他人则费了一番功夫才被说服。但是，当大家表示一致同意后，派斯改了主意，开始拖延时间。他坚持表示他的部下想留在大平原上，靠近熟悉的环境，他们不想到遥远的地方作战，也不想让自己的马匹走山路涉险。他找各种借口，搪塞一番，然后完全拒绝了玻利瓦尔的计划。当玻利瓦尔要求他无论如何都要提供军队和马匹时，派斯派遣了一小队骑兵，又派出了 200 匹"骨瘦如柴、满身疥癣的母马"。[127] 解放者怒不可遏，但一个简单的事实摆在面前：他需要派斯。最终，他找到了让"阿普雷雄狮"配合计划的方法。派斯将率领他的骑兵前往库库塔，那里很容易从大平原进入，他们负责在那里阻止西班牙人向西移动。在东部，贝穆德斯和马里尼奥将继续向加拉加斯施压，不时进攻莫里略驻扎的卡拉沃索。副总统塞亚将负责所有其他事务，包括继续寻求海外援助。

5 月 26 日，玻利瓦尔开始向山区进发。就在这一天，大雨倾盆。[128] 士兵们没有被告知行军方向。这首先是为了保证行动完全保密，但同样重要的是，玻利瓦尔担心如果他们知道自己正向危机四伏的目的地推进，他们就会逃跑。[129] 直到开入瓜斯杜阿利托（Guasdualito）时，部队才终于得知行动意图，安戈斯图拉政府也是如此。玻利瓦尔的精锐部队有 2 100 人，包括 4 个步兵营和 3 个骑兵中队，随行的还有医务人员、后备军、妇女、儿童和一群牲畜。他们现在正准备完成军事史上最了不起的壮举之一。[130]

6 月 4 日，玻利瓦尔的部队渡过阿劳卡河，进入卡萨纳雷。[131] 那里暴雨滂沱，稀树草原淹没在洪水中，放眼望去，到处都是漂流的动物。[132] 他的士兵们用牛皮做船来运输军火，尽可能保持其干燥。他们满脚粘着泥巴行军，或者在齐腰深的水中跋涉，或者在洪水涨过头顶时游泳。如果拖家带口，他们就用破旧的毯子保护妇女免受寒冷和潮湿的侵袭；如果没有家属，他们就用毯子保护枪支和弹药。他们浑身湿透，饥肠辘辘，疲惫不堪，穿越一片前所未见的地形。骑在马背上的人不比地面上的人好多少。马的蹄子在泥潭和沼泽里泡软了，走起来一瘸一拐。骑手的脚疼痛肿胀得变形，用不了马镫。[133] 饶是如此，部队还是继续前进，走了一个多月，[134] 每当看见漂浮在广阔内陆水道上的树木，就以为看到了前方干燥土地的征兆。孱弱的人很快就病了，壮实的人伤痕累累，不幸的人任凭小小的食人鱼摆布，它们在几秒钟内就能把四肢啃得只剩骨头。[135] 有些马和牛掉进了深水里，再也爬不起来。货物变得太重，难以携带；缰绳被泡软，无法使用。晚上，他们在任何可能的地方宿营，睡在静水里或马背上，又要遭到蚊子、沙蝇和叮人的小虫子的噬咬。[136] 终于，他们踏上了塔梅（Tame）的坚实土地，[137] 桑坦德的部队在那里等着他们。时隔多日，解放大军总算能在干燥的床榻上休憩，吃到了香蕉、马铃薯、大麦和盐。[138] 在远处，每当大风吹开云层，他们就能望见圣卡米洛（San Camilo）的森林，[139] 以杂乱的绿色勾勒出高耸的安第斯山脉底部峭壁的轮廓。

他们休息了一个星期，于 7 月 1 日再次启程，向着雄伟的山脉，向着那道冰封缺氧的山岩屏障进发。在玻利瓦尔的激情鼓舞下，爱国者们步履蹒跚地攀上山脊，除了光辉梦想之外一无所有。[140] 当他们攀爬到稀薄的空气中，刺骨的寒风和澄澈的天空使一些人麻木，却使另一些人清醒过来。派斯的许多骑兵此前每天都在泥泞和洪水中坚持不懈地跋涉 30 多公里，此时却认为令人眩晕的高度和不稳当的岩石对他们的马来说实在太累。有些人因为心疼自己饱受折磨的牲畜而脱离了远征队，放弃了革命。[141] 在连续 5 天翻越皮斯瓦荒凉高寒地带的行军中，几乎没有几头牲畜能幸存下来。

冰冷的雨下个不停，丝毫没有减弱的趋势。没过几天，剩下的牲畜也都死了。一连串尸体标示出它们的踪迹。玻利瓦尔向他的副总统汇报："我们行军的艰难程度，足以令任何没有经历过的人感到震惊。几乎没有一天或一晚不下雨……唯一值得欣慰的就是我们已经熬过了最糟糕的时刻，我们已经接近了旅程的终点。"[142] 他们所经过的溪流往往湍急凶险，士兵们不得不结成紧密的队列，手拉着手往前走，直到最后一个人被拉过拍击的水浪。为了穿越峡谷，他们用套索套住两边的树木，然后用皮绳将悬在临时吊床上的士兵们拉过陡降的深渊。[143] 玻利瓦尔需要背负那些虚弱得站不起来的士兵，或者忠实地跟随他们的妇女。据一位英国观察者说："他对伤病员的关怀总是充满人情味。"[144] 部队在潮湿冰冷的岩石上打着滑移动，一鼓作气攀至将近 4 000 米的高度，他们知道，在这令人毛骨悚然的海拔上，停下和躺下就意味着放弃和死亡。在越过皮斯瓦最高耸险峻之处后，他们的鞋子已经没了鞋底，衣服也破烂不堪，数百人死于失温。一位目击者后来写道，许多幸存的军官"没有裤子，只好用毯子或任何能弄到的东西来盖住自己"。[145] 整整四分之一的英国分遣队在那次穿越中丧生。[146] 然而，也有一些场面展现了非凡的力量和勇气。那些爱国妇女，无论是情妇还是妻子，都是不可或缺的医护人员：她们医治伤口，鼓励病人，表现出令人钦佩的坚韧不拔。事实证明，她们中的有些人甚至比男人还要顽强。7 月 3 日晚上，挤作一团的部队正穿越最高地段时，玻利瓦尔的副官得知，一名士兵的妻子在分娩。第二天，他看见她跟在丈夫的营队后方，怀抱一个褓褓中的新生儿。[147]

　　7 月 6 日，幸存者开始从山的另一面往下行进。他们衣衫褴褛，虚弱不堪，饥肠辘辘，只能沿着绝壁小心翼翼地择路下行。在索查（Socha），兴高采烈的新格拉纳达人带着食物、饮料、马匹和武器冲出来迎接他们。村妇们对半裸的士兵充满了同情，立即忙活起来，用自己的布料为他们缝制衬衫、裤子、内衣和外套。[148] 玻利瓦尔选了一条正确的路线，因为爱国军的到来没有遇上任何敌军阻挠。西班牙人想当然地认为穿越皮斯瓦荒原太困难，[149] 所以这一带没有安排守军，方圆几公里内也没有他们的部队。远征军有充足的时间恢复元气。

接下来的几天里，在部队休整期间，英国军团拖着解放军的箱子和弹药缓缓进入了索查。大部分装备已经严重损坏。玻利瓦尔没空为这笔损失烦恼。他忙着组织补给，招募兵员，确保病人得到照顾、饥饿的人得到食物，同时收集保王军的情报。新格拉纳达人在残暴总督的手下遭受了三年的严酷统治，现在争相加入玻利瓦尔的事业，一个接一个的村庄张开双臂欢迎他。年轻的新格拉纳达将军桑坦德后来这样描述玻利瓦尔为备战做出的努力："在这里，这个男人脱颖而出，表现出非凡的决心和能量。三天之内，他重新装备骑兵，搜罗弹药，重新集结军队；然后派出巡逻队，激励市民，并计划发动全面进攻。"[150]

***

就在玻利瓦尔的最后一批士兵走下积雪覆盖的皮斯瓦荒原几天之后，新格拉纳达很快迎来了解放。玻利瓦尔的军事直觉使得他的军队没有遇到任何抵抗，而眼下的考验则是动员这支军队打一场胜仗。7月25日拂晓，也就是玻利瓦尔36岁生日的第二天，他的士兵在波哥大东北约200公里处的巴尔加斯沼泽地（Pantano de Vargas）与西班牙人展开了一场战斗。那里是一片山峦环绕的沼泽。何塞·马里亚·巴雷罗（José María Barreiro）准将和他的保王军占尽优势：地势更高，人数更多，武器更好，训练更专业。但就在爱国军遭到四面八方的猛烈炮击，部队被团团包围，眼看要全军覆没的时候，玻利瓦尔向在克塞拉斯-德尔梅迪奥战役中表现英勇的骑兵龙东喊道："上校！救救共和国！"这个无畏的牛仔率领手下势不可当地突出重围，冲上沼泽中的小丘，挥舞着弯刀和长矛，成功地把西班牙人赶了下来。爱国者们欣喜若狂，顿时以新的热情投入战斗。[151] 这一逆转使保王军乱了阵脚，他们惊慌失措，匆忙撤退，尤其是当夜幕降临的天空开始下起雨来的时候。[152] 桑坦德后来说，在巴尔加斯沼泽地的战斗是靠骑兵的临危发力和英国人的冷静赢得的，当然还得益于玻利瓦尔，他就像某位神话中的战神，似乎能同时出现在各个地方。[153] 爱国者还有更多的优势：玻利瓦尔的主力部队经验丰富、直面挑战、精干老练，如今已是一支训练有素的战斗力量。[154] 西班牙人则勇气尽失，他们被解放者吓坏了，被他那传说中的"殊死战"吓坏了，被他从安第斯山脉这一侧的突然现身吓坏了。[155] 巴雷罗的军队或许有人数优势，有精良的装备和闪亮的制服，接受过半岛式训练，当然还有巴雷罗本人的乐观精神，[156] 但在玻利瓦尔看来，他们有一个明显的、致命性的劣势：他们害怕。[157]

几天后的 8 月 7 日，具有决定性意义的博亚卡战役开始了。但到目前为止，双方力量的天平已经发生了变化。不再是西班牙人试图阻止玻利瓦尔向波哥大进军，而是玻利瓦尔试图阻止西班牙人与他们的总督会合并集结急需的援军。[158] 在那个决定命运的日子的上午，解放者的军队以博亚卡桥附近的一座小丘作为阵地，从这座山头可以俯瞰通往首都波哥大的道路。下午两点钟，保王军出现了。巴雷罗准将只当远处悬崖上看到的那群爱国者是一帮望风的，于是派出了一支先头部队。他命令副手弗朗西斯科·希门尼斯（Francisco Jiménez）上校把他们吓退，好让他 3 000 精兵的主力部队通过。但玻利瓦尔加快了爱国军的行军步伐。整支军队很快就一拨接一拨地越过那座小山，士兵们的吼声此起彼伏。龙东的骑兵疾驰而来，像一把尖刀插进了保王军整齐的阵列，把他们像羊群一样驱散。接着，安索阿特吉将军率领手下久经沙场的老兵向那些士兵发起进攻，桑坦德则率兵追赶并打击他们的先头部队。下午 4 点，一切都结束了。[159] 绝望中的西班牙指挥官试图撤退到一处山坡上重新整队，但彼时他的军队已经被摧毁——200 人死在开阔的草地上，其余人都乱了阵脚。当安索阿特吉的骑兵手握血淋淋的长矛冲上那座小山时，西班牙人放下了武器。那天下午，1 600 名保王士兵被俘。这场战斗持续了整整两个小时。[160]

在那场激战中，许多英国人受了伤。奥利里头上挨了一刀。鲁克上校的左臂受了重伤。野战医生为挽救他的生命而截去了那条手臂，鲁克用他完好的那只手抓起断肢，[161] 高举向空中，喊道："祖国万岁！"[162] 有人问："哪个祖国，英格兰还是爱尔兰？"这位爱尔兰人摇了摇头。"埋葬我的那个。"他回答。三天后，他的遗体被埋入哥伦比亚的土地。

在那场战斗的当晚，玻利瓦尔随行人员中的 12 岁马夫佩德罗·马丁内斯（Pedro Martínez）注意到有两个人蜷伏在河边的一条沟里。当他和一个全副武装的同伴突袭他们的藏身之处时，逃跑者试图用几枚金币来收买他。但男孩拒绝了。两个年轻人将俘虏押回爱国军营地，这才得知其中一个正是巴雷罗准将。爱国军此前已逮捕了他的副手希门尼斯上校。[163]

尽管玻利瓦尔大名鼎鼎的"殊死战"令西班牙士兵人人自危，但博亚卡战役的俘虏无一被处决。玻利瓦尔对巴雷罗和他的军官们很慷慨，明确表示他打算交换战俘。但是，在战斗尾声阶段，玻利瓦尔沿着绵延数公里的群山追捕散兵游勇，并设法抓住了一些人，这时他撞见了一张熟悉的面孔。[164] 弗朗西斯科·维诺尼。1812 年，正是这个共和国的叛徒打开了卡贝略港的地牢，把这座要塞重地移交给了西班牙人。臭名昭著的维诺尼，就是他的叛国行为导致了玻利瓦尔职业生涯中最痛苦、最声名扫地的经历。解放者总是说，要是让维诺尼落到他手上，他必将实施残酷的报复。他把那俘虏从队列中拉出来，命手下把他绞死。[165]

通往首都的道路现在畅通了，玻利瓦尔和一个小队出发前往波哥大。正如一位军官所写的那样："闪电未及从空中劈下，玻利瓦尔已降临首都。"[166] 他衣衫褴褛，未着衬衫，外套拍打着赤膊，在马背上骑行了110多公里。当他在潮湿的乡间疾驰，一头乱蓬蓬的长发随风飘动时，他看起来实在不像一位击败了国王军队的将军。但事实就是如此。他多年前就放弃了的"殊死战"现在却为他带来了极大的好处：波哥大的西班牙人闻风而逃，把房屋、商店、整个总督府的金库都留给了爱国军。曾对新格拉纳达人犯下累累暴行的胡安·何塞·德·萨马诺总督，而今已无暇顾及人民的命运。为了活命，他乔装成卑微的印第安人溜走了。当玻利瓦尔大步走进他的官邸时，他已没了踪影。[167]

在后续提交给西班牙陆军部的官方报告中，美洲殖民地上最重要的西班牙人莫里略将军这样总结道：

> 反叛者玻利瓦尔已经占领了首府波哥大，这一仗的致命后果是他得以控制这个人口众多的富裕国度的巨量资源，尽可以取其所需来延长战争……不幸的是，除了新格拉纳达之外，叛乱分子还掌握了南部许多港口，他将在那里部署他的海盗……一直延伸到秘鲁的内陆地区都任由［波哥大的］统治者摆布……仅仅在一天之内，玻利瓦尔就抹杀了我们五年征战所取得的一切成就，在一场战役中，他就夺回了国王的士兵在过去多次战争中所取得的全部土地。[168]

第十章

荣耀之路

弱者需要长期斗争方能得胜。强者只消一击，帝国分崩离析。

——西蒙·玻利瓦尔[1]

玻利瓦尔敏捷下马，跑上总督府的台阶。[2]那是下午5点，[3]山间的空气又恢复了活力。首府度过了异常闷热的一天。[4]波哥大的共和主义者带着茫然和狐疑，从总督的蒙蔽下回过神来。早先有消息称，保王派在巴尔加斯沼泽地取得了胜利，这当然不属实。但随后，西班牙人一窝蜂离开首府，远处的火药仓库也爆炸了。待到玻利瓦尔策马进入总督区首府，他那未着衬衣的身影沿着街道迎风疾驰时，市民们壮起胆子走出家门，从最初的好奇演变为欣喜若狂。

据一名目击者称，玻利瓦尔对人名的记忆力让众人大吃一惊。他边走边向新格拉纳达人打招呼，尽管他已经有4年多没见到他们了。他的动作利落而克制，显然没有考虑到这一时刻有多么重大。[5]他精力充沛，尽管已经骑行了8个多小时。[6]他进入总督府之后，共和派领导人问他是否想休息一会儿，他回答说："完全不用。我骑马从来不累。"[7]他轻快而彬彬有礼地向他们讲话，说话时抓着外套的翻领。对话主要是他在提问，当他们回答时，他便抱着双臂专心听着。他问起了自己的赞助人和支持者，新格拉纳达联合省的前总统卡米洛·托雷斯。（托雷斯曾经说过："玻利瓦尔在哪里，共和国就在哪里。"）[8] 托雷斯已被莫里略的军官残忍处决并肢解，他的头颅被插在长矛上，示众的地点离玻利瓦尔现在站的地方只有几米远。玻利瓦尔还问到了托里塞斯总统，这位多年前曾经热情迎接过他的年轻的卡塔赫纳军阀和托雷斯遭遇了同样的命运，头颅被挑在矛尖上，在总督府前示众。玻利瓦尔环顾四周，很明显，萨马诺总督的统治给人民造成了严重的损失。证据深深刻在他们的脸上。[9]

他写信给他在委内瑞拉的副总统，报告说波哥大现在是他的了。总督惊慌逃离，[10] 留下了办公桌上的一袋金子、[11] 金库里的 50 万比索，[12] 还有足够供给全军的武器弹药。玻利瓦尔用一场战斗就推翻了他的铁腕统治。但直到解放者到来前的几个小时，萨马诺总督才意识到他的统治结束了。在那之前，他还在愉快地和心腹们共进盛宴，浑然不知他的军队已被打垮，他的指挥官已成俘虏。由于巴雷罗准将对他谎报了巴尔加斯沼泽地战役的结果，称自己是胜利者，总督认为玻利瓦尔的乌合之众根本构不成威胁，西班牙军队坚不可摧。8 月 8 日那天晚上，总督正在向席间客人吹嘘巴雷罗，突然，一名官员闯进来，报告说国王的军队在博亚卡被击败，指挥官被俘，爱国者的部队正迅速逼近首府。[13]"一切都完了！"官员哀号着，"玻利瓦尔来了！"[14] 正如同时代的一位历史学家所描述的："总督的虚张声势很快化为恐惧，他所能想到的只有保全自己的性命。"[15] 他乔装成不起眼的农民，向西逃到马格达莱纳河，然后隐姓埋名地登船航行了 800 多公里，顺流而下到达卡塔赫纳，最后横越大洋到达西班牙。当玻利瓦尔派出一个师的兵力去逮捕他时，他已消失不见，隐没在人群之中——繁忙的水道上又多了一个旅客。

玻利瓦尔在总督府里穿行，对大规模撤离中被抛弃的财富感到惊讶，但他很谨慎，没有表现出扬扬自得。在他看来，战争并没有随着波哥大的解放而结束。还有许多事情没有完成：加拉加斯还没解放，莫里略仍然在逃，而且，尽管爱国者一路突进，西班牙仍然控制着一些重要的地区——科罗、卡塔赫纳、库库塔、帕斯托、基多、秘鲁总督区。毫无疑问，玻利瓦尔为博亚卡的胜利而振奋，并对其战果深信不疑，但他没有发表公开声明。他让他的将军们继续行动，招募战俘加入爱国阵营，并努力征募更多的士兵。

不过，即使眼前的工作很严肃，玻利瓦尔也从不放弃对轻松愉悦的追求。他和军官们打牌，和他们开玩笑，和他们一起骑马，组织节庆活动。他刚到首府不久，就为波哥大所有的头面人物举办了一场化装舞会。[16] 当天晚饭前，与他交情深厚的英国军官詹姆斯·汉密尔顿（James Hamilton）上校以一副狼狈不堪的形象到场，令玻利瓦尔大为惊讶。"我勇敢的好上校！"玻利瓦尔看到他时倒吸了一口气，"你的衬衫真脏！"[17] 玻利瓦尔的直率是有充分理由的：一年前，他在战斗中失去了所有的衬衫，汉密尔顿慷慨地给了他6件自己的衬衫。[18] 现在轮到英国人为自己的邋遢道歉了，他解释说他穿的是自己唯一一件衬衫。玻利瓦尔咯咯发笑，命令仆人何塞·帕拉西奥斯（José Palacios）给上校拿件干净衬衫，但帕拉西奥斯只是盯着主人，直到玻利瓦尔不得不开口："嗯，你怎么还不去？"仆人结结巴巴地说："阁下您只有两件衬衫，一件穿在身上，一件拿去洗了。"[19] 玻利瓦尔和上校听到这话都开怀大笑。在革命中，衬衫一向是珍贵物品：在征途中遗失，在战斗中被抢，用作止血带，从尸体上被掠走。现在，它们成为两个男人之间短暂欢乐的源泉，而在那场战争之前，这两人从不缺少华丽的服饰。

　　庆祝玻利瓦尔胜利的官方活动安排在 9 月 18 日举行，波哥大全体人民都参加了庆典。教堂的钟声响起，20 名身着白色礼裙的年轻美女勇敢地走上前来，给他戴上桂冠。玻利瓦尔和桑坦德、安索阿特吉并肩走在胜利游行的队伍中，一路走到广场，他的许多支持者曾在那里丧生。[20] 然而，尽管人们兴高采烈，激情昂扬，但很少有人真正理解这场胜利的重大意义。在 75 天的时间里，玻利瓦尔通过一次完全即兴的调遣解放了新格拉纳达，并为解放西属美洲大部分地区开辟了道路。他翻越安第斯山的征程与汉尼拔翻越阿尔卑斯山的征程有许多相似之处，只不过安第斯山脉的地形和气候更为恶劣，而且汉尼拔为迎接这一挑战花费了数年的准备时间。圣马丁也越过了位于大陆最南段的安第斯山脉，但和汉尼拔一样，他也提前好几年对他的士兵进行了训练。玻利瓦尔的天才之处在于，他通过即兴发挥实现了这一壮举，并在匆忙中制定了战略。正如一位历史学家所言：他实现了拿破仑的所有目标——摧毁军队、占领首都、征服国家，但他是以迅雷不及掩耳之势实现的。[21] 正如玻利瓦尔本人在 4 年前预言般写下的那样：“弱者需要长期斗争方能得胜。强者只消一击，帝国分崩离析。”[22]

　　尽管胜利游行十分隆重，仪式盛大而神圣，解放者再次表现出凡夫俗子的一面。他看上了其中一位白衣美女——17 岁的可爱黑眼睛少女，贝尔纳蒂娜·伊巴涅斯（Bernardina Ibañez）。他 6 年前见过她，他沿马格达莱纳河而上作战时，曾拜访过她父母家。那时她还是个孩子。现在她是风华正茂的妙龄少女，是令人无法抗拒的美人，没人可以忽视她的魅力。英国上尉查尔斯·科克伦（Charles Cochrane）形容她是黑发维纳斯，有着风情万种的眼睛和天使般的嘴唇。[23] 玻利瓦尔对她一见倾心。他在舞会上和她跳舞，开始认真地设法讨她欢心；一些历史学家说，她成了他一生中最迷恋的女人之一。[24] 但她已经爱上了玻利瓦尔最干练的上校之一，安布罗西奥·普拉萨（Ambrosio Plaza），这对年轻的恋人打算结婚。玻利瓦尔曾考虑把他的军官远调，以便独占贝尔纳蒂娜，不过桑坦德将军出面做了调解。桑坦德恳求玻利瓦尔允许这名年轻人留在波哥大，留在贝尔纳蒂娜身边。最终，玻利瓦尔同意了，他满怀善意地致信桑坦德：“毫无疑问，这场婚姻会让你满意，因为它将增加格拉纳达年轻人的数量。也会让我满意，因为我爱这对年轻人。”[25] 桑坦德有充分的理由去关心这个姑娘的幸福：他与她的姐姐尼科拉萨陷入了热烈的婚外情，后者是一位已婚妇女，她的保王派丈夫在撤离过程中逃走了，这实属皆大欢喜。在接下来的几个月，甚至几年里，伊巴涅斯家的女人们都将成为新格拉纳达许多流言蜚语的源头。[26]

事实证明，胜利是一种催情剂，舞会和游行不知怎么的总能激起玻利瓦尔对女人的欲望。但如果得不到贝尔纳蒂娜，他总可以指望他的情妇珀皮塔。在他抵达波哥大后不久写给副总统塞亚的信中，他附上了一张便条：“我希望你能照顾在那里等我的女访客。”[27] 他指的是珀皮塔、她的母亲和姐妹，他想当然地认为她们都已安全到达了安戈斯图拉。几个月过去后，他才知道珀皮塔已经死在了找他的路上。然而，就目前而言，一想到那位生气勃勃的情人，他就觉得心满意足了。他渴望再见到她。

玻利瓦尔此时正忙着在波哥大建立政府。他打算将新格拉纳达并入委内瑞拉，从而打造一个更大、更强韧的国家，这已不是什么秘密。但在真正建立起一个更完美的联邦之前，他必须重回那片难以驾驭的土地，完成它的革命。他得加快工作节奏，保持住爱国者高涨的热情。在几个星期的时间里，他确立了政府的基本框架：一个最高法院、一套省级区划制度、一个警察部队。他选出了一位陆军部部长和一位内政部部长。他将西班牙令人垂涎的金矿、银矿和绿宝石矿收归己有，落实了老朋友洪堡男爵的建议。他取消了国王的税收，没收了西班牙的资产，建立了一所孤儿学校，[28] 设立了一个战争遗孀基金，[29] 并向继续支持西班牙事业的神父征收罚金。他还向萨马诺总督发出了一封公开信，建议交换战俘。[30] 他希望用魅力非凡的巴雷罗（女人们喜欢喊他"波哥大的阿多尼斯"[31]）换取一些有价值的共和主义者的自由。但逃亡中的总督只顾自己的安全，从未回复过玻利瓦尔，于是巴雷罗准将和手下军官只能听天由命了。

尽管玻利瓦尔很快就搭起了一个初步的政府框架，但他从来不是坐办公室的料。处理烦琐的文书工作对他来说始终是一种折磨。[32] 他需要一个能管理国家和处理细节的文官，以便脱身去处理更紧迫的解放事宜。9月下旬，就在玻利瓦尔宣布返回委内瑞拉之前，他提名桑坦德将军担任副总统一职，委托这位有条不紊、雄心勃勃、灵活变通的人建立一个新共和国。

玻利瓦尔一离开波哥大，桑坦德就开始为这个国家打上自己的烙印。他是一名训练有素的法学家，被玻利瓦尔称作"法律人"，[33] 非常适合处理政府事务。他还是个不知疲倦的工作狂，整天坐在办公桌旁起草备忘录、法令和章程。毫不夸张地说，桑坦德为哥伦比亚的民主奠定了法律基础。但他也是一个复杂的人：性情阴沉、精于算计、暴躁易怒，而且视财如命。[34] 一路走来，他慢慢变得残忍起来，并十分抗拒承认自己的错误。曾为他效力的委内瑞拉骑兵从来就不喜欢他，而且公开表达过他们的态度。这不无原因：他始终是个平庸的士兵，缺乏真正战士的勇猛。[35] 但这样一个人在政府大厅里却光芒四射。

　　事实上，在新格拉纳达历史上的关键时期，桑坦德为玻利瓦尔做了很多事情。他很乐意投身于玻利瓦尔深恶痛绝的复杂行政事务。但是 10 月 11 日，就在玻利瓦尔离开后没几天，一些迹象便向他表明，在受益于这位副总统的优势之外，玻利瓦尔将不得不忍受桑坦德恶劣的一面。桑坦德仓促下令将巴雷罗准将和 38 名战俘带出监狱，押往主广场处决。他们四人为一排，拖着叮当作响的铁链，来到大批共和派领导人曾经遇害的地方。巴雷罗被命令跪下，这时他才明白自己为什么被带到这里，紧接着他就在毫无征兆和解释的情况下背后中枪。在那之后，剩下的全部 38 人排成一列，遭到射杀。桑坦德将军骑在马背上，从政府官邸的大门向外眺望，见证了这场杀戮。他说了几句赞许的话，然后带领游行队伍奏着胜利的曲子穿过波哥大的街道。他还在政府官邸举行了盛大的舞会，一直庆祝到深夜。[36]

　　共和主义者们被吓坏了。巴雷罗的确是个西班牙人，但波哥大人对这位风度翩翩的年轻军官相当尊敬，甚至钦佩。他们喜欢他军人的刚毅与潇洒的仪表。此外还有一个令人心酸的细节，这在那些效忠对象混乱的日子里不足为奇：这位西班牙准将已与一名共和国士兵的妹妹订了婚。巴雷罗跪下的一刹那，当即意识到他们想杀了他，于是他只提出了一个要求：让刽子手从他最靠近心脏的口袋里拿出一幅他未婚妻的小画像。[37]

　　即使在委内瑞拉，这些枪决也被视为懦弱、无谓、不人道的行为。共和国当局试图与暴行划清界限，拒绝将其写入公共法案。[38]如果说革命者们从长达 10 年的斗争中吸取了什么教训，那就是流血牺牲——"殊死战"——对革命是有害的。他们不想参与其中。桑坦德在给玻利瓦尔的一封私人信件中试图解释自己的行为，其言语听起来很空洞："最后，我不得不除掉巴雷罗和他的 38 名同党。压力快把我逼疯了，公众满腔怒火，把他们关在监狱里不会有什么好结果。"[39] 他说得好像所有的战俘都曾是西班牙军官（其实不然），并且他们的存在本身就对新格拉纳达构成了威胁。最后，他狡黠地补充道："这些记录遭到了篡改，但既然连你也无法永生（这是美洲的遗憾），既然我也无法永远执政，那么你的回复对于我将非常重要，我会把它当作永久的护身符。"[40] 玻利瓦尔的回信确实如此。解放者显然在做和事佬，言辞中几乎没有表露出愤怒：

> 我非常遗憾地获悉，战俘的欺诈行为迫使你将他们枪决，尽管我们还等着协商一场本可荣耀共和国的交换……敌人不会相信我们的严酷是正义之举。饶是如此，我仍要感谢阁下的热情和奉献，以这样一种不得人心的方式来挽救共和国。[41]

***

在接下来的两个月里，玻利瓦尔不知疲倦地穿过一个个城镇，逐渐靠近委内瑞拉。他骑着他在博亚卡战役前得到的传奇白马帕罗莫（Palomo），从通哈行至布卡拉曼加（Bucaramanga），再到潘普洛纳。他边走边征募士兵，筹集军费，与军官们商议军机大事。每到一个城镇，他都会遇到大批的崇拜者和群情激昂的游行队伍，每到一个地方，他都竭力保持革命精神的活力。他张贴传单，分发材料。他狂热地信仰文字的力量，在行军中和战场上总随身携带一台印刷机，尽管西班牙人因此而嘲笑他。印刷机是个笨重的装置，需要许多驮畜才能搬运，但对他来说，它是战争中必不可少的武器，就像大炮一样。任何战争调遣都有赖于得当的宣传攻势，胜利之旅更要依靠它。[42]

在这漫长的旅程中，几乎每一站都举行了庆祝共和国胜利的舞会。玻利瓦尔深谙节日仪式的心理价值，了解热情高涨的"面包与马戏"所能激发的信念和忠诚。但是一有机会就举办舞会还有另外一个原因：解放者喜欢跳舞。[43]

华尔兹是他的最爱，如果有个好舞伴的话，他能一次跳上几个小时，直到清晨。他会陶醉在音乐中，沉浸在身体的释放中，直到重新充满活力，然后他会短暂地离开舞池，去发出一连串的信件、命令和出版物。就像恺撒和拿破仑一样，他能一次口授好几个命令，让两三个不同的秘书记下来。他要么在房间里踱来踱去，要么在吊床上荡来荡去，大脑中的想法快速形成，然后又赶回去继续跳舞。他发觉在跳舞时，他的观念会变得更加清晰，他的行文会更有说服力。"有些人，"他后来表示，"需要独处，远离喧嚣才能思考或推敲。而我每次处在狂欢的中心，置身舞会的愉快与喧嚣中时，才能更好地考虑、反思和推敲。"[44]

但是，这场战争实在太过劳心伤神，即使步入舞池也无法将它抛开。他满脑子都是革命。当他一路穿过新格拉纳达，接受众人称颂之时，他还在忙着扩充军队。令人唏嘘的是，他那支令莫里略忌惮的部队已经快耗尽了。在潘普洛纳，他会见了他的将军索夫莱特和安索阿特吉，共同计划进攻莫里略，但那位西班牙将军似乎并不急于与他们交战。他在委内瑞拉的山丘上等待时机，等待雨季结束。在马德里承诺的增援到达前，他要推迟开战。

当玻利瓦尔最终越境进入委内瑞拉时，他错愕地得知自己手下年轻活跃的安索阿特吉将军染病去世了。这位将军的英勇曾在博亚卡战役中鼓舞了所有人。玻利瓦尔简直不敢相信。他几天前跟安索阿特吉打过照面，那时的将军似乎还很健康——体格强壮，不到 30 岁，有个焦急等候着他的妻子，还有个从未谋面的婴儿。玻利瓦尔悲痛欲绝，[45] 就像多年前失去吉拉尔多时一样。但后续的其他消息更添了他的烦忧。

就在返回安戈斯图拉的路上，玻利瓦尔得知珀皮塔也死了。他对她并不忠诚——自丧妻之后，他没对任何女人忠诚过——但是他发自内心地在乎珀皮塔。她是艰难岁月里的慰藉，是一个生气勃勃、热情洋溢的伴侣，他无比怀念她的温存。[46] 不过，尽管这些消息令人消沉，但他个人的悲恸很快就被有关委内瑞拉的情报冲淡了。[47] 他以为自己回到了记忆中的那个国家，可当他沿安第斯山脉而下，骑马穿过旱季的平原，航行在低水位的奥里诺科河上时，他开始耳闻安戈斯图拉在他走后陷入了政治混乱。[48]

他听到了抗命的传言。那些他以为已经驯服的军阀又回到了目中无人的老样子。他这会儿才知道，派斯没有按照部署向西挺进，钳制敌人的行动。马里尼奥无视命令，拒绝与贝穆德斯联手。[49] 最糟糕的是，阿里斯门迪自己掀起了一场疯狂的革命，因此遭到逮捕，被押到首都安戈斯图拉，投入监狱。[50]

副总统塞亚或许堪称博学的学者和高超的演说家，但总体而言，他是一位软弱的领导人，还轻信了流言蜚语，以为玻利瓦尔已经被莫里略的军队击溃，正在波哥大的一个地牢里苟延残喘，或者已经背弃革命，逃去了广袤的新格拉纳达。[51] 大权逐渐旁落，塞亚发现自己无力控制委内瑞拉的军阀。说到底，他就是个新格拉纳达人，一个毫无军事经验的胆小外国佬，军阀们对一个连剑都不会挥的领导人毫无敬意。焦躁不安的国会开始担心，如果共和国掌握在像塞亚这样不保险的人手中，它肯定会失败。不久，国会议员们开始互相密谋，而牢狱中的阿里斯门迪精明地在他们中间确立了支持。马里尼奥此前被塞亚很不明智地解除了指挥权，此时他突然现身首都，加入了阿里斯门迪的密谋。面对这两位无可争议的革命英雄，书生气的塞亚毫无胜算。最终他被迫下台。[52] 在惊人的命运逆转下，虚张声势的阿里斯门迪从监狱走进殿堂，被任命为副总统。他上任后做的第一件事就是任命马里尼奥为东部军总司令。[53]

玻利瓦尔于 1819 年 12 月 11 日凌晨 3 点抵达安戈斯图拉，他心里很清楚，共和国的命运危在旦夕。像往常一样，在事情最糟糕的时候，玻利瓦尔总是最镇静的。他在首都下了船，仿佛一切尽在掌握之中，仿佛他只离开了片刻，尽管他已有将近一年不在这里。夜正深，市民们还是争先恐后来迎接他。他们对他的到来毫无准备，两个小时前才知道他还活着，而且正在赶来。阿里斯门迪外出视察了，马里尼奥则在北方重组军队。即便如此，玻利瓦尔还是受到了热烈的欢迎，欢呼声响彻云霄，礼炮齐鸣。安戈斯图拉的人民又惊又喜地迎接他们久未谋面的英雄，欢欣鼓舞地把他抬进总统府。[54]

他小心翼翼地以极大的尊重和平等对待他的下属，即使是对那些宣称玻利瓦尔时代已经结束的人。[55]64 天的艰苦旅程让他筋疲力尽。[56] 他休息了两天，评估了形势，在自己的住处私下会见了塞亚和其他一些人。阿里斯门迪只比玻利瓦尔晚几个小时回到安戈斯图拉，还以为那些钟声、礼炮和焰火是为自己准备的，[57] 但是他很快弄清了状况，因为耳畔响起了"玻利瓦尔万岁！"的喊声，他的秘书也匆匆离去，语带不祥地对他说："别了，将军！"无论如何，当阿里斯门迪见到玻利瓦尔时，后者已然成了领导班子的核心。[58] 玻利瓦尔衷心祝贺副总统重组了军队，精心部署了首都的防御，并展示出足以吓退保王军的力量。[59]"他们两人一见面，"一个英国水手说，"玻利瓦尔就表现出一种亲昵的喜悦，就像见到了阔别已久的兄弟。他拥抱了将军，吻了那老将的面颊，一次又一次地把他搂在怀里，高兴地叫着：'我亲爱的将军！'"被解放者的慷慨大度所征服，阿里斯门迪递交了辞呈。玻利瓦尔让他继续掌管玛格丽塔岛，假装对阴谋诡计一无所知，并恢复了塞亚的原职。玻利瓦尔保全了所有人的面子，包括那些暴躁的军阀在内。秩序得以恢复，仿佛他不在的时候无事发生。[60]

12 月 14 日，玻利瓦尔向国会发表演讲，呼吁委内瑞拉与新格拉纳达联合起来，建立一个横跨美洲大陆的新国家。这是他在安第斯山脉两边都为之奋斗的梦想——据他说，这是在大约 10 年前，也就是他刚参加战斗时就定下的目标。[61]待到立法者们表决时，这片广阔的领土按规划将囊括从前的基多殖民地*，呈现出惊人多样的地形地貌：从丛林到高山、从山谷到沙漠、从繁华的城市到荒凉的平原。他称之为大哥伦比亚共和国。

玻利瓦尔的雄辩和塞亚的热情（熬过怨声载道的时期之后的纯粹乐观）说服了纠结的立法者们。12 月 17 日，国会通过了一项法律，联合起这几块前西班牙殖民地。玻利瓦尔一挥而就，将委内瑞拉这个断断续续反抗莫里略的殖民地，变为莫里略刚刚失去的那个光荣共和国的一部分。玻利瓦尔和塞亚很快当选为这个新的、更大的国家的总统和副总统。桑坦德被任命为新格拉纳达副总统，而罗斯希

---

* 今厄瓜多尔，在西班牙殖民体制下为基多检审庭管区（1739 年起隶属新格拉纳达总督辖区）。1808—1812 年基多革命失败后一直处于西班牙控制下，直至 1820 年瓜亚基尔的革命重启了独立运动，1822 年在苏克雷领导下获完全解放，正式成为大哥伦比亚的一部分。该地区在 1830 年脱离大哥伦比亚成立独立的共和国后才正式定名厄瓜多尔。——编者注

奥作为委内瑞拉《独立宣言》的起草人之一，被任命为委内瑞拉副总统。*国会满怀信心地把基多的指挥权问题留到玻利瓦尔真正确保它获得解放之后再议。[62] 由于厌倦了在秘鲁和新格拉纳达两个总督辖区间反复无常的易手，基多早早便宣布了独立。但是，没人考虑过基多人民或新格拉纳达人民是否想成为大哥伦比亚的一部分。就目前而言，尽管存在着明显的障碍，最重要的还是革命势头和革命意志。

***

玻利瓦尔在 12 月底离开了安戈斯图拉，急于在西班牙人处于守势时向他们施压。他稳住了总统和解放者的头衔，并且获得了部下完全的忠诚，现在他命令他们占领北部沿海的战略要地，剑指加拉加斯。阿里斯门迪负责继续控制住玛格丽塔岛，乌达内塔将向加拉加斯进军，索夫莱特负责护送刚加入的英国士兵沿奥里诺科河而下，贝穆德斯将在阿普雷指挥他们，派斯则准备向西发起一场大规模进攻。他们要把莫里略的军队逼得走投无路，只有打道回府。

玻利瓦尔不太可能知道，他最大的帮手将是西班牙自身；由于国内政治局势急转直下，增派大规模远征部队的计划被中止。莫里略先前请求费尔南多国王派遣 2 万名士兵和 47 艘军舰，[63] 好一举击溃玻利瓦尔，将"他的所有海盗"赶出加勒比海。[64] 陆军部已经同意向莫里略提供至少 4 000 名士兵，甚至请求俄国海军协助运输。但 1820 年 1 月 1 日，那些在加的斯等待被派往美洲的人发动了暴乱。

---

* 大哥伦比亚最初被划分为三个大省（西班牙语：departamento），分别称昆迪纳马卡（更名后的新格拉纳达）、委内瑞拉和基多（厄瓜多尔），三省省长亦称副总统。——编者注

其中许多人是拿破仑战争的老兵，尽管他们把拿破仑赶出了自己的国土，但像不少欧洲人一样，他们也吸收了法国大革命的自由思想。他们不再接受西班牙的铁腕统治，并因费尔南多国王废除自由主义的 1812 年宪法而满腔怒火，该宪法的目的就是遏制腐败国王的无度行为。现在他们要求立即恢复宪法，还拒绝参加镇压拉丁美洲叛军的战争。吓坏了的费尔南多不想步法国国王的后尘上断头台，只好顺从。3 月 9 日，他恢复了加的斯宪法，并承诺建立更加公平的政治制度。莫里略将军收到消息：没有增援部队可派；相反，他需要与叛军谈判，并向后者保证，他们将像任何西班牙公民一样获得宪法范围内的所有自由。这只能证明西班牙对美洲的无知。事到如今，玻利瓦尔领导的革命分子绝不可能听命于任何国王，当然也不会接受任何不是由他们自己起草的宪法。当莫里略收到马德里的指示时，他举起了双手。"他们疯了！"他对军官们说，"他们根本不知道自己在说什么！"[65]

　　莫里略很清楚自己不会有什么好出路了。他给陆军部的报告一天比一天悲观。他在给大臣的信中写道，马德里的决定"粉碎了这支军队最热切的希望，让我们彻底无计可施"。[66]作为一个拥有政治智慧的人，莫里略明白，1812 年宪法必然会对他的国家产生积极影响，但和平时期的进步放到战争时期就不尽然了。到了 6 月，莫里略被迫公布恢复加的斯宪法的消息。[67]他心情万般沉重，很清楚这对他疲惫的士兵意味着什么。这些人在没有薪酬的情况下冒着生命危险背井离乡，该怎么告诉他们别指望得到任何回报了？《加拉加斯公报》上白纸黑字印着宪法的规定，军队不能染指人民的私有财产，更别说占有它们了。[68]以前，士兵可以拿走任何缴获的战利品，这种心照不宣现在却能被依法提起诉讼。莫里略仍控制着加拉加斯和沿海高地，但他看得出自己败局已定。他需要想办法尽量减少战败对他职业生涯的损害。

莫里略可能不知道，但在那一刻，他占据着军事优势。玻利瓦尔仍在努力壮大爱国军。回到波哥大后，解放者得到了新格拉纳达人民的支持，但那么多的崇拜和欢呼并不能转化为军队力量。每招募一名共和国新兵，就有几十名士兵因为饥饿弃军而去。人民已经厌倦了流血，在经历了长达十年的破坏和动荡之后意志消沉。一种麻木状态侵入了共和国的灵魂。玻利瓦尔调研了自己的同胞，绝望地发现他们根本不懂达成民主需要什么。到处都是不守信用的人，人们意志薄弱，他在演讲中提到的理想和美德似乎在他的听众中难觅踪迹。[69]正如他对桑坦德所说的，也许殖民主义已荼毒太深。"我越思考这个问题，"他在一封信中透露，"就越相信，无论是自由、法律，还是光辉的启蒙运动，都不能把我们变成热爱和平的人，更别说共和主义者和真正的爱国者了。"[70]

在努力巩固共和国的同时，他明确表示，大哥伦比亚的黑奴将获得自由，他希望他们加入解放军队。[71]他还表示，在战争中杀害白人，同时又不给黑人同等的展示爱国主义的机会，这是一种极端的不平等，更暗含了种族灭绝的性质。他一路走过这片满目疮痍的土地，明显看出委内瑞拉几乎一半的白人都在革命中丧生。[72]但是，除了信奉平等的权利要求平等的牺牲之外，玻利瓦尔还相信自由的内在逻辑。他在给桑坦德的信中写道："任何一个自由政府，如果愚蠢地允许奴隶制存在，就会受到革命的惩罚。"[73]桑坦德却另有想法。他认为解放奴隶会给国家带来严重的社会和经济后果。他小心翼翼地避免与解放者发生争执，但他们之间的裂痕开始扩大：总统和副总统开始意识到，他们在美洲应该如何实现自由的问题上存在根本分歧。

　　派斯也是个问题。"阿普雷雄狮"仍然桀骜不驯，很不可靠。他对军规一无所知，授予部下的军衔和特权远远超出了他的权限。他脾气暴躁，难以相处。他抗命不从，该遵守规矩时犹犹豫豫，三天两头就抱怨钱的问题。但是，玻利瓦尔非常清楚他的价值。西班牙人不愿与派斯开战，因此对共和军敬而远之。此人是和平时期的堡垒，战争时期的巨人。玻利瓦尔认为，他有资格咄咄逼人和抗命不从。"一个领导者需要学会倾听最残酷的事实。"[74] 玻利瓦尔曾试探地告诫他，口气不像是个指挥官，倒像是个宽容的老师。但他默许这个大平原汉子为所欲为。

＊＊＊

　　如果说玻利瓦尔与手下两位最重要的将军意见不合，那么他也在与自己的内心做斗争。在波哥大，他有很多机会见到可爱的贝尔纳蒂娜·伊巴涅斯，并且后悔自己放她回了年轻上校的怀抱。他又开始频繁地向她献殷勤。离开波哥大还不到三个星期，他就开始寤寐思服她的倩影。在库库塔相对平静的日子里，[75] 他给那姑娘写了几封信，倾吐对她的全部痴心。她太害羞，不敢作答，但她也坚定地爱着普拉萨上校。沮丧于她的沉默，诧异于她的轻忽，玻利瓦尔坚持不懈，孜孜以求，更努力地设法赢得她的芳心。[76] 令他高兴的是，那位年轻上校做了一件令贝尔纳蒂娜伤心的事，至于是在外迷了心窍，还是言语失了分寸，信中没有说清楚。[77] 玻利瓦尔知道副总统桑坦德与贝尔纳蒂娜姐姐的风流韵事，于是写信请求这位知情人士代他出面劝解。"把她应该听到的话都告诉她，包括我已经厌倦了给她写信却得不到礼节性的回复。告诉她，我也是单身汉，而且我对她的兴趣显然远大于普拉萨对她的兴趣，因为我从未有过二心。"[78]

　　从源源不断的关于战争细节和军官管理琐事的信件中，我们可以瞥见一个独一无二的身影，只在那些无所事事的日子里偶尔出现——一幅孤独男人的肖像。尽管身边充斥着很多人和大量事务，但就爱而言，他显得无比孤独。与他交往了 6 年的情妇死了。他没有直系亲属的任何消息，他们在无情的战争中失散了。[79]他的大姐玛丽亚·安东尼娅是个狂热的保王派，自丈夫死后就留在了哈瓦那，在任何意义上都与玻利瓦尔保持着距离。她心怀怨恨，坚决反对革命，甚至写信给国王，要求赔偿她的损失，[80]并对她的弟弟把国家弄成"一片废墟"表示失望。[81]玻利瓦尔的另一个姐姐胡安娜也成了寡妇，她的丈夫是共和国士兵，在抗击博韦斯大军、保卫马图林时牺牲了。在 1817 年之前，两姐妹曾在加勒比海的几个港口一起生活过一段时间。1817 年，胡安娜溯奥里诺科河而上，航行到了瓜亚纳，结果却得知儿子吉列尔莫在安戈斯图拉城外的一场战斗中丧生。[82]简而言之，现在的玻利瓦尔无法从姐姐们那里获得什么安慰。

　　结果，玻利瓦尔有追随并尊敬他的同志、同胞和军队，可几乎没有亲近的人。在那些情感稀缺的日子里，他最亲密的伙伴是他的男仆——常伴左右、备受珍视的何塞·帕拉西奥斯。玻利瓦尔让帕拉西奥斯料理自己的一切：操心他的饮食、他的睡眠习惯、他的舒适度和他日常的突发情况；是他一丝不苟地悉心照料着解放者，就像一个体贴的伴侣那样。人们不禁会看到，玻利瓦尔在没有爱的岁月里竭力追求着爱，尤其是在他对贝尔纳蒂娜陷入单相思的那些日子。[83]

　　桑坦德尽职地把玻利瓦尔的所有心绪都传达给了这个烦恼的姑

娘，并向他反馈："我还没有见到贝尔纳蒂娜，但我会向她转达你的最新消息，她会答复你的。她已经告诉我一千遍了，没有一个女人能比她更困惑。我不想牵扯进这些事情，但很明显，她仍然希望和普拉萨重归于好，她不相信任何其他人，包括你。从长远看来，这桩爱情的前景并不乐观。"[84]

这一反馈看似无情，却是事实。贝尔纳蒂娜不愿把自己托付给一个不易相处的、年长的、大名鼎鼎的男人。他们之间隔着整整20年的生命、320公里的地理距离、对世界完全不同的期望，还有一个潇洒执着的年轻上校。就在那年，贝尔纳蒂娜嫁给了普拉萨上校，不到一年，他就在战场上阵亡了。后来，她怀上了一个有钱人的私生子，成为波哥大的一桩丑闻。[85]最终，她再婚了，这一任丈夫弗洛伦蒂诺·冈萨雷斯（Florentino González）是一位面色苍白的报社编辑，后来成了有影响力的大哥伦比亚政治家。当冈萨雷斯得知玻利瓦尔曾对他的妻子怀有浓烈的情愫时，他对这位解放者产生了强烈的仇恨。这种敌意很快会在大哥伦比亚的历史上展露出来。[86]

***

不论情场如何失意，玻利瓦尔现在掌握着共和国的未来。当他坐在库库塔宁静的乡野中，计划着对莫里略和加拉加斯的下一步行动时，他遇到了一系列亟待解决的管理问题。军队一片混乱，令人焦头烂额。他很快了解到，因为新来的英国部队还没有领到军饷，所以开始捣乱，拒绝服从命令。[87]"爱尔兰人就像妓女，"他在给一位手下将军的信中写道，"只有在钱到手之后才会为你服务……如果你不付钱，他们就不杀敌。"[88] 尽管他想息事宁人，但他给不出钱。从前他还能靠自掏腰包来协助支付士兵和他们遗孀的薪金，可眼下手头极度紧张。筹措资金势在必行。

还有其他的烦心事。在安戈斯图拉，塞亚犯下了骇人的错误。他将宝贵的牲畜卖到美国的屠宰场，完全没考虑到大哥伦比亚军队需要补给。[89] 事实上，爱国政府正在从美国回购牛肉。正如玻利瓦尔对桑坦德所说的，这件事堪称"愚蠢和迷惑的恶劣混合"。[90] 玻利瓦尔现在完全相信，塞亚更合适做学者而不是领袖。于是，他任命他为大哥伦比亚驻英国大使。之后，塞亚在那边又犯下了其他的愚蠢错误。但是，玻利瓦尔视察库库塔后，发现了更为紧迫的问题：他要求安排到位的新兵、枪支、子弹和补给品连个影子也不见。[91] 现在，他以目不暇接的频率口授给军官们的一系列信件中满是忧虑。他担心送信的速度太慢，[92] 担心驻军地靠加拉加斯太近，[93] 操心怎样才能更好地栽培他那些有才华的年轻军官。[94] 他迫切需要新鲜的思想来帮忙，于是将时年仅 25 岁的年轻陆军上校安东尼奥·何塞·德·苏克雷提拔为将军，后又任命他为陆军部部长，令他的同侪们吃惊不已。[95]

玻利瓦尔几乎没有过上一天统治者的生活。他的日常生活是斯巴达式的，饮食上十分简朴。早晨，他黎明即起，照料他的坐骑帕罗莫，并在早餐前阅读几小时的书（大部分是哲学书籍，尤其是伏尔泰和孟德斯鸠的作品）。他与他的陆军部部长、参谋长和秘书共进当天的第一餐，之后处理军队事务、发布命令、为官方报纸撰写文章、处理外交问题、撰写或回复大量信件。他以极快的节奏完成所有这些，向好几位秘书口授指令，如果秘书们以任何方式拖慢了进度或出了差错，他就会大发雷霆。晚上，一吃过晚饭，他就骑马出去理清思绪。夜里，他和军官们交流意见到 9 点，然后回吊床上再读两个小时的书。[96]

　　他执着于提升军事效率。他坚持要求新格拉纳达公民用现金支持军队，以表爱国之心；他们每月至少要筹集 3 万比索，用于支付军饷和军服。[97] 他指示桑坦德"榨出"地方上的资金。[98] 他一心打造一支所向披靡的部队，这使得达成对他有利的停战协议的可能性与日俱增。西班牙的起义和加的斯宪法的恢复已有效遏制了莫里略维持作战的能力。1820 年 6 月 19 日，玻利瓦尔在给索夫莱特的一封信中激动地称，他截获了一份来自马德里的官方公报，证实了费尔南多国王历史性的政策逆转：西班牙将不再向南美洲派遣军队。[99] 加的斯港的士兵用自己的反叛拯救了美洲的独立运动。在另一封信中，玻利瓦尔欢欣鼓舞地告诉一位英国朋友："他们要运一万敌人来对付我们，现在这一万人成了我们最好的朋友！！！"[100]

　　事实上，两个多星期后的 7 月 6 日，玻利瓦尔收到了莫里略的得力助手米格尔·德·拉托雷（Miguel de La Torre）将军发来的休战请求。拉托雷称，莫里略不知道哪里能找到玻利瓦尔，所以向许多地址寄了信。[101] 与此同时，莫里略还派了一名特使去见派斯，另一名去了安戈斯图拉国会，表示这场野蛮的战争已经持续太久。他煞费苦心地想联系上玻利瓦尔，令这位解放者感觉这要么是个精心设计的圈套，要么就是革命结束的开始。次日，玻利瓦尔回复了拉托雷。"如果你的交涉目标不包括承认哥伦比亚共和国*，那么别指望我听你的。"但"如果西班牙打算将哥伦比亚视为一个独立、自由的

---

*　大哥伦比亚在当时的官方名称就是"哥伦比亚共和国"（República de Colombia），因此时人口中的"哥伦比亚"指的就是"大哥伦比亚"。直接引语中不做添改。后文同。——编者注

主权国家，我们就可以在和平与友谊中继续推进"。[102]

最后便是一段时间的谈判，玻利瓦尔明确表示，大哥伦比亚这个新生的北拉丁美洲联邦共和国永远不会再听命于国王。殖民时代就此终结。莫里略只想找个能下的台阶和一条通往它的体面通道，于是很乐意顺水推舟。他有理由这样做。在1815年抵达委内瑞拉时，莫里略已经娶了一个他深爱的加的斯女人。可她留在了西班牙，婚礼是通过代理人完成的。在他作为已婚男人的5年里，他与妻子仅有夫妻之名，未行夫妻之实。[103] 此外，莫里略在两年前的拉普埃尔塔战役中受了重伤，长矛的刺伤几乎要了他的命，一直没有完全康复。[104] 莫里略当然明白国王的平定运动是没有希望的，但他还有其他回家的理由。

经过两位最高指挥官在8月和9月间的通信后，玻利瓦尔建议把会谈地点定在阿普雷河畔圣费尔南多，那是他打算建立指挥部的地方。莫里略立即附议。由于害怕暴露行踪，担心敌人看到自己的军队变得多么衰弱，玻利瓦尔一连几次推迟了会晤。10月，他对边境省份发动了多次快速突袭，就是要让莫里略看看，西班牙比大哥伦比亚更需要停战。但与此同时，他与莫里略保持着相当亲切友好的通信，其间两位将军对每一步行动都做了详细解释。[105] 11月，停战谈判终于在风景如画的山城特鲁希略举行，那里正是7年前玻利瓦尔下令发起"殊死战"的地方。苏克雷将军和两名上校受委派去会见保王军一方的特派员，商讨停战协定的细节。11月21日，爱国者和西班牙人举行了第一次会面。

到了11月25日，两项协定得到批准。第一，要求停战6个月；第二，承认玻利瓦尔为共和国总统，并规定了交换战俘的条件。和平是最终目标。会议虽然很正式，但气氛很融洽，苏克雷充分表现

出一个沉着的谈判高手该有的样子。他设法实现了玻利瓦尔想要的
一切。谈判完成之后，莫里略表示他渴望见一见解放者。会晤被安
排在 11 月 27 日上午，地点是一个叫圣安娜（Santa Ana）的破旧小
村庄，它坐落于加拉加斯西南约 400 公里外，两个山谷之间的一处
薄雾笼罩的石灰岩山脊上。[106] 由于圣安娜处在西班牙势力范围内，
玻利瓦尔采取了全面的防范措施，把军队的指挥权交给了乌达内塔
将军，这才和苏克雷以及其他几人出发去见莫里略。

　　就这样，谱写了南美历史中最血腥一页的宿敌在远离政治权力
中心的泥道上相会。他们从不同的方向走来，脚下的道路呼应了二
者截然相反的本性：玻利瓦尔出生在贵族世家，却对自己的门第不
屑一顾；莫里略出生在农民家庭，通过辉煌的职业履历成为卡塔赫
纳伯爵。玻利瓦尔自信而率真，这是出身高贵的人才会有的；莫里
略精明而审慎，他获得的一切荣誉都是自己争取来的。在那个历史
性的时刻，玻利瓦尔骑着一匹强壮的骡子，只带了几个人，一副卑
微士兵的装束。另一边，莫里略骑着一匹高头骏马，身穿饰有勋章
的制服，由手下 50 名最优秀的军官和一整团的轻骑兵陪同。那是
一个潮湿寒冷的 11 月的早晨，他们骑马穿过光秃秃的山丘时，也许
能瞥见远处波光粼粼的马拉开波湖。如果他们往南看，就能看到安
第斯山脉的壮丽山峰。他们厌倦了战争，为自己作战的能力而焦虑，
怀着崇高而又相似的希望来到那个十字路口。[107]

　　莫里略先到，他一出现在约定地点，玻利瓦尔的副手丹尼
尔·奥利里就催马迎了上去，告诉他解放者在赶来的路上。他们骑
在马上，期待地注视着前方的道路，这时，将军问起共和国总统带
的是怎样的护卫队。奥利里回答说，玻利瓦尔的随行人员总共不过
12 名爱国军官和在特鲁希略参与停战谈判的 3 名西班牙特派员。莫

里略闻言不禁吃了一惊。"好吧,"他终于开口,"我还以为我的护卫队对这次冒险来说规模太小了,结果发现我的老对手在骑士精神方面远胜于我。我会命令我的轻骑兵撤退。"[108] 他立刻这样做了。解放者的小队伍不久就出现在俯瞰圣安娜的山丘上,莫里略上前迎接。当双方靠近时,莫里略将军问骑马的人里哪一个是玻利瓦尔。奥利里指给他看了。西班牙人惊叫道:"什么?那个蓝外套、戴军帽的小个子?骑骡子的那个?"[109] 话音未落,玻利瓦尔已来到他的面前。两位将军下了马,衷心地互相拥抱。他们的交谈亲切、热情,充满了只留给最厉害的对手的那种尊重和钦佩。他们前往莫里略为此次会晤征用的私人住宅,与手下的军官们一起坐下吃了一顿庆祝午餐。

　　尽管之前是宿敌,但两位领导人很快就成了好朋友,有许多话要谈。就在年轻时的玻利瓦尔长途跋涉到罗马,并在萨克罗山上立下誓言的几天后,莫里略参加了特拉法尔加战役。莫里略曾在威灵顿公爵手下服役;这位公爵的兄长韦尔斯利侯爵曾是玻利瓦尔寻求帮助的对象,彼时革命还停留在构想阶段,还没有那么多的鲜血为之而流。他们喊出一连串的祝酒词,庆祝敌对状态结束,展望西班牙语美洲的未来。"敬博亚卡的胜利!"一位西班牙上校大声喊道。"敬哥伦比亚人和西班牙人,"拉托雷将军补充道,"愿他们一路并肩作战,反抗专制和暴君,直至地狱!"这些人谈到了牺牲,谈到了英雄主义,谈到了他们在过去 10 年中浸淫在黑暗战事中的生活。就在那天下午,莫里略提议建造一座金字塔来纪念他们的会面,玻利瓦尔欣然同意了。他们一起走到初次拥抱的地方,让手下军官们放上一块奠基石。随后又上演了数轮推杯换盏,觥筹交错。"我为两军战士的英雄气概干杯,"玻利瓦尔说,"敬他们的忠诚、牺牲和勇气……而那些嗜血成性、为着不公而杀人的人，将永远受到仇恨！"[110]

天色已晚，交流终于告一段落，但将军们不愿因夜色而就此分别。他们在同一个房间里挂起吊床，互道晚安，安然入睡，也许正如一位编年史作家所说的那样，这是对他们彼此造成的许多不眠之夜的补偿。第二天早晨，莫里略陪着玻利瓦尔来到那块标志着他们和平的大石头前。他们在那里重申了诺言，再次拥抱，然后分道扬镳，再没见面。12月17日，也就是不到一个月后，莫里略将军在拉瓜伊拉登上一艘船，起航前往西班牙。拉托雷将军被留下指挥国王的军队。莫里略只给了他一个建议："不惜一切代价保卫卡贝略港要塞！"[111] 事实证明，这是一个很好的建议，因为日后西班牙远征军匆忙撤离时需要这个港口。

很久以后，玻利瓦尔的敌人严厉批评他轻易与莫里略达成和解，那位将军令人毛骨悚然的残暴行径就连西班牙当局都无法不谴责。[112] 对此玻利瓦尔表示：

纵观整个公职生涯，我从来没有在哪个关键时刻表现出如此高超的政治敏锐度和外交手腕；毫不吹嘘地说，我认为我当时赢过了莫里略将军，就像我在几乎每一次军事行动中所做的那样……长达6个月的停战协议愚弄了莫里略，使他回到了西班牙，并把指挥权交给了拉托雷将军。拉托雷将军没有卡塔赫纳伯爵那么老练和精力充沛，不是后者那样完美的战士。不管蠢货和我的对头们怎么说……11月27日在圣安娜村上演的外交博弈就是最成功的一次。[113]

***

随着战争蹒跚步入第十个年头，加上停战的传言在整个英语世界不胫而走，外国政府的目光再次转向拉丁美洲争取独立的斗争。至此，英国人对玻利瓦尔的革命早已不再陌生。成千上万的雇佣兵应征为解放者的事业而战，有些人得到了土地作为回报，甚至把家人也带来了。[114] 年轻的准将们满怀希望，一路高歌着《英格兰的绅士们》(*Ye Gentlemen of England*)[115] 穿过热带荒野，他们中几乎没有人能重返家乡。

玻利瓦尔一直大力提倡从英国招兵买马。他的三个副官都是英国人。对于共和国的将军们来说，外国老兵就像黄金一样珍贵，代表着可供未经试炼的新兵学习的那种严谨作风和有素训练。玻利瓦尔声称，真正的解放者是他在伦敦的联络官路易斯·洛佩斯·门德斯，这无疑有夸张成分，属于某种彰显大度的外交辞令，但也并非没有事实依据。[116]

更准确地说，英国雇佣兵在西班牙语美洲取得的胜利中掺杂着苦涩的失望。正如一位年轻的英国上校简明扼要地指出的那样：有太多事追悔莫及。[117] 年轻人往往被这样的承诺所吸引：委内瑞拉是一个富丽堂皇的空中花园，自由的支持者坚定而团结。可他们实际步入的却是贫困、饥馑和一场"像奴隶贸易一样黑暗和野蛮"的种族战争。从英国带来的斑疹伤寒损害了他们的身体，使他们格外脆弱；大多数人死于中暑、感染或仅仅是过量饮用朗姆酒。这样的消息开始传回英国：幸存下来的少数人现在和当地人一样打着赤脚，玻利瓦尔不过是个骗子和吹牛者，要想在他的革命中幸存下来，只能靠洗劫教堂，抢劫圣骨盒。然而，伦敦的权力机构却看到了截然不同的东西：随着西班牙的回撤和玻利瓦尔的崛起，一场利润丰厚的交易近在眼前。有很多钱可以赚了。[118]

在迅速扩张的美国，类似的意识也在增长。商业大佬主张承认那些羽翼未丰的南美共和国，只因他们很清楚丰厚的利润必会随之而来。心怀理想的人相信，美国这个诞生于反叛的国家应该支持任何对自由的争取。然而，国务卿约翰·昆西·亚当斯等人却迟迟看不出外交承认可能带来的好处。不久以前，他曾坦言：

> 尽管委内瑞拉解放了所有的奴隶，但它一直摇摆于独裁军政府、投降西班牙当局和黑人与白人的游击队之间，游击队中每个小头目的行动目标都是作为独立君主去打仗和掠夺。最终，在南美洲既没有一致的目标，也没有一致的努力，不像我们自己的革命那样。[119]

当然，他说的完全正确；甚至玻利瓦尔也警告过安戈斯图拉的国会，如果新生的联邦共和国不以同一个声音说话，世界将永远不会承认它。他反复主张："团结，团结，团结。"[120] 但是到了1820年，当两大共和国（尽管彼此存在分歧）联合成大哥伦比亚，团结在玻利瓦尔身后时，约翰·昆西·亚当斯仍然没有改变主意。他承认自己信不过南美人所说的一切。[121] "南北美之间没有共同的利益或原则。"他直截了当地说。[122] 这也奠定了未来三年中的外交关系走向。

事实上，亚当斯的保留态度是有原因的。华盛顿和马德里正在就佛罗里达问题进行微妙的谈判；佛罗里达州当时归属西班牙，而美国希望得到它。一个棘手的事实是，奴隶贸易正在美国蓬勃发展，华盛顿几乎没有议员愿意听到黑人反叛或肆无忌惮的种族融合。[123]还有一个事实是，亚当斯得到的关于玻利瓦尔的信息大都是极其负面的。1818 年和 1819 年，美国政府前后派遣了两个代表团前往委内瑞拉会见玻利瓦尔，并商议归还被效忠玻利瓦尔革命的私掠船扣押的美国船只。巴尔的摩记者巴普蒂斯·欧文于 1818 年动身，海军英雄奥利弗·哈泽德·佩里（Oliver Hazard Perry）于 1819 年跟去。两人的经历对外交关系来说都不是好兆头。佩里准将在蚊虫肆虐的季节沿奥里诺科河艰难航行了近 500 公里，却发现玻利瓦尔总统不在安戈斯图拉，而是去参加军事行动了。[124]佩里登陆的那天，恰逢玻利瓦尔征服了新格拉纳达的巴尔加斯沼泽地，此前他完成了翻越安第斯山脉的艰难征程。[125]佩里与爱兜圈子的塞亚徒劳地交流了一番之后，只得无奈返回。从那时起，他开始显露出明显的黄热病症状。在前往英属特立尼达岛的途中，他不断呕出可怕的黑色秽物。未及登上自己的船，他就死了。[126]

那时，巴普蒂斯·欧文已经把玻利瓦尔的情况报告给了约翰·昆西·亚当斯。欧文写道，这位南美解放者是"一位冒充内行的将军和江湖骗子政治家"。[127]在与玻利瓦尔的多次讨论中，性情暴躁的欧文发了脾气，激起了解放者的强硬回应。他给出负面汇报也就不足为怪了。"他假借了拿破仑的话语。"这位记者愤怒地写道。[128]他的意思是，玻利瓦尔在模仿一位任何正直的美国人都应鄙视的领导人。"他没有一点真正的政治知识，也没有一丝道德感，却模仿了华盛顿的姿态，并宣称拥有华盛顿的品格。然而……他凭借自己的写作技巧和娴熟的演讲能力胜过了同期的竞争对手。"[129]

在一场为欧文举行的宴会上，解放者充分展示了对华丽演说的嗜好。他完全陶醉在滔滔不绝之中，兴奋到跳上木桌，全然不顾瑟瑟发抖的花朵和水晶，在桌面上走来走去以阐明自己的观点。[130]"这样，"他喊道，"就像我从桌子这头走到那头一样，我要从大西洋走到太平洋，从巴拿马走到合恩角，直到把最后一个西班牙人轰出去！"[131]

　　毫无疑问，欧文对玻利瓦尔的描述是绝对负面的。但是，玻利瓦尔的革命得到了热切追求平等的美国公众的广泛支持，也得到了塞缪尔·D. 福赛斯（Samuel D. Forsyth）的力挺。福赛斯希望被任命为驻南美洲的官方联络官，他拜访了门罗总统和亚当斯，表达了他对大哥伦比亚的高度评价，并称解放者是一个伟人。福赛斯曾在佩里的旅行中担任翻译，他从前对玻利瓦尔的评价并不好，所以他的改观有助于改善玻利瓦尔的口碑。[132] 然而，西班牙语美洲革命运动最坚定的支持者无疑是出身肯塔基州的招摇议员亨利·克莱（Henry Clay）。他不顾众议院同僚惊诧的目光，号称这场革命的潜在受益者绝不止"1 800 万争取自由的人"。[133] 克莱强烈呼吁更多的商业参与，声称拥有丰富金属资源并渴求北美商品的南美代表着一个商机无限的巨大市场。[134] 克莱的劝勉既体现出资本主义和民主的精神，也承载着对亚当斯的不满，因为众所周知，门罗总统跳过克莱，任命了亚当斯为国务卿。但没有人能否认这一点：这位来自肯塔基州的雄辩家孜孜不倦地为南美自由而奔走。1821 年 2 月 10 日，克莱提议众议院与美国人民一起支持这场遥远的革命。[135] 等到 12 天后《亚当斯–奥尼斯条约》（Adams-Onis Treaty）生效，美国以 500 万美元的价格买下佛罗里达州之后，这位议员终于如愿以偿。与西班牙的微妙谈判结束了，华盛顿官方可以将注意力转向南边邻居了。在佛罗里达站稳了脚跟的美国，现在距离玻利瓦尔的战争只隔着一小片海。

***

与西班牙的停战只持续了不到 5 个月。但这段时间已足够让共和军补充兵力、训练军队、获取军火了。现在的他们衣食有了保障，对玻利瓦尔信心百倍，明显比西班牙人更占优势。相较之下，保王军已经筋疲力尽。西班牙的局势不见缓和，他们似乎陷入了永久的不定状态。那些被告知最多战斗三年的士兵已经见证了一个又一个的三年。他们的军饷欠发，食物匮乏；许多人身缠热病。主要是，他们不知道为什么要打一场连西班牙自己都反对的战争。一种消极情绪笼罩着军队上下。就连负责指挥的将军们——拉托雷和莫拉莱斯——也总是意见不一。[136]

1821 年初，玻利瓦尔派两名特使到马德里与西班牙人商讨和平条款，但与此同时，他也着手为下一阶段的革命做准备。他担心他的谈判代表会失去勇气，屈从于西班牙的要求。他允许他们用基多甚至巴拿马地峡这些较小的殖民地作为筹码换取大哥伦比亚的独立，但在任何情况下都不能与西班牙达成任何宪法协定，也不能臣服于任何欧洲王室的君主。[137] 他坚持认为："哥伦比亚必须独立自主，拥有主权，摆脱一切外部统治，否则它将不复存在。"[138] 显然，他不相信在马德里的对话会有什么结果。他是对的。尽管他的信件中表达出对和平的深切渴望，但在他与莫里略将军友好会晤后口述的第一批文件中，就有一份是关于重新开战的议程。[139]

大约就在这个时候，玻利瓦尔得知朝思暮想的港口城市瓜亚基尔（位于今天的厄瓜多尔境内）宣布独立。瓜亚基尔人民听说圣马丁的军队已经在利马以南的皮斯科（Pisco）登陆，他们盼着那位阿根廷将军立刻挥师北上，解放他们，于是满怀期待地冲击了保王政府。玻利瓦尔渴望亲自去瓜亚基尔，为大哥伦比亚争取这个地区。这是一个战略性港口，可能对共和国至关重要，他不希望看到它这么容易就落入圣马丁手中。但玻利瓦尔同样明白，他的首要目标是加拉加斯，它仍然在西班牙的统治下备受煎熬。他派了苏克雷将军前往瓜亚基尔。

这是一个正确的决定。到了4月，停战协定结束了。在西班牙的要塞马拉开波爆发了一场叛乱，煽动者是玻利瓦尔手下的将军之一拉斐尔·乌达内塔。这明显是挑衅，玻利瓦尔既没有许可，也没有料到。他立即向西班牙人解释，一场意料之外的叛乱不能算作蓄意破坏军事协定，但拉托雷将军态度坚决。他要求归还这座城市的控制权。由于未能在马拉开波恢复西班牙王家政府的统治，他通知玻利瓦尔，停战协定将于4月28日结束。

玻利瓦尔也曾写信给莫里略、拉托雷，甚至是费尔南多国王本人，希望能取得和平独立，但他明白这是徒劳。[140] 他要重返战场了。玻利瓦尔迅速采取行动，联合了西部的三支军队：他自己的、派斯的和乌达内塔的。他知道，现在唯一的解决方案就是同时动用共和国全部的军事力量打一场大仗。但在此之前，他命令东部军司令贝穆德斯将军准备进攻加拉加斯，转移西班牙人的注意力，迫使他们分散兵力。玻利瓦尔不抱任何侥幸心理。他极其精确地计划了交战的每一个细节。[141] 他很清楚，拉托雷与其副手莫拉莱斯将军之间已经生出了嫌隙，[142] 玻利瓦尔将充分利用这一切。

1821年4月28日上午，三军总动员开始了。派斯和他的骑兵在英国军团的随行下开启了漫长的征程，冒着大雨穿越阿普雷河，去往位于圣卡洛斯的约定集结点。圣卡洛斯是卡拉沃沃平原上的一个委内瑞拉市镇，驻扎着拉托雷的军队。乌达内塔沿着波涛汹涌的海岸从马拉开波进发，开始了翻山越岭的艰苦旅程。5月初，随着拿破仑倒在圣赫勒拿岛上，把灵魂交给来生，玻利瓦尔在巴里纳斯的废墟中安营扎寨。此前，他顺马格达莱纳河蜿蜒而下，再度越过安第斯山脉进入委内瑞拉。一个星期后，贝穆德斯的东部军攻占了加拉加斯。正如玻利瓦尔所希望的，拉托雷指示莫拉莱斯进军首都，驱逐贝穆德斯。这是一项轻松的任务。凶悍的莫拉莱斯从前是博韦斯"地狱军团"的指挥官，他很高兴能够独立出征，并以他 2 000人的优势兵力轻松击退了爱国士兵。但一切正应了玻利瓦尔的计划：他的声东击西策略奏效了。拉托雷在圣卡洛斯的防守力量遭到削弱，爱国将军们现在可以毫无阻碍地从陆路向他进军。

　　一个多月后的 6 月 11 日，派斯的骑兵和英国军团抵达圣卡洛斯郊区，玻利瓦尔正在那里等待他们。乌达内塔将军和他的步兵军团在几天内抵达，他们已成功拿下了港口城市科罗。保王军这才意识到爱国军这次惊人的进军，他们如玻利瓦尔料想的那样撤向了北方，5 000 多人在 80 公里外的卡拉沃沃村外扎营。[143] 一旦获悉了他们的方位，玻利瓦尔就基本摸清状况了：拉托雷的军队显然一片混乱；这位西班牙将军所做的不过是封锁通往加拉加斯和卡贝略港两处要塞的道路，并没打算采取进攻行动。[144] 不管如何，现在的爱国军在人数上远远超过了保王军。当玻利瓦尔在蒂约基约（Tinaquillo）的开阔地带检阅军队时，他手下有 6 500 名士兵，其中包括一些最高水准的军官。这就是玻利瓦尔呕心沥血打造的共和军，据他自己估计，这是"哥伦比亚有史以来最庞大、最精锐的作战力量"。[145] 千里迢迢把他们集结在一起，并且准备得如此充分，这充分印证了他军事上的敏锐度。

　　在战斗打响的前一天晚上，天降暴雨，把旷野和扎营其间的所有战士都淋得透湿。参加过拿破仑战争的英国人认为这是个好兆头：同样的事情在滑铁卢之战前也出现过。确实如此。1821 年 6 月 24 日，黎明的曙光明亮而清澈，天空万里无云。爱国者们迅速行动，执行玻利瓦尔的命令。[146] 派斯的骑兵被派往西面，负责攻击敌人的左翼。[147] 他们进行了两个半小时的强行军，在陡峭的山地上颠簸骑行，穿过热带灌木丛，蹚过河流，直到离拉托雷所在的山谷约 3 公里远的地方才停下。抵达卡拉沃沃时，他们被炙热的阳光灼得疲惫不堪。[148]

那位西班牙将军确信，没有任何骑兵能够越过他西边的险峻地形，因此他预计，共和国军队将从南边进入山谷，那里的山峦间有一处缺口可供利用。但玻利瓦尔的先头部队并没有这样选择。相反，他们沿着西边一条狭窄的溪谷秘密前进，在绿色的丛林中开辟出一条路，爬上高地——从那里可以越过树林和崎岖的地面监视山谷中的保王军——准备迎头进攻。爱国者们一窝蜂地越过山脊，在西班牙人最意想不到的地方发起袭击。拉托雷的士兵向后撤去，但派斯的人已经追了上来，在手枪射程内向他们发射出致命的枪林弹雨。拉托雷的士兵们就此四散奔逃，乱作一团。[149] 随后，英国军团加入了战斗。他们摆出了著名的"空心方阵"*，挥舞着刺刀拖住保王军，让派斯的部队有时间重新整队。[150] 当骑兵们冲回战场时，他们挥舞着近 4 米的长矛袭击敌人的后方。西班牙人在这种双重打击面前束手无策。

面对惨重的损失和被俘虏的恐惧，保王军士兵纷纷逃离战

---

* 由 500 人组成的两至四排的紧凑正方形或长方形阵型，装备毛瑟枪、来复枪或刺刀，本质上是一种用于对付冲锋的敌人的防御战术。"空心方阵"里的士兵会等敌人冲到 30 米开外的地方才开始射击，击倒大批进攻者，形成尸体堆，充当抵御敌人进一步进攻的障碍物。

场，即使拉托雷还在向他们下达指令。当战争的硝烟从烈日炙烤的陈尸之地升起时，鲜血的恶腥味扑鼻而来：1 000 多名保王士兵阵亡，另有 1 500 人被俘，其余的逃到山里去了。[151] 爱国者蒙受的损失更少，但他们的死亡人数未被记录在案。最终，有报告称 600 名英国士兵在卡拉沃沃牺牲，[152] 一同阵亡的还有他们的指挥官曼努埃尔·塞德尼奥和年轻的安布罗西奥·普拉萨。普拉萨不久前刚刚和可爱的、备受爱慕的贝尔纳蒂娜·伊巴涅斯成婚。当玻利瓦尔走近前来安慰垂死的普拉萨时，年轻人对他说："我的将军，我很高兴能死在这片战场上，在这么靠前的一个位置，连派斯都够不着。"[153] 事实上，派斯就躺在不远处的泥土里。战斗已经结束，他筋疲力尽，一场剧烈的癫痫发作使他像往常一样，在战斗之后抽搐着，口吐白沫。[154] 躺在旁边的是高大的"第一黑人"，他总是在战斗中保护派斯。现在他死了，心脏上穿了个洞。[155] 派斯刚一恢复知觉，他的士兵就欢呼起来。毫无疑问，派斯的骑兵和英国军团的士兵赢得了那个下午，那场战斗，以及整个战争。玻利瓦尔当即授予他们荣誉表彰。就在战场上，在那天结束之前，他将派斯擢升为陆军总司令。然后，他目送爱尔兰人和英格兰人开拔，看到这支队伍只剩下三分之一浑身泥污的士兵，玻利瓦尔情难自已。"我祖国的救世主！"[156] 他在他们身后感激不尽地呼喊。他们回之以利落的敬礼。

这是一场彻底的胜利。卡拉沃沃战役是大哥伦比亚战场的最后一次重大交锋，它至关重要，不仅是因为爱国者取得了胜利，还因为玻利瓦尔的将军们——迄今为止鲜少为国家福祉做出过贡献的小小地方军阀——决定效忠于更大的事业，哪怕只是暂时的。在这短暂的一段时间里，他们所有的个人抱负都让位于玻利瓦尔的理想。有些人出于盲目；另一些人则是因为自己已成为国家理想的狂热支持者，而在此之前，他们对这种理想只有模糊的概念。
这并不重要。他们的奉献会得到回报。1821 年 7 月 16 日，玻利瓦
尔颁布了一项法令，充分关照了手下的将军。在这项法令中，他
把委内瑞拉西部的两个省分别划给了派斯和马里尼奥，东部则交
由贝穆德斯控制。实际上，他是在把拉丁美洲的军阀制度化。[157]
这一法令将对美洲大陆产生深远的潜在影响，并在未来几个世纪
里持续发酵。

第十一章

天选之子

> 我不是共和国需要的统治者；形势所迫和内心所趋使我
> 成为士兵，我命定的归宿在战场。
>
> ——西蒙·玻利瓦尔[1]

有时候，最艰难的战争之路，似乎是通往和平的那条。对玻利瓦尔来说尤为如此。"我是一名士兵。"[2]他喜欢这么说，即使别人恳求他承担起更多的角色。尽管他深谙社会正义之道，有传播民主理念的天赋，但政府的日常事务令他感到麻木。他擅长的是手持利剑，而不是执掌权杖。但是，当他于1821年6月29日，也就是取得卡拉沃沃大捷的5天后凯旋进入加拉加斯时，人们把权杖递到了他的手里。

他在晚间抵达城市，并直奔大教堂广场上的住所，但狂热的人群还是包围了他，迫不及待想拥抱他们的英雄。直到天亮，他才得以避开他们的关注。[3]这份荣耀是诱人的，也是醉人的。但他非常清楚，在这份热闹的狂喜之外，还有一个人心涣散的国家需要治理，而他怀疑自己是否有足够的耐心去执行这项任务。[4]几个月前，在筹备与西班牙人的最后一战期间，他写信向安东尼奥·纳里尼奥坦白了自己的这份担忧。[5] 纳里尼奥刚刚被任命为昆迪纳马卡（新格拉纳达）的临时副总统，昆迪纳马卡与委内瑞拉和基多同为大哥伦比亚的组成部分。纳里尼奥是知识分子，也是军人，刚刚从加的斯的监狱出来；在漫长的革命生涯中，他曾不止一次被囚禁在那里。正是他把法国的《人权宣言》翻译成了西班牙文，也是他发起了新格拉纳达革命。就在出征前，玻利瓦尔写信请他组织召开新的大哥伦比亚国会大会，并在信中承认了对自己执政才能的强烈怀疑。他告诉纳里尼奥，大哥伦比亚是个军营，而不是一个正常运转的社会。[6] 他孤身一人与政府中的权力滥用做斗争，他看到了贪腐至极的政客，却无力控制他们。在他看来，似乎所有好人都不见了，只有坏人在成倍增加。[7] 他写道：

> 鉴于我坚信军队的指挥权和共和国的控制权必须分开，我将提出卸任……朋友，请相信我，在统治共和国的 8 年中，我已经对这些问题进行了深入的思考。我对治理的艺术一窍不通。我不能也不想治理国家，而要治理好国家，必须对此怀有意愿，最好是一种无法抑制的热情。就我而言，我对统治的反感与日俱增。[8]

他从未想过领导政府。他的志向既简单又热烈，始终只是想赶走同胞的压迫者。现在这项任务已经完成，他的困扰在于，无可辩驳的证据显示他的人民还没有为民主做好准备。[9] 相反，他们迫切需要一个强大的威权政府。300 年的不公和 10 年的地狱之战把他们变成了好斗的人，他们就像任何阿普雷牛仔那样凶残和贪婪。[10] “即使是我，骑在他们头上，也不知道他们能做什么。”他直言。[11] 他有一种不祥的预感，认为和平比任何战争都要糟糕："我们正悬在一个无底深渊上，一座即将爆发的火山之上。"[12] 任何想当然地把参政的权力交到无知之辈手中的人，必将受到当头一击。曾无数次穿越这片土地的玻利瓦尔对自己的同胞了如指掌，他得出结论：只有用强硬的手段才能治理大哥伦比亚。[13] 这个结论与当初激励他立下誓言的启蒙学说，与卢梭、伏尔泰和孟德斯鸠的主张相去甚远，但他坚持认为，这才是残酷的真相。要是哪个纸上谈兵的哲学家或年老昏聩的政治家不这么想，他们就是在用愚蠢的幻想蒙蔽自己的头脑，危及共和国的未来。他对桑坦德也说了类似的话：

> 在哥伦比亚，重要的是军队，是那些解放了这个国家的人……其余的都是些老古板……这种对现实的看法当然不是从卢梭那里得来的，但它最终将不得不成为我们奉行的观念，否则那些老先生会害了我们。他们相信哥伦比亚是个温顺的民族，羊群般乖乖蜷在波哥大、通哈和潘普洛纳安逸的壁炉边。他们也不去看看奥里诺科的加勒比人、阿普雷的牛仔、马格达莱纳的船夫、帕蒂亚的土匪、帕斯托的刁民、卡萨纳雷的瓜希沃人（Guajibo），还有那些野鹿一样游荡在哥伦比亚旷野的非洲和美洲野蛮部落。我亲爱的桑坦德，你不觉得这些立法者——出于无知而非恶意，出于专横而非野心——正在把我们引向混乱无序，进而走向暴政，最终走向毁灭吗？我敢肯定是这样的。就算那些牛仔不打倒我们，哲学家们也会的。[14]

他所说的"老先生"指的是国会代表，他们已经开始对玻利瓦尔的领导力吹毛求疵了。他们置身与世隔绝的首都安戈斯图拉，对整个国家一无所知，被自己人之间的闲言碎语包围，不禁开始质疑将委内瑞拉和新格拉纳达联合起来是否明智。他们担心失去在地方上的权威，对玻利瓦尔坚持建立中央集权化的政府感到不安。他们还对他将国会迁至库库塔的决定提出了异议，尽管政府机构明摆着不可能在安戈斯图拉这么偏远的地方执政。[15]谁也不能否认，玻利瓦尔是人民眼中不争的领袖，是他打赢了一场漫长而艰难的战争，但政府中有许多官员与他意见相左。不管他取得了怎样辉煌的成就，他的政敌队伍仍在日益壮大。

玻利瓦尔没有在加拉加斯逗留。几天后，他去拜访了自己在圣马特奥的庄园，那里饱受战争蹂躏。保王军和爱国军都占领过这个老庄园，他儿时的天堂如今已难觅踪影。很难相信他一度也曾那么富有。事到如今，他的全部财产在战争中损失一空，他的财务状况一片混乱。他的收入少得可怜，都用在购买生活必需品上。多年来，他一直拒绝领取政府发的工资。[16]

在圣马特奥期间，他解放了几位还留在那里的奴隶。[17]其中就有他的老奶妈希波莉塔，[18]她把他从婴儿拉扯成少年，甚至跟他一起上过战场；对他来说，她是"据我所知唯一的父亲"。[19]她大约60年前出生在圣马特奥，是另一个时代、另一套秩序的产物，毕生服务于玻利瓦尔家族的舒适和幸福。现在，在她人生的第六个十年，她被解放到一个陌生的世界里。她所面临的困惑可想而知。

几天后，玻利瓦尔马不停蹄地去了巴伦西亚、托丘约和特鲁希略。他感到精神上的痛苦，焦躁不安。[20]他知道自己不再是委内瑞拉人了，而是其他什么地方的公民，某种更大理念的守护者。他感到对波哥大负有强烈的责任。"我属于哥伦比亚家族，而不是玻利瓦尔家族。"他在给老朋友和姻亲费尔南多·德尔·托罗的信中写道。他们曾一起在萨克罗山顶上立下誓言。但同样迫切的是，他感受到了整个美洲的召唤。他觉得自己对那些仍在费尔南多国王统治下苦苦煎熬的人负有责任——对基多（未来的厄瓜多尔）和它不服管的帕斯托地区，以及对不可抗拒的西班牙总督区心脏利马。"我需要使哥伦比亚完整。"[21] 他在给一位朋友的信中写道，当时他正忙着策划一场南方的战役。在给另一位朋友的信中，他又说："我还需要一场比肩博亚卡和卡拉沃沃的战役。"[22] 还有更多待解放的民族，更多通往伟大的道路。他不要再坐在原地操心政府的细枝末节。"把那本关于秘鲁印加人的书寄给我。"[23] 他指示桑坦德。

9 月 7 日，他得知在库库塔制宪会议上，自己以压倒性的多数票被选为大哥伦比亚总统。议员中有许多人主张联邦制，即建立一个由独立州组成的联邦国家，相当于直接借鉴美国模式，但最后，出于对解放者的尊重，他们建立了一个中央集权化的政府。这是当下的权宜之计。

玻利瓦尔接受了总统职位，但心不在焉。他曾开玩笑说，如果当选，他就设法远离首都，或者身患绝症。[24] 那时，他一心想着解放基多和秘鲁。但他同样明白，大哥伦比亚需要他，不为别的，至少为了延续，为了稳定，为了他的名字。他选择承担这份责任，即使那时他要继续进军；他始终希望这只是一个名誉头衔，一种临时安排。10 月，他不情愿地前往库库塔领受荣誉。他当着国会的面说出了自己的想法：

> 我为战而生，是战斗将我推上权力的巅峰。运气把我带到了这个位置，而胜利巩固了它。但我的头衔并不是由正义的天平、幸福的环境和人民的意志所赋予的。这柄统治哥伦比亚

的剑是不幸的鞭子……待到和平之日，这剑将毫无用处，当那天最终到来时，我的权力便会终结，因为我对自己发誓过，因为我向哥伦比亚承诺过，因为人民不掌权就不会有共和国。像我这样的人对人民政府而言是危险的，对国家主权而言是个威胁。[25]

他对这段赤裸裸的评判深信不疑，尤其是最后那句话：对任何急于在大哥伦比亚推行全面民主的人来说，他是危险的；对任何崇尚狭隘派系忠诚的人来说，他是个威胁；而他一心认定，南美洲只有成为一个无缝衔接的、完全联合的整体，才能真正彰显出它的伟大。

＊＊＊

当玻利瓦尔小心谨慎地就任总统，渴望向秘鲁进军时，圣马丁已经到了那里，在利马建立了一个集权政权。这位阿根廷将军在总督区首府待了一年多，封锁了海岸，耐心等待利马投降。最终，代理总督拉塞尔纳（La Serna）将军被迫撤出了他强大的军队，将 1 万人的军队[26]分散部署到卡亚俄（Callao）的海上要塞或库斯科、万卡约（Huancayo）和阿雷基帕的堡垒。1821 年 7 月 12 日，焦灼的西班牙城市利马落入圣马丁及其解放军的手中。没流一滴血它就投降了。

尽管圣马丁和玻利瓦尔有着同样的抱负，尽管在历史上总是将两人相提并论，但很明显他们是截然不同的人。这位阿根廷人神秘而冷漠，对阿谀奉承者很不耐烦，不能容忍轻浮和放纵。圣马丁身材高大，相貌出众，有着光亮的黑眼睛和黑头发；他的肤色很深，有传言说他的母亲是个原住民。[27] 布宜诺斯艾利斯的贵族称他为"印第安人""乔罗人""穆拉托人""塔佩人"（Tapé，瓜拉尼印第安人的别称）。[28] 他不愿谈及自己的身世、出生日期（存在争议）或任何其他私事，也无意消除那些流言蜚语。事实上，他在一次印第安酋长会议上宣布："我也是印第安人，我将消灭所有抢走你们祖先土地的西班牙人。"[29] 但是，根据族谱记录，他出生在亚佩尤（Yapeyú）的一个西班牙家庭，该地区属于阿根廷的瓜拉尼人领地。他父亲是亚佩尤的执政官，也是西班牙军队的一名军官；他母亲是克里奥尔人。7 岁的时候，圣马丁和家人乘船去了西班牙加的斯。11 岁时，他已是西班牙军队的一名学员。随着军衔的不断提升，他被派往非洲和地中海打仗；年轻时，他曾在拜伦战役中与莫里略并肩作战，保卫伊比利亚半岛，抵御拿破仑的进犯。待到法国皇帝被赶出西班牙时，圣马丁上校已经积累了长达 20 年的军事经验。在这个过程中，他结识了智利军官贝尔纳多·奥希金斯，并在两位卓越的英国军官手下服役：威廉·贝雷斯福德（William Beresford）将军，他曾指挥过一次英国对阿根廷的入侵，但以失败告终；苏格兰人麦克达夫勋爵（Lord MacDuff），他将圣马丁介绍给了密谋解放南美的革命者地下会社。[30]

那些会社正是玻利瓦尔拜访过的。事实上，在伦敦，玻利瓦尔和圣马丁共同认识许多人，同样踏足过格拉夫顿街的米兰达府邸，与同一批同情革命的英国人交谈过。但是这两位解放者后来的道路就像他们的本性那样迥异。两人从未见过面。在结识了伦敦的革命者——其中包括玻利瓦尔的老朋友和导师安德烈斯·贝略——之后，圣马丁放弃了西班牙国籍，从国王的军队退役。1812 年，他乘坐英国护卫舰"乔治·坎宁号"回到了阿根廷这片阔别 28 年的土地。同行的是卡洛斯·阿尔韦亚尔（Carlos Alvear），[31] 他在加的斯成立过一个秘密社团，而圣马丁和他一起建立了劳塔罗社（Lautaro Lodge）——一个致力于实现南美独立理想的共济会秘密政治团体。玻利瓦尔很少关注这些团体，他一边利用与他们的联系，另一边却在自己建立的国家中禁止此类秘密社团；[32] 但圣马丁对劳塔罗社绝对忠诚，并在革命生涯中不断从其成员那里获得建议和支持。

　　在阿根廷，圣马丁成长为一位杰出的爱国将军。1813 年 2 月，他在圣洛伦索战役（Battle of San Lorenzo）中崭露头角，奋力抵御西班牙海军，保卫布宜诺斯艾利斯港口，并因此声名鹊起，被擢升为阿根廷北方军统帅。当阿尔韦亚尔和其他人忙着建立共和国时，圣马丁表现出一副恪守军旅生涯的样子。而私下里，他却在谋划实现一项秘密愿景：跨越独立后的阿根廷的国界，经智利再到秘鲁，最终解放美洲。正如一位历史学家所描述的那样，在相对孤绝的安第斯山脉，他花了数年时间，"用他那晦涩、迂回的方式进行密谋、联络、策划，试图在重重威胁下实现他向利马进军的伟大构想"。[33] 他显然对阿根廷的政治不感兴趣，拒绝一切晋升机会，在新国家的组建中没有发挥任何作用。他一门心思游说政府支持他向北推进，并成功坐上了库约省（Cuyo）省长的位子。库约省地势崎岖，景色优美，与智利接壤。他和年轻的新娘，来自布宜诺斯艾利斯贵族家庭的一个可爱的 15 岁女孩，在门多萨（Mendoza）定居下来，那里更有利于他评估形势。他在当地组建并训练了安第斯军，并最终说服阿根廷最高执政官胡安·德·普埃雷东允许他率人马翻越山脉进入智利。尽管阿根廷深陷贫困，政府几乎自顾不暇，但普埃雷东给了圣马丁他想要的东西。1816 年 11 月，这位最高执政官写信告诉他的将军：

给你 40 条鞍毡。另一个单独邮寄的小盒子里是我能搜罗到的仅有的两只军号。到 12 月中旬，你将收到你要的 35 000 磅［近 16 吨］牛肉干。给你 2 000 把你要的备用军刀。还有 200 顶帐篷，再没有别的了。全世界都给你了。魔鬼给你。命也给你。我都不知道该怎么摆脱为此欠下的债……该死的！别再向我要别的东西了，除非你想收到我在堡垒里的一根椽子上吊死自己的消息。[34]

圣马丁没让他失望。他用了将近两年的时间打造战争机器，在门多萨开设了一座地下工厂，用教堂的钟和扩音器的金属筒制造子弹。"他想为大炮插上翅膀，"主持这次行动的狂热神父说，"他会得偿所愿的。"[35] 与此同时，圣马丁以共和军队中前所未有的严格方式训练他的部队。他招印第安人入伍，解放并征募了数千名奴隶——他的步兵中有一半是黑人[36]——并积极吸纳 1814 年西班牙重新征服叛乱城市圣地亚哥后被迫离开的智利爱国者。他对手下士兵很严厉，不允许任何违法乱纪行为，但他激发了他们的献身精神。"如果一个西班牙人反抗，"他告诉他们，"就把他的头像南瓜一样劈开。"[37] 如果一名共和军士兵丧失了行动能力，那么他将被丢在战场上听天由命。到 1816 年底，圣马丁拥有了一支强大勇猛、纪律严明的战斗部队。

1817 年 2 月，圣马丁与前总督的私生子[38]贝尔纳多·奥希金斯共同率领一支 4 000 人的军队，越过了积雪覆顶的美洲最高峰阿空加瓜山，完成了军事史上最惊人的壮举之一。1 200 名抵达山对侧的幸存者奇袭了西班牙军队，并在查卡布科战役（Battle of Chacabuco）中取得大捷。西班牙人横七竖八倒在杀戮场上；他们的部队被屠杀殆尽，他们开裂的头骨就像碎南瓜一样。圣马丁用其标志性的寥寥数语向布宜诺斯艾利斯报告说："在 24 天内，我们越过了世界上最高的山脉，完成了这场战役，结束了暴君统治，还智利以自由。"[39]

圣马丁不喜欢煽情的信函或花哨的演讲。他避免使用夸张的语言，宁愿保持高贵的沉默。他算不上博学，不善于援引伟大作家的话或巧用外国词进行点缀，[40]而玻利瓦尔却乐此不疲。圣马丁高深莫测，极度谨慎；但这种神秘的天性并不总是受人欢迎。"这是一种智力上的露怯。"一个英国女人对此嗤之以鼻。[41]另一位同代人对他的描述则更留情面一些："根本不可能知道他那个捉摸不透的脑袋里到底在想什么。"[42]圣马丁朴素到了近乎禁欲主义的地步，他拒绝薪水，拒绝盛大的仪式，那些滔滔不绝赞美他的崇拜者们往往被他不耐烦地挥手赶走。解放智利之后，他两次拒绝被提升为准将。[43]他对政府表示："你们给的认可已经足够了。"[44]当欢欣鼓舞的圣地亚哥市提出要支付他穿越安第斯山脉的费用时，他拒绝了，转手用这笔钱捐建了一座公共图书馆。他总是一本正经，很不自在，容易发怒。

同时，他病得很重。早年在西班牙当兵的时候，他曾患过严重的风湿病。[45]在圣洛伦索战役之后，他的身体状况开始恶化：剧烈的胃疼挛导致他胃出血并呕血。疼痛难耐下，他不得不用鸦片来止痛。到了 1816 年，他对这种毒品已经深深地上了瘾，服用它不仅为了减轻胃痛，而且为了助眠，为了安神，为了平息沮丧。[46]他在给一位朋友的信中写道："一次严重的大出血和随之而来的虚弱让我在床上躺了 19 天。"[47]事实上，他的同伴开始担心起来。他的言语含糊不清，行动也不稳了。朋友们试图劝他戒掉毒瘾，从他床边偷走了那些强力小药管。[48]凭借坚定的意志和医护人员的密切关照，他克服艰难险阻，设法翻越了安第斯山脉。1818 年 4 月 5 日，他带着英雄的决心，在迈普战役（Battle of Maipú）中取得了决定性胜利，把西班牙人一举赶出了智利。战斗结束后，他筋疲力尽，发往布宜诺斯艾利斯的报告只有三句话，[49] 全写在一张脏兮兮的纸上。他在首都的批评者指责他喝醉了。[50] 此后不久，一位英国人报告说："我发现迈普战役的英雄病倒在床。他看上去如此苍白瘦弱，要不是他的眼睛炯炯有神，我几乎不可能认出他来。"[51] 几个月后，这位英雄将被担架抬过安第斯山。

自始至终，圣马丁都在为他职业生涯中最伟大的战役做准备。到 1820 年初，他从病榻上爬起来，再次翻越安第斯山脉，在瓦尔帕莱索（Valparaiso）附近驻扎下来。数千名训练有素的士兵听从他的指挥，[52] 这激励了他，让他相信时机已成熟，可以向强大的利马总督发动一次联合攻击了。但几乎在同一时间，困扰阿根廷多年的政治分歧引发了内战，新生的共和国陷入混乱。突然之间，圣马丁海外作战的可行性受到了质疑。他被命令集结军队，打道回府，保卫布宜诺斯艾利斯。但那时，他对自己的使命已抱持着一种救世主般的心态：他相信解放美洲的重要性超越了国内政治。他病得很重，忧心忡忡。他决定违抗政府的命令，近乎疯狂地坚持执行自己的作战计划。

阿根廷人民群情激愤，奋起抗议他们的名将。圣马丁被指控为叛国者、逐权者，人们抨击他对阿根廷的国家大业漠不关心。有传言说，如果他踏上祖国的土地，就会被送上军事法庭。其他人则声称境外势力用巨量财富贿赂了他。他将这些通通斥为荒唐的谎言。[53] 但他拒不为国家利益而改变初衷。"我已经把我的荣誉献给了美洲的事业，"[54] 他在给当时智利的最高执政官贝尔纳多·奥希金斯的信中写道，"没有它，我就没有祖国，我不会为了世上的任何东西而浪费如此珍贵的礼物。"[55]

圣马丁联手奥希金斯和英国海军将领科克伦勋爵，很快就控制了南美洲西海岸的大部分地区。臭名昭著的"海洋之狼"托马斯·科克伦是个浮夸的苏格兰人，曾在伦敦被判金融诈骗罪。他得到了智利大舰队的全权指挥权，几乎摧毁了西班牙在太平洋的海上力量，使圣马丁对秘鲁的远征成为可能。

1820年8月，就在玻利瓦尔和莫里略在委内瑞拉和谈时，圣马丁和4 000名士兵[56]在大雾的掩护下潜入秘鲁境内。就在距离古老神秘的纳斯卡线条（lines of Nazca）不远的地方，他的爱国士兵前赴后继踏上帕拉卡斯（Paracas）的白沙，悄无声息地向内陆进发。要不了多久，光彩夺目的利马城——权力的枢纽，令人垂涎的众王之城*——就会陷落，不费一刀一剑。在将近一年的时间里，圣马丁封锁了它，切断了城里的粮食供给。他那由黑人和乔罗人（混血原住民）组成的大军吓坏了利马富裕的白人。他的密探几乎遍及秘鲁全境，[57]争取到了西班牙共济会会员的支持。他狡猾地与总督佩苏埃拉（Pezuela）谈判，建议总督可以自立摄政委员会来统治一个独立的秘鲁。[58]1821年1月，西班牙军官起义推翻了总督，将拉塞尔纳将军推上了权力宝座。6个月后，在与圣马丁的谈判无果而终后，新总督和他的数千名常备军在饥饿难耐的状态下撤离了首府。一场大地震[59]席卷了海岸，仿佛为了纪念西班牙历史性的告别。利马的白人惊恐万状，纷纷哀号，说愤怒的印加鬼魂要回来复仇了。[60]7月12日，这位爱国将领进入首府，没有遇到任何抵抗。那天很冷，是海滨的冬日常有的阴暗潮湿天气，整座城市看上去灰蒙蒙的，神秘莫测。

---

* 众王之城（西班牙语：Ciudad de los Reyes）是1535年利马建立之初，弗朗西斯科·皮萨罗为它取的名字。因为建城之日正值天主教的主显日（三王来朝日）。——编者注

　　圣马丁恪守稳重得体的做派，处处留心，避免张扬自己取得的巨大胜利。起初，他借住在一个修道院里，只有一名副官陪同。[61] 后来，他悄悄搬进政府官邸，在那里为自己配备了一个完整的助理团。两个星期后，在他奴隶大军的支持下，他自封为"护国公"，[62] 在中央广场上升起他的旗帜，宣布"众王之城"成为自由的堡垒。[63]

＊＊＊

　　玻利瓦尔立即写信向圣马丁表示祝贺。[64] 奉承之余，他又补充道："我对天祈祷，希望您在解放秘鲁的过程中不需要哥伦比亚军队的援助！"[65] 这句话带有讽刺意味：利马或许已经解放了，但秘鲁还没有。它同样带有预见性，虽然那时玻利瓦尔还不知道他在利马的对手将陷入怎样的政治泥潭。

　　在瓜亚基尔的苏克雷将军很快也麻烦缠身。几个月前，玻利瓦尔派他和 1 000 名士兵前往那里，为解放基多做准备。但基多仍牢牢掌控在西班牙的手里；瓜亚基尔人民曾在圣马丁到达秘鲁时欢欣鼓舞地宣布独立，之后却陷入了激烈的争执。[66] 他们将加入秘鲁还是大哥伦比亚？从官方角度看，具有战略意义的港口城市瓜亚基尔曾是新格拉纳达总督辖区的一部分，但多年来，它与秘鲁的关系更加密切，两地间商贸活跃。瓜亚基尔是欣欣向荣的海上贸易中心；这里建造船只，交通也十分繁忙。它对利马而言极具价值，对基多这个内陆殖民地而言也至关重要。

　　玻利瓦尔坚持命令桑坦德调集 5 000 名精兵前往基多，好让他立即出发去解决这个问题。他厌倦了行政管理工作，时刻准备着继续行军。[67] "我不打算在僵持中失去 11 年的成果，"他在给桑坦德的信中写道，"我要让圣马丁看到我才是天选之子。"[68]在他看来，这块夹在两个濒临灭亡的总督辖区之间的宝地将属于大哥伦比亚，而不是秘鲁，更不会属于圣马丁。

他于1821年10月21日抵达波哥大，立即投身于组织一场决定性的南方战役。他没待多久。不出两个月，他就动身前往基多的山地要塞。不过，他仍有时间完成一件私事。11月27日，他在波哥大市中心买下了一幢豪宅，用他此前一直不愿支取的薪水付了款。这座宅邸位于圣克拉拉街，离大教堂和旧日的总督府不远。在购房契约上，他指定将它送给贝尔纳蒂娜·伊巴涅斯的母亲。[69]贝尔纳蒂娜是他一直热切追求的爱慕对象，她勇敢年轻的丈夫战死在卡拉沃沃。购买这座宅邸意味着什么？是对牺牲的普拉萨上校的一种补偿吗？解放者曾声称，他对这位年轻军官的爱不亚于对他娇妻的爱。[70]抑或是对那位寡妇的示爱？为什么他不用私人资金购置这套房产，而要用自己的工资，也就是他鲜少接受的国家资金？他和副总统桑坦德使这个家庭卷入了流言蜚语，这种做法是为了减轻他良心上的不安吗？还是副总统本人提出了这次购买呢？他在此后15年里继续与她的姐姐尼科拉萨保持着情人关系。[71]历史学家一直在猜测，但真相或许永远无从得知。

可以确知的是，当玻利瓦尔于12月13日离开波哥大前往卡利（Cali）时，伊巴涅斯家的女人们已经搬进了圣克拉拉大街上那幢舒适的房子，她们满怀感激地接受了玻利瓦尔的礼物。[72]后来，玻利瓦尔从卡利给贝尔纳蒂娜写了最后一封信，表达了他的热情，并永远留下了一个悬念：在波哥大度过的短短6周里，他是否在某种程度上赢得了这位寡妇的爱？

挑剔的美人儿贝尔纳蒂娜……爱的力量多么强大！除了你

和你可爱的诱惑，我什么都不想……你是我在这世上的唯一。只有你，圣洁的天使，能激发我最鲜活的情感和欲望。我希望赢得任何你肯屈尊给予我的幸福和快乐，因为你就是我的渴望。如果我不再多说，那是出于谦恭和谨慎；不要觉得是因为我不爱你。别再指责我冷漠或迟钝。你会发现，时间和距离只会令回忆汹涌。不该用空洞的怀疑来责备我。想想我的热情和不变的忠诚吧，这是你无法否认的。[73]

然而战争很快就会使玻利瓦尔顾不上思念贝尔纳蒂娜。从波哥大到卡利的道路崎岖险峻，令人精疲力竭。起初，他打算行军到海岸，再航行到瓜亚基尔，与苏克雷共同发起对基多殖民地的海岸攻击。但有消息称西班牙护卫舰控制了厄瓜多尔海岸。[74] 这并非属实。这种短暂担忧的始作俑者是新任的（新格拉纳达）总督胡安·穆尔赫翁（Juan Mourgeón）。他是一位杰出的战士，曾与圣马丁并肩作战对抗拿破仑，讽刺的是，他曾救过那个阿根廷人一命。[75] 西班牙人穆尔赫翁从他管理过的巴拿马出发，率领 800 人的队伍登陆厄瓜多尔海岸，并下令加强基多防御。[76]

错误情报使玻利瓦尔选择了陆路而不是海路，他不得不带领 4 000 人的军队[77] 穿越 400 公里的山岭地区。这若非愚者之旅，就是英雄之旅。大哥伦比亚人穿越炽烈的平原、凶险的河流，在致命的峡谷和瀑布上临时搭起绳索桥。抵达山那边时，部队损失惨重。[78] 那些幸存下来的人走完了数千公里，其中许多人来自遥远的巴伦西亚，有些人经历过博亚卡战役和卡拉沃沃战役的洗礼。现在，鱼贯进入卡利的他们已成了一支支离破碎队伍，被疲惫、失温和疾病压垮。数百人弃军而逃。那些留下来的人当中许多躺在担架上奄奄一息，几乎没有人能行军，更别提列队作战了。

***

　　玻利瓦尔在卡利待了很长时间，其间得知苏克雷和他的部队被困在瓜亚基尔，无法推进，不能与他在前往基多的半路上会合。保王军已经封锁了北上的道路，尽管苏克雷在瓜亚基尔获得了支持，但他没有足够的人手来对付首都顽强的防守。他想派人渗透到保王派占领区，计划却一败涂地。[79] 无奈之下，苏克雷向利马的圣马丁请求增援，但他还要等上几个月才能收到答复。[80]

　　与此同时，孤立无援的玻利瓦尔沿崎岖山路南下前往波帕扬。当他接近那座戒备森严的城镇时，负责指挥的西班牙上校何塞·马里亚·奥万多（José María Obando）打着休战旗出现了，要求与玻利瓦尔面谈，这令玻利瓦尔大吃一惊。解放者的魅力和对美洲事业的热情立刻赢得了上校的支持。奥万多不仅投降了，还提出要带上整支部队为爱国军效力。[81] 这次政治拉拢使玻利瓦尔相信，他有可能在其他保王者身上取得类似的成功。只要他能有机会和他们对话。他写信给桑坦德，提出了一个想法：

> 　　我彻夜未眠，思考着新的挑战……我确信，等抵达胡安南布河（Juanambú River）的时候，我手下士兵将不足 2 000 人。我同样确信，敌人会以超过 4 000 人的军队迎战；如果照此下去，我将被迫投入一场比博亚卡更冒险的战斗，我将带着愤怒和绝望而战……我最大的希望是采取政治策略，尽一切可能将敌方领导人和军队争取过来。下面是我的建议……[82]

他的建议是放烟幕弹。他指示桑坦德给他寄去信件和文件，其中表明西班牙已放弃战斗，承认了大哥伦比亚的独立。利用这些伪造的文件，以及在地方报纸上策略性发布的"公告"，他就可以愚弄基多，迫使其放下戒备，允许他进入城市。[83]"所有这些把戏的目的，"他在给桑坦德的信中写道，"是让敌人相信他们别无他法，必须与我交涉，而我们必须阻止更多的流血牺牲。"[84]

他对桑坦德的指示很详尽。副总统将伪造一封来自西班牙将军拉托雷的信件，为一个从马德里赶来与新生的大哥伦比亚政府讲和的委员会申请放行。塞亚副总统和派斯将军需要做出适当的正面答复。桑坦德立即照办，伪造了文件。[85]当一切就绪后，玻利瓦尔向基多的临时总统艾梅里奇[86]和刚刚抵达的总督穆尔赫翁[87]出示了这些"谎言"（他给的称呼），并向波帕扬的主教示好，请他协助确保和平过渡。[88]但没有人上当，尤其是帕斯托的居民，这群顽固的保王分子挡在玻利瓦尔和基多之间，他们宁愿全面开战，也不愿进行任何和谈。

玻利瓦尔最终如他们所愿。1822 年 4 月 7 日，时值复活节星期天，他率军前往卡里亚科（Cariaco）的峭壁。在有火山的那侧山崖，曾有人看到西班牙军队向前推进。骑马去侦察这一地区之前（他总是独自一人去侦察），他命令手下军官一定要拿下俯瞰位置的海角之后才能吃午饭，[89]那时海角似乎还无人占领。等到回来时，他看见保王士兵盘踞在那些制高点上，而他的军队在峡谷里悠闲地用餐。他的副手延误了战机，懊恼不已。但毫无疑问，解放大军现在处于明显劣势。怒气冲天的玻利瓦尔立即采取了补救行动。

他指挥部下发起一次大胆的正面进攻。这个决定考虑欠周，完全出于一时冲动，建立在愤怒之上。一拨又一拨的爱国者冲上悬崖，冲向死亡。英军来复枪营亮出刺刀，英勇前进，试图把敌人赶出制高点，但收效甚微。他们很难达到足够近的攻击距离。眼看整个共和军都要葬送在这令人抓狂的斜坡之上。玻利瓦尔从坡下见证了屠杀过程，确信这场仗输定了。[90] 但当太阳滑过嶙峋的山脊，在峡谷中投下暗影时，右翼出现了奇迹。除了刺刀外一无所有的士兵们将利刃插进陡坡，然后借着这架武器铺就的天梯攀上悬崖。[91] 战斗一直持续到深夜，直到月亮消失在朦胧的雾中，黑暗吞噬了战场。"我们的军营，"在波帕扬投靠爱国军的保王者奥万多写道，"是个专事破坏的工厂。我们的步枪坏了，装备烧了；我们本可以带走的一切都被摧毁了。天亮了，我们无法撤退。浓雾使我们看不见敌人，也看不见我们自己的来复枪营占领的阵地。解放者情绪不佳。"[92] 玻利瓦尔的情绪岂止是不佳。几天来，他一直在与发烧抗争。他能熬过那磨人的 8 小时，这本身已经够了不起了。

包括玻利瓦尔在内的一些人把邦博纳战役（Battle of Bomboná）描述为爱国者一方的胜利，[93] 其他人则认为这是彻头彻尾的愚蠢。其实这两种观点都不尽然。当夜幕笼罩大地，敌人像受惊的幽灵般撤走时，没有人知道谁赢了。爱国者茫然地留在角斗场上，不知道敌人是否会在太阳升起时卷土重来。如果不看别的，他们至少可以聊以自慰，认为自己打散了保王军，分散了保王势力在基多的防御力量。[94] 但到了早上，他们付出的代价一目了然。尸体乱七八糟地堆在地上，空气中弥漫着一股股恶臭。除了 6 位爱国军官外，其余军官都受了重伤。[95] 玻利瓦尔病得命悬一线，被担架抬走了。[96] 尽管人们怀疑这样惨痛的损失是否值得，但他们很快就会看清，邦博纳之战总归有所收获。这是转机的前兆。第二天早晨，当保王势力的顽固心脏帕斯托和基多的居民醒来时，他们的内心少了一些笃定，多了一些畏惧。苏克雷将军现在可以从瓜亚基尔向北推进了，他巧妙地把握住了这次机会。

第十二章

火山脚下

我被战争的恶魔掏空，决心结束这场挣扎。

——西蒙·玻利瓦尔[1]

"要么是我迷失了方向，要么就是我在走向荣耀。"玻利瓦尔曾向副总统桑坦德坦言。[2]实际上，无论对内对外，他似乎都在战斗。对那些第一次见到他的人来说，他看上去比实际年龄老得多。[3]38岁的他因操心战事而头发斑白，因疾病和疲劳而面黄肌瘦。虽然他的动作依旧敏捷，声音洪亮，但他的身上带着种种战争长期损耗的特征。他一脸倦容，面无血色，长而稀疏的银丝束在脑后，以防乱成一团。他瘦骨嶙峋，经常发烧，还得了一些不知名的小病。[4]他不再是那个冲劲十足的年轻人了，那个溯马格达莱纳河而上、不费力就能连战连捷的年轻人。他不再是"惊人的战役"中的那个英雄了。他非常注意个人保健，保持经常沐浴的习惯，很少喝酒，决不吸烟，但健康状况还是明显恶化了。他已不再是那个声名远扬、不知疲倦的"铁屁股"了。尽管他意志坚定，情绪高昂，但他过早地衰老，成了一个艰难度日、饱经风霜的老兵。跨越千里的苦战在他身上留下了深深的烙印。除了成吉思汗，几乎没有哪个国家的领导人在马鞍上度过如此之多的时间——数月乃至数年。12 年的不懈努力令他付出了代价。他不想让部下看出这一点，可他越发难以忍受身体上的痛苦。[5] 重要的是，现在他需要的是一个有活力的帮手，一个年轻版本的自己：一个具备正确直觉的战士，一个平易近人的领导者，一个不质疑他的权威并承诺对这项事业保有绝对不朽的忠诚的年轻将军。

这个人就是安东尼奥·何塞·德·苏克雷。"如果上帝赋予我们选择家人的权利，"玻利瓦尔后来说，"我会选苏克雷做我的儿子。"[6] 这位 27 岁的将领是正值盛年的活跃战士。他机智敏锐、精力旺盛、严守纪律，是一位标准的军官和绅士，受到所有手下人的尊敬。苏克雷年纪轻轻就被玻利瓦尔擢升为最高级别的将军，因其才干可以媲美玻利瓦尔本人：勇敢、不知疲倦，善于迅速做出决定。他坚持凡事亲力亲为，从记录部队的日常情况到检查士兵的给养。他对作战策略有准确的第六感。简而言之，苏克雷综合了解放者所欣赏的一切优秀战士的品质。他们就是新大陆的阿喀琉斯和普特洛克勒斯 *。

到了 1822 年 5 月，两人需要艰难穿越一片火山岩铺就的动荡土地，向对方靠近。这片火山口遍布的地带是大哥伦比亚和秘鲁激烈争夺的地方。玻利瓦尔借着邦博纳战役成功转移了敌人的注意力，让苏克雷得以脱身；年轻的将军带着圣马丁派来的一个营的援兵，向瓜亚基尔和基多之间火山密布的地区前进。一年过去了，苏克雷和手下 3 000 名训练有素的士兵一直在等待这一刻，等着玻利瓦尔的指示。但苏克雷从解放者那里收到的上一封信件是几个月前的

---

* 　二者均为希腊勇士，普特洛克勒斯是阿喀琉斯的仆从和朋友，在特洛伊战争中被赫克托耳杀死，后来阿喀琉斯为他复了仇。——编者注

1821 年 12 月寄出的。[7] 等读到它的时候，他已经来不及执行玻利瓦尔的命令了。这场战争很多时候就是这样：因通信滞后而贻误战机。看着眼下正陷入混乱的敌人，苏克雷决定不惜一切代价夺取基多。

事实证明，争取圣马丁的支持对苏克雷来说十分棘手。秘鲁护国公曾公开宣布，他期待前往北方与玻利瓦尔会面，[8] 但随着时间的推移，他对大哥伦比亚的野心产生了怀疑。在宣称迫不及待想与革命伙伴会面后一个月不到，圣马丁开始对苏克雷在瓜亚基尔的存在感到恼火。他认为这个港口距离利马很近，而且与利马有密切的商业联系，理应属于秘鲁，因此，也理应在他的管辖范围之内。1822年 2 月，他派出最有才干的年轻上校之一安德烈斯·德·圣克鲁斯（Andrés de Santa Cruz）去支援苏克雷，[9] 之后便收到玻利瓦尔向瓜亚基尔挺进的报告，这令他大动肝火。最后，他登上了科克伦勋爵的一艘船，匆匆北上去宣示对那座城市的主权。半路上，他读到了玻利瓦尔写给瓜亚基尔总统何塞·华金·德·奥尔梅多（José Joaquín de Olmedo）的一封信的副本。信中，玻利瓦尔断然宣称瓜亚基尔港属于大哥伦比亚。[10] 这不亚于一枚重磅炸弹。[11] 圣马丁怒火中烧，掉头返回利马，动员当局准备开战。[12]

盛怒之下，圣马丁还向圣克鲁斯的增援部队发出召回令，强令那位上校立即返回秘鲁。但是，魅力超凡的苏克雷很快说服圣克鲁斯无视这一命令，[13] 准备迎接更大的荣耀，加入对基多的历史性进军。最终，圣马丁让步了，三思之后，他还是不愿与一支旗鼓相当的解放军打一场自杀式的内耗战。他决定派一位自己的将军[14] 去指挥联军。苏克雷闻讯大为震惊。但实际上，这些计划没一个真正落实；圣马丁没有能力去推行它们。这不过是小茶杯里的兴风作浪，挥挥拳头做样子，但它揭示出了每个人的性格特质。玻利瓦尔专横霸道，圣马丁暴躁任性，苏克雷顽强不屈。而事实证明，年轻的圣克鲁斯在忠诚这个问题上左右摇摆，他在后来的时间里也始终如此。

到了 4 月底，苏克雷已经率领军队向保王派据点基多进军了。他从皮钦查火山以西绕过这座城市，把部队部署在国王军队的正北方。[15] 他还不知道，几个月前才到任的干练的西班牙总督穆尔赫翁，由于一次意外摔倒引起的并发症而暴毙，[16] 留下基多总统艾梅里奇将军孤军作战。5 月 13 日，苏克雷的部队爬上了冰封的火山山巅，10 天后，他们在晨雾中由另一侧下山。下了整整一夜的雨使得地面湿滑难行。[17] 尽管如此，他们还是向敌人逼近，在里奥班巴（Riobamba）与之交战。战场离基多如此之近，以至于基多居民爬上屋顶，就可以隐约看到山坡上的战斗。皮钦查战役（Battle of Pichincha）不算是一次手术般精准的打击，需要不断调整战略，但苏克雷没有做任何无用功，每一步行动都目标明确，理由充分。到了日落时分，在明显占上风的情况下，他给了艾梅里奇一个放下武器的机会。5 月 25 日，苏克雷宣布在基多取得了胜利，他占领了这座城市，并成功抓获 2 000 多名俘虏。他开出了慷慨的条件，允许保王士兵保留完全的军人荣誉返航西班牙；[18] 结果，他们中的许多人决定留下来，为爱国者一方而战。听闻基多陷落，帕斯托这个顽固的堡垒便完全臣服于玻利瓦尔了。凭借非凡的战略和勇气，帕斯托、基多和重要港口瓜亚基尔现在已牢牢掌握在大哥伦比亚手里。玻利瓦尔只需摘取胜利果实。

解放者敏锐地意识到，胜利的功劳属于他才华横溢的将军，他禁不住被一阵妒忌刺痛。他担心苏克雷在皮钦查的战役——而不是他在邦博纳的战役——将与博亚卡战役和卡拉沃沃战役并列载入史册。的确，接受投降看上去不够体面。就在玻利瓦尔与可耻的帕斯托协商一次勉为其难的投降时，苏克雷接受了杰出的艾梅里奇领导的基多正大光明的投降。精疲力竭的玻利瓦尔写信给桑坦德，表现出不同寻常的狭隘心胸。"苏克雷的部队比我的多，面对的敌人也更少，"他抱怨道，"另一边，我们一直在地狱里与魔鬼斗争。邦博纳的胜利比皮钦查的胜利更漂亮。"[19]他想确保副总统桑坦德如实传达他的立场。

不过，玻利瓦尔没过多久便振作了起来，因为全世界都开始注意到他的胜利。6月16日，他在震耳欲聋的欢呼声中进入基多。他身着金红相间的华服，骑着那匹威武的白马，周围尽是崇拜他的大众。作为一位精明的军人，苏克雷将军小心翼翼地把所有荣耀都留给了解放者。现在，独立的火炬已熊熊燃起。大哥伦比亚保王派的最后堡垒已被攻破，至关重要的巴拿马地峡宣布拥护玻利瓦尔*。南美洲将近260万平方公里的土地—— 一个比拿破仑的帝国还要大得多的地方[20]——只归一人号令。

***

6月19日，也就是玻利瓦尔进入基多的3天之后，在4 800公里外的地方，一名身体欠佳的外交官获准进入美国总统詹姆斯·门罗的办公室。他痛苦地佝偻着，几乎无法穿过白宫抛得锃亮的地板，一只手中紧攥着一份文件。约翰·昆西·亚当斯记录下了这一时刻：

> 下午1时，我将哥伦比亚共和国驻华盛顿临时代办曼努埃

---

*　巴拿马于1821年11月28日摆脱西班牙统治，宣布独立，并加入大哥伦比亚共和国，称"地峡省"。——编者注

尔·托雷斯（Manuel Torres）先生引见给总统。这一事件十分耐人寻味，因为它标志着独立的南美洲政府首次得到官方承认。托雷斯几乎不能自主行走，他深受感动……甚至流下了眼泪。总统向他保证，美国十分关心他祖国的福祉和成功，并表示很高兴接待他这位首任代表。和通常一样，整个接见活动只有几分钟。[21]

4年来，托雷斯一直在为玻利瓦尔的革命争取外交上的承认，更不用说武器、船只和援军了。[22] 然而，再多的游说和讨好也没能让这位老先生取得多大的进展。最终，还是玻利瓦尔的成功改变了美国总统的想法。从博亚卡战役到卡拉沃沃战役，再到解放者越过安第斯山脉向基多进发，毫无疑问，革命的浪潮势不可当。最终，亨利·克莱议员说服了他的同胞们。在托雷斯与门罗和亚当斯动情的会面之后，这位哥伦比亚老人拖着疲惫的身躯回到了费城的家中，[23] 他的心中充满喜悦，他终于有好消息向玻利瓦尔汇报了。不出一个月，托雷斯去世了。大哥伦比亚军队中或许无人知晓，但他们的外交官被以最隆重的军礼下葬。美国陆军和海军的代表都参加了葬礼，费城港口的所有船只都降半旗致哀。[24] 事实上，玻利瓦尔和他的军队当时正在赤道附近向科迪勒拉山脉的纵深地带移动，甚至在半年内都对美国的承认全然不知。[25]

***

玻利瓦尔和他的军队几乎没有意识到他们在更广阔的世界里获得的名望，他们只是活在当下。他们被战争榨干了，一贫如洗，一路向南奔袭，一心只想着活下去。他们几乎没有什么乐趣可期待。然而，有传言说，当玻利瓦尔在盛大胜利游行队伍的簇拥下骑马进入基多时，他抬头瞥了一眼装饰华丽的阳台，望见了日后将成为他至爱的那个女人。[26] 事实很可能完全不是如此。解放者第一次看到清秀、机敏的曼努埃拉·萨恩斯（Manuela Sáenz），可能是在当晚为他举办的舞会上，也可能是在她为了解决自己的遗产继承问题与新任国家元首的一次面谈中。但毫无疑问，在当时处处洋溢的热烈气氛的助推下，这次会面令双方都心神荡漾。她和他一样处事积极，一样喜怒无常，一样有求知欲，一样有学识。不出几天，甚至不出几个小时，他们就成了情人，并将这种关系一直保持到他生命的尽头。[27]

　　表面上，曼努埃拉·萨恩斯是一个可敬的年轻女子：富有、已婚，是基多和利马自由派贵族圈子的常客。但她也是一个有着复杂过去的女人。她 25 年前出生在基多，是一段不体面关系诞下的私生女。她的父亲是有钱的西班牙花花公子，有家有室；她的母亲是来自显赫克里奥尔家族的中年老处女。这位母亲按照习俗和名誉的要求，在远离社会窥探的地方秘密生下了这个孩子。她曾试图为女儿在基多找个好家庭，可惜未能如愿，于是她把女儿托付给了一家专门收容出身高贵的"孤儿"的女修道院。6 年后，母亲去世了。尽管曼努埃拉的父亲西蒙·萨恩斯·德·贝尔加拉（Simón Sáenz de Vergara）有追逐社会地位的野心，但他做了一件令人惊讶的事。他承担起照顾孩子的责任。他给她居住的奢华修道院捐了一大笔钱，把她介绍给他的其他孩子们，把这个漂亮的小姑娘接到了自己家。最重要的是，他给了她一个父亲能给的最大礼物：通往新生活的大门。在她 20 岁生日之前，他把她嫁给了利马的一位富商——一位名叫詹姆斯·索恩（James Thorne）的英国海运商人。[28]

　　与索恩的婚姻好处很多。对曼努埃拉的父亲来说，这无疑有利可图；索恩可能在经济不稳定的时期给过他帮助。不管怎样，对一个拥有大量财产的西班牙人来说，与航运巨头建立稳固的家族关系是明智的。对曼努埃拉来说，索恩先生代表着稳定。他比她大20岁，生性稳重，花钱大方。也许最重要的是：作为外国人，他不会太把她的身世看作无可救药的缺陷。[29]

　　1817年底，正当玻利瓦尔准备在委内瑞拉荒凉的平原上与派斯会面时，曼努埃拉前往利马，会见她的未婚夫。那是个没什么魅力的男人，肥胖、乏味的中年老古板，既没有智慧，又缺乏体力。[30]他的行事方式迟钝而固执，令人难以忍受。不过，想必在她心目中，这桩婚姻将带来体面、舒适的家庭，还有在远离是非之地基多的大都会里令人羡慕的社会地位。12月，当夏日驱散了沿海的雾气，这对夫妇在利马最古老、最优雅的圣塞巴斯蒂安教堂的穹顶下结为连理。随着光阴荏苒，曼努埃拉天生的胆识和才智使索恩放心地把生意交给她打理，尤其是在他定期出国旅行期间。

　　她是天生的谈判家，活跃健谈，渴望打入"众王之城"暗流涌动的密谋网络。作为一名狂热的反保王主义者，她成了爱国者圈子里的固定成员。[31]和所有投身革命事业的妇女一样，她充当间谍、信使，并负责招募人员。毫无疑问，她曾欣然迎接圣马丁进入秘鲁。后来，他为她颁发了女性版的"太阳勋章"，那是他为表彰杰出爱国者而设立的一项至高荣誉。[32]最终，她成了大名鼎鼎的罗莎·德·坎普萨诺（Rosa de Campusano）[33]的密友，那位放浪不羁的厄瓜多尔美人吸引了利马的一大群追求者，包括圣马丁本人。

　　1822年5月下旬，曼努埃拉·萨恩斯回到基多，那时的她已是著名的革命活动家。她回家是因为担心她的父亲：作为一个对国王忠心耿耿的西班牙人，他是新接手基多的爱国者最不欢迎的那种人。也许她知道他已决定返回西班牙，这可能是最后的见面机会。如果可以，她还希望在新的自由重组中继承母亲留下的遗产；自从她6岁那年母亲去世以后，母亲的家族一直拒绝给她应得的遗产。[34]

不难想象，当这位漂亮、无礼、魅力逼人的女人挽着同父异母的兄弟—— 一位爱国军官——的手臂现身胜利舞会，或是在新生的大哥伦比亚拥挤的行政大厅里争取权利时，玻利瓦尔立刻着了迷。正如一位传记作家所描述的那样，她简直像个女妖，有着乌黑发亮的头发、沥青色的双眸、珍珠般的皮肤和惹眼的好身材。她有一种诱人的猫科动物般的优雅。她会跳舞，也会骑马。她对流言蜚语一笑置之。在那些繁忙的日子里，他尽己所能地与曼努埃莉塔（他是这样称呼她的）寻欢作乐，在她的石榴裙下度过了短短几周，而这同时能让他从局内人的角度来看待利马的革命者、保王者，以及圣马丁。要不了多久，他就看出，这个活力四射的聪慧女人不同于他所认识的任何女人。[35]"夫人，"他温柔地对她说，"要是我的士兵有你这样的枪法，我们早就把西班牙人打败了。"[36]

但圣马丁搅扰了这对爱侣。阿根廷将军致信玻利瓦尔，抗议大哥伦比亚对瓜亚基尔的图谋。他坚持让该港口通过投票的方式选择自己的效忠对象。[37]玻利瓦尔当即予以还击：瓜亚基尔毫无疑问属于大哥伦比亚；自殖民时代起，它一直听命于波哥大，而将来也会如此。不过他又很有风度地补充说，他希望有机会拥抱圣马丁，和他面对面谈论这些事情。[38]他此前已许诺派大哥伦比亚军队去支援圣马丁在秘鲁的行动。玻利瓦尔火急火燎地奔赴瓜亚基尔，他很清楚自己必须赶在阿根廷人之前。他从曼努埃拉的温柔乡里抽身，去南方宣示主权。

没走多远，他便收到她咄咄逼人的来信。[39] 他的回信表现出一反常态的犹疑。也许是她的任性不羁令他担心，也许是她触动了他内心深处的某种东西，总之，他在信里恳求她给他一些考虑的空间：

> 美丽的曼努埃拉，我很想回应你的索爱，这完全是合乎情理的要求。但我必须对你坦诚，因你对我是那般毫无保留……是时候让你知道，很久以前，我以年轻人独有的方式爱过一个女人。出于尊重，我从不谈论此事。我反复思考着这些事，我也想给你同样的时间去考虑，因为你的字字句句诱惑着我；因为我知道，也许这一刻我应该爱你，我们应该相爱。我需要时间来适应，毕竟军旅生活既难忍受，也难抛却。我已愚弄过死神太多次，而今死神与我形影相随……请让我确认自己，确认你……我不能说谎。我从不说谎！我对你的激情肆意汹涌，这你知道。给我点时间。[40]

＊＊＊

7月初，他前往瓜亚基尔，沿途壮美的景色令他心旌摇曳，浮想联翩。[41] 他一向热爱大自然，厄瓜多尔终年积雪覆顶的火山——从苍翠的热带地毯上升起的白色巨兽——那摄人心魄的景象深深打动了他。他以前从未见过世界的这一部分：丰饶的土地上熙攘的尘世生灵，大胆地向天空探索。紫色的天空，星光闪烁的夜晚，这片大地曾经剧烈的地壳运动——这一切触动了他的灵魂。[42]

如果事情朝别的方向发展，如果不是受到战争和革命不可抗拒的召唤，他也许会成为哲学家，在他的大庄园里思索自然的奇迹。他环视这片土地时，这样的念头又浮现在心。在大哥伦比亚共和国，没有哪里像基多城外这样，拥有如此慷慨的自然馈赠。高耸的山峦刺破穹苍，壮丽的峰顶嘲弄着人类的雄心。[43]

钦博拉索峰，当时公认的世界最高峰*，激励他去思考自己一分一寸叠起人生的高度。过了一阵，带着对那座火山的生动记忆，他写信给从前的老师西蒙·罗德里格斯。"到钦博拉索来吧，"他催促道，

> 如果你敢踏上这泰坦的阶梯，这地球之冠，这新世界无懈可击的城垛。在这样的高度，你尽享一望无边的视野；由此俯瞰大地，仰望天空，欣赏世间造物的巨大力量时，你会说：有两个永恒的目光注视着我——过去和未来；但这大自然的宝座，就像它的创造者，就像宇宙之父一样，永恒持久，坚不可摧。[44]

说到底，他是个作家。然而，对于一份与上文类似的关于钦博拉索峰的文章[45]是否为玻利瓦尔所作，历史学家们意见不一。[46]《我在钦博拉索的谵妄》（My Delirium on Chimborazo）是一首散文诗，在玻利瓦尔去世后三年于一位哥伦比亚上校的文件中被人发现。[47]这首据称出自玻利瓦尔之手的诗歌以抒情和幻想的手法描写了他的荣耀之路。诗中，玻利瓦尔跨坐在那座火山的峰顶，鸟瞰大地，在那里，他穿过时间回看过去，也看到了徐徐展开的未来。"灼热的狂喜侵入我的脑海，"他写道，"一团陌生的、更高的火焰点燃了我。"

---

* 直到 19 世纪早期，人们还认为钦博拉索山是世界最高峰。事实并非如此。

玻利瓦尔不太可能攀上钦博拉索峰，那里海拔 6 310 米，鲜有人能征服，然而有人把这首诗理解为事实的写照。不，他没有到达山顶。博物学家拉孔达明和洪堡为这一壮举所做的准备要充分得多，却也尝试未果。不过解放者完全有可能爬了一段路，至少足以俯瞰全景。

大多数研究玻利瓦尔的拉美学者并不怀疑是他写了《谵妄》；[48]或许因为这完全说得通，或许因为它至少从比喻意义上证实：解放者正处于他荣耀的巅峰。他对这超凡的时刻，对自己被赋予的超人地位——对他的美洲惊心动魄的美——充满了敬畏。他不是无法描述这种感情的人。与历史上其他的先驱不同，他不怕提笔。

***

圣马丁在利马陷入了僵局，只得对玻利瓦尔大度的援助提议和面谈的邀请[49]表示感谢。"我接受您的慷慨提议，"圣马丁立即回信道，"18 日之前，我将从卡亚俄港出发，在瓜亚基尔下船后立即奔赴基多与您会合……我有一种预感，美洲永远不会忘记您与我相拥的那天。"[50]

尽管圣马丁骄傲而固执，但他愿意为美洲做任何事。然而，秘鲁的情况比他预想的要复杂得多。他在利马陷入了政治僵局——他既没有组建国会，也没有制定宪法。在此期间，他树敌众多。当得知他派遣了一个代表团前往欧洲，寻找一位王室贵胄来管理这个新独立的共和国时，[51]利马的共和派中坚分子感到十分震惊。政府的高级官员很快就因密谋反对他而被判有罪。[52]但他惹上的麻烦不仅仅来自政府内部。他的海上封锁影响了秘鲁繁荣的贸易，得罪了有权势的商人。[53] 他残暴的左膀右臂、阿根廷人贝尔纳多·蒙特亚古多（Bernardo Monteagudo）也为他招来不少憎恨。蒙特亚古多在圣马丁耽于鸦片期间掌握了大权，并发动了一场针对西班牙出生的公民的残酷运动。[54] 在军事层面，圣马丁的权力也在瓦解。他与海军指挥官科克伦勋爵意见不合，后者认为他不愿攻打国王的军队是缺乏勇气的表现。[55] 在阿根廷，他因无视总统的命令而不受欢迎。也许最为糟糕的是，他的士兵已经从一支勇武的战斗力量变成了一支懈怠的占领军。短短一年时间里，护国公失去了他曾经拥有的一切动力。

深陷政治雷区、为猛烈的抨击而不知所措的圣马丁发现，秘鲁人的敌意强烈到他已经无法执行战略或招到士兵。他有很多地方需要玻利瓦尔的帮助。他孤注一掷，决定让属下暂时接管利马，自己则动身前往北方寻求与解放者结盟。7 月 13 日，他起航前往瓜亚基尔，打算从那里再去基多。[56]

可玻利瓦尔已经不在基多了。就在圣马丁收到解放者邀约会面的信的那天，玻利瓦尔已经胜利进入瓜亚基尔。这座城市的领导人大为震惊。总统奥尔梅多是著名的诗人加演说家，他曾明确支持瓜亚基尔并入秘鲁，可现在，看着欣喜若狂的人群冲向玻利瓦尔，总统感到权力正从手中滑落。刻着解放者名字的巨大拱门高耸在雄伟的防波堤上；[57] 妇人和少女穿着鲜艳的蓝白色衣服，成群结队地夹道迎接他。[58] 就连市政委员会也将他当作瓜亚基尔的解放者来欢迎，枉顾这座城市早在两年前就已宣告独立的事实，这令总统和他的洪达忍无可忍。倍感冒犯的他们扬长而去，以示抗议。[59]

两天之后，玻利瓦尔邀请奥尔梅多和所有洪达成员到他的住所开会，试图化解敌意。[60] 会议进行得相当顺利。但就在访客们准备离开的时候，一群人蜂拥而至，扯下瓜亚基尔的旗帜，升起了大哥伦比亚的。洪达班底担心这是一场暴力政变的开始，于是匆匆逃到隔壁宅子躲避。[61]玻利瓦尔立即让人把旗子换下。他请副官奥利里转告在场所有人，他们刚才看到的事情是在他不知情的情况下发生的，他对此表示强烈反对。[62]但很明显，支持大哥伦比亚、反对奥尔梅多洪达的示威活动正变得越来越激进和危险。洪达再次召开大会讨论这个问题，但辩论持续得太久，令玻利瓦尔失去了耐心，要求他们赶紧做决定。他们领会了他的言外之意。[63]那天晚些时候，玻利瓦尔接管了这座城市。[64]

***

不到两星期后，圣马丁的纵帆船"马其顿号"和一支秘鲁船队在清晨的黑暗中轻快地靠近普纳（Puna），这是一座位于瓜亚斯（Guayas）河口的郁郁葱葱的岛屿。那是 7 月 25 日，此地距离瓜亚基尔只有几个小时的路程，而圣马丁有信心代表利马接管那里。[65]但他刚一下锚，就被告知玻利瓦尔已经来过了，而普纳岛跟解放了的瓜亚基尔一样，现在是大哥伦比亚的领土。护国公惊呆了，他拒绝下船。

在那个凉意阵阵的黎明，[66]前一天晚上开始的玻利瓦尔 39 岁生日庆典或许仍在进行中，而圣马丁则绞尽脑汁思考着怎样解决他的困境。玻利瓦尔没收到圣马丁的信，还不知道那人已经上路了。等当天早上晚些时候起床时，他惊讶地得知他的对手已近在咫尺。他派了一个由两名助手组成的代表团送去一封欢迎信。得知圣马丁不愿上岸后，他又捎去了另一封信：

不，我和我祖国最亲爱的朋友，请不要轻易拒斥我迎接您踏上哥伦比亚这片土地的诚意。您怎能远道而来，却不让瓜亚基尔见上一见？毕竟我们那么渴望认识您，如若可能，还想与您亲密接触。别这样，我可敬的朋友；我等您，只要您肯见我，无论哪里我都会去。[67]

不难想象圣马丁的错愕：原本满怀希望能拥有的土地被人横刀夺去。在经历了接二连三的羞辱后，这无疑再次伤害了他的自尊，令这位骄傲的阿根廷人非常难受。船队的桨手划着小舟穿梭于河上，在阿根廷人和解放者之间进行着微妙的沟通。[68]最终，圣马丁回复说，他将于次日与玻利瓦尔会面。[69]庄严的"马其顿号"连夜溯瓜亚斯河而上，于 26 日中午到达。玻利瓦尔前去迎接。他直接登上那艘秘鲁船，以最大限度的友善和魅力迎接这位不苟言笑的阿根廷人。

圣马丁及其官方随行人员身着盛装，受到了大哥伦比亚军官的列队迎接。[70]他们被从码头一路护送至气势恢宏的卢扎拉加（Luzárraga）大厦，并被安排在那里下榻。欢呼雀跃的市民们一路相随，他们听说阿根廷和利马的解放者圣马丁来了，一窝蜂地赶到了码头。当圣马丁终于走进大厦时，玻利瓦尔和他的军官们候在前厅迎接。解放者动作轻快，生气勃勃，充满了占尽优势的人特有的奕奕神采。他大步向前，有力地与客人握手。"可盼到这一天了！"他代表聚集在周围的达官显贵们说，"我正在和大名鼎鼎的圣马丁将军握手。"[71]

的确，这是一个前所未有的历史时刻：解放了赤道以北到南极洲的半个地球的两位战争英雄完成了军事史上最了不起的一次会师。更有甚者，他们此前基本上是在没有合作的情况下取得成功的。玻利瓦尔深感这一刻的非凡意义，并充分表现了出来。[72] 圣马丁感谢了玻利瓦尔，并像他一贯的那样保持了审慎。他腰板挺直，头脑清醒，回答说，能认识解放者使他感到非常愉快。他们一起走到会客大厅，在那里，瓜亚基尔妇女向圣马丁致敬。[73] 在仪式结束时，一个分外美貌的 17 岁姑娘——将与解放者来往多年的妖艳三姐妹中最年轻的一个[74]——走到这位可敬的护国公面前，把一顶精致的月桂冠戴在他的额上。惊慌失措的将军一把将它从头上扯了下来。或许是女孩脸上的表情或房间里的窃窃私语使圣马丁察觉这一举动的无礼。他急忙说自己配不上她的礼物，别人比他更应该得到它；他很珍视授予他荣誉的双手，并将永远铭记这一生中最快乐的时刻之一。[75]

两位英雄单独留下，进行了三次私人谈话中的第一次。这些谈话都是闭门进行的。没有秘书，没有警卫，没有第三方出席，而他们讨论的细节——距今已有近两个世纪——仍然笼罩在神秘和争议之中。玻利瓦尔很可能像往常那样来回踱步，圣马丁则稳坐在椅子上，他们决定将所谈的一切都记在心里，不落只言片语于纸面。饶是如此，通过仔细研究后续的大量信件，我们可以拼凑出他们的谈话内容。

第一个摆上台面的问题是瓜亚基尔的归属。[76] 玻利瓦尔向圣马丁保证，他将举行投票来确定民众的意愿，[77] 但他补充说，他相信人民会选择大哥伦比亚。圣马丁拒绝多谈此事，愿意把所有问题交由这个反复无常的城市去决定。[78] 很明显，他不想浪费时间。他在早前的一封信中告诉玻利瓦尔，战士之间的事几小时就够了。[79] 本着这种精神，他直截了当把话题转向了"美洲最后的战场"[80]——

秘鲁。据他描述，他对下一场战役的战略规划是从两条战线进攻拉塞尔纳的军队，一条陆上，一条海上，间隔数百公里。玻利瓦尔尽可能礼貌地表示，他认为这是个软弱的选择。他说，更好的办法是集结全部解放军力量，像铁拳一样直插内陆。[81]

圣马丁回答说，他的部队规模不够。[82]拉塞尔纳和何塞·德·坎特拉克（José de Canterac）在高地集结了一支强大的军团。圣马丁只剩下最初几个营的残部，以及在科克伦勋爵怒而放弃这项事业后留下的那点水兵。招募新兵并不容易。这就引向了最后一个可能的问题，圣马丁单刀直入，问玻利瓦尔能给这项任务提供多少兵力？

玻利瓦尔让一个助手从办公室拿来一些文件。[83]他想以尽可能具体的方式向阿根廷人表明，大哥伦比亚军队不像圣马丁想象的那样庞大和集中。玻利瓦尔说，他能提供的最大支持就是归还圣克鲁斯的那个师，补齐其战损人员，并增派大哥伦比亚的三个营；这相当于只贡献了 1 000 多人。[84]圣马丁大吃一惊。他本指望能得到玻利瓦尔整个军队的支持，按他当时的估计应该有 9 600 名武装人员。[85]对于这种突如其来的惊人的吝啬，他只能理解为玻利瓦尔不信任他有能力领导这些部队。

阿根廷人费了好大的劲才克制住自己，[86]并恳请玻利瓦尔亲征秘鲁。如有必要，他本人也将听命于玻利瓦尔。解放者可以领导两支军队。[87]玻利瓦尔表示反对，他说，作为大哥伦比亚总统，不经国会同意，他不能擅离国家；而毋庸置疑，他们是不可能同意的。他们要保卫自己的国家，有政府需要建设。至于让圣马丁做他的下属，这样的安排难以想象，过于微妙而不可能实现。[88]至此，这位护国公感受到了玻利瓦尔的闪烁其词，他很难理解个中缘由。"我从他那里得不到一个明确答案。"[89]多年后他告诉一名记者。他唯一能得出的结论是，玻利瓦尔想独占所有的权力和荣耀。[90]

更有可能的是，玻利瓦尔现在夹在欲望和常识之间难以抉择。使用一个新独立国家的军队去打另一场战争是愚蠢的。大哥伦比亚自身还有一些问题尚未解决：卡贝略港仍在西班牙控制下，帕斯托的保王热情依然高涨，加拉加斯和波哥大缺乏防御，瓜亚基尔和基多刚被夺取不久。至于让圣马丁向他汇报这个问题，任何军人都能看出这将是一场灾难——当部下的会成为英雄，成为做出更大牺牲的士兵，成为有道德感召力的那个人。但玻利瓦尔没有对圣马丁说这些，他并不完全信任他。[91] 他们之间的气场似乎完全不合。

当他们最终谈到圣马丁为秘鲁设想的政治制度时，玻利瓦尔的疑虑得到了证实。护国公提出建立一个由欧洲亲王统治的君主制政体。[92] 玻利瓦尔对此早有耳闻，但一直不愿相信。一年前，他曾派助手之一迭戈·伊瓦拉（Diego Ibarra）前往利马向圣马丁送去一封贺信，并指示伊瓦拉尽量多打听情况。圣马丁是否在考虑君主制？如果是，他的态度有多坚决？"刺探一下圣马丁的想法，"他命令伊瓦拉，"可能的话，说服他放弃任何在秘鲁立王位的计划，那将是奇耻大辱。"[93] 现在，他亲耳听见护国公大谈在秘鲁拥立君王。圣马丁向玻利瓦尔解释说，他已与两位总督谈过这个计划，还在几个月前派了一个外交代表团到英国去商讨王位事宜，以及哪位亲王或大公有可能即位。如果英国方面不愿意，他的代表们将在比利时、法国、俄国、荷兰，甚至西班牙物色合格的人选。[94] 这就是为什么他一直拖延组建秘鲁国会或起草秘鲁宪法。圣马丁认为，这个国家还没有为民主做好准备——教育混乱不堪，无知者遍地，民主赖以生存的支柱并不存在。玻利瓦尔或许也认可这最后一点，但他发自内心地反对王权，反对国王和女王，反对古老、陈腐、耗费大量美洲的鲜血去净化的欧洲体制。他绝不答应。

玻利瓦尔离开会场时，表情就像狮身人面像一样阴沉，一样深不可测。[95] 圣马丁离开时则带着深深的耻辱感。[96] 毫无疑问，在每一个议题上，圣马丁都是那个乞求者，而玻利瓦尔则像高高在上的可汗。解放者拥有护国公所需要的一切：一支能打胜仗的军队，人民的欢呼拥戴，成功的光环，一个重要世界强国的认可。但玻利瓦尔什么也没贡献出来，他带着对圣马丁动机的深切忧虑拂袖而去。

会议结束后，圣马丁在那座大宅子的阳台上发表了庄严的声明，阳台下聚集了众多恭迎他的人。他接待了大量来访者，听取了他们的诉求和感谢。[97] 然而，他闷闷不乐，郁郁寡欢。下午晚些时候，他和玻利瓦尔在各自幕僚的陪同下又会晤了半个小时，进展寥寥。[98]

那天晚上，他们分头用餐，有充分的思考时间。显然，他们对彼此已有了大致的判断，因为当第二天再次开会时，他们都很坚定。圣马丁已经决定当晚乘"马其顿号"离开，并吩咐全体船员准备11点出发。下午1点，他从住处走到玻利瓦尔家，二人在那里深聊了4个小时。

他们具体说了些什么几乎不为人知，[99] 但谈话的最后，玻利瓦尔问圣马丁，利马人民如何评价他的政府。[100] "令人满意。"圣马丁回答。玻利瓦尔点点头。"好吧，"他说，"我们愉快的会面被那边叛乱的消息破坏了。"玻利瓦尔递给他一份刚从手下一位将军那里收到的信。信中指出，圣马丁的心腹贝尔纳多·蒙特亚古多在他离开期间被赶下了台。圣马丁显然受到了这个消息的打击。蒙特亚古多虽说残酷无情、口碑不佳，但一直是圣马丁最信任的副手。圣马丁刚从震惊中平复便告诉玻利瓦尔，现在对他来说一切都结束了。他会辞职，离开利马。[101] 他预想过这种可能性。事实上，他在登上"马其顿号"之前就把辞呈放进了一个密封的信封里。[102] 但他寄希望于玻利瓦尔来扭转乾坤。

那终归没有发生。除此之外他们还谈过什么，我们就不得而知了。多年来，存在很多猜测。当然，他们接着谈到了玻利瓦尔创建拉丁美洲各国联盟的愿景。圣马丁衷心表示赞成。这是为数不多的他们达成一致的事情之一。但到了傍晚时分，再没什么可说的了。5点钟，会议室的门打开了，他们穿门而出，各自下定了截然不同的决心。不久后，他们出席了玻利瓦尔为圣马丁举办的宴会。

除了为秘鲁争得瓜亚基尔之外，圣马丁会晤时的讨论事项都太天真。他不是阿根廷派出的代表，不是寻求更大权力的政治煽动者，也不追求个人荣誉。正如一位历史学家所言：他来参加会议时，手里一张王牌都没带。[103] 然而，当他决定离开"马其顿号"的甲板踏上瓜亚基尔的陆地时，他的失败就注定了。或许他也知道。或许他只是在竭尽全力争取回旋的余地。

与此相反，玻利瓦尔客观冷静地研究了他的潜在合作者。从曼努埃拉·萨恩斯和其他人那里，他打听到了圣马丁反复发作的疾病、他对毒品的依赖、他对利马的和平占领、他的过度谨慎，以及他与科克伦勋爵任性而激烈的冲突。他对阿根廷人的了解远远超过他所表现出来的。[104]

圣马丁将留给瓜亚基尔一个落魄的背影。另一边，玻利瓦尔看到了获得更多胜利的可能。"我的天啊，我不想再要了，"他在宴会结束后几小时内写信给桑坦德，"这是第一次，我再没有更多欲望了。"[105] 晚餐时，他坐在主位，主持这场喧嚣的盛宴。圣马丁坐在他旁边的贵宾席。这里有热闹的音乐，有丰盛的美食和美酒，还有诚挚的情谊。宴会花掉了玻利瓦尔 8 000 比索，[106] 这是他在大哥伦比亚的战事接近尾声时花费的最大一笔开支。到了敬酒时间，他一跃而起。"先生们，"他开口道，"我敬南美洲最伟大的两位人物——圣马丁将军和我自己。"[107] 这话十分荒谬，犯了外交大忌，但酒喝得够多，也就无所谓了。圣马丁站起来，彬彬有礼地说："为了这场战争的迅速结束，为了这片美洲大陆上建立的新国家，为了解放者的健康——干杯。"[108] 酒宴一直持续到很晚。圣马丁回住处休息了一会儿，然后回来参加了一个 9 点开始的为他举办的舞会。

庆祝活动在宏大豪华的市政大厅举行，这是这座城市最壮观的建筑。身着奇装异服的狂欢者们争相目睹两位南美洲最著名的人物展示彼此的友谊，他们几乎没有失望。当圣马丁到达时，他们看到一个高大、疲惫但儒雅的人受到玻利瓦尔及其将军们的热情欢迎。[109] 但这位优雅的阿根廷人只是出席了舞会，并未参与其中。很明显，他的思绪已飘走，满脑子都是遥远的心事。当玻利瓦尔兴致勃勃、不知疲倦地领着一个又一个美女步入花哨的舞池时，圣马丁无动于衷。[110] 当时深受喜爱的华尔兹舞既没有引起他的兴趣，也没有吸引他的目光。舞者旋转着，热情随着时间的流逝而不断高涨，但他似乎对眼前的盛况视而不见，目光望向另一个世界。他凭耐心尽可能久地待在那里；但凌晨 1 点时，他向他的上校们挥手作别，表示再也受不了那些噪声了。

他并没有像有些人说的那样悄悄从侧门离开，而是在玻利瓦尔的陪同下从前门走了出去。[111] 他们一起步入夜色，随着音乐和浮华在身后渐渐消失，他们向宽阔浑浊的瓜亚斯河走去。一只小船等在那里，"马其顿号"泊在远处，行李已经装上船了。一切就绪，只等护国公返航利马。临别时，玻利瓦尔送给他的客人一幅自己的肖像，"作为他们友谊的真诚纪念"。[112] "真诚"和"友谊"或许是圣马丁最不会用来形容这次会面的两个词。[113] 他刚安全登船，他的纵帆船就起锚驶向太平洋。他在瓜亚基尔总共待了不到 40 个小时。[114]

"玻利瓦尔将军先发制人，"[115] 圣马丁对手下说，"他不是我们想象中的那个人。"[116] 他离开瓜亚基尔时一无所获，并惊讶于自己与这个解放者伙伴竟是如此不同。他发现玻利瓦尔肤浅而虚伪，像孩子一般虚荣。对于 12 岁就披上戎装的他来说，那个人似乎完全是军人的反面。[117] 当圣马丁沿着瓜亚斯河航行，驶向历史和遗忘时，[118] 他的敌意也在发酵。[119]

3 个星期后，他在利马登岸，得知玻利瓦尔告诉他的关于蒙特亚古多的消息是真的。他的二把手被夺了权，受到了死刑威胁，并被逐出了秘鲁。[120] 圣马丁比以往任何时候都更铁了心要摆脱这个困境——让更凶悍的玻利瓦尔来接管秘鲁的烂摊子吧。

就玻利瓦尔而言，他对阿根廷伙伴的赞赏多过谴责。将军毕竟是优雅地撤退了，还带走了奥尔梅多总统和 200 个心怀不满的居民。在圣马丁离开瓜亚基尔的第二天，玻利瓦尔写信给桑坦德："他本质上是军人的性格，而且他看起来很灵敏，绝非愚人。他的想法直率、有趣，但我觉得他不够睿智，不足以达到崇高境界。"[121] 不到 2 个月，玻利瓦尔就改变了态度。他听说圣马丁对他的评价很差。"圣马丁一直在拆我的台。"[122] 他这样告诉桑坦德。不到 6 个月，玻利瓦尔已不屑提及他。

9 月 20 日星期五，在利马召开的国会上，圣马丁发表的第一句话就是宣布辞职。作为回应，国会授予他大量的荣誉；但是他的决定未经辩论就立即被接受了，只在他那一小撮朋友中间引起了激烈的反对。"权杖从我手中滑落了。"他告诉他的追随者。这是毫无争议的：人们不再支持或尊重他。[123] 在最后一次讲话中，他向他们承诺，他离开时会保证政府秩序的井然，保证独立已成定局，保证任由他们选举出一名新领导人。[124] 就在那个冬夜的 9 点钟，他骑着马悄然离开首都，向海岸进发。他确信自己让路给玻利瓦尔是在帮助秘鲁。但这样做使这个崭新的共和国陷入了群龙无首、混乱无序的境地。

离开之前，他告诉追随者和朋友们，总有一天他们会找到一些文件来解释他突如其来、令人困惑的出走，[125] 但如果真的存在那些文件的话，它们也从未被找到。在一位部长的再三追问下，他给出了一个苦涩的解释："全秘鲁容不下我和玻利瓦尔将军两人。"[126]

当晚，他便登船远走了。[127] 他先航行到 30 公里外的港口安孔（Ancón），在那里逗留了几天，引起一阵传言，说他在等回来的邀请。然而并无邀请发来。他奔着故乡那从前的荣耀之地而去，手里只握着皮萨罗*的征服之旗，那是利马市政府几个月前送给他的礼物。[128]

鸦片使他身心交瘁，战争使他疲惫不堪，无处不在的政治纠葛使他不堪重负，他在门多萨找不到安慰。他从前的伙伴早已失了权力。他 25 岁的妻子住在几百公里外的布宜诺斯艾利斯，还没等到见面就死于肺结核。两年后，他和 8 岁的女儿搬到了伦敦一处安静郊区。后来，他们去了比利时和法国。他们过着穷困潦倒的生活，靠的是秘鲁提供的微薄而不定时的津贴，但圣马丁并不像他想象的那么病弱。护国公将继续活上 26 年，比解放者整整多活了 20 年。最终，

---

* 　Francisco Pizarro（约 1475—1541），西班牙殖民者。猪倌出身。1502 年去伊斯帕尼奥拉岛。1509 年开始在美洲从事殖民和探险活动。1519 年居巴拿马城，曾任该城市长。1524 年开始组织对印加帝国的远征。1529 年与西班牙国王签约，获都统职位和"新卡斯蒂利亚"领地。1531 年从巴拿马出发，循安第斯山脉，进入印加帝国。1532 年与印加国王阿塔瓦尔帕会见时将其俘获并杀害。1533 年强占库斯科城，疯狂掠夺当地黄金，虐杀印第安人。灭亡印加帝国并建立起西班牙殖民统治。1535 年建利马城，同年被封为侯爵。后因库斯科是否归属其领地问题与部将发生冲突，死于内讧。——编者注

他超越了失败的怨恨，发自内心地写下了对玻利瓦尔的评价："比起那位将军为美洲事业所做的贡献，我在独立战争中的胜利太微不足道了。"[129] 以及"有理由说，他的军事成就配得上南美有史以来最杰出人物的盛名"。[130]

圣马丁太谦虚了。正是因为有了他，秘鲁才没流一滴血就建立了自己的国家。他带着不足 4 000 人的军队来到这里，驱散了强大得多的国王军团。他的士兵们因为发烧和恶劣气候而虚弱、消瘦，全靠耐心与毅力守住了利马。圣马丁不是即兴发挥的大师，但他也不是鲁莽或嗜血之人。悄然离开利马时，他没有留下国会或宪法，但他留下了可以伸张正义、确保安全和治理国家的法律。纵使他在任期内饱受批评，秘鲁将永远把他当作最光荣的英雄来铭记。但是要为秘鲁争取完全的自由，光靠荣誉是不够的。[131]

＊＊＊

玻利瓦尔本可以从圣马丁的迅速失势中吸取很多教训，但他没有时间细想。圣马丁一走，利马便卷入了政治旋涡。新组建的国会委任了一届执政的洪达，起草了一部宪法，但很快陷入混乱。洪达把麻烦归咎于圣马丁，不愿再接受任何外界帮助，于是拒绝了玻利瓦尔派驻秘鲁的大哥伦比亚军队，这些部队困惑而愤怒地撤走了。潜伏在利马城门附近的西班牙将军何塞·德·坎特拉克发现，自己正好可以利用这个空当。1823 年 1 月，他在莫克瓜（Moquegua）找到了圣马丁的残部，并将其彻底击溃。那一仗结束时，曾解放了利马的 1 700 名智利人和阿根廷人 [132] 不是战死，就是镣铐加身。

绝望之下，利马的国会转求于秘鲁最受尊敬的军人安德烈斯·德·圣克鲁斯，他在基多与苏克雷并肩作战，眼下刚刚返回。圣克鲁斯几乎是强迫国会任命了何塞·德拉·里瓦·阿圭罗（José de la Riva Agüero）上校来统治这个风雨飘摇的城邦。里瓦·阿圭罗是个马基雅弗利式的权谋家，想要夺取所有权力，压制他的仇人。他以总统自居。但他一上任权力就开始衰弱，于是他致信圣马丁，呼吁他回来帮忙组织一场内战。[133] 里瓦·阿圭罗常年追随圣马丁，但在圣马丁远赴瓜亚基尔期间，他在罢免贝尔纳多·蒙特亚古多事件中推波助澜，这激起了圣马丁的鄙夷。"不可能！"圣马丁回复了一封措辞严厉的信，"流氓！……无赖！……黑色灵魂！"[134] 眼看西班牙人围城，革命人士争执不休，总统里瓦·阿圭罗开始向玻利瓦尔求援。在接下来的几个月里，至少有 4 个秘鲁代表团[135] 从利马前往瓜亚基尔，恳求玻利瓦尔来拯救秘鲁。

　　但正如玻利瓦尔所料，大哥伦比亚的麻烦已经冒头。帕斯托的保王派又一次发动叛乱，这次牵头的是那个臭名昭著的博韦斯的侄子贝尼托·博韦斯（Benito Boves）。一场恶性暴乱眼看就要毁掉玻利瓦尔和苏克雷在那片步履维艰的火山带所取得的一切成就。身处秘鲁和帕斯托的保王势力之间，基多和瓜亚基尔的自由岌岌可危。他现在几乎不能离开大哥伦比亚。

　　还有其他的担忧。加拉加斯的联邦派要争取更多的自治权，他们开始质疑大哥伦比亚宪法。他们提议恢复 10 年前委内瑞拉制定的旧宪法，以便从波哥大那里获得更多的独立自主。玻利瓦尔火冒三丈。对他来说，大哥伦比亚宪法神圣不可侵犯，而强大的中央集权政府理念至关重要。[136] 他打算去波哥大，好让桑坦德遏止这一新的威胁，但似乎仅凭他本人的严厉斥责，就能让不满者暂时让步。在这个短暂的荣耀巅峰期，玻利瓦尔的道德权威无敌强大；几乎没有什么事情是委内瑞拉人民不愿为他做的。

帕斯托的叛乱就是另一回事了。1822 年底，小博韦斯发动了一场残酷的暴乱。玻利瓦尔选择以牙还牙，下令没收帕斯托保王派的所有财产，并分配给手下军官；任何涉嫌支持王室的人都遭逮捕，扭送去爱国军服役；枪支、武器——所有的金属物品[137]——都被强行从房屋中掳走。民众回之以新的暴力。[138] 玻利瓦尔的元老将军巴托洛梅·萨洛姆（Bartolomé Salom）报告说，大哥伦比亚现在面临两种选择：大赦帕斯托的所有居民，或者着手摧毁该地区。"你无法想象那种顽固，"萨洛姆在给玻利瓦尔的信中写道，"我们俘虏过一些不过 9 到 10 岁的男孩。"[139] 最后，在苏克雷将军的帮助下，共和国军队在亚库安奎尔（Yacuanquer）的一场血腥遭遇战中战胜了小博韦斯，其间士兵、平民、妇女和儿童都遭到了不分青红皂白的屠杀。[140] 这场大屠杀没有给任何人带来荣耀，这一役也绝非决定性的胜利。帕斯托有待一次又一次的驯服。就像顽强的九头蛇一样，那里的保王派将从表面的毁灭中恢复过来，再次为国王而战。

然而，在接连不断的历史考验中，玻利瓦尔还是挤出了一点时间来陪曼努埃拉·萨恩斯。他们幽会的次数少之又少，对此她怨声载道。她继续留在基多，好离他更近，拒绝回到利马的丈夫身边，但她渐渐明白，做解放者的情人意味着短暂而热烈的幽会和数月里漫长而痛苦的独守空房。当他在厄瓜多尔各地奔波，试图争取它加入大哥伦比亚时，她简直伤心欲绝。"亚库安奎尔的胜利让我付出了沉重的代价，"她抗议道，"我要说的话会让你觉得我并不是个优秀的爱国者，但帕斯托的十场胜利也抵不上我自己的一场。我能想象你在那个小镇上有多无聊，但你再怎么绝望，也不及你最好的朋友——曼努埃拉。"[141]

可能正是在他东拼西杀平定帕斯托的过程中，曼努埃拉想明白了，要想尽情与他厮守，唯一的办法就是和他一起踏上征程。在她留守基多的那一年多时间里，他只来过这个城市四次。[142]她害了相思病，沉迷于爱情不能自拔。[143]她全然不惧危险。在遇见他之前，她就已经昭示了自己的爱国立场。她是他事业的狂热支持者，是个优秀的女骑手，和男人打成一片，懂得品鉴雪茄。此外，她不做没把握之事。[144]有些人说曼努埃莉塔妒忌心很强，当她怀疑他不忠时，会用指甲抓伤他的脸。[145]她很清楚，她的情人是个众所周知的登徒子。总之，在 1823 年的某个时候，她很可能主动提出担任线人、秘书，或者——随着他的注意力转向南方——在利马的共和派圈子里充当联络员。[146]玻利瓦尔将发现，曼努埃莉塔令他难以抗拒。"她有一种独特的形态。"[147]一位法国内科医生后来这样评价她。这让所有未来的历史学家陷入思考，这一形容到底是指外表、精神还是性的层面；无论是什么，它让玻利瓦尔余生都为之着迷。他没有反对她跟在身边。

她对利马的熟悉使他们之间更加亲密。他的眼睛现在牢牢盯着秘鲁的解放事业。他先前一直不愿意给圣马丁派兵，但当圣马丁一离开卡亚俄，玻利瓦尔就向秘鲁人表明，他将接棒他们的事业。[148]如今，他向波哥大的国会申请派兵许可。但桑坦德磨磨蹭蹭，坚持认为，一个人在插手别人的事情之前，应该先管好自家的事。[149]到了 3 月，随着圣马丁的离去和原解放军的覆灭，利马局势严重恶化。很快，这个城市开始做最坏的打算，人们都觉得西班牙人重新夺回利马只是时间问题。桑坦德最终将玻利瓦尔的要求递交了国会。[150]

每一次从帕斯托的狂风骤雨中返回瓜亚基尔，玻利瓦尔都焦急地等待波哥大的回复。但大哥伦比亚国会与它的副总统态度一样，对于是否放总统去国外打仗犹豫不决。玻利瓦尔知道秘鲁等不起了。利马，这块殖民地上唯一解放了的地方，即将被国王的军队占领。他派出了苏克雷将军率领的 6 000 名士兵。[151] 然而，当增援部队到达时，利马已危在旦夕。6 月 18 日，9 000 名保王士兵攻占了首都。苏克雷设法把国会和他的部队安全带到了卡亚俄。但不到 24 小时，里瓦·阿圭罗的政府就在混乱和阴谋中垮台，他被毫不客气地赶出了卡亚俄。秘鲁国会随后向苏克雷施压，要求他接任共和国总统。"这里的混乱程度简直无法形容！"苏克雷写信给玻利瓦尔，"我诅咒来到利马的那一天。你塞给我的任务太艰巨了！"[152] 他对秘鲁政坛的邪恶本质感到震惊。几星期内他就受够了，把总统职位转交托雷·塔格莱侯爵（Marquis of Torre Tagle）。塔格莱是利马前市长，身为一位共和主义者，他一生的大部分时间却效力于国王。不过，秘鲁与里瓦·阿圭罗的恩怨尚未了结。前总统搬到了古老肃穆的特鲁希略，在那里组建了自己的军队，建立了一个政府，并坚称自己仍在掌权。[153]

第四个也是最后一个从秘鲁派出与玻利瓦尔接洽的代表团于 7 月底抵达瓜亚基尔。出于命运的安排，率领代表团的是瓜亚基尔前总统、诗人奥尔梅多；他早先搭乘圣马丁的船离开，成了利马国会的议员。现在，身为新总统托雷·塔格莱侯爵的代表，奥尔梅多向玻利瓦尔展示了一张与他在瓜亚基尔时截然不同的面孔。他恳求玻利瓦尔赶快来，他说秘鲁正处在双重深渊的边缘，摇摇欲坠。不是被内战吞噬，就是被西班牙王权毁灭。"秘鲁在等待那个凝聚的声音，那只引路的手，那位打开胜利之路的天才，"信中如是恳求，"一切目光，一切希望，都自然地落在了您身上。"[154]

玻利瓦尔谨慎地回复了托雷·塔格莱："长久以来，我的心一直把我引向秘鲁……我已请求［大哥伦比亚］国会允许我为南方的兄弟效力，我尚未收到答复。这种不作为令我濒临绝望：我的部队已加入你们，正在危险与荣耀之间徘徊；而我却延宕于此，鞭长莫及。"[155]

他是在 8 月 6 日晚上写下这些话的。但次日一早，正当他准备为这封信签字盖章之际，他获悉波哥大的国会终于批准他去了。他撕了信，召集他的军官们；一个钟头之内，他便登上了开赴利马的船。[156]

第十三章

太阳帝国

> 无上的天主倾其全力也不足以解放秘鲁这受诅咒的国家，只有真正的强者玻利瓦尔才有望实现。
>
> ——圣马丁[1]

"秘鲁，"玻利瓦尔写道，"有两个元素，是每个公正和自由社会的祸根：黄金与奴隶。前者腐化它接触到的一切，后者本身就是腐化的体现。"[2] 这段话是他8年前写下的，当时他正在牙买加备受煎熬，他的革命失败了。但此刻，这段话又浮现在他脑海；[3] 他站在驶向利马的"钦博拉索号"的甲板上，望着远处荒凉萧索的秘鲁土地。那是1823年9月1日，[4] 正值阴冷潮湿的冬季，早晨的空气仍带着刺骨的寒意。[5] 到了中午，卡亚俄港灰色的狭长陆地出现在眼前，像一道致命的伤口划破了大海。黄金。奴隶。任何拜访繁华的利马市中心的人都看得出为什么秘鲁会忠于国王，为什么动员一支独立军队那么不容易：这完全是座西班牙城市，是全帝国最富有的总督辖区。[6] 这儿有宫殿，有珠光宝气的贵族，有繁荣的商业，6 000辆镀金马车嗒嗒地驶过大街。[7] 连旧世界都鲜有哪个首都像利马这般富丽堂皇，更不用说新世界了。这片严酷的土地上流淌着金银；大量原住民被束缚于此，以满足蓬勃发展的世界贸易的需求。

纵帆船 1 点下锚。[8] 一声礼炮宣告了它的到来。利马仅存的爱国军——主要由阿根廷人、智利人和大哥伦比亚人组成——沿着通往卡亚俄的道路排成长队，迎接解放者。西班牙人已经不在那里了：坎特拉克将军占领利马的时间只够向人民勒索钱财、枪支和制服，并威胁说如果他们不配合，就把首府夷为平地。一个月后，坎特拉克动身前往高地区与拉塞尔纳总督会合，丢下这座乱糟糟的城市。现在，利马谨慎地欢迎解放者的到来。街道上挂满了彩带和旗子，教堂钟声洪亮，空气中弥漫着庆典的嘈杂声。人们争相目睹这位即将取代圣马丁的人。托雷·塔格莱总统领着国会议员们来到港口接他进城。玻利瓦尔以胜利者的姿态被抬到古老的城市中心，住进为他准备好的一所宫殿式的房子。[9]

一开始，玻利瓦尔并没有对秘鲁东道主公开说什么，因为他知道当时的政治局势很脆弱，没有人真正知道谁在掌权，也没有人能具体说明玻利瓦尔将扮演什么角色。[10] 几个月前，苏克雷曾写信给玻利瓦尔，警告他留心恶意竞争："你可以让国会给你所有的权力，如果那是你想要的。但我不建议你这样做……国家应当由一位本地人治理，而你应当投身于战争。"[11] 玻利瓦尔审慎地听从了这个建议。利马富裕的克里奥尔人曾忌惮玻利瓦尔的到来。谣传他是个穆拉托人，[12] 他的军队是一群气势汹汹的黑人和印第安人，一心只为战利品。[13] 玻利瓦尔非常清楚这些担忧。但是，期待他不掌握最高权力就能拯救秘鲁革命只是一种幻想。那些求助于玻利瓦尔的人——先是里瓦·阿圭罗，再是托雷·塔格莱——只当他是一位才华横溢的将军，一位为他们效力的解放者，而不是一位拥有自己的既定愿景、统治着广袤疆土的总统。圣马丁在瓜亚基尔试图争取玻利瓦尔的援助时，犯的就是同样的错误。

玻利瓦尔完全明白这一点。9 月 2 日，他坦然接受了授予他的最高军事指挥权。他向秘鲁国会保证他会效劳和支持他们。但他预先提醒称，他将要求包括国会在内的各级行政部门彻底改组，以解决困扰政府的腐败问题。[14] 这些都是不祥之语。他的听众点头应允，尽管这一要求对他们中的许多人来说并不是好兆头。托雷·塔格莱总统动用国库财力收买了在场的每一位议员。[15]

在秘鲁公众眼里，玻利瓦尔似乎和阴郁的圣马丁形成了鲜明的对比。刚开始的几天里，他一直在剧院看戏，对着丑角开怀大笑，在长期无人光顾的斗牛场里欣赏斗牛表演。他出席为他举办的各种聚会，欣赏那些女人优雅的身姿和流转的眼波。他在海上漂泊了整整 25 天后，又找回了大都市的乐趣。[16] "男人们似乎很崇拜我……女人们都很可爱，"他在给桑坦德的信中写道，"一切都很美好。"[17]但在这个宴乐之城里没待几天，他就开始努力工作，向秘鲁统治者发表讲话。要应对的有两位总统、四支爱国军队、数量庞大却意志消沉的原住民，以及富人和穷人之间似乎无法弥合的鸿沟。私下里，他称秘鲁是"恐怖屋"。[18] 他最亲近的副官丹尼尔·奥利里称它为"尸体"。[19]

他给特鲁希略的里瓦·阿圭罗写了一封信，敦促他放弃无谓的努力，不要再觊觎总统之位；首都这边有一位总统和一个国会在正常运转。里瓦·阿圭罗解散国会的行为实属闹剧，玻利瓦尔这样告诉他：机构要大过任何个人，是它赋予了里瓦·阿圭罗权力。[20] "停止对你的国家机构宣战。"他斥责道。[21] 为达成和解，玻利瓦尔给了他一个挽回颜面的办法：在军队里谋个职位，或者出任外交职务。但与此同时，里瓦·阿圭罗去接触了总督。他向拉塞尔纳献策，打算把玻利瓦尔和苏克雷一起从秘鲁驱逐出去——甚至也不给圣马丁任何可乘之机，如果这位阿根廷将军重新现身的话。里瓦·阿圭罗向西班牙人提出了一项为期 18 个月的停战协定，在此期间，西班牙和秘鲁将协商达成永久和平。[22] 这是公然的叛国。现在别无选择，只能强行逮捕这位前总统。里瓦·阿圭罗被自己的将军逮捕，关进监狱，流放到智利。

玻利瓦尔目之所及尽是不信任和表里不一的迹象。秘鲁将军圣克鲁斯带领麾下军队向南推进，损失惨重。[23] 他对苏克雷的忠诚曾在基多的胜利中起到了至关重要的作用，如今他却拒绝了来自大哥伦比亚军团的所有援助。事实上，自从大哥伦比亚人抵达秘鲁之后，圣克鲁斯对苏克雷态度大变。他妒忌自己从前的将军，对他的 6 000 名士兵心存芥蒂，怀疑大哥伦比亚人的援助背后藏着更大的邪恶企图。但在这场不信任的旋涡中，就连圣克鲁斯自己也难逃图谋不轨的指责——他不自量力地认为自己的伟大程度不止于此。他的部下担心他是变节的前总统里瓦·阿圭罗的傀儡。一些人甚至声称，圣克鲁斯只想在秘鲁南部的拉巴斯老家建立一个自己的帝国，控制那里令人垂涎的波托西银矿。[24] 在秘鲁的独立大业里，似乎没人值得信任。政治势力和忠诚似乎都离玻利瓦尔十分遥远。关于社会等级和司法管辖权的问题更难厘清。在玻利瓦尔和圣马丁之间萌芽的嫌隙似乎像传染病一样在利马蔓延开来。在秘鲁上任的头 6 个月里，解放者和他的前任一样举步维艰。"对这些人来说，我永远是个外国人，"他沮丧地写道，明显感知到秘鲁的仇外氛围，"我已经后悔来这里了。"[25] 但在更乐观的时候，他拒绝扮演另一个圣马丁。"如果我们丢了秘鲁，"他私下里透露，"我们不如也告别［大哥伦比亚］吧……我一定要挺过这场风暴。"[26]

　　玻利瓦尔第一时间注意到，利马官邸里并没有挂圣马丁的肖像，[27] 他对此提出异议。他被告知，里瓦·阿圭罗在一年前圣马丁离开时就把他的画像取下来了。解放者坚持要再挂起来。他一来便表现出对圣马丁的尊崇不无道理，[28] 但他很快抛弃了那位将军的战略：他坚称，美洲绝不会容忍王位或国王。面对强敌，秘鲁同样不能坐以待毙。他明确表示要对殖民者发动全面战争。在他看来，这是一场存亡之战：要想解放加拉加斯和波哥大，只有解放秘鲁；要想解放秘鲁，只有解放拉巴斯，以此类推，牵动着整个大陆。必须不惜一切代价保卫从委内瑞拉到阿根廷的共和国之链，因为任何一个薄弱环节都可能毁掉整体。这是他革命理论的精髓，可以用"攻"和"合"两个字来概括。[29] 他对国会表示："来自阿根廷、智利、哥伦比亚和委内瑞拉的士兵将不会回到祖国，除非他们是载誉而归的。他们要么取得胜利，离开一个自由的秘鲁，要么死去。"[30]

　　正是本着这种决心，玻利瓦尔出发去勘察秘鲁的心脏地带——卡哈马卡（Cajamarca）、瓦拉斯（Huaraz），以及东西两条科迪勒拉山脉之间肥沃的谷地。他想挽回任何里瓦·阿圭罗造成的损失，传播他自己的解放理念，并了解潜在的战场。但是，他的链条上已经有一些环节开始松动了。阿根廷悄悄撤出了对秘鲁的投入，不想再消耗更多的部队和资金。一支沿海岸北上来协助解放者的智利船队决定掉头，完全放弃这次行动。玻利瓦尔在秘鲁成了名副其实的孤家寡人。最近几个星期，从大哥伦比亚传来的清一色都是好消息，派斯和他的平原大军终于把西班牙人轰出了最后的堡垒卡贝略港；但在这里，这个最重要的革命舞台，却是一片混乱。[31] 外国援助无望。他的乐观变成了绝望。他写信给桑坦德，严重怀疑秘鲁人的可靠性：他们缺乏勇气、奉献精神和爱国精神。[32] 他原本请求副总统派遣一个精锐骑兵营，即派斯手下的 500 人小分队；[33] 不出一个星期，他的诉求就变成了一支 12 000 人的大军。[34] 这位"胜利的宠儿"[35] 已是一个彻头彻尾的光杆司令。

从特鲁希略返航利马的途中，他病倒了。1824 年 1 月 1 日，他的船停靠在首都以北 48 公里处的一个叫帕蒂维尔卡（Pativilca）的小村庄。玻利瓦尔被带上岸，浑身战栗，高烧不退。在医疗条件匮乏的荒村里，他不时陷入昏迷，徘徊在生死线上。他被认为患了斑疹伤寒，[36] 但也可能是肺结核的早期症状，落下了终生的病根。持续 7 天的高烧后，脱了相的他终于逃离了病魔。他虚弱不堪，骨瘦如柴，刚能坐起身子就开始口授信件。军官们被带进他的房间开会，但他要求他们隔着巨大的幕帘说话；[37] 好几个星期后，他才让他们看见他的脸。"你不可能认出我的，"他在给桑坦德的信中写道，"我完全废了，老了……有时候我甚至会痴呆发作。"[38] 几天后，大哥伦比亚派往秘鲁的特使华金·莫斯克拉（Joaquín Mosquera）中途拜访了解放者，并报告了一幅令人心碎的景象：

> 他是那么憔悴枯槁，我差点哭出来。他坐在一把旧藤椅上，靠在一座小花园的墙边，头上裹着一块白头巾。他的裤子薄到我能看见那戳出来的膝盖和瘦骨嶙峋的双腿。他的声音空洞微弱，脸色惨白。你不由想到圣克鲁斯率领的秘鲁军队刚刚瓦解，从西班牙人手下败逃……这一连串的不幸似乎有意要了结这位半死不活的英雄。我心情沉重，担心我们会全军覆没，就问他："你现在打算怎么办？"他凹陷的双眼亮了起来，毫不犹豫地说："胜利！"[39]

　　玻利瓦尔在帕蒂维尔卡逗留了两个月，无法上路，而在这段历尽磨难的日子里，有迹象表明，全世界同样确信他会取得胜利。在法国，可敬的主教兼外交官多米尼克·德·普拉特（Dominique de Pradt）敦促北美人支持玻利瓦尔的革命：他坚持认为，南美洲的独立对美国来说与它自己的独立一样重要。[40] 关于解放者，他是这样说的："只要想想他是如何开始的，他已克服了多少障碍，他的努力取得了怎样的成果，人们便无法不承认他扮演了史上最光辉的角色……后世必尊他的名。"[41] 如果普拉特担心詹姆斯·门罗总统没有注意到这一点，那么他多虑了。门罗刚刚向世界其他国家发出警告，美国不会再容忍任何对西班牙语美洲的干涉。任何向西半球强加外部意志的企图都将被视为侵略行为，美国会立即予以干预。门罗主义是美国国务卿约翰·昆西·亚当斯的构想，但它最先是由英国外交大臣乔治·坎宁提出的，坎宁曾公开表示，他的政府不看好西班牙帝国的未来。[42] 在这两个世界大国看来，西班牙正在离美洲而去。自由正在到来。这正是玻利瓦尔需要的良药。

＊＊＊

　　在回利马的路上，病倒之前的玻利瓦尔曾急切地期待着与曼努埃拉·萨恩斯重聚。几个月前，她从基多回来，他们得以重修旧好。毫无疑问，解放者有一双不安分的眼睛，但他们之间的爱是深厚而持久的，因几个月的分离变得更加炽烈。曼努埃拉向来不是个在社会责难面前退缩的人，现在，她的生活更加令世人侧目。她的圈子里大多是艺术家、自由派，甚至有浪荡子——有人看到她陪总督的一位高级妓女去剧院。[43] 还有人私下里说，曼努埃拉的闺蜜、女演员罗莎·德·坎普萨诺曾与圣马丁共度春宵。出于礼节的考虑，曼努埃拉继续住在丈夫的房子里，但到了晚上，她就迫不及待地去往情人家，度过漫长而快乐的私密时光。那时，玻利瓦尔已经住进了圣马丁在马格达莱纳河畔的别墅，位于远离城市喧嚣的安静郊区。这是一幢用灰泥粉刷的房子，有宽敞舒适的房间，敞亮的窗户，还有一个漂亮的花园。在一棵无花果树、一棵大番荔枝树和一簇簇马鞭草的环绕下，空气中似乎永远香气弥漫。[44]

那时，曼努埃拉已经说服玻利瓦尔允许她随行。可以确定，到12月他北上的时候，她已经是他班子里的一员了，负责保管他的私密档案。这样的安排显然不同寻常。女人常常陪同丈夫和情人上战场，她们甚至可能拿起武器，扮成男人，在军事法庭上伸张正义，[45]但她们很少获准进入官僚系统，也很少有薪水。[46]但是，曼努埃拉·萨恩斯成了解放军的正式成员——一名骑兵或轻骑兵。[47]这一官方角色将方便她与情人保持联络，与他的秘书和助手交流，最重要的是，可以追踪他的行踪。她就是这样得知他正在帕蒂维尔卡疗养的。

从一份例行报告中得知此事后，[48]她真想马上飞到他身边，照顾他恢复健康，全然不顾自己丈夫的名誉。机缘巧合下，战争把她送向了北方的玻利瓦尔。事情发生得出人意料。玻利瓦尔一边与疾病做斗争，一边争取时间重建军队，他要求总统托雷·塔格莱与西班牙总督协商停战。[49]但是托雷·塔格莱彻底厌倦了玻利瓦尔。尽管他同意接触总督，但他决定利用这次对话来改善自己的地位。他告诉西班牙人，他准备完全改变效忠对象，为他们工作。这是故技重施，就像他的许多亲信那样，在西班牙和秘鲁之间摇摆不定；政客们一而再再而三地倒戈，只要另一方看起来占据了上风。托雷·塔格莱的战略开始于2月5日，当时守卫卡亚俄的阿根廷人士气低落，决定叛变，将要塞移交给了西班牙。在一片恐慌中，国会宣布玻利瓦尔为秘鲁的独裁官——玻利瓦尔觉得这个头衔令人作呕，[50] 尽管这个词在当时仍披着共和的光环。[51] 托雷·塔格莱被共和国领导层完全抛弃，于是着手落实他的叛逃计划。2月27日，他和手下高级幕僚，连同近350名秘鲁军队的军官，宣布站在国王一边。西班牙人发出最后通牒，宣布他们将夺回利马。[52] 首都已经习惯了反复无常，准备好再次迎接他们。经过一场生死战，包括曼努埃拉·萨恩斯在内[53] 的共和人士撤离了这座城市，沿着沙丘向北逃往帕蒂维尔卡和特鲁希略。两天后，保王分子重新入主利马，"众王之城"又回到了西班牙的手中。

玻利瓦尔一听说阿根廷人在卡亚俄的兵变，便毫不怀疑保王派会夺回首都。他心灰意冷至极，写信给他在利马的副手，让他们把所有财物都送去特鲁希略。他写信给基多的将军们和波哥大的副总统，警告他们准备好迎接一场恶战：秘鲁无可挽回地陷落了；西班牙势力会顺着海岸复辟，通过陆路扩张，并威胁到大哥伦比亚本身的安全。他写信给托雷·塔格莱总统，警告他有些秘鲁人窃取了政府资金，其他人则在无耻地追逐权力；他不知道总统就是公款盗用者，很可能还参与了兵变。过了好几个星期，他才了解到托雷·塔格莱的背叛以及许多秘鲁精英的变节。[54]

秘鲁的历史学家为本国辩护，称圣马丁和他的外国民兵为期4年的统治让利马的贵族们深感忧虑；他们从这段经历中认识到，他们与西班牙的纽带比与南美的更强大。[55] 比起智利和阿根廷军队的混血暴徒，[56] 他们自然会认为自己与殖民地主子有更多的共同点。但总的来说，情况是这样的：利马的克里奥尔人中，大多数希望不经过斗争就获得独立。他们从未想过要切断与西班牙的联系，只是想要更多的经济自由。他们当然不打算在此过程中丧失原有的特权。正如一位历史学家所言，每当西班牙似乎要输掉的时候，他们就学着成为爱国者；而当爱国者败退的时候，他们就学着成为保王派。[57]但秘鲁不只是利马。在帕蒂维尔卡休养并康复后，玻利瓦尔开始意识到，要想赢得秘鲁，唯一的方法就是牢牢控制边远地区，然后再稳步重返首都。这就是他在加拉加斯用过的战略，在基多也行之有效。还有一件事。玻利瓦尔的战斗口号不再是"解放！"而是"胜利！"。从帕斯托一路奋斗而来，他的革命发生了奇怪的变化。屠杀使他变得冷酷无情。这与其说是一场独立战争，不如说是一场十字军运动；战斗口号从呼吁自由到呼吁不惜一切代价取胜。他并非没有意识到这一根本性的巨变。在痛失卡亚俄的消沉期，他写信给桑坦德："我再不做承诺了……我没办法强迫他们自救。"[58]但没过两天，他又告诉桑坦德，他将在特鲁希略建立一个"流动政府"。[59]不出三天，他就为苏克雷将军起草了一份完整的作战计划。[60]

　　到了3月，与疾病相伴的严重抑郁症状已经从他身上消失了。也许是因为有情人的陪伴。也许是因为世界对他斗争的认可使他重拾信心。渐渐地，他的健康状况有所好转，精力也恢复了。那是夏天，阳光普照的日子和温和的海风使他振奋。他把指挥部设在城市的主广场，组织工作班子，费心建立一个司法系统，并为一所大学打下地基。但他的主要目标是重建军队，他知道保王派一天不进攻，他就多一天用来加强战备。他命令苏克雷暂时不要与敌交战，后者已经将他的部队从利马北部转移到山城瓦拉斯。他没完没了地敲打桑坦德："派兵来吧，我们会赢的。"[61]几乎在一夜之间，他把特鲁希略变成了一个热火朝天的军工厂。每个公民都成了工人，每一件金属物品都成了潜在的武器。特鲁希略的男人们被分配到临时的锻造厂和工厂；而女人们则负责做针线活。出身名门的夫人小姐和她们的仆人一起收集织物，组成缝纫小组，制作制服、旗子和帐篷；谁也不能例外，不管她的手多么娇嫩。附近村庄的印第安人奉命生产厚重的斗篷和毯子。所有能搜罗到的金属都被充公，熔化之后做成水壶、马镫、马蹄铁。[62] 他们从教堂的祭坛上缴获了银器，用来熔化、铸币，以便支付军需和军饷。[63] 为了筹措粮草，官方还征税。通过武力、劝说或任何必要的手段，包括直接占用，玻利瓦尔让北边的公民也为战争掏了腰包。仅皮乌拉（Piura）一地的教会就提供了超过 10 万比索的银子。特鲁希略为国库贡献了 30 万比索税款，然后继续每月向玻利瓦尔上缴 10 万比索，支持他的解放军。[64]

　　玻利瓦尔全身心地投入这项任务中，巨细靡遗。他命令女裁缝用节省布料的方法裁剪，操心山地地形需要的特殊马蹄铁，还监督铁匠锻造武器。[65] 有一天，他从椅子上站起来的时候被钉子勾破了裤子，受此启发，他从特鲁希略的家具上收集所有的钉子用于焊接。他发布过关于制作火药、肥皂、食用油、绳子的指令，甚至亲自过问供养军队需要多少头牛，饲养牛需要多少玉米。[66] 兰巴耶克（Lambayeque）和皮乌拉生产靴子，瓦马丘科（Huamachuco）生产皮带和马鞍。特鲁希略做制衬衫用的亚麻布，卡哈马卡织做裤子用的绒面呢。[67] 他派士兵每天行军近 50 公里：跟着苏克雷沿山路攀登，跟着拉腊（Lara）将军在沙滩跋涉。几个星期过去，越来越多受桑坦德和派斯派遣的士兵从大哥伦比亚来到这里。不出多久，他又迎来了巴拿马、大危地马拉*和墨西哥的增兵。[68] 到 4 月中旬，他的战争机器

---

*　应指独立后的原危地马拉都督辖区内五国（危地马拉、萨尔瓦多、洪都拉斯、尼加拉瓜、哥斯达黎加）。1821 年五省脱离西班牙独立后划入"墨西哥帝国"，又在 1823 年伊图尔维德被推翻后宣布脱离墨西哥，成立"中美洲联合省"，次年成立"中美洲联邦"。——编者注

焕然一新。正如一位副官所言，这就像朱庇特长出了玛尔斯的头，[69]不过全副武装的战神不是一位，而是一整支 8 000 人的军队。[70] 行伍上下绝大多数是大哥伦比亚人，辅以秘鲁农村地区征募的新兵；他们的军队有两个明显的优势：一支由巴塔哥尼亚（Patagonia）或瓜亚纳远道而来的骑手组成的精锐骑兵部队；以及高昂的士气，这在很大程度上缘于军饷的发放。这是玻利瓦尔再三要求的。

4 月，他们显然迎来了第三个优势。西班牙人因为他们的一位将军佩德罗·奥拉涅塔（Pedro Olañeta）的叛逃而陷入混乱，这位顽固的保守派在秘鲁南部建立了自己的地盘。奥拉涅塔指责拉塞尔纳总督过于信奉自由主义；他拒不从命，率部队南下，并宣称自己是"唯一真正捍卫王权的人"。总部设在库斯科的拉塞尔纳别无选择，只好派出三分之一的兵力去封他的口。奥拉涅塔的叛逃发生在 1 月 15 日，当时玻利瓦尔刚刚从高烧中苏醒过来，但这个消息过了 3 个月才传到他的耳朵里。那时，拉塞尔纳与奥拉涅塔之间的麻烦有增无减。总督手下最有能耐的将军赫罗尼莫·巴尔德斯（Jerónimo Valdés）深陷与叛变者的一系列血腥战斗中。[71] 国王的军队本应剑指北方，讨伐玻利瓦尔，如今却锁定了南方的自己人。这就是为什么保王军队在玻利瓦尔最虚弱的时候没有发动进攻。奥拉涅塔的叛乱正是玻利瓦尔需要的对保王军的牵制。混乱给了他第二次机会。

玻利瓦尔最终尝试写信劝说奥拉涅塔加入共和国阵营，[72] 但眼下速度是关键，他需要迅速行动以赢得战略优势。他指示苏克雷在特鲁希略正东、坐落在安第斯山脉边缘的古镇瓦马丘科与他会合。离开特鲁希略时，他要求这座城市给他送去更多的锻工、更多的铁匠和更多的钉子。人们必须交出一切可以想象得到的军需品：针、线、纸、每一块碎铅，包括从城市雕像上能获得的任何东西，以及每一件家庭首饰。"看在上帝的分上，给我一切，一切，一切！"[73]
他恳求他的秘书长。

在瓦马丘科一幢有许多拱门的房子里安顿完毕，他争分夺秒地
开始工作。他把握先机，召集了军事会议，摊开一幅秘鲁地图，摆
出当前的战略问题：敌人处于混乱状态。[74]奥拉涅塔在逃，拉塞尔
纳总督派了赫罗尼莫·巴尔德斯将军和 5 000 人去对付他。[75]爱国
军应该进攻还是等待增援？玻利瓦尔环视屋里的军官们，除了爱尔
兰上校弗朗西斯·伯德特·奥康纳（Francis Burdett O'Connor）之外，
在座的每个人都是久经沙场的将领。他先问了奥康纳。年轻的军官
站起身来，指了指总督的位置，然后又指了指他大部分军队所去的
方向。"在我看来，"奥康纳说，"我们必须立即开战。"[76]玻利瓦尔
迅速把地图折好。"这个年轻人给我们上了一堂有价值的兵法课，"
他说，"没什么可说的了，没什么可听的了。明天，我们开拔。"[77]

他早已下了决心。他们将顺着安第斯山脉向南，沿着山脚的
肥沃山谷前进。在瓦努科，他们将开始攀山，越过寒冷的帕斯科山
（Cerro de Pasco），挑衅西班牙人在他们驻军密集、防守坚固的地方
战斗，确保他们对库斯科的控制。玻利瓦尔立即调遣军队。5 月中
旬的某个时候，玻利瓦尔进入了高耸入云的布兰卡山脉（Cordillera
Blanca）脚下被称为瓦伊拉斯走廊（Callejón de Huaylas）的绿色
长廊。四周是肥沃的田野，甘蔗、玉米、小麦、大麦像丰饶的地
毯铺满山丘。道路两旁的土屋周围是挂满橘子、番石榴和番荔枝
的果园。[78]曼努埃拉·萨恩斯不在玻利瓦尔身边，但她离玻利瓦
尔只有一天的路程，[79]而且她的路线总是保密的。对一个女人来
说，这是一段地狱般的旅程——穿过沼泽，越过岩石，夜宿在冰
天雪地的山区——与粗野的战士和她无所畏惧的黑人女仆若纳塔

斯（Jonatás）和纳坦（Natán）并肩骑行。作为一名卓越的女骑手，曼努埃拉迎难而上，据说，她从未抱怨过个中艰辛。这说明陪伴在玻利瓦尔左右对她而言是多么重要。但是，在他走进瓦伊拉斯的小村庄时，她并没有跟他在一起；迎接他的是一个白衣飘飘的姑娘。

曼努埃莉塔·马德罗尼奥（Manuelita Madroño）美得令人神魂颠倒，当时的一位作家这样描述她："芳龄十八、新鲜诱人的俏美人儿。"[80] 瓦伊拉斯镇议会指派她拿着花冠欢迎解放者。玻利瓦尔显然被迷住了。他兴致正高，为战争的前景而亢奋，因军队的焕然一新而振作，于是以他惯有的热情去追求那姑娘。据说不到 48 小时，他们就形影不离了。在接下来的几个星期里，她和他的部队一起行军，用少女的热情点亮了他的日子。从瓦伊拉斯到卡鲁阿斯（Caruaz）再到瓦拉斯，当爱国军穿过白雪覆顶的安第斯山脉沿线的树丛时，当玻利瓦尔为长矛、马蹄铁、燧石和枪支而烦恼时，曼努埃莉塔·马德罗尼奥无疑是一剂强心剂。"你会注意到，尽管我在乞求，"他在给桑坦德的信中写道，"我并不悲伤。"[81] 他大胆地请副总统向难得一见的贝尔纳蒂娜致以亲切问候。[82] 总的说来，玻利瓦尔的愉快心情通过当时的许多信件可见一斑，那是他一生中最风趣、最富有人情味的信件。[83]

可想而知，鉴于人们的多嘴饶舌，又鉴于解放者放浪的名声，他出轨的消息很快就传到了曼努埃拉·萨恩斯的耳中。她致信玻利瓦尔的私人秘书胡安·何塞·桑塔纳（Juan José Santana），这名年轻的士兵也是她的朋友。"将军 19 天里只给我写过两次信。"她抱怨道，然后陷入自怜，"他不再想我了。"她要求秘书做出解释，指责他隐瞒真相。将军是不是沉溺于一段新恋情了？"你的沉默是犯罪，"她生气地说，"真让我发疯。"[84] 她对玻利瓦尔的言辞更加谨慎：

"我的先生……你总是提到和朋友们亲切通信，却不给我写一行字，真叫我痛苦万分……给我一点爱吧，哪怕只是对革命同志的爱。"[85]

他是否回了那封信，没人能确定。但很有可能的是，在 6 月底他抵达瓦努科的时候，二人重新会合了，[86] 当时他的军队还没有翻过帕斯科山最高峰与另一边的西班牙人交战。他对留在山谷中的那个姓马德罗尼奥的姑娘的记忆很快被历史冲淡了，而历史只会把她记作解放者的又一个漂亮的战利品。但她永远不会忘记他，她没有再找男人，直到 74 年后垂老死去。[87] "玻利瓦尔的老夫人近来如何呀？"村民们会问这个亮眼睛的老太婆。"像小姑娘一样精神。"她总是这样回答。[88]

***

没有哪里的地质景象比瓦拉斯和瓦努科之间的更加壮观和无情了。瓦斯卡兰（Huascarán）和耶鲁帕哈（Yerupajá）的巨峰直插云霄，融化的雪水滋养了世界上最大的水道——亚马孙河。安第斯山脉仿佛一根巨大的脊柱穿过秘鲁的心脏地带，在那里，就像依附着骨骼的脏腑一样，坐落着撑起整个帝国的帕斯科山银矿。截至 1800 年，其丰富的银矿脉为西班牙提供了相当于 120 亿美元的资金；[89] 大量的原住民被奴役去挖矿。革命和封锁阻碍令镇子陷于停摆，但它依旧把守着通往拉塞尔纳在阿亚库乔（Ayacucho）和库斯科的山区要塞的大门。玻利瓦尔打算取道此地。

在海拔 4 200 多米的地方，道路既不好找，也不易走。悬崖深壑组成了折磨人的迷宫。空气稀薄，人几乎喘不过气来。但是苏克雷已经开好了路。在 6 个多月的时间里，他的部队一直在这片危险的土地上四处探索，寻找最佳路线，开辟步道，沿途修建营房——甚至为军官们贮藏起一箱箱甜食。他不知疲倦地攀登和再次攀登山脉，其间似乎没有什么是他没考虑到的。他在战略要地设了号兵，帮助掉队的士兵坚持到底；他还在路边储存了柴火，以便士兵们在零下气温的夜晚取暖。他把手下最有经验的军官之一、拿破仑战争老兵威廉·米勒（William Miller）安排在高寒的帕斯科山一带。他还在山那边建起了装满粮食的仓库。[90]

但是，当玻利瓦尔的军队向那片不毛之地挺进时，危险和不适是无法避免的。有时，贴着峭壁的通道非常狭窄，一次只容一人通过；士兵们常常会被高原反应、晒伤和辐射折磨得虚弱不堪。在刺骨的暴风雪中行军可能导致暂时失明，打滑的路面可能会让士兵掉进深渊。遇到有峡谷或瀑布的更险恶的地形时，往往还没等部队到达安全地带，夜幕就降临了。有些人可能会偏离大部队，在夜色中迷失方向；当人和牲畜在黑暗和酷寒中摸索游荡时，听到焦虑的喊叫声并不奇怪。[91]

紧随其后的是被称为 Rabonas 的吃苦耐劳的印第安妇女，她们随军满足士兵从饮食到性的各方面需求。她们清洗、修补、吃残羹剩饭、照料驮畜、生火、做饭、给士兵理发。她们身上长满了虱子，经受风吹日晒，比大多数男人承受了更大的痛苦。那想必是一道了不起的风景线：她们背着叮叮当当的锅碗瓢盆，匆匆走过那片土地，比任何士兵都更能适应环境。[92]

尽管成员形形色色，但这是一支有备而来的部队。[93] 看着 9 000 名全副武装、纪律严明的士兵 [94] 在这片崎岖土地上艰难前进，玻利瓦尔感到无比自豪。[95] 有些人来自遥远的加拉加斯、布宜诺斯艾利斯或利物浦，曾在博亚卡、迈普或莫斯科战役中战斗过。[96] 一队队印第安人肩扛补给跟在后面。在他们后面，目之所及有 6 000 头牛慢慢跟随。[97] 这是一架坚固的战争机器——训练有素，装备精良，补给充足。在苏克雷看来，这应当是美洲战争史上最精锐的革命力量。[98] 对玻利瓦尔来说，这是一支他全身心热爱着的军队；他喜欢在用餐时间和军官们坐在一起，不厌其烦地为他们的英勇事迹举杯。[99]

而在帕斯科山的另一面，西班牙将军坎特拉克对这一切全然不知。他的 2 000 名部下——骑兵步兵各占一半——驻守着葱茏宁静的豪哈（Jauja）山谷。[100] 他们编制齐整、武器精良、军饷优厚，认为爱国者没什么可害怕的。[101] 他们大多是土生土长的秘鲁人；事实上，在组成王家军队的 1.2 万多人中，只有 600 个西班牙人，仅占 5%。[102] 在玻利瓦尔的解放军从帕斯科山的岬角冲锋而下前，他们尚未与敌人交过手，对敌人一无所知。讽刺的是，在秘鲁，捍卫国王的大多是本地人，自由斗士大多是外国人。不过，坎特拉克将军也没有和他的对手打过交道；在他自以为是的想象中，那个人根本不值得担心。出生于法国的坎特拉克傲气十足，是杰出的战术家，和那些无组织的闹独立分子打起仗来从未失手。在他看来，自己的军队强大无匹：过去 6 个月里，这支军队钳制了圣马丁，击败了圣克鲁斯，两度占领利马城。坎特拉克的同僚、无所畏惧的赫罗尼莫·巴尔德斯将军的一封来信增强了他的自信，信中宽慰他说，玻利瓦尔构不成威胁，解放者是一个懦夫，一个被自己部队憎恨的三流军人，一个除了毫无难度地赢下基多之外没打过任何胜仗的铁皮帽将军。[103] 苏克雷的亲信穿梭在附近的村庄里收集给养，为过境的爱国军寻找安全住所，[104] 而坎特拉克却无动于衷。他好像一点儿也不担心，进入了酣睡状态。[105] 显然，他确信这些装模作样的爱国者不管做什么都不可能占到上风。[106]

8 月 2 日的清冽早晨，[107] 玻利瓦尔在帕斯科山附近一座高耸的平顶山上 [108] 检阅了 7 700 名士兵。[109] 他们的西边是刚刚翻过的顶着雪帽的高山；东边是一直延伸到巴西的贫瘠大平原；南面是瓦伊亚伊（Huayllay）石林，耸立的岩石像神话中豪猪的刺。正下方是翠绿的钦查伊科查湖（Lake Chinchaycocha）和胡宁（Junín）的沼泽地。壮观的景象辉映着观景者心中的殷切期望。玻利瓦尔检阅了那些一路追随他并无数次与他并肩作战的士兵，发出了那振奋人心的号召：

> 士兵们！你们即将完成上天赋予人类的最高使命——拯救一个被奴役的世界。
>
> 士兵们！你们即将摧毁的敌人有着连续 14 年引以为傲的胜绩。他们配得上拿起武器与你们一较高下，而你们的武器已为一千场战斗所洗亮。
>
> 士兵们！秘鲁和美洲的和平就指望你们了……连自由的欧洲也敬畏地凝望你们，因为新大陆的自由是宇宙的希望。你们会错失它吗？不，不！你们所向无敌！[110]

空气中充满了震耳欲聋的呼声。万岁！万岁！响彻云霄。[111] 两天后，玻利瓦尔的骑兵部队骑着骡子，牵着马，沿着峭壁而下，漫漫途中，他们瞥见坎特拉克的一个师蜿蜒穿过一个开阔的山谷。[112] 爱国士兵的声音再次弥漫在空气中，听起来像凶狠的战斗呐喊。潘帕斯草原和阿普雷平原的骑兵们热血沸腾，迫不及待要让保王骑兵见识他们的厉害。[113]

8 月 6 日，坎特拉克将军终于从沉睡中醒来，带着 1 300 名士兵外出侦察。[114] 他得知整支爱国军在他的眼皮底下翻越了安第斯山脉，正向豪哈镇进发后大惊失色。[115] 那时，玻利瓦尔和 900 名骑兵 [116] 已经下到湖畔，伺机与西班牙将军一战。[117] 坎特拉克在湖对岸发现了他们，他决定绕过湖，从后方攻击爱国军，但他刚向南出发，玻利瓦尔便也相向赶去迎战。[118] 那天下午 5 点，他们终于在湖以南的沼泽地交上了火。[119]

胡宁战役激烈而迅速，完全是剑和长矛的战斗。没射一颗子弹，也没费一发炮弹。不时打破这可怕的寂静的，只有钢铁碰钢铁、木头碰木头的声音，还有古怪的号角声、马蹄声、人的低吼声、倒下者的击地声和哀号声。[120] 起初，当保王骑兵在平原上发起声势浩大的冲锋时，他们似乎占了上风。但随着战斗的进行，他们突入爱国军阵线过深，暴露了自己的侧翼。玻利瓦尔指示老将米勒进攻这些侧翼，猛攻其后卫部队，并命令平原牛仔们施展其标志性的大后转战术——快速撤退、突然掉头、猛烈冲锋——而保王部队就从这时开始踌躇不前、节节败退。[121] 爱国军大受鼓舞，加强了攻势，召集哥伦比亚枪骑兵加入战斗。一个骑兵的长矛约有 4.3 米长，[122] 如果灵活使用，它的攻击距离轻易就能超过任何保王军的武器，发力猛击一个人，能把他从马鞍上抬起来一米高。年轻的奥康纳上校写道，玻利瓦尔的平原牛仔隆隆的马蹄声"令大地战栗"。[123] 一小时后，夜幕开始降临，[124] 爱国军控制了局面。坎特拉克的部队开始迅速而混乱地撤退，一路丢盔卸甲，向南面的豪哈方向退去。爱国士兵精疲力竭，在高海拔作战 [125] 的折磨下，他们也撑不了更久了。[126] 但就在太阳完全沉入地平线的时候，两名上校从激烈的追逐中返回，高呼着："胜利了！"[127] 玻利瓦尔没放过任何机会：他派出一批两人一组的神枪手小队去追拿坎特拉克。[128] 黑暗笼罩，死伤遍野；失去了骑手的马在战场上迷茫地游荡着。保王军损失了近 400 人，另有

100 多人被俘。爱国军损失了 145 人。

那天晚上，玻利瓦尔和军官们在战场旁的一个草坡上就地露营。忠诚的男仆何塞·帕拉西奥斯[129]自安戈斯图拉开始，追随玻利瓦尔上过每一个战场，他从鞍囊里抽出凉牛肉，为大家分发这份能量大餐。初战告捷，他们心满意足地在那块来之不易的硬地上睡下，等早上醒来时，胡子上已经结了一层霜。

这场仗后来被玻利瓦尔称为"精彩绝伦的胡宁冲突战"，[130]它对双方都产生了强大的心理影响，远超它在军事上的重要性。秘鲁人突然意识到，不可战胜的坎特拉克名不副实：他的骑兵溃不成军；他的步兵屈辱地败退，先是撤到豪哈，然后一路逃回库斯科的西班牙要塞，中途还出现了数量惊人的逃兵。事实上，坎特拉克承认，胡宁的经历确实震撼了他，玻利瓦尔手下的叛军并不是一群乞丐，而是一支训练有素的战斗力量。他向卡亚俄执政官报告说，玻利瓦尔的一些军中要员在战斗中阵亡，玻利瓦尔自己手部受伤；坎特拉克所提供的大部分信息明显有误，但在有一件事上他是对的："我们的损失在数量上或许很少，"他告诉执政官，"但在精神上一败涂地。"[131]那位西班牙执政官从自己无畏的将军笔下读到这番话，惊恐万分，缩在卡亚俄的堡垒里闭关不出，把利马丢给了当地反复无常的爱国居民。[132]

***

独立武装获得了豪哈富饶肥沃的土地。玻利瓦尔借此机会重整了军队，加强其军事实力，并尽可能地了解这片土地。他穿过豪哈，沿路收集保王军疯狂逃往库斯科时丢弃的所有装备。保王军损失了

2 000 多人，但他们还遗弃了 700 支枪、大量的军火、牲畜和马匹。[133]
玻利瓦尔很快了解到，他们在占领期间烧毁了许多村庄，[134] 处决了
数百名疑似有共和倾向的人，甚至包括住院的病人。[135] "他们是卡里
古拉[*]，我们是恺撒。"[136] 桑坦德曾这样夸耀爱国者。但随着南下，玻
利瓦尔自己也免不了施行类似的不公正审判。即使在建立市政府和
立法期间，[137] 他也威胁要枪杀那些不尽职的议员、医生和公务员。[138]
掠夺和强奸农民的士兵被拖到主广场上当众处决，他们的尸体被车
裂，以警示任何胆敢藐视法律的人。[139]

　　为了进一步维持秩序，玻利瓦尔委派苏克雷加入后卫部队，
沿解放军的来路折返，把所有失散或受伤的爱国兵带回来。苏克雷
在这一有伤尊严的任务面前犹豫再三，但还是遵从了解放者的命
令。最终，他宣布这段经历令他蒙羞，让他遭同伴嘲笑，他要因
此请辞。玻利瓦尔把苏克雷当儿子一样爱护，赶忙去宽慰他。"疯
子才会认为我是有意冒犯你。我把本打算自己做的工作安排给了
你，因为我相信你能做得更好。这证明了我对你的器重，而不是
羞辱……如果你想走在这支军队的最前面，那我就去殿后，这样
全世界就可以亲眼看到我为你设想的未来了。"[140] 不久之后，他就
会兑现他的诺言。

　　在接下来的几个月里，玻利瓦尔不知疲倦地四处奔波。这一带
没有他没去过的城镇。[141] 在接下来的 50 天里，趁部队休整期，[142]
他骑马走遍了几十个村庄，[143] 研究地形，熟悉当地居民。他在每一
站停留的时间很少超过一天。终于，曼努埃拉·萨恩斯与他会合了；
为了这场相聚，她花费好几个月追随他的脚步，穿越了严寒彻骨的

---

*　　罗马皇帝，公元 37—41 年在位。实施严刑酷法，引起众人怨恨。——编者注

山脉。尽管几乎没有欢爱的时间，她还是在美丽小镇豪哈的一所舒适老宅里住了一阵。[144] 玻利瓦尔忙得脚不沾地，接连不断地口述信件，管理利马的政府，甚至试图指挥远在 320 公里以外的海军。但是，由 9 月入 10 月，天气开始变化。雨比往年来得要早。到 10 月中旬，豪哈和万卡约下起暴雨，原本容易穿过的溪流现在变成了滔滔洪流，强大得足以冲倒树木。[145] 动员军队也是徒劳无益。这片土地无论人畜都无法通行。没过多久，玻利瓦尔就决定在雨势减缓之前返回利马。要做的事情很多：建设首都，夺回卡亚俄，接收涌入的外国部队，治理新近扩张的共和国。10 月 6 日，他将军队指挥权交给苏克雷，与他的副官和秘书们一道，开始了向海岸进发的漫长曲折之旅。

10 月 24 日行至万卡约时，他又有了一个下山的理由。他收到一封来自波哥大的大哥伦比亚国会的信，废除了赋予他特权的法律。来信中，解放者被告知，就在 3 个月前的 7 月 28 日，他被剥夺了所有权力。[146] 理由只有寥寥数语，即接受秘鲁独裁权的同时，他也解除了自己的大哥伦比亚总统职位及其军事指挥权。这些职权现在属于桑坦德。在随后的一份急报中，桑坦德的措辞甚至更为严厉。他命令玻利瓦尔将秘鲁境内的所有大哥伦比亚军队的指挥权移交苏克雷。这是一项荒谬的指令，一次粗鲁的冒犯。军人们都明白——即使他们的政客们不明白——解放秘鲁是为了大哥伦比亚更大的利益和荣耀。这是他们先前攻打帕斯托，袭击基多的动机；在瓜亚基尔也是同理。或许桑坦德可能尝试过阻止国会如此严苛的举措，但玻利瓦尔看得出来，他的副总统分明在其中推波助澜。玻利瓦尔口中值得信赖的"法律人"[147]，露出了他的本色。毫无疑问，长期以来的妒忌——对玻利瓦尔的妒忌，对玻利瓦尔偏爱苏克雷的妒忌——

加快了桑坦德夺权的步伐。

　　一切尘埃落定后，这位大哥伦比亚的领导人急不可耐地着手治理这个运转不畅的新生共和国，他早厌倦了玻利瓦尔在南边的战争。玻利瓦尔主张派遣越来越多的军队去支援秘鲁，为军队提供更多的装备，更多的马匹，这些都让他疲惫不堪。甚至在玻利瓦尔于特鲁希略努力打造军队之际，桑坦德还写来这样的信："没有国会明文通过的法律，我无能为力，因为除了法律之外，我没有真正的权力，即使在此期间共和国走向了地狱。"[148] 从波哥大的角度看，正在进行的战争似乎永无休止，只能招致不断攀升的开支。一些国会议员甚至开始反对发放军饷，其他人则建议政府停止向国内外的军队提供制服。[149]

　　玻利瓦尔勃然大怒。这些信件实际上是在胡宁战役胜利之前发出的，如果他第一时间就收到了这些解职信件，会造成什么后果？它们会引发怎样的胆怯退缩？尽管如此，他还是强压怒火，将这个消息以两份备忘录[150] 的形式告诉了苏克雷：一份是对波哥大决议的简单陈述；另一份是只给苏克雷看的信，需要阅后即毁。[151] 见到解放者受到如此侮辱，这位年轻的将军惊呆了。他尽职地向手下军官通报了国会决议，但很明显，这不能让普通战士知晓。解放军因为玻利瓦尔才得以存在；把解放者和它分开，就是把他和他的灵魂分开。[152] 苏克雷和军官们向波哥大提交了一份激烈的抗议，要求波哥大允许他们的统帅保留指挥权，[153] 但是玻利瓦尔拒绝发出信件。他敦促苏克雷把这个插曲抛诸脑后，主动而彻底地接过指挥权。他给苏克雷的指示十分明确：等待有利的时机，与敌人决战，带领解放军一劳永逸地取得胜利。至于玻利瓦尔自己，他不再向桑坦德寄出坦诚的长篇备忘录了。他的信件变得简洁而精确，只传递绝对必要的信息。[154] 11 月 10 日，解放者来到了位于太平洋沿岸、利马以北约 64 公里处的小港口钱凯（Chancay）。他开始抱着极大的热情准备重返利马。

1824 年 12 月 5 日，玻利瓦尔骑马进入首都，受到热烈欢迎。在他打赢了胡宁一仗之后，利马现在多了许多心向共和的人民，他们满怀爱戴地迎接他们的独裁官。[155] 他争分夺秒地解决首要事务。几个小时之内，他发兵围困了卡亚俄的保王派，目的是让他们弹尽粮绝后屈服。他命令军队切断桥梁，摧毁任何西班牙人可能取道来袭击利马的路。他组织了一支 3 000 人的防御部队，这些人几乎都是刚刚从新格拉纳达、委内瑞拉和巴拿马来的。[156]

两天后，他向西班牙语美洲的所有新成立的共和国发出了联盟的邀请。他构想的这一机构将"在重大冲突中充当智囊团，在面对共同敌人时充当联络站，在协定条约时充当忠实的阐释者，在我们之间出现分歧时充当调停人"。[157] 这是对门罗主义的直接驳斥。在玻利瓦尔看来，新解放的南美诸邦不需要一个强大的邻国来保护它们。[158] 他在没有美国帮助的情况下革命了 14 年，现在也无意依靠美国的力量。[159] 这些前殖民地将作为南美洲联邦联合起来，实现自给自足，成为一股进步力量，一个新的世界强权。这是玻利瓦尔 10 多年来精心呵护的梦想。"团结！团结！团结！"5 年前，他在安戈斯图拉国民大会上如此呼吁；这 5 年间，他改变了方法，调整了战略，但从未忘记这个光辉的目标。最终，他对联盟的号召将促成 18 个月后在巴拿马召开的一次具有里程碑意义的会议，也为多年后的泛美主义和今日的美洲国家组织（Organization of American States，OAS）奠定了基础。而且，至少在当时，它让解放者克服了大哥伦比亚忘恩负义的刺痛。他将目光投向了更高的地方。

***

在浊浪翻滚的阿普里马克河（Apurimac River）和万索（Huanzo）的群山之间，在这片崎岖的秘鲁大地上，保王军和爱国军正在彼此追踪，迅速移动，时刻处于警戒状态。苏克雷的密探断定，保王军的大部正在转移，由拉塞尔纳总督本人率领，他那两个声名狼藉、争执不休的将军坎特拉克和巴尔德斯带兵紧随其后。9 000 名身着鲜红和金色制服的保王士兵[160]——西班牙统治美洲的最后一道堡垒——从库斯科以北越过高山和峡谷，追剿爱国军。巴尔德斯先前一直在与极端保守派西班牙将领奥拉涅塔缠斗，此时抽身加入拉塞尔纳对爱国军的作战。经过 6 个星期的激烈追赶，7 000 人的保王军追上了苏克雷的部队，并在瓦曼加（Huamanga）以南大约 50 公里的地方包围了其侧翼。

苏克雷从不慌乱，他并不担心敌军的动作。[161] 他只有 5 700 人，但他相信他们在各方面都优于保王军。他在暴雨中调遣部队，从长满草的峡谷撤退到更有利的阵地。西班牙人穷追不舍，迫不及待要开战。12 月 3 日，他们以闪电般的速度再次追上爱国军，从后方突击，歼灭了著名的英国"来复枪营"的一半。几天过去了，双方军队都在为最后的对抗寻找有利位置。[162] 秘鲁境内几乎所有的西班牙部队和爱国部队都会参战；毫无疑问，这将是秘鲁革命的终局之战。12 月 6 日天亮前和天黑后，上演了疯狂的叛逃事件——被迫在敌方阵营服役的战俘们连夜逃走，重新加入了自己从前的部队。[163]

12 月 7 日，恰逢玻利瓦尔重返利马的那一天，两支对垒的军队划定了各自的阵地。但截至彼时，保王士兵的行军路程更长，速度更快，越过了更多的陡峻地形，经受了更多的折磨。他们以整齐划一的队列行进，以防出现大规模的逃兵；他们不许进入可能找到食物的山谷或村庄，以防乘机逃跑；他们饿到不得不吃骡子的肉。但在 12 月 8 日，他们占据了更有利的地形，至少从表面上看是这样。国王的士兵们列队站在宏伟的昆杜尔昆卡山（Cundurcunca）的高处，俯瞰宽阔平坦的阿亚库乔平原。环伺该地区的是承诺帮助他们的印第安部落。几个星期以来，那里的山地印第安人一直在袭击爱国军营地，杀害士兵和牲畜；现在，他们发誓将杀死所有逃离战场的共和分子。

苏克雷看到保王军沿着山脊向上攀，便把自己的部队带到了阿亚库乔平原上。那是一片尘土飞扬的台地，四周环绕着海拔 3 000 多米高的悬崖峭壁。他的想法是在战斗开始之前阻止西班牙人下到战场，再在他们从驻扎地冲下来的时候打垮他们。[164] 战斗前一晚，当安第斯山脉在暮色中投下长长的阴影时，他的部队紧守昆杜尔昆卡山脚，以防敌人夜间突袭。[165] 身处恶劣的自然环境，爱国军的处境或许正合玻利瓦尔的心意——这样的环境迫使他们以孤注一掷的勇气去战斗。[166]

12 月 9 日的黎明时分，昆杜尔昆卡山上空升起了一轮灿烂的红日。那是安第斯山脉常见的凛冽早晨，空气清新怡人，大地似乎悬浮在一片蔚蓝之中。[167] 据一名士兵说，这是那种为战士插上翅膀的拂晓。[168] 他们的正前方是拔地而起的昆杜尔昆卡山，一头由泥土、岩石和灌木组成的肮脏巨兽。右边是连绵的山丘；左边是一条小溪；后面是一处陡峭的悬崖，峭壁底下是另一片一望无边的平原。[169] 在那片阴沉的台地上，没有任何藏身之所。地形容不下懦夫和掉队者，也不允许在战斗中有任何拖沓。随着军号和战鼓声开始在战区响起，在山壁上荡起阵阵回声，[170] 苏克雷的士兵们心里明白，他们别无选择，必须胜利。[171] 那位时年仅 29 岁的将军骑马穿过来自美洲各个阶层、各个角落的人组成的整齐划一的队伍，显然为这意义重大的一刻而心潮起伏。他停下来，用激昂的声音喊出了令他终生难忘的话："士兵们！你们今天的努力将决定南美的命运！"[172] 他们回以洪亮的咆哮。

8 点钟，阳光温暖了早晨的空气，西班牙将军胡安·安东尼奥·莫内特（Juan Antonio Monet），一个长着黄褐色胡子的高个儿壮汉，靠近了爱国军的阵地，向他的旧相识何塞·马里亚·科尔多瓦（José María Córdova）将军喊话。莫内特告诉科尔多瓦，保王军行伍中，有些士兵的亲戚在敌方阵地，对爱国军而言也是如此：他能允许他们在开战前互致问候吗？科尔多瓦将军征求苏克雷的意见，总指挥立即同意了。[173] 就这样，50 名敌对阵营的士兵在昆杜尔昆卡山坡上相会，其中有许多人是兄弟，他们相拥而泣，正如一位编年史家所说，这是一场令人心碎的告别仪式。[174] 事实上，对于秘鲁人而言，一如此前委内瑞拉人和新格拉纳达人遇到的情况，革命意味着手足相残，说同一种语言，信仰同一种宗教，甚至血脉相连的人，现在将为了捍卫一个理念而互相残杀。看着这令人痛心的一幕幕，莫内特将军问科尔多瓦，难道没有什么办法达成协议，避免流血吗？科尔多瓦回答说：除非你承认美洲的独立，并和平返回西班牙。莫内特吃了一惊，也说出差不多的话：年轻的爱国将军难道不觉得西班牙军队要强大得多吗？科尔多瓦回应说，战斗将决定此言是否属实。莫内特摇着头走开了。没有回头路了。[175]

战斗惨烈而短暂。身披金红蓝三色徽的保王士兵冲下崎岖的昆杜尔昆卡山坡，高举旗帜拼力冲锋，头盔在太阳下闪着光。[176] 身穿暗沉大衣的共和士兵列阵迎战。[177] 望着敌人的军队向下逼近，他们一浪高过一浪地大吼起来："骑兵们！枪骑兵们！你们面前的根本算不上战士！他们不是你们的对手！为了自由！"[178]诸如此类，此起彼伏。在战斗正式打响之前，一名年轻的西班牙准将率先发起攻击，也是最先倒下的；[179]尽管如此，保王军还是立即控制了局面。巴尔德斯将军和手下人马如猛虎下山般地扑向共和军，把他们的阵型撕开了一道大大的缺口，共和军一时间陷入被动。[180]但共和军士气高涨，在这次挫折的刺激下更加坚决了。当科尔多瓦大喊"士兵们！拿起武器！迈向胜利！"时，[181]他的营队便在极短的时间内发起了猛烈反击，很快扭转了战局。爱国者左右刺杀保王兵，夺下他们的银头盔作为战利品。[182]到了下午 1 点，他们已经占领了高地。下午 3 点左右，遍地都是倒下的人。日落之前，坎特拉克向苏克雷无条件投降。[183]

近 3 000 名保王兵被俘，[184]屈服于共和军令人畏惧的热情。这也许是几个星期的强行军后的疲惫所致；或者是出于对玻利瓦尔著名的野蛮人大军的恐惧；或者是因为令人眩晕的高海拔，毕竟将近 4 000 米的海拔能轻易夺走一个人的呼吸。又或许，最终胜利靠的是苏克雷的妙策，让国王的士兵耗费更多力气，爬得更高，行军更远；再用致命的强力打击他们。白发苍苍的拉塞尔纳总督英勇地战斗到最后，直到负伤后不得不被抬下战场；米勒将军偶然在一间医治伤员的小屋里发现了他，从鞍囊里拿出茶给这位勇敢的老将喝，并坚持要医护人员立即为他治疗。[185]西班牙一方的阵亡人数达 1 800 人，共和国一方只有 300 人。[186]

苏克雷给战败者开出的条件非常慷慨，准许所有保王兵安全返回西班牙，尽管许多人选择加入共和军。但是，他的条约给予的多，索取的也多。爱国军收编了西班牙在秘鲁各地的驻军，没收了所有的武器和补给，并要他们担保西班牙在新大陆的最后堡垒卡亚俄要塞投降。[187] 苏克雷坚持要巴尔德斯将军第二天与他共进午餐，这位西班牙人身着全套军装出现在苏克雷面前，花白的头发与他军服上的鲜红和金色形成了鲜明对照。他厚重的羊毛袜高过膝盖，靴子短短的，夹克磨损了，小羊驼毛帽拉得很低，盖在他的无檐便帽上。一件褪了色的白色长大衣一直拖到他的脚跟，一件白斗篷披在肩上。[188] 苏克雷说："我敬这个男人一杯，如果他生在大海的这一边，他将是美洲最伟大的捍卫者。"[189]

苏克雷立马向解放者发出报告，但他的信使被印第安人伏击并杀害。[190] "秘鲁之战已经结束，"苏克雷写道，"它的独立和全美洲的和平已在这个战场上签署生效。"[191]10 多天后，消息终于传到了利马的玻利瓦尔那里，当时他正在为西班牙人涌向首都展开最后一轮交锋做准备，一边还在与秘鲁这个潘多拉魔盒缠斗。[192] 据说，当读到他的将军在阿亚库乔获胜时，他抛开所有礼仪，腾空跃起，满房间跳舞，一边高喊着："胜利！胜利！胜利！"[193] 苏克雷已经为他赢得了胜利，他将永远感激苏克雷。有了阿亚库乔的胜利，西班牙将被永远赶出美洲海岸。它就是约克敦，就是滑铁卢。只需一次巨大的胜利，整个南美洲就将获得解放。

17 岁的西蒙·玻利瓦尔。微缩肖像，制作于 1800 年或 1801 年的马德里

20 岁的西蒙·玻利瓦尔。微缩肖像，制作于 1804 年或 1805 年的巴黎

据称为 1810 年 Charles Gill 于伦敦绘制的玻利瓦尔肖像，此为复制品，原件 1948年毁于火灾。该画作描绘的玻利瓦尔形象可信度存在争议

玻利瓦尔淡彩肖像，在 1815 年或 1816 年他逗留海地期间所绘

M.N. Bate 约 1819 年发表于伦敦的玻利瓦尔版画肖像

玻利瓦尔与寓言画手法呈现的美洲（Pedro José Figueroa，1819）

José Gil de Castro 于 1823 年绘制的玻利瓦尔像。他在玻利瓦尔进入秘鲁后为他画了一系列肖像，姿势和着装很可能遵循了殖民时期伟人标准像的传统。此后不久，玻利瓦尔被推举为秘鲁独裁官

José Gil de Castro 约 1825 年为玻利瓦尔绘制的站立肖像

47 岁的西蒙·玻利瓦尔的素描像。José María Espinosa 于 1830 年绘制的数幅速写是玻利瓦尔在世期间最后留下的肖像，记录下了他的病容

玻利瓦尔侧面像（Pedro Lovera，1830）

1821—1823 年独立战争路线示意图。从中可见大哥伦比亚共和国成立之初确定的行政区划，由北向南划分为委内瑞拉、昆迪纳马卡（不含图中的巴拿马地峡部分）和基多 3 个省（Agostino Codazzi，1890）

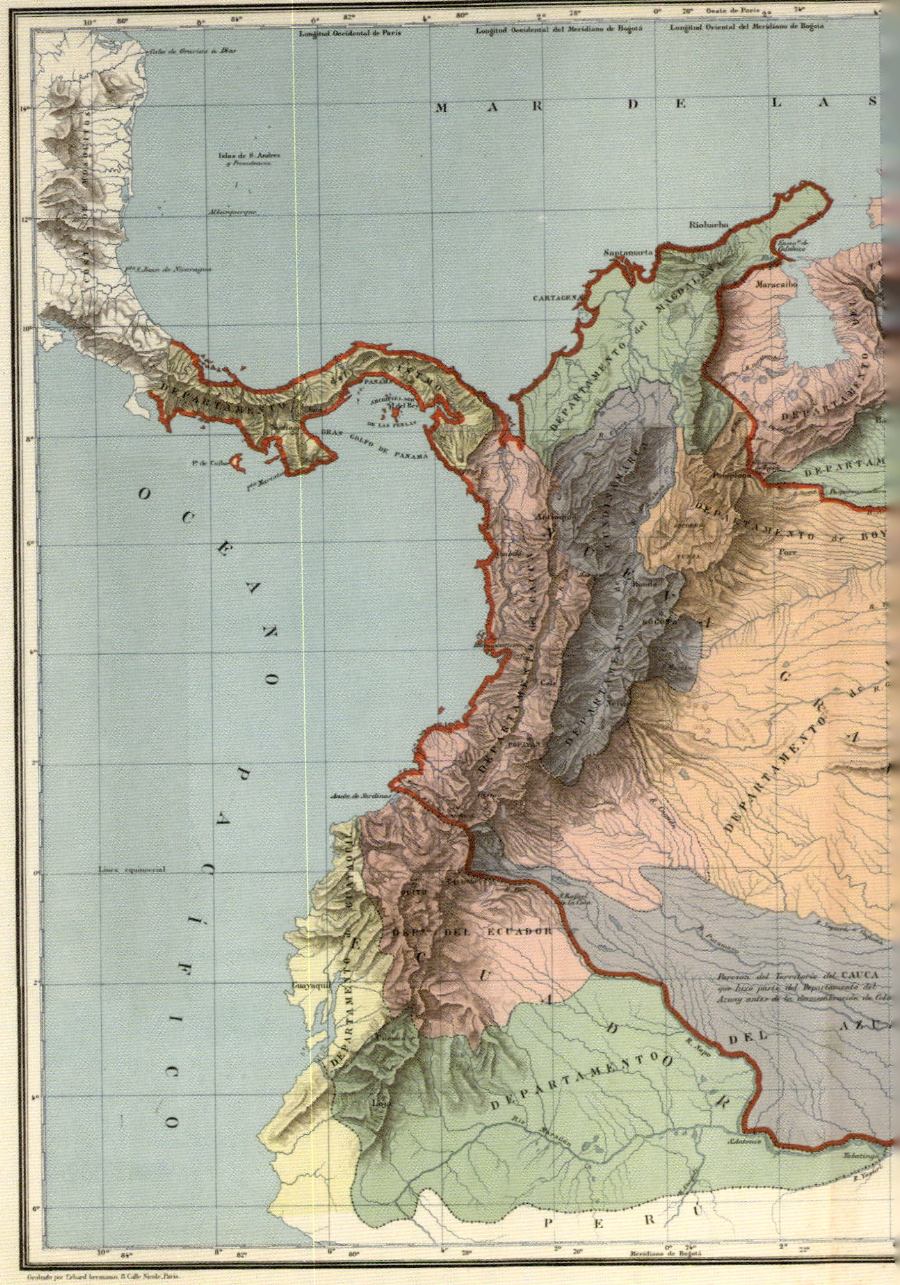

Grabado por Erhard hermanos, 8 Calle Nicole, Paris.

DIVISIÓN POLÍTICA EN 1824

NUEVA GRANADA

Departamentos	Provincias	Cantón de Provinc.
BOYACÁ	Tunja	
	Socorro	
	Pamplona	
	Casanare	Pore
CUNDINAMARCA	BOGOTÁ	
	Antioquia	
	Neiva	Honda
MAGDALENA	Mariquita	
	Cartagena	
	Santa Marta	
	Riohacha	
CAUCA	Popayán	
	Pasto	
	Chocó	Quibdó
	Buenaventura	Iscuandé
ISTMO	Panamá	
	Veragua	Santiago

VENEZUELA

ORINOCO	Cumaná	
	Guayana	Angostura
	Barcelona	
	Margarita	Asunción
VENEZUELA	CARACAS	
	Carabobo	Valencia
APURE	Barinas	
	Apure	S.Fernando
ZULIA	Maracaibo	
	Mérida	
	Trujillo	

ECUADOR

ECUADOR	Pichincha	QUITO
	Imbabura	Ibarra
	Chimborazo	Riobamba
AZUAY	Cuenca	
	Loja	
	Jaén	
GUAYAQUIL	Guayaquil	
	Manabí	Puerto Viejo

DIVISIÓN POLÍTICA
DE
COLOMBIA
en 1824

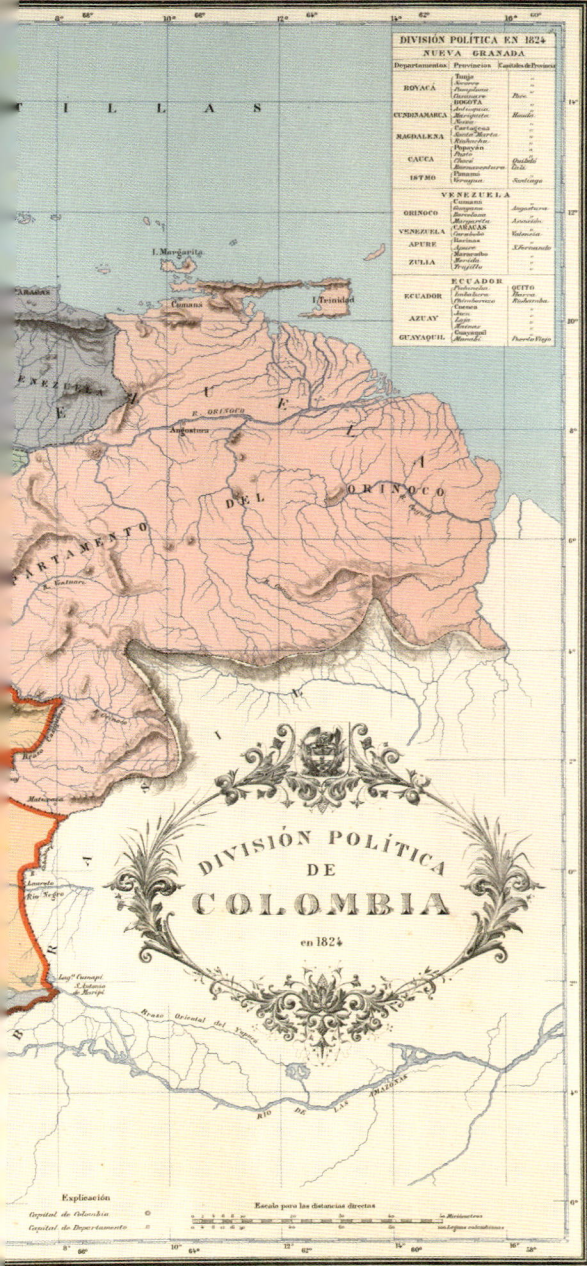

大哥伦比亚共和国 1824 年调整
后的行政区划。从北向南划分为
北、中、南 3 个大区，共 12 个
省（Agustín Codazzi，Manuel
Maria Paz，Felipe Pére，1890）

1802 年，玻利瓦尔与玛丽亚·特蕾莎在马德里结婚的场景。次年，玛丽亚·特蕾莎于加拉加斯病逝，这成为玻利瓦尔人生的一大转折点（Tito Salas，1921）

玻利瓦尔青少年时期的教师西蒙·罗德里格斯。他深受启蒙思想熏陶，奉行自然主义教育法，深刻影响了玻利瓦尔

1808 年 12 月马德里向拿破仑投降的场景。拿破仑入侵西班牙为西属美洲殖民地提供了争取独立的契机（Antoine-Jean Gros，1810）

1810 年 4 月 19 日，时任委内瑞拉都督恩帕兰（中）在加拉加斯大教堂前被人群围住的场景。他被强令回到市政厅，随后卸任。当天下午市议会成立加拉加斯最高洪达（Juan Lovera，1835）

拉卡拉卡地牢中的米兰达。1812年7月25日米兰达与西班牙签署停战协议，被玻利瓦尔等人认定叛国，于拉瓜伊拉港遭逮捕并送交西班牙军队收押。这位老革命家最后死在西班牙拉卡拉卡地牢（Arturo Michelena，1896）

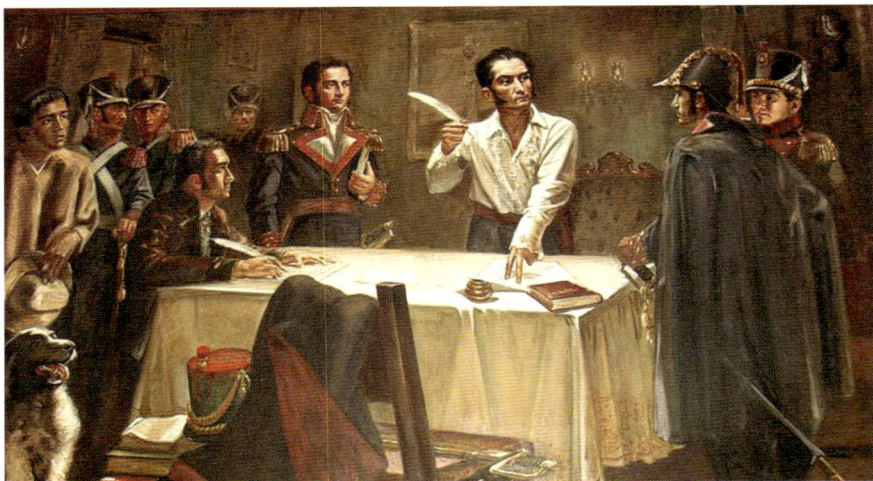

1813年，在"惊人的战役"期间，玻利瓦尔签署了极富争议的"殊死战"宣言

1813 年 8 月 6 日，在"惊人的战役"之后，玻利瓦尔搭乘白衣少女牵引的战车进入加拉加斯。那些少女中就有他日后的情人珀皮塔（The Library of Congress）

1814 年 7 月，面对博韦斯"地狱军团"迫在眉睫的威胁，玻利瓦尔组织两万民众撤出加拉加斯，向东寻求避难。图为 Tito Salas 于 1913 年绘制的《向东迁移》

ALEXANDRE PÉTION,
Président de la République d'Hayti.

an 15 de l'Indépendance.
Né le 2 Avril 1770.

海地总统亚历山大·佩蒂翁（1807—1818 在任）。1815 年年底，玻利瓦尔流亡海地，得到佩蒂翁总统对革命的大力支持，次年组织远征军重返委内瑞拉

«Soldados, derecho al corazon.»

1817 年 10 月 16 日，战功赫赫的革命将领曼努埃尔·皮亚尔于安戈斯图拉被处决。玻利瓦尔认为他妄图煽动种族叛乱

委内瑞拉"东部解放者"圣地亚哥·马里尼奥

1819 年 4 月 2 日，克塞拉斯-德尔梅尔迪奥战役中，派斯命令手下的平原牛仔部队突然掉头，迎击追赶他们的西班牙敌人。派斯和他骁勇善战的骑兵在独立战争中立下汗马功劳（Arturo Michelena，1890）

1819 年 8 月 7 日，博亚卡大捷为占领新格拉纳达总督区首府波哥大扫清了道路。此前，玻利瓦尔完成了率军翻越安第斯山脉突袭西班牙人的壮举（Martín Tovar y Tovar，1890）

玻利瓦尔军队穿越安第斯山脉海拔 4 000 多米的皮斯瓦荒原的情景（Francisco Antonio Cano，1922）

1821 年 6 月 24 日，委内瑞拉革命军在卡拉沃沃平原大胜西班牙殖民军，解放加拉加斯。大平原骑兵和英国军团在其中发挥了至关重要的作用（Martin Tovar y Tovar）

1821 年 11 月 28 日，巴拿马地峡宣布脱离西班牙殖民统治，加入大哥伦比亚共和国。图为巴拿马独立法案

1822 年 5 月 24 日，皮钦查战役在苏克雷的指挥下获胜，基多的西班牙势力随后宣布投降

大哥伦比亚副总统弗朗西斯科·德·波拉·桑坦德。他与总统玻利瓦尔的分歧演变为两派对立，最终令共和国陷入危机

1822 年 7 月 26—27 日，玻利瓦尔在瓜亚基尔与阿根廷解放者、秘鲁护国公圣马丁会谈

1822 年，玻利瓦尔在基多遇到了生命中最重要的情人曼努埃拉·萨恩斯，后来她在 1828 年的暗杀中救了玻利瓦尔一命。图中的曼努埃拉佩戴着太阳勋章（Marcos Salas）

1824 年 8 月 6 日，玻利瓦尔领导的胡宁战役取得胜利，为最终解放秘鲁做了铺垫（Martín Tovar y Tovar，1895）

1824 年 12 月 9 日阿亚库乔大捷，苏克雷率领的秘鲁—哥伦比亚军击败拉塞尔纳总督率领的西班牙军，给了西班牙在南美洲的统治最后一击（Martin Tovar y Tovar）

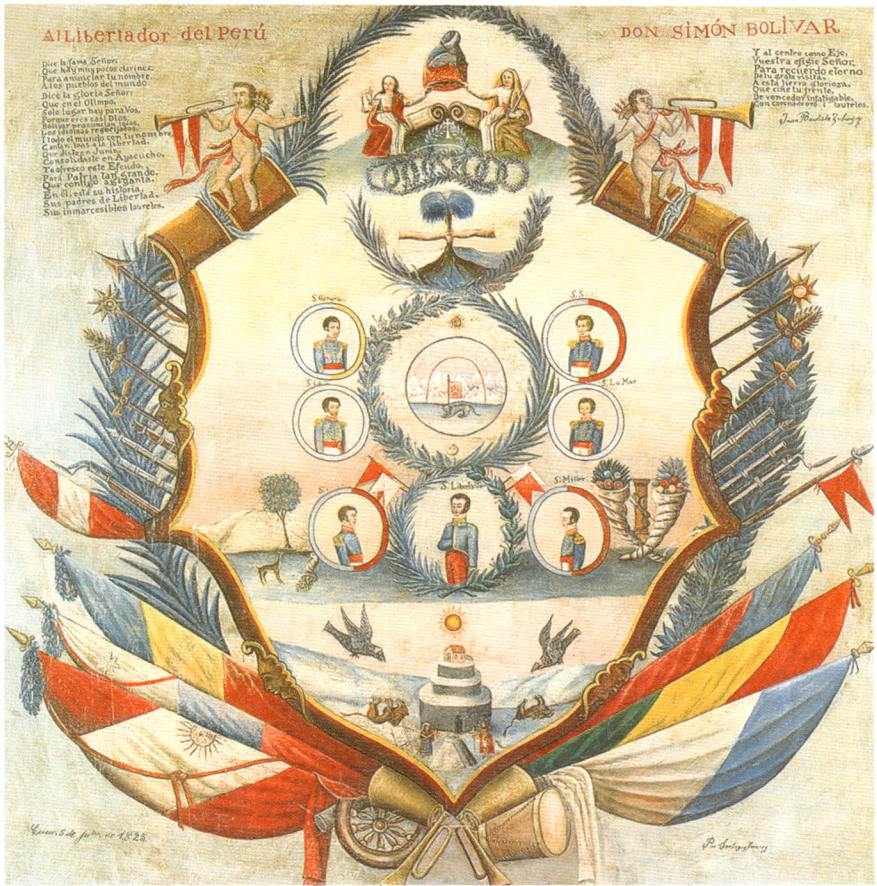

1825 年，玻利瓦尔进入秘鲁库斯科，受到隆重欢迎。图为当时绘制的寓言画

1825 年 8 月 6 日，在丘基萨卡召开的议会正式宣布上秘鲁独立为主权共和国，后定名玻利维亚

1828 年 9 月 25 日，玻利瓦尔遭到暗杀，从波哥大总统府临街的窗户逃脱。这一耻辱的逃生窗口（图左）如今作为历史遗迹挂上了铭牌（momentcaptured1/Flickr/CC BY2.0）

1830 年 6 月 4 日，玻利瓦尔的爱将苏克雷在赶回基多的途中于帕斯托附近的森林中遭暗杀，这一噩耗对玻利瓦尔造成了毁灭性的精神打击（Arturo Michelena，1895）

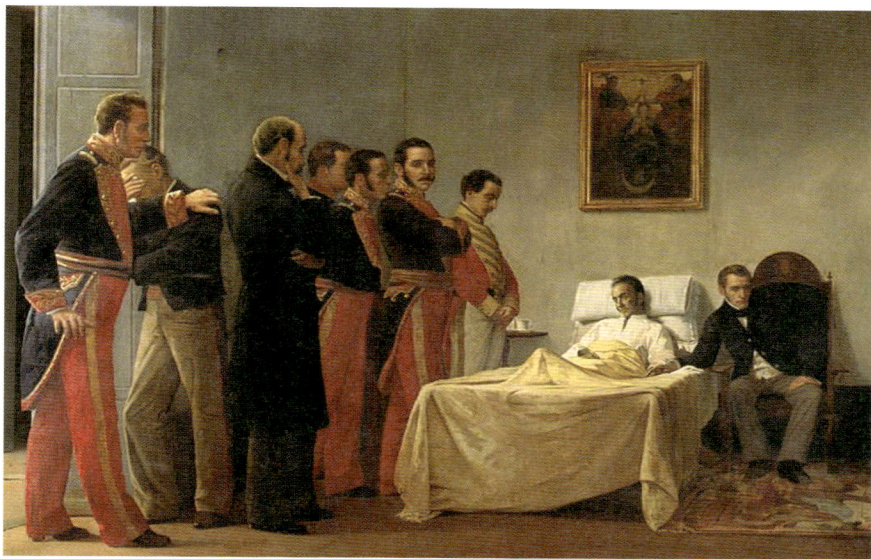

1830 年 12 月 17 日，玻利瓦尔于圣玛尔塔去世，终年 47 岁（Antonio Herrera Toro，1889）

1842 年 11 月，西蒙·玻利瓦尔的遗体从哥伦比亚圣玛尔塔被迁回家乡加拉加斯，图为加拉加斯的送葬队

玻利瓦尔的佩剑，复制品

位于法国巴黎的玻利瓦尔雕塑（Jebulon/Wikimedia/CC0 1.0）

玻利瓦尔半身像，位于玛格丽塔岛的蓬塔德彼德拉斯（Wilfredor/Wikimedia/CC0 1.0）

位于委内瑞拉加拉加斯的玻利瓦尔出生地，该宅邸如今已被改造为玻利瓦尔博物馆向公众开放（Davevzla/Wikimedia/CC BY-SA 4.0）

委内瑞拉先贤祠的整个中殿都留给了玻利瓦尔，两旁是他解放的六个国家的国旗（Alex Coiro/Wikimedia/CC BY-SA 3.0）

第十四章

宇宙的平衡

> 我希望我们的各个共和国之间情同兄弟，能在长久以来的纽带中继续团结下去，不同的是，过去几个世纪里，我们服从同一个暴君，而现在，我们将共享自由。
>
> ——西蒙·玻利瓦尔[1]

玻利瓦尔的一生不乏各种极端情况，但 1824 年的大变局可谓前所未有。他的这一年从病榻上开始，历经一连串成功和灾难，最后以举世皆知的胜利画上句号。1824 年的最后一天，在伦敦，英国宣布承认大哥伦比亚。1825 年元旦，在华盛顿，亨利·克莱在一场为拉斐德举办的宴会上起立致辞，当着门罗总统、约翰·昆西·亚当斯和参议员安德鲁·杰克逊的面提议众人举杯，"敬西蒙·玻利瓦尔将军，南美洲的乔治·华盛顿！"[2] 这正是玻利瓦尔期望已久的来自英语国家的礼遇。他的成就令这一切名正言顺。亚历山大、汉尼拔，甚至尤利乌斯·恺撒都不曾在如此辽阔而荒凉的土地上战斗过。查理曼的胜利只够得上玻利瓦尔的一半。汲汲于帝国大业的拿破仑征战过的疆场也不及力争自由的玻利瓦尔驰骋过的地域那般广大。[3]

　　南美洲的解放创造了新的世界秩序。阿亚库乔战役不仅是遥远秘鲁的一场军事行动，而且永久改变了这个半球的态势。革命者把西班牙从美洲海岸驱逐出去，确立了美洲和欧洲之间的势不两立；他们以激进的反抗与欧洲保守的世界观划清了界限，那是崭新的民主政治理想与古老的君主制之间的切割。欧洲的神圣同盟（Holy Alliance）现在正忙于维持住旧日的权力轴心，而南北美洲则致力于颠覆这些等级制度，两者之间再无共同立场。正如玻利瓦尔所指出的："欧洲凭勃勃野心欲将奴役之枷锁强加于世界其他地区，而世界其他地区唯有以同等的力量做出回应……我管这叫宇宙的平衡。"[4]这是玻利瓦尔主义的精髓，是对恃强凌弱者的明确警告。在玻利瓦尔看来，革命既已胜利，南美洲便不再需要监督者，不需要更高的权威，不需要门罗主义。在他的模式中，权力意志将来自人民自己，而一旦所有共和国都团结起来，这将是一股不可小觑的惊人力量。

　　接下来的几个月是玻利瓦尔一生中最快乐、最辉煌的时光。他把自己的胜利完全归功于苏克雷。"这场辉煌的胜利全仰仗总指挥的韬略、胆识和英雄主义。"[5]他如是宣告。他把苏克雷提拔为大元帅。玻利瓦尔在利马近郊马格达莱纳村的宽敞房子里接见了高低贵贱各色人等；虽说很享受奉承话，但他很快便着手按照民主原则改革秘鲁。他重组了政府、财政部、法律系统和学校。他递交辞呈，卸任大哥伦比亚总统，[6]并告诉桑坦德自己计划有朝一日离开大哥伦比亚，到海外定居。[7]当这份辞呈在波哥大的国会面前被宣读时，全场陷入一阵死寂。这个男人如今享誉世界，广受爱戴。都是因为他，各国总统和权贵才举杯祝贺大哥伦比亚共和国。[8]显赫的英国外交家约翰·波特·汉密尔顿（John Potter Hamilton）甚至称玻利瓦尔为"新世界有史以来产生的最伟大、最非凡的人物"。[9]几名国会议员为解放者鼓起零星的掌声，紧接着其他人就迸发出热烈的欢呼。他们转头便重申了由他来担任大哥伦比亚总统。在这一派祥和的时刻，即使是公开的政敌也不敢有任何抱怨。

但玻利瓦尔根本没准备好离开秘鲁。有太多的事情尚未完成。他还要花几个月的时间才得以制服叛变的奥拉涅塔，那位西班牙将军比总督更独裁，比国王更专制。他还要再花一年的时间才能赶走留在卡亚俄的保王分子，那些人放着可能的生路不走，把自己关在堡垒里负隅顽抗。玻利瓦尔宣布，他将在 2 月 10 日召集秘鲁的国会代表开会。他表示，那一天"将是我的荣耀日，在那天，我将实现我最热切的愿望；在那天，我将永久放弃我的统治"。[10] 他口中的"统治"是指独裁权；从个人意愿看来，他还是很希望留下来决定共和国的未来的。当 2 月 10 日到来时，热情高涨的秘鲁国会给了他这个机会：他被授予最高政治和军事权力，至少再持续一年。国会还赠给他 100 万比索作为对他胜利的报偿。他拒绝了。当这笔奖金在国会的坚持下被再度送出时，他提出钱不要给他，而是捐给委内瑞拉的慈善事业，这个共和国为秘鲁做出的牺牲最大。[11]

然而，快乐的日子被打破了。贝尔纳多·蒙特亚古多遭人暗杀。蒙特亚古多是圣马丁的副手，声名狼藉的他在圣马丁任期内被驱逐出利马，又在玻利瓦尔在任时回来了。蒙特亚古多因头脑敏捷而受到解放者的尊敬，一直致力于思考如何团结起所有共和国。[12] 这个阿根廷人被发现时脸朝下倒在大街上，一把菜刀深深插进他的心脏，而他的手指紧攥着刀柄。[13] 玻利瓦尔对这起罪行深感不安，担心背后可能是保王派暗杀共和国领导人的一系列阴谋，要求彻查此事。[14] 凶手很快落网，是个黑人厨师，在蒙特亚古多的一个同僚的厨房工作。[15] 在官邸中的一个昏暗房间里，[16] 玻利瓦尔亲自秘密审讯，这个厨师战战兢兢地供认，是玻利瓦尔的最高部长何塞·桑切斯·卡里翁（José Sánchez Carrión）付了 200 比索的黄金指使他做的。[17] 解放者不禁大吃一惊。[18] 桑切斯·卡里翁是才华横溢的知识分子，是共和国的忠实拥护者，是玻利瓦尔在秘鲁最热心的支持者。他还是一个强大地下社团的领导人。神秘的是，几个月后，桑切斯·卡里翁也死于非命。据一位高级官员说，是一名秘鲁将军毒死了他。更奇怪的是，那位将军最终也遭到暗杀。[19] 这一连串不光彩的事件 [20] 大都发生在玻利瓦尔开始全国巡访之后。对于利马人民而言，可鄙的蒙特亚古多这是罪有应得。当这个阿根廷人还在为圣马丁效力时，他们就厌恶他，如今他在玻利瓦尔手下供职，他们依然厌恶他。在席卷那个盛夏的胜利狂欢中，他很快就被遗忘了。还有很多典礼等着人参加——为纪念阿亚库乔大捷而举行的盛大舞会，秘鲁国会即将召开的会议，等等。整座城市沉浸在欢庆的气氛中。

　　玻利瓦尔很享受公众的景仰。他很少受到如此全方位的爱戴。在 41 年的人生历程中，他失去了很多：母亲、父亲、哥哥、妻子、一个永远无法真正回去的祖国、无数的战友，还有最好的朋友费尔南多·德尔·托罗，就在上一年，他在长期流亡后去世了。解放者的大名声震寰宇，亲近者却寥寥无几。除了男仆何塞·帕拉西奥斯和那位已婚的情妇之外，他实际上非常孤独。

　　在那无忧无虑的几个月里，玻利瓦尔尽情享受着曼努埃拉·萨恩斯的无限殷勤，她同他一起沐浴在共和国的光环中。她随心所欲地出入他在马格达莱纳的府邸，视礼教于无物，令利马社会哗然。[21] 她很难与丈夫脱离关系，但她早已不再费心做样子了。詹姆斯·索恩用尽一切手段劝她结束与玻利瓦尔的恋情，从怒气冲冲到低声下气。索恩占有欲很强，据曼努埃拉说"比葡萄牙人还善妒"，[22] 他厌倦了当众受辱。他很可能曾放下自尊，恳求玻利瓦尔放她走；他甚至可能提起法律诉讼来约束她。他深爱着年轻漂亮的妻子，坚决不肯放手，愿意做任何事情来赢回她。[23]

曼努埃拉对索恩的拒绝直截了当，甚至可谓粗暴残忍。她不想要他的钱，更不想要他的人。1823 年末，玻利瓦尔还在返回利马的路上，她便毫不含糊地给丈夫写了一封信：

> 不，不，不，老兄！……一千个不！先生，你是个优秀的人，的确与众不同——这点我永远不会否认。我只遗憾你不能再好一些，那样我离开你时就会让玻利瓦尔多一分体面。我很清楚自己永远无法以你所谓体面的方式与他结合。你觉得我会因为他是我的情人而非丈夫就有失尊严吗？啊！我才不按为折磨我们而建立的社会习俗生活。所以，就让我去吧，我亲爱的英国人。我们将在天国重新结婚，但不是在这尘世……在尘世，你是个无聊的人。在高天之上，一切都将是那样的英式，因为单调的生活专为你们这些人而发明；做爱没有乐趣，谈话没有魅力，走路缓慢，问候庄重，步履沉稳，开玩笑却不笑出声……但我不要再这样厚脸皮下去了。现在，我要以一个英国女人所有的清醒、诚实和清楚的态度说：我再也不会回到你身边。你是新教徒，我是异教徒——这原本足以构成障碍。但我还爱上了另一个男人，这是更伟大、更有力的理由。你明白我的内心有多明确了吗？
>
> 你不变的朋友，曼努埃拉[24]

她后来把这封信的副本寄给了玻利瓦尔，并忸怩地补充说自己并不算异教徒，那样说只是为了戏剧效果。当然，在利马的其他人看来，她简直是个魔鬼般的异教徒。即使在一个女人抽雪茄、打扮得风情万种、畅所欲言的城市里，[25] 曼努埃拉也是个声名狼藉的怪人。让-巴蒂斯特·布森戈（Jean-Baptiste Boussingault）是一位热血法国青年，洪堡把他极力推荐给了玻利瓦尔，他在那些年里一直追随解放者左右。布森戈在自己的回忆录中这样描述她：

> 有时她表现得像个贵妇，有时又像个混血杂种。她能跳小步舞或康康舞，跳得同样好。她的鲁莽和滥交令人震惊。副官们给我讲了她的种种惊人事迹，对此玻利瓦尔不予理会。她和那个经常打扮成士兵的年轻漂亮的穆拉托奴隶形影不离。那个有色人种女孩正是她主人的影子，她们很可能也是情人——这种恶习在秘鲁很常见，我自己也目睹过。那女孩在沙龙聚会时表演下流但相当有趣的舞蹈。她随时自由进出曼努埃拉的房间。我们可以想象个中缘由。[26]

显然，布森戈在这件事上有着特别的看法，这个 22 岁的年轻人很可能也迷恋上了曼努埃拉。[27] 但是，即便曼努埃拉真的水性杨花，是感官的奴隶，那么玻利瓦尔也是真的不在乎。[28] 解放者写给她的信中满是柔情和钦佩。[29] 他深爱情人的幽默、热情、勇气和智慧，很可能也爱她对他自己越轨行为的宽容。

***

致敬和庆祝活动告一段落后，秘鲁似乎对重整国家失去了兴趣。事实上，整个南美洲大陆似乎都陷入了疲乏倦怠。经过14年持续不断的暴力和混乱，人民已经筋疲力尽。就好像推翻殖民统治的努力使他们丧失了建设新事物的意愿。新获得的自由不仅没有激发出美国那样的蓬勃创造的时代，反而给了西班牙语美洲人一种大功告成的感觉；面前的社会挑战太大而无从下手，在付出了那么多的牺牲之后，人民有权休息和索取。[30]

玻利瓦尔马不停蹄地试图为国家注入他的改革精神。他派苏克雷和他的部队到拉巴斯，去解放上秘鲁*，该地区在利马和布宜诺斯艾利斯之间反复易手，日后将属于玻利维亚。4月份，他开始独自一人的陆上旅行，平均每天骑行达到惊人的34公里，[31] 全程在马背上，跨越的大部分是崎岖不平的地带。沿海岸的干燥小径腾起呛人的灰尘；峡谷里空气稀薄，令人窒息。但是，当他接近阿雷基帕的参天火山时，他看到的景象很难不令一个旅人动容。[32] 这里标志着沙漠的西缘，灼热的沙子在此攀升到宏伟的高度，无数的雪峰在蔚蓝的天空下熠熠发光。他策马穿过荒原和壮丽山脉，沿途走访每一个乡镇；他创立了学校、法律和市政府。然而，他带来的活力似乎在他离开的那一刻就消失了。[33] 委任的官员、设立的机构以及欣欣向荣的景象在他眼皮下出现过一阵，随后便被无视，再后来就悄然消失了。

在阿雷基帕，他推行英国兰卡斯特式的教育法，安排他儿时的老师西蒙·罗德里格斯负责。玻利瓦尔听说这位性情古怪、想象力丰富、见多识广的导师在流亡数十年后回到了南美洲，[34] 感到分外

---

*　上秘鲁（Upper Peru），一个反直觉的地理术语。尽管它给人感觉是在北方，但事实恰恰相反：它位于我们所知的秘鲁的南面，智利的北面。（编者说明：指西班牙殖民时期秘鲁总督辖区的高原部分，即今玻利维亚。）

激动；他敦促罗德里格斯到秘鲁来。后来，他将改造整个玻利维亚教育系统的责任交给了罗德里格斯。但是，罗德里格斯在世界各地漫无目的的游历多年后碰巧来到此地，从来也没有承担过如此重任。当时的他不过是个装模作样的教书匠，对这项任务毫无准备。像许多在这个节骨眼被委以重任的人一样，罗德里格斯缺乏组织能力。事实证明，建设一个国家比打一场全面战争要棘手得多。即使身处遥远的布鲁塞尔，圣马丁也能看出玻利瓦尔眼下面临的挑战。"大功告成了，"圣马丁在给一位同事的信中写道，"美洲人将看到他们辛劳和牺牲的成果；但前提是我们足够明智，前提是 12 年的革命教会了我们服从——是的，先生，服从——因为如果一个人不知道如何服从，他就永远不会知道如何领导。"[35] 他所言有理。南美洲现在需要的是组织、纪律和坚实的法律基础。以一人之力是不可能完成这一切的。

6 月 25 日，库斯科以前所未有的方式欢迎了玻利瓦尔。一座座凯旋门横跨在山路上迎接他，这让他想起将拿破仑迎进罗马的那些凯旋门。[36] 库斯科本身就是一道亮丽的风景线。房子上挂着金银色的饰品，街道上点缀着华丽的锦缎。[37] 当他攀山向城市靠近时，深深打动他的是令人惊叹的城市全景和吃苦耐劳的山民。对他而言，这里的秘鲁与利马大不相同，充满一种强烈的原始力量；这里的印第安人流着贵族的血。古老的印加首都并没有在残酷的战争中遭受损失，但是，它的印第安文明停滞了 300 年。[38]

玻利瓦尔被授予一顶镶满珍珠和钻石的王冠、城市的金钥匙、一匹配有镀金鞍子的马和各式各样的珠宝。最后，他把王冠送给了苏克雷，把金子和珠宝送给了副官，只留下那匹马。[39] 他在那里待了一个月，忙于颁布法律和政令。他废除了印加后裔享有的全部贵族头衔，就像他取缔白人的头衔一样；他把土地分给原住民；他废除了所有基于种族的税收。他对印第安人的困境深感同情。[40]"我想尽一切可能为他们做些什么，"他在给桑坦德的信中写道，"首先，是为了人民的福祉；其次，因为他们享有这样的权利；最后，因为做正确的事情代价如此之小，价值却如此之大。"[41] 每一天的工作都在一点点撼动西班牙统治时的严刑峻法：他下令修路，要求将修道院改造成学校，修建了一座高架引水渠，建立了库斯科学院。[42] 但他对山民的同情似乎证实，作为整体的秘鲁身上有种令人反感的东西，[43] 那是一种他深恶痛绝的民族性格，由一段苦涩的历史铸就。他只在私下里谈过这种厌恶，但他到达利马时所携的偏见——深信财富和奴隶制毁了这个国家——最终决定了他在秘鲁的经历。

到了 8 月，他沿着高峻的山路前往上秘鲁的首都拉巴斯。骑行虽然折磨人，但显然不必担心敌人。最后一位西班牙将军，叛变的奥拉涅塔，在那些山区里硬撑了两年后，在战斗中受了致命伤，几个月前死了。据传他死在自己人手里；事实上，他死于一场与苏克雷军队的短暂冲突战，是那一役中唯一的阵亡者。[44] 看到奥拉涅塔从马上摔下来，他所剩无多的部队急忙投了降。[45] 这并不奇怪，因为在阿亚库乔战役之后，叛逃已经成为保王军中的一种流行病；人人都想站在苏克雷这一边。大元帅在上秘鲁的任务推进得非常顺利。

苏克雷和玻利瓦尔在的的喀喀湖畔相遇，距离曾经的秘鲁总督辖区和布宜诺斯艾利斯总督辖区的边界不远。[*] 在那里，玻利瓦尔拥抱了苏克雷，感谢他取得的许多重大成就：在阿亚库乔的胜利，对奥拉涅塔的镇压，以及对拉巴斯和波托西的成功占领。他们已经将

---

[*]　实际上这里原属拉普拉塔总督辖区，受布宜诺斯艾利斯管理。

近一年没有见面了。

苏克雷与奥拉涅塔的小规模战斗是美洲大陆上抗击西班牙的最后一战。玻利瓦尔带着他那支临时拼凑的 18 000 人的部队从特鲁希略出发后短短一年，就几乎全部被摧毁了。玻利瓦尔战略高明、准备周全，但带领革命军取得辉煌的最终胜利的是苏克雷，他也因此在秘鲁声名鹊起。他似乎战无不胜，是拉丁美洲同辈中的巨人。无论走到哪里，他都受到人们的欢呼拥戴，而玻利瓦尔对他的声誉丝毫也不妒忌。从皮钦查到波托西，[46] 这位年轻的将军给爱国者带来的除了荣誉还是荣誉。玻利瓦尔抓住一切机会表达这一点。在拉巴斯，当解放者收到另一顶王冠时，他毫不犹豫地把它送给了苏克雷。[47]"这属于真正的胜利者。"他说。[48]

玻利瓦尔和苏克雷在军事问题上固然意见一致，可在有关解放的政治问题上却常常存在分歧。这点也能反映出他们的合作之亲密：苏克雷敢于告诉解放者他不想听的事情，而玻利瓦尔也不介意从苏克雷那里听到这些。玻利瓦尔不想听的是，应该任由上秘鲁自己决定自己的未来。这个地区有些不同寻常——不是一个省，也不是一个民族国家。根据建国原则，一个新共和国应该遵循它先前所属的总督辖区的边界轮廓，因此，根据公认说法，上秘鲁应该归布宜诺斯艾利斯管辖。但是玻利瓦尔并不打算将这个矿产丰富的地区拱手让给阿根廷，因此他的解决方案是让上秘鲁成为一个主权共和国。玻利瓦尔的想法在他看来完全合乎逻辑：把该地区交给饱受战争蹂躏的阿根廷，就等于把它推向混乱无序的深渊；把它交给秘鲁，就等于违背了革命者们早已确立的建国原则。[49] 刚到拉巴斯的时候，苏克雷告诉当地居民他不是来解决这类问题的。他是来解放他们，而不是统治他们的。玻利瓦尔很快便纠正了苏克雷的观念。毫无疑问，他们是来完成解放事业的；但他们同样是来塑造一个新美洲的。[50]

那些守着波托西银矿山的富裕克里奥尔贵族非常乐意拥护玻利瓦尔宣布他们为自治国家的决定。大多数上秘鲁人都是极端保守、一意孤行的奥拉涅塔的追随者，实际上，他们现任政治领袖之一就是奥拉涅塔的子侄。而现在他们得到保证，说他们不必向任何人负责。波托西的所有财富，那么多国王的宝藏，在未来只属于他们。

7月10日，一个由明显带有专制和种族主义色彩的法律[51]"选举"出来的议会仓促聚集在丘基萨卡（Chuquisaca）＊开会，正式讨论建国问题。这很难算是一次民主实践。艾马拉印第安人占人口绝大多数，其中有4万人在40年前奋起反抗他们的主人，但他们没有发言权，曾经在西班牙统治下盛行的等级秩序又回来了：白人统治混血人种，而混血人种统治棕色人种。

8月6日，议会全体正式宣布上秘鲁独立，后更其名为玻利瓦尔共和国，又再度更名为玻利维亚，并选举解放者为总统。为了赋予他绝对权力，他们邀请新总统起草他们的宪法。听到这个消息时，玻利瓦尔正绕着的的喀喀湖波光粼粼的清冷湖水散步，他很高兴。[52]一天时间里，他的美洲就增加了100万人。作为三个辽阔共和国的最高领袖，玻利瓦尔现在统治的疆域加起来超过了现代欧洲的面积。他赶去领受这份荣誉。

＊＊＊

如果说玻利瓦尔正处于职业生涯的顶峰，那么西班牙语美洲

＊　　苏克雷（Sucre）的旧称。1839年改今名。今为玻利维亚法定首都。——编者注

作为一个整体，似乎正走向低谷。从墨西哥的沙漠到阿根廷的潘帕斯草原，独立带来的不是光明的新世界，而是令人眼花缭乱的重重障碍。疲劳很快被易怒取代，开启了一个不满的时代。玻利瓦尔似乎事先就预感到了。他要求尽快召开新生美洲共和国的联盟会议，即他的巴拿马大会（Congress of Panama）。他想要抓住革命带来的短暂激情，让羽翼未丰的各共和国在采取行动之前交流理念，而他希望成为这一进程的先锋。"如果我们再等下去，"他对受邀的领导人说，"如果我们个个都等着看别人要怎么做，我们就会失去先机。"[53] 但是，随着 1825 年的到来，很明显，各个共和国都深陷自己的麻烦之中，无暇考虑更广大的美洲理想。随着 2 月底利马的庆祝活动逐渐结束，玻利瓦尔注意到，一种病毒式的恐惧正在克里奥尔人中蔓延，那种感觉是自由将带来社会动荡，民主将带来混乱无序。[54]

事实上，墨西哥已经出现了混乱状态。在阿古斯丁·德·伊图尔维德皇帝惊人的垮台和草草被处决之后，这个国家陷入金融崩溃：伦敦的银行家们入场放贷，把该国变成英国庞大经济帝国中的一个小角色。英国外交大臣乔治·坎宁兴奋难耐："我们钻了进去，在墨西哥扎下了根……我们再次把美洲和欧洲连在了一起。"[55] 他对此毫不掩饰，感到自己战胜了英国的前殖民地、迅速扩张中的美国。

大哥伦比亚也有自己的问题。在加拉加斯和波哥大之间出现了一种危险的怨气。派斯和桑坦德难掩彼此的憎恨，二人争吵不休，准备对峙。玻利瓦尔引以为傲的作品似乎无可救药地布满裂痕。智利也被冲突搞得四分五裂：领导层犹豫不决，南部诸省仍处于战乱之中。阿根廷也好不到哪里去。为争夺一块名为东岸（Banda Oriental，今乌拉圭）的边境地区，阿根廷与巴西濒临开战，阿根廷人恳请玻利瓦尔协助他们。在他逗留拉巴斯和波托西期间，他们一直向他示好，派了几个代表团去说服他来支援。

玻利瓦尔也考虑过把他的解放军带到美洲大陆最南端，[56]甚至就此写信试探桑坦德。"荣耀的魔鬼会把我们带到火地岛，"他生动地写道，"而问题是，我们将冒怎样的风险？"[57]这将在很多方面带助玻利瓦尔的美洲梦登峰造极，是一场实现他的伟大大陆野心的运动。波托西富饶的高地上响起的欢呼声似乎使他相信，可能性是无限的——他振奋人心的话语说得苏克雷像婴儿一样哭了起来，[58]玻利瓦尔的老教师罗德里格斯则欢欣雀跃。[59]但桑坦德在回信中勃然大怒，对向更南方进军的想法感到难以置信，玻利瓦尔由此意识到整件事的愚蠢。[60]巴西和阿根廷的冲突危机四伏；加入其中就相当于向一个殖民帝国（葡萄牙）挑起另一场战争，并疏远整个欧洲。桑坦德提醒玻利瓦尔，还有另一个否决的理由：大哥伦比亚自己已是一团糟。这封信的内容再直白不过：

> 我们糟糕的财政状况迫使我搁置一切战斗。10年的和平才能使我们摆脱困境。今天，我们军队的开销估计在1 600万到1 800万美元之间。我们的收入是700万到800万。从哪里填补这种差额？我们需要减少开支，除非想自取灭亡，而削减开支的方法可能是缩减陆军，取缔海军。[61]

他的建议正是要摧毁玻利瓦尔精心打造的机构——一支代表种族大融合的军队，那架为美洲赢得自由的奇迹引擎。毫无疑问，形势非常严峻。桑坦德印证了玻利瓦尔给他的称谓。他是"法律人"[62]，代表严肃的理性之声。另一边，苏克雷始终是玻利瓦尔的"战士"。

至于奔走推进关乎整个半球的事业的玻利瓦尔本人，至少在他自己看来，已经成了美洲的"磨难之人"。

未来会证明这一点。

***

玻利瓦尔已在南方巡访了将近一年。等 1826 年 2 月 10 日回到利马的时候，他发现首都洋溢着愉快的气氛。在卡亚俄作茧自缚的保王军刚刚投降。托雷·塔格莱的爪牙们吃掉了要塞里的最后一只老鼠（在那之前已吃了成千上万只），他们迫于饥饿投降，吐出了美洲大陆上最后一块西班牙土地。全城一连庆祝了好几天。玻利瓦尔上岸后，也兴高采烈起来。但谁要是认为现在一切都步入正轨，那他就大错特错了。

几乎就在同时，玻利瓦尔收到了派斯言辞激动的来信，信中汇报了委内瑞拉的悲惨情势。[63] "你想不到这个国家的阴谋有多严重，"派斯告诉他，"莫里略说他杀掉所有律师是帮了你的忙，他说得对。"[64] 但根据派斯的说法，西班牙人杀的律师显然不够多。他坚持认为，是法律人在使共和国陷入瘫痪。他请求玻利瓦尔回来，自己加冕为国王，在混乱中注入一点秩序。派斯并没有交代事情的全部，其实他被指控采用了粗暴的方式招募新兵。[65] 他声称自己只是在履行职责，因为哈瓦那的保王军准备攻击海岸，国家急需用兵。[66] 对于派斯以及许多尊敬他的委内瑞拉人来说，指控他滥用暴力只是波哥大律师们的诡计，推而及之，就是桑坦德的诡计，旨在羞辱军队并赶派斯下台。派斯恳求玻利瓦尔像拿破仑回法国那样归来：头戴王冠，铁腕强硬。[67]

"哥伦比亚不是法国，"玻利瓦尔回复派斯，"我也不是拿破仑。"[68] 对他来说，解放者的头衔远比君主政体所能授予的任何头衔都要优越。但在委内瑞拉，一场更大范围内的为玻利瓦尔加冕的运动显然正在展开。玻利瓦尔很快收到了姐姐玛丽亚·安东尼娅的来信，信中建议，如果有人怂恿他登基，他应该不惜一切代价抵制。"告诉他们，你要么做解放者，要么什么都不做，解放者才是你真正的头衔，才配得上你来之不易的胜利。"[69] 日后，苏克雷也对他说了同样的话。[70] 但显而易见，委内瑞拉陷入了大混乱，正寻求极端的解决方案作为救命稻草。它的需求迫在眉睫，可他在秘鲁的工作根本没有完成。他在马格达莱纳村的家已经成为拉丁美洲政治活动的场所。外国大使进进出出，提出各种建议；来自各新生共和国的代表们三天两头带来提案；担心出现权力真空的秘鲁人纷纷请求他留下。

批评玻利瓦尔的人（在秘鲁随处可见）说，他当时就应该离开利马。战争胜利了，最后一个西班牙人被剥夺了权力，上秘鲁的问题解决了。一个热爱自由、以国家最大利益为重的人为什么还要带着一支庞大的占领军留在那里？玻利瓦尔有他的理由。首先，是别人恳求他留下来的。其次，更有说服力的是，秘鲁的政治局势很脆弱，濒临崩溃。在利马以外巡访的时候，他曾将权力委托给何塞·德·拉马尔（José de La Mar），一位出生于瓜亚基尔附近的秘鲁将军，或是伊波利托·乌纳努埃（Hipólito Unanúe），一位在帕蒂维尔卡照顾他的秘鲁医生。但自从里瓦·阿圭罗和托雷·塔格莱接连背信弃义之后，他对秘鲁人就产生了根本性的不信任；他不愿让他们自己管理自己的事务。随着日子一天天过去，他集中精力对玻利维亚宪法进行最后的润色，他开始相信，他拟的这份文件就是解决美洲所有弊病的答案。

***

玻利瓦尔的宪法反映了美洲大陆的社会现实是如何改变了他的解放愿景的。它是根深蒂固的共和主义观念与独裁统治的奇特组合。长期以来，他一直担心仓促构思的民主会带来无法无天的后果。把权力过快地移交给目不识丁的大众，就等于扼杀了仅有的一点秩序。他曾在利马对一名英国外交官说："如果过快地引入自由的原则，那么无政府状态和对白人的大清洗将是不可避免的后果。"[71] 换句话说，他赋予所有种族平等地位，但他担心在将其制度化的过程中，黑人和印第安人会直接消灭旧的贵族阶层，那正巧是他出生的阶层。这样的事情正在海地上演。玻利瓦尔的新宪法旨在解放人民，然而，为了人民自身的利益，需要严格约束他们。

他的宪法中提出的分权——行政、立法、司法——与美国的类似，不过他增加了第四个权力分支，即一个独立的选举人团。立法部门由参议员、护民官和监察官组成。参议员负责制订和维护法律，护民官处理财务和战争问题，监察官捍卫自由。政府将向人民提供"道德"教育，以便逐步灌输公民责任的原则。宪法规定了言论自由、新闻自由、工作自由和通行自由。它确保公民享有人身安全，法律面前人人平等，以及一个基于陪审团的司法制度。它废除了奴隶制，终结了所有社会特权。到目前为止，玻利瓦尔的宪法与英国和美国的宪法相似，甚至还有所改进。它的不同之处在于对总统任期的规定，而正因为此，这份文件不再显得进步。

玻利瓦尔规定总统终身任职。对他来说，总统权力是关键；整个玻利瓦尔式的秩序理念就建立在这一基础上。尽管他声称已将这个职位设定得无力又无害，因为总统无权任命任何人进入立法机关或法院，但毫无疑问，总统将是这个国家最有权力的人。[72]一位总统的影响力将永远延续，因为他有能力选择一位副总统作为接班人。因此，玻利瓦尔主张："我们应该避免选举，因为选举总是致使共和国陷入巨大灾难或混乱状态……这是人民政府最迫在眉睫和最可怕的危险。"[73]时过境迁，7年前他在安戈斯图拉国民大会上发表演讲时还曾断言："定期选举对人民政府而言至关重要，因为没有什么比让同一个人长时间掌权更危险。"[74]在向南推进解放战争的过程中，他完全改变了主意。

制订完玻利维亚宪法后，玻利瓦尔派副官贝尔福德·威尔逊上校牵头执行一项特殊任务，将那"约柜"*给人在玻利维亚的苏克雷送去。[75]为了在其他共和国推广宪法，他印刷了好几份寄往大哥伦比亚，负责投递的信差正是帮派斯送信求玻利瓦尔加冕为王的那个。[76]在秘鲁，他的秘书长确保选举团人手一份宪法副本。总之，玻利瓦尔制订的宪法将尽可能广地分发到美洲和欧洲的战略要点。随着他的宪法流传开来，人们的反应褒贬不一。英国人认为它是一部开明的宪章，在承诺自由方面十分慷慨，在削弱"有害的、过度的大众权力"[77]方面又非常明智。另一边，在美国，立法者们对它规定的总统终身制感到愤慨，南方政客们则被废除奴隶制激怒。在南美洲，人们意见不一。[78]在智利和阿根廷，它受到了一定程度的赞扬；在大哥伦比亚，它由一个敦促玻利瓦尔登基的委内瑞拉人从一个城镇送到另一个城镇，因此被视为君主制的序曲也就不足为奇了。起初，桑坦德没有发表个人意见，他明白副总统反对总统是不明智的。他写信给玻利瓦尔说，他认为这份文件"自由民主，强劲有力"。[79]

---

* 约柜（ark of the covenant），基督教物件象征符号。作为上帝居所和荣耀之所的会幕中的首要圣器。约柜之内存放着刻有"十诫"的两块石板。——编者注

私下里，他抱怨这是"荒谬危险的咄咄怪事"。[80] 几个月后，他在波哥大的《公报》上公开发文抨击宪法。[81]

在利马，反对玻利瓦尔的密谋集团不断壮大，显然抓住了他贪慕权力的新证据。尽管如此，秘书长对外围选举团施加的强大压力还是奏效了。秘鲁成为首个通过宪法的国家，没有一个爱国者公开表示反对，尽管时间和环境最终阻碍了宪法的全面生效。[82]

另一边，玻利维亚国会并没有立即通过宪法，即使后来通过了，也非常谨慎。[83] 玻利瓦尔把玻利维亚交给了得力干将苏克雷，并敦促他接任该共和国总统。起初，苏克雷提出异议，他坚称自己是军人，不是政治家。此外，他渴望回到大哥伦比亚，与美丽的未婚妻马克萨·德·索兰达（Marquesa de Solanda）完婚。他厌倦了管理政事，曾多次请辞，但玻利瓦尔总是拒绝接受。"我们需要承担起建立和培育国家的工作，"[84] 玻利瓦尔说，"我们将向欧洲表明，美洲有着与上古英雄不相上下的人物。"[85] 几个月后，玻利维亚通过了新宪法，包括对终身总统制的规定，苏克雷当选为总统，但他只同意任职两年。

历史学家从很早前就指出，玻利维亚宪法佐证了玻利瓦尔对权力无节制的热衷。有些人甚至宣称，这是一场螺旋上升的疯狂的前兆。[86] 毫无疑问，它规定的有关总统任期的条款是巨大的错误。就像圣马丁在他的解放计划中错误地引入了一位君主一样，玻利瓦尔现在要引入一位终身统治者。但是玻利瓦尔并不渴求戴上王冠。他鄙视世袭的权力，并明确禁止他的家族成员谋求政治职位。[87] 不过，他仍然喜欢被称为解放者，并渴望人们将他铭记为美洲的缔造者，美洲自由的锻造者，行走的启蒙之光。他已经说得很明白，尽管他享有统治者的声望，但他抗拒管理随之而来的日常事务。[88]

　　公允地说，他之所以不想承担统治任何一个国家的责任，是因为他想要更大的东西。他渴望成为一个联邦的缔造者，[89] 并且对桑坦德直言不讳。你统治大哥伦比亚，玻利瓦尔告诉他，"这样我或许就可以统治整个南美洲。"[90] 这就是为什么他如此汲汲于组织巴拿马大会。

　　他知道这并不容易。他常说美洲大陆不可能作为一个单一的、一体化的国家来运转；[91] 陆地面积过于庞大，人口过于多样化。雪上加霜的是，西班牙从不鼓励各殖民地之间友好往来——旅行和商业被禁止，并被处以死刑——于是 300 年来，这些殖民地就像轮轴上的辐条那样直接对马德里负责，彼此间没有任何联系。他们几乎互不了解，也就不可能成为同胞。[92] 但是，玻利瓦尔认为讲西班牙语的美洲各邦国有潜力成为一个大家庭中的兄弟，它们同受习惯法的约束，受同一支军事力量的保护。为此，他制定出一些基本的原则：维持和平，停止贩奴，鼓励跨国互联，建立一个凝聚各方的合作体系。[93] 这是一个有着远见卓识、雄心勃勃的计划，很快，他就发现计划面临着巨大挑战。在顾问们的力劝下，他开始认为这样的构想可能更适用于他自己解放的几个国家。他称这个更集中版本的架构为安第斯联邦 (Federation of the Andes)，它从巴拿马一直延伸到波托西。[94] 尽管每个国家将保留独立的实体身份，但它们将共享一支军队、一部种族平权法典、一个面对世界的形象。[95] 这个形象将体现在一部共同的宪法中：他本人制订的宪法。为了顺利度过起步期，联邦将与英国维持一种特殊关系——某种意义上的保护国关系。[96]

　　即便在为一个更紧密的安第斯联邦勾勒蓝图，玻利瓦尔仍然按照最初的构想继续张罗巴拿马大会。他早早指示负责经手细节的桑坦德不要邀请海地、巴西或美国参与。[97] 毕竟，它们来自不同的民族和文化。但他同样觉得，它们会成为尴尬的对话伙伴。海地太黑，美国太白，很难接受他要求的无条件种族平等。此外，高举门罗主义的美国显然将自己视为西半球的主人，它势必会挑战玻利瓦尔建立一个强大南美洲联盟的愿景。在这一点上，玻利瓦尔颇具讽刺意味地与阿兰达伯爵（Count Aranda）达成了共识。阿兰达伯爵是西班牙王室的顾问，很久以前，在玻利瓦尔出生的那年，他曾这样评价美国："总有一天，它会成为一个巨人，甚至是一个超级巨人，在广大地域内令人忌惮。那时，它会忘记从别人那里得到的好处，只想着壮大自己。"[98] 不，玻利瓦尔不希望美国插手。至于巴西，鉴于它与葡萄牙的君主制纽带，它与共和主义格格不入。桑坦德最终违抗玻利瓦尔的指示，仍然邀请了巴西和美国，声称这样做有利于建立一个更大的西半球联盟。玻利瓦尔泰然接受了这次抗命，但这再次表明，他无法信任自己的副总统。

　　大会定于 1826 年 6 月 22 日在巴拿马地峡召开，这效仿了古希腊在科林斯地峡召集的近邻同盟 *，即便只是在象征意义上。玻利瓦尔决定不参会，这样便不能说他影响了会议结果。[99]但恰恰出于影响会议结果的考量，秘鲁代表团提前 6 个月即抵达当地，希望为自己的立场打好地基。磋商开始，出席的国家有秘鲁、大哥伦比亚（彼时包含了委内瑞拉、巴拿马、厄瓜多尔和新格拉纳达）、墨西哥和中美洲联邦；也就是说，7 个拉丁美洲共和国中只有 4 个参会。阿根廷人断然回绝，称他们"对过早结成联盟感到恐惧"，[100]尤其是大哥伦比亚单方面推进的联盟。智利在国内冲突下焦头烂额，无法参加会议；玻利维亚原本有意出席，但它的代表团到得太晚。巴西，

---

* 　近邻同盟（Amphictyonic League）：古希腊近邻各邦为保护德尔斐附近的阿波罗神庙和皮提亚竞技会而结成的联盟。——编者注

一个对欧洲认同感更强的君主制国家，也以与阿根廷的战争为由拒绝了。美国方面经历了蓄奴州的强烈抗议后派出了两名代表，但其中一名代表在途中去世了，第二名代表在大会结束后才抵达会场。

待到一切尘埃落定，这次大会以彻底的失败告终。聚集在巴拿马城闷热的方济各会修道院的代表们都急于结束这场讨论。有些人身体抱恙，有些人害怕这里易引发瘟疫的气候；所有人都对会议动机感到不安。这个原计划能开上近两个月的大会只持续了三个星期。仅大哥伦比亚一国批准了那些空洞的倡议，至于玻利瓦尔构想的国际联盟则毫无实际推进。唯一取得有价值进展的国家是英国，它派了观察员到会，并带走了一批商业合同。就像墨西哥的失败成全了英国金融家一样，巴拿马大会成了外国商人的交易市场。玻利瓦尔构建大美洲的梦想，如同赤道烈日下的薄雾那般消散了。

第十五章

错误百出的时代

我们来到了一个错误百出的时代。为了修正一个错误，我们要犯下五十个。

——佩德罗·布里塞尼奥·门德斯[1]

巴拿马大会令玻利瓦尔极为失望。"大会的架构还是值得称道的，"他写道，可它的结局"就像那个神话中的疯子，坐在大海中的一块岩石上，以为自己可以指挥船舶交通"。[2]正如军阀们曾以狭隘的野心祸害革命一样，各共和国眼看也要在不信任的荼毒下互相戕害。

自从玻利瓦尔回到利马后，一切似乎都进展不顺。他的敌人越来越多，指责声四起。[3]一个秘鲁人恼火地表示，玻利瓦尔到来之前或许还算个英雄，"但他现在做起事来太随心所欲、伤风败俗，使得公众不得不重新修正看法"。[4]他们罗列出玻利瓦尔桩桩件件的"罪行"："暴力"占领瓜亚基尔，赶走原总统；在秘鲁滥用权力；强迫特鲁希略人民劳动，草率驱逐总统里瓦·阿圭罗。最后，一位作家担心，玻利瓦尔在阿亚库乔的大胜压制了所有健康的声音。[5]

负面新闻产生了巨大的影响。秘鲁仿佛已经忘记了是玻利瓦尔率衣衫褴褛、肤色各异的军队为他们赢得了自由。当他奔赴乡间巡访，而解放军仍在此地逗留时，利马人开始公然抱怨。[6]那个人不是承诺过，一旦革命结束，他就会卸下统治者的担子离开，[7]"不带走一粒沙子"吗？[8]他们憎恶那些留在他们中间的深肤色外籍军团，那些人像蝗虫一样吞噬着他们稀少的物资。他们也没有忘记玻利瓦尔在阿亚库乔战役后的讲话，那时他说，如果他继续留任，那将是荒谬、可怕、可耻的。"我是个外国人，"他告诉他们，"我作为一个战士来协助你们，而不是作为一个政治家来统治你们……如果我接受你们的立法者强加于我的职位，秘鲁将成为一个寄生虫国家，依附于哥伦比亚，也就是我担任总统和出生的地方。"[9]但是，距离他说这话已过去了一年半，他还在利马。还在统治着他们。

1826年7月，就在巴拿马大会无疾而终之际，他在利马的幕僚拆穿了一个暗杀他的阴谋。阴谋旨在驱逐所有的大哥伦比亚人，干掉玻利瓦尔，把权力交还给秘鲁人。作为组织者的数位高级部长当即被判驱逐或处决，玻利瓦尔批准了判决结果。[10]但是，不信任感却很难轻易消除。在利马，白人贵族认为玻利瓦尔是一个穆拉托人，试图用荒谬的种族平等主义理念颠覆他们精心构建的世界。他们叫他"桑博"，[11]相当于"黑鬼"，仿佛传说中他血管里流淌的黑人血液解释了他所有关于平等的轻率理想。然而，还是这同一群贵族，其中许多人在听说玻利瓦尔终于考虑要离开后担惊受怕起来。他们不放心政府的维稳能力，纷纷涌向他的家，力劝他留下来。政治动乱的幽灵在那片黄金和奴隶之地上盘桓。

但是到了8月，玻利瓦尔去意已决。太多的麻烦正威胁着他的祖国。派斯与波哥大决裂，公然发动政变，试图在委内瑞拉建立一个独立政权。这既是一场叛国行动，也是一次对解放者的献忠。派斯骑马从巴伦西亚到加拉加斯做叛乱动员，他向所有人高喊："玻利瓦尔万岁！共和国万岁！"[12] 起初，对波哥大失望透顶的委内瑞拉人积极响应派斯的号召，一度令不擅长言论攻击的桑坦德无从招架。但他很清楚自己必须阻止一场全面的内战。他恳请玻利瓦尔回来捍卫法律。[13] 派斯那边也恳请玻利瓦尔回来支持军队。双方都打着他的名号。在他们看来，只有一个人能促成和平。除了喊他回国，两边都别无选择。

玻利瓦尔回国还有其他理由。他渴望实现建立一个统一联邦的梦想，他想确保由他解放的几个国家采纳他的宪法。讽刺的是，在漫长的辩论之后，秘鲁政府为了让他在利马多待一段时间，最终和玻利维亚一样批准了该宪法。秘鲁人后来更是宣布他为终身总统。他拒绝了，把总统职位给了圣克鲁斯将军。这个决定日后让他后悔不已。他把解放军中隶属"阿普雷雄狮"的那部分撤走，只留下三个加强营来保卫利马。然后，他把秘鲁赠予他的礼物都分发出去，[14] 只留下利马市政府送的那柄镶宝石的金剑。[15] 他决心信守承诺，不带走一粒沙子。他离开秘鲁时确实是囊中羞涩，为了还清几笔债务，还得向副官借钱。阿亚库乔战役后，秘鲁坚持要付给他的 100 万比索[16]——他希望转赠委内瑞拉穷人的那笔钱——从未兑现。[17] 讽刺的是，秘鲁把终身养老金和所有敬意都献给了另一位解放者圣马丁，[18] 而他在大业未尽时就离开了利马。

玻利瓦尔作别秘鲁时，认为这里的一切都还算有序。他的宪法已在秘鲁和玻利维亚生效，他相信圣克鲁斯和苏克雷会实现他的愿景。他开始思考，如果他能让这两个共和国联合在他的宪法之下，[19] 再在大哥伦比亚推动该宪法通过，那他就能拥有一个类似美国的合众国。玻利瓦尔一向追求更大更强，他的宏大梦想此刻似乎近在眼前。这并不意味着他渴求更多的权力。正如他反复强调的：他受够了这些责任。[20] 他准备把它们留给桑坦德。[21] 联盟成了他唯一的目标。

＊＊＊

9月初，玻利瓦尔乘船前往瓜亚基尔，把曼努埃拉·萨恩斯留在利马。她早就搬出了索恩的房子，住到了自己在马格达莱纳的家，好离情人更近。[22] 他们不再装模作样，也不再拘于礼节。她和丈夫断绝了关系，拒绝了他的一切钱财。她现在被称为"解放者夫人"（Libertadora）。在忠实的黑人女仆——以放荡不羁著称的若纳塔斯和纳坦 [23]——的陪伴下，她自由出入于玻利瓦尔的别墅。

这段罗曼史并非一帆风顺。他在库斯科和拉巴斯度过的9个月对他们的爱情是一次考验。起初，玻利瓦尔觉得最好结束这段恋情。[24] 他很清楚曼努埃拉在利马造成的丑闻，以及公然与一名已婚女子有染对他声誉造成的损害。也有可能是索恩说服了他，让他感到放手才是对她最好的。[25] 玻利瓦尔在离开后不久写道："亲爱的美丽善良的曼努埃拉，我时刻挂念你和你的命运。我明白我们无法清白体面地结合。我非常清楚眼下糟糕的困境，你不得不回到一个你不爱的人身边（事实上，这让我不寒而栗），而我不得不与我所爱的人分开……我决心要从你的爱中挣脱出来的，现在，我们之间横亘着永恒。"[26]

几个月后，他在波托西给她回信，她的来信中描述了自己所遭受的"虐待"[27]；我们不知道索恩让她蒙受了怎样的不幸，但事情严重到玻利瓦尔建议她离开利马，去阿雷基帕的朋友那里避一避。

这封回信写得很干瘪老套，完全不像她过去常常收到的那种热情洋溢的信。但事实证明，拒绝曼努埃拉是很难的。一个月后，他又写道："你说的关于你丈夫的事既痛苦又滑稽……我不知该如何协调我们各自的幸福与各自的责任。我不知该如何割开一个连亚历山大的剑都无从下手的结。*说到底，这不是剑或力量的问题，而是纯洁对罪恶之爱、责任对软弱的矛盾。"[28]

其间，他有过不少风流韵事，她也心知肚明。女人们的目光总是聚焦在解放者身上，而他根本无法抗拒。在离开利马之前，他与天真无邪的美国姑娘珍妮特·哈特（Jeannette Hart）有过一段情缘。[29]哈特是海军军官艾萨克·赫尔（Isaac Hull）的小姨子，随同赫尔夫妇造访利马。[30]在康涅狄格州的一些圈子里，甚至有人说玻利瓦尔曾向这位乌发白肤的美人求婚，[31]不过玻利瓦尔很可能只是暗示了一下，就像他在追女人时常做的那样。

如果传言可信，那么玻利瓦尔在秘鲁和玻利维亚巡访时有过一连串的情人。有些只是造访各个城镇时负责迎接他的美丽少女，其他的则是后患无穷的纠葛——牵涉高级官员的妻子。其中就有威仪凛然、容貌动人的秘鲁女英雄弗朗西斯卡·苏维亚加·德·加马拉（Francisca Zubiaga de Gamarra），她是库斯科省省长阿古斯丁·加马拉（Agustín Gamarra）的妻子。人们对她与玻利瓦尔的关系知之甚少，除了以下两件逸事。当他来到库斯科时，是她负责把一顶桂冠戴在他的头上；[32]很久以后，有人问她的丈夫加马拉，为何玻利瓦尔对他那么慷慨，他还心怀怨怼，加马拉回答说："他给了我很多荣誉，这不假，但他也夺走了我的妻子。"[33]

---

*　这里很显然是指戈尔迪结（Gordian knot），据说它太复杂而无法解开。亚历山大大帝用剑将此结劈开。

加马拉的妻子人称唐娜潘查（Doña Pancha）或"女元帅"（the Marshalette），既美丽又勇武。她跟着丈夫上战场，无所畏惧，专横跋扈，会在军官们双膝发软时接过指挥权。她骑术精湛，会射击，喜欢精彩的斗鸡比赛。[34] 她和派斯一样患有癫痫，战斗中会因极端暴怒而发病倒地，被马蹄踩踏，然后被当成死人运走。[35] 但在库斯科和后来的利马的会客厅里，她是耀眼的人物。一位同代人回忆："她有着长长的、微微上翘的鼻子和宽大而极富表现力的嘴；她的脸很长，颧骨突出；她皮肤黝黑，但充满活力。"[36] 她毫不掩饰地利用自己的美貌，略施巧计，"在必要时把握形势"。[37] 她经受了革命战火的洗礼，未来将随着加马拉当选总统而成为秘鲁的第一夫人。如果唐娜潘查确实与玻利瓦尔有过短暂恋情，那也是势均力敌的结合。

另一面，在玻利维亚的波托西，玻利瓦尔卷入了一段影响更持久的关系。这次给他戴花环的年轻女子是玛丽亚·华金纳·科斯塔斯（María Joaquina Costas），[38] 她的阿根廷丈夫远在智利打仗。她举止优雅，眼眸乌黑，笑容温柔。据说，就在科斯塔斯将花环戴上玻利瓦尔额头时，她警告他，保王派正在酝酿针对他的阴谋。他立刻对她一见倾心，邀她私会。[39] 针对他的阴谋并未实施，但他和科斯塔斯开始了一段热恋。[40] 在解放者回到利马几个月后，一个孩子出生了。那个叫何塞·安东尼奥·科斯塔斯（José Antonio Costas）的孩子到死都声称自己是玻利瓦尔之子，[41] 但解放者从未承认过。不过，在孩子出生两年后的一场密友聚会上，不知是何缘起让他谈到，自己不太可能不育，[42] 因为他有活生生的证据。这很可能只是一厢情愿的想法。

对于曼努埃拉来说，这一切都不足为奇。她早已习惯了玻利瓦尔的风流。他从不掩饰对女人的兴趣：他会当众赞赏她们，亲吻她们的手，当着她的面和她们跳舞。[43] 但他总是会回到曼努埃拉身边。等到他结束库斯科和拉巴斯的旅行后回到利马，他再次与她团聚了。他在路上写给她的短笺就像任何年轻的求爱者一样迫切："无论如何都要等我，你听到吗？你明白吗？如果不这样，你就是负心鬼，是叛徒，甚至更糟——是敌人。"[44]

他们的爱不会再动摇。

多年来，曼努埃拉在多次随军的过程中，与玻利瓦尔的许多部下建立了深厚的友谊。她全身心地投入他的战事，关心他士兵的诉求，而且，对他的部队而言最重要的是，曼努埃拉能在极度危险的情况下表现得勇敢无畏。因此，她赢得了许多将军的尊敬，包括苏克雷、埃雷斯（Heres）和其他人，以及解放者的英国副官。[45] 可以说，所有他最在乎的人都尊敬她。据递交美国国务卿亨利·克莱的一份外交报告说，她是一个非常俊美的女人，对军官和士兵"慷慨至极"。[46] 她总是乐意把钱包里的最后一块钱给他们，并对病人和伤员表现出"最热心的人道主义"。[47] 众所周知，一个绝望的士兵可以通过她去赢得来自玻利瓦尔的关注。

曼努埃拉对她情人事业倾注的心力在他离开秘鲁时表现得最为明显，当时他留下的一个师的士兵发起了一连串哗变。他们声称没有得到全额军饷，口粮也被削减了，他们想从秘鲁给玻利瓦尔的财富中分一杯羹。很明显，这些叛乱是桑坦德等人在波哥大策划的，意在削弱大哥伦比亚在秘鲁的军事存在，并把消耗巨大的军队撤回国内。[48] 1827 年 1 月 26 日，第三师 * 开除了玻利瓦尔的将军们，控

---

* 　其领导人是新格拉纳达人何塞·布斯塔曼特（José Bustamante）上校，他赶走了拉腊将军和其他一些委内瑞拉军官，接管了大哥伦比亚驻秘鲁部队指挥官的职位。

制了利马的政府和卡亚俄的要塞，并开始提出种种要求。曼努埃拉穿上她的军官制服，骑马出去，试图把那些叛乱分子拉回正轨。她向他们施予钱财，恳求他们组建一支新的队伍，不要理会他们领导的教唆。

　　几天后，她在马格达莱纳的家中被捕。秘鲁当局于 2 月 7 日午夜突袭了她的住所，扣留了她，强令她当晚离开秘鲁。她以疾病为由拒绝了。第二天早晨，她被关进利马女修道院的一间牢房里，院长面露轻蔑地接收了她。[49] 她试图抗议，争取自己的权利，但是现在，全秘鲁的刻薄话全都投向了她。外交部部长曼努埃尔·比道雷（Manuel Vidaurre）是玻利瓦尔最激烈的批评者之一，他指责她放荡、可耻，"损害了公共荣誉和道德"。[50]4 月 11 日，她和 12 名大哥伦比亚军官以及 130 名伤病员一起被拖上了卡亚俄港的一艘船。他们被马不停蹄地运往瓜亚基尔。等到她靠岸的时候，玻利瓦尔已经远走，去了他新世界里更加混乱的角落。[51]

＊＊＊

　　1826 年 9 月 3 日，玻利瓦尔从利马起航，打算回国。事实上，他希望安顿好他的安第斯联邦之后，还能定期回访，监督这个国家的命运。可他再也不会见到秘鲁了。

　　9 月 13 日，他来到瓜亚基尔，受到英雄的礼遇。他实质上没有随行的军队，秘鲁的数千名大哥伦比亚驻军被他派去了其他地方。回到这片来之不易的土地，却没有了值得信赖的军团，这想必令他不大自在。"我向你们伸出橄榄枝。"[52] 这是他的第一句公开发言。橄榄枝就是他的新宪法，[53] 但他没有立即挑明。接下去，他说的都是桑坦德和波哥大的那些善变的立法者们希望听到的：他不想当独裁官，他不关心政党，他只想给大哥伦比亚动荡的海岸带来和谐。"我愿再次为你效力，"他说，"以兄弟的身份。我不想追究谁的责任；我从未忘记我们是血脉相连的兄弟，是携手并肩的战友。我是来拥抱你的……在这里，我将发自灵魂深处地支持你们，新格拉纳达人和委内瑞拉人，正义的人和不正义的人，整支解放军和这伟大共和国的每一个公民。"[54]

但当他向北行进，途经基多和帕斯托时，他行使了曾享有的一切特权。从严格意义上讲，他是一位归国将军，无疑还是位凯旋的将军，但他的总统职务在一年多前就被撤销了；在他到达波哥大，被正式授予总统职位并掌权之前，他不该操心执政的事。[55] 尽管如此，他还是被眼前的景象所困扰。"我目之所及，"他向桑坦德写道，"全是痛苦和厌恶。"[56] 市民感到与政府脱节，地方机构一片混乱。桑坦德的法律也于事无补，大哥伦比亚的引擎似乎彻底熄火了。就玻利瓦尔而言，唯一的解决方案就是把权力交还人民，重新订立社会契约，给外围的选举团更多的控制权。对他来说，公民权利比任何成文法律都重要得多。[57]

每经一处，他都试图通过政府职位的任免来安抚不满的公众。他为罪犯减刑，为提出诉求的军官升衔，鼓励心怀不满的市民站出来抗议波哥大的法律。[58] 他对副官奥利里支持桑坦德、反对派斯的做法感到气恼。[59] 最后，他心里有了数：他需要更多而非更少的权力。他致信副总统："一个独裁官将解决一切问题……单凭宪法，你拿派斯毫无办法。有了国家授权，我什么都能做。"[60] 尽管他曾公开宣称痛恨"独裁官"一词，但现在却通过私底下的努力在接近这个身份。[61] 随着他继续北上，事情如愿发生。[62] 瓜亚基尔和基多的人民对波哥大的法律感到失望，对自己的需求遭到无视感到愤怒，非常乐意尊玻利瓦尔为他们的独裁官。

桑坦德大发雷霆。在他看来，独裁权无关宏旨；一个靠法律和制度（在严格遵守的前提下）治理的共和国根本无须独裁官。[63] 该改变的不是既定的秩序，而是不守秩序的人。是他求玻利瓦尔回来主持和平的，这不假，但他的意思是让解放者来做虚位元首，起象征作用。如果玻利瓦尔要来推行他那套专横的玻利维亚宪法，颠覆过去 5 年来出台的所有法律，桑坦德无意参与。[64] 他已经警告玻利瓦尔不要插手政事，因为执政只会毁掉一个战士的荣耀。[65] 他决定赶在玻利瓦尔进首都搞破坏之前，出城会会这位解放者。

到了距离波哥大 560 公里的波帕扬，玻利瓦尔才了解到自己在桑坦德的国家是多么不受欢迎。正是在那里，他开始看到首都流出的报纸，通篇都是攻击他的恶毒社论。也正是在那里，他开始听说新格拉纳达的大多数人认为 1821 年宪法是最好的；他们不同意他关于泛美团结和宪法改革的观点；他们都支持桑坦德的法律，支持新格拉纳达人凌驾于委内瑞拉人之上。为了证明这一点，他们似乎不惮与派斯开战。[66] 玻利瓦尔几个月前就告诉桑坦德，单凭法律不足以拨乱反正。[67] 当初正是他对法律的执念引发派斯反叛的。共和国现在需要的是强有力的军事手腕和对联邦不惜一切的维护。他以更强硬的措辞再度致信桑坦德，谴责他助长了日益膨胀的敌意："我担心会永失哥伦比亚，"他哀叹道，"旧宪法和法律把这国家变成了撒旦的宫殿，烈火四起。"[68] 他威胁说，除非召开国会解决重要问题，否则他将拒任总统。但不可否认的是，非难对他造成了打击。他不似先前那么自信了。他写信给苏克雷和圣克鲁斯，让他们在玻利维亚和秘鲁做他们认为对的事情，甚至可以推翻他的命令，如果那是人民所愿。[69] 然而，当他穿过这个辽阔的、不友好的共和国，走着多年前走过的艰难山路，忍受着痔疮发作的痛苦时，[70] 他还是难以抑制满腔怒火。

在解放者最后一次攀上波哥大的平原之前，桑坦德在首都近郊会见了他。桑坦德决心消除玻利瓦尔对他的欺瞒或对政府的不信任。[71] 会面在亲切礼貌的气氛中展开，桑坦德亲自出马，竭尽全力安抚他的元首。使尽浑身解数之下，副总统的策略起了作用。他们达成共识，到达波哥大后，玻利瓦尔暂且根据旧宪法恢复总统职位，并享有宪法赋予的在非常时期行使的特权。

但是，当解放者于 11 月 14 日真正进入这座城市时，玻利瓦尔和副总统之间的友好关系受到了严峻考验。玻利瓦尔并没有收到像在其他地方那样山呼海啸般的欢呼，只听到稀稀拉拉的几句为他喊出的"万岁！"。迎接他的人群出奇地冷淡，甚至堪称勉强，其中大都是副总统的支持者。[72] 扫兴的是，最响亮的欢呼声献给了古早的 1815 年宪法，那是新格拉纳达共和国初建时的宪章。没有凯旋门，没有熙熙攘攘的群众。唯一的喝彩出现在宣传标语里，一句刺眼的"宪法万岁！"。[73] 当凄冷的细雨开始落下时，玻利瓦尔发现他几乎是单人匹马地进了首都。[74] 在城市的边缘，人们为他举办了一场小型的欢迎仪式。主持的官员在发言时抱怨军队违反了共和国法律，听到这里，玻利瓦尔再也无法自持。他打断了发言者的长篇大论，坚称爱国者应该"称颂军队的荣耀，而不是没完没了地抱怨它违反了几条法律"。[75] 他脸色铁青。此时天空中降下的倾盆大雨，浇灭了所有凯旋的希望。

波哥大的朝阳开启了明媚的一天。大哥伦比亚的公民、军队和宗教领袖们齐聚总统府，亲切迎接玻利瓦尔的到来，而他以慷慨的话语回应了他们。桑坦德发表了一篇浮夸的安抚演讲，向解放者表达祝贺，赞扬了军队的丰功伟绩，并自称是总统的忠实伙伴。[76] 随着演讲的继续，玻利瓦尔的副总统似乎并不全然反对他的安第斯联邦。[77] 尽管没有明确表态，但桑坦德完全赞成将大哥伦比亚划分为几个独立的州，只要新格拉纳达仍归他统治，他愿意接受某种形式的联邦制度。头顶的明亮蓝天似乎昭示着希望。向解放者致敬的"万岁！"声响彻首都，人们纷纷议论着崭新的一天即将到来。会谈结束时，总统和副总统热烈拥抱。这将是他们最后一次友好交流。[78]

　　玻利瓦尔在波哥大没待多久。到那里仅仅 10 天之后，也就是获得独裁权力的两天之后，他又踏上了征途。他骑马重走了当年的那片土地。彼时的他气贯长虹冲下安第斯山，在博亚卡战役中荡平了西班牙敌人。那历史性的一刻已经过去了漫长的 7 年，他早已被掏空了。他筋疲力尽，身体欠佳，不再是从前的那个战士。但他决意拉回派斯，拯救这个摇摇欲坠的共和国。他严厉地写信给"阿普雷雄狮"，让他做好会面的准备。"卡斯蒂略将军反对我，失败了。"他警告说，"皮亚尔将军反对我，失败了。马里尼奥将军反对我，失败了。里瓦·阿圭罗将军和托雷·塔格莱将军都反对我，都失败了。看来上帝诅咒我的仇敌下地狱，不管是美洲人还是西班牙人。"但他最后还是向派斯伸出了手："我相信你，就像相信自己的剑一样，我知道它永远不会对准我的心脏。"[79]

　　玻利瓦尔到达卡贝略港后，派斯不敢见他。彼时，这位好斗的大平原人一心要脱离大哥伦比亚。桑坦德剥夺了派斯委内瑞拉最高统帅的头衔，还以军事罪传唤他至波哥大受审，进一步侮辱了他。愤怒的派斯无视命令，明确表示他随时准备发动战争，将自己的国家从波哥大的魔爪下解放出来。毕竟，他是卡拉沃沃战役的英雄，

是卡贝略港的解放者，委内瑞拉人民坚定地站在他这边。大哥伦
比亚的将军贝穆德斯和乌达内塔曾明确宣布绝不会拿起武器反对
他。[80]这正是桑坦德要求玻利瓦尔介入的原因。

　　派斯听说玻利瓦尔已在波哥大上任，便认定他与桑坦德站到
了一边，尤其是得知玻利瓦尔带着桑坦德的军队向委内瑞拉挺进
之后。[81]玻利瓦尔跋山涉水，在 28 天的时间行路 1 100 多公里。
在此期间，派斯开始战争动员，煽动委内瑞拉反对玻利瓦尔。他
散布谣言说玻利瓦尔正前来称王；这是个荒谬的谎言，因为先前
派人求玻利瓦尔来当国王的正是派斯本人。他试图说服帕尔多人
和黑人（他们的境况自革命以来已经有了大幅改善）相信，玻利瓦
尔会像过去的曼图亚诺一样贪婪、残酷、固执地打压有色人种。

　　玻利瓦尔有两个选择：要么与派斯谈判，要么眼睁睁看着自己
苦心建立的共和国堕入内战深渊。他于 12 月 31 日抵达卡贝略港，
紧接着单方面判决赦免派斯的叛乱罪，重申了由他担任委内瑞拉最
高统帅，并邀请他参加谈判。[82]新格拉纳达人和委内瑞拉人都是大哥
伦比亚公民，玻利瓦尔低语，他的声音仍然振奋人心，尽管他的身
体已羸弱不堪。他告诉他们，大家的关系一如从前：是兄弟、战友，
命运与共。他恳求他们要理智，不要怀恨在心。他责备他们是否还
嫌敌人不够多，要开始自相残杀了吗？[83]派斯在过去几个月里失去
了不少委内瑞拉人的支持。[84]玻利瓦尔在给他的信中写道："流血和
破坏已经够多了……我来是因为你呼唤我。如果你想见我，就来吧。
连莫里略也不曾怀疑我，从那以后我们就成了朋友。"[85]玻利瓦尔向
派斯保证，谈判对他有百利而无一害，他只需要承认解放者的权威
就好。派斯立即接受了。1827 年 1 月 4 日，派斯骑马去巴伦西亚见
玻利瓦尔。但他带了一队全副武装的警卫，以防有诈。[86]玻利瓦尔只

身而来。当他看到为他的美洲独立大业立下汗马功劳的那个魁梧男人时，他大步上前，把派斯搂在怀里。派斯后来写到，这是一个难舍难分的拥抱：他们的剑紧紧卡在一起，让两人无法分开。[87]"是个好兆头。"玻利瓦尔戏称，脸上挂着大大的笑容。[88]但当他们费力地分开彼此的武器时，派斯不禁打了个寒战。[89]

***

玻利瓦尔用一个拥抱拯救了共和国。他一向知道如何驾驭他的将军们。他在战争中的随机应变，他对真挚与强力恰到好处的运用，他对士兵自然流露的同理心，使他在军人中颇受欢迎。只有与政客打交道才会考验他的耐心。许多年前的 1821 年，他曾说过这样一段话，如今看来再贴切不过：

> 当灾难迫使我拿起武器，历史召唤我解放祖国时，我领导了一场军事冒险，一干就是 11 年多，可我从未想过会被要求领导政府。我坚决发誓永远不会这么做。我全心全意地保证，我只是一名士兵，我只会在战场拼杀；等和平最终降临，我的角色将转换为公民。我时刻准备着为了公共利益牺牲我的财产、鲜血、名誉，但没有准备牺牲我的良心。我深信自己没有管理哥伦比亚的能力。我对统治一窍不通。我不是一个欣欣向荣的共和国需要的那种仲裁者。形势所迫和内心所趋使我成为战士，我的命运从来都在战场上，在军营里。[90]

历史由不得他选择。他的事业继续了下去，他用自己唯一懂得

的方法实施管理，即一种自上而下的军事手段。每到一处，他都得
到了充分的鼓励：每一个被他解放的共和国都开始相信，甚至是不
情愿地相信，玻利瓦尔有不可思议的处理棘手问题的能力。如果他
现身，如果他发表激动人心的演说，他就能驯服一场旋风，而许多
人都担心，如果没有解放者掌舵，旋风就会横扫全境。在这种看法
的影响下，玻利瓦尔也开始相信只有他才能扭转局面。"我也应该
耍耍政治手段。"[91] 他对桑坦德说，然后便着手去做了。

　　1827 年 1 月 12 日，他在派斯的陪同下荣归加拉加斯。这是他
自 1821 年的辉煌岁月以来第一次回来。他们坐着敞篷马车穿街过巷，
陶醉在崇拜之中。这是一次愉快的返乡之旅，他期待看一看家人、
童年常去的地方、出生的城市，以及为之牺牲了一切的祖国。水泄
不通的人群骚动着，马车几乎动弹不得。街道上高耸着凯旋拱门，
空气中飘荡着节庆的音乐。当他们到达广场时，两个身穿白衣的漂
亮女人走上前来为他戴上花环：一个为的是打败了西班牙人，另一
个为的是避免了内战。[92] 他把桂冠拿在手里并宣布："我打心眼里珍
惜这些胜利的象征，但请允许我把它们递给真正的胜利者。"[93] 他把
其中一个戴在派斯的头上，把第二个抛向众人。

　　玻利瓦尔的返乡是一段艰难旅程的最后一站，这段旅程 4 个月
前始于利马，大部分时间都在马背上进行，已经行过了 6 400 多公
里。[94] 在终点等着他的是家人，或者说仅存的家人。其中有他的姐
姐玛丽亚·安东尼娅，她在整个革命期间都是保王主义者，在战争
结束后成为玻利瓦尔最忠实的捍卫者；他最喜欢的舅舅埃斯特万，
他在离开 30 年后[95] 从欧洲回来了；[96] 他亲爱的希波莉塔，被他从奴
役中解放出来的奶妈。他参观了老房子，巡视了他的各处财产，在
熟悉的房间里安坐，听到了关于其他人的消息。他的爱国者姐姐胡

安娜[97]的女儿嫁给了玻利瓦尔的一位将军，远在山城巴里纳斯。他的侄子费尔南多·玻利瓦尔——他已故哥哥的 17 岁儿子——刚刚从学校毕业，[98]现在住在费城。费尔南多的全部学费由玻利瓦尔承担。当美国权贵得知解放者的侄子就在他们国家时，他们找到了他。拉斐德将军来看过这孩子；托马斯·杰斐逊曾与他通信；在去弗吉尼亚州杰斐逊新建的大学的路上，费尔南多顺便去了一趟华盛顿，拜见了约翰·昆西·亚当斯、亨利·克莱和詹姆斯·门罗。[99]

在接下来的 6 个月里，玻利瓦尔管理着委内瑞拉，给予派斯充分的信任，甚至称他为"国家的救世主"。[100]但他这是在耍政治手段。私下里，他的观点截然不同：

> 派斯将军是世界上最有野心、最虚荣的人：他不想服从，只想发号施令；看我在哥伦比亚的政治序列中处于他之上，他就不痛快；他认识不到自己的无能，被骄傲和无知蒙蔽了双眼。他永远只是顾问们的工具。在我看来，他是哥伦比亚最危险的人物。[101]

他只向很少的人透露过这些。[102]解放者和派斯住在同一屋檐下，很快安抚了这个破坏分子头目，并保证委内瑞拉将成为大安第斯联邦下的一个独立州。对派斯的骄纵会让玻利瓦尔付出沉痛的代价：过度吹捧一名违反共和国法律的叛乱者，就是在侮辱那些努力遵守宪法的人。[103]但是对玻利瓦尔来说，桑坦德和派斯的决裂成了他重新定义共和国的契机。[104]首先，他打算在委内瑞拉推行他的宪法，然后推动波哥大的国会通过宪法。即便玻利瓦尔已经确认了派斯的至高权威，他还是呼吁召开一次制宪会议，在会上决定所有这些问题。但这是在冒险。

在那几个月里，玻利瓦尔竭尽全力为委内瑞拉做事，他四处走动，鼓舞公众的士气，[105] 但从一开始就不难看出，加拉加斯陷入了令人心碎的混乱。独立留给它一片废墟。农业全部陷入停滞，进出口贸易萎缩，取而代之的是一种麻痹状态。他先前在大哥伦比亚的边远地区见到过类似的衰败。无论走到哪里，他都能听说国库的悲惨状况，即便两年前英国还向大哥伦比亚提供了 3 000 万美元的贷款。[106] 钱都到哪儿去了？许多大哥伦比亚人（尤其是委内瑞拉人）指责波哥大政权不负责任地将其挥霍，甚至据为己有。[107] 当然，比起加拉加斯或基多的惨状，波哥大居民的生活还是要舒服得多。英国大使愤愤不平地抱怨说，桑坦德以签订商业合同为幌子，把钱抽走给了他的朋友，犯下了"最可耻的恶行"。[108] 玻利瓦尔毫不避讳地询问起这些指控。他记得很清楚，不久前与桑坦德通信时，他还强调国家首脑不得以权谋私。他的副总统似乎对这一原则缺乏认识。[109]

当桑坦德得知解放者公开诋毁他的名誉时，他大发雷霆。"先不提你在公共场合说的那些话，"他在信中斥责玻利瓦尔，"派斯被称为他国家的救世主，而我，作为这个国家以及国会的管理者，被怀疑是罪犯、渎职者，还得就这些指控为自己辩护！"[110] 他感到被欺骗了，被出卖了。他喊来玻利瓦尔为的是管束派斯，而不是美化他；他给解放者配备军队是为了威吓"阿普雷雄狮"，而不是在加拉加斯列队游行，称颂这个人的罪行。

桑坦德之前那般小心克制，不直白表露出他和他的圈子对玻利瓦尔的强烈敌意，包括对玻利瓦尔的宪法、总统终身制、独裁权以及他对桑坦德精心打造的体制的公然蔑视。[111] 结果到头来，桑坦德还要为大哥伦比亚灾难性的财政状况负责，简直令人愤怒。[112] 他写了一份长长的申辩报告。但那时玻利瓦尔已经受够了他。玻利瓦尔不客气地告诉桑坦德，他不会再写信给他了——他们之间没有什么好说的了。[113]

事实证明，英国贷款问题的错综复杂远超时人想象。麻烦始于1822 年，当时大哥伦比亚前副总统弗朗西斯科·塞亚被派往伦敦为革命筹集资金，此人花起钱来就像他写漂亮文章一样不加节制。英国花了两年时间才做出回应，但等到 1824 年，一笔 3 000 万美元的贷款获批时，塞亚已经通过随意花销、不计后果的谈判和大肆举债挥霍掉了其中的三分之一。[114] 其余的 2 000 万美元被军方巨大的赤字迅速吞噬。连续 5 年，大哥伦比亚实质上肩负起了 6 个国家的解放事业。税收每年为政府带来 500 万至 600 万美元的收入，但陆军和海军的支出是这一数字的两倍还多，高达 1 300 万至 1 400 万美元，其中大部分花在了海外。不断扩大的独立战争已经变成了一个填不满的黑洞。[115] 桑坦德再明白不过了，这就是他总抱怨军费开支的原因。毫无疑问，政府腐败是地方通病：税务员、中间商、官方会计全都在做手脚，助长了职务欺诈和公款私用；副总统不得不对其中最无耻的人处以死刑。[116] 但事实无可辩驳：贷款已经耗尽，共和国只得乞求英国再借一笔，而共和国的经济陷于崩溃。

即便被国家财政状况搞得焦头烂额，玻利瓦尔还是得继续平息委内瑞拉严重的不满情绪。他已经遏止了内战，但暴动像野火一样在全境蔓延。他命令派斯将军和他在东委内瑞拉的得力干将马里尼奥将军去镇压叛乱。他觉得解决委内瑞拉的问题是自己不可推卸的责任，因为他长期以来忽视了委内瑞拉。但到了 4 月，在处理财政和军事难题时，他发现有证据显示桑坦德在另一件事上欺瞒了他：玻利瓦尔留在利马的大哥伦比亚军队发动了叛乱。他过了 3 个月的时间才得知 1 月份发生的叛乱。第三师的叛乱是否由桑坦德本人煽动，这一点从未得到证实——苏克雷将军认为就是他，[117] 玻利瓦尔也这样认为 [118]——但毫无疑问，桑坦德和他在波哥大幕僚们视之为天赐良机，因为他们早已厌倦了为利马的防御买单。听说驻扎在利马军营的大哥伦比亚士兵推翻了上头的将军并拒斥玻利瓦尔的宪法，波哥大的人民涌上街头庆祝。叛乱本身并没有把桑坦德卷进来。但他的反应显示他与此事有牵连。他深夜溜达出去听音乐，参加狂欢，[119]这种行为与他的身份地位极不相称。几天后，他写信给叛乱头目何塞·布斯塔曼特表示祝贺。[120] 副总统宣布，布斯塔曼特的行动值得高度赞扬，共和国深深感激他们的爱国本能。几天后，桑坦德签署命令，擢升布斯塔曼特为上校。[121]

玻利瓦尔怒不可遏，命他的秘书长向桑坦德的陆军部部长发难。信中称，布斯塔曼特的叛乱明显违反了军队最神圣的法律。士兵们起来反抗指挥官，而大哥伦比亚居然厚颜无耻地向他们道贺！"解放者对政府的败德行为感到震惊……他不知道哪个更糟糕：是布斯塔曼特犯下的罪行，还是特意嘉奖他的行为。"[122] 桑坦德发起回击，称赦免布斯塔曼特在秘鲁的叛乱，跟赦免派斯在委内瑞拉的叛乱是一回事。[123] 但玻利瓦尔态度坚决。他坦率地写信给他的一位将军："桑坦德是一条毒蛇……我再也不能容忍他了。我既不相信他的原则，也不相信他的心肠。"[124]

第三师叛乱对秘鲁产生了巨大的影响。玻利瓦尔在利马拼凑起来的政府终结了，他的宪法被废除了。玻利瓦尔实际上已把总统职位移交给了圣克鲁斯将军，但后者没有采取任何措施来挽救政府的垮台。圣克鲁斯现在学起了玻利瓦尔从前那种高风亮节的姿态，主动放弃一切权力，心中确信权力会被归还给他。但秘鲁国会接受了他的辞呈，并开始组织新的选举，这让他始料未及。

　　布斯塔曼特上校和他的叛军继续制造更多的麻烦。他们秘密离开利马，向北扫荡，入侵瓜亚基尔，以一位秘鲁将军换下了该市坚定的玻利瓦尔派领导人[125]。在玻利瓦尔与圣马丁之间尽人皆知的瓜亚基尔僵局过去 5 年之后，秘鲁似乎终于控制了这个争议港口。关于秘鲁究竟在多大程度上怂恿了这场侵略并无定论，但秘鲁人为此受到广泛的指责。[126] 一个大哥伦比亚师疯狂入侵大哥伦比亚共和国，这一离奇的战争行为甚至让桑坦德也感到不安。他没有直接谴责布斯塔曼特的部队，但他下令立即停止这种分裂行径。

　　在怨声载道的大哥伦比亚共和国，一切似乎都不太顺利。正如玻利瓦尔的密友佩德罗·布里塞尼奥·门德斯所说："我们来到了一个错误百出的时代。为了修正一个错误，我们要犯下五十个。"[127] 玻利瓦尔明白，他唯一有望重新掌权并拨乱反正的方法就是返回波哥大，甚至可能要发动一场新的军事行动，向共和国表明他是认真的。他在外围工作的时间太长了，是时候关注共和国的核心了。但这个核心早就对玻利瓦尔充满怨气。6 月 20 日，桑坦德决定废止玻利瓦尔的独裁权，恢复这片土地上的法律；就这样，玻利瓦尔所有临时授权的命令都被一笔勾销了。[128] 现在，连赫拉克勒斯*来了都夺不回波哥大。

　　玻利瓦尔毫不迟疑地对派斯说："我已经准备好不惜一切代价来解放我的人民。我甚至愿意再发起一次殊死战。"[129] 他集结了此前波哥大提供给他的强大军队，准备二次进攻首都。全体大哥伦比亚人接到通知："解放者决心讨伐那些玷污共和国荣誉的叛徒，这

---

* Hercules，宙斯与阿尔克墨涅之子，力大无比的英雄，因完成赫拉要求的 12 项任务而获得永生。——编者注

些人甚至现在还妄图分裂国家。"[130] 就在曼努埃拉·萨恩斯从秘鲁向北往瓜亚基尔航行时，玻利瓦尔沿相反方向从加拉加斯驶向卡塔赫纳，[131] 这是他记忆中最愉快的一次航行。[132] 他在那里动员了麾下将军们：马拉开波的乌达内塔，委内瑞拉中部的派斯，以及卡塔赫纳所有他能集结的部队，告诉他们准备向波哥大进军。[133] 他带着足以平定瓜亚基尔和秘鲁所有叛军的强大兵力，继续溯马格达莱纳河而上，向首都进发。[134]

那些对玻利瓦尔百般谩骂的政客和权威人士得知玻利瓦尔正在向波哥大进军，吓得浑身发抖。[135] 其中闹得最凶的那个人假托生病，离开了首都。[136] 桑坦德试图劝说玻利瓦尔不要再往前推进，他无力地辩称，把太多的部队带进波哥大会超出这座城市的负荷：士兵会饿死，没有足够的食物供应，他们的现身将成为丑闻。[137] 但是解放者继续逼近。桑坦德抓住最后的救命稻草，提醒玻利瓦尔他没有权力，他从未真正宣誓就任总统，他的"特权"已经失效；[138] 但这也无济于事。副总统甚至策划了一个荒谬的计划，打算组建一支新的革命力量来击退玻利瓦尔。[139] 陆军部部长卡洛斯·索夫莱特当即拒绝了这一提议。突然间，似乎一切都变了。共和国的心脏正等着玻利瓦尔降下愤怒。谁要是注意到了其中的讽刺意味，也不敢说出来：革命已经扭曲得面目全非，波哥大的人民害怕起了自己的解放者。

第十六章

磨难之人

在新格拉纳达没有人爱我……他们看见我讨厌，但又离不开我。我何必要为他们牺牲自己？我用武器捍卫了他们的权利，而现在，我还得用武器强迫他们做他们该做的事？

——西蒙·玻利瓦尔[1]

1827 年 9 月 10 日，玻利瓦尔抵达波哥大。在此之前，他公开表明希望获得不折不扣的绝对权力。"让我把话说清楚，"他事先宣布，"如果共和国不赋予我最充分的权力，它就会灭亡。"[2] 他不会再为了追求更大的愿景而把总统职位让给别人了。那个愿景已彻底破灭：现在不会有联邦了。"你能信吗？"他火冒三丈，"他们在汇报最新灾难的同时，还想着让我拆分军队！"[3] 秘鲁公然与他为敌，厄瓜多尔领土遭到入侵，苏克雷报告说玻利维亚也出了麻烦。在玻利瓦尔看来，是副总统桑坦德和一个恶魔般的国会[4]毁掉了他对拉丁美洲的抱负。他们破坏了军队，浪费了金钱，强推了一套只能在波哥大生效的政治制度。得依靠庞大的军事努力才能跨越漫漫征途，拨乱反正。他向参议院议长表示，希望进入首都后立即宣誓就职。[5]他明确要求：召集国会大会迎接他的到来；[6]安排好他的旧宅拉金塔[*]供他入住；他虽然身无分文，但会从朋友那里借钱偿付。[7]政府不用为他出一分钱。[8]

波哥大政府尽力缓和极端紧张的局势，派一支欢迎队伍在城外160公里的地方迎接玻利瓦尔。其中有与他共事多年的陆军部部长卡洛斯·索夫莱特，解放者怀疑，索夫莱特对他的爱戴已经不复当初。不过，还有一群好友也坚持骑马出城，欢迎这位浪迹归来的战士。[9]解放者的表现使得这次礼节周全而又庄重的会面轻松了些许。他听说叫嚣得最厉害的批评者都被吓跑了，忍不住放声大笑。[10]

他们一路走到波哥大拥挤的街道，那里临时被装饰一新。感念他的和平入城，城里的人沿王家大街匆匆竖起一座座凯旋门；豪宅上挂起五颜六色的旗子。[11]放眼望去，阳台上站满了精心打扮的女士。但总的来说，这是一次沉默的迎接。市民们不知该做何反应。[12]桑坦德曾把玻利瓦尔批得一无是处，将他比作残暴的西班牙将军莫里略，可他现在只能眼睁睁看着国会遵照玻利瓦尔的意愿迎接他。他坐在总统府里，[13]做着最坏的打算。[14]

参议员齐聚在古老的圣多明我修道院的教堂中殿，[15]坐在围成两圈的椅子上。他们前面有一张桌子，上面放着一本厚厚的《圣经》。[16]在玻利瓦尔穿过首都时，嘈杂喧闹的会众已经挤满了教堂的每一个角落。人们议论纷纷，翘首以待，[17]打赌解放者何时会出现，他是否真的会宣誓。[18]毕竟，他三番五次试图放弃总统职位。他到来的谣言时不时地刺激着人群的神经，那些胆大的人站到自己的座位上，伸长脖子朝门口张望。[19]

他在下午3点走进教堂。[20]虽然他穿过大门时，教堂里响起了

---

[*]　拉金塔，原文为 La Quinta，quinta 一词的本义就是指西班牙、葡萄牙或拉丁美洲的乡间宅邸。——编者注

钟声和奏乐声，但人群一看见这个憔悴、疲惫的身影，便立刻鸦雀无声。他沿着过道缓慢地走下去，看上去身体极度不适。他的步伐稳健，但步态笨拙，这是长时间坐在马鞍上的后果。他不再是那个敏捷的战士了；仅仅在 8 年前，他还能从马背上跃下，沿总督府的台阶飞奔而上。在 44 岁的年纪，他已老态尽显。[21]

掌声稀稀拉拉，但他并不太在意。他似乎神志不清，旅途劳顿严重损害了他的健康。他走到参议员们面前，深深鞠了一躬，示意他们坐下，然后把他的三角帽放在桌子上。如玻利瓦尔所愿，宣誓仪式迅速启动：参议院议长比森特·巴雷罗（Vicente Barrero）用他那双凶狠的小眼睛盯着解放者，把他的手放在《圣经》上，请他复述誓词。玻利瓦尔照做了。[22] 人群中响起了一阵欢呼声，音乐再次奏起，但新上任的总统呼吁全场安静。他开口了，声音微弱而嘶哑。他似乎焦躁不安，思绪混乱；他不止一次地擦拭额头，把同样的事情连说两遍。[23] 一位英国上校的遗孀玛丽·英格利希（Mary English）这样描述道：

> 我的心为他而流血……他谈到他对最近的政治动乱感到悲痛和屈辱。他说阴谋和诽谤是一只长着 10 万颗脑袋的怪物，但如果能用他的忠诚、他的剑和自我牺牲，来换取他疮痍满目的国家的安宁，他甘愿付出一切。[24]

这是一篇感人肺腑的演讲，[25] 即便演说者身体虚弱。他以华丽的辞藻收尾，并宣布将在 6 个月内于奥卡尼亚召开一次制宪会议，商定争议事项。这一声明本身就是一种违宪行为：1821 年的库库塔制宪会议正式规定，宪法在未来 10 年内神圣不可侵犯。[26] 在 1831

年以前修宪就相当于要将所有的规则推倒重来。但玻利瓦尔认为，非常时期需要非常手段。他刚到委内瑞拉时曾暗示过需要这样一场会议，现在他直接决定召集它，把规则抛到九霄云外。

玻利瓦尔早就打破了宪法的若干限制。从离开秘鲁踏上大哥伦比亚国土的那一天起，他就单方面独揽了权力，我行我素，从不与波哥大协商。他无视法律，赦免了派斯的叛乱罪，并任命他为委内瑞拉的最高领袖。[27] 更严重的是，大哥伦比亚已经连续几个月在不合法的执政下运转了。玻利瓦尔实际上早已不是总统。桑坦德的副总统身份也不合法。[28] 国会先前颁布的法令规定，玻利瓦尔的特权只能保留至 1827 年 1 月 1 日（任期结束时），在那之后，两人的权力都将终止。1826 年 12 月的普选恢复了两人的职位，但他们从未正式宣誓就职。1 月 2 日，本该举行仪式的那天，玻利瓦尔正在前往加拉斯的路上，一心要解决派斯惹的麻烦。由于缺乏必要的法定人数，国会无法召开大会来决定执政问题。根据法律规定，当时一切权力 [29] 都应立即移交参议院议长，也就是那位现在两眼放光地站在教堂里主持解放者宣誓仪式的官员。[30] 但玻利瓦尔在知情后，仍傲慢地指示桑坦德执行他的命令，[31] 而一贯法律至上的副总统也照做了。桑坦德急于保住自己的影响力，曾写信给参议院议长，声称玻利瓦尔已将所有权力授予了他。[32] 然后他颁布了一项法令来确认这一点。[33] 换言之，桑坦德自己的行为完全违反了宪法。[34] 现在他不能被叫作"法律人"了。[35]

总统宣誓仪式一结束，玻利瓦尔就回到政府官邸，桑坦德正在那里等候。走在古老的鹅卵石街道上，解放者被玫瑰花雨包围，被蜂拥而至的人群簇拥。人人都想见证他与副总统的会面，无论支持者还是反对者，都带着狂热的好奇心跟在后面。[36] 玻利瓦尔来到官邸的台阶下，那正是他在博亚卡大捷后毫不犹豫踏上过的台阶。桑坦德惶惶不安地从台阶上走下来迎接他。他们的会面很有仪式感，很冷静，但不无诚意。玻利瓦尔知道怎样在必要时应付场面，他使出浑身解数来缓解桑坦德的局促感。[37] 桑坦德表现出同等的亲切，邀请他共同进餐。吃饭时，玻利瓦尔在礼貌的交谈中告诉他的副总统，那些担心受到迫害而逃离波哥大的人应该马上回来，他们不会因为自己的观点而受罚。有那么一瞬间，敌对双方达成了和解。[38]

第二天一大早，还没等玻利瓦尔起床，桑坦德便穿着全套制服出现了。解放者惊讶地接待了他。[39] 桑坦德为自己对第三师叛军首领的处理方式道歉；玻利瓦尔听完就巧妙地转移了话题，回忆起他们的友谊、他们漫长而亲密的通信，以及他们共同见证的辉煌。[40] 他们从卧室走到餐厅，又在一起吃了午饭。事情从前如此，往后也将如此：在玻利瓦尔面前是无法保持盛怒的。"他的人格力量如此强大，"桑坦德很快承认，"以至于无数次，当我满怀着仇恨和报复欲时，只要一看到他，只要他一开口，我就打消了所有的敌意，离开时心中只有钦佩。"[41]

但到了那天下午，猜疑又回来了。在追随者的煽风点火下，两人失去了真正和解的希望。派系积怨在波哥大根深蒂固。在革命中，玻利瓦尔曾带领争执不休的顽固分子朝同一个目标前进，而今和平降临，协调一致似乎变得无望。[42] 如果法律被奉为神圣不可侵犯的，如果偏狭的争斗没有占据政治舞台的中心，如果玻利瓦尔本人更坚定地以统一的标准约束他的将军们，也许一个强大而统一的共和国就会出现，铸就另一番未来。可到头来，敌意太过偏激，各政党被狭隘的目标所蒙蔽，无法达成妥协。就在英国、法国、荷兰、德意志、巴西和罗马教廷纷纷承认这个共和国，并向"杰出的解放者"[43]

道贺之际，就在大哥伦比亚开始在海外获得些许荣耀之时，首都却被好战的地狱之火吞噬了。[44] 在报纸上，在辩论大厅里，在波哥大各处的社交茶话会（tertulia）[*]上，玻利瓦尔派和桑坦德派彼此倾泻怒火；这大大损害了国家的政治声誉。[45] 正如一位历史学家所说，一年之内，大哥伦比亚就将成为全世界的笑柄。[46]

＊＊＊

从加拉加斯出发的这趟旅行耗尽了他的全部精力，这不是什么秘密。玻利瓦尔精疲力竭。英格利希上校的遗孀就看了出来，虽然她在几天后的一次总统府舞会上注意到他的精神似乎有所提振，[47] 但显然，他需要拉金塔这个安静的避难所。除了和英格利希夫人聊天外，他没怎么参与那场聚会。他没有跳舞。"他累坏了，"一份传单在他到达前的几个月就宣称，"他厌倦了在共和国有史以来最痛苦的时期履职……他在想，也许他能为和平进程所做的最大贡献就是放弃自己的命运，回归私人生活。"[48] 在总统就职仪式和即将于奥卡尼亚举行的制宪大会之间的 6 个月里，他只渴望与情人厮守，恢复他脆弱的健康。[49]

"一想到你的美丽和优雅，我岁月的风霜就融化了，"他在到达波哥大后不久写信给曼努埃拉·萨恩斯，"你的爱给这逐渐凋残的生命带来了希望。我不能没有你，不能离开我的曼努埃拉……纵使相隔千里，我也能看见你。来吧，来吧，来吧！"[50] 她的选择可想而知。"因为你唤我去，所以我就会去。"她回信说。但她已经有一

---

[*]　这是拉丁美洲历史上典型的社交聚会，受过教育的人们聚在彼此的家里讨论文学和政治，也许还会听音乐和诗歌。它们也被称为沙龙。

年没收到他的消息了，所以忍不住又加了一句警告："可别等我到了又叫我回基多去。"[51]

　　很快，大自然也给了他们一个警告。11 月 16 日，就在她离开基多的前几个星期，一场大地震袭击了波哥大，把一座座建筑从地基上掀起。[52] 政府官邸和坚固的圣多明我教堂（玻利瓦尔宣誓就任总统的地方）的墙壁坍塌成了瓦砾。[53] 城市上空的白色尘埃云逐渐散成一层不祥的面纱，笼罩住山谷长达数日。[54] 地震发生时的星期五晚上 6 点 15 分，玻利瓦尔正在他位于拉金塔的房子里，离城区很远，[55] 但他毫不怀疑，这场地震和他 15 年前在加拉加斯亲历的那场规模相当。[56] 当寒夜降临，繁星在头顶闪烁时，他无法透过下方乳白色的薄雾看到破坏的程度，也无法见证绝望的人们如何涌向开阔的平原求生。颠簸的地面使他深感不安，胃里泛起一阵恶心。[57] 他鼓不起勇气离开自己的房子。

　　黎明到来，很显然，这座城市的基建——比加拉加斯的更低矮、更方正——挽救了许多生命。虽然伤者众多，但鲜有人丧生；这座城市泰然承受住了损失。隆隆声一直持续到深夜，而震动则持续了整整一个星期。[58] 130 公里外，古老的托利马（Tolima）火山呼出长长的烟柱，在废墟上撒下一缕缕火山灰。[59] "整个城市陷入无助，"玻利瓦尔报告说，"还有深深的悲伤。"[60] 波哥大疯狂的政治活动暂停了，但这不会持续太久。

　　几个月后，曼努埃拉·萨恩斯来到这里，她看到的情人已不复从前的模样。他穿着蓝色制服在拉金塔老宅的地板砖上踱步，看起来比她记忆中的要瘦削。[61] 他的发际线后移，卷曲的长发变得稀疏。他的眼眸被愁云笼罩，只在偶尔的激动时刻才为愤怒点亮。[62] 即便千里迢迢的旅途消磨了这个男人，她仍然深爱着他，并且毫不掩饰。

她搬进了距离总统府很近的一所房子里，但每当他回到拉金塔，她便公然和他同居，令波哥大市民震惊；他们认为情妇应该保持距离，总统应该表现得更有礼数。[63] 她是个外国人，这已经够糟了，她居然还已婚、口无遮拦、厚颜又高调，对一国之都没有丝毫尊重，让人忍无可忍。[64] 她遭到他的敌人无情的奚落。即便如此，任谁都能看出她是个硬骨头：她带着解放者珍贵的个人档案和区区 5 个随行人员，在危机四伏的地域跋涉了数百公里。她翻过了巍峨的安第斯山脉，划着独木舟沿鳄鱼出没的水域航行了数百公里。[65] 她绝不是一个简单的贪图肉欲享乐的女人，她像母老虎一样护着玻利瓦尔。她会突然出现在没有受邀的聚会上，让客人大吃一惊，也让她的情人大为恼火。[66] 她在政治上精明而咄咄逼人，会给政客们贴标签，谁是"值得信任的"，谁是"卑鄙小人"。[67] 有些军官崇拜她，但更多的人鄙视她，而她从不惮与他的将军们对抗。[68] 但对玻利瓦尔，她是温柔的。她悉心照料他的身体，使他恢复健康，并且不顾愤怒公众的责难，在拉金塔忙里忙外，把这里变成他的疗养圣地。

多年来，只要玻利瓦尔在波哥大，拉金塔就是他的家。这里并算不上豪宅：一座可爱的小别墅坐落在俯瞰城市的山丘上，被身后两座高耸入云的山峰的阴影笼罩着。宅子四周高墙环绕，旁边是一条柏树森的车道。它是旧日殖民风格的平层建筑，只有一间卧室，房间里陈设着美观的桃花心木家具。红瓦屋顶下有三间精致的客厅、一间餐厅和一间娱乐室；屋外有一个风景优美的眺望台、一个果园和一个菜园，还有一个有顶的水池，一条汩汩的小溪为它注入活水，解放者每天就在这里洗澡。寒冷的山夜，壁炉和火盆提供了温暖；白天，推开阳台的窗户就是芬芳的花园，可以看到金银花、紫罗兰、野玫瑰和古老的雪松。后面的一间客房住着玻利瓦尔的男仆何塞·帕拉西奥斯。仆人忙前忙后，水晶和银器熠熠生辉。拉金塔正是玻利瓦尔和曼努埃拉在艰难旅途之后急需的港湾。[69] 也是在这里，他们享受了一段短暂的欢乐时光。

＊＊＊

曼努埃拉很快注意到，波哥大不比利马。它不像"众王之城"那样富裕、宏伟、容易迷路。大哥伦比亚的首都只有 2.5 万人，利马的人口几乎是它的 3 倍。[70] 但波哥大正试图管理一个棘手的领土联合体——委内瑞拉、新格拉纳达、基多和巴拿马，这一事实本身足以使它成为一项激动人心的试验。就目前而言，委内瑞拉在派斯的统治下趋于平稳，玻利瓦尔口中的厄瓜多尔地区也在弗洛雷斯（Flores）将军的管理下无风无浪，然而，这个命途多舛的共和国似乎随时可能分崩离析。

玻利瓦尔正努力为大哥伦比亚争取在世界上的一席之地，外交官们也陆续前来确认这一点，但时代在与他作对。世人越来越强烈地感觉到，南美人民的境遇并没有因为革命而有所改善。这种感觉在美国尤为突出。玻利瓦尔希望与北方邻居建交，他向亨利·克莱发函，感谢他为南美发声。[71] 如前所见，这位来自肯塔基州的国会议员一直是玻利瓦尔的热心支持者，他在政府和宴会厅里高呼玻利瓦尔的名字，力劝美国同胞支持解放者的解放事业。亚伯拉罕·林肯后来回忆说，克莱的名字在南半球广为人知，深受爱戴。"在南美洲摆脱西班牙的奴役之后，"林肯说，"玻利瓦尔站在军队前头宣读克莱的演讲。"[72] 对于解放大军的士兵来说，克莱是志同道合的美国兄弟，他的名字本身就是一个战斗口号。

于是不难想象，玻利瓦尔读到克莱对他诚心诚意的感谢信的回复时，他有多么的惊讶。这封冷淡的公函呼应了桑坦德曾经提出的所有指责：

> 先生……激励南美洲投入艰巨斗争的主要是这样一种期望，即随着它的独立，将建立起自由的体制，保障一切公民自由权。我们仍在焦急等待这一目标的达成。我们意识到，它面临着巨大的困难，这主要源自一支庞大军事力量的存在，它最初是为了抵抗西班牙势力而组建起来的。以强烈的爱国目的组织起来的常备军是危险的工具。它们吞噬资产，败坏道德，而且常常会摧毁一个民族的自由。最危险和最不明智的，莫过于在组建它们的必要性消失后继续保留它们，尤其当它们的规模与国家收入不成比例时。
>
> 可尽管面临重重困难，我们仍然一厢情愿地怀着珍重与希冀，期待南美洲能为人类解放事业取得一场新的胜利，期待上帝保佑它，就像保佑它的北方姊妹一样，借着某个高尚伟人的天赋，安然通过一切考验。我们甚至一度以为在阁下身上看到了那种天赋……
>
> 我不敢相信阁下会放弃摆在面前的光辉坦途，走上一条回避人类自由的血腥之路，一条粗俗的暴君和军事独裁者反复踏足的道路。我丝毫不怀疑，阁下将在适当的时候给哥伦比亚和全世界一个满意的交代，解释一下您那些可疑的公共行为……H.克莱。[73]

克莱对玻利瓦尔的巴拿马大会惨淡收场感到失望，甚至感到蒙羞。[74] 毕竟，是克莱极力主张美国应该派代表参加谈判的。[75] 但克莱回信的语气还暗示了其他东西，同样有可能的是，刚刚被任命为国务卿的克莱已经开始阅读美国外交官发来的言辞激烈的报告，而这些外交官正是玻利瓦尔的敌人不遗余力讨好的对象。在如今全面抨击玻利瓦尔的利马，美国领事威廉·图德（William Tudor）从狂热的崇拜者变成了近乎病态的诋毁者，他在发往华盛顿的快讯中称玻利瓦尔是个伪善的篡权者和"疯子"。[76]另一方面，在波哥大，美国代办博福特·沃茨（Beaufort Watts）认为玻利瓦尔是一股强大的道德力量，并有违身份地恳求他赶快从加拉加斯回来，重新担任总统，"拯救这个国家"。[77]后来成为美国总统的威廉·亨利·哈里森很快取代沃茨成为驻波哥大的外交官，并毫不掩饰地与玻利瓦尔的敌人混迹在一起。哈里森听说玻利瓦尔赞成英国式的政府，由此误以为解放者支持君主制。他对解放者的评价极为苛刻，完全基于道听途说。"不管玻利瓦尔本人是否是这些措施的制订者，"他在给国务卿的回信中写道，"也不管他是否打着爱国主义的幌子……他确实一直在利用专权为自己谋取利益……我对此毫不怀疑。"[78]最后，哈里森甚至厚颜无耻地给玻利瓦尔写了一封侮辱性的长信，拿他的政敌安在他身上的弊病来斥责他：

> 仅仅是战场上的英雄和成功的军队领袖可能会暂时引人瞩目。但是……若想成就非凡的伟大，必须行非凡之善……您愿意子孙后代怎样铭记您的名字？以流血牺牲换取荣誉，却没有为人类带来任何进步的人？还是与华盛顿齐名，成为一个伟大而幸福的国家的缔造者和国父？选择就摆在您的面前。全世界自由的伙伴，特别是美国人民，正焦急地等待您的决定。[79]

另一位未来的总统安德鲁·杰克逊，对玻利瓦尔有着不同的看法。他后来问他的国务卿马丁·范布伦："一个人做出了如此慷慨的牺牲，展露出如此强大的力量，无论是身体的还是精神的……怎么会同意用不朽的名誉……来换取个人的闻达这种短暂而龌龊的快感呢？"[80] 杰克逊是正确的。玻利瓦尔并不想要王冠；他从一开始就明确表示，将解放的共和国交由一位君主统治的做法为他所不齿。[81] 但时任美国总统约翰·昆西·亚当斯不这么认为：

> 多年来，玻利瓦尔的行为始终模棱两可。作为一个军事领导人，他的路线一直是专横和血腥的。他的政府原则一直是君主式的，但他本人却一再表演放弃权力、准备退休的闹剧。他仍然坚持披着这层伪装，与此同时，他已无法掩饰对王冠的渴望。[82]

玻利瓦尔真正无法掩饰也无意掩饰的是，他认为具有内在控制力的英国政府体制[83] 优于美国模式。[84] 正如他在革命初期反复说过的，西班牙蒙蔽了拉丁美洲太久，普通公民显然没有准备好迎接民主的耀眼光芒。一个领导者不得不接过无可争议的权力，牢牢抓住它，并将其用于开化民智的目的。他脑海中的目标——一个大陆彻底的社会和教育改革——是不可能在短期内实现的；它需要终身的、切实的奉献。在这一点上，以他的认识，有着推定的贵族义务和受过教育的立法者的英国议会制，优于美国的政治模式。此外他认为，北美的联邦制概念——旨在让曾经分裂的团结起来——不适用于西班牙语美洲，因为在这里，联邦制只会让已经团结的再度分裂。[85] 但对华盛顿的领导人来说，任何对英国路线的偏好都是可憎的。这种反感可以理解，但是在转译的过程中，有些东西被遗漏了。

可以肯定的是，玻利瓦尔明白南北美洲之间存在着巨大的差异。美国宪法的先驱，孟德斯鸠的《论法的精神》不是强调法律应该为它们服务的对象量身制订吗？不是说如果一个国家的法律也适用于另一个国家，那将是惊人的凑巧吗？[86] 南美洲有义务根据自己的需要制订一部宪法，"而不是为华盛顿制订宪法！"[87] 后来，他怒不可遏地向桑坦德抱怨说，像桑坦德这样的"自由派"——他的反军国主义、反中央集权主义的波哥大律师圈子——在盲目模仿美国，完全没有考虑到根本的差异。他在给副总统的信中写道，要小心"美国推销员"。"我痛恨那帮人，恨到我不希望听说一个哥伦比亚人按他们的方式做任何事情。"[88] 随着时间的推移和政治的需要，这种口无遮拦会被桑坦德利用来对付玻利瓦尔，而现在，它又在给华盛顿的官方回应中火上浇油。

当玻利瓦尔读到哈里森的污蔑时，他怒而写信给英国临时代办："美国似乎是上天派来以自由之名祸害美洲的。"[89]

事实上，玻利瓦尔与英国的关系要友好得多，华盛顿的美国人很难不去猜测个中缘由。玻利瓦尔不仅写信给英王乔治四世，就解放军中无数英国士兵的英勇表现向他道谢，[90] 还与英国驻大哥伦比亚代办帕特里克·坎贝尔（Patrick Campbell）上校建立了亲密的同志情谊。这位开朗的外交官完全被解放者迷住了，而且一有机会就对人这样说。[91] 在玻利瓦尔身上，他看到了唯一一位有能力扫清这个国家的政治腐败、武装叛乱和普遍无知的领导人；在坎贝尔看来，玻利瓦尔不屈不挠，清廉无私，爱国且富于威严，还能够指挥所有优秀的人团结协作。[92] 不久，坎贝尔开始大声疾呼，希望赋予玻利瓦尔绝对权力——可以是终身总统的身份——并赋予他从欧洲王公中选择一位继承人的权利。[93] 这位英国人对此"君主制计划"大加宣扬，他相信该模式正合玻利瓦尔本意。坎贝尔云淡风轻地向伦敦的外交部汇报，称大哥伦比亚每个有思想的人显然都支持君主制。他在一份机密备忘录中写道："我不认为玻利瓦尔会成为哥伦比亚建立君主立宪政体的阻碍——但我认为，他本人不会……接受王位。"[94]

玻利瓦尔的政敌抓住"君主制计划"大做文章，[95] 认为这是解放者日益妄自尊大的证据。他们挖出一批派斯、布里塞尼奥·门德斯、乌达内塔等效忠派写的信件，那些人曾堂而皇之地游说他们的英雄登上王位，玻利瓦尔的敌人们由此认为铁证在握。[96]

解放者很可能确实固执己见，穷兵黩武，沉浸于泛美主义的空想之中。他甚至的确可能自我标榜为仁慈的监督者，贤者中的贤者，有能力管理一个更广大的美洲联盟。但他从未想过要当国王。

＊＊＊

顶着如此严厉的批评和指责，玻利瓦尔迎来了奥卡尼亚国民大会。他常说，这次会议是大哥伦比亚的最后希望，是建立一个稳定国家的最后机会。桑坦德忙起了政治活动，争取自己阵营的代表在大会中的势力，但玻利瓦尔与他不同，几乎没有采取任何行动来确保玻利瓦尔派在会上替他发声。几个月来，他在乡间旅行，反复重申大会的重要性。他公开表达了对桑坦德那些书呆子气的年轻"自由派"及其分离主义幻想的不满。他竭尽全力拉拢保守派团体，包括将军、商人和神父，以便对抗律师-官僚集团。但最终，除了强调代表要从全国最优秀、最聪明的人当中选举[97]之外，他没有做任何准备。他决定一切听从命运安排。

另一边的桑坦德殚精竭虑，滴水不漏。这位从未在战场上取得过胜利的将军现在却发动了一场惊人的纸上战争，安排记者们撰写声讨玻利瓦尔的檄文。"做我们这行的，"他在给玻利瓦尔最狂热的批评者比森特·阿苏埃罗（Vicente Azuero）的信中写道，"要避免与劲敌正面交锋，尤其是当突袭、伏击和各种非正面对抗方式就有可能摧毁他的情况下。"[98] 桑坦德孜孜不倦地进行着多方运作。他专程前往穷乡僻壤，与小镇政客们接触；他去小酒馆和人们共饮吉开酒。他邀请潜在的候选人与他共进晚餐，做出漂亮的承诺，让他们在自己家中享受各种舒适条件。自始至终，他三句话不离解放者所谓的绑架宪法并登上王位的阴谋。[99]

玻利瓦尔十分清楚，大会将在他和桑坦德之间做出选择，在民族国家和联邦国家之间做出选择，在新宪法和旧宪法之间做出选择。但是他没有插手选举，因为他深信，作为共和国的最高行政长官，他不能屈尊玩弄那些伎俩；总统不能使用权力来达到个人目的。至少在他看来，为了共和国的利益而掌握独裁权与试图左右选举是有区别的。有人建议他出席大会，以便对大会施压，他当即予以拒绝。他只是给代表们送去了他的亲笔信。[100] 所有这些对桑坦德来说都是好消息，他很快意识到自己的机会来了。

桑坦德为主导大会方向所做的积极努力获得了回报。"自由党"赢得了多数代表席位，桑坦德被选为包括波哥大在内的 6 个省份的代表。玻利瓦尔大吃一惊。一开始，他指责副总统欺诈，但他很快意识到这听起来是多么的小气和愚蠢，于是让了步，接受了这份耻辱。在辞呈中，他写道："整个新格拉纳达都在密谋反对我……桑坦德是这个地方的偶像。"[101]

虽然大会是他首要关心的问题，但玻利瓦尔还有许多事情要忙。毕竟，他仍然是大哥伦比亚的总统，管理着从巴拿马城到瓜亚基尔的地域。他极具先见之明地委托一位英国工程师勘测巴拿马地峡，以便在两洋之间开凿一条运河。[102] 他打算将大哥伦比亚打造成一个庞大商贸区的掌门人，因而认真研究了该地区成熟的贸易路线。但是，拉丁美洲的冲突不断阻碍着他的进展。在北方，委内瑞拉人正在武装自己，以防西班牙可能从古巴入侵。在南方，苏克雷总统在一场冲突战中受伤，当时两名持分离主义立场的秘鲁将军——加马拉和圣克鲁斯——试图推翻苏克雷这个"外国"总统，为自己赢得玻利维亚。

还有其他更迫在眉睫的危险。在卡塔赫纳，两个不共戴天的敌人—— 一个白人贵族和一个穆拉托水手——正在争夺权力。[103] 马里亚诺·蒙蒂亚将军和他的死敌、黑人海军将领何塞·帕迪利亚（José Padilla）多年来一直在争夺对卡塔赫纳的主导权。帕迪利亚身形高大，正如一位同侪所说，他像独眼巨人一样强壮，一样为生活所伤；有时，他根本无法克制自己对白人的满腔仇恨。帕迪利亚是一个船舶木匠的儿子，性格活跃，喜欢冒险。他在特拉法尔加海战中幸存下来，摇身一变，成了南美革命的英雄，如今有了一大批支持者。另一边，蒙蒂利亚是本地军队的总司令，来自加拉加斯的一个显赫家族，是位有教养的饱学之士。帕迪利亚怀疑蒙蒂利亚意欲发动政变，因此决定突袭卡塔赫纳。帕迪利亚带着一帮有色人种追随者入侵了这座港口城市，并自封为城市的监政官。但是帕迪利亚和蒙蒂利亚之争还涉及更深层的政治因素：帕迪利亚是新格拉纳达人，对桑坦德忠心耿耿；蒙蒂利亚是委内瑞拉人，是玻利瓦尔的代理人。这是更大的分歧的延伸。[104]

玻利瓦尔没法同时出现在三个地方。他决定立即动身前往卡塔赫纳。没等他走出多远，就有消息说，蒙蒂利亚平息了政变，把帕迪利亚赶到桑坦德那边去了，当时大会正在奥卡尼亚举行。玻利瓦尔决定先对当前形势做个更充分的评估。他停在了布卡拉曼加，那是一个风景如画的小镇，坐落在郁郁葱葱的山丘上，离奥卡尼亚约有 150 公里。玻利瓦尔在这里逗留，进可以监控大会进程，退可以装作若无其事。但玻利瓦尔的敌人怀疑他打算去奥卡尼亚盯住桑坦德。见玻利瓦尔派副官去旁听所有的辩论，[105] 他们更加深信不疑。真相很简单：玻利瓦尔明确向他的班子成员表示过，奥卡尼亚的利害关系太大，不容忽视，在那里的决议关乎共和国的未来。那将影响他为之奋斗过的一切。[106] 此时，叛乱分子帕迪利亚躲到了桑坦德背后，有可能引起大会震荡。[107] 玻利瓦尔想确切了解他们都说了些什么。

日子一天天过去，奥卡尼亚的审议也一天天拖下去，玻利瓦尔干脆在布卡拉曼加的苍翠山谷里过起了平静的生活。他接管了一座优雅的乡间宅邸，在那里，他可以和部下一起进餐，讨论当日新闻，治理这个共和国。他们建立了一套邮政系统，以便他随时了解奥卡尼亚、波哥大和加拉加斯的事态发展。[108] 在等待国家命运揭晓的同时，他拜访当地教堂，[109] 和副官们打牌，写信，外出跑步，去野地里纵马奔驰。吃饭时，他会滔滔不绝地分享自己对一些话题的思考，谈到了他多年前的婚姻、他的将军们、他这些年来遭遇的多次暗杀，以及他对拿破仑尊重和鄙夷交织的态度。解放者很容易就适应了乡间的生活。他吃得很朴素，自制沙拉，很少喝酒，经常洗澡，不允许任何人在他面前吸烟。他甚至开始手把手地教他那些缺乏教养的同伴们一些餐桌礼仪。[110]

　　他剃光了胡须，留起短发，一副斯巴达式的实用主义造型。他几乎没有时间或兴致再去精心打扮。他不再为了吸引女士们的注意而着装，也不参加布卡拉曼加的舞会。他穿舒适的亚麻衣服，戴一顶宽边草帽。他的脸上爬满了皱纹，皮肤被晒得像黝黑的皮革，看上去比44岁的实际年龄要老许多。他瘦得像个死人，身体越发虚弱，双腿也消瘦下去。他时常发烧，夜间盗汗，精神错乱，表现出肺结核恶化的症状。他的医生试图用催吐剂为他治疗，但那只是加重了病情。尽管如此，他的意志坚强依旧。他笑起来时，双眸闪闪发光，就像人们常说的那样，传递出一种难以捕捉的灵魂和能量交流。[111]他沉思时，两眼眯成一条缝，下嘴唇噘起：即使在最忠实的崇拜者眼里，他也可能是相当丑陋的。

　　他通常早上5点钟起床，给马喂食。不去野外远足时，他会在吊床上荡来荡去，口述信件或阅读随身携带的一堆书籍——荷马、维吉尔、孟德斯鸠、洛克或雄辩的德·普拉特主教的作品。傍晚时分，等待的压力使他筋疲力尽，他便准备就寝。在那些被迫无所事事的日子里，他很多时候都在决心和悲观之间摇摆不定。他像笼中的老虎一样喜怒无常。[112]奥卡尼亚传来的消息并不乐观：忠实拥护他的事业的何塞·马里亚·德尔·卡斯蒂略（José María del Castillo）[113]当选为大会主席，但此人无法团结起玻利瓦尔派，让他们作为一个统一的整体来投票。尤其是委内瑞拉人，结果证明他们的支持是靠不住的，他们汲汲于自己的议题，而非更大的利益。[114]而另一边，桑坦德派同吃同行，就每一点进行磋商，一致对外。

　　在议程第一项上，双方达成了一致意见：旧宪法需要全面修订。[115]但在那之后，当代表们开始掏出冗长乏味的新宪章草案时，辩论很快就沦为滔滔不绝的空谈或此起彼伏的争吵，充斥着人身攻击。玻利瓦尔的追随者被指控为暴君，桑坦德的追随者被指控为狡猾的阴谋家。[116] 不久，谣言开始传出，说桑坦德命一个手下偷偷溜到布卡拉曼加去刺杀总统。玻利瓦尔的随从立即加强了周边安保。但到头来无事发生。解放者得知这些阴谋诡计后，只当它们是无稽之谈。[117]

截至 5 月底，桑坦德阵营已经在审议中取得了实质性进展。大肆中伤玻利瓦尔的记者阿苏埃罗提出了该阵营关于新宪法的建议：废除允许玻利瓦尔在非常时期掌握独裁权的法律。他们将全面限制总统的权力，拆分共和国，将这个国家变为 20 个省份组成的联邦，并赋予国会广泛的行政权力。这是玻利瓦尔的噩梦。他的追随者充分意识到了这一点，要求允许解放者来奥卡尼亚代表他的阵营发言。[118] 但桑坦德表示激烈反对。不行，副总统坚持说，他不能来。"因为如果他来了，那么任何意志和思想都将不复存在，除了他自己的！"[119] 大会一致同意。

卡斯蒂略感到事态正逐渐脱离他的控制。他考虑抵制会议——带着足够多的成员离开，以阻止合法投票。听到这个消息，玻利瓦尔不禁骇然。[120] 事情都到这一步了吗？单凭一个恶霸就能阻碍民主进程，逼走有原则的人？难道他寄托了共和国最大希望的国民大会，就这样无用吗？[121] 但阿苏埃罗为国家制订的提案更糟糕。"做你们必须做的，"玻利瓦尔对他的代表们说，"我也会尽我的职责。"[122]

他越想这件事，就越决绝。在那些闲散的日子里，他曾幻想着回老家，回到委内瑞拉那些饱受战争摧残的退役战友身边。而现在，他无法放弃战斗。"我的医生经常告诉我，"他写信给布里塞尼奥·门德斯，"为保持我的肉体强健，我的精神需以危险为食。这千真万确，上帝把我带到世上，给我革命的风暴为食……我是风暴中的天才。"[123]

6 月 10 日，19 名与会代表退出了奥卡尼亚的会场，只留下 54 名代表——离法定人数还差一人。[124] 国民大会结束了。那时，玻利瓦尔正在前往首都的路上。"公牛就在竞技场上，"他写信给他的外交部部长，"现在让我们看看谁有这个胆量。"[125] 策马前行的路上，他得到消息，波哥大的部长们要求他行使最高独裁权。[126] 他还不知道，他的将军之一，佩德罗·埃兰（Pedro Herrán），已经把波哥大人民召集到了主广场。埃兰告诉他们，宪法已经彻底破产，大会以失败告终，这个国家濒临动乱。埃兰说，玻利瓦尔正在回来卸任总统的路上，而一场血腥内战定会随之而来。这就是他们想要的吗？埃兰的 800 名全副武装的士兵就在广场外面，使这个问题显得格外有分量。部长们没有犹豫。他们投票作废了奥卡尼亚的所有决定，停了当选官员的职，并授予玻利瓦尔无限制权力。当解放者于 6 月 24 日进入这座城市时，他被当作共和国的救星热烈欢迎。[127]

这是真情流露的感激。波哥大市民感到他们险些被无政府的黑洞吞噬，又在危急关头被拉了回来。玻利瓦尔或许在政府里处处树敌——桑坦德提拔了那些政敌，使他们看起来比实际上更强大，[128] 但在街头，在普通民众当中，谁是这个国家的领导人一目了然。对许多人来说，玻利瓦尔就是解放本身，是指引新身份认同的那颗北极星。那个温暖的夏日，当他骑马进入人们的视野时，他们热烈地欢呼起来。

两个月后，在大哥伦比亚"组织法令"（Organic Decree）正式生效的仪式上，玻利瓦尔被宣布为解放者总统（president-liberator）。他发表的就职感言古怪而令人费解，充斥着一种罕见的矛盾心绪。

"哥伦比亚人，"他在结束时说，"我甚至不会说出'解放'二字，因为，如果要我兑现承诺，你们获得的将不只是解放，还有服从。更何况，在独裁统治下，我们还怎么谈自由呢？所以让我们在这一点上达成一致：怜悯听命于一人的国家吧，就像怜悯手握一切权力的人。"[129]

他就是那个人。他掌握了绝对权力，而他与权威之间令人不安的羁绊日后将定义一个大陆。几天后，何塞·帕迪利亚被关进了监狱。桑坦德被剥夺了一切指挥权。副总统官职被废除了。玻利瓦尔提出让桑坦德出任驻华盛顿大使，以示国家对他的赏识。这多少有点苍白无力。但很显然，就算失败的将军不愿接受任命，他还是得准备远航。"桑坦德必须离开这个国家，"玻利瓦尔宣布，"不管以什么方式。"[130]

最终，桑坦德将以一个完全不同的理由离开。

***

当玻利瓦尔还在布卡拉曼加等待大会消息时，曼努埃拉·萨恩斯自由出入于拉金塔，他那俯瞰波哥大的宅邸。她的行为越发乖张古怪，喜欢穿得像个男人，举办奢侈的派对，其间会上演下流的短剧和舞蹈。参加这些风流活动的客人中有些是玻利瓦尔最亲密的朋友，包括一位名叫佩佩·帕里斯（Pepe París）的绿宝石大亨和一位名叫约翰·伊林沃思（John Illingworth）的快活的英国上校。[131] 他们为曼努埃拉的热情、不羁和幽默所吸引，也为她与解放者的亲密关系所吸引。她是"总统夫人"，"解放者夫人"，是通往他小圈子的一扇门。她对他的爱慕丝毫不加掩饰，她对任何不爱戴他的人的蔑视则令人忍俊不禁。"波拉，帕迪利亚，派斯！"她向玻利瓦尔抱怨，"所有这些 P 什么的！……上帝啊，让他们都去死！他们死光的那天将是哥伦比亚的好日子。"[132] 她嘴上没个把门的——南美人喜欢这么说。"我们爱死她了，"他的一个朋友坦言，"早上她会穿着迷人的睡袍接待客人。她试图遮住手臂，但基本上是裸露着的；她用世界上最美丽的手指刺绣，她说话不多，却楚楚动人地抽着烟……还会分享当天最有趣的新闻。稍晚时候，她会穿着军官制服骑马出门。"[133]

在他回来后一个月，7 月 28 日，星期一，曼努埃拉在拉金塔操办了一场奢侈的聚会来庆祝玻利瓦尔的 45 岁生日。庆祝活动对公众开放，在房子周围的山坡草地上举行。拉金塔处处挂着爱国彩旗。外面，军乐队奏乐迎客，士兵们操练队形，狂欢的人们翩然起舞或跳进河里，宴会还提供了丰盛的食物和饮料：烤肉、新鲜面包和无数的吉开酒。房子里面款待的则是解放者的私交好友，食物也要精致得多。碰巧玻利瓦尔在城里有事，不能出席，不过他的将军们和老朋友们挤满了房间，举起香槟酒杯为他庆祝。[134] 随着夜幕的降临，对他的歌功颂德在酒精助推下越来越忘乎所以，直到凌晨时分，有人提到了桑坦德的名字。这就像一根火柴扔进了火药桶：有人提议举行一场模拟审判，制作一个讨人厌的前副总统的模拟像，然后吊死。他们一边拍手喝彩，一边用一袋谷子、一顶三角帽和黑色长袜做成了桑坦德的人偶，还挂上了一块写着"F. P. S. 死定了，叛徒"的牌子。一名军官临时组了个行刑队，[135] 一位神父主持了临终祷告，然后大快人心的是，人偶被枪射了个粉碎。

这是一种耻辱，一桩丑闻——所有这一切都发生在公共场合。一些人声称曼努埃拉·萨恩斯是罪魁祸首。至少，玻利瓦尔手下的年轻军官何塞·马里亚·科尔多瓦将军是这么认为的。[136] 自从他和曼努埃拉匆忙撤离秘鲁，同船出航以来，他就一直不待见她。[137] 我们不知道这种敌意是出于一场激烈的争吵，还是像某些流行的历史学家观点所说，是出于一次失败的调情。不过在科尔多瓦看来，"解放者夫人"是个蛮横、恶毒、爱干涉政事的家伙；她腐蚀了这个国家的每一寸肌肤。他一怒之下写信给解放者，让他趁早摆脱她。

"我知道你生我的气，"曼努埃拉在丑闻曝光后给她的情人写信说，"但我没错。"据她说，那是其他人干的。她没有看见，那时候正在熟睡。这一切可能是真的，也可能不是。她主动提出去她自己的家里躲一阵子。"先生，现在最好的办法也许就是让我离远点，除非你想见我。"[138]

玻利瓦尔很生气，因为他知道即使他不在场，整件事也会怪到他头上。他试着将它当作一个恶作剧来化解，单纯是酗酒作乐闹出的小插曲——虽然令人遗憾，但也没造成什么伤害。但他知道他必须做出回应。"我会让指挥官停职，"他对科尔多瓦说，"至于那个可爱的疯女人，我能说什么呢？我已经尽了最大的努力想摆脱她了，但她实在令人难以抗拒……就算如此，等我们渡过了这一关，我想我会把她送回她的国家，或者任何她想去的地方。"[139]

他不会那样做的。她对他来说不可或缺。除开服侍他多年、详细记录他的每一分钱开销和每一件资产的男仆何塞·帕拉西奥斯[140]之外，曼努埃拉是玻利瓦尔最亲密的伙伴。她是唯一关心他的人，照顾他的一切需要，密切留意他的随从，和他说别人都不敢说的话。

很少有人有敢说的是，首都开始传出即将发生政变的流言。曼努埃拉消息灵通，8月初部长会议准备授予玻利瓦尔绝对权力的时候，曼努埃拉就怀疑存在这样的阴谋。一个忠于桑坦德的年轻知识分子小集团开始公开谈论"诛暴君"是拯救共和国的唯一途径。[141]
虽然人民和军队都坚定地站在玻利瓦尔一边，但这些年轻人执意不
从。他们组成的是个混杂的联盟，但有一个共同点：他们短暂的人生
全部在革命的阴影下度过，在他们看来，这个国家需要向前走。玻
利瓦尔是他们父母辈的人：一个过时的人，一个战争贩子，一个顽
固的守旧者。他们认为，废法又篡权的玻利瓦尔犯了叛国重罪。他
不过是个普通的犯人。[142] "砍掉暴君的脑袋！"成了战斗口号。[143]
在旁观者的眼里，这些年轻的自由派只是喊喊口号。但其实他们真
的在密谋刺杀总统。

　　参与密谋的人中就有弗洛伦蒂诺·冈萨雷斯，[144] 他是一名年轻
编辑，接管了阿苏埃罗的报纸，还娶了10年前把玻利瓦尔迷得神魂
颠倒的执拗美女贝尔纳蒂娜·伊巴涅斯。冈萨雷斯面色苍白，[145] 脾
气暴躁，善于言辞；而且，他和阿苏埃罗一样强烈鄙视玻利瓦尔。[146]
他的同伙有佩德罗·卡鲁若（Pedro Carujo），一个自诩有文化的年
轻枪炮官，始终对保王派抱有同情；[147] 阿古斯丁·奥尔蒙（Agustín
Horment），一个法国自由派，被怀疑是西班牙间谍；[148] 路易斯·巴尔
加斯·特哈达（Luis Vargas Tejada），他被即将赴美国任大使的桑坦德
选为秘书；最后，还有拉蒙·格拉（Ramón Guerra）上校，这座城市
驻防部队的长官，谁也不会料到他会参与这起阴谋。

　　第一个计划是在8月10日，也就是著名的博亚卡战役10周年
之际，在大剧院举行的一场化装舞会上杀死玻利瓦尔。市长已经批
准了这次庆祝活动，但有一个附加条件：宾客必须穿着符合自己性
别的服装。为了确保这一点，当客人们鱼贯进入舞会时，他就站在
门边，挨个儿向他们面具后面窥视。早到的人中有一位扮成骠骑兵
的社交常客。市长要求那人掀开面具，却遭到了拒绝。被拒之门外

后，那位骠骑兵低声说自己是曼努埃拉·萨恩斯，但市长态度坚决：哪怕是解放者的情妇也不许打扮成男人入场。曼努埃拉担心的正是那些阴谋分子的计划：一大群刺客，用一连串匕首瞄准了他们的恺撒。于是她做了接下来的事。她制造出一阵骚动，大喊大叫，疯狂争辩，直到所有人都知道了在门口想要进来的人是谁。玻利瓦尔已经在里面了，暴露在危险之中。他非常尴尬，借故离开。曼努埃拉又一次当众失态，但她确保了玻利瓦尔能活着离开。[149]

　　第二次暗杀安排在 9 月 21 日，也就是"组织法令"授予玻利瓦尔绝对权力的 3 个星期后。那是一个凉爽的星期日，玻利瓦尔决定散步去索阿查（Soacha），那个美丽的郊区距离市中心约 8 公里远。[150] 他的随行人员少之又少，正如密谋者了解到的，只有一个朋友和一个副官。[151] 而且玻利瓦尔走的是一条乡间小路，堪称理想的谋杀地点。卡鲁若为这项任务安排了 6 名刺客，[152] 但在最后一刻他们被桑坦德叫停了，后者断然告诉他们，公众还没有准备好摆脱玻利瓦尔。[153] 最好是等一等，可能的情况下诉诸法律手段；而且无论如何，当那一刻到来时，他希望自己离得越远越好，"这样就没人会说我和这个阴谋有任何关系"。[154] 新的行动日期定在 10 月下旬，[155] 届时桑坦德作为新任驻美大使将乘船离开首都。

　　到目前为止，密谋刺杀玻利瓦尔的计划涉及 150 多人，其中绝大多数是格拉上校兵营里的士兵，兵营离总统府只有几步之遥。主谋很清楚，牵扯的人越多，暴露的风险就越高，因此积极组织协调刺杀行动。他们的计划是全力突袭玻利瓦尔的官邸，除掉玻利瓦尔和他最忠诚的两位将军——乌达内塔和卡斯蒂略。[156]弗洛伦蒂诺·冈萨雷斯被派去试探桑坦德：桑坦德是否准备好担任总统？他含糊其词地回答，如果"罪犯"被除掉，他将为祖国效劳。那么，一切就绪。剩下的只是时间问题。

然而，时间不多了。9月25日，驻军长官格拉上校警告他的同谋们，他们有暴露的危险。一位陆军上尉刚刚向他汇报，说一场革命正在酝酿，玻利瓦尔性命堪忧，还说格拉的驻军中有许多士兵牵涉其中。[157] 通报人没想到像格拉这样的高级军官会是这个邪恶计划的一环。下午晚些时候，冈萨雷斯、卡鲁若和奥尔蒙收到了格拉的消息，他们立刻明白必须当晚采取行动，赶在任何细节被泄露之前。事实上，即将发生政变的传言在当时的波哥大越传越广，一位妇女甚至斗胆直接走进总统府向曼努埃拉·萨恩斯报告她听到的情况。[158] 当曼努埃拉向玻利瓦尔说出她的担忧时，他询问了他的随从，但没问出个结果。男人们开怀大笑了一番，并得出结论，那都是女人想象出来的东西。

主谋们火急火燎地在那天晚上7点聚集到桑坦德的副手路易斯·巴尔加斯·特哈达的家里。他们开始有条不紊地向所有150名同伙传消息，告诉他们计划即将执行。是懦弱也好，改变主意了也好，总之大多数人都没有做出回应。就连格拉上校也为了求稳起见，在当晚拜访了玻利瓦尔的一位部长，友好地打了一轮纸牌。然而，到了10点30分的时候，巴尔加斯·特哈达家里的那伙人已经组成了一个坚定的暗杀小队。他们约莫11点30分动身前往总统府：奥尔蒙带着10名全副武装的市民，卡鲁若率领16名经验丰富的士兵。[159] 这是波哥大典型的一个9月夜晚，一场凉雨刚过，浸湿了整座城市，[160] 街道上泥泞不堪，[161] 月亮却皎洁而圆满。[162]

***

那天晚上，玻利瓦尔圈子里的每个人都生病了。官邸沦为临时诊所。玻利瓦尔发烧了。何塞·帕拉西奥斯重病卧床。两名副官患了重感冒：弗格森（Ferguson）上校喉头火烧火燎，只得去陆军医院接受治疗；安德烈斯·伊瓦拉（Andrés Ibarra）上校则病恹恹地待在自己的房间里。甚至连刚从弗吉尼亚州的学校回来的解放者的侄子费尔南多·玻利瓦尔也感到身体不适。玻利瓦尔很少像现在这样无人值守。

6点钟的时候，他给曼努埃拉家捎信，请她过来陪他，但曼努埃拉拒绝了。她也得了重感冒，不想在这样恶劣的天气外出。但是玻利瓦尔坚持认为她的情况比他好得多。他浑身疼痛、发热，需要她的温柔照顾。在他的恳求下，她穿上橡胶雨鞋，在潮湿的夜晚匆匆向他那里赶去。[163]

她到来时，他正在浴缸里洗凉水澡退烧。他看上去很忧郁，这很可以理解。他是住在病室里的病人，却还有很多事情要操心：秘鲁海军刚刚在瓜亚基尔向大哥伦比亚发起攻击；秘鲁总统拉马尔将军挥师北上，指挥进攻；受伤的苏克雷将军先前将玻利维亚输给了秘鲁将军，[164] 现在正要登陆瓜亚基尔迎敌。总而言之，他带着浓重的黑色幽默对曼努埃拉说，是时候来一场政变了。她对此嗤之以鼻："10次政变可能都要发生了，你还不当回事！"[165]

"别担心，"他安慰她道，"不会有事的。"尽管当晚官邸周围只有几个守卫[166]——她在去那里的路上亲眼所见——但玻利瓦尔并没有在意。格拉上校向他保证过，但凡有点风吹草动，整支驻军随时准备投入战斗。[167] 解放者此刻唯一的保护就是隔壁房间的剑和手枪，装在套子里，放在书桌上。

泡在浴缸里的时候，他让曼努埃拉读书给他听，想着字句可能有助于减轻痛苦。过了一会儿，他爬上了床，和他那精疲力竭的情妇一起昏昏沉沉地睡着了。但在临近午夜的某个时刻，她被一阵刺耳的狗叫声惊醒了。玻利瓦尔的獒犬在院子里狂吠。她听到几声沉闷的击打声，好像什么东西被砸中了，砍倒了，然后是男人的说话声，在黑暗中回荡。[168]

她警觉到可能有危险，忙把玻利瓦尔从沉睡中唤醒。他的第一反应是去拿武器，穿着睡衣就向门口走。[169] 她拦住他，恳求他穿好衣服，他冷静而迅速地照做了。但当他四处寻找鞋子的时候，却怎么也找不到。他仅有的一双靴子被拿去抛光了。绝望之下，曼努埃拉把自己的橡胶雨鞋塞给了他，不知怎么的，他设法把脚挤了进去。"现在怎么办？"他说着，拿上了手枪和剑，"让我们勇敢地面对暴风雨？"

她脑子飞快地转着——刺客已冲进走廊，喧哗声越来越大——她指了指窗户。她提醒他，就在几天前，他还跟佩佩·帕里斯说这是个完美的逃生路线。那本是玩笑话，但现在，当刺客们闯到门口，挥拳大喊时，玻利瓦尔才意识到自己是多么正确。窗户朝大街开着，跳到鹅卵石路面上不是难事。曼努埃拉向外张望，察看路上是否安全，她让他等了几秒钟，确认没有问题。就在他跳出窗户进入黑夜时，刺客们开始砸门。

曼努埃拉拿起她的剑，尽可能镇定地拔去门闩。她能听到门那边传来的喊声："自由万岁！""暴君去死！"然后她猛地打开了门。[170]

"门厅里出现了一个极其美丽的女人，"冈萨雷斯后来回忆道，"她手里拿着剑，以令人钦佩的镇定和非常礼貌的态度，问我们想要什么。"[171]

"玻利瓦尔！"

"他不在这儿，"曼努埃拉回答，"你们自己看吧。"[172] 奥尔蒙和其他人从她身边挤过去，寻找玻利瓦尔。在此之前，他们几乎没有遇到什么麻烦，现在他们更不希望遇到。卡鲁若和他的神枪手们通过总统府大门时射杀了一名警卫，割断了几个哨兵的喉咙，然后迅速离开，去对付玻利瓦尔最忠实的部队巴尔加斯营，而武装平民则径直冲了进去。奥尔蒙、冈萨雷斯和其他几个人已经跑上几级台阶，直奔夹楼层的解放者住处。他们打伤了伊瓦拉，后者听到嘈杂声便从床上跑了下来，他衣冠不整，还发着烧，但手中握着一把剑。[173]

刺客们手拿匕首，胸前绑着手枪皮套。曼努埃拉看得出他们绝非虚张声势。他们高举灯笼从她身边挤过，察看房间，摸摸床看它是否还暖和。可玻利瓦尔却不见踪影。他们懊恼地抓住曼努埃拉的胳膊，粗暴地问她，他到哪里去了。她回答说他在大厅那头的会议室里。这是她能想到的唯一合理的借口。当其中一个男子高喊有一扇窗户开着的时候，曼努埃拉坚称是自己刚刚打开的。他们相信了她。他们不相信卡鲁若会不安排士兵把守这一侧的街道。她领着他们在迂回的走廊里东走西走，试图误导他们，为玻利瓦尔争取宝贵的时间。[174] 最后，他们被带去了官邸的每一层楼，又被带了回来，他们怀疑她在耍他们。她交叉双臂，在众人面前站定。[175] "他安全了！"她终于承认，"我帮他逃走的！杀了我吧！"[176] 他们把她掀翻在地，踢她的头，用剑打她，但冈萨雷斯拉开了他们。"我不是来这里和女人打架的。"他说。[177] 他们像来时一样迅速地消失在大厅里，就在这时，外面响起隆隆的炮声：卡鲁若的炮手正在攻击巴尔加斯营。[178] 曼努埃拉跟跟跄跄地走回房间，听见外面响起靴子刺耳的咔嗒声。月光下，她认出了玻利瓦尔的副官弗格森，他正从兵营医院飞奔回来。她试图警告他，但他丝毫没有停下来的意思。[179] "这是怎么回事？"[180] 弗格森看到战友卡鲁若上校挥着枪发号施令，不禁喊了出来。还没等他走到门口，卡鲁若就一枪打死了他。

当玻利瓦尔落在卧室窗外的鹅卵石街道上时，他看见他的糕点师从官邸里跑了出来。[181] 他们一起沿着河拔腿飞奔，躲到一座潮湿的桥下，见证波哥大在喧嚣和枪炮声中苏醒过来。他们在黑暗中瑟瑟发抖了三个小时，听着头顶上嗒嗒的马蹄声和铁钉靴在石头上踏来踏去的声音，以及惊恐的市民们猛地打开和砰地关上窗户时的喊叫声。叛乱者把帕迪利亚从军营监狱里放了出来，并在此过程中杀死了看守。这位黑人将军跌跌撞撞地走进月夜，对正在发生的政变全然不知。[182] 在科尔多瓦和乌达内塔的领导下，玻利瓦尔忠心耿耿的巴尔加斯营一条街一条街地击退了叛乱者，抓获了一些俘虏，追击另外一些人，直到他们四散而逃，再不露面。钟楼上的钟敲过两下之后，骚乱终于趋于平静。[183] 在潮湿的寒气中，玻利瓦尔烧得越来越厉害，但他现在还不能冒险出来。他派糕点师去兵营了解情况。那人带着好消息回来了：军队仍然忠于玻利瓦尔，市民们义愤填膺，刺客们消失在夜色中。当埃兰将军骑着马沿街而来，高喊"玻利瓦尔万岁！"时，解放者知道，他终于可以冒险出去，探一探形势了。[184]

他浑身湿透，满身泥泞，几乎说不出话来。[185] 他被带到主广场，在那里受到了热烈欢迎。乌达内塔、卡斯蒂略、帕里斯、科尔多瓦和广场上的每一个士兵都冲过来拥抱他，眼里闪烁着泪光。[186] 他几乎神志不清，随时可能昏倒，但他告诉他们："我在这里，悲痛欲绝，你们却想用欢乐杀死我。"[187]

悲痛是显而易见的。他感到震惊和羞辱。在那之前，他把一切危险的传言都当作无伤大雅的胡话，根本未予理会。他从来没有想到自己军中的士兵——他的"爱国者们"[188]——会举起剑来反对他。真相令人震惊，尤其是当他得知自己的房子变成了杀戮场，他的情妇被打得几乎不能行走的时候。[189]事实上，在黎明前桥下的那个不眠夜，玻利瓦尔身上有什么东西死去了——仿佛他的心碎了，他的灵魂受了致命伤。他之前曾两次躲过暗杀，但这一次经历将在余生折磨着他。

早晨4点，[190]他回到了总统府，感谢曼努埃拉的机敏和勇气。"你是解放者的解放者。"他温柔地对她说。他一再要求她复述那些细节，但每次听都沮丧地说："我不想再听了。"可接着，他又会辗转反侧，坐起来让她再讲一遍。[191]

当天上午晚些时候，玻利瓦尔见到了他的部长们，他第一反应是辞去总统职务，赦免那些谋反分子。[192]他甚至不想知道攻击他的人是谁。"我的心碎了一地。"他告诉他的心腹。他向卡斯蒂略承认，他深受伤害，只想离开这个国家。[193]他补充说，他宁愿死掉而不是活下去，他只是在为共和国的荣耀扛着。[194]卡斯蒂略看得出面前的那个人病得很重。他建议玻利瓦尔仔细考虑复杂的后果。如果照玻利瓦尔所说的去做，那么将向世界发出这样的信号：极少数人的愤怒比大多数人的福祉更重要，大哥伦比亚的解放者宁愿辞职也不愿为共和国的荣耀而战。

卡斯蒂略的建议很有说服力。第二天，玻利瓦尔的官员逮捕了桑坦德、格拉、帕迪利亚、奥尔蒙和卡鲁若。他们对嫌疑人展开了围捕，开始对共谋进行全面调查。波哥大人民把他们一个接一个地交了出来。与卡斯蒂略打了一晚上牌的格拉上校[195]现身官邸，仿佛这只是普普通通的一天，仿佛他从来没有参与过阴谋似的。他被抓起来关进了监狱。乌达内塔将军自打"惊人的战役"以来就是玻利瓦尔的忠诚战士和桑坦德的死对头，他被指派负责伸张正义。不出一个月，玻利瓦尔写信告诉苏克雷，他确信他的前副总统就是暗杀计划的幕后黑手。"我正在粉碎这个业已流产的阴谋，"他说，"每个共犯都会受到这样那样的惩罚。桑坦德是其中罪名最大的，但他也是最幸运的。我的慷慨保护了他。"[196]

最终，在被认定为主犯的 59 人中，有 8 人因为各种原因被无罪开释，主要是因为他们愿意出庭指认其他人。14 人被判处死刑，并被当场处决，其中包括格拉、奥尔蒙和帕迪利亚。[197]面对行刑队，帕迪利亚将军——固然是叛乱分子，但绝不是刺客——拒绝戴上眼罩，并且就像 10 年前遭到争议性处决的皮亚尔一样，到最后也毫无悔意，高呼着"懦夫！"被击毙。其他阴谋分子要么逃走了，要么只被关押了很短的时间。真正的罪魁祸首卡鲁若和冈萨雷斯，通过各种手段保全了性命；冈萨雷斯（娶了令人惦记的贝尔纳蒂娜）发誓会把他知道的一切都告诉乌达内塔和法官们。桑坦德被判处死刑，并被拖下法庭打入地牢，但玻利瓦尔宽大地给他减刑为流放。[198]

尽管解放者决定让法庭惩治袭击者，但他无意实施全面报复。"我眼睛里看到的全是阴谋。"他恼怒地说。[199]曼努埃拉后来坚称玻利瓦尔拥有仁慈的灵魂：他禁止法庭强迫她做证和参与处刑；他要求曼努埃拉去监狱里探视帕迪利亚，并安慰他；当她在自己家里窝藏逃犯时，他总是视而不见。[203]她从未忘记，在危急关头，当她毫无防备、头撞向地板的时候，是弗洛伦蒂诺·冈萨雷斯阻止了手下人杀她。[201]如果说罪犯获得了不可理喻的释放和赦免，那是因为类似这样的人类境遇激发了玻利瓦尔的恻隐之心。[202]

若不是玻利瓦尔在那个疯狂的月明之夜从卧室窗户跳了出来，他可能已是死人一个，整个国家也会血流成河。一个情妇和一个糕点师扭转了历史的潮流。一双橡胶雨鞋拯救了世界。不过，平心而论，那些阴谋分子达到了他们的目的。解放者再不是从前的他了。他的身体和精神陷入了致命的旋涡。[203]丧钟开始敲响了。

第十七章

破浪前行

> 没有人能够不受任何伤害就实现目标；在人生的旅途中，没有人能够逃脱嫉妒的毒牙。
>
> ——西蒙·玻利瓦尔[1]

接下来的日子里，玻利瓦尔的健康状况急转直下。除了未遂的暗杀令他心碎之外，还有身体上的劳损：在湿冷的夜里蹲在桥下长达3个小时，对一个健康的人来说也是吃不消的，更何况他本就发着烧。这场磨难严重影响了他的肺，他饱受肺结核之苦，虽然尚未确诊。他回到拉金塔疗养。[2]曼努埃拉身上的瘀伤逐渐消退，她又开始在家里忙忙碌碌，打点各种事务，可玻利瓦尔虚弱依旧，脆弱的一面也逐渐展露出来。

他决定留在拉金塔这个给他更多安全感的山坡堡垒，访客们必须去那里才能拜访他。新任法国大使奥古斯特·勒穆瓦纳（Auguste Le Moyne）在阴谋行动被挫败3个月后到来，攀上小丘向总统呈递国书。[3]勒穆瓦纳乘坐一艘由12个近乎裸体的男人划的独木舟，沿马格达莱纳河艰难航行了两个月，见识过鳄鱼、当地醉鬼和五彩缤纷的鹦鹉，[4]但他从未像现在这样被眼前的景象所震撼：

我们抵达拉金塔，接待我们的是曼努埃拉·萨恩斯……过了一会儿，一个人出现了，他看起来状态糟透了，脸色蜡黄，头戴一顶棉帽，裹着一件长袍，两条腿几乎完全消失在一条宽大的法兰绒裤子里。一提到他的健康，他便"唉"了一声，指指骨瘦如柴的手臂说："不是自然把我弄成这样的，而是啃噬我心的痛苦。我的同胞用匕首杀不死我，便想用忘恩负义杀死我。等我不在了，那帮暴徒就会像群狼一样互相厮杀，而我用超人的努力建立起来的一切将被叛乱的泥沼吞没。"[5]

他勉力向前，试图恢复表面上的稳定。自博亚卡的光辉岁月开始追随他的一位士兵画下了他的样子。[6]尽管画家竭力想表现出他的高贵仪态，但还是不由自主地记录下了那个幽灵：稀疏的头发，凹陷的脸颊，光彩尽失的眼睛。[7]解放者再也不是拉巴斯和利马庆祝胜利的油画中那个昂扬的战士了。他的肌肉萎缩了，皮肤松弛，脸上布满了皱纹。他的下颌曾是那么俊朗刚毅，如今却因无数次的怀疑而变得疲软。自信大胆的神态被犹豫不决所取代。

玻利瓦尔发愁该如何惩罚那些阴谋分子，他的主意变来变去，不知应从轻还是从重。他很乐意听苏克雷、曼努埃拉和桑坦德的情妇尼科拉萨·伊巴涅斯轮番为桑坦德求情。[8]乌达内塔的陪审团认为副总统铁定有罪。根据他们的说法，桑坦德清楚这个阴谋，给过阴谋分子建议，并从未试图通知当局。但是，尽管法庭努力寻找他与罪行直接相关的证据，却一无所获。玻利瓦尔确信桑坦德就是幕后主使，但他也担心处决一个如此受欢迎、如此有名望的人会带来的后果。最后，他听从了部长会议的建议：宽大处理。玻利瓦尔将判决结果减为流放，桑坦德经海路被运到卡塔赫纳地牢，关在一间臭气熏天的牢房里等待判决生效。这个决定还是令玻利瓦尔担忧。同样是通敌叛国，给予一个白人宽大处理，却处决了一个黑人——帕迪利亚，这样做对吗？[9]大哥伦比亚会原谅它的解放者处死了它最伟大的黑人英雄帕迪利亚和皮亚尔吗？他向一位朋友坦言，这么多人的鲜血一直困扰着他。[10]

玻利瓦尔对正义的强烈挂怀现在影响了他的所有决定。他迟疑了，动摇了。他的敌人自称"自由派"，以"自由"和"正义"这类概念来自我标榜，[11]而这些词恰恰是他在革命各个阶段反复重申的，这让他备受折磨。难道他没有承诺过平等、自由和人权吗？难道他没有带来独立吗？但在和平时期，这一切似乎都成了连篇的空话。"自由"的含义被扭曲了，为敌人所用，然后被拿来折磨他。他越发对那些劝他做回原来的自己，重新焕发活力的人感到恼火；难道他们看不出他已经精疲力竭、能量耗尽了吗？正如一位历史学家所言：正是在他意识到自己作为政治家的失败而痛苦不堪的日子里，他作为个人达到了伟大的巅峰。[12]现在，他以罕见的清醒明白了拥有无限权力意味着什么；他也明白了，一个统治者应当拒斥它。"要当心由一个人统治的国家，"他曾告诉他的爱国者同侪，"因为那是一个奴隶的国家。"[13]他并非有意陷入那样的境地。他之所以揽过独裁权力，是因为国家处于混乱之中，他需要做成一些事情；他把制宪会议的日期定在1830年1月2日，那也是他打算交出权力的日子。但是9月25日的那一夜让他看到，他的目标原来是那么地不切实际，针对他的敌意是那么地强烈。就这样，全世界最激进、最冲动的革命者[14]被致命的犹豫攫住了。[15]玻利瓦尔成了一个时时遭受良心谴责的人，这使他几乎无法迈出下一步，他清楚地看出了其中的悲剧意味。

像往常一样，是他的将军和朋友们推着他往前。他们知道，凡是玻利瓦尔所到之处，都能形成表面上的秩序；凡是他缺席之地，都注定滑向衰败。[16] 现在支持他，让他继续掌权变得至关重要，因为在这个越发不稳定的共和国里，他似乎是唯一的确定性。每一次政治进步、每一项制度、获得世界认可的每一步都是靠解放者的声望取得的。桑坦德本人就说过："你是我们所有希望的支柱，我们生命力的精髓……在这危难时刻，只有你能救我们。"[17] 奥利里恰如其分地指出：人们相信只要玻利瓦尔现身，靠着"他的威望的魔力"[18] 就能平息麻烦。

玻利瓦尔比谁都清楚工作中存在多少不足。独立已经实现，开明的政府架构已提上日程，但胜利者们没有统一的目标，没有共同执政的精神。各路军阀仍然想统治自己的一方领地，他们的理想与能力同样渺小。无论在玻利维亚还是在委内瑞拉都是如此：一个更大的联盟的概念似乎是虚浮的、外来的，隐约还带着一丝威胁。虽然殖民地不复存在，但殖民心态依然根深蒂固。这些新生共和国孤立又排外，正如西班牙原来鼓励其美洲殖民地的那样。委内瑞拉人认为秘鲁人是傲慢的保王分子。沿海居民认为山地居民是愚昧的印第安人。南方人认为北方人是古怪的黑人。"再见了，桑博人！"[19] 苏克雷将军撤离拉巴斯时有人喊道。似乎没人期待一个团结一致的美洲。

玻利瓦尔深知，自由的代价远比美国付出的代价大得多。拉丁美洲广大的人口聚居区遭到摧毁。一场由上流社会发起、本指望轻松取胜的革命，却陷入了 20 年的灾难性损失之中，其血腥程度堪比武装程度更高的 20 世纪冲突。人口减半，[20] 区域经济陷入停滞。事实上，玻利瓦尔解放的几个共和国的经济状况比西班牙统治时期糟糕得多，（连年征战使）各地经济全面崩溃。银矿遭到废弃，农田化为灰烬，纺织业停产。[21] 新美洲创造一个强大的跨区域市场的机会

因为持续不休的边界纷争而化为泡影。虽然军队中首次出现原住民
和黑人将军，这一现象将改变南美的面貌，但大量有色人种的境遇
在革命后并未改善。在很长一段时间里，他们会比在西班牙的高压
法律下过得更糟。玻利瓦尔千辛万苦铲除的奴隶制被其他控制形式
所取代：克里奥尔人接手了西班牙人的统治。玻利瓦尔惊恐地看着
美洲正在变成的可怕模样：它封建、分裂、穷兵黩武、种族主义、
被力图蒙蔽无知群众以牢牢控制他们的军阀所割据。[22] 这一切最终
会改变。毕竟，在奴役和自由之间、在机遇与闭关锁国之间、在投
票选举和极权统治之间存在着巨大的差异。但这些根本性的转变需
要一个半世纪的时间才能在整片大陆上完成。此刻，拉丁美洲的财
政和社会躺在一片废墟中，其城市濒临无政府状态。这与解放者预
想中的开明世界相去甚远。[23]

　　玻利瓦尔需要时间来思考这些问题，排遣他的悲伤。[24] 他决定
离开令人窒息的波哥大，去乡下长期休养。但在离开之前，他希
望卸下至少一部分领导人的重担。他写信给他最爱的将军安东尼
奥·苏克雷，后者刚刚抵达瓜亚基尔。"你会在附件中看到，"玻利
瓦尔告诉苏克雷，"我任命你为哥伦比亚南部的绝对统治者。我的
所有权力，不论好坏，现在都让渡予你。发动战争，缔造和平，拯
救或失去南方；你是自己命运的主人，也承载了我的全部希望……
请弗洛雷斯和奥利里也读一读这封信，好让他们知道我把西蒙·玻
利瓦尔的精髓都赠给了你。"[25]

＊＊＊

　　玻利瓦尔希望弗洛雷斯和奥利里读到这封将大权赋予他的"宠

儿"[26] 的信是有原因的。弗洛雷斯将军负责管理玻利瓦尔口中的
"厄瓜多尔"地区，也就是他刚刚移交给苏克雷的大哥伦比亚南
部；玻利瓦尔知道这个消息定会令弗洛雷斯诧异。他希望奥利里
来替他解释。[27]

　　27 岁的胡安·何塞·弗洛雷斯将军已随解放军征战 16 载。父
亲抛弃了他，母亲又去世之后，他成了孤儿，年仅 12 岁便参加了委
内瑞拉革命，当时孤注一掷的将军们开始大量招募儿童兵。1813 年，
博韦斯大军扫荡了巴伦西亚，割断了所有革命者的喉咙，将整个城市
化作火海，而他幸免于难；这个少年兵唤起了他们的同情。弗洛雷斯
转去派斯手下服役，从派斯身上学到了胆识、毅力和训练战斗部队的
技巧。15 岁时，他当上了中尉，17 岁晋升为上尉。他头脑聪明，求
知欲强，自学了读书和写字。他随后又跟着玻利瓦尔征战卡拉沃沃、
邦博纳、皮钦查。最终，玻利瓦尔让他负责执掌共和国最顽固、最难
管的帕斯托地区。弗洛雷斯巧妙地统治着帕斯托，成功地平定了狂热
的保王主义民众，没有像"解放"期间那样诉诸大肆屠杀。[28] 他下定
决心，总有一天他会统治整个这片地区，包括基多。[29] 饶是如此，他
不是苏克雷——不是阿亚库乔决战的胜利者，不是国家的塑造者——
不是玻利瓦尔想象中"光辉无瑕"[30] 的伟大美洲人的典范。现在，弗
洛雷斯被明确告知，苏克雷将成为解放者的接班人。[31]

　　苏克雷无意担此重任。在秘鲁和玻利维亚辛苦了 5 年之后，阿
亚库乔的伟大战士盼着回到他在基多的美丽新娘身边（他们是通过
代理人完婚的）。[32] 他已经为革命效过力了，担起了他既未主动谋
求也并不想要的职位——在遥远的政府里，监督着那些一会儿视他
为救世主，一会儿又视他为占领者的民众。玻利维亚的分崩离析是
一场灵魂的磨难。经过革命历练的圣克鲁斯将军和加马拉将军由秘

鲁入侵玻利维亚，推翻了他的总统地位。他胳膊上中了一枪，不得不迅速离开，而这个国家在接下来悲惨的 5 天里换了 3 位总统，其中 2 位遭到暗杀。苏克雷现在只渴望过上平静的生活，远离这一切。他最不愿意的就是侵占谁的指挥权，他也斩钉截铁地向弗洛雷斯和奥利里表明了这一点。[33]

　　时运使他身不由己。1828 年 11 月 12 日，当玻利瓦尔在一个名叫奇亚（Chia）的小村庄疗养，希望能摆脱暗杀未遂以来挥之不去的心理阴霾时，[34] 一位心怀不满的上校发动了一场叛乱，就在由弗洛雷斯和苏克雷管辖的那个地区。犯事的上校何塞·马里亚·奥万多原本是西班牙军队的军官。但在 1822 年，当玻利瓦尔从波哥大向瓜亚基尔进行历史性的进军时，奥万多改变了立场，加入革命军。这几年来，奥万多对大哥伦比亚感到幻灭。他认为自己首先是新格拉纳达人。起初，他只是从军队辞职以示不满。但几个月后，他态度大变，写信给拉马尔将军，[35] 表示愿意协助秘鲁入侵大哥伦比亚。[36] 为了表明自己绝非戏言，奥万多袭击了波帕扬，控制了这座城市，驱逐了玻利瓦尔政府委任的执政官，并向解放者宣战。[37]

　　玻利瓦尔早就知道，与秘鲁必有一战。[38] 这就是他让苏克雷负责的原因。几个月来，玻利瓦尔一直在与秘鲁大使[39] 周旋，这个对手显然是被派来专程刺激他的。他拒绝见那个人。玻利瓦尔宣布他正在召集一支 4 万人的大军[40] 来解决边境争端；他向秘鲁表示，秘鲁拒绝偿还拖欠大哥伦比亚的 350 万美元债务，这本身就构成了宣战的理由。即使在那个生死之夜，在刺客们快步穿过官邸打算把他杀死在床上时，玻利瓦尔还坐在浴缸里策划战时策略。与秘鲁的交锋不可避免。而大哥伦比亚不团结起来，就不可能打赢战争。他指示弗洛雷斯和奥利里前往瓜亚基尔，借口要与当时已经封锁了这座城市的秘鲁人进行和平谈判，但实际上，他是在争取时间，以便在奥万多变节之后稳定军心。玻利瓦尔现在最不想要的就是一个在那个紧张地区给敌人煽风点火的叛变上校。身体欠佳的解放者还没有完全康复——他本该持续休养两个月，[41] 这才第 10 天——但他缩短了疗程，赶回波哥大。如今，他全凭精神力量强撑着在工作。[42]

到了 12 月初，在大力神般的意志力下，玻利瓦尔踏上了长达900 多公里的艰难旅程，翻越安第斯山脉，抵达威胁重重的边境。由于剧烈的咳嗽，他一次只能骑马连续走两个小时。[43] 雨不停地下，酷热和瘟疫令人难以忍受。但速度是绝对必要的，于是他命手下最老练、最无畏的科尔多瓦将军去镇压奥万多的叛乱。不到 30 岁的科尔多瓦早已是阿亚库乔和博亚卡的英雄之一。他忠心耿耿，思维敏捷，勇敢强猛，是一位极富魅力的指挥官。在玻利瓦尔长途跋涉之际，科尔多瓦向奥万多疾速逼近。待到 1829 年 1 月，这位年轻将军在一场无情的游击战中粉碎了奥万多的部队。[44]

2 月，苏克雷、弗洛雷斯和奥利里终于组织起部队反抗秘鲁。何塞·德·拉马尔将军已经被任命为秘鲁总统，一个月前，他的军队占领了瓜亚基尔，急于将其从大哥伦比亚分离出去。但拉马尔的军队并没有就此止步，它占领了昆卡城（Cuenca）[45]，正准备向北发动另一场进攻。拉马尔总统就出生在那片争议领土上，和他之前的圣马丁将军一样，实际上也和许多秘鲁人一样，他憎恨玻利瓦尔对这里的侵占。他决心将其从大哥伦比亚的魔爪下解放出来，并勾销秘鲁欠波哥大的战争债务。

这种公然的挑衅让苏克雷别无选择。他最后一次拿起剑，率领1 500 人迎战拉马尔的 5 000 人军队。[46] 在瓜亚基尔南部的高丘上，在塔尔基（Tarqui）稀薄的空气里，他们交上手了。就像苏克雷指挥的大多数战斗一样，塔尔基战役敌我实力悬殊，他率领的人马远远少于敌人的部队。然而，尽管天降大雨、山隘险峻，尽管还有奥万多的叛军横插一脚挡住了去路，苏克雷依然取得了胜利。[47]大哥伦比亚人装备简陋，食物匮乏，但眼下他们认为自己战无不胜；他们对秘鲁人毫不留情。1 500名秘鲁士兵被杀，1 000多名士兵受伤或被俘。苏克雷允许拉马尔体面地投降，至少在目前，秘鲁人撤回到了他们在南部的据点。[48]苏克雷精疲力竭，写信向玻利瓦尔汇报胜利。[49]不可思议的是，他曾在阿亚库乔为这些人的自由而殊死战斗，如今却不得不对同一批人举起武器。[50]但任务完成了。与秘鲁的战争结束了。他告诉玻利瓦尔，他担任指挥官只是因为情况紧急，将来不会再承担这样的任务了。[51]他递交了辞呈。他年轻的妻子将在7月生下他们的第一个孩子，而他只想陪在她身边。

苏克雷蜿蜒前行，穿过火山带返回家去，[52]而玻利瓦尔来到了帕斯托。他采用两年前对付派斯的策略，对叛军实行特赦，敦促他们重新加入共和国。[53]奥万多别无选择。向秘鲁求援已经不可能了。他吞下了玻利瓦尔的诱饵，签订了和约，之后被玻利瓦尔擢升为上将。[54]这令全力平叛的科尔多瓦义愤填膺。解放者怎么能如此专断？他痛斥此举的不公和武断。冲动之下，年轻的将军骑马离去以发泄愤怒。他向玻利瓦尔的朋友抱怨，向玻利瓦尔的敌人抱怨。他甚至想找奥万多了解玻利瓦尔的用意。但到那时，科尔多瓦将军将会有另一个发怒的理由。[55]

***

在英勇救下玻利瓦尔之后的几个月里，曼努埃拉·萨恩斯在波哥大社会上下受到了空前的欢迎。他给她取的绰号"解放者的解放者"已成为传奇，而她挡在他的卧室门口向刺客挥剑的形象也传为佳话。[56] 科尔多瓦将军驳斥她的所有不体面行径——着男装、粘小胡子、没规矩的仆人、对桑坦德的模拟处决——在她沉着冷静的表现面前似乎都不值一提。她令人钦佩，她是个英雄。虽然这种光环不会持续太久，但就目前而言，外国外交官们争先恐后地想见她；她过着活跃的社交生活，甚至还打入了一个为共和国的未来出谋划策的封闭的小圈子。[57]

这次未遂的暗杀行动震惊了玻利瓦尔的部长会议。万一阴谋分子成功了呢？万一玻利瓦尔死了呢？毫无疑问，大哥伦比亚会陷入难以言喻的暴力，另一场骇人听闻的内战。玻利瓦尔最坚定的支持者们——他忠实的陆军部部长乌达内塔将军、代总统何塞·马里亚·德尔·卡斯蒂略、外交部部长埃斯塔尼斯劳·贝尔加拉（Estanislao Vergara）和内政部部长何塞·曼努埃尔·雷斯特雷波（José Manuel Restrepo）——现在开始着手避免潜在的混乱。长期以来，玻利瓦尔都认为大哥伦比亚只有得到某个世界强国的支持才能取得成功；受此启发，这些人开始向国外求救。他们开启了一项招募外国君主的疯狂计划。[58] 他们知道他们在与时间赛跑，任谁都能看出玻利瓦尔的健康每况愈下。他们也知道玻利瓦尔会坚决反对他们。他曾旗帜鲜明地反对君主制。他们决定暂时对他隐瞒这个计划。

他们的想法很简单，希望能借此根除贻害这个年轻共和国的分裂状况。在他们的规划中，玻利瓦尔将执掌大权直至去世。届时，所有的权力都将交给一位准备好继任的欧洲王公。像英国这样的君主立宪政体被认为是解决大哥伦比亚动荡局势的理想方案：将权力授予一位无可争议的领导人，确保民众来之不易的自由，但也赋予政府强有力的手段来治理一个种族多元化、混乱无序的国家。乌达内塔、贝尔加拉和雷斯特雷波曾与英法两国的外交官有过接触，请他们协助物色人选。在整个 4 月和 5 月的会谈中，他们开始青睐法国王室的一位王子，认为有天主教渊源的贵族会与南美洲臣民有更多的共同之处。然而，尽管部长们刻意保密，玻利瓦尔还是于 6 月得知了这个计划。奥利里报告了大部分的情况；[59] 英国临时代办也怀着为君主制计划献计献策的热情，写信给解放者征求意见。[60]

　　曼努埃拉是否向玻利瓦尔透露了这个计划，我们不得而知；但作为乌达内塔的密友，她想必有所了解。不管怎样，她完全有理由支持这个想法。她相信她的情人是一个伟大的男人，她希望他的信念永垂不朽，希望保住他的历史地位。她以惯有的世故和热情，为查理十世国王的法国官方代表团举办了一个盛大的宴会。该代表团于 5 月初抵达，旨在探讨君主制计划。那天晚上，几乎所有首都外交界的人士都来到了曼努埃拉的房间——除了美国代表威廉·亨利·哈里森和其他几个坚决反对君主制国家的人。不难想象，当法国代表们在曼努埃拉家中畅饮香槟，向解放者祝酒时，他们的心情是何等热切：拿破仑先前就一直关注美洲；现在，随着一位波旁家族国王重新登基，以及大部分的法国海军都在美洲海域航行，[61] 一个诱人的机会出现了。玻利瓦尔情妇家的迷人晚会为查理十世的帝国带来了一个好兆头。然而，在一年多一点的时间里，这一切最终化为了泡影：巴黎人揭竿而起，向国王的花园投掷石块；查理十世连夜逃离王宫。

　　但在波哥大的迷雾中，玻利瓦尔的部长们猜不到这样的结局。君主政体预示着秩序、永续和与外国的联系，所有这些都是维系共和国的必备要素。当他们最终向玻利瓦尔呈上这个想法时，他恼怒地挥手示意他们离开。它有一千个行不通的理由，他表示：哪个欧洲王公愿意在这种极端混乱下进行统治？大哥伦比亚如何支持君主政体的巨额开支？最重要的是，如今已被赋予自由的大哥伦比亚下层阶级不会容忍帝国的不平等。大哥伦比亚的新将军们也不太可能容忍君主制，他们将被剥夺一切权力，尤其是指挥权。[62]

不，他对国王毫无兴趣。从他在马德里的日子起，历经米兰达时代和圣马丁时代，玻利瓦尔始终坚决反对所有支持君主制的主张。他现在依然拒绝。君主制的问题就像夏天的蚊蚋一样，阴魂不散，令人生厌，但在他的脑子里无足轻重，一出现就该被打跑。[63]一些历史学家声称他听凭这一计划的推进是因为他已宣布要放弃权力，决定权不再属于他了。[64]但是，玻利瓦尔对此事坐视不理还有其他原因：他与首都的距离，科尔多瓦微妙的不满情绪，以及他无法亲自监督事态发展。[65]但是他苍白无力的回应被有意扭曲，被他的敌人用来暗示他一直渴望王位。[66]事实上，那些祈祷玻利瓦尔倒台的人——包括派斯和桑坦德的支持者——起初都假装支持君主制，因为他们知道，摧毁玻利瓦尔的唯一办法就是让大哥伦比亚人相信他也想施行君主制。[67]难道他没有吗？不是他的部长们提出来的吗？这肯定是玻利瓦尔授意的，事实上，他早有此意。年轻气盛的科尔多瓦将军听说了波哥大的计划，他的反应直截了当，毫不含糊。他认为大哥伦比亚必须摆脱玻利瓦尔。尽管他过去对解放者忠心耿耿，但他决定切断一切瓜葛，献身于一项激情燃烧的事业。

8月，玻利瓦尔重返瓜亚基尔，拉马尔已淡出历史视野，科尔多瓦在他的故乡、大哥伦比亚西北部丰饶的绿色山谷逍遥法外。他带着仅有的300多个追随者[68]发起了一场推翻玻利瓦尔统治的运动。他接触了玻利瓦尔的坚定支持者莫斯克拉将军，错误地以为莫斯克拉会接受他的想法；[69] 他试图劝奥万多重拾他煽动叛乱的立场。他写信给派斯，歌颂他的分离主义精神，并争取他的支持。[70] 科尔多瓦过去的勇敢无人能比；事实上，玻利瓦尔曾用秘鲁在阿亚库乔战役胜利后赠予的宝石王冠中的一顶来褒奖他。[71] 但科尔多瓦同样是鲁莽而自负的。科尔多瓦的想法是，他会把这个共和国的领土分配好：委内瑞拉给派斯，厄瓜多尔给弗洛雷斯，新格拉纳达给他自己。他还认为，治理一个国家所需要的只是一支军队。科尔多瓦是军人幻想的缩影，而这种幻想将持续到 21 世纪。对他来说，靠蛮力统治足矣，不需要人民政府。[72] 这是一种愚蠢的、返祖的、殖民式的思维方式，注定要失败。

但玻利瓦尔几乎没有机会回应这种不敬。6 个月前，科尔多瓦在帕斯托见他时，他便感到不适，科尔多瓦也注意到他身体状况的严重恶化。玻利瓦尔一到基多就又病了。他身体虚弱，看到苏克雷时情绪激动得几乎说不出话来，哭得像个婴孩。[73] 尽管如此，玻利瓦尔继续着繁重的工作：一次口述几十封信件，管理这个共和国，与秘鲁谈判，顽强地试图解决一个又一个麻烦。他下定决心要促成稳固的和平。[74] 他知道秘鲁人期望他入侵，坐实他们口中的好战分子；他想证明他们是错的。然而，在 7 月底[75] 抵达瓜亚基尔后不久，解放者就染上了一种空前严重的疾病。他瘦骨嶙峋，神志不清，卧床不起，口吐黑痰。[76] 他说这是黑胆汁，属于胃的问题，但任谁都看得出，他的身体正在经历殊死搏斗，而症结明显在他的肺部。[77]

我们现在知道，最轻微的病弱也可能引起潜伏期的肺结核剧烈发作；疾病的火花一旦点燃，便会像野火一样在人体内肆虐。当疾病开始吞噬玻利瓦尔的时候，连他也不能否认的确有哪里出了大问题。但在尚未与秘鲁达成和平之前，他不允许自己休息。他连续

12 天发烧卧床，[78] 可即便时不时陷入神志不清，他依然坚持口授信件和下达命令。赤道地区酷热难耐，潮湿的、容易滋生瘟疫的气候对他虚弱的身体造成了毁灭性的损害，[79] 然而他取得了相当大的进展：瓜亚基尔轻易就被收复了。秘鲁人因自己国内的变故而分身乏术。一场政变导致利马的政府垮台，身戴镣铐的拉马尔总统被用刺刀抵着驱逐到危地马拉。[80] 新任国家元首安东尼奥·德·拉富恩特（Antonio de La Fuente）[81] 一向对玻利瓦尔抱有好感，很愿意和谈。拉富恩特对秘鲁的统治没持续几个月，便让位于铁腕的阿古斯丁·加马拉将军和他那渴慕权力的好战妻子。但就眼下而言，在瓜亚斯河流域令人发指的暑热中，玻利瓦尔的和平有望持续下去。

尽管如此，到了 9 月，当玻利瓦尔恢复到足以了解周围形势时，他才弄明白自己被勇敢而受人爱戴的科尔多瓦将军彻底地背叛了。被桑坦德的律师和城里的"自由派"攻击是一回事，被一位信任的将军背叛则完全是另一回事。这种背叛给解放者造成了持久而深刻的创伤，[82] 他试图摆脱它，刚从病榻上爬起来，又进入了灵魂的暗夜。[83] 此后数月，他在信件中都流露出极度的痛苦，一种近乎病态的挫败感，与一年前开入波哥大的那位精力充沛、意志坚定的解放者判若两人。玻利瓦尔在给奥利里的信中写道："我的力量几乎完全消失了。你不会相信我现在的状态……我的精神和身体遭了太多罪，以至于我没有精力完成哪怕最微末的任务，我感到自己无力恢复了。"[84]

就在 5 年前，在阿亚库乔决定性的胜利后，他曾称美洲为全世界的希望，是渴望已久的应许之地。[85] 现在看来，这场革命似乎不过是一场妄想，而它的继承者是一群疯子。[86] 在玻利瓦尔看来，所有的殖民地都被他们的幻觉欺骗了，就像一群愚蠢的孩子。"我们用尽了太阳底下的一切办法，"他在给乌达内塔的信中写道，"但无一奏效。墨西哥已经沦陷。危地马拉废墟一片。智利遇上了新麻烦。在布宜诺斯艾利斯，人们杀了总统。在玻利维亚，两天里走马灯似的换了三位总统，其中两位被谋杀。"[87] 他的美洲，就像他的身体一样，弊病丛生。

正是在这段时间里，他了解到自己从神坛跌落到了何种境地：在法国，著名思想家贡斯当公开把玻利瓦尔斥为彻头彻尾的暴君。[88] 在英国，驻委内瑞拉的英国军官乔治·弗林特（George Flinter）向英王乔治四世提交了一封言辞激烈的信函，警告不要支持西蒙·玻利瓦尔："他冷血地谋害了上千条生命，诈骗了英国的数百万财产。"[89] 在纽约，曾在安戈斯图拉为玻利瓦尔效力的法国雇佣兵路易斯·迪库德雷出版了一本中伤他的回忆录，一位英国评论家由此得出结论，与其说玻利瓦尔是一头自由之狮，不如说他是一条毒蛇。[90] 在华盛顿，威廉·亨利·哈里森的责难传到了国会耳中，并通过媒体传播开来。[91] 在智利，被驱逐的里瓦·阿圭罗（仍以秘鲁总统自称）[92] 声称解放者是一个卑劣的黑人，他早已过世的妻子玛丽亚·特蕾莎·德尔·托罗是个厨子的私生女。[93]

"我被指控犯下一整个地狱的恶行。"[94] 玻利瓦尔坦言。走投无路之下，他写信给奥利里将军，坚持由别人担任总统，并让奥利里在波哥大宣传这个想法。[95] 玻利瓦尔对他的老副官说，一个解放者的作用充其量是刺激政府机器运转，而不是管理它。他太疲倦了，无法继续引领国家。

他是否真如一些历史学家所说的那样精于算计？西班牙人、阿根廷人、秘鲁人——都有充分的理由反感玻利瓦尔——辩称，玻利瓦尔是一个厚颜无耻的独裁者，一个私底下的君主主义者，他的每次胜利都使他的目标更加扭曲。那些批评者说，他拒绝桂冠，只因他知道它们还会被再度奉上。他拒绝权力，只是为了在危机时刻重新掌权，到那时便可肆意妄为。[96] 在某种程度上，这些指控属实：他多次拒绝担任总统，直接辞职，然后又在劝说下再次就职。他在这件事上颇为可疑。他曾说过他想使人民满意，服务政府，团结国家。但是，自从解放秘鲁以来，他逐渐相信，没有绝对的控制权就无法做到上述这些。换句话说，为了维护自由，他采取了独裁，然而，正如他自己所说，在独裁统治下，谈自由是不可能的。[97] 现在，在这个意志和意图的古怪循环之下，他的支持者（以及他的政敌）不知他之所以坚持离开是否正因为他想留下来。[98]

他没有停止工作。他起草了一份和秘鲁的条约，尽管尚不清楚条约能否被持续遵守。[99] 在他的监督下，出台了一项颇具创造力的计划，通过大量出口委内瑞拉烟草来填补大哥伦比亚严重的财政赤字。[100] 他签署了对大学、学校和法院的改进方案。[101] 他向巴拿马派出援军，防范在古巴的西班牙势力。[102] 他表彰了军队为镇压科尔多瓦叛乱所做的努力。[103] 他一如既往地能借助言语的力量向他的军官们口授大量的信件。但他处理的大多是打官腔的信函。他再也没有信得过的副手，能让他放心口述自己最隐秘的想法。"我找不到人替我写信。"[104] 他在一封信里哀叹道。而他显然也没有精力自己提笔。更糟的是，几乎没有通信对象向他通报敏感事件——就像从前那些美好日子里桑坦德巧妙地做到的那样。他感到很多事情他够不到，摸不着。

抱着厘清头绪的希望，玻利瓦尔发出了一份通知，要求大哥伦比亚人民明确表达他们对政府的要求，[105] 但他的敌人回忆说，拿破仑在称帝之前也曾下令举行全民公投。他们坚称，玻利瓦尔并不是调研公众意愿的爱国者，而是密谋加冕的弄权者。玻利瓦尔彻底投降了。"在美洲没有诚信这种东西，"他总结道，"条约的价值并不比印它的纸高多少，宪法只是小册子，选举是战争的借口，自由变成混乱无序，而对我来说，生活成了一种折磨。"[106] 如今反对他的力量太强大了。多年来接二连三被曾经忠心耿耿的军官抛弃，譬如桑坦德、帕斯、帕迪利亚、奥万多、科尔多瓦，这产生了累积效应。"我希望你没有忘记我交代的事。"[107] 他给奥利里写信道。他在莫斯克拉面前则没有那么委婉，后者曾到瓜亚基尔南面的一个翡翠岛上探望过他，那是他的疗养地。他直白地告诉他的老朋友，他想走，去欧洲旅行，平静地度过余生，除了记忆什么也不从美洲带走。他最终下定决心辞职。[108]

***

1829 年 7 月，桑坦德，这个玻利瓦尔既不能容忍也不能顺利消灭的人，从博卡奇卡（Bocachica）地牢获释，踏上了他最终结束于汉堡的流放之旅。[109] 他的第一站是委内瑞拉，他会被收押在那里，直到获准登上卡贝略港停靠的一艘外国船只。听到这个消息时，玻利瓦尔想必清醒了一些。桑坦德既是朋友又是敌人，既是合作者又是破坏者。玻利瓦尔一直以来都清楚，让一个新格拉纳达人担任副总统有利于凝聚共和国；这是让波哥大接受由委内瑞拉人担任总统的唯一办法。桑坦德工作勤奋，雄心勃勃，注重细节，效忠玻利瓦尔多年。但是，从一开始，新格拉纳达人和委内瑞拉人之间就存在着根本的不信任，尽管他们竭尽全力去克服，却还是无法摆脱疑心病的萌芽。[110]

种子早早就埋下了，早在年轻的他们在新格拉纳达和委内瑞拉边境上对峙时，在"惊人的战役"伊始。联军首领玻利瓦尔命桑坦德继续向委内瑞拉进军，桑坦德拒绝了，他不愿为别人而战。"立刻进军！"玻利瓦尔对他吼道，"这件事上你没的选！进军！要么你毙了我，要么我向上帝发誓，我一定毙了你。"[111] 最终，桑坦德照做了；事实上，随着革命的展开，他无条件服从了解放者的命令。玻利瓦尔完全有理由把他当作可信赖的同志。随着时间的推移，他们的通信勾勒出南美洲历史上无可比拟的盟友关系。如今，多年积怨过后，桑坦德被逐出了他奉献毕生的祖国，这充分揭露了大哥伦比亚内在的裂痕。一种深刻的、骨肉相残的冲动悄悄攫住了西班牙那些心怀不满的孩子。这一点最明显也最极端地反映在这两人的关系中。

尽管玻利瓦尔将桑坦德从行刑队手中救下，将其减刑为流放，这位前副总统还是在博卡奇卡潮湿污秽的地牢里遭了 7 个月的罪。[112] 这并非毫无逻辑：玻利瓦尔的部长会议担心桑坦德会寻求复仇，投靠秘鲁，向解放者发起进攻。[113] 曼努埃拉·萨恩斯也对这个男人抱有根深蒂固的、不可动摇的怀疑，她甚至雇用了一个间谍去多方打听桑坦德的图谋。[114] 但桑坦德迫不及待地想从痛苦的关押中解脱出来，竭力否认自己怀有任何报复的想法。他给玻利瓦尔写了一封恳切的申辩信，承诺他不会为此目的去投奔秘鲁或其他拉丁美洲国家。他发誓，他曾含泪反对那些预谋刺杀他的人，恳求过卡鲁若不要实施针对解放者的邪恶阴谋。[115] 桑坦德甚至还向刚刚当选美国总统的共济会同侪安德鲁·杰克逊乞求庇护；他告诉杰克逊，他也曾是国家元首，现在沦为命运的阶下囚。他需要一个强有力的声援者为他辩护。[116]

杰克逊总统从未回应过桑坦德的请求。但事实证明，前副总统在大哥伦比亚国内有许多声援者。玻利瓦尔最忠诚的心腹苏克雷和莫斯克拉一向对桑坦德敬重有加，两人都曾与监狱里的他通信。[117] 现在他们恳求玻利瓦尔给他自由。即使是桑坦德的头号敌人派斯，似乎也对他心有戚戚焉。[118] 当那位饱受疾病和恐惧折磨的博卡奇卡俘虏最终被从地牢提出，运往卡贝略港时，他远远望见了米兰达踏上死亡之旅的那个海湾，此刻，他发自内心地恳求派斯手下留情。"阿普雷雄狮"向桑坦德保证，他将安全通行。[119] 他说到做到，这是有原因的——没人比弗朗西斯科·桑坦德更懂派斯了。尽管他们之间曾多次上演唇枪舌剑和钩心斗角，派斯和桑坦德在一件事上却立场一致：脱离联邦。他们都试图解散共和国，都渴望将自己的国家缩小到可以自由掌控的范围内。正如一位历史学家所言，他们要的是自己青睐的封地，[120] 桑坦德的昆迪纳马卡 ＊也好，派斯的阿普雷也好，都是些在更广的世界范围内没什么影响力的地区。派斯允许桑坦德驶向加勒比海并非缘于他的宽宏大量，而是他无节制的野心。

　　在桑坦德漂洋过海之际，玻利瓦尔继续北上向波哥大进发。折磨他的不仅是疾病，还有将军们的狭隘短视；那些人准备瓜分共和国，就像亚历山大大帝的将军们在他弥留之际所做的那样。玻利瓦尔在基多暂作喘息，发表了那篇极为悲观的《西属美洲一瞥》。在文章中，他描述了从墨西哥到阿根廷猖獗的无法无天行径。但他最挂念的还是自己的这片土地，而他的绝望感溢于言表；他声称自己不啻被刺死。"哥伦比亚人！"他悲叹道：

＊　昆迪纳马卡（Cundinamarca）是以波哥大为首府的省份，在独立运动期间宣布成立共和国（1813 年），后于 1815 年并入新格拉纳达联合省。在 1819—1830 年大哥伦比亚共和国时期，昆迪纳马卡一名用以指代新格拉纳达（今哥伦比亚）。——编者注

共和国的二把手暗杀了一把手，第三师进犯南方，帕斯托起来反抗共和国，秘鲁入侵了其解放者的祖国，几乎没有一个地区不滥用权力和特权。在这个命运多舛的时代，除了流血、混乱和破坏，别无其他。你们别无选择，只有集中你们全部的精神力量，建立一个强健到足以遏制野心和捍卫自由的政府。否则，你们将成为世人的笑柄和自我毁灭的受害者。[121]

距离原定下一年 1 月举行的制宪会议只剩两个月的时间了，而玻利瓦尔早已迫不及待。他试图唤起大哥伦比亚人的良知，为此做好准备。

派斯很清楚，他需要在国会召开之前采取行动。趁着桑坦德不再碍事，他通过私人信使给玻利瓦尔送了一封信。11 月初，玻利瓦尔在波帕扬收到了信。派斯的信言辞恭敬，询问了玻利瓦尔关于君主制计划、共和国运转状况和接班人问题。但他字里行间的意思昭然若揭：他维护这个联邦的前提是由他来统治。他受够了桑坦德带来的侮辱，他已经眼睁睁看着他的对手掌管大哥伦比亚近 10 年了。现在该轮到他了。[122]

玻利瓦尔尽可能选用最得体又能最明确表达意思的措辞回复了派斯：君主政体是不可能的；他从前一直反对，现在也在同它做斗争。此外，他将永久放弃总统职位。"我向你发誓，"他对他的老战友说，"如果你当选为我们的国家元首，我会很乐意听命于你。如果当选领袖的另有其人，我也希望你做出同样的承诺。"[123]

同样在波帕扬，他毫不含糊地给他的部长会议回信，斥责他们在君主制的闹剧上走得太远。此前，他所听到的还只是传言和暗示，但在波帕扬，他以官方文件的形式看到了助他成为国王的确凿证据。

"你们现在必须全面中止与法国政府和英国政府的所有谈判。"[124] 他火冒三丈地回复。对乌达内塔，他的态度比较温和。"让国会做他们该做的事吧，"他敦促乌达内塔，"对他们来说，任命一位总统要比挑选一位王公容易得多。"[125] 这样的痛斥在波哥大引起了大震动。部长们递交了辞呈，声称他们只是在服从命令。[126] 然而玻利瓦尔的命令并不含糊：他指示他的外交官去寻求欧洲的庇护，在他看来这对羽翼未丰的共和国至关重要；他绝不是想让他们去找什么欧洲王公。他一直在四处奔波，饱受疾病折磨，忙着与混乱的九头蛇缠斗，以至于无暇顾及君主主义的诽谤可能给他带来的伤害。尽管派斯和桑坦德是死对头，却都在称王的问题上抹黑过玻利瓦尔。[127] 如果他在这个问题上更加果决——从一开始就打消猜疑——历史可能会有不同的结果。[128] 但我们都明白，历史是无法预见的。

他现在承认，作为为南美洲四处奔波的自由捍卫者，他付出了惨痛的代价。[129] 他被授予了那么多桂冠和独裁职位，却谈不上有什么权力。他在每一个关键节点都把它抛在身后，把控制权让渡给了那些根本不理解或不认可他的愿景的二把手。事实证明，在一个城市与城市之间隔着丛林、稀树草原和高耸山脉的共和国里，远程统治是行不通的。治国理政的相关消息匮乏而滞后，等消息传来时，政治格局早已改变，国民心态也发生了转变。即兴发挥在指挥作战中至关重要，在管理政府方面却是致命的弱点。

***

玻利瓦尔到达波帕扬时，除了一堆急件之外，还有更多事情在等他处理。在新格拉纳达，一场叛乱掀起又被平定，就像搭起又倒塌的纸牌一样迅疾。科尔多瓦的叛乱曾一度达到狂热的程度，或许声势比规模更大。但它的溃败与它的兴起同样快，然后以其可怕的终局震惊了每一个人。[130]

当科尔多瓦驰骋在麦德林〔Medellín〕郁郁葱葱的山谷时，派斯意识到这可能正是他等待已久的机会。情况再理想不过。桑坦德远在海上，退出了竞争，科尔多瓦的好战似乎正中派斯的下怀。与派斯一样，这位躁动的年轻将军也不愿臣服于一位欧洲王公，也想把委内瑞拉从大哥伦比亚分裂出去。但正是玻利瓦尔本人给了派斯最恰当的机会；他发起全民公决，要求公民们站出来，说出自己对政府的真正需求。[131] 狡猾的平原牛仔双拳出击，抓住了这个良机。甚至在收到玻利瓦尔的回信之前，派斯就开始召集政界人士响应玻利瓦尔的号召。他派专员前往各地，[132] 坚持让民众联名上书三项要求：全面拒绝与新格拉纳达以任何形式结成联邦，派斯升任独立后的国家总统，"唐·西蒙下台。每个人都必须提出这些，否则将被视为敌人"。[133] 很快，派斯拉拢了一些玻利瓦尔最忠诚的将军，他们都是一腔热血的委内瑞拉人：阿里斯门迪，从革命初期就参与进来；贝穆德斯，库马纳战役的无畏英雄；索夫莱特，自"惊人的战役"以来一直与解放者并肩作战；马里尼奥，在与玻利瓦尔争夺东部控制权多年后成了他忠实的捍卫者。11 月 25 日，在圣弗朗西斯科修道院（16 年前，玻利瓦尔就是在这里的古老而庄严的教堂被授予了"解放者"的称号），派斯宣布了委内瑞拉公民的要求。完全的独立。脱离玻利瓦尔，脱离大哥伦比亚，脱离统一的拉丁美洲这个虚无缥缈的梦想。

当派斯宣布脱离联邦时，波哥大方面刚处理完科尔多瓦的叛乱。乌达内塔派奥利里和 1 000 名经验丰富的老兵到麦德林城外的山区去搜捕科尔多瓦。[134] 他们在桑图阿里奥（Santuario）找到了他，连同一支 300 人的杂牌军——一个由工匠、学生和农民仓促组成的民兵小队。科尔多瓦明白，他东拼西凑起来的队伍根本不是大哥伦比亚军团的对手。当军队逼近时，他向奥利里喊话，讲述他们之前的友谊，希望能说服老战友加入他的阵营。奥利里看穿了他的计谋，下令发起全面进攻。科尔多瓦奋起迎战，但要对付一架久经沙场的战争机器是毫无胜算的。他的叛乱同伙惊慌四散。科尔多瓦身受重伤，勉强爬到附近的一间小屋。奥利里闻讯后迅速行动，[135] 命手下最无畏的雇佣兵——一个名叫鲁珀特·汉德（Rupert Hand）的臭名昭著的爱尔兰酒鬼[136]——突袭那叛徒的藏身之处，将其消灭。鲁珀特冲进小木屋，发现科尔多瓦四仰八叉地躺在地板上，奄奄一息，于是用剑轻而易举地结果了他。[137]

这场短命的叛乱很能说明问题。像科尔多瓦这样傲慢、一心想独立的战士，曾经是革命的命根子，现在却成了玻利瓦尔的共和国的毒瘤。20 年的战争使他们伤痕累累，他们似乎对和平毫无准备，而战场成了他们的最高法庭。事到如今，一位深受爱戴的将军命丧黄泉，在世人眼里，大哥伦比亚正吞噬着自己的英雄，就像农神吞下自己的孩子：一个接一个，甚至他们在现身时还威胁要推翻自己的父亲。[138] 对玻利瓦尔来说，这是个残酷的事实。他的爱国者们正在自相残杀，一个死于另一个之手。这个国家的政客们被煽动起来反对彼此。最终，这一切罪责都将由他承担。[139] 奥利里对科尔多瓦的惩治挽救了联邦，却毒害了整个国家的灵魂。这样的现实反复折磨着玻利瓦尔，直到他得出一个无可回避的结论：大哥伦比亚不再值得为之牺牲。[140] 他写信给他的内政部长，建议将共和国划分为三个独立的国家：委内瑞拉、新格拉纳达（哥伦比亚）和厄瓜多尔。他补充说，1830 年 1 月的制宪会议结束后，他将动身去往海外。[141]

几乎没有人犹豫不前。在波哥大，政治的齿轮在自由转动，人们似乎对玻利瓦尔越来越没耐心了。在加拉加斯，人们明目张胆地表达对他的愤怒，挑头的正是他的老友派斯。墙上满是涂鸦，指责解放者是伪君子，是暴君，是同胞的叛徒。[142]他要登上王位的谎言——这个由他的政敌捏造的幻象，却诡异地受到他的追随者的拥护——使反对情绪达到了白热化。就在派斯宣布如果有必要，他将与玻利瓦尔开战时，市议会开始禁止玻利瓦尔再次踏足委内瑞拉。[143]

自那以后，事态迅速发展。美国外交官威廉·亨利·哈里森因试图干涉大哥伦比亚内政的丑闻而被粗鲁地驱逐。法国代表团怒气冲冲地离开了，英国代表团也一样。1830 年 1 月 15 日，解放者最后一次进入首都，没听见一句欢迎的声音。[144]街道上挂满了节日的彩旗，4 000 名士兵夹道而立，可人们出奇地安静，仿佛灾难临头。[145]炮声隆隆，乐声齐鸣，但空气中唯独没有欢笑声。终于，玻利瓦尔出现在人们的视野里，他矮小枯槁，两眼无光，颓然如幽灵，声音小得几乎听不见。[146]人人都明白，解放者将不久于人世。他的悲伤写在脸上。他疲惫不堪，陷入沉思，最后一次骑马前往总统府。[147]

第十八章

迷宫中的将军

> 如果我的死可以医治和巩固联邦，我将平静地走向坟墓。
>
> ——西蒙·玻利瓦尔[1]

1830 年 1 月 20 日，玻利瓦尔到达首都 5 天后，国会开会讨论组建新政府事宜。在共和国 20 年的历史中，这是第四次为此召开制宪会议。选出的参会代表个个有头有脸，都是无可争议的革命英雄，以至于这个团体被称为"惊人的国会"。[2]当他们从共和国的四面八方齐聚在波哥大时，人们对他们抱有很高的期望，相信他们定能解决困扰这个国家的纷争。

揭开这一天序幕的是 21 响礼炮和大教堂的庄严弥撒。这座古老而神圣的建筑，连同高耸的拱顶和塔楼，在 1827 年的大地震之后刚刚被修复完毕。现在它就像一个古老的历史见证者，俯瞰着会议进程。[3]距离多明戈·德·拉斯卡萨斯（Domingo de Las Casas）修士[4]在这片土地上举行第一次弥撒已经过去了将近 300 年。这是波哥大 1月里典型的一天。凉爽的山风在清晨的阳光下褪去，人们满怀期待，目送虚弱的总统从官邸走向圣坛。[5]就在几天前，他还郁郁寡欢，伤心欲绝；他甚至在一封信中暗示他考虑过自杀。"我在寻找，"他在给忠实伙伴卡斯蒂略的信中写道，"那个绝望时刻，我就可以结束这种屈辱的存在了。"[6] 但他有一种惊人的能力，能在必要时克服自己阴郁的情绪。从大主教处领受圣餐后，他带领一支游行队伍穿过广场，来到礼堂，在隆重的仪式和礼节下，他宣誓让出总统职位。[7]

毫无疑问，玻利瓦尔仍然是这些人中最德高望重的那一个。这里聚集了那么多他的杰出将军和支持者，他的威望和魅力依然毋庸置疑。尽管这些都是人中龙凤，他还是远胜过他们，鹤立鸡群。[8]毕竟，是他有远见地在一年多前召集了这次会议，承诺放弃他的独裁统治。[9] 国会欢迎他，称颂他，[10] 有那么一瞬，解放者的权力似乎可以永存。尤其当他亲手挑选的接班人苏克雷被选为大会负责人时。玻利瓦尔宣称："我信心十足地引退，因为苏克雷是我最杰出的将军。"[11] 他是真心实意的，但这样说出口未免太轻率、太不明智。乌达内塔将军曾统治大哥伦比亚近一年，努力维护玻利瓦尔在共和国的地位，他听完这话显然很受伤。[12] 一位英国使者报告说，他沮丧地抱住自己的头。[13] 这已经不是玻利瓦尔第一次为苏克雷而忽视别人了。"我也有过绝望时刻，"弗洛雷斯将军对痛苦的乌达内塔感同身受，"我永远不会忘记那次的事情——玻利瓦尔把我解职，打发回家，然后把我的整支军队交给苏克雷。"[14]

对焦虑不安的围观者而言，这是个尴尬的时刻。也许是留意到现场有这么多权力的觊觎者，也许是急于缓解紧张气氛，玻利瓦尔站起来，将自己的演讲稿递给苏克雷，让他在自己离场后宣读。如果有人担心解放者会为权力做最后一搏，苏克雷大声朗读的文字将会澄清他并无这样的野心。尽管国会向他表示了礼貌的敬意——尽管公众似乎会拥护他——但几乎没有政治家明确地支持他，这点他很清楚。他的话里充满了惯有的坦率。他不想当总统。他不想让他的权力再延长一天：

> 恳请你们放过我，如果我继续担任一个永远无法摆脱野心指控的职位，等待我的将是不尽的耻辱。相信我，一个新的领导人对于共和国绝对是至关重要的。人民怀疑我是否会永远统治下去。美国邻居用厌倦的眼光打量我，思忖着我还将带给他们怎样的不幸。在欧洲，有人担心我玷污了自由这个光辉的名字。啊！针对我生命和权威的阴谋与攻击何其之多！……同胞们，为了证明你们配得上你们所代表的这个自由国家，请摒弃我对于共和国必不可少的这种想法。如果任何个人对一个国家的存续而言不可或缺，那么这个国家不应该也不会存在……

> 总统职位随你们处置，我恭敬地把它交还你们……我羞于承认这一点，但独立是我们唯一赢得的东西，以牺牲其他一切为代价。[15]

这份承认是苦涩的。除了在写给密友的信中，他从未如此公开地坦承失败或对未来的绝望。他从未感到如此无力，无力引领他的国家走出深渊。他警告称，如今的大哥伦比亚比以往任何时候都更需要强有力的制度、更优秀的公民、更高效的财政、彻底改组的军队和保护人权的司法体系。他呼吁参议员们维护和保卫天主教，因为在缺乏团结的情况下，教会承载了南美人仅有的凝聚力。[16]

"今天起，我不再统治。"[17]这是他当天下午发表的公开声明的开头，也是立刻贴遍首都街巷的大字报的标题。他告诉他的同胞，在过去20年里，他一直充当他们的战士和领袖。现在，他只想挽救自己破碎的荣耀：

> 哥伦比亚人！我成了那些造谣中伤的受害者，丧失了捍
> 卫我的荣誉和原则的机会。那些逐权者千方百计地把我从你们
> 的心里夺走，用他们自己的野心来抹黑我，把我推出去为他们
> 的阴谋负责；说我觊觎王位，其实是他们不止一次向我献上王
> 冠，而我以坚定的共和主义者的义愤拒绝了。我向你们发誓，
> 我的思想从未，从未被称王的欲念玷污……以哥伦比亚的名
> 义，保持团结吧；不要让人说你们是国家的杀手和自己的刽子
> 手。[18]

　　捍卫名誉成了他的首要目标。在接下来的几天里，他把仅剩的
一点力气都倾注于此。他会见了外国外交官，[19] 写信给他在伦敦的
大使何塞·费尔南德斯·马德里（José Fernández Madrid），敦促他
消除欧洲对玻利瓦尔的负面报道。[20] 要捍卫的东西太多了：来之不
易的解放、为之牺牲的人、铁一般的纪律、团结的必要性、泛美愿
景、玻利维亚宪法，还有死刑。马德里大使需对外强调，玻利瓦尔
从未将玻利维亚宪法强加于大哥伦比亚，在秘鲁推行该宪法的也不
是他。那是秘鲁的部长们在他离开后开始实施的。从严格意义上来
说确实如此，尽管众所周知玻利瓦尔在秘鲁边远省份发动了一场轰
轰烈烈的推广运动。玻利瓦尔还指示他的大使驳斥所有对他表里不
一的指控；他坚持认为，他的所言所行始终诚实坦荡，无意掩饰什
么。有人指控他对异见者和西班牙人不必要地残忍，对此他全盘否
认；他认为，如果采取了严厉的手段，那也是本着战时报复的精神。
他坚称自己所做的一切都不是出于私利，这是无可置疑的事实。他

是个实打实的穷光蛋；他拒绝领取薪水，把他所拥有的一切都捐了出去。最后，他否认自己在任何行动上受过怯懦的支配；每一次进攻、每一次有计划的撤退都需要勇气和胆识。简而言之，玻利瓦尔为了挽救声誉所做的一切调动了他最大的热情，但很快就宣告失败。即使在国内，他也几乎不再被称为"解放者"；他最亲密的盟友开始简单喊他"将军"。没有任何记录表明他提出过异议，但他不可能毫不在意。到那时，他已确信自己可以放弃一切世俗资本——权力、财产，甚至他的家园——除了他最珍视的一样东西：他的荣耀。

他回到拉金塔家中，[21] 曼努埃拉在那里等着他。目睹深爱之人的身体和情感遭受如此重创，她想必十分震惊。短短 7 年时间，他从一个威风凛凛的人物，一个生气勃勃的情人，变成了她面前这般残缺的模样。她以惯有的欢欣迎接了他，[22] 但那场面一定令人充满困惑。她是一个风华正茂的女人——精神饱满，生气勃勃，32 岁的年纪——而他已迅速变成风烛残年。

尽管他决心卸任总统，但要完全放手是不可能的。和前三次一样，国会驳回了他的辞呈，但这次是出于实际层面的考量。在选举新领导人的过程中，这个国家需要表现出稳定的样子。就连鄙视他的人也担心，没了他掌舵，国家将陷入混乱。像过去一样，他被迫在这个职位上多待一会儿。[23]

梦想偶尔也会死灰复燃，那是一种他控制不住的残余冲动。1 月27 日，国会还在忙着制订新宪法，他就自告奋勇要率领一支远征队去劝说派斯不要脱离联邦。大哥伦比亚的部长们回忆起他早些时候在派斯问题上的失误，坚决不肯放总统在如此关键的时刻出行。[24] 他深感无力与挫败，致信加拉加斯的密友何塞·安赫尔·阿拉莫说："是我要求哥伦比亚畅所欲言，说说它希望怎样被治理的。那就让它说出来吧！整个南方都脱缰了，想做什么就做什么。有人想要民粹的政府，民选的官员，定期改革；有人想要君主制；而其他人……纯属白痴！让委内瑞拉随心所欲去吧。分离也好，联邦也罢，随它的便。我根本不在乎，不在乎，不在乎！我只想要任何士兵或奴隶想要的那样东西——我的获释，我的自由。"[25]

他暴躁易怒。在又一次发病呕出他所谓的"黑胆汁"之后，[26] 他任命多明戈·凯塞多（Domingo Caicedo）将军为代理总统，并宣布他自己将前往拉金塔西南几公里的一处僻静乡野养病。[27] 政府几乎无法拒绝。也许除了玻利瓦尔本人，所有人都很清楚，[28] 他的身体行将崩溃。玻利瓦尔带着几位随从，包括男仆何塞·帕拉西奥斯和侄子费尔南多在内，来到一条美丽小溪边的一所房子，远离首都的喧嚣。他永久放弃了一切行政权力。他再也不会统治大哥伦比亚了。

***

自从向奥利里将军吐露他打算退位并离境以来，玻利瓦尔就一直担心自己是否有条件做到。他分文没有。他拒绝了每个政府发给他的补偿金。他把自己的工资都给了别人，或者压根儿没有支取。[29] 到了3月底，他意识到自己的窘境：他一贫如洗。[30] 他卖掉自己的银器，希望能负担开销，但最终只卖了2 000多美元[31]——勉强刚够横渡大西洋，外加沿马格达莱纳河航行至卡塔赫纳的费用。不管是去欧洲，还是在库拉索或牙买加中转，到他抵达目的地的时候，他就将失去生活来源。[32]

他将最后的希望寄托在他位于阿罗阿的铜矿，[33] 其价值超过

1 000 万美元。[34] 但那里已被勒令停产，矿井被封，等待法院处置。他曾吩咐姐姐玛丽亚·安东尼娅卖掉铜矿来支付她的开销；事实上，有个伦敦买家表达了意向。但所有权和留置权的琐碎问题妨碍了这桩买卖；这些利润丰厚的矿井自 1773 年以来一直为玻利瓦尔家族所有，[35] 最后却被委内瑞拉法院以所有权存在争议为由扣下。他们声称，矿主下落不明。明眼人一望即知，这是彻头彻尾的刁难。

简而言之，那个解放了从巴拿马到波托西的美洲的人，那个征用了西印度群岛所有金银的人，那个被授予镶满珠宝的王冠、剑鞘和百万赏金又尽数捐出的人，他的牺牲几乎换来一场空。他曾说过，他不在乎钱，他只要普通士兵拥有的东西。[36] 但他最终得到的比那更少：没有收入，也没有抚恤金。最终，当委内瑞拉宣布阿罗阿铜矿的出售为非法时，他所有收回合法遗产的希望都破灭了。[37]

他并不惊讶。在波哥大，有人企图索他性命，现在，在派斯煽风点火下的加拉加斯，人们连他的名字也要杀死。玻利瓦尔的老同志们开始幸灾乐祸地反对他。老友贝穆德斯指责他是"一个有犯罪图谋的专制君主"。[38] 多年前与他并肩作战的阿里斯门迪称他是一个思想邪恶的暴君。[39] 他成了全民公敌，一个迫使自己的祖国向别国首都卑躬屈膝的人。现在没人会对他客气。他被剥夺了公民身份、私人财产和重返家乡的权利。一开始，刚听到法庭裁决时，他拍案而起，但几个星期后，几个月后，愤怒变成了顺从。他写信给一位帮玛丽亚·安东尼娅打官司的朋友："别再设法为我辩护了。让法官和他的同伙拿走我的财产吧。我了解他们。一帮无赖！别再为我做任何事了。我将像出生时那样死去：赤条条无牵挂……我再受不了更多屈辱了。"[40]

玛丽亚·安东尼娅也遭到牵连。在处理弟弟的事务时，她收获

的只有责骂。这一边，玻利瓦尔命悬一线，吃不下睡不着，[41] 健康
和前途都每况愈下；那一边，她的门上挂满了威胁字条：

> 玛丽亚·安东尼娅，别犯傻，
>
> 你既执迷不悟，牢记准则如下：
>
> 若你想见玻利瓦尔，
>
> 去吧，就去墓地找他。[42]

她自己也只是勉强糊口，几乎无法兼顾他的财务问题。

这并不是说玻利瓦尔过着穷困潦倒的生活。他是国家元首，睡
在总统府里，吃得很好。但总统身份很快就会易主，等待他的是异
国他乡的拮据日子。这两件事都在他的预料之外。他没有任何应急
预案。最糟糕的是，他的委内瑞拉同胞把他推到了贫困边缘，尽管
鲜有人了解他的绝望处境。他曾是何等显赫的人物，走到哪里都被
欢呼赞美；人们很自然地认为他一路发迹。甚至他在巴黎的老情人
范妮·杜·维拉尔也写信找他要钱，只当解放者是个大富翁。[43] 可
玻利瓦尔总是挥霍他仅有的那点钱。有困难的战争寡妇、残障的士
兵、债台高筑的军官……不知多少人受惠于他的慷慨。20 年来，他
为自由掏空了口袋。[44]

当玻利瓦尔掂量着所剩无几的选择时，大哥伦比亚仍在纷争的
旋涡中打转。国会还在努力为共和国制订宪法，即使组成它的各行
政区已开始分道扬镳。厄瓜多尔准备自立为一个国家。派斯宣称委
内瑞拉的主权不可侵犯，在波哥大制订的法律将被视为无效。如果
这还不够清楚的话，派斯补充说，他不会与波哥大交涉，除非玻利
瓦尔被永久驱逐出境。[45]

　　在一阵动摇之下，玻利瓦尔最后一次考虑重掌大权；这次心血来潮就像一场突如其来的高烧发作。他大发雷霆，指责乌达内塔将军把共和国弄得一团糟；乌达内塔反驳说，共和国早就被玻利瓦尔杀死了，因为他赦免了派斯，给了他谋杀许可。[46] 为了一劳永逸地拨乱反正，玻利瓦尔提出要参与竞选争取连任。波哥大的部长们都是他的朋友，纷纷前来告诉他这个决定太疯狂，他留下来对国内和平是一种威胁，[47] 听得玻利瓦尔勃然大怒。那他现在算什么？他的辛勤工作成了什么？他将以什么身份离开总统职位？[48] 他们尽可能平静地回答：他将以第一公民的身份离开。当玻利瓦尔平复下来时，他发现没有别的出路了。

***

　　1830 年 4 月 27 日，玻利瓦尔卸任总统。尽管委内瑞拉和新格拉纳达急于摆脱他，但厄瓜多尔为他提供了安全的避风港。在给解放者的一封热情洋溢的信中，弗洛雷斯将军对大哥伦比亚的忘恩负义表示愤慨。"来吧，活在我们的心中，"他写道，"接受美洲的天才应得的敬意和尊重。"[49] 这些话很动听，但弗洛雷斯对玻利瓦尔追求的统一愿景并无兴趣。他也在寻求自己国家的独立地位。

　　玻利瓦尔 3 月份回到波哥大竞选连任，很快有了一堆离开的理由。[50] 没有一人投票投给他。[51] 他心目中的接班人苏克雷直接被禁止参选。新宪法规定，总统必须年满 40 岁；人人都知道苏克雷只有 35 岁。即便如此，即便玻利瓦尔的敌人设下重重障碍，一名玻利瓦尔阵营的参选者[52] 还是赢得了多数票。但就在宣读获胜者名字时，发言人的声音被一片喧嚣淹没。[53] 波哥大人不干了。市民们冲上大街，咆哮说玻利瓦尔贿选。[54] 先前投票给玻利瓦尔一派的国会议员们惊慌失措，连忙改票。经过重新计票，大哥伦比亚产生了一位两派都能接受的新总统——华金·莫斯克拉。这些都不是民主化进程的好兆头。关于玻利瓦尔的种种说法也得到了印证。

5 月 7 日，就在国会公布其出生即夭折的宪法草案 3 天后，骚乱的人群涌进了这座城市，诅咒着解放者的名字。[55] 由于担心玻利瓦尔的生命安全，朋友们劝他撤离官邸，搬到一位将军家里，[56] 但即使在那里，他也能听到年轻人在街上游荡，高声辱骂。[57] 新当选的副总统多明戈·凯塞多害怕又来一次暗杀，坚持和玻利瓦尔在同一屋檐下过夜，以自己充当一面盾牌。[58]

玻利瓦尔受到谩骂，又重病缠身，第二天就离开了波哥大。曼努埃拉来为他送行，他们在那幢简陋房子的昏暗走廊里匆匆道别。[59] 她本着独有的坚决，决定留下来，等待解放者荣耀归来或者从海外派人来接她。他们的分别悲伤又甜蜜，[60] 不久后，他便迈入了清晨的寒意之中。[61]

一群忠于他的人聚集在门前，但当玻利瓦尔现身时，他发现波哥大最有权势的人不在其中。大主教只是敷衍了事地短暂露了个面。总统华金·莫斯克拉仍在从波帕扬赶来首都的路上。副总统凯塞多出于某种礼节，递给他一封表达大哥伦比亚感激之情的信。玻利瓦尔读了信，一时间情难自己。他的双手颤抖，脸涨得通红，噙着泪跨上马背。[62] 他在一群人的护送下策马而去，那些人当中有国会议员、外交官、士兵、朋友、公民和外国人，他们决心陪伴解放者，直到他远远离开这座动荡的城市。[63] 但他们无法彻底保护他。当他骑马穿过波哥大的主广场时，一群乌合之众跟着他跑，指着他笑，对他出言不逊。"嘿，香肠！"[64] 他们大喊，用的是一个出名的疯子的绰号，那个疯子打扮成军人的样子在城里四处游荡。

我们只能想象玻利瓦尔的骑马队列怎样从波哥大蜿蜒而出，穿过迷雾重重的清晨。[65] 很可能没人知道该说些什么——只有沉重、阴郁的沉默。最后，护送队伍停下来，目送前总统渐行渐远，直到他在上升的薄雾中缩成一个小点。英国大使转身叹了口气，说："他走了，哥伦比亚的绅士。"[66]

在波哥大，似乎没几个人为他的离去而哀伤。到了中午，一场愤怒的骚乱爆发了。玻利瓦尔的敌人散布谣言说他并不打算去卡塔赫纳。有消息称，他正前往奥卡尼亚，那里有 2 000 名整装待发的士兵在军营里等着他。据说另有 2 000 多人在更北的地方等他。他的敌人透露，玻利瓦尔的计划是向加拉加斯进军，从派斯手中夺下它，然后原路折返，以新鲜获取的力量攻占波哥大。[67] 到了下午，首都到处都是暴徒和抢劫者。副总统凯塞多根本无力阻止他们。*

苏克雷将军原本也要加入玻利瓦尔的护送队，但他出发得晚了，暴徒已经开始涌上街头，挡住了他的路。抗议者高呼反对玻利瓦尔的口号，焚烧玻利瓦尔的画像。在司法宫，一群流氓扯下了解放者的画像，撕得粉碎。[68] 当苏克雷最终到达玻利瓦尔暂居的房子，打算警告他有危险时，玻利瓦尔已经不在那儿了。伤心欲绝的苏克雷给他写了一封诀别信。

> 我从城里赶来你家，要陪你一程，你已经动身了。也许这样也好，我便不必承受不可想象的告别之苦。现在，我的心都碎了，我不知道该说些什么。言语无法表达我对你的感情。你

---

* 当选总统莫斯克拉不在时，凯塞多负责指挥，莫斯克拉仍在从波帕扬赶往首都的路上。

认识我已经有一段时间了，所以你很清楚，不是你的权力，而是你的友谊，激发了我对你最深切的爱……再见，我的将军。请把这流淌不止的眼泪当作我爱你的标志。[69]

读到苏克雷的信时，玻利瓦尔身在 1 000 多公里以外的北部城镇图尔瓦科（Turbaco），抛下这样一个朋友想必加重了他的失落感。这场旅行对他的身体和精神都是考验。艰难骑行到翁达（Honda）之后，他不得不等待一艘足够坚固的船只，以完成顺马格达莱纳河而下长达 960 多公里的航行。一路上，他有太多的时间考虑最坏的可能性。在波哥大城外几公里的地方，他忧心忡忡地写信给曼努埃拉·萨恩斯。他们之间的距离越远，他就越懊恼，觉得不该把她抛在身后。玻利瓦尔想到了各种各样的风险（她鲁莽的天性就是其中之一），他匆匆写下一封焦灼的短笺：

我的爱人，很高兴告诉你，我很好，但心里满是我们分离的悲伤。我爱你，亲爱的，但如果你再审慎一些，我将比以往任何时候更爱你。你做一切事情都务必小心，否则会给自己惹来灭顶之灾，从而毁掉我们两个人。你永远忠诚的爱人，玻利瓦尔。[70]

5 月底到达图尔瓦科时，他的健康状况已经恶化。沿马格达莱纳河这条闷热的、蚊虫滋生的棕褐色河流航行，在过去对他来说很轻松，但这一次却扼杀了他所剩无几的活力。他在雨季高峰期航行于此，河水漫过河岸，把藏匿的蛇、鳄鱼和鳗鱼都搅了出来。[71] 湍流与颠簸一定使旅途分外艰辛。但更糟糕的是河畔那股恶臭的瘴气，加重了他的肺病。[72] 即便如此，总归还是有一些好消息：波哥大的新政府拨给了他每年约合 1.5 万美元的退休金。[73] 这至少足以维持生计。但那从什么时候开始？他还要在令人窒息的酷热中等待多久？他在波哥大当掉家里的小摆件换来的那点儿钱眼看就见底了。[74] 更糟糕的是，他的护照来得太慢了，[75] 而找一艘能带他走的船最后也成了一场复杂的考验。

他在 6 月底到达卡塔赫纳，开始在港口打听有可能供他搭乘的过往船只。不久，他得知一艘英国班船即将抵达，但有关部门告诉他，这艘船相对较小，不舒服，不适合身体虚弱的乘客。[76] 得知里面全是女人时，他同意放弃。[77] 第二艘船来了，有关部门再次劝他不要乘坐，但这一次玻利瓦尔没听。他指示何塞·帕拉西奥斯将行李搬到海滩上，好等船只到来后全部运上甲板。当他和男仆站在水边，和一群祈福者一起等待命运到来时，他们看见一艘船快速驶来。风帆鼓起的景象一定颇令人振奋。但狂风太大了，船身很快不受控制地倾斜。在他们的注视下，它搁浅了，撞碎了船体。[78] 不屈不挠的玻利瓦尔当即宣布，船一修好，他就立即搭它起航，但受损船只的船长有个更好的建议。一艘开往牙买加和英格兰的英国军舰将在本周内到达。那意味着更稳定的航行，更宽敞的住宿条件，还有一名随船医生。"香农号"抵达了，它的英国船长慷慨大方至极。他给玻利瓦尔提供了自己的房间和他能负担得起的一切便利设施，但他补充说，这艘船的第一站将是委内瑞拉的拉瓜伊拉港，玻利瓦尔不能合法前往那里。船长建议他再等一个月，等"香农号"返航卡塔赫纳，那时他会很乐意把玻利瓦尔载到牙买加和更远的地方。玻利瓦尔同意了，并利用这艘去加拉加斯的船给他的遗嘱执行人捎了封信，索要一些急用钱。[79] 看到他不必忍受长达数月的艰苦航行，朋友们都松了口气，把他带到拉波帕山下一所简朴的小屋里养病去了。

加拉加斯的钱始终没送来。在玻利瓦尔等待命运的期间，收到了大量的信件和一些惊人的消息。[80] 委内瑞拉各地都为了他造起反来。他们呼唤玻利瓦尔重返战场。他的情绪高涨起来。他非常清楚，他若是回到委内瑞拉，免不了要与派斯一战，然而……一想到他可能会在祖辈的土地上，在他为之牺牲了一切的土地上度过余生，他就感到难以抗拒。他反复思索着这个意外的转折，不知不觉间，6月变成了7月，船只来来往往，传来了更多简讯。可是，没有什么比7月1日早上收到的那个悲惨消息对他影响更大的了。[81]

苏克雷被暗杀了。没能在混乱的首都找到解放者，苏克雷将军决定长途骑行回基多与妻儿团聚。但旅行几天后，他在森林深处遭了埋伏，就在帕斯托的中心地带，那个最桀骜难驯的地区。他在黎明的微光中出发，正穿过一座岩石山时，听到有人叫他的名字。他在马鞍上转过身来，迎面遇上一连串的枪击。当他的三个旅伴追上他时，他们发现他瘫倒在地，心脏中了一弹，脑袋中了两弹。他的骡子茫然地站在一旁。[82]

几天后，一伙嫌疑人被逮捕，押到波哥大受审。[83] 这帮人的证词相互矛盾，没一处能被证实的，其中团伙头目供认，自己受了奥万多将军的指使。这符合逻辑：奥万多是声名狼藉的叛乱分子，曾求助于秘鲁来帮忙对付苏克雷；为了共和国的统一，玻利瓦尔孤注一掷，选择了原谅奥万多，甚至把他擢升至高位。据凶手中的一人说，奥万多给刺客下达的指令紧急且明确。这些人必须不惜一切代价阻止苏克雷返回基多。这是一件关系到国家安全的紧要大事：玻利瓦尔的"宠儿"正打算对厄瓜多尔人民犯下滔天大罪。奥万多告诉他们，苏克雷之所以飞奔回家，是要为玻利瓦尔在该国加冕做准备。[84]

奥万多是否参与共谋从未得到证实。这起犯罪究竟发生在帕斯托还是波哥大也是个谜。但每个人都不禁回想起，在谋杀发生的 3 天前，波哥大的"自由派"报纸《民主报》（ *El Demócrata* ）在一篇社论中发表了这样一句话："也许奥万多会采取行动，最终对苏克雷做出我们未能对玻利瓦尔做成的事。"[85] 很明显，围绕玻利瓦尔选定的接班人，似乎签订了某种暗杀协议。曾因苏克雷而被玻利瓦尔晾在一边的弗洛雷斯将军，同样被指控授意了暗杀，任何有理由希望苏克雷消失的其他人也一样。[86]

没人被要求回应这些指控。就在波哥大方面审议奥万多是否为同谋时，厄瓜多尔宣布脱离大哥伦比亚独立。无论从哪个角度来看，这都是一次完美的袭击。

＊＊＊

苏克雷被害的消息对一个濒临流亡的病人来说是毁灭性的打击。玻利瓦尔已经准备好失去他拥有过的一切——祖国、家庭和财富。可失去一个如此忠诚地为他的梦想效力的勇士，他始料未及。苏克雷一直是玻利瓦尔心目中的典范：既是高明的领袖，也是忠诚的助手，还是正直而有原则的杰出战士。他为玻利瓦尔赢得了一些最辉煌的胜利——阿亚库乔战役、皮钦查战役和塔尔基战役。他曾掌管过以解放者之名命名的国家——玻利维亚。他分享了玻利瓦尔生活中最私密的一面，与曼努埃拉结下了深厚的友谊。他警示过玻利瓦尔迫在眉睫的危险，也告诉他别人不敢说出的事实。他是解放者有生以来最好的朋友和捍卫者。苏克雷，一个无可指摘的英雄，一个为自由无私奉献的人，怎么会死在同胞的手里？这是野蛮的，匪夷所思的。"神圣的上帝啊！"玻利瓦尔听到消息时怒吼道，"如果天上还有正义，现在就降下复仇吧！"[87]那天晚上，玻利瓦尔的病情恶化了。[88]他被一种无法克服的恐惧感压倒了。[89]他忧心过情妇的安危，担心过他的姐姐们，她们在他看来是最容易出事的，[90]结果被追杀、被谋害的竟是他无畏的战士。[91]这种事能发生在苏克雷身上，就能发生在任何人身上。他胆战心寒地向他第二喜爱的将军弗洛雷斯发出警告。"要小心，"他写信给他，"要像一个漂亮小女孩那样注意安全。"[92]

另一边，曼努埃拉却在炫耀她的安全，表现得一点儿不像个小女孩。她穿得像个马穆鲁克士兵，带着她招摇的仆人们在波哥大催马飞驰，惹了不少麻烦。[93]这个城市的示威活动全面挑起了她的战斗欲。就在玻利瓦尔离开的那天，她开始了一场精心策划的反对新总统华金·莫斯克拉的运动，[94]后者还没踏上波哥大的土地。在她看来，那人的第一要务就是诋毁解放者。骚乱似乎完全被挑了起来，社论充斥着尖刻的批评，公众也把矛头指向了她。

现在的曼努埃拉早就对辱骂习以为常了。取笑解放者的情妇已成了一项公共活动。在报纸里，她被称为"外国人"[95]；在喝酒的场子里，她的绰号则更下流、更刺激。6月9日，在基督圣体节*的前夕，曼努埃拉得知，有人在首都的主广场上竖起她和玻利瓦尔的巨幅讽刺漫画。从人们有记忆以来，波哥大市民就有在基督圣体节前夕取笑政府当局的传统，一切都在公众娱乐的名义下进行。但那天下午出现在广场上的画像格外恶毒。画上是巨大的畸形人物，从

＊　基督圣体节（Feast of Corpus Christi）：罗马天主教大节日之一，纪念耶稣的身体实际存在于圣体圣事上所用的饼和酒中。规定在三一主日后的星期四举行。——编者注

特征上足以辨认出是他们，两人立在一个精致城堡的平台上。玻利瓦尔头戴一顶王冠，上面写着"暴君！"；曼努埃拉穿着王家礼服，上面写着"暴政！"。这纯属蓄意挑衅，并且目的达成了：激起了愤怒的回应。[96]

曼努埃拉骑马来到广场，身穿上校制服，旁边跟着她的黑人女仆——伶牙俐齿的若纳塔斯和纳坦。二人手里拿着各种刀和手枪。曼努埃拉一声令下，女人们冲向把守展览的士兵。那些人被突如其来的战争行为吓了一跳，拔出刺刀准备还击。这只激发了若纳塔斯和纳坦更强的怒火。对卫兵的野蛮好战导致她们被强行解除武装，遭到逮捕，送进监狱。曼努埃拉气冲冲地回家了。尽管如此，她充分表明了自己的态度。她的批评者也是如此。那些冒犯他们的漫画被拆卸并运走了。[97]几天后，自由派小报《极光》(*Aurora*)报道称：

> 一个神经兮兮的女人，一个玻利瓦尔将军的信徒，总是穿着与自己性别不符的衣服，说实话，她还坚持让她的仆人也这样装。她冲进现场，败坏了礼仪，扰乱了秩序，违反了法律……她带着两个士兵（实际上是她的黑人女仆）进入广场，挥舞着手枪，抨击政府、自由和人民……当黑女人被逮捕时，我们以为政府会借此机会对她们的罪行严加处罚。相反，当局释放了他们，主持此事的副总统最后去了"外国人"家里，对她进行了友好访问。[98]

几天后，莫斯克拉总统终于要进入波哥大了，曼努埃拉决定坐在二楼的阳台上观看。那是个消磨时间的好地方，她常坐在那里做针线活儿。她在椅子上坐定，看着人潮涌进公共空间。一大群狂欢者聚在她的阳台下。他们年轻、吵闹、放肆，急于欢迎新国家元首的到来。[99]但没过多久，他们就喊起了与这种场合不太相称的口号："打倒暴君！打倒暴政！"[100]——显然是朝曼努埃拉家喊的。这些口号现在广为人知，俨然成了玻利瓦尔的代号，意在挑衅。曼努埃拉心中的怒火愈燃愈烈。但游行现在正式开始了，就在莫斯克拉总统进入人们视线时，沿街燃放的一连串烟花宣示了他的到来。[101]音乐声、欢呼声和响亮的喧闹声在空中回荡。不管是否出于故意，几枚噼啪作响的闪光弹危险地擦过她的阳台。[102]它们仿佛就是对准她放的，吓得她不轻。她从椅子上一跃而起。"你们觉得那个人是总统吗？"她恶狠狠地对众人吼道，"错！他不是总统！真正的总统是玻利瓦尔，国家的解放者！"[103]

很快，她就做出了愤怒的回应。拳头在空中用力挥舞，手指朝对面方向戳去；不一会儿，她的仆人们就出现在阳台上，手拿点燃的鞭炮，准备保卫女主人。仆人们把"弹药"扔进密集的人群，吓得人们四散奔逃。恼怒之下，下面的人开始投掷石块。随后，她的一个男仆挥着一把枪跑上了街。有人来抢他的枪，但曼努埃拉和若纳塔斯早已冲下楼梯，提上自己的来复枪，夺门而出与他会合。他们挥舞着武器，试图把愤怒的人群赶离房子。要不是玻利瓦尔的密友马里亚诺·帕里斯（Mariano París）将军从总统的阅兵队伍中骑马赶回来，迅速结束了这一切，一场悲剧可能随之而来。

政府明白，解放者的情妇是它的劲敌。它以钢铁般的决心进行了反击，把她描述成一个贪婪的荡妇，一个在玻利瓦尔走上流亡路时还在与情人厮混的酒色之徒。[104]她再也不是那个挡在刺客面前的英勇的解放者救星了。他们嘲笑她的怪癖，她的男人味儿，她的基多口音。[105]在斗殴发生前，政府只是为她高呼"玻利瓦尔万岁！"

这类事找她小麻烦。[106] 现在，他们把她的鲁莽上升到国家层面，称作叛国。[107] 他们悍然行事，莫斯克拉总统和凯塞多副总统都没有出面干涉，而他们二人正是玻利瓦尔指望能保护她的人。总统和副总统都被桑坦德的自由派缚住了手脚。莫斯克拉抵达波哥大几天后，他任命玻利瓦尔最激烈的批评者——毒舌记者比森特·阿苏埃罗[108]和阴谋分子佩德罗·卡鲁若——担任政府要职。这事出有因：他的当选受惠于他们的党派。莫斯克拉和凯塞多都是正派的人，受到两派的信任，但他们很快就被证明是软弱的领导人。在压力下，他们默许将桑坦德的自由派推上高位。当那些自由派下令惩罚曼努埃拉时，他们视而不见。[109] 作为领导人的莫斯克拉完全成了玻利瓦尔期望的反面：软弱，没骨气，谨小慎微，唯命是从。[110] "我的英雄变成了一个南瓜。"玻利瓦尔后来说。[111]

随着时间的推移，曼努埃拉肩上的压力变得越来越大。当局试图没收玻利瓦尔的卷宗，[112] 但她奋力反抗。"对于你们的要求，我只想说，我手上绝对没有任何属于政府的东西，"她回信道，"我拥有的都是解放者阁下的私人财产……我不会交出一张纸，一本书，除非你们能拿出证明他违法的判决书。"[113]

她打算一步一步地攻克自由派，为玻利瓦尔的东山再起做铺垫。[114] 这就是她最初留在首都的原因。她用啤酒和雪茄跟军团套近乎，在首都的墙上张贴宣传材料，还写信给报社编辑，坚称自己是一个邪恶的阴谋小集团的受害者。[115] 她坚信，大哥伦比亚人绝大多数支持玻利瓦尔，只不过当局不允许他们发声。但还没等她取得什么进展，政府便着手要毁掉她。时任内政部部长的阿苏埃罗对她的放肆和"可耻的行径"展开了正式调查。[116] 波哥大市长公开表示，他一定会找到办法监禁她。[117] 她受到了许多死亡威胁，在友人的再三劝说下同意离开首都。[118] 朋友们认为，发生在苏克雷身上的事情也可能发生在她身上。8 月中旬，疲惫不堪的曼努埃拉收拾好行囊，骑上马，离开了波哥大，向西奔马格达莱纳河而去。[119]

但风向的变化如此之快，不到两周，大哥伦比亚上下的政治气候就整个发生了改变。波哥大富有的保守派对严重失能的政府感到震惊，开始提出要求：他们想让乌达内塔将军重新担任陆军部部长，撤销阿苏埃罗记者的内政部部长职务；他们要求所有涉嫌暗杀玻利瓦尔的人下台；他们坚持减少自由派官员，使人员构成更平衡，让更多保守派进入高层。[120] 教会和军队都坚定地站在他们一边。莫斯克拉把这么多权力交给了玻利瓦尔的敌人，显然犯了大错。政府失衡，人民感到被边缘化、被忽视。当一群愤怒的支持玻利瓦尔的狂热分子在首都外围的一场小规模冲突[121] 中战胜政府军时，形势开始逆转。几天后，莫斯克拉以身体抱恙为由离开波哥大；9 月 5 日，他和凯塞多被免职。[122]一直暗中支持政变的乌达内塔将军立即夺取权力，谨慎地宣布胜利属于玻利瓦尔，尽管几个月前他还反对解放者。[123] 像许多其他人一样，乌达内塔借助玻利瓦尔的光环来达到自己的目的。他精明地保证自己只是暂时统治，直到解放者回来为止。[124]

其实玻利瓦尔早就无意回来了。他因苏克雷的被害而心碎，被忘恩负义所刺痛，深陷痛苦的深渊。曼努埃拉不知道这些。那些说他垮了的传闻在她看来都是敌人散布的谎言。"解放者是打不垮的。"她夸口道。[125] 在她看来，事实就是如此。她派了一个朋友去卡塔赫纳确认此事。[126] 她的情人以前也生过病——在秘鲁，在瓜亚基尔——但他总能重振雄风，然后赢下战争，解放国家，甚至还能跳舞。她深信，等他到了英国或任何他决定去的地方，他就会再度焕发活力。[127] 但到了9 月 25 日，也就是暗杀行动两周年之际，玻利瓦尔已经成了行尸走肉。往昔解放者的影子偶尔会出现，那堂吉诃德式的坚定模样在荫翳中若隐若现，但很快便随着疾病的无情侵蚀而黯淡下去。

10 月，受民众支持浪潮的一时刺激，他宣称将率领 3 000 人的部队南下 [128] ——"如果他们给我一支军队，我就接受。如果他们让我去委内瑞拉，我就去"。[129] 但他后来承认，这么说只是为了鼓舞他的支持者。[130] 当乌达内塔将军派代表团请他来波哥大挂帅时，玻利瓦尔毫不犹豫地回绝了。代表团看得出原因何在：他病入膏肓，唯一的目标似乎就是康复到足以踏上旅途。他告诉朋友们，他大部分时间都被笼罩在黑暗之中——身体透支，虚弱到无法思考。[131]

但这只是部分属实。他的身体或许垮了，他的头脑却很清晰。他明白自己不想插手这个新的、临时的大哥伦比亚。在乌达内塔狂乱的反复无常中，在派斯"疯狂的胡言乱语"中，[132] 玻利瓦尔看到了他一直担心会在拉丁美洲出现的混乱。"我不能活在叛军和刺客之间，"他吐露道，"我拒绝接受猪猡的尊敬，我无法从空洞的胜利中获得安慰。"[133] 在他看来，乌达内塔的反叛是不合法的——就像科尔多瓦、皮亚尔或派斯的任何行动一样不合法，即使他承诺让玻利瓦尔重返荣耀。法律程序在哪里？有序的民主选举在哪里？他不能接受建立在兵变之上的权力。[134] 他觉得自己在公众眼中已经被贬得够不堪了——被桑坦德的阴谋，被派斯的沉浮，被自己同党愚蠢的加冕计划，[135] "现在他们又来剥夺我的个人荣誉，让我堕落成国家的敌人"。[136] 他们要求玻利瓦尔不惜一切代价夺权。这太过分了。

"莫斯克拉是合法总统，"他在给乌达内塔的信中写道，"法律就是这样……我没有权利得到他的头衔。他自己也并没有让出位置。"[137] 面对心腹密友，他难掩深深的悲观之情："我不再有一个值得为之献身的祖国了。"[138] 他打心底相信，无政府主义的走狗已经在四处乱窜了。他一向能够在逆境中振作起来，愿意为了拯救国家去尝试极端的宪法措施。可他何必要把意志浪费在已然失败的努力上呢？"相信我，"他写道，带着满腔的倾诉欲，[139]"我对叛乱的态度向来不客气；事到如今，我甚至想谴责我们对西班牙发动的叛乱……我看不出这给我们国家带来了什么好处。"[140]

就在这段时间里，他收到了拉斐德将军的一封信。[141] 那位革命英雄现在住在巴黎郊外的一座宏伟庄园里。玻利瓦尔非常珍视他与拉斐德的通信，就像他珍视德·普拉特主教的亲切来信，或乔治·华盛顿家族认可他为"南美的华盛顿"[142] 的评价一样。拉斐德对他尊敬有加，赞美中不乏仰慕之意。在他看来，玻利瓦尔的成就远超华盛顿；他在更困难的条件下解放了他的人民。毕竟，北美的革命者是清一色的白人，有着共同的价值观和理想，绝大多数都信仰新教。然而，在南美，玻利瓦尔把混杂的民族和种族拼凑在一起，赢得了自由；他的成功凭借的是"绝对的天赋、韧性和勇气"。拉斐德对解放者的致敬诚挚、热情、慷慨，但拉斐德也带给他两个持久的创伤：他明确表示，玻利维亚宪法中提出的终身总统制不符合民主原则；他敦促玻利瓦尔与桑坦德冰释前嫌，请他回国并和他联手。信息简洁明了，却是一个垂死之人所无法承受的。

"我老了，病了，累了，梦想破灭了，被围攻，被诽谤，薪水还很低，"他向一个朋友抗议道，"而我要的不过是好好休息和保住我的荣誉。唉，我想我两者都得不到了。"[143]

***

玻利瓦尔在 47 年的生命历程中走过了 12 万多公里 [144] 的崎岖路

程，始终充满活力。他很少经历身体上的虚弱，更别提往往随之而来的精神痛苦了。他是实打实的"铁屁股"：硬朗，跑步和骑马都能快过比他年轻得多的士兵，而且似乎拥有无穷无尽的耐力。当然，他在一生中也有过精疲力竭的时刻，但那些都能用极端的环境来解释：在高海拔山区、寒冷刺骨的海岬、齐腰高的洪水、闷热的丛林里展开行动。他似乎没有战胜不了的逆境。他讲究卫生，生活节制，远离危害健康的恶习，既不抽烟，也不喝酒。他能在休息极少的情况下工作。随着岁月的流逝和在战场间的辗转，他被这样那样的事情消耗着：疟疾、痢疾，以及伴随长期征战而来的磨人的痔疮。但这些对于他充满活力的体格而言算不了什么。他时刻准备着投入战斗，准备好吃苦，身体惊人地好，尽管他自己也说不清是为什么。[145]

突然间，他发觉自己如此无助，克服不了简单的疲劳，扛不住哪怕短距离的骑马或走路，这令他不知所措。到了10月，很显然，除了在床上口授信件以外，他已没有能力做任何事情。[146]他腹腔刺痛，咳嗽不止，胃口也大减了。[147]他要了一杯干雪利酒来刺激食欲，也许再加一点新鲜蔬菜，但当食物端上来时，他立刻兴致全无。[148]卡塔赫纳的炎热使人衰弱，严重影响到他的病情，[149]他的随从因此决定把他转移到内陆的巴兰基亚（Barranquilla），那里的空气似乎更有益健康。可搬家带来的些许缓解很快就被接踵而来的不适抵消了。在巴兰基亚，他从头到脚裹在羊毛毯里抵御寒冷。[150]很快，他就渴望早点出海远航，深信加勒比海的空气会对他有好处，轻微的晕船也可以作为一种受欢迎的精神荡涤剂。[151]但自始至终，他都拒绝服药，也不采用任何镇痛剂，即使最剧烈的疼痛也不能令他改变主意。[152]他不相信医生的意见。[153]"我已经衰竭至此，"他在给乌达内塔的信中写道，"我开始相信自己就要死了……你会发现我面目全非。"[154]

事实上，他消瘦到了危险的地步，恍如一具行走的骷髅，几乎站立不住。[155] "今天，我重重地摔了一跤，" 他在 11 月初写道，"我无缘无故地摔了个半死。幸运的是，这不过是一时眩晕，尽管它让我相当困惑。一切都证明了我有多么虚弱。"[156] 爬上几级台阶成了一项艰巨的事情。穿过一个大房间成了一件不可能的任务。[157] 惊人和骇人的症状让他焦虑不安，甚至到了疑病症的地步，时时记录自己的衰弱迹象。他几乎没有力气坐起来打牌；他脾气不好，睡眠也不好。[158] 饮食方面，他每次只能吃几口——一点木薯粉和一勺扁豆，于是他一天比一天虚弱。[159] "他的身体状况让我非常非常担心。" 他的亲密副官贝尔福德·威尔逊报告说，"这个男人不可能再担任公职，他身心俱损。"[160]

尽管身体和精神饱受摧残，玻利瓦尔的头脑依然敏锐。他接待了委内瑞拉的来访者，获悉派斯在那里对权力的竞逐已经演变为公开的混乱；他听取了新格拉纳达人要他回到波哥大的诉求。他恳求大哥伦比亚人与他们的敌人和解。他警告叛乱分子，他们可能会毁灭美洲。他告诫一个边远地区的叛军长官胡斯托·布里塞尼奥（Justo Briceño），如果他不与乌达内塔和解，共和国就会像纸牌屋一样倒塌。[161] "相信我，" 他非常明确地表示，"你们俩就像派斯和桑坦德，他们的不和导致了我的垮台和我们所有人的浩劫。"[162] 对乌达内塔，他直言不讳："达成一项好的共识胜过赢得一千场辩论。毫无疑问，我没能与桑坦德达成和解是我们失败的原因。"[163] 在迅速衰败的身体里，他好像正向一个更高的境界靠近。他似乎看透了自己的失败。"许多将军，" 他提出忠告，"知道如何赢得战争，却很少有人知道如何对待胜利。"[164] 他公开对继任者的合法性表示担忧，并告诉乌达内塔，在举行大选之前，他不过是个一文不值的篡权者。他表示：

"如果他们杀了你，然后陷入全面的无政府状态，我不会感到惊讶。他们真要这样做了，那也是因为你没有遵守法律。"[165] 他指示乌达内塔阅后即焚。[166] 信中的内容太直白，表达了太多的不满；他不希望自己的言论在他死后被曲解，对乌达内塔不利。在这个充满了野心的国度，没人能指望长期掌权。[167]

对新任厄瓜多尔总统弗洛雷斯将军，他传递的信息同样极端。"为苏克雷报仇，"他建议弗洛雷斯，因为那是美洲历史上最卑劣的罪行，"然后趁早脱身。"[168] 在一篇已成为玻利瓦尔主义者的圣经的文章中，他接着列举了 20 年的统治教会了他什么：

1. 美洲是不服管制的；2. 投身革命的人如同在海上破浪前行；3. 在美洲，人们能做的就是离开它；4. 这个国家注定会陷入难以想象的混乱，之后它将落入一连串肤色各异的暴君手中；5. 一旦我们被各种犯罪吞噬，堕入暴力的狂潮，没人会愿意来管我们，就连欧洲人也不会；6. 最后，如果人类能退回原始状态，那将是末日时刻美洲的样子。

他从未如此通透，但又不完全清醒。就像莎士比亚剧作中徘徊于废墟间的国王，他情不自禁地向远方的将军们下达命令，警告他们崩溃即将来临。他对大哥伦比亚态度悲观，却罔顾事实地相信他自己的病可以治好，相信他能走出来，一切只是时间问题。[169] 等痊愈后，他将航行到牙买加的蓝山，然后和曼努埃拉一起去伦敦。[170]

他最忠实的支持者之一，当时控制着大哥伦比亚西北海岸的马里亚诺·蒙蒂利亚将军，[171] 很快关心起他的情况。当玻利瓦尔写信给他，请他帮忙采购一些物资时，蒙蒂利亚的回应是为他做更多的事。他雇了一条双桅横帆船把玻利瓦尔摆渡到了圣玛尔塔。那是加勒比海湾处的一块僻静的飞地，位于巴兰基亚以东 80 公里处。这次航行将是快捷而轻松的，正是玻利瓦尔期待中可以"充当精神荡涤剂"的那种航行。[172] 但蒙蒂利亚没有就此停止。他给玻利瓦尔找了个全科医生，一个曾在拿破仑军队里当过军医的法国人；他说服了双桅横帆船的船主，一个名叫华金·德·米耶尔（Joaquín de Mier）的富有西班牙人，把解放者安置到他在海边的大庄园。[173]

玻利瓦尔在侄子费尔南多和仆人何塞的陪同下于 12 月 1 日抵达圣玛尔塔，[174] 随行的还有一群忠实的朋友，[175] 其中有曼努埃拉从波哥大派来的佩鲁·德·拉克鲁瓦（Perú de Lacroix）。[176] 在 12 月的平静海面上[177] 绕过海岸仅用了两天时间。当他们绕过最后一块突出的陆地，驶入一个海湾时，他们看到了圣玛尔塔闪闪发光的白海滩。那后面是苍翠的丘陵，鸟语花香。再后面是顶着雪盖的内华达山脉，像远古巨人那样朝海里伸出双腿。亚历山大·冯·洪堡曾向比他年轻得多的玻利瓦尔讲述过这番景象，洪堡曾游历过这片海岸，惊奇地记录下这一带的蛇、水果和闪亮的昆虫；他从棕榈树林里辟出一条路，偶然发现了一排比人高不了多少的小火山。[178]

轮船入港时，华金·德·米耶尔在那里迎接，他的脸上写满了忧虑。[179] 往日令人生畏的"殊死战"的发起者已然油尽灯枯；在这个西班牙人看来，唯一的生命迹象是那双火热的眼睛——黑得像玛瑙——仍在那具瘦削的骨架里燃烧着。[180] 军官们用交扣的双手搭成一个摇篮，[181] 把玻利瓦尔从甲板上运下来。他们小心翼翼地把他放在一张简陋的小床上，抬往西班牙领事馆所在的庄严古宅。[182] 在那一小块西班牙的领地上（对一位美洲英雄而言颇具讽刺意味），他受到了最高的礼遇和关照。

蒙蒂利亚雇来照料解放者的医生亚历杭德罗·雷韦朗（Alejandro Révérend）详细记录了当时的场面：

> 大人在晚上 7 点 30 分到达圣玛尔塔，[183] 他完全不能行走，坐在手臂搭成的椅子上登了岸。我发现他处于如下状态：极度消瘦，筋疲力尽，表情痛苦，高度紧张。声音嘶哑，剧烈咳嗽，咳出黏稠的绿痰。脉搏平稳，但频率快。消化不良。病人表现出相当大的痛苦。总之，大人的病给我的感觉是最严重的那种，我的第一反应是他的肺部不幸受损。在巴兰基亚，他只吃过几汤匙的止咳糖浆。[184]

在接下来的几天里，雷韦朗照顾着他，并征求了一位美国海军军医 [185] 的意见，后者搭乘的船碰巧停靠在圣玛尔塔。这位美国外科医生证实了雷韦朗的诊断：解放者的病根主要在肺部，很可能是肺结核。[186]

玻利瓦尔的病情一天比一天严重。他黄疸偏高，一次只能睡上两个多小时；夜里发热，神志不清；到了早晨，就感到恶心反胃。他的骨头很疼。[187] 他枯瘦的身体减到不足 36 公斤，[188] 咳嗽或打嗝时都会颤抖。和所有肺结核病人一样，他秃顶，头发斑白，干瘪萎缩——过早地呈现出老态。5 天后，雷韦朗决定用一台舒适的轿子把他运往米耶尔的糖料种植园，在那里，玻利瓦尔至少能待在更心旷神怡的环境里，周围是一群无微不至的仆人。

起初，米耶尔在圣佩德罗-亚历杭德里诺（San Pedro Alejandrino）的豪华大庄园似乎正是玻利瓦尔所需的解药。房子明亮宽敞，大窗户迎着海上吹来的清风。棕榈树和罗望子树在毗邻的花园里随风轻摇。

在温暖的阳光和湛蓝的天空下，病人的精神有所提振。甜甜的糖香侵入他的感官。他是在圣马特奥的一个甘蔗种植园长大的，对这种香味再熟悉不过。[189] 当他躺在两棵罗望子树之间的吊床上时，[190] 他很可能忆起了砍下的甘蔗、捣碎的果肉、叶子上的黑斑，它们的芳香飘满了他的童年。他恢复了一点精力，写了几封洋洋洒洒的信。一段时间前，他曾让人捎话给曼努埃拉，恳求她过来。[191] 她在哪儿呢？

更多的访客到来了：有带来消息的信使们，严肃的主教，高效的公证人，还有渴望与英雄见面的将军和上校们。[192] 军官们在这里待得很自在。他们打牌，喝朗姆酒，雇乐师来振奋解放者日渐衰弱的精神。他们卷着雪茄，抽着烟斗，抽到走廊都蒙上了灰色。[193] 当玻利瓦尔被一名将军身上的恶臭熏得受不了，喊他把椅子往后挪挪时，那将军吓了一跳。"抱歉，阁下，我身上没有很脏吧！""完全没有，"玻利瓦尔说，"只是你闻起来像地狱。"[194] 那将军笑着回应说，玻利瓦尔可不会对曼努埃拉夫人说这样的话，谁都知道夫人有多爱烟草。玻利瓦尔的脸上突然漾起无限的悲伤。他眼里满含泪水。"啊，曼努埃拉，"他说，"那好吧。"[195]

过了一阵子，趁雷韦朗医生在他身边时，玻利瓦尔主动问道："医生，是什么把你带到这儿来的？""自由。"医生答道。"那你找到了吗？"玻利瓦尔问。"找到了，我的将军。""这么说，"玻利瓦尔叹了口气，"你比我幸运。回你美丽的法国去吧……你终究会发现，这里有这么多狗杂种，是没办法生活的。"[196]

到了 12 月 9 日晚上，他又开始发烧了，胡言乱语。最后一场致命的肺结核发作攫住了他那瘦骨嶙峋的身躯。[197] 翌日早晨，他苏醒过来，主教催促他接受最后的圣礼。身旁的蒙蒂利亚将军悲痛欲绝，恳求他把一切安排妥当，立一份遗嘱。[198] 玻利瓦尔起初犹豫不决。

他习惯于战斗，没想过投降。[199]"我怎么才能走出这座迷宫？"[200]他沮丧地叫道。但随着这一天逐渐逝去，他觉出了其中的意味。在朋友们的见证下，他将自己的灵魂托付给上帝，宣布去世已久的特蕾莎·德尔·托罗为他的合法妻子，并宣称自己没有后代。尽管他有过几十个情妇，尽管他对曼努埃拉和珀皮塔表白过爱意，但他留给后人的这番话印证了自己年轻时的誓言：没有女人会取代特蕾莎。过去，他将自己的洗礼服与她的尸体一同埋葬；而今，他兑现了对教会的誓言。[201] 剩下的就是身外之物了。他将 8 000 比索（来自尚未到手的养老金）遗赠给他的终身男仆何塞·帕拉西奥斯，将他在委内瑞拉的争议财产留给了两个姐姐，将最宝贵的书籍赠予加拉加斯大学，将佩剑送给了苏克雷的妻子。[202] 那天晚上，邻村一位谦卑的印第安神父为他做了临终祷告。[203] 仪式完成后，他用仅存的力气，最后一次向他的同胞发表讲话。公证人记录下了他的遗言：

> 哥伦比亚人！你们见证了我在暴政统治过的地方推行自由的努力。我无私地苦干，牺牲了我的财富和心灵的安宁。当你们明确怀疑我的动机时，我放弃了权力。我的敌人玩弄了你们的信任，摧毁了我视为神圣的东西——我的声誉，我对自由的热爱。他们使我成为他们的牺牲品，把我逼入坟墓。我原谅他们。
>
> 在与你们长辞之际，我对你们的爱促使我说出最后的心愿。我最渴望的荣耀莫过于哥伦比亚的团结……我的最后一票投给祖国的幸福。如果我的死可以医治和巩固联邦，我将平静地走向坟墓。[204]

玻利瓦尔的同伴们聚在他的床边，公证人念出了最后的这些话。解放者像个活死人——他几乎睁不开眼，说不出话，无法呼吸——但他的头脑足够清醒，[205] 能明白自己的话已经产生了影响：在这群顽强的士兵中间，几乎所有人都湿了眼眶。

一个人在死亡面前无能为力。时候到了。几小时内，他数度陷入精神错乱。[206] 他排尿时灼痛，痛得他蜷起身子；他的手脚像安第斯山的雪一样冰冷。他的脉搏急剧加速；他便血了，然后开始语无伦次地说话。[207]"何塞！"他喊道，"我们走！我们走！他们不要我们！把我的行李搬上船！"[208] 过了一阵子，他完全丧失了说话能力。当被问及是否感到痛苦时，他似乎做了否定的示意。[209] 他在这种令人心碎的弥留状态里度过了 6 天。

12 月 17 日中午，他胸口发出的古怪喘息声变成了急促的抽气声。生命不会轻易离开玻利瓦尔的身体。但毫无疑问的是，他正在咽下最后的死亡气息。[210] 急促的咯咯声令雷韦朗医生警觉。他去喊隔壁房间的人。"先生们，如果你们想在解放者停止呼吸的最后时刻在场，"他说，"现在就来吧。"[211] 他们迅速、神色严峻地鱼贯而入。下午 1 点，[212] 距离他在安戈斯图拉发表著名的独立宣言整整 11 年后，[213] 玻利瓦尔的灵魂抛下了他破碎的身体。他的嘴唇变白了，眉头随着安息而渐渐舒展。[214]

玻利瓦尔死了，大哥伦比亚消失了，他曾经珍视的梦想在不知不觉间滑入茫茫来世。但他的胜利是毋庸置疑的，6 个崭新的国家——委内瑞拉、哥伦比亚*、厄瓜多尔、巴拿马、玻利维亚和秘鲁——将一个接一个地出现，证实这一点。

---

* 新格拉纳达在 1831 年大哥伦比亚共和国彻底瓦解后，独立为新格拉纳达共和国。之后政局动乱，国名也多次更改，最终 1886 年通过宪法，定名为哥伦比亚共和国。——编者注

尾　声

　　玻利瓦尔死后，他的传奇才开始生根发芽。很少有英雄被历史如此推崇，在全世界受到如此的敬仰，被铭刻到如此多的丰碑上。随着时间的推移，人们对他的深仇大恨（哪怕在最后的日子里仍围绕着他），变成了狂热崇拜。

　　但这种或许是史上独有的逆转来得太迟。随着生命消逝，尸体变凉，只有忠于他的人在那里为他哀悼。玻利瓦尔死时，受到他所解放的每一个共和国的辱骂、误解和诽谤。尽管他生来富有，死时却一贫如洗。尽管他统管过国库，却谢绝了财物犒赏。他离世时身无分文，无权无势，一无所有。他被赶出波哥大，遭秘鲁深恶痛绝，渴望回到他心爱的加拉加斯，却很快发现连故乡也不许他回家。他去世时，只有少数人为他感到悲痛：他的男仆、他忠实的副官们、他的姐姐们、他的侄儿，以及散落各地的朋友。除此之外，鲜有人表达出同情。"再见了，邪恶的灵魂！"马拉开波的地方长官得意扬扬地说，"他是万恶之源，祖国的暴君！"[1]12 年后，玻利瓦尔的遗骨才被迎回故乡加拉加斯。

　　附近一座堡垒响起三组礼炮声，宣告解放者的离世。他的医生、小镇药剂师雷韦朗着手进行尸体剖检。从尸体的变色、堵塞的肺、明显的结核结节、晚期的萎缩，他只能得出一个结论：玻利瓦尔死于急性肺衰竭，极有可能是肺结核。雷韦朗通宵为他做防腐处理，天光初亮时，这个医生又承担起另一份职责——为死者更衣。除了玻利瓦尔死时穿的那件破旧的收腰外套，也找不到别的衣服，他只得向一位好心邻居借来一件干净衬衫。在那之后，一名志愿者安排了一场还算像样的葬礼，并支付了相关费用。[2]

1830 年 12 月 20 日，解放者的尸体在众目睽睽下被从海关运往几个街区之外的大教堂。一支朴实的送葬队伍穿过圣玛尔塔沉睡的街道。钟声敲响，安魂曲唱响，但没有重要官员在场。几天前染病的圣玛尔塔主教没来主持弥撒。玻利瓦尔的遗体被安置进了大教堂围墙内的一座墓穴。[3] 随着他的下葬，大哥伦比亚也分崩离析，整个国家陷入了大大小小的纷争，玻利瓦尔的将军们争相推进自以为是的幻想。几个月后，被玻利瓦尔作茧自缚保下的何塞·安东尼奥·派斯，当选为委内瑞拉总统。曾四处游说要让玻利瓦尔做国王的乌达内塔将军，在波哥大被无情地推翻。因暗杀未遂而流亡海外的桑坦德将军被召回，重新统治独立后的新格拉纳达。弗洛雷斯将军希望为厄瓜多尔争取更大的地盘，准备从侧翼进攻新格拉纳达。巴拿马有意自立为共和国，正焦急地四处物色领导人。[4] 在安德烈斯·圣克鲁斯的领导下，玻利维亚艰难地克服了混乱。而秘鲁这个没落帝国的焦虑心脏，在接下来 20 年里相继迎来了 20 位总统。但是，尽管如此，解放者的最高成就是不可逆转的：西班牙人再也没有回来。

就像那些遥远日子里的所有消息一样，玻利瓦尔去世的消息在美洲传播得很慢。曼努埃拉一直在溯流而上向他靠近。她相信关于他殒命的传闻只是夸张的谣言，直到她冷不防收到佩鲁·德·拉克鲁瓦的一封信："尊敬的夫人，请允许我同您一起，为您和整个国家不可估量的损失垂泪。准备好接收最后的死亡通知吧。"[5] 她大吃一惊，一时陷入精神恍惚。不知怎么地，她抓住了一条毒蛇，把它贴近自己的喉咙，然而毒蛇却把毒牙刺进了她的胳膊。[6] 恢复过来后，她重拾了坚如磐石的决心。"解放者活着时，我爱他，"她致信弗洛雷斯将军，"现在他死了，我敬奉他。"[7] 不到两年后，重新掌权的桑坦德将她打发到国外去了。

她乘船去了牙买加，接着是瓜亚基尔，但她的护照中途被吊销，于是她在秘鲁沿海的小渔村派塔（Paita）登陆，[8] 那里唯一的旅人是捕鲸的美国佬。她毫不退缩，在逆境中努力生活。她接手了离码头不远的一所废弃房子，在门上挂了块牌子："烟草。会说英语。曼努埃拉·萨恩斯。"她替目不识丁的水手写信，只收很少的钱。她制作并售卖甜食、亚麻刺绣品，并设法以这样那样的方式勉力维生。但她的余生实际上在贫困中度过，偶尔接待一下来访的名人，比如意大利战争英雄朱塞佩·加里波第或著名的秘鲁作家里卡多·帕尔马。过了数年，她得知丈夫詹姆斯·索恩和他的情妇在离利马不远的糖料种植园里散步时被杀害了。可能的原因有很多。自从曼努埃拉离开后，索恩有了许多情妇和私生子。在她生命的尾声，玻利瓦尔的老师西蒙·罗德里格斯加入了她的行列。罗德里格斯80岁时来到派塔，一贫如洗，还有点儿疯。1853年，他一瘸一拐在这里下了船，次年便去世了。两年后，曼努埃拉去世。至于这两位比任何人都爱玻利瓦尔的老革命者之间谈了些什么，只能留待后人想象。

死后的玻利瓦尔成了超越个人的符号。随着岁月流逝，混乱仍在荼毒这片土地，南美人回想起了他在那样极端的时期解放了那么多国家的非凡壮举。他作为政治家的失败逐渐淡出视野，而他作为解放者的成就占据了舞台中心。的确，那些功绩无可辩驳。是他传播了启蒙精神，给内陆地区带来了民主的希望，打开了拉丁美洲人的思想和心灵，让他们看到自己有可能成为的样子。是他本着比华盛顿或杰斐逊更高的道德直觉，看到了不先解放自己的奴隶就着手发动解放战争的荒谬之处。是他带兵出征，和士兵一起风餐露宿，为他们的马匹、子弹、地图和毯子操心，激发出他们不可思议的英雄气概。墨西哥、智利、古巴和阿根廷的革命者都在召唤他。正如托马斯·卡莱尔（Thomas Carlyle）所说，他纵马驰骋，"一路奋战，行过的路比尤利西斯的航程还要长。让未来的荷马们记录下这一切！"[9] 在美洲历史上，从来没有人以一己之意志改造过如此广大的领土，团结了如此多的种族。拉丁美洲的梦想从未如此宏大。[10]

可是在打造新世界的过程中，他也做出了许多妥协。玻利瓦尔不止一次地发现自己把理想弃置一旁。当他骑马穿过战火纷飞的残酷地狱，穿过临时军事处决的杀戮场时，他并不总是有机会践行他信奉的原则。他时不时地做出令人生疑的决定。玻利瓦尔的批评者张口就能枚举，例如，发动"殊死战"，目的是震慑殖民者。处决年轻的爱国志士皮亚尔将军，因为怀疑他企图在玻利瓦尔眼皮底下煽动种族战争。在卡贝略港屠杀 800 名西班牙俘虏，这在当时看来是迅速而有效的，因为担心发生监狱暴动，又没有足够的卫兵来控制局面。背叛他年迈的同志弗朗西斯科·米兰达，此人在玻利瓦尔看来缺乏勇气，轻言投降，向西班牙出卖了革命。最后，更重要的是，玻利瓦尔对独裁权力的行使。

对于上述这一切，他有他的理由。首先，这片大陆数百年来的环境制约造就了惊人的无知。在那些至暗时刻，玻利瓦尔怀疑他的美洲是否真的为民主做好了准备。此外，西班牙对革命者做出了迅速而严酷的回应。拿破仑战争之后，西班牙表现得越发凶残可怖，在战斗中尤为突出，其程度远超爱国者们的预期。暴力招致更多的暴力，并很快升级为唯一的战争准则。结果，腥风血雨将整座整座的城市从地图上抹去，平民人数减少了三分之一，[11]西班牙远征军几乎全军覆没。

玻利瓦尔是即兴发挥大师，是卓越的军事指挥家，他能够智取、赶超、击败强大得多的敌人。但恰恰是这样的才能，这种能迅速转变战略的天赋，出奇制胜、当机立断的天赋，在和平时期暴露出缺陷。在战时模式基础上很难建立起民主。这就是为什么他会做出有待商榷的决定，许下没有退路的承诺，犯下重大政治错误。这就是为什么他赦免了派斯；这就是为什么他对桑坦德处理不当；这就是为什么他试图在政治程序的迷宫中摸索前进，见什么人说什么话。

但是，除却种种缺陷，从未有人质疑过他的说服力、他华丽的演讲、他慷慨大方的本能、他秉持的自由和正义的原则。随着岁月的流逝，南美人记住了这种伟大，他们明白，他们的解放者走在了他所处时代的前面。相比之下，玻利瓦尔之后的领导人似乎都不尽如人意，在巨人的影子下相形见绌。委内瑞拉人感到震惊，他们竟然让自己最杰出的公民一贫如洗地死在别的国家，甚至还禁止他回家。哥伦比亚人追忆起来，他正是从他们的国土上开启了争取自由的征程。厄瓜多尔人、玻利维亚人、巴拿马人、秘鲁人开始复兴他的传奇。许多省市都以他的名字命名。公共广场为他的胜利立起纪念碑。大理石或青铜打造的玻利瓦尔塑像呈现出一种他生前从未有过的宁静。[12]躁动、激昂的解放者而今成了仁慈的父亲、鞠躬尽瘁的教师、努力打造更好羊群的好牧人。他跨在马背上，驰骋在永恒的虚空中，化成一个不朽的形象：这是一个生机勃勃的生命，活在一条单一的轨道上，一心要打造一个民族，一块美洲大陆。

没有人比派斯更懂玻利瓦尔形象的力量。为了坐稳委内瑞拉总统的位子，派斯再次借助玻利瓦尔来巩固动荡的国家。即便玻利瓦尔已经死了。即便派斯对委内瑞拉的期望与玻利瓦尔的完全相反。1842 年 11 月，也就是解放者死后将近 12 年，派斯把英雄的遗体从圣玛尔塔大教堂的安息之所挖出来，由一支海军舰队运至拉瓜伊拉港。为了安抚新格拉纳达，派斯同意让它保留解放者的心脏，他的一部分就这样留在了身后，保存在一个小骨灰盒里，[13] 葬在圣玛尔塔。玻利瓦尔取出了心脏的尸体运抵拉瓜伊拉，随即被一支由军人、外交官、神职人员和政府高官组成的声势浩大的代表团接回家乡。送葬队伍翻山越岭前往加拉加斯，仰慕他的公众涌上街头迎接。对英雄的死后颂扬就这样开始了，对玻利瓦尔的崇拜就这样诞生了。

岁月如梭，白驹过隙。不仅在他所解放的国家，而且在世界各地，玻利瓦尔都成了拉丁美洲伟大的化身：一个坚定热爱自由，充满正义感的人；一个为了梦想不顾一切的英雄。但是，随着传说的嬗变，每个版本在前一版的基础上建构，这位人物呈现出一种千变万化的面貌。政客们，不管左派右派，都用他来捍卫自己的立场。神父们在正义凛然的布道中引用他的话。诗人们用狂热的诗句赞美他。历史文献对他的丰功伟绩大书特书。老师们指出他的才华。父亲们敦促儿子们效仿他。学童们背诵他的演讲词。"士兵们！"他们都学会了咆哮，就像阿亚库乔大捷之后的玻利瓦尔那样，"你们给了南美洲自由，现在四分之一的世界就是你们荣耀的纪念碑！"

光阴荏苒，历史学家接过了赞颂他的工作。所有研究机构和学术组织都准备好为他辩护。之所以要为他辩护，是因为对他的怀疑又开始悄悄抬头。秘鲁人一向憎恨委内瑞拉出身的解放者，他们抱怨玻利瓦尔在建国过程中掠夺了秘鲁的土地，剥夺了印加人的贵族地位。的确，到 1825 年，利马的财富和影响力已经缩水；这个曾经监管南美洲大片地区的总督府所在地，其存在感和影响力大不如前。尽管如此，说玻利瓦尔毁了秘鲁实属夸大其词。秘鲁在革命之前并不存在。秘鲁没有失去土地，它从一开始就没有土地。至于印加后裔，玻利瓦尔并没有特别针对他们。他废除了一切等级，取缔了共济会、秘密社团，消除了任何表面上的立法优越性。对他来说，原住民贵族只是另一种压迫形式而已。换句话说，玻利瓦尔改变了秘鲁的所有规则。而秘鲁，作为西班牙殖民中心里最强大的枢纽以及西班牙最忠实的殖民地，从未忘记这一点。

　　后来不乏各种唱反调的人，包括更愿意赞美圣马丁的阿根廷人，感到有义务捍卫母国的西班牙人，感到被边境线限制了的安第斯人，从未得到报酬的雇佣兵，甚至高声抗议的卡尔·马克思，他称玻利瓦尔是"欺软怕硬的、最卑鄙、最刻薄的恶棍"。[14] 但纵使有这后续种种，待到玻利瓦尔一百周年诞辰之际，他的神话业已铸就，而且被添枝加叶到令人惊讶的程度。在这一个世纪里，玻利瓦尔成了一个虔诚的天主教徒、一个道德楷模、一个坚定不移的民主主义者——没有一个是真实的他。这个故事与其说关乎那个男人，不如说关乎一种浪漫化的理想。他是我们的善良天使，我们的英勇王子。甚至那些不完美的地方（几十个情妇、不择手段的冒险、独裁的倾向）也被视为这个人物的自然组成部分，而这个人物是每个年轻人立志效仿的对象。作家何塞·马蒂在这百年期间对玻利瓦尔有过一段著名评论："没有什么比他那粗糙的前额、深邃的目光、骑在一匹长翅膀的马背上斗篷猎猎的样子更美的了……子子孙孙，世世代代，只要美洲还存在，他的名字就会在我们的男子汉心中回荡。"[15]

　　总统安东尼奥·古斯曼·布兰科（Antonio Guzmán Blaco）的心中无疑就响着这样的回声。就像半个世纪前的派斯一样，布兰科也试图牢牢控制住委内瑞拉。布兰科于1870年掌权，统治了委内瑞拉18年，其间经济飞速发展，腐败却也猖獗。他与玻利瓦尔相去甚远。但他也明白这一形象的力量。受派斯的启发，他挖出了玻利瓦尔的遗骸，将其从大教堂运送到新建成的先贤祠。他收购了玻利瓦尔在加拉加斯的家，宣布出版一部讲述解放者革命生涯的32卷历史，[16]然后高调地主持了玻利瓦尔的百年诞辰，在此过程中，标榜的更多是他自己。我们只能想象玻利瓦尔目睹到此情此景的骇然。如此公开利用他的这个人身上恰恰有着他所鄙视的一切：谄媚、腐败、浮夸、共济会会员和对教会的全面攻击。但布兰科的计策很成功：顺利执政长达18年，赶走了一个又一个政治对手，直到他的反天主教运动适得其反，他才被愤怒的国民赶下了台。

　　百年后的1982年，雄心勃勃的委内瑞拉年轻的陆军上尉乌戈·查韦斯效仿前几任总统，建立了一个左翼政党，名为"玻利瓦尔革命运动"。经过10年的筹划后，他发动政变未遂，被捕入狱。尽管如此，他最终继承了玻利瓦尔的政治遗产，于1998年就任总统。次年，查韦斯修改了宪法，并将国名改为委内瑞拉玻利瓦尔共和国。他在电视上发表演讲时把玻利瓦尔的形象放在身后，他的追随者会在街上高喊"玻利瓦尔！玻利瓦尔！"。想想其中的讽刺之处：美利坚合众国没有乔治·华盛顿党，没有哪位国父登记在案的追随者，抑或是公开声明的敌对者。今天，没有人会在巴黎的大街上高呼拿破仑的名字。但在拉丁美洲，玻利瓦尔继续作为一股激励力量、一种政治行动的避雷针而存在。

　　在他身后变幻莫测的岁月里，玻利瓦尔被许多政治家效仿，但最引人注目的莫过于坚定的社会主义者查韦斯，他的政治目标实际上与玻利瓦尔的有很大不同。2010 年，拉美革命两百周年之际，玻利瓦尔的遗骨再一次被挖掘出来。[17] 这一次，查韦斯总统将它们从先贤祠的石棺中带走，为了一场特殊的仪式。[18] 整个过程中，查韦斯不停地讲述、祈祷和热切赞美，[19] 那场面看上去就像穿着登月装的宇航员在做高度程式化的表演。[20] 在后面，在上方，处处飘扬着委内瑞拉国旗。整场仪式的目的或许和过去两百年中的一样：与解放者的精神融为一体，沐浴在"他的威望的魔力"[21] 中。不过这一次，查韦斯希望证明的不只有美洲的兄弟情谊。他让人对玻利瓦尔的 DNA 进行检验，以证明解放者是被大哥伦比亚的独裁者毒死的，那些地主乡绅无法容忍玻利瓦尔的"社会主义"冲动——但检测结果没有给出定论。为了维护自己日渐衰落的口碑，为了向国界另一边抛出严厉的指控，查韦斯用了一种非常老套的方式。不过，他也让玻利瓦尔完成了某种循环。直到生命的最后一刻，玻利瓦尔都被指责太过热衷于独裁权力，而现在，玻利瓦尔被奉为自由思想的典范。

当然，这并不是这个传奇故事第一次被演绎；查韦斯、古斯曼和派斯也不是仅有的尝试这样做的人物。独立后登场的无数政治强人都试图以某种方式诉诸玻利瓦尔的形象，以期为自己增添光彩。玻利瓦尔声称自己憎恨专权——他声明自己只是在有限的时期内、作为必要的权宜之计才接受那份权力——但毫无疑问，是他创造了日后拉丁美洲神话般的强人形象。

在他之后的几个世纪里，独裁者层出不穷。但是，轨迹总是一样的。事实上，许多最专横、最野蛮的人[22] 一开始都是自由派。南美洲历史上充斥着这样的人。正如阿根廷作家埃内斯托·萨瓦托（Ernesto Sábato）所说："最顽固的保守主义产生于取得胜利的革命。"[23] 这正是玻利瓦尔曾担心的。他死的时候坚信一个敌意的时代将随之而来，而事实确实如此。在玻利维亚，一个臭名昭著的堕落独裁者试图逃脱惩罚，结果被他情妇的兄弟追捕并杀害；[24] 在厄瓜多尔，一位笃信宗教、谋求第三个任期的暴君，光天化日之下在大教堂的台阶上惨遭杀害；[25] 在基多，一位恋栈不去的自由派考迪罗被投入监狱，遭到谋杀，尸体被拖过鹅卵石街道。[26] 在拉丁美洲文学中，鲜血沿着道路流淌，人头从灌木丛中滚出，这是有原因的。这不是魔幻现实主义。这是历史，是真实的。

从许多方面看，革命仍在拉丁美洲进行着。尽管玻利瓦尔的名字被他之后的每一种主义提及，但他炽热的理想似乎在随后的混乱中消失了。当富有的白人争相攫取西班牙统治者丢下的财富和权力时，启蒙原则被抛到一边。被玻利瓦尔尊为正义之关键的平等，[27] 很快就被致命的种族主义取代。对自由民族而言不可或缺的法治，随着一个又一个独裁者对法律的擅自修改而被抛弃。民主、平等、博爱，在南美洲迟迟不见到来。原本能使这片大陆成为一股强大力量的团结，从未实现。然而，玻利瓦尔的梦想永远不死。

或许这是因为他一生都在向拉美人民清晰地表达自己。这是一个太不完美的人，他凭借纯粹的意志、敏锐的头脑、热切的心和令人钦佩的大公无私，把革命推进到他的大陆的各个遥远角落。命运只给了这位领导人一个机会和一大堆无法逾越的障碍。他是遭到军官背叛的将军，缺乏可靠帮手的战略家，管理着毫无团结活力可言的内讧团队的国家元首。他以历史上无可匹敌的毅力，在地形最严酷的土地上推进了一场看似毫无胜算的战争，拔除了皮萨罗令人生畏的旗帜。从海地到波托西，几乎没有什么能阻止他。他骑上马，进入虚空，与难以想象的困难搏斗——直到他重塑了一个世界。[28]

致 谢

感谢生者之前，我要先致敬死者：我的祖先，正是他们紧蹙的眉头促使我写下这本书。

在秘鲁利马，当我还是顽劣孩童时，我时常因为做错事被罚独自坐在祖父母家客厅里的一张硬凳子上。这是一个不透风的房间，窗户紧闭，将海岸的阳光和浓雾都挡在外面。摇摇欲坠的书柜里摆满发着霉味儿的书籍，屋里还有一架雕刻精美的钢琴，几张大理石台面的桌子，几尊罗马名人的青铜半身像，还有五幅巨大的祖先画像，似乎向我投来责备的凝视。其中两张肖像是我敬爱的祖父母，我从未在他们现实中的脸上看到过这副俯视的表情，那是一种傲慢而惊讶的锐利眼神。但另外三幅是更早的作品，是在我出生前125年完成的。

其中一幅是一位威严的将军，名叫华金·鲁温·德·塞利斯（Joaquín Rubín de Celis），是我的五世祖。他是阿亚库乔战役中第一个冲锋也是第一个倒下的西班牙人。他的失败为秘鲁赢得了自由。从另一面墙上凝望着他的那个若有所思的美人是他未曾谋面的女儿——特立尼达。她出生的几个星期前，革命军的利剑便刺穿了他的心脏。16岁那年，特立尼达嫁给了一位革命军将领，佩德罗·西斯内罗斯·托雷斯（Pedro Cisneros Torres）；他曾在那个凛冽的 12 月天随玻利瓦尔的军队冲下安第斯山脉，与她的父亲作战。

在西班牙统治了 300 年之后，我的两个祖先在安第斯山麓的土地上互相厮杀，殖民主义的枷锁被打破了，独立战争取得了胜利。因此，尽管我被命令坐在那间屋子里反思恶行，我却只是对革命的荣耀感到惊叹。一辈子似乎都要过去了，那些面孔依然伴随着我。今天它们挂在我的书房里。我只希望，他们的历史价值能体现在我这本关于美洲至关重要的人物西蒙·玻利瓦尔的书中。

关于玻利瓦尔的书可谓汗牛充栋。仅国会图书馆就有 2 683 卷。大部分是西班牙语的，很多是用玻利瓦尔的文字，或者是他的同时代人写的；不幸的是，更多的往往充满了歌功颂德或刻意贬损。他是个有争议的人物。但是，我要感谢许多作家和历史学家，他们的作品启发了我：丹尼尔·弗洛伦西奥·奥利里、何塞·曼努埃尔·雷斯特雷波、比森特·莱库纳、格哈德·马苏尔、因达莱西奥·列瓦诺·阿吉雷、戴维·布什内尔、约翰·林奇和加夫列尔·加西亚·马尔克斯。与其他拉丁美洲历史书写者的友谊也使我受益，他们当中包括马里奥·巴尔加斯·略萨、约翰·亨明、拉里·费雷罗、已故的赫尔曼·阿西涅加斯、纳塔利娅·索夫雷维利亚、帕梅拉·默里、劳伦斯·克莱顿和莱斯特·兰利。

在研究玻利瓦尔生平的过程中，我走访了西半球的许多图书馆和博物馆，但如果没有美国国会图书馆和布朗大学这两大机构的帮助，我无法写成这本书。我有幸被选为国会图书馆约翰·W. 克卢格中心的"杰出学者"。2009 年，我在那里安顿下来，一头扎进了图书馆丰富的拉丁美洲藏书中。我感谢国会图书馆馆长詹姆斯·哈德利·比灵顿，他慷慨地给了我这份特权。我要感谢克卢格中心的主任卡洛琳·布朗和她的工作人员玛丽·卢·瑞克和帕特里夏·比利亚米尔，以及图书馆西语部负责人乔吉特·多恩和她渊博的同事们；还有地图部的专家安东尼·马伦，他竟然是"阿普雷雄狮"何塞·安东尼奥·派斯的玄孙。历史自有玄妙之处。

　　我对约翰·卡特·布朗图书馆前馆长泰德·威德默的感激之情溢于言表。在我研究之初，他就邀请我到他非凡的、拥有丰富拉美资料的机构担任研究员。能够在一个完全献给解放者的房间里阅读和写作是一件令人激动的事。泰德的支持是无价的，他的教职工给予我的帮助也是无价的，他们有：瓦莱丽·安德鲁斯、迈克尔·哈默利、肯·沃德、莱斯利·托拜厄斯·奥尔森；还有一群德高望重的图书馆退休老将，包括诺曼·菲林和何塞·阿莫尔-巴斯克斯。

　　几年前，在我的研究逐渐深入之际，我收到了托尔·哈尔沃森的一封信，他是玻利瓦尔家族为数不多的在世的直系后裔之一。他母亲一方的血统可以追溯至玻利瓦尔的姐姐胡安娜。托尔是人权基金会的创始人兼主席，他给予了我慷慨的馈赠：他关于玻利瓦尔对启蒙运动看法的硕士论文，一些珍贵的家族藏书，甚至还有取自他外祖父脸颊的 DNA 样本。该样本并未证实玻利瓦尔的一些敌人的观点，即解放者主要是黑人血统，因此（对他们来说）不适合做领袖。这些指控对玻利瓦尔来说毫无意义。他没有花时间去争辩，而是招募黑人加入他的队伍。不过，更有可能让他吃惊的是，传记作者能够从他年迈的甥玄孙身上采集的细胞中追踪到他的单倍群。

　　我很庆幸能由阿曼达·"宾琪"·厄本做我的经纪人，多年来她的执着和友谊给了我极大支持。宾琪见证了我对不同体裁的任性尝试，在我告诉她我打算从小说跳到历史时，她没有退缩，而是表现出了勇气。我也感谢宾琪在伦敦的同事戈登·怀斯和海伦·曼德斯，感谢他们对我的工作始终抱有信心。

一位传记作家能与鲍勃·本德合作是幸运的。他是西蒙与舒斯特出版公司的副总裁兼高级编辑，他的敏锐眼光和可靠直觉使这本书从各个方面得到了提升。还要感谢我的出版人乔纳森·卡普，他立即能意识到西蒙·玻利瓦尔的人生故事值得拥有一个不同的、英文版本的书写。我感谢西蒙与舒斯特出版公司的许多优秀人才，这本书是在他们的帮助下问世的：约翰娜·李、特蕾西·盖斯特、莫琳·科尔、迈克尔·阿科尔迪诺、吉普赛·达·席尔瓦、乔伊·奥米拉，以及我火眼金睛的文字编辑弗雷德·蔡斯。

感谢我在《华盛顿邮报》的所有朋友，他们多年来一直是我的支持者。也要感谢我杰出的手足，维姬和乔治，这本书献给他们。但是，说实话，如果没有我丈夫乔纳森·亚德利的爱和日常奉献，我写不出这本书——或者任何一本书。他在每个阶段试读《玻利瓦尔》的手稿，在我不注意时做好可口的佳肴，包揽购物、遛狗、喂猫的活儿，还永远保证橱柜里有好酒可喝。

在我双亲生命的最后日子里，他们两人以截然不同的方式给过我意见。我的父亲是一个思想传统的秘鲁人，他坚持让我慢慢来。他说这本书最好写得好点，他可不希望女儿给家里丢人。而我的母亲，作为一个总是向前看的美国人，会喊出她的不耐烦：快点！你打算什么时候完成？你不知道我都等得坐不住了吗？

爸爸，妈妈，上帝保佑你们。没有你们我做不到这些。

注　释

缩略语参照

BANH：委内瑞拉国家历史研究院图书馆（Biblioteca de la Academia Nacional de la Historia），加拉加斯。

BOLANH：《委内瑞拉国家历史研究院通讯》（*Boletín de la Academia Nacional de la Historia*），加拉加斯。

DOC：《哥伦比亚解放者的公共生活史文件》（*Documentos para la historia de la vida pública del Libertador de Colombia*），José Félix Blanco and Ramón Azpurúa，eds。

FJB：John Boulton 基金会，加拉加斯档案馆。

HAHR：《西班牙裔美国人历史评论》（*Hispanic American Historical Review*）。

JCBL：约翰·卡特·布朗图书馆（John Carter Brown Library），罗得岛普罗维登斯布朗大学。

LOC：美国国会图书馆（Library of Congress）。

O'L：《奥利里将军回忆录》（*Memorias del General O'Leary*），Daniel Florencio O'Leary，32 vols。

O'LB：《玻利瓦尔和独立战争》（*Bolívar and the War of Independence*），Daniel Florencio O'Leary。

O'LN：《回忆录：讲述》（*Memorias: Narración*），Daniel Florencio O'Leary, 3 vols。

PRO / FO：英国公共档案馆（Public Records Office），英国外交部。

SB: 西蒙·玻利瓦尔。

SBC：《解放者的信》（按原件修订）（*Cartas del Libertador corregidas conforme a los originales*），Vicente Lecuna,ed., 10 vols。

SBO：《文集》（书信、公告、演讲）［*Obras (Cartas, Proclamas, y Discursos)*］，Vicente Lecuna, ed., 3 vols。

SBSW：《玻利瓦尔选集》（*Selected Writings of Bolívar*），Vicente Lecuna and Harold A. Bierck, Jr., eds., 2 vols。

题记

1　José Martí, *Amistad funesta* (Middlesex: Echo, 2006), 39–40.

第一章　通向波哥大之路

1　16 世纪 50 年代西班牙阿拉贡王国加冕礼上的誓词，由西班牙的腓力二世的秘书安东尼奥·佩雷斯（Antonio Pérez）记录。Viscardo y Guzmán, *Letter*, 74.

2　Delgado, *Hermógenes Maza*, 28.

3　Espinosa, *Memorias*, 260. 埃斯皮诺萨是新格拉纳达革命军的一名士兵，后来成为一名画家。玻利瓦尔最著名的一些肖像画都出自他之手。他在玻利瓦尔在世时就给他画像，所以经常和他交谈。此处场景来自他的描述，引用的这段对话很可能来自战友埃莫赫内斯·马萨的转述。

4　Ibid., 261. Also Delgado, 73.

5　Groot, *Historia*, IV, 20.

6　O'LB, 158.

7　Lecuna. *Crónica*, II, 307–17.

8　Groot, IV, 20; also O'L, I, 578–80.

9　Groot, IV, 20.

10　*Gaceta de Caracas*, 1815, no. 14, 120–21.

11　SB to Zea, Tasco, July 13, 1819, SBO, I, 393.

12　Groot, IV, 21.

13　Peñuela, *Album de Boyacá*, 319–20.

14　José Peña, *Homenaje de Colombia al Libertador Simón Bolívar* (Bogotá: imprenta nacional, 1883), 304.

15　Juan Pablo carrasquilla, quoted in Blanco-Fombona, *Ensayos Históricos*, 303 fn.

16　O'LB, 139.

17　Bethell, *Cambridge History*, III, 26. 洪堡估计，1800 年西属美洲人口为 1 690 万。美国人口普查数据（www.census.gov）显示，1820 年美国人口为 963 万 8 453 人。1822 年加拿大总人口为 42 万 7 465 人。Joseph Bouchette, *The British Dominions in North America* (1832), II, 235.

18　Langley, *Simón Bolívar*, ix.

19　O'L, XVI, 431 (*Boletín del Ejército Libertador*, Aug, 11, 1819).

20　SB to Zea, Bogotá, Aug. 14, 1819, SBO, I, 395. 玻利瓦尔在信中声称这笔钱有 100 万比索，但金库中实际只有 50 万比索的硬币和价值 10 万比索的金条（O'LB,164 ）。

21　Carlos Borges, in Restrepo de Martínez, *Así era Bolívar*, 24.

22　Madariaga, *Bolívar* (English edition), 23.

23　Blanco-Fombona, *Mocedades*, 45.

24　Ibid.; *Restrepo de Martínez*, 13–32.

25　Gómez Botero, *Infancia*, 13.

26　Ibid., 12.

27　SB to Pulido, Gobernador de Barinas, Aug. 18, 1813, SBO, II, 222.

28　Camacho Clemente, "Juan Vicente," in *La Revista de Buenos Aires*, I (Buenos Aires: Imprenta Mayo, 1863), 278.

29　Gómez Botero, 12.

30　Blanco-Fombona, *Mocedades*, 46.

31　Restrepo de Martínez, 16.

32　Madariaga (English edition), 12.

33　Humbert, *Les origines*, 62.

34　de la Cruz Herrera, *Don Simón de Bolívar*, 35.

35　Arístides Rojas, *Estudios*, 191.

36　Pope Alexander VI, the bull *Inter Caetera*, 1493. 特别是："我们命你们……向上述大陆和岛屿委派有资格、虔诚、有学问、有技能和有经验的人，以指导上述居民信仰天主教，并培养他们良好的品行。" *New Iberian World*, I, 273; also, Ferdinand I and Isabella I, *Instructions to Christopher Columbus*, March 14, 1502. 特别是："你不许蓄奴，但如果一个原住民要求前来学习我们的语言后再返回，你应予以放行。" *New Iberian World*, II, 107.

37　Las Casas, *Devastation*, 41.

38　Isabel I, *Decree on Indian Labor*, 1503, *New Iberian World*, II, 263.

39　Las Casas, quoted in Sullivan, *Indian Freedom*, 60.

40　Ibid., 127.

41　Ibid., 29.

42　Ibid., 50.

43　Las Casas, *A Brief Account of the Destruction of the Indies*, penultimate paragraph (www.gutenberg.org/files/23466/23466-h/23466-h.html).

44　Las Casas, *Devastation*, 28.

45　Salcedo-Bastardo, *Bolívar*, 4.

46　1630 年的布宜诺斯艾利斯港，总督佩德罗·德·阿维拉（Pedro de Avila）宣称自己在两年时间里目睹了 60 万印第安人被公开售卖——这是一个惊人的数字，因为当时整个城市的人口只有 2 万。Miller, *Memoirs of General Miller*, I, 5.

47　Ibid., 12.

48　Salcedo-Bastardo, *Bolívar*, 5.

49　Ibid.

50　Francisco Lizcano Fernández, "composición étnica de las tres áreas culturales del continente americano," *Revista Argentina de Sociología*, 38 (may–Aug. 2005), 218.

51　Salcedo-Bastardo, *Bolívar*, 16.

52　Lecuna, *Adolescencia y juventud*, BANH, no. 52, 484–533.

53　宣扬该观点的是拉斐尔·迭戈·梅里达（Rafael Diégo Mérida），西蒙·玻利瓦尔的公开敌人和恶意批评者，被玻利瓦尔称为"恶人"（El Malo）。See Mijares, *The Liberator*, 14.

54　持此观点的是西蒙·玻利瓦尔的秘鲁宿敌何塞·德拉·里瓦·阿圭罗，他曾被玻利瓦尔废黜，但最终重新出任秘鲁总统。Ibid.

55　Masur, *Simón Bolívar*, 30.

56　Madariaga (English edition), 23–24, 659.

57　Madariaga, *Bolívar* (Mexico: Editorial Hermes, 1951) I, 67–72. 这本传记的西班牙文版在细节方面比英译本更完整。Madariaga 引用了加拉加斯大主教辖区档案中的一份"保留档案"，题为《圣马特奥，1765 年，关于唐·胡安·比森特·玻利瓦尔与多名女子不良交往的摘要》（*San Matheo. Año de 1765. Autos y sumarios contra Don Juan Vicente Bolíbar sobre su mala amistad con varias mujeres*）。

58　时任主教为迭戈·安东尼奥·迭斯·马德罗涅罗（Diego Antonio Diez Madroñero）。

59　Madariaga (Spanish edition), 67–72.

60　Ibid.

61　Ibid.

62　Madariaga, *Bolívar* (English edition, and hereafter), 24.

63　Ducoudray, *Memoirs*, I, 40.

64　Mijares, 8.

65　Ferry, *The Colonial Elite*, 218.

66　www.euskalnet.net/laviana/palacios.

67　Carlos Borges, in Restrepo de Martínez, 24.

68　Viscardo y Guzmán, 69.

69　Norman Fiering, ibid., vii.

70　Manuel de Godoy, as quoted in Lynch, *Simón Bolívar*, 7.

71　Charles de S. Montesquieu, *The Spirit of Laws*, II (Cincinnati: Clarke, 1873), 51.

72　Juan Vicente de Bolívar, Martín de Tobar, and Marqués de Mixares to Miranda, Caracas, Feb. 24, 1782, *Colombeia*, II (Caracas, 1979). 书信集的编辑指出该信可能并不真实。米兰达的传记作者 Karen Racine 声称信件很可能是伪造的，她认为这封信是米兰达自己写的（*Francisco de Miranda*, 27–28）。即便如此，该信还是反映了同时代、同阶层委内瑞拉人的情绪。

73　Fundación del Mayorazgo de la Concepción, por el presbítero Dr. Don Juan Félix Xerez de Aristiguieta. Caracas, Dec. 8, 1784. Archivo del Registro Principal de Caracas. Quoted in Juan morales Alvarez, "Los bienes del mayorazgo de la concepción," Instituto de Altos Estudios de America Latina, Universidad Simón Bolívar, Feb. 2011, www.iaeal.usb.ve/documentos/nro_91/morales.

74　Camilo Calderón, *Revista Credencial Historia*, no. 144 (Bogotá, Dec. 2001).

75　Madariaga, 22.

76　SB to María Antonia, July 10, 1825, SB, *Cartas: 1823–1824–1825*, 339.

77　de la Cruz Herrera, 138.

78　Arístides Rojas, *Historia patria*, II, 252.

79　关于这一点存在一些争论。例如，José Gil Fortoul 在他最初那版委内瑞拉史中记录了这一点，但又在新版本中将其删除。Francisco Encina 在 *Bosquejo psicológico de Bolívar* 一书中称之为完全的"杜撰"。另一方面，历史学家 Arístides Rojas 则全面描述了玻利瓦尔在桑斯家中的生活，并引用桑斯女儿的言论作为这位严厉律师和淘气男孩之间许多故事的来源。

80　Arístides Rojas, *Historia patria*, II, 254.

81　Ibid., 254–55.

82　Ibid., 255.

83　Pereyra, *La juventud*, 67.

84　Encina, *La primera república*, 314.

85　Ibid. 上面引用的唐·费利西亚诺的信中详细说明，她从死前一星期，即圣彼得节那天开始流血。

86　Ibid., 338.

87　Pedro Mendoza Goiticoa, *Los Mendoza Goiticoa* (Caracas: Cromotip, 1988), 39. (Quotes records, Catedral de Caracas, Libro IX de Matrimonio, folio 58.)

88　Encina.
89　Polanco Alcántara, *Simón Bolívar*, 11. Polanco 给出的财富数额是按 1976 年的美元衡量的（800 万美元），这里根据当前（2010 年）美国消费价格指数进行了换算。
90　Lecuna, *Catálogo*, I, 64.
91　Cited in court records: *Litigio ventilado ante la real audiencia de Caracas sobre domicilio tutelar y educación del menor Simón Bolívar: Año de 1795*, p. 32.
92　Bethell, III, 3.
93　Robertson, *Rise of the Spanish-American Republics*, 22.
94　Sherwell, *Simón Bolívar*, www.fullbooks.com, chapter I.
95　Restrepo, *Historia de la revolución*, I, 105–24.
96　Robertson, *Rise*, 15.
97　Restrepo, I, 105–24.
98　Sherwell.
99　Doc, II, 5. 由比索大致换算为美元。
100　Bethell, 13.
101　Doc, II, 390.
102　Vizcardo y Guzmán, 81.
103　Lombardi, *People and Places*, 132.
104　Blanchard, *Under the Flags of Freedom*, 7.
105　Salcedo-Bastardo, *Bolívar*, 3.
106　Bethell, 30.
107　Doc, I, 151.
108　Ibid., I, 147.
109　Bethell, 36.
110　Viscardo y Guzmán, from introduction by David Brading, 20.
111　Winsor, *Narrative and Critical History*, 317.
112　Pedro Arcaya, *Insurrección de los negros de la serranía de Coró* (Caracas: Instituto Panamericano de Geografía y Historia, 1949), 36.

第二章　成年礼

1　Simón Rodríguez, *Sociedades americanas en 1828* (Lima: Comercio, 1842), 60.
2　*Expediente de la real audiencia de Caracas sobre el "domicilio tutelar del menor don Simón Bolívar, en lm es de junio de 1795,"* BANH, no. 149; also Polanco Alcántara, 12.
3　Ramón Aizpurúa, *La insurrección de los negros*, 1795, BANH, no. 283, 705–23.
4　*Litigio ventilado*, 17.
5　Gómez Botero, 114.
6　*Litigio ventilado*, 30.
7　Ibid., 31.
8　Ibid., 23.
9　Ibid., 33.
10　Ibid., 28.

11　*Expediente de la real audiencia*, ibid.

12　Encina, 342.

13　*Expediente de la real audiencia*, ibid.

14　*Litigio ventilado*, 58.

15　SB to Santander, Arequipa, May 20, 1825, SBC, IV, 333.

16　这些人是费尔南多·比德斯（Fernando Vides）、何塞·安东尼奥·内格雷特（José Antonio Negrete）和吉列尔莫·佩尔格龙（Guillermo Pelgrón）。SB to Santander, ibid.

17　Jesús Andrés Lasheras, from the Introduction, Rodríguez, *Cartas*, 17.

18　Gil Fortoul, *Historia contitucional*, III, 94.

19　Salcedo-Bastardo, *Historia fundamental*, 238–39.

20　Masur, *Simón Bolívar*, 38.

21　Rourke, *Bolívar*, 26.

22　Masur, *Simón Bolívar*, 38.

23　Alfonso Rumazo González, "Simón Rodríguez," in *Manuel Gual y José María España* (Caracas: Latina, 1997), 635.

24　Esteban Palacios to Carlos Palacios, Madrid, Sept. 24, 1794, in Lecuna, *Adolescencia*, 526.

25　Esteban Palacios to Carlos Palacios, June 28, 1797, ibid., 538.

26　Carlos to Esteban, Oct. 1799, ibid., 562.

27　Esposición arrancada á José María de España estando en cadenas, Caracas, May 4, 1799, DOC, I, 345.

28　Larrazábal, *Correspondencia*, I, 26.

29　Lecuna, *Catálogo*, I, 93.

30　Polanco Alcántara, 45.

31　SB to Pedro Palacios y Sojo, Vera Cruz, March 20, 1799, SB, *Cartas: 1799–1822*, 37.

32　Humboldt, *Oeuvres*, 186.

33　Ramón Urdaneta, *Los amores de Simón Bolívar*, 30.

34　Saurat, *Bolívar*, 36.

35　Mme. Calderón de la Barca, *La vida en Mexico*, Colección "Sepan cuentos" (Mexico City: Porrúa, 1967), 64.

36　Hans Madol, *Godoy* (Madrid: Occidente, 1933), 91.

37　Lecuna, *Catálogo*, I, 89.

38　Madariaga（在书中）讨论了当时的歌曲，这些歌曲提到了年轻富有的美洲人以及他们正好符合西班牙人对适婚对象的要求。Madariaga, 53.

39　Esteban to Carlos Palacios, Madrid, June 29, 1799, Lecuna, *Adolescencia*, 552.

40　Esteban to Carlos Palacios, Madrid, Oct. 23, 1798, ibid., 544.

41　Lecuna, *Catálogo*, I, 104.

42　Ibid., 101.

43　Pedro to Carlos Palacios, Madrid, Aug. 1, 1799, Lecuna, *Adolescencia*, 553–54.

44　Ibid., 477.

45　Pedro to Carlos Palacios, Madrid, Aug. 22, 1799, ibid., 556.

46　Lecuna, *Catálogo*, I, 115.

47　SB to Pedro Palacios, March 20, 1799, SB, *Cartas 1799–1822*, 37; SBO, I, 15.

48　Rourke, 20.

49 French minister Charles J. M. Alquier, in Pereyra, 166.

50 Henry Adams, *History of the United States, 1801–09* (New York: Albert & Charles Boni, 1930), 347.

51 SB, in Larrazábal, *Vida*, I, 4–5. Also Mosquera, *Memorias*, 9.

52 Lecuna, *Catálogo*, I, 104.

53 Liévano Aguirre, *Bolívar*, 62.

54 Dalmiro Valgoma, *Simón Bolívar y María Teresa del Toro* (Madrid: Cultura, 1970); also in Polanco Alcántara, p. 69.

55 Lecuna, *Catálogo*, I, 105.

56 Lecuna, *Adolescencia*, 568.

57 SB to Pedro Palacios, Sept. 30, 1800, SBSW, I, 38.

58 Lecuna, *Adolescencia*, 568. 根据 Lecuna 的说法，这个教堂已经不存在了。最初，它在自由大街（Calle de la Libertad）和格拉维那街（Calle Gravina）的拐角处。贝尔纳多·罗德里格斯·德尔·托罗的家在几个街区之外的富恩卡拉尔街（Fuencarral）2 号。

59 Polanco Alcántara, 66.

60 Lecuna, *Catálogo*, I, 125.

61 Esteban to Carlos Palacios, June 28, 1797, Lecuna, *Adolescencia*, 538.

62 Lecuna, *Catálogo*, I, 125.

63 Ibid. Lecuna 指出玛丽亚·特蕾莎并没有像其他历史学家认为的那样死在圣马特奥。玻利瓦尔不会让他的妻子住在原本属于他兄弟的房子里；玻利瓦尔的庄园虽然重要，却没有足够奢华的房屋。

第三章 异乡奇遇记

1   SB to Fanny du Villars, Paris, 1804, SBO, I, 22–24.

2   Lecuna, *Catálogo*, I, 126.

3   Mijares, *The Liberator*, 87.

4   O'L, I, 18.

5   Mosquera, 11.

6   SB to Pedro Palacios, Sept. 30, 1800, SBC, I, 38.

7   Perú de Lacroix, *Diario*, 98–100.

8   SB to the Captain-General, Caracas, Jan. 31, 1803, SB, *Escritos*, II, 13, 111.

9   SB to Carlos Palacios, Oct. 13, 1803, SBO, I, 20. Also SB to Pedro Palacios, Aug. 28, 1803, SBO, I, 20.

10 SB to Déhollain, March 10, 1803, in Polanco Alcántara, 82–83.

11 Mancini, *Bolívar y la emancipación*, 81.

12 SB to Jaén, Cádiz, Jan. 29, 1804, SBO, I, 21.

13 Larrazábal, *Vida*, I, 11.

14 Mosquera, 7.

15 Bando (official order), Madrid, March 25, 1804, JCBL.

16 J. S. M., "Spring Flowers of the South of Europe," *Phytologist*, IV (Oct. 1860), 289–96.

17 Lecuna, *Catálogo*, I, 144.

18 Boussingault, *Memorias*, III, 11. 佩鲁·德·拉克鲁瓦也讲述了同样的故事，只不过在他的版本中，这个故事发生在 1805 年的蒙特基亚罗（Montechiaro），拿破仑在意大利加冕之后。

19 O'Leary, *Bolívar y la emancipación*, 80–83.

20 Aexandre Dratwicki, "La réorganisation de l'orchestre de l'Opéra de Paris en 1799," *Revue de Musicologie*, 88 (Paris, 2002), 297–326.

21 Trend, *Bolívar and the Independence*, 40.

22 O'LB, 16.

23 Paris in 1804, as described by Madame de Rémusat, *Mémoires*, II (Paris: Calmann Lévy, 1880), 83ff.

24 Flora Tristan, "Cartas de Bolívar," in Marcos Falcón Briceño, *Teresa: La confidante de Bolívar* (Caracas: Imprenta Nacional, 1955) 44.

25 From material on the descendancy of Jean Elie, the first Denis, Lord of Trobriand-en-Plougasnou: rootsweb.ancestry.com.

26 Liévano Aguirre, 38.

27 Luis A. Sucre, "Bolívar y Fanny du Villars," *BOLANH*, XVII, no. 68 (Oct.–Dec. 1934), 345–48.

28 Tristan, ibid.

29 Liévano Aguirre, 71.

30 Sucre, "Bolívar y Fanny du Villais."

31 Ibid., 348.

32 Lecuna, *Catálogo*, I, 146.

33 西蒙·玻利瓦尔和特蕾丝·莱内的风流韵事记录在三封书信中，由弗洛拉·特里斯坦保存，并在玻利瓦尔死后 8 年出版。特里斯坦的叙述充斥着细节上的错误，加上她是用法语写的，很明显，错误是在翻译或拼写上犯下的。显然，她也依赖于她母亲的记忆。委内瑞拉历史学家 Lecuna 是玻利瓦尔最受尊敬的传记作家之一，他认为这三封信实际上是玻利瓦尔写给范妮·杜·维亚尔的，出于悲伤，玻利瓦尔用亡妻的名字特蕾莎来称呼范妮。这种假设没有事实依据，但是由于作者是一位伟大的玻利瓦尔学家，这种假设在许多作品中被重复，从而产生了无尽的错误信息。1955 年，也就是 Lecuna 去世一年后，马科斯·法尔孔·布里塞尼奥（Marcos Falcón Briceño）在法国周报《贼》（*Le Voleur*，1838 年 7 月 31 日）上发现了一篇特里斯坦更早期的文章，明确指出她是作者，文中还提到了她的父亲马里亚诺·特里斯坦（Mariano Tristan）和叔叔皮奥·特里斯坦（Pío Tristan）。秘鲁出版物《军事灯塔》（*El Faro Militar*）隐瞒了这些细节。Falcón Briceño, 26, 53.

34 Tristan, "Cartas de Bolívar," 43.

35 Ibid., 44.

36 Gil Fortoul, *Historia constitucional*, III, 332.

37 Mosquera, 10.

38 Quoted in Liévano Aguirre, 70, taken from Serviez's memoirs, issued anonymously as L'aide de camp ou l'auteur inconnu. *Souvenirs de deux mondes*, published in Paris in 1832.

39 du Villars to SB, April 6, 1826, BANH, no. 52, 581–82.

40 Humboldt to Zaccheus Collins, May 20, 1804, Archives, 129; Academy of Natural Sciences, Philadelphia.

41　Margaret B. Smith, *The First Forty Years of Washington Society*, ed. Gaillard Hunt (New York: Scribner's, 1906), 395–96.

42　Ulrike Moheit, *Alexander von Humboldt: 1799–1804* (Berlin: Akademie Verlag, 1993), 296.

43　Letter from Mrs. James (Dolley) Madison, June 5, 1804, quoted in Hermann R. Friis, "Baron Alexander von Humboldt's Visit to Washington," *Records of the Columbia Historical Society*, 44 (1963), 23–24.

44　Lecuna, *Catálogo*, I, 160.

45　R. A. Palacio, *Documentos para los anales de Venezuela*, IV (Caracas: Imprenta del Gobierno Nacional, 1890), 336.

46　Larrazábal, *Vida*, I, 13.

47　Humboldt to Hermann Karsten, Paris, March 10, 1805, in Karl Bruhns, ed., *Alexander von Humboldt*, I (Leipzig: Brockhaus, 1872), 408.

48　Charles Willson Peale, in Lillian Miller, *The Selected Papers of Charles Willson Peale and His Family* (New Haven: Yale University Press, 1983), 683.

49　du Villars to SB, April 6, 1826, BANH, no. 52, 581–82.

50　SB to Humboldt, April 28, 1823, BANH, no. 52, 659.

51　O'LB, 17.

52　Fabio Puyo Vasco, Muy cerca de Bolívar (Bogotá: FMC, 1988), 18.

53　Paulding, *Un rasgo de Bolívar*, 201.

54　O'L, I, 15.

55　Wordsworth, quoted in *The Cambridge History of English and American Literature* (Cambridge: Putnam's, 1907–21), XI, v, 7.

56　Perú de Lacroix, 64.

57　Tristan, "Cartas de Bolívar," 49.

58　SB to Mariano Tristan, Paris, 1804, SB, Escritos, Doc. 25, 141, 153.

59　O'LB, 17.

60　O'L, I, 19.

61　罗德里格斯承认自己是"阴谋家秘密协会主席"。Manuel Uribe Angel, "El Libertador, su ayo y su capellán," *Homenaje de Colombia al Libertador Simón Bolívar en su primer centenario* (Bogotá: Medardo Rivas, 1884). 但他并没有被列入官方的嫌疑犯和共谋者名单。

62　Simón Rodríguez, quoted in Cazaldilla Arreaza, J.A., *El libro de Robinson* (Caracas: Siembraviva Ediciones, 2005), 7.

63　Waldo Frank, *Birth of a World* (Boston, Houghton Mifflin, 1951), 32.

64　Madariaga, 57.

65　O'L, I, 18.

66　du Villars to SB, June 18, 1820, and Feb. 5, 1821, in Aníbal Noguera, *Bolívar: Epistolarios, Bolívar y las damas, las damas y Bolívar* (Caracas: Ediciones de la Presidencia de la República, 1983), 124–27. 在第二封信中，范妮告诉玻利瓦尔，当他们在意大利见面时，她已经怀孕了，尽管事实上她的孩子（欧仁，他的官方教父是欧仁·德·博阿尔内王子）是在 7 月下旬怀上的，也就是加冕典礼结束一段时间之后。

67　Perú de Lacroix, 45.

68 Ibid.

69 Larrazábal, *Vida*, I, 12.

70 O'L, 18–19.

71 Lecuna, *Catálogo*, I, 152.

72 Suetonius, *Augustus*, 28.

73 O'L, I, 19.

74 O'L, XII, 234; SBC, III, 264; V, 212.

75 Gabriele von Bülow, *Gabriele von Bülow, Daughter of Wilhelm von Humboldt* (London: Smith, Elder & Co., 1897), 19.

76 Ibid., 30.

77 这些欧洲知识分子，包括德国诗人奥古斯特·威廉·冯·施莱格尔（August Wilhelm von Schlegel）、法国历史学家西斯蒙第（Jean Charles de Sismondi），以及丹麦雕塑家贝特尔·托瓦尔森（Bertel Thorvaldsen），他为教皇庇护七世所雕刻的石像现存于圣彼得大教堂。

78 A. P. Whitaker, "Alexander von Humboldt and Spanish America," in *Proceedings of the American Philosophical Society*, 104, no. 3 (June 15, 1960), 317.

79 Humboldt, *Personal Narrative*, II, 472–76.

80 *Humboldt-Lettres*, Aug. 12, 1804, quoted in Madariaga, 62.

81 Humboldt to O'Leary, Berlin, 1853, in Charles Minguet, *Las relaciones entre Alexander von Humboldt y Simón Bolívar* (Caracas: A. Filippi, 1986–92), 746.

82 O'LN, I, 68.

83 Manuel Uribe, "El Libertador, su ayo y su capellán," in *Homenaje de Colombia al Libertador* (Bogotá: M. Rivas, 1884), 72–74; also Simón Rodríguez, *El Libertador al mediodía de América* (Arequipa, 1830); also SB, *Escritos*, IV, 16.

84 Uribe. Also de la Cruz Herrera, 325.

85 SB to Rodríguez, Pativilca, Jan. 19, 1824, Simón Rodríguez, *Cartas*, 109.

86 Paulding, 71.

87 Perú de Lacroix, 73. 作者叙述说，玻利瓦尔提到他出于好奇加入了巴黎共济会，但他与共济会短暂的联系足以使他认为那是一个由"大孩子"组成的"荒谬的机构"。这与玻利瓦尔后来在 1827 年禁止一切秘密社团的做法是一致的。

88 Miriam Blanco-Fombona de Hood, "La masonería en nuestra independencia," *Reportorio Americano*, I (1979), 59–70, quoted in Polanco Alcántara, 145. Also Américo Carnicelli, *La masonería en la independencia de América*, I (Bogotá: Lozano & Cía., 1970), 123. 一些资料显示，玻利瓦尔加入巴黎共济会的确切日期是 1805 年 11 月 11 日。

89 Lecuna, *Catalogo*, I, 152. 出生记录可以在 www.guebwiller.net/fr/index 上查询，列在 Dervieu du Villars 名下，编号为 26362。

90 www.guebwiller.net.

91 du Villars to SB, Lyon, Feb. 5, 1821, and Paris, April, 28, 1823, SB, Epistolarios, 126, 129.

92 du Villars to SB, Paris, April 6, 1826, ibid., 135.

93 du Villars to SB, ibid.

94 du Villars to SB, Paris, May 14, 1826, ibid., 140.

95 SB to Leandro Palacios, Cartagena, Aug. 14, 1830 (the portrait was delivered by Señor Lesca), Palacios to SB, Paris, Nov. 20, 1830, O'L, IX, 396. Also Boulton, *El rostro de*

Bolívar, p. 70.

96 Racine, 155.

97 Ibid., 2.

98 如上所述，这封信的真实性是有些疑问的。这是米兰达档案的一部分，上面有胡安·比森特·玻利瓦尔、马丁·托瓦尔·布兰科（Martín Tovar Blanco）和胡安·尼古拉斯·德·庞特（Juan Nicolás de Ponte）的签名，但米兰达的传记作者 Racine 怀疑这是米兰达自己伪造的。Ibid., 28.

99 Ibid., 6.

100 Ibid., 11.

101 José Amor y Vázquez, "Palabras preliminares al XXVIII Congreso del Instituto Internacional de Literatura Iberoamericana," in Julio Ortega, *Conquista y Contraconquista* (Mexico City: El Colegio de México, 1994), 19.

102 Racine, 106.

103 Ibid., 75.

104 André-Jean Libourel y Edgardo Mondolfi, eds., "Brevet de Maréchal de Camp," in *Francisco de Miranda en Francia* (Caracas: Monte Avila, 1997), 42.

105 Racine, 91.

106 Ibid., 116–30.

107 Ibid., 129.

108 Miranda to Gual, London, Dec. 31, 1799, *Archivo del General Miranda*, XV, 404.

109 Lloyd, *The Trials of William S. Smith and Samuel G. Ogden*, 2.

110 Ibid., 22.

111 Racine, 160–70.

112 Ibid., 163.

113 Ibid., 164.

114 Madariaga, 95.

115 Lloyd, 215.

116 SB to Alexandre Déhollain, Paris, June 23, 1806, SBO, I, 28.

117 Madariaga, 97.

118 另一方面，米哈雷斯（Mijares）称阿纳克莱托在 1803 年和玻利瓦尔一起旅行，但是没有提供消息来源。没有任何信件，杜·维拉尔，罗德里格斯，或特里斯坦也没有提到这一点。Lecuna 说玻利瓦尔可能在 1803 年把阿纳克莱托带到了巴黎，但肯定是在 1806 年和他一起离开汉堡的。SB to Anacleto Clemente, Lima, May 29, 1826, SBC, V, 319; Lecuna, *Catálogo*, I, 167.

119 J. T. Headley, *The Imperial Guard of Napoleon* (New York: Scribner, 1852), 57.

120 Lecuna, *Catálogo*, I, 165.

121 Déhollain to SB, London, Aug. 20, 1820, Polanco Alcántara, p. 92.

122 Manning, *Independence*, II, 1322.

123 Proceso de Briceño contra Bolívar, BANH, no. 52, 605.

124 Wood, *Empire of Liberty*, 3.

125 Ibid., 2.

126 Ibid.

127 Ibid., 3.

128 Pérez Vila, *La formación intelectual del Libertador*, 81.

129 对史密斯的诉讼于 1806 年 4 月 1 日提起，1806 年 7 月 26 日以无罪判决结案。See Lloyd, 215.

130 Ibid., 118ff.

131 Ibid., 91.

132 Jefferson to Archibald Stuart, Paris, Jan. 25, 1786, Paul Ford, ed., *The Works of Thomas Jefferson*, IV, 188.

133 John Adams to John Jay, London, May 28, 1786, E. Taylor Parks, *Colombia and the United States: 1765–1934* (Durham: Duke University Press, 1935), 36.

134 Whitaker, *The United States and the Independence*, 37.

135 Ibid.

136 Jefferson to Gouverneur Morris, 1792, in Ford, VI, 131.

137 Jefferson, "Proclamation on Spanish Territory," Washington, Nov. 27, 1806, Multimedia Archive, Miller Center, University of Virginia.

第四章　建设革命

1　SB, Speech to the Patriotic Society, July 3–4, 1811, SB, *Doctrina*, 7.

2　Lynch, Simón Bolívar, 41.

3　Proceso de Briceño contra Bolívar, 7.

4　Larrazábal, *Vida*, I, 48; Lecuna, *Catálogo*, I, 180–81.

5　Larrazábal, *Vida*, I, 31.

6　M. Lafuente, Historia General de España, IV (Barcelona: Montaner y Simón, 1879), 428.

7　Ibid.

8　Ibid., 389.

9　Ibid.

10　Restrepo, II, 98.

11　Ibid., 100.

12　Charles M. de Talleyrand-Périgord, *The Memoirs of Prince Talleyrand* (London: Griffith, Farran, Okeden, and Welsh, 1891), II, 24.

13　Amunátegui, *Vida de Don Andrés Bello*, 37–51.

14　Capt. Beaver to Sir Alexander Cochrane, HMS Acasta, La Guayra, July 19, 1808, in Larrazábal, *Vida*, I, 39–41.

15　Ibid.

16　Miranda to Marqués del Toro, Londres, Oct. 6, 1808, in Miranda, *América espera*, 382.

17　*Conjuración de 1808 en Caracas*, Instituto Panamericano de Geografía y Historia, Comisión de Historia, Comité de Orígenes de la Emancipación, 148–50.

18　Unamuno, *Simón Bolívar*, ix.

19　*Conjuración de 1808*, 112.

20　Polanco Alcántara, 185.

21　BANH, no. 52, 616.

22　Díaz, *Recuerdos sobre la rebelión*, 73.

23　Recorded on Dec. 1, 1808, Lecuna, *Catálogo*, I, 175–79.

24　Napoleon Bonaparte, *Correspondance de Napoléon Ier* (New York: AMS Press, 1974), 212–13.

25　Polanco Alcántara, 199.

26　*Gaceta de Caracas*, Oct. 24, 1808, and ff., quoted in Polanco Alcántara, 201.

27　Heredia, *Memorias*, 163.

28　Díaz, 64.

29　Ibid., 64–72. 就整件事而言，有证据表明玻利瓦尔兄弟可能在现场。

30　许多传记作家认为政变时玻利瓦尔可能被限制在亚雷（Yare）的庄园［例如，波朗科·阿尔坎塔拉（Polanco Alcántara）］或者前往了圣马特奥［例如，林奇（Lynch），帕拉-佩雷斯（Parra-Pérez）］，但似乎没有书面证据支持这一点。玻利瓦尔的副官丹尼尔·奥利里声称玻利瓦尔是恩帕兰的好朋友，所以不会在罢黜恩帕兰时在现场，尽管他非常希望在那里；他是王室的敌人，不宜参加这场君主主义者的政变。然而，与玻利瓦尔同时代的拉腊萨瓦尔（Larrazábal）和迪亚兹，认为他在现场。玻利瓦尔本人从未承认他在 4 月 19 日曾出现在市政厅。

31　Díaz, 67.

32　Parra-Pérez, *Historia*, I, 383.

33　Ibid.

34　Ibid., 384; also Gil Fortoul, *Historia*, I, 168.

35　Masur, *Simón Bolívar*, 98.

36　Mancini, II, 30.

37　Parra-Pérez, *Historia*, I, 380.

38　O'LB, 21.

39　Cochrane to the Junta de Caracas, May 17, 1810, published in *Gaceta de Caracas*, II, no. 102 (June 8, 1810), 4.

40　Wayne Rasmussen, "Agricultural Colonization and Immigration in Venezuela, 1810–1860," *Agricultural History*, 21, no. 3 (July 1947), 155.

41　Rich Wellesley's letter to his brother Henry, ambassador to Cádiz, July 13, 1810, Foreign Office, Spain, 93, confidential dispatches, nos. 2 and 22, quoted in Mancini, 59.

42　Ibid.

43　*Apsley House* (London: English Heritage, 2005), 42–49.

44　Polanco Alcántara, 229, fn. 11.

45　Amunátegui, 49.

46　Minuta de la sesión, July 16, 1810, *Revista Bolivariana*, II, Nos. 2021, Bogotá, 1830, 531.

47　Mancini, 61.

48　Ibid. Also Amunátegui, 89.

49　Richard Holmes, *Wellington: The Iron Duke* (London: Harper, 2003), 24. 亚森特·加布丽埃勒·罗兰（Hyacinthe Gabrielle Rolland）是一各法国交际花，她和韦尔斯利一起生活，并在他们结婚前就为他生了几个孩子。她曾经因为他沉迷于女色而离开过一段时间。

50　Ibid., 157.

51　Lord Harrowby, minister without portfolio, in a report dated June 1810, *Bolívar y Europa*, Ediciones de la Presidencia de la República (Caracas, 1986), I, Doc. 86, 388. 引自西班牙语译文。

52 Amunátegui, 93.

53 这座房子今天位于格拉夫顿街 58 号。其前面墙壁上的一块牌匾显示，米兰达 1803 到 1810 年间曾经在这里住过。不过，他的妻子和儿子一直住在这里，直到 19 世纪 40 年代。*Survey of London*, vol. 21 (1949), 50–51, http://www.britishhistory.ac.uk/report. aspx?compid=65170.

54 López Méndez to Venezuelan secretary of state, London, Oct. 3, 1810, quoted in Lynch, *Simón Bolívar*, 49.

55 Mijares, *The Liberator*, 183.

56 Carnicelli, *La masonería en la independencia de América*, 76. 尽管许多南美历史学家都坚称圣马丁、奥希金斯和玻利瓦尔曾在某个时间到访过米兰达的住所，但值得注意的是，威廉·斯彭斯·罗伯逊（William Spence Robertson）评论说这 "不过就是个传说"（Robertson, *Rise*, 53）。

57 这封信的日期是 1811 年 10 月 28 日，是阿根廷人卡洛斯·阿尔韦亚尔（Carlos Alvear）写给加拉加斯的拉斐尔·梅里达（Rafael Mérida）的一系列信件中一封。这些信件由安东尼奥·伊格纳西奥·科尔塔瓦里亚（Antonio Ignacio Cortavarría）在一艘从伦敦开往加拉加斯的英国船上截获，并上报给了新格拉纳达总督唐·弗朗西斯科·德·蒙塔尔沃（Don Francisco de Montalvo）。Archivo Histórico de Colombia en Bogotá, Sección Histórica, XIII, folios 00581–2, quoted in Carnicelli, 123.

58 Gould, *Library of Freemasonry*, IV, 180.

59 Racine, 54–64.

60 Mijares, 186.

61 Mancini, 315.

62 Perú de Lacroix, *Diario (version sin mutilaciones)*, 57.

63 "Police. Bow Street," London *Times*, July 10, 1810, Issue 8029. Also "Police. Diabolical Club in Vere-Street," *The Morning Chronicle*, July 16, 1810.

64 O'L, XXVII, 35.

65 Robert Semple, *Sketch of the Present State of Caracas* (London: Robert Baldwin, 1812), 57.

66 Juan Germán Roscio to Andrés Bello, June 8, 1811, *Epistolario de la primera república*, II, 200.

67 Miranda to Francisco Febles, London, Aug 3,1810, *Archivo*, XXIII, 490.

68 Angell, *Simón Bolívar*, 11.

69 Díaz, 88.

70 Roscio to Bello, *Epistolario*, 200.

71 Miranda, *América espera*, 650.

72 Toma de Razón, *libro de registro de nombramientos y actos oficiales, 1810–1812* (Caracas: Ministerio de Relaciones Interiores, Imprenta Nacional, 1955), 177–78.

73 Ibid., 285–86.

74 Lynch, *Simón Bolívar*, 55.《加拉加斯公报》（Gazeta de Caracas）中第一个单词的拼写改为 "Gaceta"，这取决于报纸的出版方。在何塞·多明戈·迪亚兹担任编辑期间，它的拼写是 "Gaceta"。这解释了本书中出现的不同拼写。然而，《哥伦比亚公报》"Gaceta de Colombia" 的拼写总是一样的。Pacheco, Carlos, et al, *Nación y Literatura* (Caracas: Bigott, 2006), 178.

75 Madariaga, 154–55.

第五章　米兰达的沉浮

1　From Jean-Jacques Rousseau, Letter to the Polish People, *Oeuvres Complétes*, V (Paris: Dupont, 1825), 280.

2　Germán Roscio to Bello, June 8, 1811, *Epistolario de la primera república*.

3　Oct. 6, 1808, Miranda, *América espera*, 650.

4　Cristóbal de Mendoza, Prefacio, *Documentos relativos a la vida pública del Libertador de Colombia y del Perú Simón Bolívar* (Caracas, 1826), I, ix.

5　A. Rojas, *Obras escojidas* (Paris: 1907), 573.

6　Díaz, 32. Also Parra-Pérez, *Historia*, II, 50.

7　Parra-Pérez, *Historia*, II, 51.

8　SB, *Discursos* (Caracas: Lingkua, 2007), 17.

9　Richard Colburn, *Travels in South America* (London, 1813), cited in Gabriel E. Muñoz, *Monteverde, cuatro años de historia patria*, BANH, I, no. 42, 143–44, translated from the Spanish.

10　Angell, 26. Also Díaz, 33.

11　Parra-Pérez, *Historia*, I, 446–48.

12　Flinter, *History of the Revolution*, 22.

13　Ibid., 23.

14　Díaz, 34.

15　Germán Roscio to Bello, June 8, ibid.

16　Constitución Federal de 1811 (21 de Diciembre, 1811), http://www.dircost.unito.it/cs/docs/Venezuela%201811.htm. Also Parra-Pérez, *Historia*, I, 370–86.

17　Constitución Federal.

18　Angell, 21.

19　Austria, *Bosquejo*, I, 128.

20　Larrazábal, *Correspondencia*, I, 97.

21　Yanes, *Relación documentada*, I, 5.

22　Mancini, 127.

23　O'L, XXVII, 46.

24　在巴伦西亚战役中，米兰达指挥的军队总共有 4 000 人。其中 800 人死亡，1 500 人受伤（这里面就有玻利瓦尔的朋友和亲戚，那个曾经和他一起去过罗马的费尔南多·德尔·托罗）。Admiral Fraser to Rowley, July 21, 1811, in W. S. Robertson, *Francisco de Miranda and the Revolutionizing of Spanish America* (American Historical Association, 1909), I, 450. Also, Eduardo Blanco, *Venezuela heroica*, xv; and Pedro Rivas, *Efemérides americanas* (Barcelona: Ramírez, 1884), 255.

25　Lynch, 58; also Eduardo Blanco, *Venezuela heroica*, XV.

26　Constitución Federal.

27　Sherwell, 33.

28　Díaz, 98–102.

29　Humboldt, *Personal Narrative*, 451.

30　Díaz, 98–102.

31　Heredia, 46.

32   Flinter, *History of the Revolution*, 35.

33   Díaz, 98–102.

34   Heredia, 46.

35   Mancini, 127.

36   Flinter, *History of the Revolution*, 34.

37   Mancini, 118.

38   Humboldt, *Personal Narrative*, p. 452.

39   Mancini, 118.

40   O'L, XXVII, 50–51.

41   Flinter, *History of the Revolution*, 34. Also O'L, XXVII.

42   Flinter, *History of the Revolution*, 34.

43   Humboldt, *Personal Narrative*, 451.

44   Ibid., 454.

45   Flinter, *History of the Revolution*, 34.

46   O'L, XXVII, 49.

47   Mancini, 118.

48   Humboldt, *Personal Narrative*, 451.

49   Ibid., 454.

50   Díaz, 98–102.

51   Heredia, 47.

52   J. Zeilenga de Boer, *Earthquakes in Human History* (Princeton: Princeton University Press, 2005), 129

53   Ibid., 126–29.

54   当美国国会得知委内瑞拉遭受了重大灾害时，批准了一笔 5 万美元的援助。许多北美人抱怨说，美国没有向自己的公民提供同样的待遇。Ibid., 129.

55   Ibid.

56   E. S. Holden, *Catalogue of Earthquakes on the Pacific Coast, 1769–1897* (Washington, DC, Smithsonian, 1898), 33.

57   W. A. Garesché, *Complete Story of the Martinique and Saint Vincent Horrors* (Chicago: Monarch, 1902), 155.

58   Holden, 32–33.

59   J. H. Coatsworth, "American Trade with European Colonies, 1790–1812," *William & Mary Quarterly*, Series 3, 24 (April 1967), 243.

60   T. O'Brien, "Making the Americas," *The History Compass*, 2 (2004), 1–29.

61   President Madison's message to Congress, Nov. 5, 1811, in J. Richardson, *A Compilation of the Messages and Papers of Presidents*, www.gutenberg.org. Also W. S. Robertson, "The Recognition of the Hispanic American Nations by the United States," *HAHR*, 1, no. 3 (Aug. 1918), 239–69.

62   Dec. 10, 1811, ibid., 242.

63   Adams to James Lloyd, Quincy, March 26, 1815, *The Works of John Adams* (Boston: Little, Brown, 1856), X, 140.

64   Robertson, "Recognition," 239–69.

65   据估算，委内瑞拉在 1810 年的人口为 80 万。共和国人口只是其中的一小部分。

1810 年加拉加斯人口为 4 万。在这次地震中（委内瑞拉各地的）死亡人数从 2 万到 5 万不等。See Bethell, 150.
66　Austria, 299.
67　Parra-Pérez, *Historia*, 440.
68　O'L, XXVII, 56.
69　Becerra, *Ensayo histórico*, II, 219–20.
70　Heredia, 49. 一些资料来源（e.g., Sherwell, 35）提到米兰达有多达 1.2 万名士兵。
71　O'L, XXVII, 56.
72　Archivo General de Indias (Sevilla), Caracas, 385, in McKinley, *Pre-Revolutionary Caracas*, 211.
73　Paz del Castillo to Miranda, Caracas, July 5, 1812, *Archivo del General Miranda*, XXIV, 288. Also G. R. Andrews, *Afro-Latin America, 1800–2000* (New York: Oxford, 2003), 59.
74　"Acta de la decisión," La Victoria, July 12, 1812, Miranda, *América espera*, 461.
75　The Conscription Act, Robertson, *Francisco de Miranda*, 466.
76　Miranda to L. M. Martín, La Victoria, July 2, 1812, Miranda, *América espera*, 460.
77　M. Lucena, "La sociedad de la provincia de Caracas a comienzos del siglo XIX," in *Anuario de Estudios Americanos*, XXXVII, 8–11.
78　Miranda to John Turnbull, Dover, Dec. 6, 1798, in *Archivo del General Miranda*, XXIV, 207.
79　Flinter, *History of the Revolution*, 50.
80　Ibid.
81　Madariaga, 170.
82　Lecuna, *Crónica*, I, xxi.
83　Ibid.
84　SB's report to Miranda, Puerto Cabello, quoted in full in O'L, XXX, 517.
85　Parra-Pérez, *Historia*, p. 489.
86　Ibid., 490.
87　Pedro Gual, *Testimonio y declaración*, Quinta de la Paz, Bogotá, Feb. 15, 1843, published in Robertson, *Francisco de Miranda*, 470.
88　SB, Escritos, IV, 85, in Puyo Vasco and Gutiérrez Cely, *Bolívar día a día*, I, 126. Also Yanes, 46.
89　Miranda to his men (Sata y Bussy, Roscio, Espejo, Gual), as recorded by Gual, *Testimonio*, in Robertson, *Francisco de Miranda*, 471.
90　Lecuna, *Crónica*, I, xxii.
91　SB, in his report to Miranda, O'L, XXX, 517.
92　Communication of Luis Delpech, Feb. 27, 1813, as given to the British by Tomás Molini, PRO/FO: Spain, 151.
93　SB to Miranda, Caracas, July 12, 1812, SBO, I, 35.
94　O'L, XXX, 528.
95　Miranda to his men, in French, as recorded by Gual, Testimonio, in Robertson, *Francisco de Miranda*, 471.
96　Ibid., 472.
97　Ibid.
98　Heredia, 52.

99　Mancini, 137.

100　Heredia, 52.

101　Mancini, 136.

102　Heredia, 53.

103　Yanes, 47.

104　Austria, 316–22; Mancini, 139.

105　M. M. Las Casas, Defensa Documentada del Comandante de La Guaira 33, in Lecuna, *Catálogo*, I, 239; and Austria, 150.

106　Masur, *Simón Bolívar*, 145.

107　O'LB, 37.

108　Heredia, 54.

109　Rafter, *Memoirs of Gregor M'Gregor*, 47.

110　Fermín Paúl, as quoted in Pereyra, 500.

111　Rafter, 47.

112　Lecuna, *Crónica*, I, xxiv.

113　Lynch, *Simón Bolívar*, 62.

114　J. Kinsbruner, "The Pulperos of Caracas and San Juan During the First Half of the 19th Century," *Latin American Research Review*, 13, no. 1(1978), 65–85.

115　Lecuna, *Crónica*, I, xxv.

116　O'L, XXVII, 74. Also P. Briceño Méndez, *Relación histórica* (Caracas: Tipografía Americana, 1933), 10, quoted in Lecuna, *Catálogo*, I, 254.

117　Mancini, 136.

118　Mancini. Also Lecuna, *Catálogo*, I, 252.

119　Robertson, *Francisco de Miranda*, 473.

120　Las Casas, Defensa Documentada.

121　Gual, Testimonio, in Robertson, *Francisco de Miranda*, 472–73. 佩德罗·瓜尔是密谋反西班牙斗争的革命分子曼努埃尔·瓜尔的侄子。

122　M. Picón Salas, Miranda (Caracas: Aguilar,1955), 247. Also Parra-Pérez, *Historia*, II, 443; Baralt and Díaz, Resumen, I, 102–3; and Gual, *Testimonio*, in Robertson, *Francisco de Miranda*, 472–73.

123　O'LB, XXVII, 38.

124　"他更喜欢他真正的同胞，英国人和法国人；他说'委内瑞拉人'是野蛮人，不服从命令，他们最好在戴肩章之前学会如何使用枪支，等等。" Conversation in Edificio Guipuzcoana, Austria, 159–60.

125　Lecuna, *Crónica*, I, xxv–vi.

126　Austria, 160.

127　Carlos Soublette, SBC, I, 246. Also see letters between Soublette and Restrepo, BANH, nos. 77, 23.

128　Austria, 160–61.

129　Parra-Pérez, *Historia*, 441.

130　Slatta and Lucas de Grummond, *Simón Bolívar's Quest for Glory*, 66.

131　Lecuna, *Crónica*, I, xxvi.

132　Larrazábal, *Correspondencia*, I, 132.

133 Becerra, 294.

134 Letter from Miranda to the president of the Spanish courts, June 30, 1813, in Becerra, 300–7.

135 Scott to James Monroe, Nov. 26, 1812, State Department MSS, Bureau of Indexes and Archives, Consular Letters, La Guayra, I; in Robertson, *Francisco de Miranda*, 468.

136 Baralt and Díaz, 124.

137 Miranda to Nicholas Vansittart, La Carraca, May 21, 1814, and April 13, 1815.

138 From Rumazo González, "Francisco de Miranda: Protolíder de la independencia americana."

139 Robertson, *Francisco de Miranda*, 488.

140 Ibid.

141 SB to Miranda, Caracas, July 12, 1812, SBO, I, 34.

142 SB, *Manifiesto*, Valencia, Sept. 20, 1813, O'L, XIII, 366.

143 Wilson to O'Leary, London, March 4, 1832, O'L, I, 75.

144 Wilson to O'Leary, London, July 14, 1832, O'L, I, 76.

145 Larrazábal, *Correspondencia*, I, 137.

146 Sherwell, 37.

147 Larrazábal, *Correspondencia*, I, 133.

148 比如，玻利瓦尔的密友蒙蒂利亚·米雷斯（Montilla Mirés），帕斯·卡斯蒂略（Paz Castillo）等等。Ibid.

149 Gil Fortoul, *Historia constitucional*, I, 196.

150 Ibid., 197.

151 Larrazábal, *Correspondencia*, I, 137–38.

152 Gil Fortoul, *Historia constitucional*, I, 193.

153 Zerberiz to Monteverde, Guayra, Aug. 28, 1812, ibid., 138.

154 Masur, *Simón Bolívar*, 150.

第六章　一瞥荣耀

1 SB, in Larrazábal, *Vida*, I, 580.

2 SB to Iturbe, Sept. 10, 1812, Curaçao, O'L, XXIX, 13.

3 Ibid.

4 Ibid., 14.

5 O'L, XXVII, 83.

6 Mancini, 187.

7 玻利瓦尔是 1812 年 11 月中旬到达的卡塔赫纳（O'L, I, 85），12 月 1 日就去执行他的第一次军事任务（Mancini, 187）。他很有可能是在库拉索甚至是在船上撰写的《卡塔赫纳宣言 》。

8 German Arciniegas, *Bolívar, de Cartagena a Santa María*, 10.

9 J. de la Vega, *La federación en Colombia* (Bogotá, 1952), 106–10.

10 Isidro Beluche Mora, "Privateers of Cartagena," *Louisiana Historical Quarterly*, 39 (January 1956), 74–5, 79.

11 据雷斯特雷波（Liévano Aguirre, 93）的记载：新格拉纳达有 88.7 万白人，委内瑞拉有 20 万；新格拉纳达有 14 万自由黑人和帕尔多人，委内瑞拉有 43.1 万；新格拉纳达有 31.3 万土著和混血儿，委内瑞拉有 20.7 万。因此，与邻国委内瑞拉相比，新格拉纳达绝大多数是白人。正如莱瓦诺所言，新格拉纳达的"各阶层有更多的共同点……同情多于仇恨"。

12 O'L, XXVII, 86.

13 Masur, *Simón Bolívar*, 156.

14 虽然罗德里格斯是他的姓氏，但这是一个很常见的名字，所以人们用他母亲的姓氏托里塞斯来称呼他。德尔·托罗一家也是如此，其实他们也姓罗德里格斯。

15 Masur, *Simón Bolívar*, 98.

16 Yanes, 55.

17 "Généalogie et Histoire de la Caraïbe," 87 (Nov. 1996), 1786, http://www.ghcaraibe.org/bul/ghc087/p1786.html.

18 O'L, XXVII, 96–97.

19 Mancini, 187.

20 R. Domínguez, *Don Vicente Texera* (Caracas: Lit. Vargas, 1926), 83, LOC. Also Parra-Pérez, *Historia*, 469.

21 SB, "Memoria dirigida a los ciudadanos de la Nueva Granada" (Cartagena Manifesto), Dec. 15, 1812, SBO, I, 43–50.

22 "Alocución a la Poesía," SB, *Obras Completas*, III (Santiago: Ramírez, 1883), 38.

23 M. A. Suárez, "Movimiento independentista," in *Becas culturales* (Bogotá: Observatorio del Caribe Colombiano, 2006), 77.

24 Lenoit to Loperena, Salamina, Nov. 3, 1812, ibid., 78. Also P Castro, *Culturas aborigenes cesarences e independencia* (Bogotá: Casa de la Cultura, 1979), 203–6.

25 O'L, XXVII, 99.

26 Mancini, 442.

27 All details about the Magdalena River campaign are taken from O'L, XXVII, 99–101; and Lecuna, *Crónica*, I, 6–9.

28 SB's speech to the people of Tenerife, Dec. 24, 1812, SB, *Escritos*, IV, 127–30.

29 Ibid.

30 D'Espagnat, *Souvenirs de la Nouvelle Grenade*, in Mancini, 440.

31 Suárez, *Movimiento independentista*, 78–79. Also Castro, 212–15.

32 SB, "Memoria dirigida," SBO, I, 43–50.

33 O'L, XXVII, 102.

34 SB, Oficio al Congreso, Jan. 8, 1813, O'L, XIII, 133.

35 Ibid.

36 Lecuna, *Crónica*, I, 9.

37 *Revista de la Sociedad Bolívariana de Caracas*, 38, nos. 129–32, (1981), 21.

38 Marcucci, *Bolívar*, 85.

39 Lecuna, *Crónica*, I, 9.

40 Larrazábal, *Correspondencia*, I, 155.

41 Lecuna, *Crónica*, I, 31.

42 Ibid., 1–25.

43　Refers to Pedro Urquinaona. From W. S. Robertson, "Bibliografía General," *The American Historical Review*, 22, no. 4 (July 1917), 893.

44　P. Urquinaona, *Relación documentada del origen y progreso del trastorno* (Madrid: Impresa Nueva, 1820), 2nd Part, 119.

45　*Gaceta de Caracas*, III, Dec. 6, 1812.

46　Ibid., Oct. 4, 1812.

47　Ibid.

48　Mijares, 220–21; Heredia, 154; Baralt and Díaz, II, 114–15.

49　*Gazeta de Caracas*, IV, Sept. 16, 1813.

50　Mijares, 250.

51　Heredia, 135.

52　Ibid.

53　Ducoudray, I, 39.

54　他是玻利瓦尔的副手。O'L, XXVII, 103.

55　Ducoudray, I, 40.

56　O'L, XXVII, 104.

57　拉蒙·科雷亚是失败的都督米亚雷斯的女婿。Heredia, 127.

58　Restrepo, I, 199.

59　Ibid., 200.

60　SB to Torices, Feb. 28, 1813, O'L, XIII, 150.

61　Ibid.

62　Ibid.

63　Groot, III, 232.

64　Mancini, 200.

65　SB, Proclamation to his soldiers, March 1, 1813, Cuartel general de San Antonio de Venezuela, DOC, IV, 770.

66　SB to Camilo Torres, March 4, 1813, in Austria, 191–92.

67　Masur, *Simón Bolívar*, 167.

68　Ibid.

69　SB, SBSW, I, 27.

70　O'L, XXVII, Part I, 123.

71　Rafael Urdaneta, *Memorias*, 14.

72　SB to the president of the union (Antonio Nariño), May 3, 1813, SB, *Cartas: Santander–Bolívar*, 2–4; also Santander to SB, April 30, 1813, SB, *Cartas: Santander–Bolívar*, 3.

73　SB to Nariño, May 8, 1813, in Austria, 195–96.

74　Ibid.

75　Heredia, 128–29.

76　Díaz, 39; also Baralt and Díaz, II, 198, 218.

77　"Real Orden de 11 de enero de 1813," published in Caracas as a broadside on March 13, 1813, and by Cmdt. Gen. Antonio Tizcar in Barinas on May 3, 1813; Lecuna, *Catálogo*, I, 271; also Austria, 199.

78　Díaz, 93.

79　O'L, XXVII, Part I, 124–5.

80　Larrazábal, *Vida*, I, 170.
81　Ibid.
82　Urdaneta, *Memorias*, 21.
83　V. Dávila, *Investigaciones Históricas*, in Mijares, 246.
84　O'L, XXVII, Part I, 125.
85　SB, Cuartel general, Mérida, June 8, 1813, in Larrazábal, *Vida*, I, 170.
85　Larrazábal, *Vida*, I, 171–72.
87　Austria, 197.
88　See Blanco-Fombona, "La proclama de guerra a muerte"; also Larrazábal, *Vida*, I, 172–73.
89　"Real Orden de 11 de enero de 1813."
90　SB to the British governor of Curaçao, J. Hodgson, Valencia, Oct. 2, 1813, SB, *Escritos*, V, 173–80.
91　Sir Walter Scott, ed., *The Edinburgh Annual Register for 1816*, Vol. IX, Ballantyne, Edinburgh, 1820, 136–37.
92　Trend, 96.
93　Larrazábal, *Vida*, I, 185.
94　Rafael Urdaneta, *Memorias*, 7.
95　O'L, XXVII, Part I, 136.
96　Blanco-Fombona's note, SBC, *1799–1822*, 70.
97　SB to Antonio Rodríguez Picón, Cuartel general de Araure, July 25, 1813, SBC, ibid., 70–71.
98　Cecilio Robelio, *El Despertador: Periodico semanario*, No. 5 (Jan. 29), Cuernavaca, 1896, 7.
99　Lecuna, *Crónica*, I, 66.
100　Ibid.
101　Larrazábal, *Vida*, I, 192.
102　Ibid.
103　SB to Torres, O'L, XIII, 327.
104　Heredia, 145.
105　Larrazábal, *Vida*, I, 193; Flinter, *History of the Revolution*, 49.
106　Ducoudray, I, 44–45.
107　Heredia, 152.
108　SB to the Nations of the World, Valencia, Sept. 20, 1813, DOC, IV, 732.
109　O'L, XXVII, Part I, 145.
110　Ducoudray, I, 44–45; also, *Gazeta de Caracas*, IV, Aug. 26, 1813.
111　Larrazábal, *Vida*, I, 196; also *Gazeta de Caracas*, IV, Aug. 26, 1813.
112　Larrazábal, *Vida*, I, 196.
113　Flinter, *History of the Revolution*, 50.
114　Larrazábal, *Vida*, I, 196.
115　Carlos Chalbaud Zerpa, *Historia de Mérida* (Mérida: Universidad de los Andes, 1983), 365. Also Lynch, *Simón Bolívar*, 78.
116　Liévano Aguirre, 149.
117　Ducoudray, I, 49.

118 Liévano Aguirre, 150.
119 Ducoudray, 49.

第七章 地狱军团

1 Voltaire, Oeuvres complètes de Voltaire, Droit, www.voltaire-integral.com/Html/18/droit. htm.
2 Gil Fortoul, *Historia*, I, 221.
3 Lecuna, *Crónica*, I, 142–43.
4 SB to Mariño, Dec. 16, 1813, SBC, I, 88.
5 General Monteverde, quoted in A. Walker, *Colombia*, II (London: Baldwin, Cradock, and Joy, 1822), 346.
6 Palacio Fajardo, *Bosquejo*, 91.
7 Larrazábal, *Vida*, I, 230–31.
8 Flinter, *History of the Revolution*, 60.
9 Ibid.
10 H.N.M., Escuelas Cristianas, *Historia de Venezuela* (1927), 127, quoted in Cunninghame Graham, José Antonio Páez, 65.
11 O'L, XXVII, Part I, 172.
12 Cunninghame Graham, 107–25.
13 Mitre, *Emancipation of South America*, 338.
14 O'L, XXVII, Part I, 175.
15 Austria, 265; and T. Peréz Tenreiro, *Para acercarnos a don Francisco Tomás Morales* (Caracas: Academia Nacional de la Historia, 1994), 12.
16 G. Crichfield, *American Supremacy* (Cambridge: Cambridge University Press, 1908), 21.
17 SB, *Escritos*, VI, 4–9.
18 Larrazábal, *Vida*, I, 267.
19 Lecuna, *La guerra a muerte*, XVIII, 150, in Masur, *Simón Bolívar*, 209.
20 Whitaker, 95, 113–14.
21 Lecuna, *La guerra a muerte*, XVII, 365, in Masur, *Simón Bolívar*, 210
22 SB to Wellesley, Maracay, Jan. 14, 1814, SBO, I, 85.
23 J. M. Gómez, *Libertadores de Venezuela* (Caracas: Meneven, 1983), 266–71.
24 Slatta and Lucas de Grummond, 91.
25 Baralt and Díaz, 178.
26 Larrazábal, *Vida*, I, 278.
27 Austria, 265.
28 Larrazábal, *Vida*, I, 287.
29 Archer, *Wars of Independence*, 36.
30 Larrazábal, *Vida*, I, 183.
31 Mitre, *Emancipation of South America*, 366.
32 Baralt and Díaz, 191.
33 M. Briceño, *Historia de la isla Margarita, Biografías del General Juan B. Arismendi* (Caracas: El Monitor, 1885), 40.
34 Larrazábal, *Vida*, I, 282.

35   Ibid., 284.

36   玻利瓦尔在给纳西索·科利-普拉特大主教的一封信中承认了这一点，并试图为这些杀戮辩护（Feb. 8, 1814, SBO, I, 91）。这里值得一提的是，各种说法中给出的处决日期并不一致。例如，玻利瓦尔给大主教的信中所采用的时间是 2 月 8 日，证据是页边空白处的手写便条；但拉瓜伊拉的帕拉西奥斯的文件显示，处决发生在 2 月 13 日至 16 日之间。

37   Larrazábal, *Vida*, I, 284.

38   Baralt and Díaz, 195.

39   这个数字在不同的资料上的记载有所不同，区间范围从 800 到 1200。Lecuna, *Crónica*, I, 215 (1,200); *Gaceta de Caracas*, no. 14, 1815 (1,200); Heredia (close to 900); Larrazábal, *Vida*, I, 284 (866); Díaz (866); Baralt and Díaz (more than 800); O'Leary (800)。

40   Palacios to SB, quoted in Gil Fortoul, *Historia*, I, 225.

41   在 1813—1814 年间，杀害被捆绑的囚犯并不罕见；"地狱军团"就做过很多。Archer（29, 36）评论说，在拉瓜伊拉有更多的玻利瓦尔命令的官方记录，所以，人们有更多机会对他进行指责。

42   Wood, 691.

43   William Seale, *The President's House* (Washington, DC, White House Historical Association, 1986), 133.

44   Wood, 691.

45   Flinter, *History of the Revolution*, 140.

46   Ibid., 141.

47   Ibid., 142.

48   Ibid., 153.

49   Larrazábal, *Vida*, I, 312.

50   Restrepo, *Historia*, I, 758.

51   Austria, 311–13.

52   Flinter, *History of the Revolution*, 169.

53   Heredia, 203; also Larrazábal, *Vida*, I, 319.

54   Flinter, *History of the Revolution*, 171.

55   Larrazábal, *Vida*, I, 325–28.

56   Lecuna, *Crónica*, I, 295.

57   Lila Mago de Chópite, "La población de Caracas (1754–1820), *Anuario de estudios americanos*, LIV-2, July–Dec., Sevilla, 1997, 516. 1809 年至 1815 年间，加拉加斯三分之一的居民死于地震或战争，人口从 3 万减少到 2 万。Mago de Chópite 引用了教区教会的数据，并说它们比 Humboldt 或 Depons 的数据要准确得多。

58   Lecuna, *Crónica*, I, 295.

59   A. Guinassi Morán, *Estudios históricos* (Caracas: Ministerio de la Defensa, 1954), 36.

60   Lecuna, *Crónica*, I, 295, 302.

61   Ibid.

62   Guinassi, 36.

63   O'LB, 68. Also Guinassi, 36.

64   O'LB, 68.

65   这段肖像描写是依据蒂托·萨拉斯（Tito Salas）的著名画作《向东迁移》（*Emigración*

a Oriente）写出的。这幅画创作于 1913 年，萨拉斯征求了 Lecuna 的意见，正是后者委托萨拉斯画出玻利瓦尔人生的几个重要场景。

66　Lynch, *Simón Bolívar*, 229. Also Slatta and Grummond, 268; and a paper presented by Paul G. Auwaerter, M.D., M.B.A., associate professor and clinical director in the Division of Infectious Diseases at the Johns Hopkins University School of Medicine, www.physorg.com/news191680201.html.

67　Larrazábal, *Vida*, I, 214.

68　Lecuna, *Crónica*, I, 294–95.

69　Madariaga, 231.

70　Lecuna, *La guerra a muerte*, XVIII, 161, 379, in Masur.

71　Guinassi, 36.

72　Ramón Urdaneta, *Los amores de Simón Bolívar*, 16.

73　Lynch, *Simón Bolívar*, 86.

74　Polanco Alcántara, 407.

75　Baralt and Díaz, I, 261.

76　Ibid., 282.

77　Lecuna, *Crónica*, I, 488.

78　Parra-Pérez, *Mariño y la independencia*, I, 440.

79　Ibid., 441.

80　Lecuna, *Crónica*, I, 494.

81　Parra-Pérez, *Mariño y la independencia*, 454.

82　Larrazábal, *Vida*, I, 329.

83　Ibid.

84　Parra-Pérez, *Mariño y la independencia*, 456.

85　Larrazábal, *Vida*, I, 318.

86　Austria, 316.

87　Ibid., 317.

88　Gil Fortoul, *Historia*, I, 229.

89　Austria, 311–13.

90　Arístides Rojas, *Obras escojidas*, 692.

91　Langley, 52.

92　McKinley, 172; also Heredia, 160.

93　Gil Fortoul, I, 232.

94　Ibid.

95　DOC, VI, 103.

96　SB to the editor of *The Royal Gazette*, Kingston, Aug. 15, 1815, SBC, 1799–1822, 29; Blanco-Fombona, Introduction, SBC, I, 95. 此外，西班牙人 Díaz 还在他的 *Recuerdos* 中写道，克里奥尔人几乎被杀光了（193）。

97　McKinley 指出，在加拉加斯只有 7 000 到 8 000 个欧洲出生的西班牙人（171）。从 1813 年 6 月 15 日到同年 8 月 6 日，玻利瓦尔进军首府期间，他的"殊死战"政策被严格执行，但是没有找到把西班牙人和保王派的死亡与这一法令直接相关的确切统计。

98　McKinley, 171; also Madariaga, 210.

99　McKinley, 171.

100 Heredia, 157.

101 Larrazábal, *Vida*, I, 222.

102 Miller, I, 42–43.

103 Baralt and Díaz, II, 268–69.

104 Trend, 109.

105 Lecuna, *Crónica*, I, 107.

106 D. Armitage, "The Americas on the Eve of Independence Movements," paper presented at the LOC, Friday, Nov. 19, 2010 (Conference on Creating Freedom in the Americas).

107 Andrew Jackson, in Robert Remini, *Andrew Jackson* (New York: Palgrave Macmillan, 2008), 93.

108 SB, Manifiesto de Carúpano, Sept. 7, 1814, *Derecho constitucional colombiano* (Universidad de Medellín, 2007), 431–32.

109 Ducoudray, I, 77.

110 Ibid. 这对姐妹是索莱达（Soledad）和伊莎贝尔（Isabel）。索莱达当时还是个小女孩，长大后嫁给了西蒙·玻利瓦尔最忠实的副官丹尼尔·奥利里。伊莎贝尔嫁给了意大利移民胡安·包蒂斯塔（Juan Bautista）。这些革命者的世界是如此之小，以致伊莎贝尔后来嫁的人是米兰达的儿子莱安德罗，她和孩子特蕾莎与莱安德罗一起住在米兰达位于伦敦格拉夫顿街的房子里。Ramón Urdaneta, *Los amores*, 61.

111 Ducoudray, I, 77; also Lynch, *Simón Bolívar*, 97; Angell, 97; C. Hispano, Historia secreta de Bolívar (Medellín: Bedout, 1977), 134.

112 Ducoudray, I, 49.

113 Jesús Rosas Marcano, column in *El Nacional*, Caracas, July 24, 1983; quoted in Ramón Urdaneta, *Los amores*, 61.

114 Ducoudray, I, 77–88.

115 Código militar de los Estados Unidos de Colombia (Bogotá: Zapata, 1883), 315.

116 SB to Juan Jurado, Campo de Techo, Dec. 8, 1814, SBC, I, 99–102.

117 F. Rivas Vicuña, *Las guerras de Bolívar*, Vol. 51 (Bogotá: Imprenta Nacional, 1934), 147.

118 Larrazábal, *Vida*, I, 356.

119 Ibid., 357.

120 O'LN, I, 259.

121 Ibid., 362.

122 Ibid., 360.

123 Mosquera, 161.

124 Larrazábal, *Vida*, 361; also Mosquera, 152.

125 Parra-Pérez, *Historia*, 30; also Mosquera, 162.

126 Mijares, *Liberator*, 231.

127 Quoted ibid.

128 SB to Torres, Cuartel general de la Popa, May 8, 1815, SBO, I, 132–33.

129 Ducoudray, I, 100.

130 Pablo Morillo, *Mémoires du général Morillo* (Paris: Dufart, 1826); also DOC, VII, 356.

131 Larrazábal, *Vida*, I, 367.

132 Morillo, broadside, Pampatar, April 15, 1815, JCBL.

133 Ibid.

134 Flinter, *History of the Revolution*, 186.

135 G. J. Rodríguez y Carrillo, "Carta Pastoral," sermon by the bishop-elect, Madrid, July 14, 1816, JCBL.

136 Pablo Morillo, quoted in *Gaceta de Caracas*, Dec. 6, 1815. Also Jesús María Henao and Genardo Urrubula, *History of Colombia* (Chapel Hill: University of North Carolina Press, 1938), 272.

137 Ducoudray, I, 117.

138 NASA, Phases of the Moon: 1801–1900, http://eclipse.gsfc.nasa.gov/phase/phases1801.html.

139 Gil Fortoul, *Historia*, I, 242.

140 Larrazábal, *Vida*, I, 322.

141 Eduardo Blanco, *Las noches del panteon: Homenaje a Antonio José de Sucre* (Caracas: El Cojo, 1895), 22.

142 Blanco-Fombona, *Mocedades*, 36; also Larrazábal, *Vida*, II, 63.

143 Larrazábal, *Vida*, I, 389.

144 SB to Wellesley, Kingston, May 27, 1815, SBO, I, 138–40.

145 Adams to James Lloyd, Quincy, March 30, 1815, *The Works of John Adams*, X (Boston: Little, Brown, 1856), 150.

146 Madison, Proclamation No. 17, Sept. 1, 1815, Respecting an Apprehended Invasion of the Spanish Dominions; also Robertson, Hispanic-American Relations, 28.

147 SB to Brion, Kingston, July 16, 1815, SBO, I, 152–53.

148 Jocelyn Almeida, "Sullen Fires Across the Atlantic," Long Island University, Praxis Series, http://www.rc.umd.edu/praxis/sullenfires/almeida/almeida_essay.html.

149 "Letter from Jamaica," SB to "un caballero de estaisla," Kingston, Sept. 6, 1815, SBO, I, 161. 这封信的第一份已知手稿，正如佩德罗·格拉塞斯（Pedro Grases）在他关于玻利瓦尔历史的文献难题中解释的那样，是在牙买加出版的，由约翰·罗伯逊将军（Gen. John Robertson）翻译的英文版本。它在 1818 年和 1825 年分别出现在《牙买加文艺季报》（*The Jamaica Quarterly and Literary Gazette*）上。直到 1833 年，也就是玻利瓦尔死后 3 年，西班牙文版本才得以出版。Grases y Uslar Pietri, "Temas de Simón Bolívar," in P. Grases, *Escritos selectos* (Caracas: Biblioteca Ayacucho, 1989), 188–89.

150 This was Henry Cullen. Lynch, *Simón Bolívar*, 92; also Grases, 187.

151 SB, "Letter from Jamaica," SBO, 161–77.

152 Larrazábal, *Vida*, I, 407.

153 SB to Brion, Kingston, July 16, 1815, SBO, I, 152–53.

154 SB to Hyslop, Kingston, Dec. 4, 1815, SBO, I, 188.

155 *Royal Gazette of Jamaica*, Dec. 16, 1815, and Dec. 23, 1815, quoted in Annette Insanally, "L'enjeu Caraibéen," in Alain Yacou, ed., *Bolívar et les peuples de nuestra America* (Paris: Centre d'Études et Recherches Caraibéenes, 1990), 117–18.

156 Ibid., 117.

157 Ibid. Also, O'L, XV, 28–30; Larrazábal, *Vida*, I, 407.

158 Insanally, 118; also Liévano Aguirre, 143.

159 Insanally, 117.

160 O'L, XV, 28–30.

161 O'LN, I, 313.
162 W. F. Lewis, "Simón Bolívar and Xavier Mina," *Journal of Inter-American Studies*, 11, no. 3 (July 1969), 459.
163 M. E. Rodríguez, *Freedom's Mercenaries* (Ann Arbor: Hamilton, 2006), 92.
164 B. Ardouin, *Études sur L'histoire d'Haïti*, 2nd edition (Portau-Prince, 1958), VI, 21–69. The Sutherland connection is also noted in Lewis, 458–65.
165 SBC, I, 254.
166 Pétion to José Gaspar Rodríguez de Francia; quoted in "A Few Great Leaders," *The Freeman*, Indianapolis, July 5, 1890, 7.
167 "No, don't mention my name": Azpurúa, *Biografias de hombres notables de Hispano-América*, III 214–17.
168 Lewis, 458–65. 在佩蒂翁的支持下，萨瑟兰给玻利瓦尔提供了补给。这些船中有"玻利瓦尔号"、"马里亚诺号"、"皮埃尔号"、"布里翁号"、"孔斯蒂图西翁号"和"孔瑟若号"。
169 McGregor's biographer, David Sinclair, called it "a shotgun wedding" in *The Land That Never Was* (Cambridge: Da Capo, 2003), 151.
170 Lecuna, *Crónica*, I, 430.
171 Ibid.
172 Ducoudray, I, 308; also Lynch, *Simón Bolívar*, 97.

第八章　挣扎重生的革命

1 SB, "Discurso al Congreso de Angostura," Feb. 15, 1819, DOC, VI, 589.
2 坦博拉火山于 1815 年 4 月爆发。花了好几个月的时间，火山灰颗粒传遍整个地球，但到了 1816 年春天，火山的影响在北半球达到了顶峰。A. Gates and D. Ritchie, *Encyclopedia of Earthquakes and Volcanoes* (New York: Facts on File, 2007), 252.
3 From "Darkness," by Lord Byron, 1816. First lines: "I had a dream, which was not all a dream./The bright sun was extinguish'd, and the stars/Did wander darkling in the eternal space."
4 M. Z. Jacobson, *Atmospheric Pollution* (New York: Cambridge University Press, 2002), 336–37.
5 J. D. Post, *The Last Great Subsistence Crisis in the Western World* (Baltimore: Johns Hopkins University Press, 1977), 122–25.
6 C. Knight, *Popular History of England*, VIII (London: Bradbury & Evans, 1869), 55.
7 Ibid., 61.
8 M. Shelley, *Frankenstein* (London: Penguin, 1992), Introduction.
9 Jacobson, 336–37.
10 Post, 122–25.
11 L. Dupigny-Giroux and C. J. Mock, *Historical Climate Variability and Impacts in North America* (London: Springer, 2009), 116–19.
12 S. K. Stoan, *Pablo Morillo and Venezuela* (Columbus: Ohio State University Press, 1974), 83–84.

13　Archer, 35.

14　"Junta de Secuestros," described in Lynch, *Simón Bolívar*, 92. Also O'LN, I, 297–98; Stoan, 83–84, 163.

15　Lynch, *Simón Bolívar*, 92.

16　Morillo's term, quoted in Prago, *Revolutions*, 191.

17　Ibid.

18　Larrazábal, *Vida*, I, 382; also Petre, *Simón Bolívar*, 164.

19　Adelman, *Sovereignty and Revolution in the Iberian Atlantic*, 273–74.

20　O'L, XXVII, 345.

21　Adelman, 273–74, for Morillo's problems.

22　Ducoudray, I, 200.

23　L. Ullrick, "Morillo's Attempt to Pacify Venezuela," *HAHR*, 3, no. 4 (1920), 535–65; also Stoan, 134–46; R. Earle, *Spain and the Independence of Colombia* (Exeter: University of Exeter, 2000), 70–73.

24　Ducoudray, 142.

25　Restrepo, II, 337; also Mosquera, 180.

26　Ducoudray, I, 141.

27　Polanco Alcántara, 410–11.

28　Ducoudray, I, 143.

29　Soublette to O'Leary：" 这就是爱情的作用。你很清楚，安东尼［原文如此］，尽管他经历了所有的危险，但还是失去了与克娄巴特拉在一起的宝贵时光。" Quoted in O'L, XXVII, 351.

30　Ducoudray, 142.

31　Blanco Fombona, Bolívar, *pintado por sí mismo*, 72–73.

32　SB, *Escritos*, IX, 132.

33　Blanco-Fombona, Bolívar, *pintado por sí mismo*, 179–80.

34　*Recollections of a Service of Three Years* (Anonymous), 32–33.

35　Ibid.

36　雷纳托·贝卢切是新奥尔良的一名海盗士兵，他的父亲在那里开了一家假发店，作为走私的掩护。在加入玻利瓦尔的队伍之前，贝卢切与海盗拉菲特（Lafitte）有业务往来，并在新奥尔良战役中与安德鲁·杰克逊将军并肩作战。贝卢切的肖像画可参见 J. Lucas de Grummond, *Renato Beluche* (Baton Rouge: Louisiana State University Press, 1983).

37　SB to Leandro Palacios, March 21, 1816, SBC, I, 227.

38　Madariaga, 536.

39　Dupigny-Giroux and Mock, 116–18.

40　Lecuna, *Crónica*, I, 445.

41　SB was only able to raise 800. *New American Encyclopedia*.

42　SB, *Escritos*, IX, 185–86.

43　O'L, XXVII, 346.

44　Cevallos to the Secretary of State and the Council of the Indies, Letter no. 42, Caracas, July 22, 1815, Archivo General de las Indias, *HAHR*, 33, no. 4 (November, 1953), 530. Also in Archer, 180.

45　Lecuna 声称索夫莱特本人可能是这些误解的源头。他提出的理由是，索夫莱特曾因为玻利瓦尔与珀皮塔调情而发过脾气。在这次远征中，她一直在玻利瓦尔身边；有人说是她使玻利瓦尔分心。我们在这里也应该回想起（前文提到的）玻利瓦尔与索夫莱特的妹妹伊莎贝尔有过一段感情。All this can be found in Lecuna, *Crónica*, I, 474–76.

46　Ibid., 468.

47　Ibid., 467.

48　SB to Bermúdez, Ocumare, July 8, 1816, SBC, XI, 71. 玻利瓦尔要求贝穆德斯离开，因为他的出现在玻利瓦尔的队伍里引起了混乱。

49　O'L, XXVII, 351.

50　Brion to Arismendi, Bonayre [sic], July 1816, DOC, V, 456. 布里翁说，当他到达时，他看到战船"自由美洲人号"（*Indio-Libre*）还在港里，并听说玻利瓦尔 3 天前就已经带着几名军官和妇女逃走了。

51　Rodríguez Villa, *El teniente general Don Pablo Morillo*, IV, 82–83.

52　Masur, *Simón Bolívar*, 283.

53　SB to Madrid, Fucha, March 6, 1830, SBSW, II, 757. Also SBC, IX, 241.

54　Lecuna, *Crónica*, I, 472.

55　布里翁带走了三艘军舰（"玻利瓦尔号"、"孔斯蒂图西翁号"和"阿里斯门迪号"）。载有布里翁、维拉雷和贝卢切等军官的"玻利瓦尔号"在巴拿马附近的皮诺岛失事，而船上人员幸免于难。去美国（寻求支持的）使命没有完成。Yanes, I, 311.

56　他们被安置在托尔托拉岛，离圣托马斯岛很近。玻利瓦尔请了一名船长带他们完成这段短行程。Lecuna, *Crónica*, I, 480.

57　Madariaga, 284.

58　Ibid.

59　Larrazábal, *Vida*, I, 436.

60　Sherwell, 97.

61　Ibid.

62　Mosquera, 186.

63　Ducoudray, II, 22.

64　Lynch, "Bolívar and the Caudillos," *HAHR*, 63, no. 1 (Feb. 1983), 9.

65　Larrazábal, *Vida*, I, 441.

66　Ibid., 442.

67　Ibid., 443.

68　Ibid., 442.

69　Ibid., 444–45.

70　Ibid.

71　Lecuna, *Crónica*, I, 484–94.

72　Larrazábal, Vida, I, 444–45, for all details on these hatreds.

73　O'LN, I, 356.

74　Yanes, 311; also Larrazábal, *Vida*, I, 444–45.

75　Lecuna, *Crónica*, I, 497; also SB, *Proclamas y Discursos*, 151.

76　SB to Cortés Madariaga and Roscio, Port-au-Prince,1816, SBC, 1799–1822, 256.

77　SB to Mariño, Villa del Norte, Dec. 29, 1816, Archivo General de Indias, BANH, No. 62, 185.

78　Lynch, *Simón Bolívar*, 13–14.

79　O'Leary, 370.

80　Larrazábal, *Vida*, I, 456.

81　Rafael Urdaneta, *Memorias*, 101–7.

82　Larrazábal, *Vida*, I, 456.

83　Lecuna, *Crónica*, I, 527.

84　Larrazábal, *Vida*, I, 458.

85　SB to Piar, Barcelona, Jan. 10, 1817, in Azpurúa, III, 378.

86　Páez, *Autobiografía*, 56–57.

87　Vásconez, *Cartas de Bolívar*, 8.

88　Páez, *Autobiografía*, 118.

89　Vásconez, *Cartas*, 8.

90　Páez, *Autobiografía*, 126.

91　Ibid., 130.

92　Ibid.

93　Vásconez, 9.

94　SB to Piar, Azpurúa, III, 378.

95　SB to Leandro Palacios, Barcelona, Jan. 2, 1817, SBO, I, 226.

96　SB to Briceño Méndez, Jan. 1, 1817, in O'L, XXVII, 365.

97　Lecuna, *Crónica*, I, 537.

98　Lecuna, *Crónica*, II, 18.

99　Guzmán Blanco, "El Capitán Juan José Conde, subalterno del General Piar y testigo presencial de su ejecución, hace una relación minuciosa," DOC, VI, 105.

100　SB, "Manifiesto del Jefe Supremo a los pueblos de Venezuela," Cuartel general de Guayana, Aug. 5, 1817, SB, *Doctrina*, 68–73.

101　SB to Piar, San Félix, June 19, 1817, SBO, I, 244.

102　The witness, J. F. Sánchez, is quoted in Liévano Aguirre, 187.

103　Ibid.

104　SB to Briceño Méndez, June 19, 1817, O'L, XXIX, 113–14.

105　皮亚尔和贝尔纳多·贝穆德斯是死对头。Lecuna 暗示是皮亚尔将贝尔纳多带入陷阱，最终导致他在 1813 年被处决。Lecuna, *Crónica*, II, 37.

106　SB, "Manifiesto," SB, *Doctrina*, 68–73.

107　O'L, "Proceso de Piar," XV, 351–424.

108　Testimony of Briceño Mendez, in O'L, XXVII, 427.

109　J. J. Conde, in Guzmán Blanco, "El Capitán," DOC, VI, 106–9.

110　Rourke, 167.

111　O'L, XXVII, 427.

112　Perú de Lacroix, 116–7.

113　O'L, XXVII, 428–9.

114　Trend, 122.

115　Díaz, 214.

116　Gil Fortoul, *Historia*, I, 247.

117　SB, "La ley de Repartición de Bienes Nacionales entre los Militares del Ejército

Republicano," Oct. 10, 1817, SB, *Doctrina*, p. 73.

118 Gil Fortoul, I, 246.

119 卡萨要塞设在圣弗朗西斯科的修道院里，是玻利瓦尔留给 P. M. 弗雷特斯（P. M. Freites）将军防守的。Larrazábal, *Vida*, I, 460.

120 Ibid., 463; also Azpurúa, 225.

121 Larrazábal, *Vida*, I, 463–64.

122 Gil Fortoul, I, 246; Larrazábal, *Vida*, I, 464.

123 Lynch, *Simón Bolívar*, 104.

124 SB to Tovar, Guayana, Aug. 6, 1817, SBO, I, 256.

125 Ibid.

126 SB to Sucre, Angostura, Nov. 11, 1817, SBO, I, 277–78.

127 SB to Mariño, Maturín, Nov. 5, 1818, SBO, I, 368–69.

第九章　艰难西进

1 Santander, "El General Simón Bolívar en la campaña de la Nueva Granada de 1819. Relación escrito por un Granadino," *Gazeta de Santa Fé*, Oct. 4, 1819, JCBL.

2 SB to Leandro Palacios, Barcelona, Jan. 2, 1817, SBO, I, 228.

3 SB to Pueyrredón, June 12, 1818, SBO, I, 295–97. 这封信是玻利瓦尔给普埃雷东 1816 年 11 月 19 日的信的回信，普埃雷东在他的信中表示了对玻利瓦尔的祝贺，尽管彼时玻利瓦尔已不得不逃离奥库马雷返回海地。

4 Cunninghame Graham, 108.

5 Páez, *Autobiografía*, 144.

6 Ibid., 1.

7 Ibid., 5–11.

8 Ibid., 57–58.

9 Ibid.

10 Ibid., 6.

11 *Recollections of a Service*, 179.

12 Morillo, "Cuenta al Rey," Ministerio de Guerra, Madrid, Oct. 26, 1818, JCBL.

13 Páez, *Autobiografía*, 136.

14 Ibid., 153. 至于派斯军队的规模，很难给出具体的数字。他曾数过，他的部队拥有不少于 4 万匹战马。Ibid., 136.

15 Ibid., 138 fn.

16 我的五世祖华金·鲁温·德·塞利斯是莫里略的一名年轻士兵，他是从伊比利亚半岛来参加平定战争的数千名士兵之一。他参加了圣费尔南多的这场战役，与派斯和库纳维切印第安人作战。他后来成为了一名准将，在阿亚库乔的决定性战役中牺牲，他与他未来的女婿作战，那个人就是共和军的佩德罗·西斯内罗斯·托雷斯将军。

17 Páez, *Autobiografía*, 172–73.

18 *Recollections of a Service*, 185–86; also Cunninghame Graham, 92–93; Slatta and Lucas de Grummond, 147.

19 玻利瓦尔与派斯的交流细节引自派斯的 *Autobiografía* (141) 以及 O'L (XXVII, 444)。而

Lecuna 对此的描述 (*Crónica*, II, 135) 是完全不同的。在后者中，玻利瓦尔喊道："我们之中有谁敢自己把那些船夺过来吗？"派斯喊着回答："有！"很显然，Lecuna 的说法取自 General A. Wavell, *Campagnes et croisières* (sic for Vowell, *Campaigns and Cruises*) (Paris, 1837), 70。不过，所有版本对他们行动的描述都是一致的。

20 Páez, *Autobiografía*, 142.

21 Mosquera, 252.

22 Páez, *Autobiografía*, 142; also Mosquera. 奥利里说一共（缴获了）7 艘船，O'L, XXVII, 444.

23 From *Recollections of a Service*, 178.

24 Liévano Aguirre, 185.

25 Perú de Lacroix, 39, 169.

26 Ibid., 169.

27 Morillo, report to King Ferdinand VII, Ministerio de Guerra, Madrid, Oct. 26, 1818, JCBL. 据莫里略称，在派斯围攻圣费尔南多期间，一支 650 人的西班牙军队被迫靠少量的烤玉米维生，而且很快就吃光了。从 2 月 6 日到 3 月 7 日，这些士兵继续被围困，为了活下来，他们不得不吃"马、驴、猫、狗，甚至是皮革"。

28 O'L, XXVII, 445.

29 SB to Páez, Calabozo, Feb. 24, 28, 1818; O'L, XV, 600–601.

30 Páez, *Autobiografía*, 154.

31 Yanes, II, 22.

32 Ibid., 298–99.

33 Polanco Alcántara, 469.

34 Páez, *Autobiografía*, 154.

35 Soublette, *Boletín del Ejercito Libertador*, Feb. 17, 1818, O'L, XXVII, 580.

36 Feliciano Palacios, quoted in Madariaga, 307.

37 Morillo to J. Barreiro, Valencia, May 5, 1818, in O'L, XI, 478; also O'Leary, *Detached Recollections*, 39–40.

38 Larrazábal, *Vida*, I, 344–46.

39 NASA, Moon Phases, 1801–1900, Sec. 1816–1820.

40 SB to Gen. M. Cedeño, San Fernando, May 5, 1818, SBO, I, 286. 玻利瓦尔所说的他的"炭疽"，是一种由炭疽杆菌引起的令人痛苦的急性传染病，多由病马、死马或其他动物传播。

41 Ibid.

42 威尔逊和希皮斯利上校是第一批加入玻利瓦尔独立战争的英国士兵。See Páez, *Autobiografía*, 170.

43 Hippisley, *Narrative of the Expedition*, 515.

44 SB to L. Palacios, Angostura, July 11, 1818, SBO, I, 308.

45 Morillo to King Ferdinand VII, quoted in Aristide Rojas, *El elemento Vasco en la historia de Venezuela* (Caracas: Imprenta Federal, 1874), 33.

46 Humboldt, 6.

47 Hippisley, 334–35, for much of this description.

48 "约翰·亚当斯号"（美国海军准将佩里的船）上的神父曾描述过安戈斯图拉的景色（*National Intelligencer*, Oct. 2, 1819）。转引自 Polanco Alcántara, 474。

49 Hippisley, 332–35.
50 SB to the Municipality, June 20, 1818, quoted in C. J. Reyes, *El mundo según Simón Bolívar* (Bogotá: Icono, 2006), 34.
51 Páez, *Autobiografía*, 130.
52 Polanco Alcántara, 469
53 *El Correo del Orinoco*, Oct. 1, 1818, JCBL.
54 国王卡洛斯四世在 1785 年宣布："最好不要对美洲人进行启蒙。" See V. Bulmer-Thomas et al., eds., *The Cambridge Economic History of Latin America* (New York: Cambridge University Press, 2006), 432.
55 *El Correo del Orinoco*, Facsimile ed. (Bogotá: Gerardo Rivas Moreno, 1998), ix.
56 *El Correo del Orinoco*, Oct. 1, 1818, JCBL.
57 SB, Discurso, Angostura, Oct. 1, 1818, SB, *Escritos*, XIV, 310–16.
58 派斯的银币被突然召回，意在施实一些控制，但后来又被再次发行，似乎迫于无奈。Hippisley, 458.
59 O'L, XI, 455.
60 Madariaga, p. 317.
61 O'L, XI, p. 473.
62 Hippisley, 336–37.
63 Madariaga, 315.
64 SB to Palacios, Angostura, Aug. 7, 1818, SBO, I, 324; also Madariaga, 316.
65 Ducoudray, 233; Polanco Alcántara, 468–85.
66 SB to López Méndez, Angostura, June 12, 1818, SBSW, 156.
67 Ibid.
68 Ducoudray, 234.
69 希皮斯利上校曾在威灵顿公爵手下在西班牙作战。当他在伦敦第一次访问洛佩斯·门德斯的时候暗示了这一点。Hippisley, 3. Madariaga 更加明确地说明了这种联系。Madariaga, 310.
70 1817 年 11 月，西班牙驻英国大使圣卡洛斯公爵（Duke of San Carlos）说服英国发布一项命令，禁止公民参加西属美洲的革命。Alfred Hasbrouck, *Foreign Legionaries* (London: Octagon, 1969), 56, 111.
71 前几页对英国雇佣兵的描述都来自 Hippisley, 12–25, 532, 632ff。
72 Ibid., 25.
73 Madariaga, 311.
74 López Méndez, letter to the *Morning Chronicle*, London, dated Jan. 15, published Jan, 18, 1819, quoted in Hippisley, 648–50.
75 Britain War Office, *A List of the Officers of the Army and of the Corps of Royal Marines*, London, 1827, http://books.google.com, 533.
76 K. Racine, "Rum, Recruitment and Revolution," *Irish Migration Studies in Latin America*, 4, no. 2 (March 2006), 47–48.
77 Hippisley, 548.
78 Ibid., p. 585.
79 Ibid.
80 SB to Hippisley, Angostura, June 19, 1818, ibid., 628.

81 E. Lambert, "Los legionarios británicos," in Bello y Londres, *Bicentenario*, 2 vols. (Caracas, 1980–81), I, 355–76, quoted in Lynch, *Simón Bolívar*, 122.

82 Hamilton, *Travels Through the Interior*, I, 31.

83 C. Pi Sunyer, *Patriotas americanos en Londres* (Caracas: Monte Avila, 1978), 242.

84 SB to Palacios, Angostura, Aug. 8, 1818, SBO, I, 325; also Polanco Alcántara, 412–14.

85 SB to Palacios, Angostura, July 11, 1818, SBO, I, 308.

86 SB, "Proclamation," Angostura, Aug. 15, 1818, SBSW, I, 165.

87 Palacios to SB, San Tomás, Oct. 14 1818, Archivos de Gran Colombia (Caracas: Fundación Boulton), C.XXIV, 230232.

88 Polanco Alcántara, 468–85.

89 O. R. Jiménez, "Los recuerdos, Josefina Machado," *El Universal*, May 5, 1983, Caracas.

90 Ibid.; also Julián Rivas, Bicentenario, enfoques365.net, Venezuela, April 30, 2010.

91 Polanco Alcántara 主张这一点，414。

92 O'L, XI, 492.

93 Polanco Alcántara, 529.

94 SB, Congressional Inauguration Address, Feb. 15, 1818, O'L, XI, 493ff. English translation, SBSW, I, 173–97.

95 Larrazábal, *Vida*, I, 548.

96 O'L, XI; SBSW, I, 173–97. 上面所有关于玻利瓦尔在第二次国会上演讲的引文和总结都出自这里。

97 Larrazábal, *Vida*, I, 549.

98 See *Recollections of a Service*, 46.

99 O'L, XI, 522.

100 *Recollections of a Service*, 46.

101 Larrazábal, *Vida*, I, 569, O'L, XI, 522.

102 完整版叙述可参阅 "Campañas de Apure," *BOLANH*, no. 21, 1192–94; also Páez, *Autobiografía*, 181–4; and Lecuna, *Crónica*, II, 279–81。

103 Morillo to the Ministerio de Guerra, Madrid, May 12, 1819, in Rodríguez Villa, 20–25; also Lecuna, *Crónica*, II, 285.

104 Ibid, 281.

105 O'L, XI, 483.

106 Morillo to L X. Uzelay, in Lecuna, *Documentos inéditos para la historia de Bolívar*, XVIII.

107 Páez, *Autobiografía*, 183.

108 Ibid., 203.

109 O'LB, 150.

110 Ibid.; also O'L, I, 486–87, 539.

111 Boulton, *El rostro de Bolívar*, 26.

112 O'LB, 139.

113 Vowell, *Campaigns and Cruises*, 66–67.

114 O'L, I, 487.

115 Lecuna, *Crónica*, II, 285; also Santander, in Restrepo, II, 368.

116 Lecuna, *Crónica*, II, 285.

117 Restrepo, 367.

118 Cunninghame Graham, 94.

119 Lecuna, *Crónica*, II, 286, 300; also Oficio, April 11, O'L, XVI, 301.

120 SB to López Méndez, Angostura, June 12, 1818; also SB to Páez, Angostura, Sept. 29, 1818, SBO, I, 293, 351.

121 Morillo, Oficio al Ministerio de Guerra, Atamaica, Feb. 28, 1819, in Rodríguez Villa, 10, quoted in Lecuna, *Crónica*, II, 286.

122 SB, "Proclamation to the People of New Granada," Angostura, Aug. 15, 1818, published in *El Correo del Orinoco*, Aug. 22, 1818.

123 Páez, *Autobiografía*, 181–4.

124 SB to Santander, Cañafistola, May 20, 1819, SB, *Cartas: Santander–Bolívar*, I, 92.

125 O'LB, 152.

126 Vowell, 153.

127 SB to Páez, Arauca, June 5, 1819, O'L, XVI, 395–96.

128 Vowell, 66–67.

129 事实上到了 6 月 3 日，他们（一部分士兵）已经开溜了。玻利瓦尔在 6 月 5 日给派斯写的信中称，有 50 名轻骑兵逃离了队伍，并警告派斯要对他们采取严厉措施。O'L, XVI, 395.

130 O'LB, 153.

131 O'LB, 154–57.

132 Anzoátegui to his wife, Bogotá, Aug. 28, 1819, quoted in Slatta and Lucas de Grummond, 194–95.

133 Cunninghame Graham, 167–68.

134 SB to Zea, June 30, 1819, SBO, I, 291–92.

135 Vowell, 157.

136 Cunninghame Graham, 167–68.

137 Anzoátegui to his wife, in Slatta and Lucas de Grummond, 194–95.

138 Vowell, 203–4.

139 Liévano Aguirre, 217.

140 Lecuna, *Crónica*, II, 313.

141 O'LB, 158.

142 SB to Zea, Paya, June 30, 1819, SBO, I, 392.

143 Vowell, 159–62.

144 Ibid.

145 Ibid., 163.

146 Lynch, *Simón Bolívar*, 128.

147 Ibid.

148 Anzoátegui to his wife.

149 Sámano to Barreiro, Santa Fé [Bogotá], June 29, 1819, *Los ejércitos del rey*, II (Bogotá: Fundación para la Conmemoración, 1989), 185.

150 Santander, "El General Simón Bolívar en la campaña. Relación escrito por un Granadino," *Gazeta de Santa Fé*, Oct. 4, 1819, JCBL.

151 Lecuna, *Crónica*, II, 339.

152 Barreiro to Viceroy Samáno, Campo de Pantano de Vargas, July 25–26, 1819, *Los ejércitos*

del rey, 354–55, 594–95.

153 Santander, Archivo, II, 46, quoted in Lecuna, *Crónica*, II, 339.

154 Lecuna, *Crónica*, II, 339.

155 Liévano Aguirre, 224.

156 Polanco Alcántara, 551–53.

157 Liévano. Also O'LB, 160.

158 Liévano, 222.

159 Lecuna, *Crónica*, II, 346–48.

160 O'LB, 163.

161 O'LN, I, 559; Hasbrouck, 202–3; Mijares, 362; and Masur, *Simón Bolívar*, 380.

162 Masur, ibid.

163 José Segundo Peña (Senator), Address to the Congress of Colombia, April 12, 1880, *Boletín de historia y antigüedades*, Academia de Historia Nacional, I (Bogotá, 1903), 652–55.

164 O'LB, 163.

165 Lecuna, *Crónica*, II, 346–48.

166 Santander, "El General Simón Bolívar en la campaña."

167 关于玻利瓦尔进入波哥大的细节，请参见第一章的注释，该部分对玻利瓦尔骑马进城的场景进行了全面描述。

168 Morillo to Ministerio de Guerra, Valencia, Sept. 12, 1819, quoted in Rodríguez Villa, 49–55.

第十章　荣耀之路

1 Bolívar to the editor of the *Royal Gazette*, Kingston, Sept. 28, 1815, SBO, I, 179.

2 J. P. Carrasquilla, quoted in Blanco-Fombona, *Ensayos históricos*, 303 fn.

3 O'LN, 578.

4 Groot, IV, 29.

5 Carrasquilla, in Blanco-Fombona, *Ensayos históricos*, 303 fn.

6 O'LN, 578.

7 Carrasquilla, in Blanco-Fombona, *Esayos históricos*, 303 fn.

8 O'Leary, *Detached Recollections*, 38.

9 SB to Zea, Bogotá, Aug. 14, 1819, SBO, I, 394–96.

10 Lecuna, *Crónica*, II, 350.

11 O'L, XVI, 431 (*Boletín del Ejército Libertador*, Aug. 11, 1819).

12 O'LB, 164.

13 Larrazábal, *Vida*, I, 596.

14 Mariano Torrente, quoted ibid., 596–97.

15 Larrazábal, *Vida*, I, 596–97.

16 Hamilton, 232.

17 Ibid.

18 Hippisley, 443.

19 Hamilton, 232.

20 纳里尼奥的亲戚曼努埃尔·B. 阿尔瓦雷斯（Manuel B. Alvarez），以及纳里尼奥在昆迪纳马卡的继任者都在那个广场上遇害了。

21 Masur, *Simón Bolívar*, 384.

22 SB to the editor of Royal Gazette.

23 Charles Stuart Lord Cochrane, quoted in Mario Javier Pacheco García, *El fin del imperio latinoamericano* (Bogotá: Gobernación de Norte de Santander, 2008), 238.

24 Bushnell, *Simón Bolívar*, 110.

25 SB to Santander, Pamplona, Nov. 8, 1819, SBO, I, 401–2.

26 Lynch, *Simón Bolívar*, 130.

27 SB to Zea, Bogotá, Aug. 13, 1819, SB, *Escritos*, XVI, 213.

28 SB, Oficio, Sept. 14, 1819, ibid., 267; Decreto, Sept. 15, 1819, ibid., 270; Resoluciones, Sept. 15–16, 1819, ibid., 274. Also Lecuna, *Crónica*, II, 352–55.

29 这笔钱是从玻利瓦尔自己的薪水划拨的，DOC, XIV, 514。

30 Lecuna, *Crónica*, II, 354.

31 J. M. Henao, *Historia de Colombia* (Bogotá: Bernardus, 1910), 358 fn.

32 Masur, *Simón Bolívar*, 392.

33 SB to Santander, Lima, Feb. 9, 1825, SBO, II, 1044–46.

34 Santander's will, *Boletín de la Historia y Antiguedades*, IV, 1907, 161.

35 Rafael Urdaneta, *Memorias*, 103.

36 O'LB, 166.

37 Slatta and Lucas de Grummond, 196.

38 O'LB, 166.

39 Santander, in *El reportorio colombiano*, VI (Bogotá: Librería Americana y Española), 229.

40 Ibid.

41 O'L, XVI, 515.

42 Larrazábal, *Vida*, I, 432.

43 Perú de Lacroix, I, 19.

44 Ibid.

45 O'LB, 169; also Lecuna, *Crónica*, II, 360.

46 SB to Zea, Bogotá, Aug. 13, 1819.

47 Lecuna, *Crónica*, II, 366–69.

48 SB to Santander, Soatá, Nov. 14, 1819, SBO, I, 403–5.

49 Arismendi to SB, Angostura, Sept. 16, 1819, O'L, XI, 390–91.

50 O'LB, 170.

51 Larrazábal, *Vida*, I, 600.

52 O'LB, 170.

53 Larrazábal, *Vida*, I, 602.

54 O'LB, 171.

55 一位国会议员说："不管玻利瓦尔是否被击败，正如报道的那样，我们应该准备在没有他和他的指导下继续前进。" Larrazábal, *Vida*, I, 601.

56 Azpurúa, I, 223–27.

57 O'LB, 171.

58 Ibid.

59　Vowell, 121.

60　*Recollections of a Service*, 4, 38, 41, 43.

61　SB, *Proclamas y discursos*, 244–45.

62　Lecuna, *Crónica*, II, 372–73.

63　Liévano Aguirre, 229.

64　Morillo to the Ministerio de Guerra, Valencia, Sept. 12, 1819, Rodríguez-Villa, III, 50.

65　Morillo to his officers, in Liévano Aguirre, 230.

66　Morillo to the Ministerio de Guerra, Valencia, April, 29, 1820, Rodríguez Villa, IV, 170.

67　Constitution of Cádiz, proclaimed in Caracas on June 6 and 7, 1820, *Gaceta de Caracas*, Ediciones 308, 309, JCBL.

68　Ibid.

69　SB to Santander, June 1, 1820, Carrera Damas, *Simón Bolívar Fundamental*, I (Caracas: Monte Avila, 1993), 170.

70　Ibid.

71　SB to Santander, San Cristóbal, April 20, SBO, I, 426.

72　Morillo reported to Spain's Ministry of War, "The whites have disappeared from Venezuela": Blanco-Fombona, *Bolívar y la guerra a muerte*, 199. Also J. F. King, *HAHR*, 23 (Nov. 4, 1953), 535. Also "Memorial presentado al rey en Madrid por el Pbro. Doctor don José Ambrosio Llamozas," *BOLANH*, 18 (1935), 168.

73　SB to Santander, San Cristóbal, April 20, SBO, I, 42.

74　SB to Páez, San Cristóbal, April 19, 1820, SB, *Escritos*, XVII, 223.

75　O'LB, 176.

76　Arciniegas, *Las mujeres y las horas*, 87.

77　SB to Santander, Cúcuta, June 10, 1820, SBO, I, 453.

78　SB to Santander, Cúcuta, Aug. 1, 1820, ibid., 490.

79　SB to Domingo Ascanio, San Cristóbal, May 25, 1820, ibid., 442.

80　Archivo Nacional, Habana, *Asuntos políticos*, nos. 17, 5 and 18, 2, quoted in Madariaga, 400. Also M. Garrito, *Historia Crítica*, no. 31 (Jan.–June 2006), 205–6.

81　María Antonia to Ferdinand VII, Habana, Feb. 14, 1819, in Madariaga, 400.

82　Ibid.

83　M. L. Scarpetta, "José María Palacios Antunes," in S. Vergara, ed., *Diccionario biográfico de los campeones de la libertad* (Bogotá, 1870), 431.

84　Santander to SB, Bogotá, Aug. 12, 1820, SB, *Cartas: Santander–Bolívar*, II, 322: 271.

85　贝尔纳蒂娜与米格尔·萨图尼诺·乌里韦（Miguel Saturnino Uribe）生有一个女儿，乌里韦是一个有影响力的百万富翁，据说他有很多孩子。"Las Ibáñez somos así," Revista semana, Bogotá, May 22, 1989. Two more sources on the Ibáñez sisters: López Michelsen, Alfonso, *Esbozas y Atisbos* (appendix) (Buenos Aires: Avellaneda, 1980), and Jaime Duarte French's *Las Ibáñez* (Bogotá: El Ancora, 1987).

86　Madariaga, 357; also Polanco Alcántara, 982–83, 988–89.

87　SB to Santander, Cúcuta, June 22, 1820, SBO, I, 460.

88　SB to Montilla, Cúcuta, July 21, 1820, ibid. 479.

89　SB to Santander, ibid., 461.

90　Ibid.

91   SB to Santander, Cúcuta, June 25, 1820, ibid., 462–63.

92   SB to Soublette, Cúcuta, June 19, 1820, ibid., 455–57.

93   SB to Santander, Cúcuta, May 19, 1820, ibid., 437–38.

94   SB to Santander, June 25, 1820, ibid.

95   O'LB, 188. 奥利里写道："我本来不认识他，一看到他，就问解放者，那个向我们靠近的可怜骑手是谁。'他是我们军队中最好的军官之一，'解放者回答，'我下定决心要晋升他，因为我相信总有一天他将会与我相匹敌。'"

96   O'LB, 176–77.

97   SB to Santander, San Cristóbal, April 14, 1820, SBO, I, 424.

98   Ibid.

99   SB to Soublette, Cúcuta, June 19, 1820, ibid., 455–57.

100   SB to W. White, San Cristóbal, May 1, 1820, ibid., 430.

101   SB to M. de La Torre, San Cristóbal, July 7, 1820, ibid., 468; also SB to Morrillo, Carache, Nov. 3, 1820, ibid., 506.

102   Ibid.

103   Rodríguez Villa, 45.

104   A. Révesz, *Milicia de España. Teniente general don Pablo Morillo* (Madrid: Editorial Gran Capitán, 1947).

105   SB to Morillo: Trujillo, Oct. 26; Carache, Nov. 3 (two); Trujillo, Nov. 13; Mocoy, Nov. 16; Trujillo, Nov. 17; Trujillo, Nov. 20, 1820; SBO, I, 503–12.

106   O'Leary, *Bolívar y la emancipación*, XVIII, 38–43.

107   Ibid.

108   Ibid.

109   Ibid.

110   所有相关祝酒细节的出处同上。

111   Quoted in Líevano Aguirre, 238.

112   Adelman, 276–77.

113   Perú de Lacroix, 121–23.

114   参见 Celia Wu 的 *Generals and Diplomats: Great Britain and Peru*。Wu 在书中称，3000 名英国、爱尔兰和德国士兵自愿加入玻利瓦尔的军队。其他人则认为这个数字高达 7 000–8 000 人 (Rourke, 213–14)。

115   Trend, 127.

116   Pi Sunyer, Carlos, *Patriotas americanos en Londres* (Caracas: Monte Avila, 1978), 242.

117   Chesterton, *Narrative of Proceedings in Venezuela*.

118   Ibid., vi, 7–8, 20–22.

119   Adams to A. H. Everett, Dec. 29, 1817, *The Writings of John Quincy Adams*, VI (New York: Macmillan, 1916), 282.

120   SB, "The Jamaica Letter," Kingston, Sept. 6, 1815, *El Libertador: Writings of Simón Bolívar*, 48.

121   "我对这些南美绅士们提出和要求的一切都不相信"：John Quincy Adams, *Writings*, VI, 51。

122   Adams, *Memoirs of John Quincy Adams*, notes for Sept. 19, 1820, V (Philadelphia: J. B. Lippincott, 1875), 176.

123 Wood, 3.

124 D. F. Long, *Gold Braid and Foreign Relations: Diplomatic Activities of U.S. Naval Officers* (Annapolis: U.S. Naval Institute, 1988), 59.

125 J. N. Hambleton, *Journal of the Voyage of the USS "Nonsuch" up the Orinoco, July 11– August 23, 1819*, in J. F. Vivian, "The Orinoco River and Angostura, Venezuela, in the Summer of 1819," *Americas*, 24, no. 2 (Oct. 1967), 160–83.

126 Ibid.

127 Hanke, "Baptis Irvine's Reports on Simón Bolívar," 360–73.

128 Ibid.

129 Ibid.

130 Rourke, 234–35.

131 Ibid.

132 Hambleton, p. 182 fn.; also John Quincy Adams, *Memoirs*, 49–50.

133 Clay, May 24, 1818, quoted in Randolph Adams, *History of the Foreign Policy of the United States*, 171.

134 Annals of Congress, 15th Congress, 1st Session, II, no. 1485, quoted ibid.

135（克莱）提议 "美国众议院与美国人民一道，对正在为自由和独立而斗争的南美西班牙殖民地人民的成功保持深切的关注"：report by the Committee of Foreign Affairs, in E. McPherson, *The Political History of the United States During the Great Rebellion* (Washington, DC: Chapman, 1882), 351。

136 L. Duarte-Level, in Unamuno, 132.

137 SB to Guillermo White, Barinas, May 6, 1821, SBO, II, 560.

138 SB to José Revenga and José Echeverría, quoted in Robertson, *Rise of the Spanish-American Republics*, 244.

139 SB to Santander, Trujillo, Dec. 1, 1820, SBO, I, 520–22.

140 SB to Morillo, Barinas, Dec. 11, 1820, and Bogotá, Jan. 26, 1821; SB to La Torre, Bogotá, Jan. 25, 1821; SB to Fernando VII, Bogotá, Jan. 24, 1821, SBO, I, 510–32.

141 Duarte-Level, in Unamuno, 146.

142 来自一位不愿透露姓名的英国军官对卡拉沃沃战役的描述，引自 Charles Dickens's magazine, *All the Year Round*, XIX, March 28, 1868 (London: Chapman, 1868), 368。这种解释也出现在 Mulhall, *Explorers in the New World*, 232ff。

143 Lecuna, *Crónica*, III, 35.

144 Ibid., 34.

145 SB to Santander, Valencia, June 25, 1821, SBO, II, 571.

146 Dickens, 369.

147 关于这场战斗的详细描述，请参阅 Duarte-Level 在 Unamuno 的 *Simón Bolívar* 一书中的文章。

148 Prago, 204.

149 Lecuna, *Crónica*, III, 47–48.

150 Prago, 205.

151 Lecuna, *Crónica*, III, 52.

152 Mulhall, 232.

153 Mosquera, 420; also Lecuna, *Crónica*, III, 51.

154 Lecuna, *Crónica*, III, 50.

155 Mijares, 396.

156 Mulhall, 232.

157 Lynch, *Simón Bolívar*, 142.

第十一章　天选之子

1 · SB to the secretary of state, Cúcuta, April 8, 1813, SBO, I, 53–55.

2 Ibid.

3 Masur, *Simón Bolívar*, 434.

4 O'LN, I, 578.

5 SB to Nariño, Barinas, April 21, 1821, SBSW, I, 64–65.

6 Ibid.

7 SB to F. Peñalver, Valencia, July 10, 1821, SBO, II, 577–78.

8 SB to Nariño.

9 SB to Santander, San Carlos, June 13, 1821, SBSW, I, 267–68.

10 SB to P. Gual, Guanare, May 24, 1821, SBO, II, 563–64.

11 Ibid.

12 Ibid.

13 SB to Santander.

14 Ibid.

15 Polanco Alcántara, 610–25.

16 Lynch, *Simón Bolívar*, 141.

17 O'LB, 196.

18 "Hipólita Bolívar," in *Diccionario de historia de Venezuela*, I (Caracas: Editorial Ex Libris, 1992).

19 SB to María Antonia, July 10, 1825, SBC, *1823–1824–1825*, 339.

20 O'LB, 197; also SB to Santander, Valencia, July 10, 1821, SBO, II, 576–77. 奥利里这样描述玻利瓦尔的情况：他受到政敌们的"难以形容的折磨"。在玻利瓦尔 7 月 10 日给桑坦德的信中，他承认自己已经疲惫不堪，生活太过疯狂。Polanco Alcántara(610) 提到，玻利瓦尔曾因长时间的疲劳而病倒。玻利瓦尔在 1820 年 5 月 7 日给桑坦德的一封信中提到了这一点，他在信中说，"我在圣克里斯托瓦尔病得很重，所以来库库塔休养。我仍然不知道我得了什么病，但我很清楚我已然成了废人，总想睡觉，想休息，这对我来说就代表着一种严重的疾病。"SBO, I, 432–34.

21 SB to Castillo Rada, Trujillo, Aug. 24, 1821, SBO, II, 588.

22 SB to Santander, Tocuyo, Aug. 16, 1821, SBO, II, 582.

23 SB to Santander, Cúcuta, June 1, 1820, SBO, I, 451. 玻利瓦尔请他的朋友佩佩·帕里斯（Pepe París）给他寄"秘鲁的印加"，玻利瓦尔很可能是指印加·加西拉索·德拉·维加（Inca Garcilaso de la Vega）的权威著作《秘鲁印加王室述评》（*Comentarios Reales de Los Incas del Peru*）。印加·加西拉索是一位征服者和一位印加公主的儿子，他关于印加习俗和传统的记载是南美人写的第一部作品。1780 年图帕克·阿马鲁二世在秘鲁起义后，西班牙国王禁止这本书的出版和流通。圣马丁在他的解放军于 1821 年进入利马之前也读过这本书（并随身携带着它）。

24　SB to L. E. Azuola, Trujillo, March 9, 1821, SBO, II, 547–48.

25　Address to the president of the General Congress of Colombia, Cúcuta, October 1, 1821, DOC, VII, 122, quoted in SBSW, I, 285.

26　Paz Soldán, Historia del Perú, II, 435. 军队文件中引用的确切数字是 9 530。

27　西班牙陆军准将迭戈·德·阿尔韦亚尔（Diego de Alvear）的孙女玛丽亚·华金纳·德·阿尔韦亚尔（María Joaquina de Alvear），留下了一份日记 (1877 年 1 月 23 日)，在日记中她声称圣马丁是她祖父和一个土著妇女［圣马丁的奶妈罗莎·瓜鲁（Rosa Guarú）］的私生子。此外，日记上还说，阿尔韦亚尔家还提出让圣马丁家收养这个孩子。事实上，在圣马丁的整个童年和青年时期，他与阿尔韦瓦尔一家关系密切，并与卡洛斯·阿尔韦亚尔共同创办了劳塔罗分会。据玛丽·华金纳说，他们两人是同父异母的兄弟。使圣马丁的出身变得复杂的是，他的出生日期在军事记录中并不一致，洗礼的记录从未被发现，而且据说他的父亲胡安·德·圣马丁（Juan de San Martín）在圣马丁 2 月出生之前的一整年都不在家。除了玛丽亚·华金纳的话和阿根廷历史学家 Hugo Chumbita 关于这个问题的大量著作之外，其他都没有得到证实。参见 Chumbita, *El manuscrito de Joaquina: San Martín y el secreto de la familia Alvear* (Buenos Aires: Catálogos, 2007); also Chumbita, *El secreto de Yapeyú* (Buenos Aires: Emecé, 2001)。玛丽·格雷厄姆（Mary Graham），一位英国军舰舰长的寡妇，也在 1823 年发表在 *De Don José De San Martín* 上的一篇文章中写到了圣马丁的"混血"背景（Santiago: Editorial Barros Browne, 2000）。Madariaga 声称圣马丁的母亲是混血儿，因此他有一种"梅斯蒂索人的仇恨情结"（Madariaga, 425）。Mitre 说，他的出生使他成为西班牙人的"种族敌人"（Mitre, *Historia de San Martín*, III, 193, 218, 225）。这两种情况中含有的固有偏见不言自明。

28　A. J. Lapolla, "El origen mestizo del General San Martín," La Fogata Digital, www.lafogata.org/07arg/arg1/arg-9-2.htm.

29　Galasso, *Seamos libres*, 200.

30　R. Rojas, *San Martín* (New York: Cooper Square, 1967), 22–23.

31　这些还有关于共济会分会和劳塔罗的信息的出处同上，21–24。

32　Gould, 180.

33　Madariaga, 405.

34　Pueyrredón to San Martín, Nov. 2, 1816, Buenos Aires, Documentos Archivo General San Martín (DAGSM), IV (Buenos Aires: Coni), 526.

35　Padre Luis Beltrán, quoted in R. Rojas, *San Martín*, 99.

36　Bethell, 128.

37　R. Rojas, *San Martín*, 112.

38　奥希金斯是安布罗西奥·奥希金斯（Ambrosio O'higgins）的"私生子"。安布罗西奥·奥希金斯是爱尔兰人，曾为西班牙王位而战，后来成为智利都督和秘鲁总督。奥希金斯的母亲出身于贵族家庭。尽管是私生子，但他的父亲对他的教育和命运非常关心，尽管两人从未见过面。See Benjamin Vicuña Mackenna, *Vida del capitán jeneral de Chile Don Bernardo O'Higgins* (Santiago: Jover, 1882).

39　San Martín to Pueyrredón, *Anales de la Universidad de Chile*, IX (Santiago, 1852), 140; Mitre, *Historia*, II, 19.

40　Mary Graham, *De Don José de San Martín*.

41　Ibid.

42　Georg Gottfried Gervinus, quoted in R. Rojas, *San Martín*, 76.

43　Ibid., 120–21.

44　Ibid., 119.

45　Ibid., 66.

46　在这方面最具说服力的证据是一封来自普埃雷东总统的信："我曾试图说服圣马丁戒鸦片，但是没有成功；因为他告诉我，没有鸦片他一定会死。" Pueyrredón to T. Guido, Buenos Aires, June 16, 1818, Guido y Spano, *Vindicación histórica* (Buenos Aires: Librería de Mayo, 1882), 117; also R. Rojas, *San Martín*, 67, 80, 127–28; Galasso, 125.

47　San Martín to Godoy Cruz, Jan. 19, 1816, DAGSM, V, 529–30.

48　吉多（Guido）承认这样做过，引自 R. Rojas, *San Martín*, 127。

49　"我们刚刚取得了彻底的胜利。我们的骑兵追击并试图消灭他们。国家自由了。" San Martín to General Headquarters, April 5, 1818, in R. Rojas, *San Martín*, 144.

50　Ibid.

51　Samuel Haigh, quoted in R. Rojas, *San Martín*, 159.

52　Ibid., 157.

53　Ibid., 160.

54　Ibid., 158.

55　Ibid.

56　圣马丁原指望有 6 000 人，但实际只有 4 000 人。Wu, 13–15.

57　Madariaga, 406–7.

58　Galasso, 375. Also Barros Arana, *Compendio elemental*, 479. 1817 年初，位于拉普拉塔河（Río de la Plata）河口的英国海军基地负责人 W. 鲍尔斯（W. Bowles）报告称，圣马丁很久以前就透露过"想在西班牙语美洲建立受英国保护的君主制国家"的愿望，该信息被立即送到了英国外交部：Rippy, *Rivalry of the United States and Great Britain*, 12。

59　大地震发生于 1821 年 7 月 10 日，震中位于利马南部的卡马纳（Camaná），震级为 8.2 级。已知的伤亡人数是 162。美国内政部地质调查局，earthquake.usgs.gov/earthquakes/world/historical_country.php。

60　Attributed to the historian Mariano Torrente, in R. Rojas, *San Martín*, 181.

61　Ibid., 182.

62　圣马丁宣布秘鲁独立的日期是 1821 年 7 月 28 日。8 月 3 日，他发布公告，宣布他自己为"护国公"，并将军事和政府的最高权力授予自己。San Martín, Decreto, Lima, Aug. 3, 1821, *Collección de documentos literarios del Peru*, IV (Lima: Imprenta del Estado, 1877), 318; also Robertson, *History of the Latin-American Nations* (New York: Appleton, 1922), 184.

63　R. Rojas, *San Martín*, 183.

64　玻利瓦尔在信中表示，他将派迭戈·伊瓦拉协助沟通。伊瓦拉上校是玻利瓦尔的第一个副官。他与玻利瓦尔亡妻和德尔·托罗的大家庭有关系，并通过这层关系，结交了玻利瓦尔。利马有传闻说伊瓦拉是个间谍。

65　SB to San Martín, Trujillo, Aug. 23, 1821, SBO, III, 586.

66　Barros Arana, 467.

67　SB to Soublette, Cúcuta, Oct. 5, 1821, SBO, III, 599.

68　SB to Santander, Tocuyo, Aug. 16, 1821, *Cartas: Santander–Bolívar*, III, 132.

69　在财政部长在场的情况下最后敲定的买房契约被记录在 Duarte French, *Las Ibañez*,
　　76–77。See also Polanco Alcántara, 641–42.

70　SB to Santander, Pamplona, Nov. 8, 1819, SBO, I, 401–2.

71　Polanco Alcántara, 641–42; Duarte French, 76–77.

72　Polanco Alcántara, 641.

73　SB to "The Fussy and more than fussy, beautiful Bernardina," Cali, Jan. 5, 1822, SBO, II,
　　619. 在脚注中，Lecuna 评论说，这封信属于哥伦比亚驻波士顿领事 E. 纳兰霍・马丁
　　内斯（E. Naranjo Martínez），作者是玻利瓦尔，是马丁内斯在波士顿从收藏家弗朗
　　西斯・拉塞尔・哈特（Francis Russell Hart, 1868—1938）手中购入的。

74　Lecuna, *Crónica*, III, 85–86.

75　Parte de la batalla de Arjonilla, June 23, 1808; original document available at http://abc.
　　gov.ar/.

76　Lecuna, *Crónica*, III, 85–86.

77　Lecuna, *Crónica*, III, 83.

78　损失为部队总人数的三分之一：Ibid., 88–89。

79　苏克雷受挫的描述出处同上，119–34, 148–51。

80　Ibid., 147–48. 苏克雷请求圣马丁借给他努曼西亚营，这是一支哥伦比亚原住民部队，
　　曾经为西班牙而战，后来投靠了起义军。圣马丁拒绝派遣哥伦比亚人，但派遣了另
　　一支由安德烈斯・德・圣克鲁斯上校领导的部队。

81　J. M. Vergara y Vergara, *Almanaque de Bogotá* (Bogotá: Gaitan, 1866), 158.

82　SB to Santander, Popayán, Jan. 29, 1822, SBO, II, 623–27.

83　Ibid.

84　Ibid.

85　Ibid.

86　SB to Aymerich, Popayán, Feb. 18, 1822, SBO, II, 635–36.

87　SB to Mourgeón, Popayán, Jan. 31, 1822, ibid., 627–28.

88　SB to Salvador Jiménez, Obispo, Jan. 31, 1822, ibid., 628–29.

89　玻利瓦尔命令他的副手托雷斯将军占领卡里亚科高地。托雷斯直到食堂官员分发午
　　餐时才下达这一命令。Mosquera, 441; also Lecuna, *Crónica*, III, 97–98.

90　Lecuna, *Crónica*, III, 97–101; also López, *Recuerdos históricos*, 63–68; Obando,
　　Apuntamientos, I, 38–40.

91　Bartolomé Salom, *Boletín del Ejercito Libertador*, April 8, 1822, O'L, XIX, 236–40; also
　　Guzmán Blanco, *Bolívar y San Martín* (Caracas: La Opinion Nacional, 1885), 40. Andrés
　　Bello would later describe it in his "Fragmentos de un poema titulado 'América,'" *Obras
　　Completas*, III (Santiago: Ramírez, 1883), 59.

92　Obando, 38–40.

93　SB to Col. J. Lara, Cariaco, April 15, 1822, O'L, XIX, 251–52.

94　Salom, *Boletín del Ejercito Libertador* (Buenos Aires: Instituto Samatiniano, 1971), O'L,
　　XIX.

95　Lecuna, *Crónica*, III, 98.

96　Lynch, *Simón Bolívar*, 169.

第十二章　火山脚下

1　SB to Sucre, Huaraz, June 9, 1824, O'L, XXIX, 503.

2　SB to Santander, Tocuyo, Aug. 16, 1821, SBO, II, 582.

3　From *Notes on Colombia, Taken in the Years 1822–3, Reviewed in The United States Literary Gazette* (New York, 1827), I, 418–32.

4　关于玻利瓦尔这个阶段的外表描述比比皆是，但也许最有说服力的是 Boulton 的 *El rostro de Bolívar*；这些展示出玻利瓦尔容貌的变化。

5　玻利瓦尔的病痛在邦博纳战役中表现得非常明显，他在给德尔·托罗侯爵和费尔南多·德尔·托罗的信中提到他已经精疲力竭，Quito, June 21, 1822, SBO, II, 648–49; and SB to Santander, Guayaquil, Aug. 29, 1822, ibid, 680–82。

6　SB to his loyal friend Gen. Mosquera, quoted in Antonio José de Sucre, *Documentos selectos* (Caracas: Bib. Ayacucho, 1993), vii.

7　SB to Sucre, Cuartel general de la Plata, Dec. 22, 1821, SBO, I, 115–16.

8　Vicente Lecuna, "Bolívar and San Martín at Guayaquil," *HAHR*, 31, no. 3, 372–73.

9　Madariaga, 428.

10　SB to J. J. de Olmedo, Cali, Jan. 2, 1822, SBO, II, 616–17.

11　Lecuna 在《玻利瓦尔和圣马丁在瓜亚基尔》（Bolívar and San Martín at Guayaquil）一文中的原话，372–73。

12　Espejo, *Recuerdos históricos*, 110.

13　Masur, "The Conference of Guayaquil," 195.

14　何塞·德·拉马尔，一个秘鲁克里奥尔人，他一开始是保王派，但在圣马丁进入利马后就投奔了爱国者。事实证明，把拉马尔送到完全由爱国者控制的瓜亚基尔飞地是个错误的决定。Lecuna, *Crónica*, III, 189. Also SB to La Mar, Guaranda, July 3, 1822, SBO, II, 654–55.

15　Lecuna, *Crónica*, III, 173–77; and O'Leary, *Bolívar y la emancipación*, 165–69.

16　P. F. Cevallos, *Resúmen de la historia del Ecuador*, III (Lima: Imprenta del Estado, 1870), 381.

17　Sobrevilla, *Caudillo of the Andes*, 62.

18　Sobrevilla, 62.

19　SB to Santander, Pasto, June 9, 1822, SBO, II, 642–44.

20　1822 年 6 月中旬，玻利瓦尔解放的国家的陆地面积约为 242 万平方公里。拿破仑帝国在鼎盛时期，面积约为 210 万平方公里。

21　John Quincy Adams, *Memoirs*, VI, 23.

22　1811 年，玻利瓦尔的哥哥胡安·比森特试图将一船武器从美国运回委内瑞拉，但他的船在加勒比海遭遇海难沉没了。托雷斯正是筹集这些武器的负责人。Whitaker, 68.

23　Ibid., 69.

24　Ibid. 托雷斯是著名的新格拉纳达大主教兼总督安东尼奥·卡瓦列罗-贡戈拉（Antonio Caballero y Góngora）的侄孙辈的亲属。他和总督一起从西班牙来，在卡塔赫纳待了几年之后变得激进。从 1796 年到 1822 年去世，托雷斯一直住在费城，深受亨利·克莱和同时代许多其他杰出美国人的尊敬。Arciniegas, *Bolívar y la revolución*, 124–26.

25　O'Leary, *Bolívar y la emancipación*, 240; *Gaceta de Lima*, Jan. 18, 1823, I, JCBL.

26　关于曼努埃拉·萨恩斯在基多阳台上的传说来自《基多日记》，据说就是她写的。

但这一说法受到了质疑，就像许多未经证实的信件被认为是她写的一样。事实上，关于萨恩斯的未经证实的说法确实存在一个雷区。这些"日记"发表在 C. Alvarez Saá 的 *Manuela: Sus diarios perdidos y otros papeles* (Ecuador: Imprenta Mariscal, 1995)。

27　Murray, *For Glory and Bolívar*, 30.

28　Ibid., 9–15.

29　Ibid., 15–16.

30　Sáenz to Thorne, Oct. 1823, Vicente Lecuna, "Papeles de Manuela Sáenz," *BOLANH*, 28, no. 112 (1945), 501–2. Murray 认为这封信有可能写于 1829 年。在加拉加斯的解放者档案馆里的（这封信上）并未注明日期。

31　Murray, *For Glory and Bolívar*, 22–23.

32　"Al patriotismo de las más sensibles," Decreto de San Martín y B. Monteagudo, Jan. 11, 1822, *Gaceta del gobierno del Peru independiente*, Jan. 12, 1822.

33　R. P. Pimentel, *Diccionario biográfico del Ecuador*, www.diccionariobiograficoecuador. com/tomos/tomo6/c3.htm.

34　Murray, For Glory and Bolívar, 28.

35　Ibid., 33.

36　Bolívar to Sáenz, quoted in Ospina, *En busca de Bolívar*, 116.

37　San Martín to SB, Lima, March 3, 1822, *San Martín, sucorrespondencia* (paginated by date).

38　SB to San Martín, Quito, June 22, 1822, SBO, II, 653–54.

39　SB to Sáenz, Ica, April 20, 1825, *La más hermosas cartas de amor entre Manuela y Simón* (Caracas: Ed. de la Presidencia de la República, 2010), 47.

40　SB to Sáenz, Cuartel general en Guaranda, July 3, 1822, 17.

41　O'Leary, *Bolívar y la emancipación*, 169.

42　Ibid.

43　Ibid., 169–70.

44　SB to Rodríguez, Pativilca, Jan. 19, 1824, SBO, II, 885–86.

45　我认为是哥伦比亚作家 Frank D. Bedoya Muñoz 所写，他曾在杂志上发表过相关文章（*Gotas de Tinta*, no. 1, Feb. 2010）。

46　Lecuna 把这首诗收在他的著作中，Madariaga 则完全没有提到，Masur 称之为"伪造，而且是拙劣的伪造"［参见 Lecuna 关于比森特·阿吉雷（Vicente Aguirre）上校的引文；Masur, *Simón Bolívar*, 463］。Polanco Alcántara 则相信它出自玻利瓦尔之手，Pedro Grases 也持相同观点（Escritos Selectos [Caracas: Bib. Ayacucho, 1989], 191）。Bushnell 在 *El Libertador: Writings* 中收录了这首诗。Lynch 则保留怀疑态度（Lynch, *Simón Bolívar*, 171）。

47　原件一直没有找到。但玻利瓦尔旗下报纸的主编 Lecuna 提到了在基多发现的副本，是在哥伦比亚军队军官比森特·阿吉雷上校的家庭文件中被发现的。《我在钦博拉索的谵妄》第一次发表于 1833 年，也就是玻利瓦尔去世后的第三年，F. J. Yanes and Cristóbal Mendoza, eds., *Colección de documentos relativos a la vida pública del Libertador* (Caracas, 1826–33)。See Lecuna, "Mi delirio," *BANH*, vols. 27–28, 138.

48　Lynch 就是其中之一，尽管他并没有完全相信。Lynch, *Simón Bolívar*, 171.

49　SB to San Martín, Quito, June 17, 1822, SBO, II, 647, and June 22, 1822, SBO, II, 653–54.

50　San Martín to SB, July 13, 1822, Lima, O'L, XIX, 335.

51 圣马丁于 1821 年 12 月派出他的英国医生詹姆斯·帕拉西肯（James Paroissien）和 J. 加西亚·德尔·里约（J. García del Río）。Paz Soldán, I, 271; see also San Martín to Gen. Miller, Brussels, April 9, 1827, *Documentos, Archivo de San Martín*, VII, 411. 然而，圣马丁的使者们显然从来没有机会向欧洲的任何一个政府宣讲他的君主计划。Robertson, *Rise of the Spanish American Republics*, 215.

52 L. Ornstein, "La guerra terrestre y la acción continental de la revolución argentina," in *Historia de la nación argentina*, VI, 510–11.

53 Masur, "The Conference of Guayaquil," 197.

54 Bethell, 136.

55 Lord Cochrane to San Martín, Valparayso, Nov. 19, 1822, *Noticias del Perú*, vol. 13, Lima justificada (1822), 57–58.

56 San Martín to SB, Lima, July 13, 1822, O'L, XIX, 335–36.

57 Espejo, 61.

58 Ibid., 31.

59 O'Leary, *Bolívar y la emancipación*, 177.

60 Ibid., 180; and O'Leary, *Detached Recollections*, 32.

61 O'Leary, *Bolívar y la emancipación*, 180–81.

62 O'Leary, *Detached Recollections*, 32. 起初，瓜亚基尔的人民认为玻利瓦尔会来，是因为他需要从他们的港口去往大哥伦比亚（Espejo, 60），但很明显，他们是一支占领军。玻利瓦尔的确进行过民众投票的程序。事实上，在 7 月 13 日的会议上玻利瓦尔讨论过选举团投票事宜；投票于 7 月 31 日进行，正如后来玻利瓦尔向圣马丁承诺的那样。投票结果对大哥伦比亚有利。当然，在那时这座城市正处在玻利瓦尔的控制下，圣马丁早就离开多时了。C. Destruge, *Historia de la revolución de octubre y campaña libertadora de 1820–1822* (Guayaquil: Elzeviriana, 1920), 342. Also R. Andrade, *Historia del Ecuador*, III (Guayaquil: Reed & Reed, 1934), 1353.

63 O'Leary, *Detached Recollections*, 33.

64 O'Leary, *Bolívar y la emancipación*, 180–81.

65 圣马丁的副官鲁菲诺·吉多（Rufino Guido）后来证实，圣马丁的秘密目的是先占领瓜亚基尔，然后再经陆路前往基多与解放者会面。R. Guido, *San Martín en la historia y en el bronce*, "Año del Libertador General San Martín" (Buenos Aires: República Argentina, 1950), 171, quoted in Lecuna, *La entrevista de Guayaquil*, 321.

66 "Average Temperature and Rainfall in Guayaquil," http://www.hacienda-ecuador.com/Ecuador/Ecuador_4.html.

67 SB to San Martín, Guayaquil, July 25, 1822, SBO, II, 658–59.

68 "Relación de Rufino Guido," quoted in Espejo, 95.

69 Mosquera, in *El Colombiano*, Bogotá, Oct. 28, 1861, cited in Villanueva, *Bolívar y el general San Martín*, 233.

70 Espejo, 96.

71 Ibid., 97.

72 Lecuna, *La entrevista de Guayaquil*, 382.

73 Espejo, 97–98.

74 玻利瓦尔一直对加拉伊科阿家族的年轻女性非常友好。华金纳第一次见到玻利瓦尔时就给他留下了深刻的印象；她称他为"荣耀主"。在那之后，他叫她"光荣的疯女孩"

或"可爱的疯女孩"。他与华金纳和曼努埃拉·加拉伊科阿（Manuela Garaycoa）之间的韵事一直是人们乐于谈论的对象。一些历史学家得出结论，玻利瓦尔和华金纳之间曾有过一段短暂的罗曼史，尽管这可能只是一段有据可查的暧昧关系。

75　Espejo, 97–98.

76　Masur, "The Conference of Guayaquil," 212.

77　Ibid. Also SBC, III, 61.

78　Masur, "The Conference of Guayaquil," 212.

79　SBC, III, 57.

80　San Martín to SB, July 13, 1822, O'L, XIX, 335–36.

81　O'LN, II, 173.

82　San Martín to Miller, *San Martín, su correspondencia, 1823–1850*, 66.

83　Mitre, *Historia*, VI, 81.

84　San Martín to SB, Lima, Aug. 29, 1822, quoted in Masur, "The Conference of Guayaquil," 203–5. 这封信遭到 Lecuna 的质疑，但 Masur 为它进行了有力的辩护。Larrazábal、Mitre 或 Paz Soldán 从来没有提出过异议，他们都满怀信心地提到过。最能证明其真实性的是，它是圣马丁的熟人 Gabriel Lafond de Lurcy 著的 *Voyages autour du monde* (Paris, 1843)，当时圣马丁还在世。圣马丁 1850 年在法国去世，生前从未对此提出异议，尽管他从秘鲁撤军后对其他文件持有异议。

85　San Martín to SB, July 13, 1822, O'L, XIX, 335–36.

86　Masur, "The Conference of Guayaquil," 215.

87　San Martín to SB, July 13, 1822, O'L, XIX, 335–36.

88　Ibid.

89　D. F. Sarmiento, *Vida de San Martín* (Buenos Aires: Claridad, 1950), 186. Sarmiento 的采访是在 1846 年 7 月 15 日。

90　Gen. T. Guido, *San Martín y la gran epopeya* (Buenos Aires: El Ateneo, 1928), 242.

91　Masur, "The Conference of Guayaquil," 220.

92　SB to Sucre, Guayaquil, July 29, 1822, SBO, II, 663–65; SB to Santander, July 29, 1822, ibid., 667.

93　Briceño Mendez to Ibarra, Maracaibo, Sept. 7, 1821, O'L, XVIII, 497–98. 这是一份在玻利瓦尔指示下写的备忘录，由他的秘书（也是他的外甥女婿）佩德罗·布里塞尼奥·门德斯签署。

94　San Martín to Gen. Miller, Brussels, April 9, 1827, *Documentos del Archivo de San Martín*, VII, 411.

95　Mitre, *Historia*, 75.

96　Masur, "The Conference of Guayaquil," 218.

97　"Relación de Rufino Guido," in Espejo, 80.

98　Ibid.

99　Masur 写道，他们谈到了圣马丁的政治困境，但这可以说是整个会面所谈的。Masur, "The Conference of Guayaquil," 216.

100　Larrazábal, *Vida*, II, 160.

101　SB to Sucre, ibid.

102　Ibid.

103　Masur, "The Conference of Guayaquil," 202.

104 Langley, 81.

105 SB to Santander, ibid.

106 SB to Santander, Guayaquil, Aug. 27, 1822, SBO, II, 676. "我没有什么特别的开销，除了为圣马丁举办宴会，我花了 8 000 比索。"

107 Espejo, 100. Also E. Colombres Marmol, *San Martín y Bolívar* (Buenos Aires: Coni, 1940), 67–68.

108 Espejo, ibid.

109 Ibid.

110 Colombres Marmol, 68.

111 Villanueva, 253.

112 San Martín to Gen. Miller, Brussels, April 19, 1827, *Documentos del Archivo de San Martín*, VII, 411.

113 Villanueva, ibid.

114 圣马丁于 7 月 26 日中午到达，7 月 28 日凌晨 2 点离开。Espejo, 94–96, 102.

115 "El Libertador nos ha ganado de mano," in Mitre, *Historia*, VI, 81.

116 San Martín to O'Higgins, Callao, ibid.

117 San Martín to Guido, Brussels, Dec. 18, 1826, June 21, 1827, *Documentos del Archivo de San Martín*, VI, 504, 529. Also Mitre, *Historia*, VI, 81; Masur, "The Conference of Guayaquil," 218.

118 圣马丁在他的最后几年几乎没有受到拉丁美洲的关注。他的名声很大程度上是死后获得的。他生命中的最后几年在欧洲生活在贫穷中，后来双目失明。1849 年（圣马丁去世前一年），阿根廷掌权者胡安·曼努埃尔·罗萨斯（Juan Manuel Rosas）到法国拜访圣马丁，那时护国公的眼睛已经再也看不见了。R. Rojas, *San Martín*, pp. 338–39.

119 Col. Heres, San Martín's aide-de-camp, is quoted to this effect in O'LN, II, 195.

120 O'Leary, *Bolívar y la emancipación*, 186.

121 SB to Santander, Guayaquil, July 29, 1822, SBO, II, 666.

122 SB to Santander, Cuenca, Oct. 27, 1822, ibid., 699.

123 Guido, 232–43.

124 San Martín, address to congress, in Mitre, Historia, VI, 108.

125 Guido, quoted in Mitre, *Historia*, VI, 110.

126 R. Vargas Ugarte, *Historia general del Perú*, 6 vols (Barcelona: Milla Batres, 1966), 240.

127 这艘船是圣马丁的"贝尔格拉诺号"。Mitre, *Historia*, VI, 101; also Col. Heres in O'Leary, *Bolívar y la emancipación*, 186.

128 这面旗帜是 1822 年 4 月 2 日由利马市政府赠送给他的。据说这是弗朗西斯科·皮萨罗在 1532 年进入秘鲁时的旗帜。圣马丁的最后心愿和遗嘱是在他 1850 年去世后将旗子归还利马，但后来它在一场骚乱中丢失了（R. Rojas, *San Martín*, 349-50）。在圣马丁最后的居住地滨海布洛涅（Boulogne-sur-Mer），装有献给他旗帜的盒子（连同刻有铭文的牌匾）是空的。许多年后，法国的崇拜者将这个盒子作为礼物送给了大提琴家巴勃罗·卡萨尔斯（Pablo Casals）。2008 年，偶然的机会，卡萨尔斯的遗孀玛尔塔·卡萨尔斯·伊斯托曼（Marta Casals Istomin）和她的第二任丈夫、钢琴家尤金·伊斯托明（Eugene Istomin）把它送给了我，他们是我的密友。

129 San Martín to Guido, Dec. 18, 1826. *Documentos del Archivo de San Martín*, VI, 504.

130 San Martín, quoted in Sarmiento, *Obras de D. F. Sarmiento* (Buenos Aires: Mariano

Moreno, 1899), 31.

131 Paz Soldán, I, 348.

132 Ibid., II, 56.

133 R. Rojas, *San Martín*, 300.

134 San Martín to Riva Agüero, Oct. 23, 1823, San Martín, San Martín, *su Correspondencia*, 338.

135 O'LB, 220–39.

136 Ibid., 230.

137 SB to Santander, Jan. 8, 1823, SBO, II, 715–17.

138 O'LB, ibid.

139 Salom to SB, Pasto, Sept. 25, 1823, quoted in Madariaga, 458.

140 O'LB, 227–28.

141 Sáenz to SB, Dec. 30, 1822, in Lecuna, "Cartas de mujeres," 332.

142 Bernal Medina, *Ruta de Bolívar*, VII, map and graphic.

143 Murray, *For Glory and Bolívar*, 36.

144 所有这些特点在 Murray 的精彩传记中都有充分的描述。See also Rumazo González, *Manuela Sáenz*.

145 Boussingault, III, 209.

146 Murray, *For Glory and Bolívar*, 36.

147 Boussingault, 206.

148 SB to José de la Mar, Loja, Oct. 14, 1822, SBO, II, 696–97; Cuenca, Oct. 28, ibid., 700–2; SB to Riva Agüero, Guayaquil, April 13, 1823, ibid., 735–37.

149 SB quotes Santander in SB to Santander, Cuenca, Sept. 29, 1822, ibid., 693.

150 Santander al Presidente del Senado, Bogotá, May 10, 1823, *Actas y correspondencia* (Bogotá: Biblioteca de la Presidencia de la República de Colombia, 1989), I, Doc. 46, 286.

151 SB to Riva Agüero, ibid.; SB to Manuel Valdés (commandant of Colombian troops in Peru), Guayaquil, April 14, SBO, II, 737–38.

152 Sucre to SB, Callao, June 19, 1823, O'L, I, 47.

153 关于这一点和里瓦·阿圭罗后来的叛国行径，有一个很好的说明可以在 A. Gutiérrez de La Fuente 的书中找到［*Manifiesto que di en Trujillo en 1824* (Lima: Impreso Masias, 1829), 2–5］。

154 Olmedo to SB, O'Leary, *Bolívar y la emancipación*, 237.

155 Ibid., 238.

156 Ibid.

第十三章　太阳帝国

1 San Martín, quoted in Bulnes, *Ultimas campañas*, 282.

2 SB, Contestación de un americano meridional a un caballero de esta isla ("Letter from Jamaica"), Kingston, Sept. 6, 1815, SBO, I, 161–77.

3 O'Leary, *Bolívar y la emancipación*, 252.

4 Ibid.

5 "钦博拉索号"上午沿着多雾的海岸航行，中午驶近卡亚俄，下午 1 点抛锚，下午 3

点游行开始。See Gaceta de Gobierno, Sept. 3, 1823, *BANH*, no. 104, 321.

6   Liévano Aguirre, 302.

7   Ibid.

8   O'Leary, *Bolívar y la emancipación*, 252.

9   Proctor, *Narrative of a Journey*, 245; also O'Leary, *Bolívar y la emancipación*, 252.

10   Proctor, 245.

11   Sucre to SB, Lima, May 15, 1823, in O'L, I, 35–36.

12   秘鲁语言学家 Martha Hildebrandt 注意到，玻利瓦尔被称为 "una pasa"（葡萄干），这是西班牙血统的白人用来指代黑人的用语。Hildebrandt, *La lengua de Bolívar*, 234. Ricardo Palma 也记录了秘鲁人对玻利瓦尔黝黑而卷曲的头发的态度（*Tradiciones peruanas*）。直到今天，许多秘鲁人仍然认为玻利瓦尔有一部分黑人血统。

13   Liévano Aguirre, 312.

14   S. Lorente, *Historia del Perú desde la proclamación de la independencia* (Lima: Callé de Camaná, 1867), 188.

15   O'Leary, *Bolívar y la emancipación*, 253; also Paz Soldán, I, 253–57, quoted in Madariaga, 461–62.

16   Proctor, 246–51.

17   SB to Santander, Lima, Sept. 11, 1823, SBO, II, 805–8.

18   Lynch, Simón Bolívar, 187; "Un campo de Agramante," O'L, XXVIII, 240.

19   O'Leary, *Bolívar y la emancipación*, 206.

20   SB to Riva Agüero, Lima, Sept. 4, 1823, SBO, II, 799–801.

21   Ibid.

22   Lecuna, *Crónica*, III, 326–28.

23   SB to Santa Cruz, Lima, Sept. 8, 1823, SBO, II, 801.

24   Lecuna, *Crónica*, III, 309–15.

25   SB to Santander, Lima, Sept. 11, 1823, SBO, II, 805–8.

26   SB to Santander, Lima, Oct. 13, 1823, SBO, II, 821–22.

27   Villanueva, 249.

28   Bulnes, 283; also Larrazábal, *Vida*, II, 212.

29   Belaunde, *Bolívar and the Political Thought*, 136.

30   Paz Soldán, II, 168.

31   Rivadeneira to San Martín, Lima, July 26, 1823, San Martín, *San Martín, su correspondencia*, 286.

32   SB to Santander, Pallasca, Dec. 8, 1823, SBO, II, 845.

33   Ibid.

34   SB to Santander, Trujillo, Dec. 21, 1823, ibid.

35   Larrazábal, *Vida*, II, 212.

36   J. Herrera Torres, *Simón Bolívar, vigencia histórica y política* (Caracas: Editiones Bolívar, 1983), II, 558.

37   O'Connor, *Recuerdos*, 54.

38   SB to Santander, Pativilca, Jan. 7, 1824, SBO, II, 868–70.

39   Mosquera, quoted in Bulnes, 461–63.

40   主教德·普拉特和玻利瓦尔已经通信有一段时间了；see SB to Revenga, San Cristóbal,

May 20, 1820, Doctrina, 126。玻利瓦尔在 1815 年 9 月 6 日的《牙买加来信》中也提到了主教对美洲的看法。这个引用来自德·普拉特的 *L'Europe et L'Amerique en 1821*, 2 vols (Paris: Béchet Ainé, 1822)。

41　de Pradt, II, 329–30. 这些观点在德·普拉特 1824 年出版的后面几卷中重复出现。

42　The Polignac memorandum (a report on Canning's conversation with the French ambassador to Britain, Prince Polignac), Oct. 1823. See Bethell, III, 212. Also Sir Adolphus W. Ward, *The Cambridge History of British Foreign Policy: 1815–1866* (London: Octagon, 1970), 67.

43　声名狼藉的秘鲁歌剧女演员拉·佩里希奥利［La Perricholi (Micaela Villegas, 1748–1819)］, 与秘鲁总督曼努埃尔·阿马特–朱尼（Manuel Amat y junie）保持了 14 年的关系, 甚至还有一个孩子, 她喜欢出现在总督身边, 让利马人感到震惊。根据 Von Hagen 的说法, 萨恩斯是拉·佩里希奥利包厢里的常客。Von Hagen, *The Four Seasons of Manuela*, p. 21.

44　细节的描写是根据 2011 年 3 月笔者在利马市利布雷镇玻利瓦尔广场玻利瓦尔之家博物馆的私人访问以及博物馆讲解员所提供的信息。

45　Inés Quintero, paper presented at the symposium "Creating Freedom in the Americas, 1776–1826," LOC, Nov. 19, 2010.

46　Murray, *For Glory and Bolívar*, 37. Murray 解释说萨恩斯的工资是从玻利瓦尔的账户中支付的。由于玻利瓦尔拒绝了秘鲁的工资, 这很可能是来自他的支出拨款。

47　SB to O'Leary, Lima, Sept. 28, 1823, Alvarez Saá, Manuela, 76.

48　Sáenz to SB, Lima, Feb. 27, 1824, ibid., 77.

49　SB to Col. Heres, Pativilca, Jan. 9, 1824, SBO, II, 872–76.

50　SB to the Peruvian Congress, in Larrazábal, *Vida*, II, 235. "我永远不想再见到秘鲁——甚至宁愿我们失败, 也不要独裁官这个可怕的头衔。"

51　Wu, 14.

52　Sáenz to SB, Lima, Feb. 27, 1824, Alvarez Saá, 77. Also O'Leary, *Bolívar y la emancipación*, 289. 与托雷·塔格莱一起的有著名的迭戈·阿利亚加（Diego Aliaga, 他的祖先跟随皮萨罗来到秘鲁）以及陆军部长贝林多亚加（Berindoaga）。

53　Heres to SB, Chanquillo, Feb. 13, 1824, O'L, V, 67.

54　SB to Gen. Salom, Pativilca, Feb. 10, 1824, SBO, II, 916–18; SB to Santander, Feb. 10, 1824, ibid., 918–21; SB to Sucre, Feb. 13, 1824, ibid., 921–26; SB to Gen. La Mar, Feb. 14, 1824, ibid., 926–27.

55　S. O'Phelan, Sucre en el Perú," *La independencia en el Perú: De los Borbones a Bolívar* (Lima: Pont. Univ. Católica del Perú, 2001), 379–406.

56　Ibid.

57　The historian is Morote, *Bolívar: Libertador y enemigo no. 1 del Perú*, 48.

58　SB to Santander, Pativilca, Jan. 23, 1824, SBO, II, 887–89.

59　SB to Santander, Pativilca, Jan. 25, 1824, SBSW, II, 433–35.

60　SB to Sucre, Pativilca, Jan. 26, 1824, SBO, II, 896–901.

61　SB to Santander, Pativilca, Feb. 10, 1824, ibid., and Trujillo, March 16, 1824, ibid.

62　O'Leary, *Bolívar y la emancipación*, 296.

63　SB to Sucre, Trujillo, March 21, 1824, SBO, II, 939–42.

64　Morote, 57.

65 O'Leary, *Bolívar y la emancipación*, 296. Also Lecuna, *Crónica*, III, 396.

66 SB to La Mar, Huaraz, June 14, 1824, SBO, II, 984–85.

67 Ibid., 58.

68 SB to Sucre, Trujillo, April 9, 1824, SBSW, II, 444–47; also SB to Heres, Huamachuco, April 23, 1824, SBO, II, 958–59.

69 O'Leary, *Bolívar y la emancipación*, 297.

70 Lynch, *Simón Bolívar*, 191.

71 SB to Heres, Otuzco, April 15, 1824, SBO, II, 953–54.

72 SB to Olañeta, Huaraz, May 21, 1824, ibid., 975–77.

73 SB to Pérez, Huamachuco, May 6, 1824, ibid., 963–65.

74 O'Connor, 67.

75 Lecuna, *Crónica*, III, 402, 404. 保王军在秘鲁有 2 万军队。1.6 万是现役士兵，其余的人在该地区周围守卫着要塞。

76 O'Connor, 68.

77 Ibid.

78 Paulding, 48.

79 Murray, *For Glory and Bolívar*, 38.

80 From the great nineteenth-century Peruvian essayisthistorian Ricardo Palma, *Mis últimas tradiciones peruanas* (Barcelona: Editorial Maucci, 1908), 146.

81 SB to Santander, Huamachuco, May 6, 1824, SBO, II, 966–68.

82 Ibid.

83 Madariaga, 479.

84 Sáenz to Santana, Huamachuco, May 28, 1824, Lecuna, "Cartas de mujeres," 332.

85 Sáenz to SB, Huamachuco, May 26, 1824, *Las más hermosas cartas* (Caracas: Editorial El Perro y La Rana, 2006), 35.

86 Murray, *For Glory and Bolívar*, 38.

87 Palma, *Tradiciones*, 162 fn.

88 Ibid.

89 截止到 1803 年，帕斯科山已经创造了相当于 1.7 亿英镑的产值。根据 http://www.parliament.uk/documents/commons/lib/research/rp2002/rp02-044.pdf，换算到今天的价值将超过 120 亿美元。Report of the Commissioner of General Land Office, for the year 1867 (Washington: GPO, 1867); *The Colliery Engineer*, 27 (1907), 134; Dan De Quille, *History of the Big Bonanza* (San Francisco: Bancroft, 1876), 463.

90 Miller, II, 122–28; O'Connor, 66–68.

91 Miller, II, 122–28.

92 Flora Tristan wrote about the Rabonas in her *Peregrinations of a Pariah*, 179–81. Also see A. García Camba, *Memorias del General Camba*, Rufino Blanco-Fombona (Bib. Ayacucho, 1916), VII , 205; R. Gil Montero, "Las guerras de independencia en los andes meridionales," *Memoria Americana*, no. 14 (Ciudad Autónoma de Buenos Aires, 2006), online version ISSN 1851-3751.

93 Miller, II, 122–28; O'Connor, 64–67; O'Leary, *Bolívar y la emancipación*, 305.

94 Miller, II, 122–28; O'Leary, *Bolívar y la emancipación*, 297.

95 Masur, *Simón Bolívar*, 530.

96　Miller, II, 122–28. O'Connor, 64–67.

97　Miller, II, 125.

98　Masur, *Simón Bolívar*, 530.

99　Paulding, 53–60.

100　Lecuna, *Crónica*, III, 410.

101　Miller, II, 125.

102　Wu, 14; O'Connor, 85.

103　Valdés to Canterac, Cochabamba, May 3–4, 1824, *Documentos para la historia separatista del Perú por el conde de Torata, nieto del General Valdés*, IV (Madrid: Minuesa, 1898), 291–94.

104　Miller, II, 128.

105　Ibid., 128–29.

106　Lecuna, *Crónica*, III, 405.

107　Miller, II, 128–29.

108　Ibid.

109　O'Leary, *Bolívar y la emancipación*, 305. 米勒将军（II, 128）提到的是 9 000 名士兵，但他可能包括了奥利里提到的 1 500 名游击队员，他们晚些时候才能到达。

110　O'Leary, *Bolívar y la emancipación*, 306.

111　Miller, II, 129.

112　López, 115; Miller, II, 130.

113　Miller, II, 130–1.

114　Lecuna, *Crónica*, III, 414.

115　A. García Camba, *Memorias*, II (Madrid: Hortelano, 1846), 254–55.

116　Lecuna, *Crónica*, III, 415.

117　Ibid., 412.

118　Canterac to Viceroy La Serna, quoted in O'Leary, *Bolívar y la emancipación*, 312. 这在爱国者截获的一封信中有所揭露。没有理由怀疑坎特拉克的说法，即他是在追击爱国者的后卫部队，但奥利里补充说，西班牙将军当时正朝南方赶路，以阻止玻利瓦尔向豪哈进军，因为他们似乎是往那个方向去的。

119　Santa Cruz, Parte oficial de la batalla de Junín, in O'L, XLIV, 422.

120　O'Leary, *Bolívar y la emancipación*, 308.

121　Lecuna, *Crónica*, III, 415–19.

122　Miller, II, 133.

123　O'Connor, 76.

124　Miller, II, 133. 米勒称这场战斗持续了 45 分钟。Larrazábal（*Vida*, III, 253）说花了一个小时。Masur（*Simón Bolívar*, 532）认为是一个半小时。

125　胡宁平原海拔 4 033 米。*Encyclopaedia Britannica*, 21 (1911), 267.

126　O'Connor, 76–77.

127　Madariaga, 482.

128　Ibid.

129　Ibid.

130　Larrazábal, *Vida*, II, 253.

131　Canterac to Rodil, O'Leary, *Bolívar y la emancipación*, 312–13.

132　Baralt and Díaz, II, 134.

133 Larrazábal, *Vida*, II, 254.

134 Gen. Miller to Sucre, O'L, XXII, 417; Lecuna, *Crónica*, III, 409–11.

135 Larrazábal, *Vida*, II, 255.

136 Santander, "El General Simón Bolívar en campaña," *Gazeta de Santa Fé*, Oct. 4, 1819, JCBL.

137 Bulnes, 547–48.

138 Ibid. Also Madariaga, 484.

139 Madariaga, 484.

140 Villanueva, 151.

141 Bulnes, 549.

142 Larrazábal, *Vida*, II, also SB to Sucre, Huancarama, Sept. 28, 1824, SBO, II, 993–94.

143 See the list of these in SBO, II, 991–93.

144 Murray, *For Glory and Bolívar*, 39. 一些历史学家，比如 rumazo González、Alvarez Saá、Claire brewster 声称萨恩斯在帕斯科山（Cerro de Pasca）与玻利瓦尔一起行军，并在胡宁战役中战斗。但这种说法似乎没有根据。Murray 和许多严肃的拉丁美洲学者认为，这个说法（以及支持它的材料）是杜撰的。

145 Bulnes, 551.

146 Lecuna, *Crónica*, III, 436–37.

147 SB to Santander, Lima, Feb. 9, 1825, SBO, II, 1044–46. "You are the man of laws and Sucre is the man of war." Also Monsalve, *El ideal político del Libertador*, 56.

148 Santander to SB, Bogotá, Feb. 6, 1824, O'L, III, 137.

149 这种日益增长的怨恨最终体现在了桑坦德写给玻利瓦尔的信中。Santander to SB，Bogotá, May 6, 1825, O'L, ibid., 168–76.

150 Heres to Sucre, Oct. 24, 1824 (two letters with this date), O'L, XXII, 525–26. 埃雷斯是玻利瓦尔的秘书长。

151 Lecuna, *Crónica*, III, 436–37.

152 Heres to Sucre, ibid. (the first, personal letter).

153 Sucre to Heres, O'L, XXII, 542. Also Lecuna, *Crónica*, III, 437–38.

154 See SB to Santander, Chancay, Nov. 13, 1824, SBO, II, 1008–9.

155 这种观点无疑得到了利马专制保王派指挥官拉米雷斯的支持，拉米雷斯被称为"秘鲁的罗伯斯庇尔"，他在拉梅塞德修道院里，以剃掉每个他怀疑是共和派的年轻男性路人的头发为乐。Liévano Aguirre, 342.

156 Lecuna, *Crónica*, III, 440.

157 SB to the governments of Colombia, Mexico, Argentina, Chile, and Guatemala, Lima, Dec. 7, 1824, SBO, II, 1016–18.

158 Arciniegas, *Bolívar y la revolución*, 133–36; A. Lleras Camargo, *El primer gobierno del Frente Nacional*, II (Bogotá: Imprenta Nacional, 1960), 21.

159 Arcieniegas, *Bolívar y la revolución*, 133–36; Lleras Camargo, 21.

160 López, 141; Larrazábal, *Vida*, II, 268.

161 Sucre's report to the Minister of War, Dec. 11, 1824, quoted in O'Leary, *Bolívar y la emancipación*, 354.

162 Miller, II, 158–59.

163 Ibid., 10, 174.

164 O'Connor, 100.

165　López, 134.

166　SB to Sucre, quoted in Masur, *Simón Bolívar*, 536.

167　López, 137; Miller, II, 167.

168　López, 137.

169　Ibid., 138.

170　Ibid., 143.

171　Ibid., 141; O'Connor, 99.

172　O'Connor, 99.

173　López, 143–44.

174　Ibid.

175　López, 145–50.

176　Miller, II, 174.

177　Madariaga, 488.

178　López, 151.

179　这是华金·鲁温·德·塞利斯上校，我的五世祖，（他为保王军而战）。佩德罗·西斯内罗斯为爱国者一方战斗，后来，他娶了塞利斯的女儿。（见"致谢"）。

180　López, 154.

181　Miller, II, 168.

182　Ibid., 174.

183　Ibid., 172.

184　Lecuna, *Crónica*, III, 463.

185　Miller, II, 176. 除了对拉塞尔纳总督的特别照顾外，米勒还邀请坎特拉克和其他军官到他的小屋里睡觉。坎特拉克对着夜色感叹："米勒将军——米勒将军——这一切似乎是一场梦！战争的命运多么奇怪！谁会在 24 小时前说，我是你的客人？但这是没办法的：这场恼人的战争已经结束了，说实话，我们都从内心厌倦了它。"Ibid., 178.

186　Lecuna, *Crónica*, III, 463.

187　Ibid.; Sucre to SB, Dec. 10, 1824, quoted in O'Leary, *Bolívar y la emancipación*, 364–67.

188　Bulnes, 614.

189　Ibid.

190　Miller, II, 170 fn. 信使被万多部落的印第安人所劫杀。

191　Sucre to the Minister of War, Dec. 11, 1824, O'Leary, *Bolívar y la emancipación*, 364–67.

192　O'Leary, *Junín y Ayacucho*, 211.

193　Blanco-Fombona 在奥利里 1915 年版的书的脚注中有所提及（*Bolívar y la Emancipación*, 368）。

第十四章　宇宙的平衡

1　SB to Hipólito Unanue, Plata, Nov. 25, 1825, O'L, XXX, 154–56.

2　*National Intelligencer*, Jan. 3, 1825; quoted in R. V. Remini, *Henry Clay* (New York: Norton, 1991), 257.

3　Pérez Silva, *Bolívar, de Cartagena a Santa Marta*, 18 (Introduction).

4　*Gaceta de Caracas*, No. 30, Dec. 31, 1813, quoted in Larrazábal, *Vida*, I, 251.

5　SB, Decreto, Dec. 27, 1824, O'L, XXII, 605–6.

6　Dec. 22, 1824, cited in Lecuna, *Catálogo*, III, 368.

7　SB to Santander, Lima, Dec. 20, 1824, SBO, II, 1022–26; also SB to Santander, Lima, Jan. 23, 1825, ibid., 1040–41.

8　Lynch, *Simón Bolívar*, 194.

9　Hamilton, I, 230.

10　DOC, IX, 480.

11　O'L, XXVIII, 340–43.

12　Monteagudo, *Ensayo sobre la necesidad de una federación general entre los estados hispano-americanos y plan de su organización* (Lima: J. González, 1825; uncompleted and posthumously published.)

13　A. Íñiguez Vicuña, *Vida de Don Bernardo Monteagudo*(Santiago: Imprenta Chilena, 1867), 171.

14　SB to Santander, Lima, Feb. 9, 1825, SBO, II, 1044–46.

15　Íñiguez Vicuña, 173–74.

16　Mosquera, Popayán, Sept. 20, 1878, quoted in Ricardo Palma, *Cachivaches* (Lima: Torres Aguirre, 1900), 233. 作者 Mosquera 后来成为哥伦比亚总统。

17　Ibid.

18　Ibid.

19　Mosquera, 233–34.

20　玻利瓦尔自己也认为这可能是神圣联盟的阴谋：SB to Santander, Feb. 9, SBO, II, 1044–46。其他人猜测这是共济会的阴谋，因为桑切斯·卡里翁是这个秘密组织的领导人，这个组织曾发誓要将蒙特亚古多赶出秘鲁，如果他回来就杀了他。事实上，桑切斯·卡里翁为《论坛报》写了一篇文章，宣称每个秘鲁人都有权消灭蒙特亚古多：Ricardo Palma, *Mis últimas tradiciones peruanas* (Barcelona: Editorial Maucci, 1908), 541–70。

21　Murray, *For Glory and Bolívar*, 40.

22　Ibid., 33–34; Sáenz to Thorne, Lecuna [n.p., n.d.] Archivo del Libertador, Caracas, 1961, roll 34; also Lecuna, "Papeles de Manuela Sáenz," 501.

23　Boussingault, 208; Murray, *For Glory and Bolívar*, 33–34.

24　Sáenz to Thorne, Lecuna, 501.

25　Murray, *For Glory and Bolívar*, 21.

26　Boussingault, 205–11.

27　Lecuna 认为布森戈"疯狂地爱上了"曼努埃拉。Lecuna, *Catálogo*, III, 219.

28　Boussingault, 208.

29　类似的例子有很多，请参见：SB to Sáenz, La Plata, Nov. 26, 1824, O'LN, II, 376–77。

30　我认为这一观点来自哥伦比亚历史学家兼外交官（联合国大会主席）Indalecio Liévano Aguirre, *Bolívar*, 351–52。See also O'Leary, *Bolívar y la emancipación*, 416.

31　O'Leary, *Bolívar y la emancipación*, 410.

32　Tristan, *Peregrinations of a Pariah*, 85. 保罗·高更的母亲 Tristan 在 8 年后也进行了一次类似的旅行，高更的父母是玻利瓦尔的朋友。

33　Madariaga, 508–9.

34　西蒙·罗德里格斯于 1824 年到达瓜亚基尔。Rodríguez to SB, Guayaquil, O'L, IX, 511.

35　San Martín to D. Vicente Chilavert, Brussels, Jan. 1, 1825, San Martín, *San Martín, su correspondencia*, 172.

36　O'Leary, *Bolívar y la emancipación*, 415–17.

37　Ibid., 417.

38　SB to Olmedo, Cuzco, June 27, 1825, SBO, III, 1121–23.

39　Lecuna, *Catálogo*, III, 370–71. 苏克雷最终把王冠交给了哥伦比亚国家博物馆：*Cuerpo de leyes de la República de Colombia*, Jan. 30, 1826 (Caracas: Imprenta Espinal, 1840), 421。

40　O'Leary, *Bolívar y la emancipación*, 418–22.

41　AV to Santander, Cuzco, June 28, 1825, SBO, III, 1125–27.

42　O'Leary, *Bolívar y la emancipación*, 418–22.

43　"相比之下，委内瑞拉人简直是圣人。基多人和秘鲁人有一个共同之处：他们身负品行不端的恶名，低贱到极点。"这是玻利瓦尔在帕蒂维尔卡病愈期间写下的，他对秘鲁的厌恶在信中显而易见。SB to Santander, Pativilca, Jan. 9, 1824, O'L, XXIX, 376. 另参见 Paulding 的描述（*Un rasgo*, 58–59）："他［玻利瓦尔］谴责秘鲁人，称他们为懦夫。他声称作为一个民族，他们没有男子汉的美德。总而言之，他毫不掩饰自己的强烈蔑视。"

44　L. Lumbreras, *Historia de América andina* (Quito: Libresa, 1999), IV, 124 fn; also Morote, 164.

45　Lecuna, *Crónica*, III, 497; see also O'Leary, *Bolívar y la emancipación*, 430.

46　Larrazábal, *Vida*, II, 273.

47　O'Leary, *Bolívar y la emancipación*, 455.

48　Ibid.

49　SB to Santander, Feb. 18, 1825, SBO, II, 1047–49.

50　O'Leary, *Bolívar y la emancipación*, 435–42.

51　Lynch, *Simón Bolívar*, 199.

52　SB to Santander, La Paz, Aug. 19, 1825, SBO, III, 1169–70.

53　SB to the Governments of the Republic of Colombia, Mexico, the River Plate, Chile, and Guatemala, Lima, Dec. 7, 1824, SBO, II, 1016–18.

54　SB to Santander, Lima, Feb. 18, 1825, SBO, II, 1047–49.

55　H. Temperley, "The Later American Policy of George Canning," *American History Review*, XI, 781, quoted in Whitaker, 584.

56　SB to Santander, Potosí, Oct. 10, 1825, SBO, III, 1193–98.

57　SB to Santander, La Paz, Sept. 8, 1825, SBO, III, 1179–80.

58　L. Diez de Medina, *El Libertador en Bolivia* (La Paz: Ministerio de Defensa Nacional, 1954), XXXIII, 49.

59　Ibid.

60　Santander to SB, Bogotá, Jan. 21, 1826, O'L, III, 235.

61　Ibid.

62　SB to Santander, Lima, Feb. 9, 1825, SBO, II, 1044–46.

63　Páez to SB, Caracas, Oct. 1, 1825, SBO, III, 1292–94.

64　Ibid.

65　*Gaceta de Colombia*, Aug. 27, 1826, no. 254, "Parte no oficial," 3 (1826–28), 358. Also Páez, *Autobiografía*, 288–92.

66 Ibid., 284.

67 Ibid.

68 SB to Páez, Magdalena, March 6, 1826, SBO, III, 1290–91.

69 María Antonia to SB, Caracas, Oct. 30, 1825, SB, *Obras completas*, II, 311–13.

70 Sucre to SB, Chuquisaca, April 27, 1826, O'L, I, 314–17.

71 Reported in Rickets to Canning, Lima, April, 25, 1826, British National Archives, PRO/FO, 61–67, quoted in Lynch, *Simón Bolívar*, 202.

72 SB, Message to the Congress of Bolivia, Lima, May 25, 1826, SB, Selected Writings, II, 596–602.

73 Ibid.

74 SB, Address, Inauguration of the Congress of Angostura, Feb. 15, 1819, DOC, VII, 141ff.

75 SB to Sucre, Magdalena, May 12, 1826, SBO, III, 1328–32.

76 这个信使是安东尼奥·莱奥卡迪奥·古斯曼（Antonio Leocadio Guzmán），他是加拉加斯俱乐部的成员，该俱乐部与派斯一起组织运动，试图让玻利瓦尔加冕为国王。

77 Rickets to Canning, Lima, May 30, 1826, British National Archives.

78 O'LB, 315–16. (In O'Leary, *Bolívar y la emancipación*, 604–5.)

79 O'LB, 316.

80 Monsalve, *El ideal político*, 54. 桑坦德的口是心非表现在对玻利瓦尔说了一套，对波哥大的同僚们说了另一套。See Masur, *Simón Bolívar*, 616; and Rourke, 314.

81 *La Gaceta de Colombia*, Oct. 22, 1826; G. Hernández de Alba and F. Lozano y Lozano, *Documentos sobre el Doctor Vicente Azuero* (Bogotá, 1944), VI, 183. 这篇文章是 Azuero 写的，但因为是桑坦德出钱印刷，所以基本上被认为是桑坦德的观点。Bushnell, *The Santander Regime in Gran Colombia*, 336.

82 O'LB, 319.

83 Ibid.

84 O'L, XXXI, 35.

85 Ibid.

86 Fabio Lozano, *El maestro del Libertador* (Paris: Ollendorff, 1914), 96; Gil Fortoul, 349; Jorge Vejarano, *Simón Bolívar* (Bogotá: Iqueima, 1951), 516; Victor Andrés Belaunde, "La constitución boliviana," BANH, XI, no. 44, 377; Masur, *Simón Bolívar*, 561.

87 SB to María Antonia, Magdalena, July 10, 1826, SBO, I, 13.

88 SB to Santander, Magdalena, June 23, 1826, SBO, III, 1383–85.

89 SB to Santander, Chuquisaca, Nov. 11, 1825, SBO, III, 1236–39; and Plata, Nov. 26, 1825, ibid., 1246–47.

90 SB to Santander, Chuquisaca, ibid.

91 SB, "Letter from Jamaica," Kingston, Sept. 6, 1815, SBSW, I, 103–22.

92 殖民地之间缺乏联系最终对南美洲的统一将产生致命性的影响这一观念在 Belaunde 的书中得以阐述（*Bolívar and the Political Thought*, 163），另参见 Basadre, *Historia de la república del Perú*, Introduction。

93 SB, *Un pensamiento sobre el congreso de Panama*, Archivo del Libertador, Caracas, published by Lecuna in Jan. 1916 年在华盛顿召开了第二届泛美会议。

94 O'Leary, *Bolívar y la emancipación*, 583–87.

95 SB to Sucre, Magdalena, May 12, 1826, SBO, III, 1328–32; also Bolívar to La Fuente,

Magdalena, May 12, 1826, ibid., 1332–34.

96　SB to La Fuente, Lima, June 17, 1826, O'L, XXXI, 228–30.

97　SB to Santander, Arequipa, June 6, 1825, SB, *Cartas: Santander–Bolívar*, IV, 388.

98　Count of Aranda to King Carlos III, quoted in *Historia general de España y de sus Indias*, VI (Habana: Librería de la Enciclopédia, 1863), 308. 阿兰达的下一句话很有预见性："首先，它［美国］会先占领佛罗里达。"

99　SB to Santander, Lima, June 28, 1825, SB, *Obras*, SBO, II, 1125–27.

100　Official letter from the government of Argentina to Santander, quoted in Liévano, 408.

第十五章　错误百出的时代

1　Briceño Méndez to SB, on board the *Macedonia*, July 26, 1826, O'L, VIII, 208–13.

2　SB to Páez, Lima, Aug. 8, 1826, O'L, XXVIII, 665.

3　一位著名的评论家是圣马丁的前官员 Federico Brandsen，他的文章在利马出版并广泛传播（"To the Peruvian Nation"，1825, JCBL）。

4　Anonymous, "Ensayo sobre la conducta de General Bolívar," reprint of nos. 11, 13, and 14 of *Duende de Buenos Aires* (Santiago: Imprenta de la Independencia, 1826), published in *Noticias del Perú*, vol. 9, JCBL.

5　Brandsen, "To the Peruvian Nation."

6　Restrepo, III, quoted in Madariaga, 521.

7　In a broadside to all Peruvians, SB called it the "odious" mantle. Cuartel de Trujillo, March 11, 1824, SB, *Discursos*, 264.

8　Ibid.

9　SB, speech before congress, Lima, Feb. 10, 1825, ibid., 112.

10　SB to Unanúe, Plata, Nov. 25, 1825, SBO, III, 1244–45.

11　我从我自己的秘鲁祖父母那里知道了这点，而他们也是从老一辈那里说的；但是 Madariaga 也在书中提过（Madariaga, 16）。Also Hildebrandt, 234; and Gott, *Húgo Chávez and the Bolívarian Revolution* (London: Verso, 2005), 91.

12　*Revista de Madrid*, Segunda Serie, IV (Madrid: Imprenta de Vicente de Lalama, 1840), 12.

13　Santander to SB, Bogotá, March 30, 1825, SB, *Cartas de Bolívar: 1825–1827*, 226.

14　O'Leary, *Bolívar y la emancipación*, 610.

15　最终由玻利瓦尔姐妹们继承（*Last Will and Testament*, SBSW, II, 766–68）的玻利瓦尔的剑（Espada del Perú），后来被乌戈·查韦斯征用。2010 年 2 月，这把剑被从加拉加斯中央银行的陈列柜中取出，移至政府大楼。*El Comercio*, Peru, June 5, 2010.

16　*Colección de leyes, decretos y ordenes publicadas en el Perú, 1820–1840*, VII (Lima: Masías, 1845), Art. 8, Feb. 12, 1825, 486.

17　*Solicitudes de los herederos del Libertador*, DOC, X, 231.

18　秘鲁政府文件中可以查到给圣马丁固定养老金（1.5 万比索）的记录，其中一些文件会定期在《政府公报》上公示：Gaceta, II, nos. 7–6 (Jan. 24, 1825), 29。1825 年 2 月 12 日，秘鲁国会通过了这项养老金法案（同一天，向玻利瓦尔提供了 100 万比索，但被拒绝），这一点在 Juan Oviedo 编辑的书中有明确记载［*Colección de leyes, decretos y ordenes*, 16 (Lima: Ministerio de Hacienda y Comercio, 1872), 352］。具有讽刺意味的是，秘鲁和智利向圣马丁支付养老金，而他的祖国阿根廷却没有。

19　SB to Santander, Lima, Aug. 17, 1826, SB, *Cartas: Santander–Bolívar*, VI, 19.

20　SB to Santander, Lima, Feb. 9, 1825; Ocaña, May 8, 1825; Cuzco, July 10, 1825; La Paz, Sept. 8, 1825; Potosí, Oct. 27, 1825; all in SB, *Cartas: Santander–Bolívar*, IV, V.

21　SB to Santander, Potosí, Oct. 27, 1825, ibid.

22　William Tudor to U.S. Secretary of State Henry Clay, Lima, March 23, 1827, Dispatches from U.S. consuls in Lima, 1823–54; referred to in Murray, *For Glory and Bolívar*, 41, 173.

23　Boussingault, 215–16.

24　SB to Sáenz, Ica, April 20, 1825, SBO, III, 1089–90.

25　Murray, *For Glory and Bolívar*, 40.

26　SB to Sáenz, April 20, 1825, SBO, III, 1089–90.

27　SB to Sáenz, Potosí, Oct. 13, 1825, ibid., 1204.

28　SB to Sáenz, Plata, Nov. 26 [1825], ibid., 1246.

29　From *Family Histories* (a genealogy of several Connecticut families, including the MacCurdys and Harts), 3 vols. (privately published by E. E. Salisbury, 1892), 13. 这些资料收藏在康奈尔大学图书馆。

30　Long, *Gold Braid and Foreign Relations*, 83–84.

31　M. C. Holman, "The Romance of a Saybrook Mansion," *Connecticut Magazine*, 10 (Hartford, 1906), 50–51; also *Family Histories*.

32　C. Matto de Turner, *Bocetos al lápiz de americanos celebres*, I (Lima: Bacigalupi, 1890), 146.

33　Sucre, quoting Gamarra, to SB, Guayaquil, Sept. 18, 1828, quoted in Liévano Aguirre, 380; also C. Hispano, *Historia secreta de Bolívar* (Medellín: Bedout, 1977), 185; and Ramón Urdaneta, *Los amores de Simón Bolívar*, 137.

34　西语中对她的称呼是 La Mariscala（元帅）。据 Flora Tristan 的书中的说法，她从 1823 年起就一直陪同丈夫加马拉参加战斗：Tristan, *Peregrinations*, 290–96; also Matto de Turner, Bocetos al lápiz, 143–47。Matto de Turner 列举了她在苏克雷离开后，于 1828 年在玻利维亚参加的战斗。

35　Tristan, *Peregrinations*, 300.

36　Ibid., 293–94.

37　Francisca Gamarra, quoted ibid., 295.

38　她的脸被何塞·希尔·德·卡斯特罗（José Gil de Castro）永久地记录在画作上。卡斯特罗是一位享有盛誉的非洲裔秘鲁艺术家，曾为玻利瓦尔、圣马丁、贝尔纳多·奥希金斯以及当时的许多人作画。科斯塔斯的肖像画（1817 年）悬挂在拉巴斯的玻利维亚国家博物馆中。

39　Diez de Medina, 47.

40　Cacua Prada, *Los hijos secretos de Bolívar*, 251–53; also Ramón Urdaneta, *Los amores de Simón Bolívar*, 137.

41　H. Muñoz, "Los hijos del Libertador," *El Espectador*, Bogotá, May 31, 2008. 根据这本书以及其他资料，科斯塔斯于 1895 年在凯萨（Caiza）去世，享年 69 岁。

42　Perú de Lacroix, 96. See also A. Costa de la Torre, *Descendencia de los libertadores Bolívar y Sucre en Bolivia* (La Paz: Tamayo, 1982), 35, 67, 249. José Antonio is mentioned, too, in Lynch, *Simón Bolívar*, 201.

43　A. Maya, *Jeannette Hart: La novia norteamericana de Simón Bolívar* (Caracas, 1974), 28–35; also in *La mujer en la vida del libertador* (Ed. conmemorativa del sesquicentenario, Cooperativa Nacional, 1980), 191.

44　SB to Sáenz, Lima, [April 6] 1826, SBO, III, 1313.

45　Palma, *Tradiciones peruanas completas*, 1133.

46　Tudor to Clay, Lima, March 23, 1827, Dispatches from U.S. consuls in Lima, microfilm roll 1, quoted in Murray, *For Glory and Bolívar*, p. 49.

47　Ibid.

48　Sucre to O'Connor, Feb. 22, 1827, quoted in O'Connor, 166; also Sucre to SB, La Paz, March 11, 1827, O'L, I, 422–25; Lecuna, *Catálogo*, III, 206–16; Ricketts to Canning, Lima, Feb. 8, 1827, PRO/FO 61/11 ff 65–85, quoted in Murray, *For Glory and Bolívar*, 45.

49　Sáenz to Armero, Lima [n.d.], in Lecuna, "Papeles de Manuela Sáenz," 507; Murray, *For Glory and Bolívar*, 46.

50　Vidaurre letter, Pilar Moreno de Angel, *Santander, su iconografía* (Bogotá: Litografía Arco, 1984), 351, quoted in Murray, *For Glory and Bolívar*, 47.

51　Moreno de Angel; Murray, *For Glory and Bolívar*, 49.

52　SB, *Proclama a los colombianos en Guayaquil*, Sept. 13, 1826, in Groot, V, 147.

53　Guerra, *La convención de Ocaña*, p. 81.

54　Ibid.

55　与玻利瓦尔同时代的部长雷斯特雷波如是说，雷斯特雷波后来成为了哥伦比亚的历史学家。Restrepo, III, 549.

56　SB to Santander, Ibarra, Oct. 8, 1826, SB, *Cartas: Santander–Bolívar*, VI, 43.

57　SB to Santander, Pasto, Oct. 14, 1826, ibid., 59.

58　Restrepo, 549, quoted in Guerra, 88.

59　SB to Páez, Bogotá, Nov. 15, 1826, SBO, III, 1458–60.

60　SB to Santander, Sept. 19, 1826, ibid., 1441–42.

61　SB to the governor of Popayán, quoted in Guerra, 90.

62　在玻利瓦尔离开利马之前，他派出莱奥卡迪奥·古斯曼去大哥伦比亚各地以及巴拿马，宣传玻利瓦尔的宪法。古斯曼敦促各地领导人向玻利瓦尔施加压力，让其接受独裁权。Ibid., 75, 82–84.

63　Santander to SB, Bogotá, Oct. 8, 1826, ibid., 85–7.

64　O'Leary, *Bolívar y la emancipación*, 775.

65　Santander to SB, Bogotá, July 19, 1826, ibid., 738.

66　Guerra, 89.

67　SB to Santander, Magdalena, July 8, 1826, SBO, III, 1395–97.

68　SB to Santander, Neiva, Nov. 5, 1826, SBO, III, 1456–58.

69　SB to Santa Cruz, Pasto, Oct. 14, 1826, and Popayán, Oct. 26, 1826, SBO, III, 1449–50, 1453–56. 在信中，玻利瓦尔让圣克鲁斯将内容转达给苏克雷。

70　Slatta and Lucas de Grummond, 268.

71　Bushnell, *Simón Bolívar*, 172.

72　Guerra, 91.

73　Ibid.

74　Ibid, 90–91.

75 Ibid.

76 桑坦德的演讲以这句话收尾："我深受宪法和法律的影响，同时也是玻利瓦尔忠实可靠的朋友。" Ibid.

77 Bushnell, *Simón Bolívar*, 173.

78 Guerra, 91.

79 SB to Páez, Cúcuta, Dec. 11, 1826, SBO, III, 1472–74.

80 Liévano Aguirre, 436.

81 SB to Páez, Puerto Cabello, Dec. 31, 1826, SBO, III, 1486–87.

82 SB, Proclama a los colombianos, Puerto Cabello, Jan. 3, 1827, *Discursos*, 280–81.

83 玻利瓦尔在好几个场合都说过这样的话，最值得一提的是在他在秘鲁多年后抵达瓜亚基尔，踏上大哥伦比亚的海岸时说："什么！？哥伦比亚现在发现自己缺少敌人了？难道世界上已经没有西班牙人了吗？" Proclama en Guayaquil, Sept. 13, 1826, *Discursos*, 274; also Proclama en Maracaibo, Dec. 17, 1826, ibid., 278.

84 O'Leary, *Ultimos años*, 109–14; DOC, XI, 74–77; O'L, II, 318–19, and VI, 20–21.

85 SB to Páez, Puerto Cabello, Dec. 31, 1826, SBO, III, 1486–87.

86 Bushnell, *Simón Bolívar*, 175.

87 Páez, *Autobiografía*, 370 fn.

88 SB, quoted ibid., 370.

89 Ibid., 371.

90 SB to the president of the Congress of Colombia, Cúcuta, Oct. 1, 1821, in O'L, XVIII, 541.

91 SB to Santander, Potosí, October 27, 1825, SBSW, II, 547–49.

92 Páez, 372.

93 Ibid., 373.

94 Liévano Aguirre, 454.

95 玻利瓦尔说的是 25 到 30 年。SB to Santander, Cuzco, July 10, 1825, ibid., 515–19.

96 SB to Esteban Palacios, Cuzco, July 10, 1825, SBSW, II, 514–15.

97 胡安娜并不像其他一些人所说的那样在加拉加斯。她和她的女儿贝尼格娜（Benigna）在巴里纳斯（Barinas），贝尼格娜在这一年生了孩子。胡安娜不在加拉加斯的说法在以下文件中得到证实：SB to Briceño Méndez, Caracas, Jan. 13, 1827, and Jan. 25, 1827, SBO, III, 1494–1504。贝尼格娜 1827 年在巴里纳斯生了一个孩子，名叫胡安娜·克拉拉·布里塞尼奥-帕拉西奥斯（Juana Clara Briceño y Palacios）：V. Dávila, *Próceres trujillanos* (Caracas: Imprenta Nacional, 1971), 328。贝尼格娜嫁给了玻利瓦尔的一名将军布里塞尼奥·门德斯。他后来被任命为波哥大的秘书长。布里塞尼奥·门德斯不仅是玻利瓦尔的外甥女婿，还是桑坦德的姻亲。SB to Briceño Mendez, Caracas, Jan. 12, 1827, and Jan. 13, 1827, SBO, III, 1493–95.

98 费尔南多·玻利瓦尔毕业于 1759 年成立的日耳曼敦学院，这所院校至今仍然存在。路易莎·梅·奥尔科特（Louisa May Alcott）的父亲 A. 布朗森·奥尔科特（A. Bronson Alcott）是当时的校长。Rivolba, *Recuerdos y reminiscencias*, 20–26.（Rivolba 是费尔南多·玻利瓦尔的笔名，也是玻利瓦尔这个名字的变体。）

99 Ibid., 36–40.

100 Páez, *Autobiografía*, 369.

101 Perú de Lacroix, 71–72.

102 Ibid.

103 Guerra, 125.

104 Bushnell, *Santander Regime*, 331.

105 Páez, *Autobiografía*, 369.

106 SB to Briceño Méndez, Valencia, Jan. 6, 1827, SBO, III, 1492–93.

107 关于 1823—1827 年财政状况和桑坦德政权的腐败的最完整分析可以在 Bushnell 的优秀著作中找到（The Santander Regime in Gran Colombia）。

108 Patrick Campbell to Lord Aberdeen, June 4, 1829, PRO/FO, Colombia, LIV., LXV., LXXIII, quoted in Petre, 372.

109 当玻利瓦尔在波托西时，桑坦德曾提议解放者个人持有一个在太平洋和大西洋之间修建河道的企业。他写道："你的名字将有助于这项商业冒险。"（Santander to SB, Bogotá, Sept. 22, 1825, SB, *Cartas: Santander–Bolívar*, V, 54.）玻利瓦尔在回复中表示震惊："没有人会高兴看到你或我，身为政府的首脑，参与纯粹的投机项目……我拒绝参与这件事或者任何商业性质的事务。"（SB to Santander, Magdalena, Feb. 22, 1826, ibid., 151.）

110 Santander to SB, Bogotá, March 9, 1827, O'L, III, 373–74.

111 Bushnell, *Santander Regime*, 346–8.

112 Santander to SB, Exposición, Bogotá, Aug. 17, 1827, DOC, X, 203–8.

113 SB to Santander, Caracas, March 19, 1827, in O'Leary, *Ultimos años*, 149; and in Santander to SB, Bogotá, April 29, 1827, O'L, III, 390–92.

114 Bushnell, *Santander Regime*, 113. 玻利瓦尔称塞亚是 "哥伦比亚最大的灾难"：SB to Santander, Jan. 14, 1823, SBO, II, 718–20。

115 Bushnell, *Santander Regime*, 95ff.

116 Ibid., 87.

117 Sucre to SB, La Paz, March 19, 1827, Sucre, *De mi propia mano*, 323–24. 另参见 Posada Gutiérrez, *Memorias*, I, 60。但 Posada 认为，桑坦德并不认识布斯塔曼特，为了祝贺他的叛乱，桑坦德不得不查找他的名字和军衔。

118 SB to José Félix Blanco, Caracas, June 6, 1827, Bolívar, *Obras Completas*, IV, 1597.

119 Baralt and Diaz, 202. 桑坦德本人在他自己提交给玻利瓦尔的报告中否认了这一点，但该报告使用的语气（和不同的信息）与他给布斯塔曼特的信有很大出入。Santander to SB, Bogotá, n.d., O'L, III, 370–73.

120 Santander to Bustamante, Bogotá, March 14, 1827, O'L, III, 434–36.

121 Minister of War to Bustamante, in Baralt and Diaz, 204–7.

122 Revenga to Ministry of War, April 18, 1827, O'L, XXV, 260–62.

123 Santander to SB, quoted in Liévano, 458.

124 SB to Urdaneta, Caracas, April 18, 1827, O'L, III, 383–84.

125 这个亲玻利瓦尔的人是托马斯·莫斯克拉上校（Col. Tomás Mosquera），他后来多次担任哥伦比亚总统。

126 Bushnell, *Santander Regime*, 348–50.

127 Briceño Méndez to SB, on board the *Macedonia*, July 26, 1826, O'L, VIII, 208–13.

128 Guerra, 179.

129 SB to Páez, Caracas, March 20, 1827, O'L, XXXI, 367–69.

130 Revenga to Santander, Caracas, June 19, 1827, O'L, XXV, 392–93.

131 Murray, *For Glory and Bolívar*, 51.

132 SB to the Marqués del Toro, Cartagena, July 12, 1827, O'L, XXXI, 433–34. 玻利瓦尔乘坐的是英国护卫舰"德鲁伊德号"（*Druid*），这是英国驻大哥伦比亚特使亚历山大·科伯恩爵士（Sir Alexander Cockburn）为他提供的。科伯恩本人也陪同玻利瓦尔出航。Posada Gutiérrez, I, 61.

133 Ibid., I, 60.

134 SB, Proclama, Caracas, June 19, 1827, O'L, XXV, 394–95.

135 Santander, *Escritos autobiográficos*, 69; Guerra, 179.

136 这些人中有索托博士（Dr. Soto）和比森特·阿苏埃罗。Petre, 380.

137 Santander to SB, Bogotá, DOC, XI, 515; also Masur, *Simón Bolívar*, 620.

138 Guerra, 180.

139 Ibid.; Posada Gutiérrez, I, 72.

第十六章　磨难之人

1 SB to José María de Castillo, Ríobamba, June 1, 1829, DOC, IV, 61–63.

2 SB to José Rafael Arboleda, La Carrera, Aug. 24, 1827, O'L, XXX, 463–64.

3 Ibid.

4 玻利瓦尔的原话是"国会里的恶魔"。Ibid.

5 玻利瓦尔请他的朋友莫斯克拉给参议院议长传话。Posada Gutiérrez, I, 73.

6 他派内政部长雷斯特雷波带着这些指示前去波哥大。Slatta and Lucas de Grummond, 273.

7 SB to Pepe París, Mahates, Aug. 10, 1827, O'L, XXX, 456.

8 他告诉帕里斯："我不希望政府或任何人在我身上花一分钱。如果我到了以后要吃饭，就借钱吧；我会还的。"Ibid.

9 Madariaga, 550. 其他人声称索夫莱特始终效忠于玻利瓦尔（e.g. Posada Gutiérrez, I, 7）。玻利瓦尔的朋友佩佩·帕里斯、埃兰上校、莫斯克拉将军等人当时在现场迎接。

10 Larrazábal, *Vida*, II, 409.

11 Mary English to William Greenup, Bogotá, Sept. 10, 1827, Papers of Mary English and the British Legion, Private Collection, Bonhams, New Bond Street, London. 玛丽·英格利希的第一任丈夫是詹姆斯·托尔斯·英格利希（James Towers English），他是第一批应征参加南美革命的英国人之一。如前所述，他于 1819 年在玛格丽塔岛去世。他的遗孀留在了大哥伦比亚，后来嫁给了格里纳普（Greenup）。

12 Ibid.

13 English to Greenup. Also Larrazábal, *Vida*, II, 409.

14 Posada Gutiérrez, I, 73.

15 圣多明我修道院始建于 1550 年。原来的教堂中殿在 1785 年的地震中被毁，但后来教堂按照原有的计划重建了。其中收藏着那幅被称作"征服者的圣母"的画像，是 16 世纪在西班牙塞维利亚绘制的。

16 English to Greenup, Papers of Mary English and the British Legion.

17 Ibid.

18 Posada Gutiérrez, I, 73. Also Masur, *Simón Bolívar*, 621.

19 English to Greenup, Papers.

20 Posada Gutiérrez, I, 73. Larrazábal, *Vida*, II, 409.

21 "我的健康，因旅行而严重受损。"玻利瓦尔给派斯写了这句话，证实了他当时给人们留下的令人不安的印象。SB to Páez, Bogotá, Sept. 29, 1827, SBSW, II, 663.

22 English to Greenup, Papers.

23 Ibid.

24 Ibid.

25 Larrazábal, *Vida*, II, 408.

26 Constitución adoptado en Colombia, Seccion 3, Título 10, Revisión de la constitución, Article 1, *Constitutional Documents of Colombia and Panama, 1793–1853* (Leipzig: Grueter, 2010). Also Gil Fortoul, I, 317.

27 根据 1821 年的宪法，所有地方管理层的变动（他将权力下放给了桑坦德）都应得到国会的批准：Gil Fortoul, I, 314。玻利瓦尔对派斯的支持是在法律上对国会权威的公然冒犯。Ibid., 421.

28 Guerra, 133–37.

29 Ley de 2 de mayo, fijando el término de la duración del presidente y vicepresidente de la república, May 1, 1825, Bogotá, *Cuerpo de leyes de la República de Colombia, 1821–1827* (Caracas: Espinal, 1820), 361–63.

30 准确地说，让玻利瓦尔宣誓就职的参议院议长是比森特·巴雷罗。他的前任路易斯·安德烈斯·巴拉尔特（Luis Andrés Baralt）才是 1 月 2 日应该被授予权力的人；桑坦德正是给巴拉尔特写信说玻利瓦尔把权力交给他（桑坦德）了。对巴雷罗和巴拉尔特任期的确认：*Gaceta de Colombia*, No. 311, Sept. 30, 1827, and No. 312, Oct. 7, 1827。

31 SB to Santander, Cúcuta, Dec. 12, 1826, O'L, XXIV, 568; Santander to SB, Bogotá, Dec. 21, 1826, O'L, ibid., 485–86. Also Posada Gutiérrez, I, 61.

32 Restrepo, III, 577; also Santander to Baralt, Dec. 22, 1826, quoted in Guerra, 137.

33 Parte Oficial, June 9, 1827, Bogotá, *Gaceta de Colombia*, Sept. 2, 1827, No. 307.

34 Posada Gutiérrez, I, 64.

35 Ibid., 63.

36 English to Greenup, Papers.

37 Ibid. Also ("apprehensively") Larrazábal, *Vida*, II, 409.

38 Madariaga, 550.

39 Ibid.

40 当时在现场的莫斯克拉叙述了这些，出处同上。

41 Larrazábal, *Vida*, II, 427.

42 Mosquera, in Madariaga, 550.

43 Posada Gutiérrez, I, 99. 关于派出外交代表来祝贺的国家，参见 Gil Fortoul, I, 380。

44 Posada Gutiérrez, I, 98.

45 Posada Gutiérrez, I, 98.

46 Ibid., I, 99. 请注意 Posada 是哥伦比亚人。

47 English to Greenup, Bogotá, Sept. 11, 1827, Sept. 24, 1827, Papers.

48 一个在波哥大的哥伦比亚公民的看法，1827, DOC, XI, 314。

49 Liévano Aguirre, 464.

50 SB to Sáenz, Bogotá, 1827, SBC, 1825–27, 438, quoted (in a different translation) in

Masur, *Simón Bolívar*, 625.

51 Sáenz to SB, Nov. 27 [1827], Lecuna, "Cartas de mujeres," 334. Quoted also in Murray, *For Glory and Bolívar*, 51.

52 Nicholas Mill to the *Quarterly Journal of Science*, Bogotá, Nov. 23, 1827, Royal Institution of Great Britain, XXV (London: Henry Colburn, 1828), 379–82.

53 *Gaceta de Colombia*, no. 919, DOC, XI, 640–41.

54 关于地震和气候的细节都引自 Mill。

55 *Gaceta de Colombia*, 640–41.

56 Mill, 382.

57 Ibid., 382. Mill 博士称，他和波哥大的许多居民都（和玻利瓦尔）有同样的感受。

58 *Gaceta de Colombia*, 640–41.

59 Ibid.

60 SB to Briceño Méndez, Bogotá, Nov. 23, 1827, O'L, XXX, 506–7.

61 From Rumazo González, quoted in Masur, *Simón Bolívar*, 625–26.

62 画家鲁兰（Roulin）在 1828 年 2 月为玻利瓦尔画了一幅重要的素描，并做出了评论。Busaniche, *Bolívar visto por sus contemporáneos*, quoted in Polanco Alcántara, 876–78.

63 Murray, *For Glory and Bolívar*, 53–58.

64 Rumazo González, quoted in Masur, *Simón Bolívar*, 625–26; Murray, *For Glory and Bolívar*, 53–58.

65 Sáenz to Mosquera, Pasto, Jan. 5, 1828, Archivo Central del Cauca.

66 *BOLANH*, 16 (Caracas), 334.

67 Sáenz to SB, Bogotá, March 28, 1828, Lecuna, "Cartas de mujeres," 335; also Murray, *For Glory and Bolívar*, 59.

68 Murray 讲了一件事，萨恩斯曾与玻利瓦尔的战争部长埃雷斯上校对峙，拒绝给他一封他要求的信。Ibid., 42–43.

69 拉金塔已被保留下来，作为一个博物馆向游客开放。这里的描述来自许多公开资料。另参见 www.quintadebolivar.gov.co。

70 The Literary Chronicle for the Year 1825 (London: Davidson, 1825), 171. 波哥大的人口约为利马的三分之一，1820 年利马的人口为 7 万人。

71 SB to Clay, Bogotá, Nov. 27, 1827, Lecuna, *Cartas*, VI, quoted in Mallory, Daniel, *The Life and Speeches of the Honorable Henry Clay*, I (New York: Bixby, 1843), 99.

72 A. Lincoln, Eulogy on Henry Clay, Springfield, Ill., July 6, 1852, in *The Language of Liberty: The Political Speeches and Writings of Abraham Lincoln* (Washington, DC: Regnery, 2009), 130.

73 Clay to SB, Washington, Oct. 27, 1828, in Mallory, 99. Also Calvin Colton, *Life and Times of Henry Clay* (New York: Barnes, 1846), I, 244–45.

74 Speech, Lewisburg, Va., Aug. 30, 1826, quoted in *Niles' Register*, XXXI, 60–62.

75 Mallory, 145–46.

76 Iñaki Erraskin, *Hasta la coronilla* (Bizkaia: Txalaparta, 2009), 72; also Eduardo Galeano, *Faces and Masks* (New York: Perseus, 2010), 139.

77 Clay to J. Q. Adams, Lexington, July 2, 1827, *The Papers of Henry Clay*, VI, Secretary of State, 1827 (Lexington: University Press of Kentucky, 1981), 727.

78 Harrison to the U.S. State Department, Manning, *Diplomatic Correspondence*, II, 1333–34.

79　W. H. Harrison, U.S. State Department Archives, Dispatches, Colombia, VI, quoted in Rippy, "Bolívar as Viewed by Contemporary Diplomats of the United States," *HAHR*, 15, no. 3 (Aug. 1935), 290.

80　Martin Van Buren to Thomas P. Moore, referring to a comment from Andrew Jackson: *A Digest of International Law*, IV (Washington, DC: Government Printing Office, 1906), 789.

81　玻利瓦尔曾在演讲和信件中多次重申了这一点，还对圣马丁强烈声明过，并有两个参考文献为证：Bolívar to Páez, Magdalena, March 6, 1826, SBSW, II, 577–78; and Bolívar declaration, Government Palace, Bogotá, Nov. 23, 1826, O'L, XXIV, 512–13。

82　Adams, Memoirs, VIII, 190, quoted also in Rippy, 287–97.

83　Bushnell, *The Santander Regime*, 348–50.

84　Bushnell, "Simón Bolívar and the United States: A Study in Ambivalence," Air University Review, USAF (July–August 1986), www.airpower.au.af.mil/airchronicles/aureview/1986/jul-aug/bushne ll.html .

85　Belaunde, 174.

86　SB, Address, Inauguration of the Congress of Angostura, Feb. 15, 1819, DOC, VII, 141ff. Also SB, *Discursos y Proclamas*, 75.

87　SB, Address.

88　SB to Santander, Potosí, Oct. 21, 1825, SBSW, II, 539–46.

89　SB to Col. Campbell, British chargé d'affaires, Bogotá, Guayaquil, Aug., 1829, SBSW, II, 731–32.

90　SB to George IV, King of the United Kingdom, Bogotá, Dec. 20, 1827, O'L, XXX, 529–30.

91　Rippy, 183.

92　Ibid., quoting Campbell to Dudley, Oct. 14, 1827, PRO/FO, Colombia, XVIII, 42.

93　Ibid., 184–87.

94　Ibid., 185, quoting Campbell to Secretary Aberdeen, Confidential, May 14, 1829, PRO/FO, Colombia, XVIII, 64.

95　Probabilidades sobre el establecimiento de la federación," in DOC, XIV, 167.

96　据 Bushnell 说，当玻利瓦尔要求他的部长们探讨大哥伦比亚获得英国保护的可能性时，他们认为他是指恢复君主制，因为他们认为英国会期望大哥伦比亚符合"欧洲模式"。Bushnell, "Simón Bolívar and the United States." See also Restrepo, VII, 220–50.

97　SB to Fernández Madrid, Bogotá, Feb. 7, 1828, Lecuna, *Cartas*, II, 256.

98　Santander to Azuero, quoted in Liévano, 466.

99　SB to Carabaño, April 12, 1828, SBO, IV.

100　Perú de Lacroix, 17.

101　SB to Arboleda, Bogotá, Jan. 22, 1828, O'L, XXXI, 16.

102　J. A. Lloyd, "Account of Levellings Carried Across the Isthmus of Panamá," Nov. 26, 1829, *Philosophical Transactions, Royal Society of London*, CXX (London: Taylor, 1830), 59.

103　See Díaz, 267–69.

104　P. D. Martin-Maillefer, *Los novios de Caracas* (Caracas: República de Venezuela, 1954), 91; also G. R. Peñalosa, "José Prudencio Padilla," in *Gran enciclopedia de Colombia*, IX (Bogotá: Circulo de Lectores, 1994).

105　SB to Wilson, Bucaramanga, March 31, 1828, Lecuna, *Cartas*, II, 293.

106　Perú de Lacroix, 17. Also Restrepo, IV, 98.

107 Rafael Urdaneta, 418.

108 Perú de Lacroix, 18, 52ff. 玻利瓦尔在布卡拉曼加的生活习惯在 Lacroix 的书中得到了充分的记载。

109 Ibid., 94, 67.

110 Ibid., 127–40.

111 English to Greenup, Bogotá, Sept.–Oct. 1827, Boulton, *El arquetipo iconografico de Bolívar* (letter accompanying Rollin sketch).

112 Perú de Lacroix, 201.

113 Guerra, 276. 卡斯蒂略是曼努埃尔·卡斯蒂略的堂兄弟，后者是玻利瓦尔在 1813 年的对头。曼努埃尔·卡斯蒂略在拒绝加入玻利瓦尔的"惊人的战役"后，控制了卡塔赫纳，并守卫这个城市，对抗玻利瓦尔和西班牙人。当莫里略征服卡塔赫纳时，曼努埃尔·卡斯蒂略被关押并被枪决。然而，他的堂兄弟证明了对玻利瓦尔的忠诚。

114 SB to Ibarra, Bucaramanga, May 22, 1828, O'L, XXXI, 121.

115 Larrazábal, *Vida*, II, 425.

116 Ibid., 428.

117 Perú de Lacroix, 31–32.

118 SB to Urdaneta, Bucaramanga, May 8, 1828, O'L, 96.

119 Larrazábal, *Vida*, II, 427.

120 SB to Arboleda, Bucaramanga, June 1, 1828, Lecuna, *Cartas del Libertador*, II, 365. Briceño Méndez to SB, Ocaña, April 9, 1828, O'L, VIII, 239.

121 SB to Wilson, Bogotá, Aug. 21, 1828, O'L, XXXI, 182–85.

122 SB to Briceño Méndez, Bucaramanga, June 8, 1828, O'L, XXXI, 139–41.

123 Ibid.

124 Restrepo, IV, 100.

125 SB to Vergara, Bucaramanga, June 3, 1828, O'L, XXXI, 137–38.

126 SB to Restrepo, Cipaquirá, June 21, 1828, O'L, XXXI, 145.

127 "所有这些城镇都无比愉快地迎接我，"玻利瓦尔在骑往波哥大的路上这样报道，"这比我在 1819 年的受欢迎程度还要高。" SB to Soublette, June 20, 1828, O'L, XXXI, 144. Also SB to Mendoza, June 28, 1828 O'L, XXXI, 148.

128 据玻利瓦尔事后说，这些人只有十几个，但他们被桑坦德赋予了巨大的权力。SB to Carabaño, Aug. 9, 1828, O'L, XXXI, 178–79.

129 SB to the Republic of Colombia, Bogotá, Aug. 27, 1828, SB, *Proclamas y Discursos*, 305–6.

130 SB to Briceño Méndez, Bogotá, Sept. 5, 1828, O'L, XXXI, 199–201.

131 Murray, *For Glory and Bolívar*, 72.

132 Paula is Francisco de Paula Santander. Sáenz to SB, Bogotá, March 28, 1828, Lecuna, "Cartas de mujeres," 335.

133 Boussingault, 213.

134 关于这一事件的全部描述引自 Cordovez Moure, *Reminiscencias* (Bogotá: Epigrafe, 2006), 569–71。 Also in Herrán to Restrepo, Bogotá, Aug. 5, 1828, Archivo General de la Nación, Bogotá, Sección República, Historia, IV, 170–75; and Murray, *For Glory and Bolívar*, 62.

135 这是爱尔兰上校理查德·克罗夫顿（Richard Crofton），他是防暴队的首领，根据

Posada 的描绘，他是一个粗俗不堪的人。Posada Gutierrez, I, 121.

136 Córdova to SB, Bogotá, Aug. 1, 1828, PRO/FO, Colombia, XVIII, 56.

137 科尔多瓦是个招女人喜欢的男人，有人猜测他和曼努埃拉·萨恩斯在那次航行中有过一段短暂的、最终是苦涩的罗曼史。关于航行：Córdova to SB, Quito, May 19, 1827, O'L, VII, 369–73; also Murray, *For Glory and Bolívar*, 49。关于那段罗曼史：L. F. Molina, "José María Córdova," *Gran enciclopedia de Colombia*, Sección militar。

138 Sáenz to SB, [n.p., n.d.], Lecuna, "Cartas de mujeres," 334.

139 SB to Córdova, Bogotá, July, 1828, Lecuna, Cartas, II, 419.

140 男仆何塞·帕拉西奥斯以随身携带旧衣服而闻名。他把旧帽子、破肩章、旧衬衫和褪色的夹克收藏起来，玻利瓦尔会把它们分发给有需要的士兵或军官。Aristides Rojas, Obras escojidas, 606; S. Vergara, *Diccionario biográfico de los campeones de la libertad* (Bogotá: Zaragosa, 1870), 431.

141 Mijares, *The Liberator*, 535. Boussingault, III, 224–25.

142 González, *Memorias*, 117.

143 桑坦德的副手 L. 巴尔加斯·特哈达写的完整诗句："去掉玻利瓦尔名字［Bolívar］的第一个字母和最后一个字母，我们就得到了'橄榄［Oliva］'［olive branch，橄榄枝］。换句话说，砍掉暴君的头和脚，才能享受持久的和平"。Mijares, 535.

144 贝尔纳蒂娜是桑坦德的长期情妇尼科拉萨的妹妹。弗洛伦蒂诺·冈萨雷斯即将与贝尔纳蒂娜结婚的消息引自 Lecuna, *Catálogo*, III, 283。有如此亲密的姐妹关系，我们可以假设，在冈萨雷斯专门找桑坦德讨论阴谋之前，他们就已经互相认识。See Santander's testimony, Dec. 13, 1828, O'L, XXVI, 545.

145 V. Pérez Silva, in the Introduction to González, 3.

146 Larrazábal, *Vida*, II, 447.

147 Posada Gutiérrez, I, 113.

148 Cordovez Moure, *Reminiscencias*, 1129–30.

149 Ibid., 744–45; Larrazábal, *Vida*, II.

150 Posada Gutiérrez, I, 114; also Bolívar to Montilla, Sept. 21, 1828, O'Leary, *Ultimos años*, 215–17; also "Testament of an eyewitness, 1828," O'Leary, *Bolívar y la emancipación*, 409–15 (cited hereafter as "Testament").

151 Mijares, 536.

152 Testament"; also Mijares, 536.

153 "Testament." 冈萨雷斯在 9 月 17 日或 18 日拜访了桑坦德，就在计划中的暗杀行动的前几天，显然桑坦德就是在那时对该行动做出了答复。桑坦德知道整个阴谋，并对 9 月 21 日的计划做出具体指示：González, 117, 123。

154 "Testament"; also Posada Gutiérrez, I, 113; González, 119.

155 因为 10 月 28 日是圣西蒙的生日。那一天，桑坦德应该已经在前往华盛顿任职的路上了。然而，冈萨雷斯声称政变定在 9 月 28 日，这是毫无道理的，因为桑坦德告诉过他，希望政变发生时，自己早就离开了。9 月 25 日，桑坦德还在波哥大，还没有做好离开的准备，而且身体有些不适。

156 一些共谋者被告知（他们也相信），他们只是去抓捕玻利瓦尔。在审判过程中可以看出，这就是一些人被说服加入的原因。See also Sept. 26–Nov. 13, 1828, O'L, XXVI, 460–503.

157 González, 125.

158 Sáenz to O'Leary, Paita, Aug. 10, 1850, O'Leary, *Bolívar y la emancipación*, 416–23.

159 "Testament." 部长卡斯蒂略是最初的三个目标之一，另外两个是玻利瓦尔和乌达内塔。González, 127.

160 Sáenz to O'Leary, O'Leary, *Bolívar y la emancipación*.

161 Posada Gutiérrez, I, 121.

162 NASA, Moon Phases, http://eclipse.gsfc.nasa.gov/phase/phases1801.html; also Posada Gutiérrez, I, 115; also Sáenz to O'Leary, O'Leary, *Bolívar y la emancipación*.

163 当晚的各种细节引自 Sáenz to O'Leary, O'Leary, *Bolívar y la emancipación*。

164 这些秘鲁将军是指加马拉和圣克鲁斯。

165 Sáenz to O'Leary, O'Leary, *Bolívar y la emancipación*.

166 "Testament." 那天晚上，整个官邸只有 30 人到 35 人守卫。

167 Sáenz to O'Leary, O'Leary, *Bolívar y la emancipación*.

168 Ibid.

169 Boussingault, III, 232. Boussingault 称这一信息是来自于曼努埃拉，而曼努埃拉在给奥利里提供的证词中，只说玻利瓦尔没有穿衣服。

170 关于这件事情的细节引自 Sáenz to O'Leary, O'Leary, *Bolívar y la emancipación*。

171 González, 127.

172 Boussingault, III, 226.

173 González, 130–31; also Boussingault, III, 232.

174 Sáenz to O'Leary, O'Leary, *Bolívar y la emancipación*.

175 Boussingault, III, 227.

176 Ibid.

177 Sáenz to O'Leary, O'Leary, *Bolívar y la emancipación*; also González, 131.

178 González, 131.

179 Sáenz to O'Leary, O'Leary, *Bolívar y la emancipación*.

180 Posada Gutiérrez, I, 120.

181 Sáenz to O'Leary, O'Leary, *Bolívar y la emancipación*.

182 Posada Gutiérrez, I, 119.

183 Larrazábal, *Vida*, II, 452.

184 Posada Gutiérrez, I, 119.

185 Ibid., 121.

186 Posada Gutiérrez, I; also Larrazábal, *Vida*, II, 453.

187 Posada Gutiérrez, I, 121.

188 SB to Carabaño, quoted in Larrazábal, *Vida*, II, 454.

189 Boussingault, III, 228; also Larrazábal, *Vida*, II, 454; Murray, *For Glory and Bolívar*, 66; Sáenz to O'Leary, O'Leary, *Bolívar y la emancipación*; Posada Gutiérrez, I, 116.

190 Posada Gutiérrez, I, 121.

191 Sáenz to O'Leary, O'Leary, *Bolívar y la emancipación*.

192 Posada Gutiérrez, I, 121–22.

193 Larrazábal, *Vida*, II, 454. 关于他士气低落的描写引自 Restrepo, IV, 119。

194 Posada Gutiérrez, I, 121–22.

195 Larrazábal, *Vida*, II, 454.

196 Bolívar to Sucre, Oct. 28, 1828, O'L, XXXI, 230–33.

197 这些判决记录在一份官方备忘录中，Castillo, Vergara, and Córdova to the Secretary of State, Nov. 10, 1828, Bogotá, O'L, XXVI, 493–98。

198 O'L, XXVI, 493–98.

199 Lynch, *Simón Bolívar*, 242.

200 Sáenz to O'Leary, O'Leary, *Bolívar y la emancipación*; 曼努埃拉并不是唯一注意到玻利瓦尔的宽容的人。在其他人中，比大多数人更该死的卡鲁若也给了他同样的赞誉：Carujo to the Sons and Inhabitants of Bogotá, Nov. 13, 1828, O'L, XXVI, 502–3。

201 Sáenz to O'Leary, O'Leary, *Bolívar y la emancipación*. 回顾这一点，人们不禁要问，冈萨雷斯之所以能够幸免于难，是否是因为他与贝尔纳蒂娜·伊巴涅斯有婚约，解放者曾经关心过她，而她毕竟是玻利瓦尔的一位心腹军官的遗孀。

202 1828 年 11 月，卡鲁若躲过了死刑判决，被送入博卡奇卡监狱（桑坦德也在那里待过）。此后，他过上了颠沛流离的生活。冈萨雷斯在博卡奇卡被判处单独监禁，但 18 个月后被释放。他于 1831 年回到哥伦比亚，在桑坦德的政府中任职，并与贝尔纳蒂娜·伊巴涅斯结婚。几年后，他竞选共和国总统，但未获成功。后来，他移民到了阿根廷。

203 Restrepo, IV, 119.

第十七章　破浪前行

1 SB to Restrepo, Bucaramanga, June 3, 1828, O'L, XXXI, 136.

2 Liévano Aguirre, 486.

3 J. O. Melo, Introduction, "El ojo de los franceses," in Augusto Le Moyne, *Viaje y estancia en la Nueva Granada* (Bogotá: Ed. Incunables, 1985).

4 Ibid.

5 A. Le Moyne, *Voyages et séjour* (Paris, 1880), in Liévano Aguirre, 486.

6 这个画家是何塞·M. 埃斯皮诺萨（José M. Espinosa），他创作了一些最著名的玻利瓦尔的肖像画。他利用生活中取材的玻利瓦尔的素描草图画了多张肖像画，其中大部分收藏在加拉加斯。埃斯皮诺萨在他的回忆录（*Memorias de un abanderado*）中写到了革命，本传记的开篇就来源于此。

7 Boulton, *Los retratos de Bolívar*, 110–11.

8 Sucre to SB, cited in Polanco Alcántara, 992; Nicolasa Ibañez to SB, Bogotá, Duarte French, *Las Ibañez*, 100.

9 SB to Briceño Méndez, Bogotá, Nov. 16, 1828, O'L, XXXI, 239–40.

10 SB to Briceño Méndez, Bogotá, Nov. 28, 1828, ibid.

11 SB to Briceño Méndez, Bucaramanga, April 23, 1828, O'L, XXXI, 73–75; also SB to Urdaneta, Purificación, Jan. 1, 1829, ibid., 281–85.

12 Mijares, 538.

13 SB, Discurso, Caracas, Jan. 1, 1814, SB, *Doctrina*, 28.

14 Arciniegas, *Bolívar y la revolución*, 345.

15 SB to Briceño Méndez, Bogotá, Nov. 16, 1828, O'L, XXXI, 239–40.

16 Lynch, *Simón Bolívar*, 252–53.

17 Santander to SB, Bogotá, June 8, 1826, O'L, III, 265–66.

18 O'L, II, 639.

19 Madariaga, 380.

20 B. Hammett, "Popular Insurrection and Royalist Reaction," in Archer, 50. Also see Jay Kinsbruner, *Independence in Spanish America*, (Santa Fe: University of New Mexico Press, 1994), 153–57.

21 Kinsbruner, 130–31.

22 Liévano Aguirre, 512–13.

23 Kinsbruner, xvii.

24 SB to Briceño Méndez, O'L, XXXI, 239–40; SB to Alamo, Nov. 19, 1828, ibid., 242.

25 SB to Sucre, Bogotá, Oct. 28, 1828, ibid., 230–33.

26 "如果上帝给我们选择自己家人的权利，"玻利瓦尔曾说过，"我会选择苏克雷将军做我的儿子。" Sucre, *Documentos selectos* (Caracas: Biblioteca Ayacucho, 1993), vii.

27 SB to Flores, Bogotá, Oct. 8, 1828, O'L, XXXI, 223–24.

28 Vásconez Hurtado, *Cartas de Bolívar al General Juan José Flores*, Introducción.

29 Madariaga, 582.

30 玻利瓦尔对苏克雷的描述，引自 SB to Sucre, O'L, XXXI, 230–33。

31 SB to Flores, ibid.

32 玛丽安娜·卡尔塞伦·拉雷亚（Mariana Carcelén Larréa）是索兰达的女贵族，她与苏克雷相识于基多。苏克雷授权给何塞·马里亚·佩雷斯（José María Pérez）将军在1823年帮他们完成婚姻手续。Sucre, *De mi propia mano*, 470.

33 苏克雷还留了一个情妇——罗萨莉娅·科尔特斯（Rosalía Cortés），她是玻利维亚人。他在拉巴斯与她有过一段情。他们的私生子，出生于1826年1月13日，名叫何塞·马里亚（José María）。Ibid., 464.

34 SB to Alamo, Chia, Nov. 19, 1828, O'L, XXXI, 241–2.

35 Obando to La Mar, Pasto, Dec. 14, 1828, O'L, III, 481; also from Guáitara, Dec. 29, 1828, ibid., 483.

36 La Mar, "El Ciudadano General La Mar, Presidente de la República, a los Peruanos," in O'Leary, *Bolívar y la emancipación*, 496–98.

37 奥万多在这场新格拉纳达的叛乱中的亲密战友是何塞·伊拉里奥·洛佩斯（José Hilario López），他是波帕扬人，是桑坦德的狂热支持者。后来，桑坦德、洛佩斯和奥万多都做过新格拉纳达共和国的总统。

38 SB to Ibarra, Bogotá, July 16, 1828, O'L, XXXI, 166.

39 这个秘鲁大使是何塞·德·维拉（José de Villa），贝林多亚加将军的密友和前私人秘书。他抛弃了爱国者，跟托雷·塔格莱这些西班牙人走得很近。玻利瓦尔以叛国罪处决了贝林多亚加。Madariaga, 580.

40 SB to O'Leary, Bogotá, Aug. 15, 1828, O'L, Ultimos años, 475.

41 SB to Alamo, ibid.

42 SB to Flores, Oct. 8, 1828, O'L, XXXI, 223–24.

43 Posada Gutiérrez, I, 140.

44 SB to Urdaneta, Paniquitá, Jan. 22, 1829, O'L, XXXI, 304–6.

45 昆卡是秘鲁总统拉马尔的出生地。尽管他曾与玻利瓦尔和苏克雷一起为了把秘鲁从西班牙手中解放出来而奋斗，但昆卡和瓜亚基尔被波哥大侵占的事实一直令他感到愤怒。

46　部队的总人数（并非参加战斗的人数）：4 000 名大哥伦比亚人，8 000 名秘鲁人。
　　Posada Gutiérrez, I, 146.

47　Monsalve, *El ideal político*, 196.

48　Ibid.

49　Sucre to SB, Cuenca, March 3, 1829, O'L, I, 521–22.

50　战斗结束后，苏克雷在战场上建立了一个纪念碑。上面刻着这样的文字："1829 年 2
　　月 27 日秘鲁军队的 8 000 人入侵了他们的解放者的土地，在这里被 4 000 名顽强的
　　大哥伦比亚人打败。"数字上的差异是由于苏克雷使用的是军队总人数，而不是实际
　　上战场的人数。Posada Gutiérrez, I, 146.

51　Sucre to SB, ibid.

52　SB to Vergara, Hato Viejo, Feb. 28, 1829, O'L, XXXI, 328–29; and SB to Urdaneta, Pasto,
　　March 9, 1829, ibid., 330–31.

53　SB to Vergara, Popayán, Jan. 28, 1829, O'L, XXXI, 307–10; also Monsalve, *El ideal
　　politico*, 192.

54　Posada Gutiérrez, I, 150.

55　Ibid., 136–40.

56　O'Leary to Bolívar, Bogotá, May 9, 1829, and Aug. 18, 1829, FJB, Archivo Libertador,
　　Nos. 633, 641.

57　O'Leary to SB, ibid.

58　O'Leary, *Detached Recollections*, 12–15.

59　Ibid.

60　Campbell to SB, Bogotá, May 31, 1829, in Liévano Aguirre, 491–92.

61　A. Sheldon-Duplaix, "France and Its Navy During the Wars of Latin American
　　Independence," presentation, 2011 McMullen Naval History Symposium, Sept. 16, 2011,
　　Annapolis.

62　Bolívar to Vergara, Campo de Buijó, July 13, 1829, O'L, XXXI, 422–27.

63　玻利瓦尔对君主制的看法在本书其他地方已经有了充分的论证。他提到他的敌人一
　　直试图给他扣上君主主义的帽子。SB to Urdaneta, Bojacá, Dec. 16, 1828, O'L, XXXI,
　　268；玻利瓦尔告诉乌达内塔，君主制是行不通的：SB to Urdaneta, Guayaquil, July
　　13, 1829, *Documentos para los anales*, 54–56。Also Larrazábal, *Vida*, II, 493–517.

64　Liévano Aguirre, 482–83.

65　Ibid.

66　不仅是玻利瓦尔的敌人，他的一些传记作者也错误地认为他有君主制的愿望。西班
　　牙人 Salvador Madariaga 在其关于玻利瓦尔的书中一直持负面态度，他声称玻利瓦尔
　　自己想成为国王，阿根廷前总统 Bartolomé Mitre 写的一本带偏见的传记也这么说。

67　派斯曾写信给乌达内塔说他支持玻利瓦尔想要的任何形式的政府，甚至是君主制。
　　那些大肆宣扬玻利瓦尔想要称王的人（尤其是在科尔多瓦所在的安蒂奥基亚地区）是
　　蒙托亚斯（Montoyas）和阿鲁布拉斯（Arrublas），他们是桑坦德的律师朋友。O'Leary,
　　Detached Recollections, 15.

68　Masur, *Simón Bolívar*, 659.

69　Mosquera's testimony, *Causa contra el presidente*, I, Anales del Congreso, Imprenta de la
　　Nación, Bogotá, 1867, 589; also Posada Gutiérrez, I, 142–43.

70　Córdova to Páez, Medellín, Sept. 18, 1829, in Páez, 544–47.

71 Cordovez Moure, 1067.

72 Mosquera, quoted in *Causa contra el presidente*.

73 Larrazábal, *Vida*, II, 474.

74 J. M. del Castillo, in "Report of the President of the Council of Ministers," Bogotá, Jan. 25, 1830 (translation), in British and Foreign State Papers, XVII, 1829–30, 1273–81.

75 确切日期是 7 月 21 日。SB to Restrepo, Guayaquil, July 23, 1829, O'L, XXXI, 439–41.

76 SB to Restrepo, Guayaquil, Aug. 20, 1829, O'L, XXXI, 482; SB to Briceño Méndez, Guayaquil, Aug. 21, 1829, ibid., 488; SB to Páez, Guayaquil, Sept. 5, 1829, ibid., 513.

77 "当我们和军队一起到达马约河 [奥万多和叛军所在的地方] 时，解放者染上了严重的肺部疾病。" Mosquera, quoted in Posada Gutiérrez, I, 142; also Mosquera's testimony about his general state, *Causa contra el presidente*, 588–89.

78 SB to Briceño Méndez, O'L, XXXI, 488; also SB to Restrepo, ibid., 482.

79 SB to Urdaneta, Guayaquil, Aug. 20, 1829, O'L, XXXI, 480; SB to Restrepo, ibid., 483.

80 SB to Col. Wilson, Guayaquil, Aug. 3, 1829, O'L, XXX, 462–66.

81 拉马尔的直接继任者是拉富恩特，在加马拉接任之前，他担任了 3 个月的临时总统。玻利瓦尔对拉富恩特很有好感，可能是因为拉富恩特曾帮他把里瓦·阿圭罗赶下台。拉富恩特上任后立即给解放者写了一封和解信。SB to Briceño Méndez, Guayaquil, July 22, 1829, O'L, XXXI, 435–36.

82 Posada Gutiérrez, I, 143; also SB, *Proclamas y discursos*, 34–35. Masur 声称科尔多瓦一点也不担心玻利瓦尔，但其他南美历史学家几乎都不同意这一观点。

83 SB to Urdaneta, Guayaquil, Aug. 3, 1829, O'L, XXXI, 458–60.

84 SB to O'Leary, Guayaquil, Sept. 8, 1829, O'L, XXXI, 516–19.

85 SB, Proclama, Aug. 2, 1824, DOC, IX, 343.

86 SB to Leandro Palacios, Guayaquil, July 27, 1829, O'L, XXXI, 451–52.

87 SB to Urdaneta, Buíjo, July 5, 1829, ibid., 416–18.

88 在玻利瓦尔从瓜亚基尔的来信中提到了贡斯当：Urdaneta, July 22; M. Montilla, July 27; R. Wilson, July 28; and Palacios, July 27, 1829; ibid., 442–50。

89 G. D. Flinter, letter to King George IV, Island of Margarita, Jan. 28, 1829 (Gazette, Hollman & Co., 1829), JCBL.

90 "Review: Memoirs of Simón Bolívar," by Gen. H. S. V. Ducoudray-Holstein, *The Gentlemen's Magazine* [a compendium of 1829 publications], C-147, I (London: Nichols, 1830), 48–51.

91 对玻利瓦尔的负面报道铺天盖地，参见 the American Masonick Record, *Albany Saturday Magazine*, II, no. 52 (Jan. 24, 1829), 415。

92 里瓦·阿圭罗在 1823 年被驱逐出秘鲁，因为他和托雷·塔格莱一起支持西班牙人。Basadre, I, 32–36, 87.

93 Lecuna, *Catálago*, III, 87ff. and 101; also A. Rey de Castro Arena, *Republicanismo* (Lima: Universidad de San Marcos, 2010), 238.

94 SB to O'Leary, Guayaquil, Aug. 17, 1829, O'L, XXXI, 478–79.

95 SB to O'Leary, Guayaquil, Aug. 21, 1829, ibid., 483–86.

96 Madariaga 在他的书的最后几章中把玻利瓦尔描绘成一个彻底的负面的扭曲形象，书中的玻利瓦尔只是假装拒绝王冠，因为他是如此贪婪地渴望它。Mitre 是阿根廷人，他更喜欢他的同胞圣马丁而不是玻利瓦尔，他把玻利瓦尔描绘成病态的两面派和危险的独裁主义者。最近，秘鲁历史学家 Morote 认为玻利瓦尔策划了一个摧毁秘鲁的邪恶计划。

97 SB, Proclama, Aug. 27, 1828, Bogotá, quoted, with special piquancy, in Santander, *Apuntamientos*, 116.

98 这一点在英国总领事詹姆斯·亨德森（James Henderson）写给英国外交部的信件中表现得最为明显，他指责玻利瓦尔的动机最低劣。PRO/FO, 18/68, Doc. 24, 25, and Henderson's letters. 这位大使深受桑坦德和科尔多瓦的影响。此外，亨德森 13 岁的女儿范妮一直与科尔多瓦通信保持着一段罗曼史，亨德森读过那些信。Madariaga, 592–612.

99 SB to Vergara, Guayaquil, Sept. 20, 1829, O'L, XXXI, 520.

100 Mijares, 539.

101 Restrepo, Order 654, Bogotá, in O'L, XXVI, 414–16.

102 SB to Vergara, O'L, XXXI, 520.

103 SB to Urdaneta, Quito, Oct. 26, 1829, *Documentos para los anales*, 56–57.

104 SB to Vergara, O'L, XXXI, 520.

105 一个面向全体人民的公投。Posada Gutiérrez, I, 171–72. 关于玻利瓦尔真的对王位不感兴趣：C. Cantú, *Historia de cien años: 1750–1850*, II (Madrid: Rivera, 1852), 523–24; also Restrepo, IV, 256–59。

106 SB, "Una mirada hácia la america española," in Pérez Vila, *Doctrina*, 286–87.

107 SB to O'Leary, Babahoyo, Sept. 28, 1829, O'L, XXXI, 526.

108 Mosquera testimony, *Causa contra el presidente*, 590.

109 Restrepo, IV, 186. He was in Puerto Cabello in August; Páez, 548.

110 Santander, *Apuntamientos*, 21–22.

111 O'L, XXVII, Part I, 123.

112 Santander, *Apuntamientos*, 55.

113 Restrepo, IV, 185.

114 Montebrune to Sáenz, Guaduas, Nov. 19, 1828, quoted in Cordovez Moure, 748; also in Murray, *Simón Bolívar*, 69.

115 Santander to SB, Bocachica, Dec. 18, 1828, quoted in *Proceso Seguido al General Santander* (Bogotá: Biblioteca de la Presidencia de la República, 1988), Prólogo.

116 Santander to Jackson, Bocachica, May 19, 1829, quoted ibid.

117 Santander, *Apuntamientos*, 55; also Cordovez Moure, 1206.

118 Blanco-Fombona, in O'Leary, *Bolívar y la emancipación*, 683 fn.

119 Páez to Santander, Puerto Cabello, Aug. 20, 1829, in Páez, *Autobiografía*, I, 550.

120 Liévano Aguirre, 501.

121 SB, "A Panoramic View of Spanish America," DOC, XIII, 493; also in SBSW, II, 741–48.

122 Páez to SB, Caracas, July 22, 1829, *Documentos para los anales*, II, 132–34; also in Páez, *Autobiografía*, I, 509. As for reading the meaning, see Liévano Aguirre, 498–99.

123 SB to Páez, Popayán, Dec. 15, 1829, *Documentos para los anales*, 134–37.

124 SB to Vergara, Popayán, Nov. 22, 1829, SB, *Obras completas*, III, 365.

125 SB to Urdaneta, Popayán, Nov. 22, 1829, ibid., 367, 370.

126 Restrepo, IV, 244; also O'Leary's notes in Sept. 1829, *Detached Recollections*, 16–17.

127 Larrazábal, *Vida*, II, 513 fn.

128 玻利瓦尔忠心耿耿的内政部长雷斯特雷波，在这一点上对玻利瓦尔提出了批评。他指责玻利瓦尔没有做出更强有力的努力来澄清他的立场，应该从一开始就把君主制运动扼杀在萌芽状态。这个观点也许是正确的（José Manuel Restrepo, quoted in Guerra, *La convención de Ocaña*, 82; also in Restrepo, *Historia de la revolución*, III, 534; also quoted in Larrazábal, *Vida*, II, 511）。秘鲁的贝朗德总统写了很多关于玻利瓦尔的文章，他觉得玻利瓦尔在生命的最后几年反映出一个本质性的弱点。他在本该坚定的时候却摇摆不定。但对贝朗德来说，玻利瓦尔的弱点只是一种人性的弱点（Belaunde, xiii）。

129 SB, "A Panoramic View," DOC, XIII, 493.

130 在奥利里武装镇压科尔多瓦的叛乱之前，玻利瓦尔尝试了许多方式来安抚。他曾提议升科尔多瓦为海军部长，但这位将军只是嗤之以鼻，因为在大哥伦比亚根本没有海军可言。玻利瓦尔还邀请科尔多瓦到荷兰去做外交工作，后者也没有理会。

131 Posada Gutiérrez, I, 226–30; also Larrazábal, *Vida*, II, 525.

132 DOC, XIII, 706.

133 Ibid.

134 Posada Gutiérrez, I, 208.

135 Ibid., 208–9.

136 Ibid.

137 FJB, *Archivo O'Leary*, Marinilla, Oct. 17, 1829, quoted in Polanco Alcántara, 1014; also Posada Gutiérrez, I, 209.

138 这一比喻引自 Masur, *Simón Bolívar*, 659。

139 Posada Gutiérrez, I, 209–10.

140 Larrazábal, *Vida*, II, 521–24.

141 Restrepo, IV, 260; also *Documentos para los anales*, I, 481.

142 DOC, XIII, 714 ff.

143 Páez to SB, Caracas, Dec. 1, 1829, Páez, *Autobiografía*, 557–59.

144 Posada Gutiérrez, I, 230.

145 Ibid., 230–31.

146 Ibid.; also Masur, *Simón Bolívar*, 669–70.

147 Posada Gutiérrez, I, 231.

第十八章　迷宫中的将军

1 SB's last words, Restrepo, IV, 412.

2 Ibid., 319; also Larrazábal, *Vida*, II, 519.

3 Posada Gutiérrez, I, 233.

4 伟大的人道主义者巴托洛梅·德·拉斯卡萨斯的亲戚。Groot, I, 48.

5 Posada Gutiérrez, I, 233; also Larrazábal, *Vida*, II, 521.

6 SB to Castillo Rada, Jan. 4, 1830, SBC, IX, 227, quoted in Mijares, 553.

7 Posada Gutiérrez, I, 233.

8 这一描写来自 Lynch, *Simón Bolívar*, 271。

9 SB, "Manifesto Justifying the Dictatorship," Bogotá, Aug. 27, 1928, SB, *El Libertador*:

Writings, 141–42.

10　Posada Gutiérrez, I, 233–4.

11　Ibid.

12　W. Turner, report to the British Foreign Minister, PRO/FO 18/68, no. 75, quoted in Madariaga, 617.

13　Ibid.

14　Flores to Urdaneta, Quito, March 27, 1830, O'L, IV, 288–89.

15　SB, "Mensaje del Libertador," Bogotá, Jan. 20, 1830, SBO, III, *Discursos*, 145–53.

16　Ibid.

17　Larrazábal, *Vida*, II, 521.

18　Ibid., 521–22.

19　Ibid., 529; also Posada Gutiérrez, I, 231.

20　SB to J. Fernández Madrid, Bogotá, Feb. 13, March 6, 1830, SB, *Fundamental*, I, 609–13.

21　Liévano Aquirre, 502.

22　Ibid.

23　DOC, XIV, 123–24.

24　Masur, *Simón Bolívar*, 671.

25　SB to Alamo, quoted in Larrazábal, *Vida*, II, 512.

26　Ibid., 532; Posada Gutiérrez, I, 250; Madariaga, 621.

27　这里说的是富查庄园（Villa Fucha），在下列书中均有提及：Posada Gutiérrez, I, 251; Madariaga, 621; Mitre, *Emancipation of South America*, 468。

28　Mijares, 555.

29　SB to O'Leary, Guayaquil, Aug. 21, 1829, O'L, XXXI, 483–86.

30　Larrazábal, *Vida*, II, 541.

31　Larrazábal 叙述道，当玻利瓦尔把他的个人银器卖给政府造币厂时，得到了 2 535 美元，这就是玻利瓦尔所有的钱。Larrazábal, *Vida*, II, 541.

32　SB to Gabriel Camacho, Guaduas, May 11, 1830, quoted ibid., 542–43.

33　玻利瓦尔在多封信中都提到他想要卖掉铜矿。参见 SB to Alamo, Soatá, March 26, 1828, O'L, XXXI, 54–55; SB to Ibarra, Bogotá, Aug. 28, 1828, ibid., 192–93; SB to Briceño Méndez, Popayán, Feb. 5, 1829, ibid., 316–17。早在 1825 年，玻利瓦尔就渴望过上私人生活，甚至在他对上秘鲁进行胜利巡视的时候，他就指望出售阿罗阿铜矿来维生：SB to Peñalver, Potosí, Oct. 17, 1825, and Magdalena, March 4, 1826, O'L, XXX, 182。

34　玻利瓦尔请科克伦勋爵亲自去看看矿场，以确认其 50 万美元的估价（SB to Cochrane, Oct. 18, 1825, Escritos, 188）。1830 年的 1 美元在今天价值 20 美元（"Comparative Value of the U.S. Dollar," http://mykindred.com/cloud/TX/Documents/dollar/）。这些矿井的年收入相当于 25 万美元。"Bolívar Empresario," a monograph by the Venezuelan historian Antonio Herrera-Vaillant, www.hacer.org/pdf/Bolívar.pdf, 17, 21.

35　在玻利瓦尔的父亲胡安·比森特·玻利瓦尔在世时确认了对矿场的所有权。矿场是从玻利瓦尔的祖母何塞法·马林·德·纳瓦埃斯（Josefa Marín de Narváez）那里继承的，她的家族从 17 世纪开始就拥有这些矿场。P. Verna, *Las minas del Libertador* (Caracas: Ed. de la Presidencia de la República, Imprenta Nacional, 1976).

36　有许多材料能支持这一点，比如，SB to Santander, Lima, Oct. 30, 1823, SBO II, 829：

"我一直认为，为自由和荣耀而奋斗的人，除了自由和荣耀之外，不应该再得到其他的补偿。"关于玻利瓦尔对金钱的处置的有趣分析，参见 HerreraVaillant, 8–12。

37 Ibid., 47–49.

38 Bermúdez, Proclama, Feb. 16, 1830, in Larrazábal, *Vida*, II, 540.

39 Arismendi, Bando, Feb. 25, 1830, in Larrazábal, *Vida*, II, 540.

40 SB to Alamo, Popayán, Dec. 6, 1829, DOC, XIV, 26–27.

41 Posada Gutiérrez, I, 250.

42 Liévano Aguirre, 503.

43 Fanny du Villars to SB, Paris, April 6, May 14, 1826, O'L, XII, 293–300.

44 Mijares, 556–57; Ducoudray Holstein, 94; Petre, 428.

45 Restrepo, IV, 267–71.

46 Masur, *Simón Bolívar*, 672–73.

47 Restrepo, IV, 309.

48 Ibid.

49 Flores (and forty-two other signatories) to SB, Quito, March 27, 1830, in Larrazábal, *Vida*, II, 537.

50 Restrepo, IV, 299.

51 Ibid., 312; also Larrazábal, *Vida*, II, 538.

52 这个人是欧塞维奥·卡纳瓦尔（Eusebio Canabal）。Restrepo, IV, 299; also Posada Gutiérrez, I, 307.

53 Restrepo, IV, 299.

54 Posada Gutiérrez, I, 307–8.

55 Ibid., 317–18.

56 将军埃朗（Herran）的房子。Larrazábal, *Vida*, II, 539.

57 Restrepo, IV, 312–33.

58 Ibid., 317.

59 Rumazo González, 263.

60 Murray, *Simón Bolívar*, 74; Lynch, *Simón Bolívar*, 274.

61 Rumazo González, 263.

62 Posada Gutiérrez, I, 322.

63 Larrazábal, *Vida*, II, 540.

64 Groot, III, 460.

65 Rumazo González, 263.

66 Col. Campbell, quoted in Larrazábal, *Vida*, II, 540.

67 Posada Gutiérrez, I, 321; also Restrepo, IV, 318–19.

68 Slatta and Lucas de Grummond, 291.

69 Sucre to SB, Bogotá, May 8, 1830, O'L, I, 571.

70 SB to Sáenz, Guaduas, May 11, 1830, SBC, IX, 265.

71 H. Chisholm, "Colombia: Fauna and Flora," in *Encyclopedia Britannica*, VI, 704.

72 Posada Gutiérrez, I, 392, 397.

73 据 Restrepo 的记述，这个金额为 3 万美元；Restrepo, IV, 317–18。比索对美元的汇率：*Consular Reports*, vol. LX, GPO, Washington, DC, 1899, 663。

74 Posada Gutiérrez, 393.

75　SB to Caicedo, Turbaco, June 1, 1830, SBC, IX, 272.

76　Posada Gutiérrez, I, 397.

77　SB to Mosquera, Cartagena, June 24, 1830, SBC, IX, 275.

78　Posada Gutiérrez, I, 397，关于这一事故的细节另参见 SB to "mi General," Cartagena, June 29, 1830, SBC, IX, 277。

79　SB to Leandro Palacios, Cartagena, Aug. 14, 1830, SBC, IX, 285.

80　Rivolba, 64.

81　Larrazábal, *Vida*, II, 547.

82　"Sucre," República del Ecuador, Diario Oficial, Quito, May 24, 1889, no. 61, 1–3.

83　L. Villanueva, *Vida del gran mariscal de Ayacucho* (Caracas: Tip Moderna, 1895), 567–72.

84　刺客头子阿波利纳·莫里略（Apolinar Morillo）在接受询问时，引用了奥万多当着指挥官安东尼奥·马里亚·阿尔瓦雷斯（Antonio María Alvarez）说的话："国家正处于被暴君占领的巨大危险之中，拯救国家的唯一方法是除掉苏克雷将军，他正从波哥大赶来，迫使厄瓜多尔为解放者加冕。为此，你们有必要于这一天与何塞·埃拉索［第二名刺客］一起在萨尔托-德马约游行示威。"L. Villanueva, *Vida del gran mariscal* (Caracas: Moderna, 1895), 570; see also Restrepo, IV, 611–12.（雷斯特雷波版本的证词更有力，他引用莫里略的话说："拯救厄瓜多尔的唯一方法是去萨尔托-德马约，找到苏克雷，并杀死他。"）

85　Editorial, El Democrata, June 1, 1830, quoted in *Documentos para los anales*, IV, 544.

86　L. Urdaneta, "Relación desnuda, July 24, 1830," *BOLANH*, 28, no. 111 (July–Sept. 1945), 347–48. 玻利瓦尔后来说："有人声称［苏克雷的暗杀］是根据弗洛雷斯的命令进行的，但这是错误的。"SB to Madrid, Cartagena, July 24, 1830, SBC, IX, 284.

87　玻利瓦尔听到苏克雷被暗杀的消息后所说的话。Rumazo González, 266.

88　玻利瓦尔在听到苏克雷的消息数小时后，他的肺病就剧烈地发作了。Larrazábal, *Vida*, II, 560.

89　Bolívar to Flores, Cartagena, July 1, 1830, SBC, IX, 279.

90　Ibid.; also Larrazábal, *Vida*, II, 549.

91　Bolívar to Flores, July 1, 1830, SBC, IX, 279.

92　Ibid., 280.

93　Cordovez Moure, 752.

94　L. A. Cuervo, *Apuntos historiales* (Bogotá: Editorial Minerva, 1925), 201.

95　Editorial, *Aurora*, June 10, 1830, in Rumazo González, 269–70.

96　这一幕在政府关于萨恩斯被控行为不当的听证会上被记录下来。"Documentos inéditos," *Boletín de Historia y Antiguedades*, Bogotá, no. 47, May–June, 1960, 373–402; also Rumazo González, 267–96; and Murray, *For Glory and Bolívar*, 75–76.

97　Rumazo González, 269–70; Murray, *For Glory and Bolívar*, 76.

98　Editorial, Aurora, quoted in Rumazo González, 269–70.

99　"Documentos inéditos."

100 Ibid.; also Rumazo González, 269–70; Murray, *For Glory and Bolívar*, 76.

101 "Documentos inéditos," 390–93.

102 Ibid.; Rumazo González, 270; Murray, *For Glory and Bolívar*, 76.

103 "Documentos inéditos."

104 有传言（一直流传至今）说曼努埃拉与其他男人有染，特别是和尼米安·R. 切恩

（Nimian R. Cheyne）。这些传言都没有得到证实，事实上，在她被大哥伦比亚驱逐后，从未听说她有过别的情人。Lecuna, "Papeles de Manuela Sáenz," 497.

105 Rumazo González, 270.

106 Lecuna, "Papeles de Manuela Sáenz," 517–18.

107 Cordovez Moure, 751.

108 阿苏埃罗，在企图谋杀玻利瓦尔未遂后与桑坦德等人一起被流放。后来，他被任命为内政部长。F. Cevallos, *Resumen de la historia del Ecuador*, IV (Guayaquil: La Nación, 1886), 423.

109 SB to Briceño Méndez, Cartagena, Sept. 20, 1830, SBC, IX, 320.

110 Ibid.; also SB to Soledad, Oct. 25, 1830, SBC, IX, 342.

111 SB to Briceño Méndez.

112 Rumazo González, 265; also Murray, *For Glory and Bolívar*, 78.

113 Murray, *For Glory and Bolívar*, 78.

114 Ibid., 78–80.

115 特别是阿苏埃罗，对此抱怨得很厉害。Rumazo González, 266; "Documentos inéditos," 380–85.

116 "Documentos inéditos," 375.

117 Lecuna, "Papeles de Manuela Sáenz," 519–20.

118 Turner to Aberdeen, Bogotá, Aug. 12, 1830, PRO/FO, 18:77, 14–18; also José Manuel Restrepo, *Diario político y militar*, II (Bogotá: Imprenta Nacional, 1954), 102; also Murray, *For Glory and Bolívar*, 80–81.

119 Restrepo, *Diario*, II, 102.

120 关于本段中的细节描写，参见 SB to Briceño Méndez, Cartagena, Sept. 1, 1830, SBC, IX, 287。See also Posada Gutiérrez, I, 482–83.

121 Battle of Santuario, Aug. 27, 1830. Restrepo, *Historia*, IV, 366–67.

122 Ibid., 372. Also DOC, IV, 480–85.

123 Restrepo, *Historia*, IV, 372.

124 玻利瓦尔知道这一点。6 个月前，他在给蒙蒂利亚将军的信中写道："一些在幕后操纵君主制的蠢人以为他们可以出卖我的灵魂来保全自己；但我决心维护我的尊严、荣誉和荣耀，不理会他们背信弃义的计划。" SB to Montilla, March 21, 1830, SBC, IX, 230.

125 Sáenz to D. Logan, Guaduas, Nov. 24, 1830, *BANH*, 29, no. 74 (July–Dec., 1949), 277–80.

126 曼努埃拉的这个朋友是佩鲁·德·拉克鲁瓦，他一直在她身边，直到最后。Villalba, *Epistolario*, 32–33.

127 Arciniegas, *Las mujeres y las horas*, 288.

128 SB to Justo Briceño, Cartagena, Sept. 15, 1830; SB to Castelli, Sept. 18, 1830; SB to Urdaneta, Sept. 18, 1830; all in SBC, IX, 306–13.

129 SB to Briceño Méndez, Cartagena, Sept. 20, 1830, ibid., 320–22.

130 "我含糊其词地提出这些东西，只是为了掩饰，但我不打算去波哥大，不打算统治。" SB to Vergara, Sept. 25, 1830, ibid., 323–28.

131 Villalba, *Epistolario*, 32–33.

132 "un fandango de locos," SB to Briceño Méndez, Cartagena, Sept. 1, 1830, *Documentos para los anales*, 266–67.

133 SB to Briceño Méndez, Sept. 20, 1830, ibid.

134 SB to Briceño Méndez, Cartagena, Sept. 10, 1830, SBC, IX, 304.

135 Ibid.

136 Ibid.

137 SB to Urdaneta, Cartagena, Sept. 25, 1830, SBC, IX, 320–23; also in Larrazábal, *Vida*, II, 556.

138 SB to Vergara, Sept. 25, 1830, SBC, IX, 323–28.

139 玻利瓦尔在 1830 年 10 月中旬至 11 月中旬的一个月内口述了 52 封信件。Polanco Alcántara, 1024.

140 Ibid.

141 Lafayette to SB, Lagrange, June 1, 1830, DOC, XIV, 236.

142 信中包括一枚纪念章和一绺乔治·华盛顿的头发。G. W. Custis to SB, Aug. 26, 1825, *The United States of Venezuela* (New York: Government of Venezuela, 1893), 144. (Published for the World's Columbian Exposition in Chicago.)

143 SB to Briceño Méndez, Cartagena, Sept. 20, 1830, *Documentos para los anales*, 266–67.

144 12 万公里，这个数字在许多关于玻利瓦尔的著作中被引用过。其中包括 Alvaro Vargas Llosa's review of John Lynch's *Simón Bolívar* in *The New Republic*, June 19, 2006; or monographs such as R. D. Favale's "Las casas más importantes de Simón Bolívar," http://www.scribd.com/doc/19325625/Las-casas-mas-importantes-de-Bolívar。Also see Bernal Medina, Introducción.

145 O. Beaujon, *El Libertador enfermo*, Sociedad Venezolana de Historia de la Medicina, conference, June 27, 1963 (Caracas: Grafos, 1969), 105ff.

146 SB to Urdaneta, Soledad, Oct. 25, 1830, SBC, IX, 345–49.

147 SB to Montilla, Soledad, Oct. 27, 1830, ibid., 349–51.

148 SB to Montilla, Barranquilla, Nov. 8, 1830, ibid., 374–75; also SB to Mier, Barranquilla, Nov. 19, 1830, ibid., 393.

149 SB to Briceño Méndez, Dec. 4, 1830, ibid., 405.

150 Arciniegas, *Los hombres y los meses*, 290.

151 SB to Montilla, Barranquilla, Nov. 11, 1830, SBC, IX, 384–85; also SB to Urdaneta, Barranquilla, Nov. 8, 1830, *Documentos para los anales*, 253–54.

152 SB to Urdaneta, Soledad, Nov. 6, 1830, SBC, IX, 369.

153 SB to Montilla, Soledad, Oct. 27, 1830, ibid.

154 SB to Urdaneta, Soledad, Oct. 31, 1830, ibid., 355.

155 SB to Urdaneta, Soledad, Oct. 16, 1830, ibid., 333–38.

156 Ibid.

157 SB to Justo Briceño, Barranquilla, Nov. 24, 1830, ibid., 395–96; also Wilson to O'Leary, Santa Marta, Oct. 31, 1830, O'L, XII, 131.

158 José Vallarino to Panama, Nov. 10, 1830, *BOLANH*, no. 104, 258ff., quoted also in Madariaga, 643–44.

159 Vallarino to Panama, Nov. 10, 1830, *BOLANH*, no. 104, 258 ff.

160 Wilson to O'Leary, Oct. 31, 1830, O'L, XII, 131.

161 Polanco Alcántara, 1024–25.

162 SB to Justo Briceño, Soledad, Oct. 31, 1830, SBC, IX, 356.

163 SB to Urdaneta, Nov. 16, 1830, ibid., 390.

164 SB to Urdaneta, Turbaco, Oct. 2, 1830, ibid., 329.

165 SB to Urdaneta, Soledad, Nov. 4, 1830, ibid., 362–65.

166 Ibid.

167 SB to Urdaneta, Soledad, Oct. 16, 1830, ibid.

168 SB to Flores, Barranquilla, Nov. 9, 1830, ibid., 370.

169 SB to Urdaneta, Barranquilla, Nov. 26, 1830, ibid., 399–400.

170 SB to Urdaneta, ibid. Also Arciniegas, *Los hombres y los meses*, 313; and Belford Wilson to O'Leary, Barranquilla, Nov. 27, 1830, O'L, XII, 140.

171 玻利瓦尔和蒙蒂利亚并非一直是朋友。蒙蒂利亚曾在曼努埃尔·卡斯蒂略准将手下服役，卡斯蒂略是玻利瓦尔的对头，从"惊人的战役"到围攻卡塔赫纳都是如此。但在1815年之后，蒙蒂利亚成了一个坚定的玻利瓦尔支持者。Parra-Pérez, *Historia*, I, 21.

172 SB to Montilla, Barranquilla, Nov. 8, 1830, SBC, IX, 374–75.

173 M. L. Scarpetta and S. Vergara, "Révérend, Alejandro Prospero" in *Diccionario biográfico de los campeones de la libertad en Nueva Granada* (Bogotá: Zalamea, 1879), 507.

174 Journals of Dr. A. P. Reverend, *Gaceta de Colombia*, Bogotá, Jan. 1, 1831 (Facs. nos. 494–566, Banco de la República), xxix. Also Révérend, "Relación del Dr. Révérend," in DOC, XIV, 464–74.

175 这些跟随玻利瓦尔的朋友包括贝尔福德·威尔逊（Belford Wilson）、劳伦西奥·席尔瓦（Laurencio Silva）、马里亚诺·波托卡雷罗（Mariano Portocarerro），以及迭戈·伊瓦拉（Diego Ibarra）等等。Perú de Lacroix to Sáenz, Cartagena, Dec. 18, 1830, in Villalba, *Epistolario*, 185.

176 Ibid.

177 M. Maza, "Subtidal Inner Shelf Currents off Cartagena de Indias," *Geophysical Research Letters*, 33 (Nov. 9, 2006), L21606, 5.

178 Alexander von Humboldt and W. MacGillivray, *The Travels and Researches of Alexander von Humboldt, Being a Condensed Narrative of His Journeys in the Equinoctial Regions of America* (New York: Harper, 1835), 272.

179 Liévano Aguirre, 509.

180 Arciniegas, *Los hombres y los meses*, 313.

181 Révérend, "Relación," DOC, XIV, 464–74.

182 Ibid.

183 Ibid.

184 雷韦朗带来了一位美国外科医生乔治·W. 麦克奈特博士（Dr. George W. McKnight）以确认这一诊断。后者来自美国军舰"虎鲸号"。麦克奈特医生称这是一种慢性肺部疾病，另外玻利瓦尔还有一些别的问题，比如有可能感染了疟疾，麦克奈特给他服用了奎宁。Ibid.

185 这就是麦克奈特医生。在许多参考资料中，他被不准确地称为奈特博士。Department of State, *A Register of All Officers, Civil, Military, and Naval, in the Service of the United States*, W. A. Davis, City of Washington, 1830, 125.

186 Gil Fortoul, I, 493.

187 Révérend, "Relación," DOC, XIV, 464–74.

188 Langley, 105.

189 玻利瓦尔的糖料种植园在圣马特奥。Díaz, 154.

190 http://www.museobolivariano.org.co.

191 Posada to Sáenz [place undetermined], Oct. 14, 1830, cited in Lecuna, "Papeles de Manuela Sáenz," 494–525. 波萨达将军曾写信给她说，虽然玻利瓦尔知道她计划在 12 月来，但他希望她能更早来。

192 Arciniegas, *Los hombres y los meses*, 314.

193 Ibid.

194 Ibid., 471.

195 Ibid; also in Masur, *Simón Bolívar*, 591.

196 From Révérend, "Relación," 471; also in Gil Fortoul, I, 494.

197 Révérend, "Relación," DOC, XIV, 469.

198 Gil Fortoul, I, 494.

199 Rivolba; also Révérend, "Relación," DOC, XIV, 472.

200 Révérend, "Relación," DOC, XIV, 472.

201 "Testament of Simón Bolívar," DOC, XIV, 463; SBSW, II, 766–68.

202 "Testament of Simón Bolívar."

203 A cleric from the village of Mamatoco, Révérend, " Relación," DOC, XIV, 456.

204 SB, Proclama, *Documentos para los anales*, 280.

205 Révérend, "Relación," DOC, XIV, 472.

206 Ibid., 473.

207 Ibid.

208 Ibid., 471. More editions: *La última enfermedad, los últimos momentos y los funerales de Simón Bolívar, por su médico de cabecera* (Paris: Imprenta de H. A. Cosson, 1866), 20–30; quoted in B. B. Celli, "La enfermedad y muerte del Libertador," *Revista de la Sociedad Venezolana de Historia de la Medicina,* 58 (Caracas, 2009), 63–70.

209 Révérend, "Relación," DOC, XIV, 471; Celli, 66.

210 Révérend, "Relación," 473.

211 Ibid., 474.

212 Ibid.

213 Larrazábal, *Vida*, II, 565.

214 Révérend, "Relación," 473.

尾 声

1 I. S. Alderson, *Los funerales de Bolívar*, BANH, Caracas, XI, no. 41, 49.

2 DOC, XIV, 475.

3 Ibid.

4 1830 年 9 月 26 日，巴拿马军事指挥官何塞·多明戈·埃斯皮纳尔（José Domingo Espinar）将军宣布巴拿马共和国独立后，提议玻利瓦尔担任巴拿马共和国总统。玻利瓦尔拒绝了，并敦促他将巴拿马归还给大哥伦比亚。

5 Perú de Lacroix to Sáenz, Cartagena, Dec. 18, 1830, *Trofeos*, III, no. 14, Feb. 20, 1908, 384; also Unamuno, 273.

6 Boussingault, III, 217. Boussingault 评论说她可能试图像埃及艳后那样死去。

7 Rumazo González, 255.

8 Murray, *For Glory and Bolívar*, 105–29.

9 Thomas Carlyle, "Dr. Francia: Funeral Discourse Delivered on Occasion of Celebrating the Obsequies of His Late Excellency," *Foreign Quarterly Review*, no. 62 (1843).

10 引自哥伦比亚诗人和小说家 William Ospina, in Ospina, 9。

11 Archer, esp. 35–37 and 283–92.

12 Ospina, 9.

13 历史学家们未能找到那个骨灰盒以及记录它存在的相关文件。See José Ignacio Méndez, *El ocaso de Bolívar*, Santa Marta, 1927, 212–13, in Masur, *Simón Bolívar*, 693.

14 Karl Marx to Fredrich Engels, Feb. 14, 1858, quoted in Enrique Krauze, *Redeemers* (New York: HarperCollins, 2011), 464.

15 José Martí, "Discurso pronunciado en la velada de la Sociedad Literaria Hispano-americana," speech in New York, Oct. 28, 1893, in Unamuno, *Simón Bolívar*, 196.

16 这就是奥利里的回忆录，里面包括玻利瓦尔的信件、宣言和叙述历史。它是所有进行玻利瓦尔生活和工作研究的必备参考资料。

17 准确地说，挖掘是在 2010 年 7 月 16 日，而革命开始于 1810 年 4 月 19 日。

18 G. Pereira, "Dead Commodities," in Forensic Architecture, http://www.forensic-architecture.org/docs/cabinet_43_dead_commodities_0.pdf.

19 "我的上帝，我的上帝……我的基督，我们的基督，当我静静地看着那些骨头祈祷时，我想起了你！……我多么希望，你能来到这里，你能像对拉撒路那样下令说：'起来，西蒙，现在还不是死的时候！'"在乌戈·查韦斯的推特（Twitter）账号下能找到两条相关推文（2010 年 7 月 16 日上午 7 点 41 分和 7 点 48 分）。See <twitter.com/chavezcandanga>, quoted in Pereira.

20 在许多视频中都可以看到这个古怪的仪式，包括一个伴随着查韦斯总统评论的画外音的视频，但这是最早发布的视频之一：http://www.youtube.com/watch?v=vqRT4q7zOg8&feature=related.

21 丹尼尔·奥利里将军使用的短语，在本书前面提到过。

22 G. García Márquez, "Una naturaleza distinta en un mundo distinto al nuestro," April 12, 1996, *La Jornada*, Bogotá, Oct. 28, 2010, 4.

23 E. Sábato, "Inercia mental," in *Uno y el universe* (Buenos Aires: Editorial Seix Barral, 2003), 90.

24 这是马里亚诺·梅尔加雷霍（Mariano Melgarejo），1871 年在利马流亡时被杀。See Clayton, *The Bolivarian Nations*, 22.

25 这是加夫列尔·加西亚·莫雷诺（Gabriel García Moreno），一位有强烈天主教信仰的总统，他是何塞·埃洛伊·阿尔法罗（José Eloy Alfaro）总统的死对头。Ibid., 23.

26 总统何塞·埃洛伊·阿尔法罗，一个自由派共济会成员，他试图废除教会在厄瓜多尔的权力。Ibid., 36.

27 Bolívar to Vergara, Dec. 16, 1828, in Larrazábal, *Vida*, II, 511.

28 Vicuña MacKenna, quoted in Blanco-Fombona, "Bolívar escritor," Unamuno, 295.

参考文献

一手资料

Austria, José de. *Bosquejo de la historia militar de Venezuela.* 2 vols. Caracas: Academia Nacional de la Historia, 1960.

Baralt, Rafael María, and Ramón Díaz. *Resumen de la historia de Venezuela desde el año de 1797 hasta el de 1830.* 2 vols. Paris: Fournier, 1841.

Blanco, José Félix, and Ramón Azpurúa, eds. *Documentos para la historia de la vida pública del Libertador de Colombia, Perú y Bolivia.* 15 vols. Caracas: Ediciones de la Presidencia, 1977.

Blanco-Fombona, Rufino, ed. *Bolívar, pintado por sí mismo.* Caracas: Ministerio de Educación, 1959.

Bolívar, Simón. *Cartas de Bolívar: 1799–1822.* Ed. Rufino Blanco-Fombona. Paris: Louis-Michaud, 1912.

———. *Cartas de Bolívar: 1823–1824–1825.* Ed. Rufino Blanco-Fombona. Madrid: Editorial-América. 1921.

———. *Cartas de Bolívar: 1825–1827.* Ed. Rufino Blanco-Fombona. Madrid: Editorial-América. 1922.

———. *Cartas del Libertador corregidas conforme a los originales.* 10 vols. Ed. Vicente Lecuna. Caracas, 1917.

———. *Doctrina del Libertador.* Ed. Manuel Pérez Vila. Caracas: Fundación Biblioteca Ayacucho, 1992.

———. *El Libertador: Writings of Simón Bolívar.* Ed. David Bushnell. New York: Oxford, 2003.

———. *Epistolarios: Bolívar y las damas, las damas y Bolívar.* Caracas: Ediciones de la Presidencia de la República, 1983.

———. *Escritos del Libertador.* Caracas: Sociedad Bolivariana, 1964.

———. *Fundamental.* 2 vols. Ed. Germán Carrera Damas. Caracas: Monte Avila, 1993.

———. Letters, executive decrees, proclamations, broadsides. Maury Bromsen Collection, John Carter Brown Library, Brown University, Providence, Rhode Island.

———. *Obras (Cartas, Proclamas, y Discursos).* 3 vols. Ed. Vicente Lecuna, 1929–30. Caracas: Ediciones de la CANTV, 1983.

———. *Obras completas.* 6 vols. Madrid: Maveco de Ediciones, S.A. 1984.

———. *Proclamas y discursos.* Caracas: Gobierno de Venezuela, 1939.

———. *Proyecto de constitución para la república de Bolivia y discurso del Libertador.* Buenos Aires: Hallet y Cía., 1826.

————. *Selected Writings of Bolívar*. 2 vols. Comp. Vicente Lecuna. Ed. Harold A. Bierck, Jr. Trans. Lewis Bertrand. New York: Colonial Press, 1951.

Bolívar, Simón, y Luis Brión. *Correspondencia entre el Libertador y el Almirante Luis Brión*. Caracas: Ediciones de la Presidencia de la República, 1984.

Bolívar, Simón, y José Antonio Páez. *Bolívar: Epistolarios, Bolívar–José Antonio Páez, José Antonio Páez–Bolívar*. Caracas: Ediciones de la Presidencia de la República, 1983.

Bolívar, Simón, y Coronel Andrés Santa Cruz. *Bolívar y Santa Cruz: Epistolario*. Ed. Armando Rojas. Caracas: Gobierno de Venezuela, 1975.

Bolívar, Simón, y Francisco de Paula Santander. *Bolívar y Santander: Correspondencia*, 1819–1820. Bogotá: Imprenta del Estado Mayor General, 1940.

————. *Cartas: Santander–Bolívar, 1813–1830*. 5 vols. Bogotá: Biblioteca de la Presidencia de la República, 1988.

Bolívar, Simón, y Antonio José de Sucre. *Bolívar y Sucre: Dialogo epistolar de la grandeza*. Ed. J. L. Salcedo-Bastardo. Caracas: Ministerio de Educación, 1974.

Bolívar, Simón, y Rafael Urdaneta. *Bolívar: Epistolarios, Bolívar–Rafael Urdaneta, Rafael Urdaneta–Bolívar*. Caracas: Ediciones de la Presidencia de la República, 1983.

Boussingault, Jean-Baptiste. *Memorias*. 5 vols. Trans. Alexander Koppel de León. Bogotá: Banco de la República, 1985.

Breckenridge, H. M. *Voyage to South America, Performed by Order of the American Government, in the Years 1817 and 1818, in the Frigate* Congress. Published by the Author. Baltimore, 1819.

Campbell, John. *The Spanish Empire in America*. London: M. Cooper, 1747.

Chesterton, George Laval. *A Narrative of Proceedings in Venezuela, in South America, in the Years 1819 and 1820*. London: John and Arthur Arch, 1820.

Díaz, José Domingo. *Recuerdos sobre la rebelión de Caracas: 1829*. Caracas: Academia Nacional de la Historia, 1961.

Documentos para los anales de Venezuela. 8 vols. Academia Nacional de la Historia. Ed. R. Andueza Palacio. Caracas: 1830–1890.

Duane, Col. William. *A Visit to Colombia in the Years 1822 & 1823, by Laguayra and Caracas, over the Cordillera to Bogota, and Thence by the Magdalena to Cartagena*. Philadelphia: Thomas H. Palmer, 1826.

Ducoudray Holstein, Gen. H. L. V. *Memoirs of Simón Bolívar, President Liberator of the Republic of Colombia*. 2 vols. Boston: S. G. Goodrich & Co, 1829.

Espejo, G. *Recuerdos históricos: San Martín y Bolívar, entrevista en Guayaquil*. Buenos Aires: Goodby, 1873.

Espinosa, José María. *Memorias de un abanderado: Recuerdos de la patria boba, 1810–1819*. Bogotá: El Tradicionista, 1876.

Flinter, George Dawson, Esq. *A Letter to His Most Gracious Majesty, George the Fourth, King of Great Britain and Ireland, etc.* Port of Spain: John Hollman & Co., 1829.

Flinter, Major (George Dawson). *A History of the Revolution of Caracas*. London: T. and J. Allman, 1819.

Gaceta del Gobierno del Perú. Periodo de gobierno de Simón Bolívar. 4 vols. Caracas: Fundación Eugenio Mendoza, 1967.

García y García, José Antonio, ed. *Relaciones de los virreyes del Nuevo Reino de Granada, ahora*

Estados Unidos de Venezuela, Estados Unidos de Colombia y Ecuador. New York: Hallet & Breen, 1869.

Gazeta de Caracas, Gaceta de Caracas, Gaceta de Colombia, facsimile editions, JCBL.

González, José Florentino. *Memorias de Florentino González, 1853.* Medellín: Bedout, 1971.

Graham, María. *Journal of a Residence in Chile During the Year 1822, and a Voyage from Chile to Brazil in 1823.* Ed. Jennifer Hayward. Charlottesville: University of Virginia Press, 2003.

Guzmán Blanco, General José Félix. *Documentos para la historia de la vida pública del Libertador de Colombia, Perú y Bolivia.* 4 vols. Caracas: La Opinión Nacional, 1875.

Hamilton, John Potter. *Travels Through the Interior Provinces of Columbia [sic],* 2 vols. London: John Murray, 1827.

Heredia, José Francisco. *Memorias sobre las revoluciones de Venezuela.* Paris: Garnier Hermanos, 1895.

Heres, Tomás de. *Historia de la independencia americana: La emancipación del Perú, según la correspondencia del General Heres con el Libertador (1821–1830).* Ed. Rufino Blanco-Fombona. Madrid: Editorial-América, 1919.

Hippisley, Gustavus M. *Narrative of the Expedition to the Rivers Orinoco and Apure in South America.* London: John Murray, Albemarle-Street, 1819.

Humboldt, Alexander von. *Oeuvres d'Alexandre de Humboldt. Correspondance inédite scientifique et littéraire receuillie et publiée par M. de la Roquette.* Paris: E. Ducrocq, 1865.

———. *Personal Narrative of Travels to the Equinoctial Regions of America.* 3 vols. London: George Bell, 1900.

Lafond, Gabriel. *Voyages autour du monde et naufrages célebres: Voyages dans les Amériques.* Paris: Administration de Librairie, 1843.

Las Casas, Bartolomé de. *The Devastation of the Indies.* Trans. Herma Briffault. Baltimore: Crossroad, 1974.

Larrazábal, Felipe. *Vida y correspondencia general del Libertador Simón Bolívar.* 2 vols. New York: Eduardo O. Jenkins, 1866.

———. *Vida del Libertador Simón Bolívar.* 2 vols. New York: D. Appleton, 1887. (English: *Life of Bolívar.* 2 vols. New York: Edward O. Jenkins, 1866.)

Lecuna, Vicente, ed. "Cartas de mujeres." *Boletín de la Academia Nacional de la Historia,* 16 (April–July 1933): 332–98.

———. "Papeles de Manuela Sáenz." *Boletín de la Academia Nacional de la Historia,* 28, no. 112 (1945).

Litigio ventilado ante la real audiencia de Caracas sobre domicilio tutelar y educación del menor Simón Bolívar: Año de 1795. Caracas: Imprenta Nacional, 1955.

Lloyd, Thomas, stenographer. *The Trials of William S. Smith and Samuel G. Ogden for Misdemeanors Had in the Circuit Court of the United States for the New-York District, in July, 1806.* New York: I. Riley & Co., 1807.

López, Manuel Antonio. *Recuerdos históricos del Coronel Manuel Antonio López, ayudante del Estado Mayor General Libertador.* Bogotá: J. B. Gaitán, 1878.

Manning, William R. *Diplomatic Correspondence of the United States Concerning the Independence of the Latin-American Nations.* 3 vols. New York: Oxford University Press, 1925.

Martí, Obispo Mariano. *Documentos relativos a su visita pastoral a la Diócesis de Caracas, 1781–1784.* Caracas: Fuentes para la Historia, 1969.

Mejía Pavony, Germán, ed. *Proceso seguido al General Santander: Por consecuencia del acontecimiento de la noche del 25 de septiembre de 1828 en Bogotá.* Bogotá: Biblioteca de la Presidencia de la República, 1988.

Mérida, Rafael Diego. *Vindicación y repulsa a las inicuas acusaciones de la maledicencia, que publicó en 1819, Rafael Diego Mérida, secretario de Gracia y Justicia, que fue en esa época, del jeneral Bolívar.* Lima: Imprenta Juan Ross, 1827.

Miller, John. *Memoirs of General Miller in the Service of the Republic of Peru.* 2 vols. London: Longman, Rees, Orme, Brown, and Green, 1829.

"Minuta de la sesión tenida, el 16 julio, 1810, a las ocho de la tarde, entre el marqués Wellesley y los comisionados de la junta suprema de Caracas, en Apsley House, Londres." *Revista Bolivariana,* 2 nos. 20–21 (Bogotá, 1930).

Miranda, Francisco de. *América espera.* Selección y prólogo por J. L. Salcedo-Bastardo. Caracas: Biblioteca Ayacucho, 1982.

————. *Archivo del General Miranda.* 25 vols. Caracas: La Nación, 1929–33.

Mosquera, Tomás Cipriano de. *Memoria sobre la vida del General Simón Bolívar: Libertador de Colombia, Perú y Bolivia.* New York: Imprenta Nacional, 1853.

Niles, John M. *A View of South-America and México, by a Citizen of the United States.* New York: H. Huntington, Jr., 1825.

Notes on Colombia, Taken in the Years 1822–3. With an Itinerary of the Route from Caracas to Bogotá; and an Appendix. By an Officer of the United States' Army. Published anonymously, but credited later to Richard Bache. Philadelphia: Carey & Lea, 1827.

Noticias del Peru. 13 vols. Collection gathered by Henri Ternaux-Compans, including letters, broadsides, and other publications in Peru from 1807 to 1864. John Carter Brown Library, Brown University, Providence, Rhode Island.

Obando, José María. *Apuntamientos para la historia.* 2 vols. Lima: Imprenta del Comercio, 1842.

O'Connor, Francisco Burdett. *Independencia americana: Recuerdos de Francisco Burdett O'Connor.* Madrid: Sociedad Española de Librería, 1915.

O'Higgins, D. Bernardo. *Epistolario de D. Bernardo O'Higgins.* 2 vols. Ed. Ernesto de la Cruz. Madrid: Editorial-América, 1920.

O'Leary, Daniel Florencio. *Bolívar and the War of Independence.* Trans. and ed. Robert F. McNerney, Jr. Austin: University of Texas Press. 1970.

————. *Bolívar y la emancipación de Sur-América.* Trans. and ed. Simón B. O'Leary. This is a useful republication of vols. 27–28 of O'Leary's *Memorias,* with a change of title, and a biographical and critical preface by Rufino Blanco-Fombona. Madrid: Sociedad Española de Librería, 1915.

————. *The Detached Recollections of General D. F. O'Leary.* London: Institute of Latin American Studies, 1969.

————. *Junín y Ayacucho.* Madrid: Editorial América, 1919.

————. *Memorias: Narración.* 3 vols. Caracas: Imprenta Nacional, 1952.

————. *Memorias del General O'Leary.* 32 vols. Caracas, 1879–88.

————. *Ultimos años de la vida publica de Bolívar (Memorias del General O'Leary: Tomo apéndice).* Madrid: Editorial-América, 1916.

Páez, J. A.: *Archivo, 1818–1820.* Bogotá, 1939.

Páez, General José Antonio. *Autobiografía del General José Antonio Páez.* New York: Hallet & Breen, 1867.

Palacio Fajardo, Manuel. *Bosquejo de la revolución en la América Española* (first published as *Outline of the Revolution in South America: By a South American*). London: Longman, Hurst, Rees, Orme and Brown, 1817.

Paulding, Hiram. *Un rasgo de Bolívar en campaña*. New York: Don Juan de la Granja, 1835.

Perú de Lacroix, Louis. *Diario de Bucaramanga, vida pública y privada del Libertador, versión sin mutilaciones*. Caracas: Edicion: Centauro, 1976.

Posada Gutiérrez, Joaquín. *Memorias histórico-politicas: Últimos días de la Gran Colombia y del Libertador*. 3 vols. Bogotá: Foción Mantilla, 1865.

Proceso del 25 de septiembre: Documentos sobre el proceso de la conspiración del 25 de Septiembre de 1828. (Originales del Fondo Pineda y del Archivo Histórico.) Bogotá: Prensas de la Biblioteca Nacional, 1942.

Proctor, Robert. *Narrative of a Journey Across the Cordillera of the Andes, and of a Residence in Lima and Other Parts of Peru in the Years 1823 and 1824*. London: Archibald Constable & Co, 1825.

Rafter, M. *Memoirs of Gregor M'Gregor: Comprising a Sketch of the Revolution in New Grenada [sic]*. London: J. J. Stockdale, 1820.

Recollections of a Service of Three Years During the War-of-Extermination in the Republics of Venezuela and Colombia, by an Officer of the Colombian Navy [Anonymous]. 2 vols. London: Hunt and Clarke, 1828.

Restrepo, José Manuel. *Historia de la revolución de la República de Colombia*. 10 vols. Paris: Librería Americana, 1827.

Rivolba [pseudonym of Fernando Bolívar]. *Recuerdos y reminiscencias del primer tercio de la vida de Rivolba*. Paris: Imprenta Americana de Rouge, Dunon y Fresné, 1873.

Rodríguez, Simón. *Cartas*. Caracas: UNESR, 2001.

Rodríguez Villa, Antonio. *El teniente general don Pablo Morillo: Primer conde de Cartagena*. 4 vols. Madrid: Fortanet, 1908.

Rojas, Armando. *Bolívar y Santa Cruz, epistolario*. Caracas: Gobierno de Venezuela, 1975.

San Martín, José de. *Documentos del archivo de San Martin*. 12 vols. Buenos Aires: Museo Mitre, 1910.

———. *San Martín, su correspondencia*. Madrid: Editorial-América, 1919.

Santander, Francisco de Paula. *Apuntiamentos para las memorias sobre Colombia y la Nueva Granada*. Bogotá: Lorenzo M. Lleras, 1838.

———. *El General Simón Bolívar en la campaña de la Nueva Granada de 1819*. Santafé de Bogotá, 1820.

———. *Escritos autobiográficos, 1820–1840*. Ed. Guillermo Hernández de Alba. Bogotá: Fundación para la Conmemoración del Bicentenario, 1988.

Semple, Robert. *Sketch of the Present State of Caracas*. London: Robert Baldwin, 1812.

Sucre, Antonio José de. *De mi propia mano, 1812–1830*. Caracas: Biblioteca Ayacucho, 1981.

Tristan, Flora. *Peregrinations of a Pariah*. Boston: Beacon, 1986.

Urdaneta, General Rafael. *Memorias del General Rafael Urdaneta*. Caracas: Imprenta Litografía del Gobierno Nacional, 1888.

Urquinaona y Pardo, Pedro. *Relación documentada del origen y progreso del trastorno de las provincias de Venezuela hasta la exoneración del Capitán General Don Domingo Monteverde, hecha en el mes de diciembre de 1813 por la guarnición de la plaza de Puerto Cabello*. Madrid: La Imprenta Nueva, 1820.

Vásconez Hurtado, Gustavo. *Cartas de Bolívar al General Juan José Flores: Historia y anti-historia.* Quito: Editorial Casa de la Cultura Ecuatoriana, 1976.

Villalba, Jorge, *Manuela Sáenz: Epistolario.* Quito: Banco Central de Ecuador, 1986.

Viscardo y Guzmán, Juan Pablo. *Letter to the Spanish Americans.* A facsimile of the second English edition (London, 1810), with an introduction by D. A. Brading. John Carter Brown Library. Providence, Rhode Island, 2002.

Vowell, Richard Longeville. *Campaigns and Cruises in Venezuela and New Grenada [sic], and in the Pacific Ocean.* London: Longman and Co., 1831.

Yanes, Francisco Javier. *Relación documentada de los últimos sucesos ocurridos en Venezuela.* 2 vols. Caracas: Editorial Elite, 1943.

二手资料

Alvarez Saá, C. *Manuela: Sus diarios perdidos y otros papeles.* Quito: Imprenta Mariscal, 1995.

Adams, Randolph Greenfield. *A History of the Foreign Policy of the United States.* New York: Macmillan, 1924.

Adelman, J. *Sovereignty and Revolution in the Iberian Atlantic.* Princeton: Princeton University Press, 2006.

Aguilar Paredes, Jaime. *Las grandes batallas del Libertador.* Quito: Editorial Casa de la Cultura Ecuatoriana, 1980.

Amunátegui, Miguel Luis. *Vida de Don Andrés Bello.* Santiago de Chile: P. G. Ramírez, 1882.

Angell, Hildegarde. *Simón Bolívar: South American Liberator.* New York: W. W. Norton, 1930.

Archer, Christon I., ed. *The Wars of Independence in Spanish America.* Jaguar Books on Latin America, no. 20. Wilmington: SR Books, 2000.

Arciniegas, Germán. *América magica I: Los hombres y los meses.* Buenos Aires: Editorial Sudamericana, 1959.

———. *América mágica II: Las mujeres y las horas.* Buenos Aires: Editorial Sudamericana, 1961.

———. *Bolívar y la revolución.* Bogotá: Planeta, 1984.

Azpurúa, Ramón. *Biografías de hombres notables de Hispano-América.* 4 vols. Caracas: Imprenta Nacional, 1877.

Barros Arana, Diego. *Compendio elemental de historia de América.* Buenos Aires: Cabaut y Cía., 1904.

Barthèlemy, Rodolfo G. *Ascendencia gallega de Simón Bolívar.* Coruña: Edicios do Castro, 2004.

Basadre, Jorge. *Historia de la república del Perú,* 5 vols. Lima: Editorial Cultura Antártica, 1946.

Beals, Carleton. *Eagles of the Andes: South American Struggles for Independence.* Philadelphia: Chilton Books, 1963.

Becerra, Ricardo. *Ensayo histórico documentado de la vida de don Francisco de Miranda.* 2 vols. Caracas: Imprenta Colón, 1896.

Belaunde, Víctor Andrés. *Bolívar and the Political Thought of the Spanish American Revolution.* Baltimore: Johns Hopkins University Press, 1938.

Bernal Medina, Rafael. *Ruta de Bolívar*. Caracas: Ediciones de la Presidencia de la República, 1977.

Bethell, Leslie, ed. *The Cambridge History of Latin America: From Independence to c. 1870*. III. Cambridge: Cambridge University Press, 1985.

Bingham, Hiram. "On the Route of Bolívar's Great March: Caracas to Bogotá via Arauca and the Paramo of Pisva." *The Geographical Journal*, 32, no. 4 (Oct. 1908): 329–47.

Blanchard, Peter. *Under the Flags of Freedom: Slave Soldiers and the Wars of Independence in Spanish South America*. Pittsburgh: University of Pittsburgh Press, 2008.

Blanco, Eduardo. *Venezuela heroica*. Caracas: Imprenta Bolívar, 1883.

Blanco-Fombona, Rufino. *Bolívar y la guerra a muerte*. Caracas: Impresores Unidos, 1942.

———. *Ensayos históricos*. Caracas: Biblioteca Ayacucho, 1981.

———. *Mocedades de Bolívar: El héroe antes del heroísmo*. Lima: Ediciones Nuevo Mundo, 1960.

Borges, Jorge Luis. "Guayaquil." Short story in *Obras completas*. Buenos Aires: Emecé Editores, 1970.

Boulton, Alfredo. *Bolívar de Carabobo*. Caracas: Ediciones Macanao, 1992.

———. *El arquetipo iconográfico de Bolívar*. Caracas: Ediciones Macanao, 1984.

———. *El rostro de Bolívar*. Caracas: Ediciones Macanao, 1988.

———. *Iconografía del Libertador*. Caracas: Ediciones Macanao, 1992.

———. *Los retratos de Bolívar*. Caracas: Ediciones Macanao, 1964.

Bowman, Charles H., Jr. "The Activities of Manuel Torres as Purchasing Agent, 1820–1821." *The Hispanic American Historical Review*, 48, no. 2 (May 1968): 234–46.

Brewster, Claire. "Women and the Spanish-American Wars of Independence." *Feminist Review*, no. 79, Latin America: History, War and Independence (2005): 20–35.

Bulnes, Gonzalo. *Ultimas campañas de la independencia del Perú*. Santiago: Encuadernación Barcelona, 1897.

Bushnell, David. *The Santander Regime in Gran Colombia*. Newark: University of Delaware Press, 1954.

———. *Simón Bolívar: Liberation and Disappointment*. New York: Pearson Longman, 2004.

Bushnell, David, and Lester D. Langley, eds. *Simón Bolívar: Essays on the Life and Legacy of the Liberator*. Lanham, MD: Rowman & Littlefield, 2008.

Carlyle, Thomas. "Dr. Francia, 1843." In *Critical and Miscellaneous Essays*. London: Chapman & Hall, 1888.

Carnicelli, Americo. *La masonería en la independencia de América (1810–1830)*. 2 vols. Bogotá: Published by the Author, 40 copies, 1970.

Chasteen, John Charles. *Americanos: Latin America's Struggle for Independence*. New York: Oxford University Press, 2008.

Chumbita, Hugo. "El otro San Martín." www.argenpress.info.

———. *El secreto de Yapeyú: El origen mestizo de San Martín*. Buenos Aires: Emecé Editores, 2001.

Clayton, Lawrence. *The Bolívarian Nations of Latin America*. Arlington, IL: Forum Press, 1984.

Cochrane, Capt. Charles Stuart. *Journal of a Residence and Travels in Colombia, During the Years 1823 and 1824*. 2 vols. London: Henry Colburn, 1825.

Colombres Marmol, Eduardo L. *San Martín y Bolívar en la entrevista de Guayaquil: A la luz de nuevos documentos definitivos.* Buenos Aires: Casa Editora Coni, 1940.

de la Cruz, Ernesto. *La entrevista de Guayaquil: Ensayo histórico.* Santiago de Chile: Imprenta Universitaria, 1912.

de la Cruz Herrera, José. *Don Simón de Bolívar, O la formación de un Libertador.* Buenos Aires: Editorial Atlantida, 1947.

Delgado Nieto, Carlos. *Hermógenes Maza.* Bogotá: Instituto Colombiano de Cultura, 1972.

Encina, Francisco. *La primera república de Venezuela: Bosquejo psicológico de Bolívar.* Santiago: Editorial Nascimento, 1958.

Falcón Briceño, Marcos. *Teresa: La confidente de Bolívar.* Caracas: Imprenta Nacional, 1955.

Ferry, Robert J. *The Colonial Elite of Early Caracas.* Berkeley: University of California Press, 1989.

Fuentes, Julián. *Historia general de Venezuela: La emancipación del Ecuador, Tomo I, El Libertador y Sucre en el sur.* Caracas: Gráficas Herpa, 1974.

Gaitán de Paris, Blanca. *La mujer en la vida del Libertador.* Bogotá: Cooperativa Nacional de Artes Gráficas, 1980.

Galasso, Norberto. *Séamos libres y lo de más no importa nada: Vida de San Martín.* Buenos Aires: Colihue, 2000.

García Márquez, Gabriel. *El general en su laberinto.* Bogotá: Oveja Negra, 1989.

Gil Fortoul, José. *Historia constitucional de Venezuela.* 3 vols. Berlin: Carl Heymann, 1907.

Gómez Botero, Carlos. *La infancia del Libertador y la negra Hipólita.* Medellín: Municipal, 1988.

Gould, Robert Freke. *A Library of Freemasonry.* IV. Philadelphia: John C. Yorston Publishing Company, 1906.

Graham, R. B. Cunninghame. *José Antonio Páez.* New York: Cooper Square, 1970.

Groot, José Manuel. *Historia eclesiástica y civil de Nueva Granada.* 5 vols. Bogotá: Don Medardo Rivas, 1889.

Guerra, José Joaquin. *La convención de Ocaña.* Facsimile of the 1908 edition. Cali: Biblioteca Banco Popular, 1978.

Guevara, Arturo. *Boyacá, el genio militar del Libertador.* Caracas: Biblioteca de la Sociedad Bolívariana de Venezuela, 1993.

Hanke, Lewis. "Baptis Irvine's Reports on Simón Bolívar." *The Hispanic American Historical Review,* 16, no. 3 (Aug. 1936): 360–73.

Harrison, Margaret Haynes. *Captain of the Andes.* New York: Richard R. Smith, 1943.

Helz, Aline. "Simon Bolívar and the Spectre of Pardocracia: José Padilla in Post-Independence Cartagena," *Journal of Latin American Studies,* 35, no. 3 (Aug. 2003): 447–71.

Hildebrandt, Martha. *La lengua de Bolívar.* Caracas: Universidad Central, 1961.

Hoskins, Halford L. "The Hispanic American Policy of Henry Clay, 1816–1828." *The Hispanic American Historical Review,* 7, no. 4 (Nov. 1927): 460–78.

Humbert, Jules. *Les origines vénézuéliennes.* Paris: Albert Fontemoing, 1905.

Humphreys, R. A., and John Lynch, eds. *The Origins of the Latin American Revolutions, 1808–1826.* New York: Alfred A. Knopf, 1966.

Ibáñez Sánchez, José Roberto. *Campaña del sur: 1822, Bomboná–Pichincha.* Bogotá: Imprenta de las Fuerzas Militares, 1972.

Jaramillo, Juan Diego. *Bolívar y Canning: 1820–1827*. Bogotá: Banco de la República, Biblioteca Luis-Angel Arango, 1983.

Langley, Lester D. *Simón Bolívar: Venezuelan Rebel, American Revolutionary*. Lanham, MD: Rowman & Littlefield, 2009.

Lasso, Marixa. *Myths of Harmony: Race and Republicanism During the Age of Revolution, Colombia, 1795–1831*. Pittsburgh: University of Pittsburgh Press, 2007.

Lecuna, Vicente. "Adolescencia y juventud de Bolívar." *Boletín de la Academia Nacional de la Historia (BANH)*, no. 52, Caracas, 1930.

―――. "Bolívar and San Martín at Guayaquil." *The Hispanic American Historical Review*, 31, no. 3 (Aug. 1951): 369–93.

―――. *Catálogo de errores y calumnias en la historia de Bolívar*. 3 vols. New York: Colonial Press, 1956.

―――. *Crónica razonada de las guerras de Bolívar*. 3 vols. New York: Colonial Press, 1950.

―――. *Documentos inéditos para la historia de Bolívar*. Caracas: Boletín de la Academia Nacional de Historia, 1937.

―――. *En defensa de Bolívar: Refutación y mentis*. Caracas: Publicación de la Sociedad Bolívariana de Venezuela, 1942.

―――. *La entrevista de Guayaquil: Restablecimiento de la verdad histórica*. Caracas: Academia Nacional de la Historia de Venezuela, 1948.

Lewis, William F. "Simón Bolívar and Xavier Mina: A Rendezvous in Haiti." *Journal of Inter-American Studies*, 11, no. 3 (July 1969): 458–65.

The Liberator Simón Bolívar in New York: Addresses Delivered on the Occasion of the Unveiling of the Statue of the Liberator Simón Bolívar. New York: American Association for International Conciliation, 1921.

Liévano Aguirre, Indalecio. *Bolívar*. Caracas: Academia Nacional de Historia, 1988.

Lockey, Joseph Byrne. *Pan-Americanism: Its Beginnings*. New York: Macmillan, 1920.

Lombardi, John V. *People and Places in Colonial Venezuela*. Bloomington: Indiana University Press, 1976.

Ludwig, Emil. *Bolívar: The Life of an Idealist*. London: W. H. Allen, 1947.

Lynch, John. "Bolívar and the Caudillos." *The Hispanic American Historical Review*, 63, no. 1 (Feb. 1983): 3–35.

―――. *Caudillos in Spanish America*. New York: Oxford University Press, 1992.

―――. *Simón Bolívar: A Life*. New Haven: Yale University Press, 2006.

―――. *The Spanish American Revolutions: 1808–1826*. New York: W. W. Norton, 1986.

Madariaga, Salvador de. *Bolívar*. London: Hollis & Carter, 1952.

Mancini, Jules. *Bolívar y la emancipación de las colonias españolas desde los origenes hasta 1815*. 2 vols. Traducción de Carlos Docteur. Bogotá: Biblioteca Popular de Cultura Colombiana, 1944.

Manning, William R. *The Independence of the Latin American Nations*. 3 vols. New York: Oxford University Press, 1925.

Marcucci Vera, César R. *Bolívar, 1783–1830–1980, y la mujer costeña en la independencia*. Bogotá: Editorial ABC. 1980.

Masur, Gerhard. "The Conference of Guayaquil." *The Hispanic American Historical Review*, 31, no. 2 (May 1951): 189–229.

————. *Simón Bolívar*. Albuquerque: University of New Mexico Press, 1948.

Maya, Antonio. *Jeanette Hart, la novia norteamericana de Simón Bolívar*. Caracas: Gráficas Bierzo, 1974.

McGann, Thomas F. "The Assassination of Sucre and Its Significance in Colombian History, 1828–1848." *The Hispanic American Historical Review*, 30, no. 3 (Aug. 1950): 269–89.

McKinley, M. *Pre-Revolutionary Caracas*. Cambridge: Cambridge University Press, 1985.

Mejía Gutiérrez, Carlos. *Bolívar en Paris*. Medellín: Academia Antioqueña de Historia, 1986.

Mijares, Augusto. *The Liberator*. Caracas: North American Association of Venezuela, 1991.

Mitre, Bartolomé. *Emancipation of South America*. Trans. William Pilling. London: Champan & Hall, 1893.

————. *Historia de San Martín y de la emancipación sud-americana*. 6 vols. Buenos Aires: Edición del diario "La Nación," 1950.

Molano, Enrique Santos. *Nariño: Filósofo revolucionario*. Bogotá: Planeta, 1999.

Monsalve, José D. *El ideal político del Libertador Simón Bolívar*. Madrid: Editorial América, 1916.

————. *Mujeres de la independencia*. Bogotá: Imprenta Nacional, 1926.

Morner, Magnus. *Race Mixture in the History of Latin America*. Boston: Little, Brown, 1967.

Morote, Herbert. *Bolívar: Libertador y enemigo no. 1 del Perú*. Lima: Jaime Campodonico, 2007.

Mulhall, Marion McMurrough, *Explorers in the New World Before and After Columbus*. London: Longmans, Green, 1909.

Murray, Pamela S. *For Glory and Bolívar: The Remarkable Life of Manuela Sáenz, 1797–1856*. Austin: University of Texas Press, 2008.

————. " 'Loca' or 'Libertadora'?: Manuela Sáenz in the Eyes of History and Historians, 1900–c. 1990." *Journal of Latin American Studies*, 33, no. 2 (May 2001): 291–310.

Niles, John M. *A View of South-America and México, by a Citizen of the United States*. New York: H. Huntington, Jr., 1825.

Olazábal, Ramón M. Jáuregui. *Vida y obra de Don Simón Rodríguez*. Mérida: Universidad de los Andes, 1991.

Ospina, William. *En busca de Bolívar*. Bogotá: Editorial Norma, 2010.

Palma, Ricardo. "Pan, queso y raspadura," from *Tradiciones peruanas*. Barcelona: Casa Maucci, 1906.

————. *Tradiciones peruanas completas*. Barcelona: Editorial Maucci, 1906.

Parra-Pérez, Caracciolo. *Historia de la primera república de Venezuela*. 2 vols. Caracas: Academia Nacional de la Historia, 1959.

————. *Mariño y la independencia*. Madrid: Ediciones Cultura Hispánica, 1954.

Paz Soldán, Mariano Felipe. *Historia del Perú independiente*. 2 vols. Buenos Aíres: Instituto Nacional Sanmartiniano, 1962. (Facsimile of 1868 Lima edition.)

Peñuela, Cayo Leonidas. *Album de Boyacá. Homenaje de la Comisión Asesora del Gobierno Nacional para la Conmemoración de la Campaña Libertadora de 1819*. 2 vols. Bogotá, 1919.

Pereyra, Carlos. *La juventud legendaria de Bolívar*. Madrid: M. Aguilar, 1932.

Pérez Silva, Vicente. *Bolívar, de Cartagena a Santa Marta*. (Text by Germán Arciniegas, Guillermo Hernández de Alba, and Eduardo Lemaitre.) Bogotá: Litografía Arco, 1980.

Pérez Vila, Manuel. *La formación intelectual del Libertador*. Caracas: Ministerio de Educación, 1971.

Petre, F. Loraine. *Simón Bolívar, "El Libertador."* London: John Lane Company, 1910.

Perico Ramírez, Mario H. *El héroe maldito.* Bogotá: Editorial Cosmos, 1976.

Polanco Alcántara, Tomás. *Simón Bolívar.* Caracas: Editorial Melvin, 1994.

Prago, Albert. *The Revolutions in Spanish America.* New York: Macmillan, 1970.

Puyo Vasco, Fabio, and Eugenio Gutiérrez Cely. *Bolívar día a día.* 3 vols. Bogota: Procultura S.A., 1983.

Racine, Karen. *Francisco de Miranda: A Transatlantic Life in the Age of Revolution.* Wilmington: Scholarly Resources, 2003.

Rama, Carlos M. *La imagen de los Estados Unidos en la América Latina: De Simón Bolívar a Salvador Allende.* México City: SEP, 1975.

Restrepo de Martínez, Rosa. *Así era Bolívar.* Bogotá: Editorial Cosmos, 1980.

Rippy, J. Fred. "Bolívar as Viewed by Contemporary Diplomats of the United States." *The Hispanic American Historical Review*, 15, no. 3 (Aug. 1935): 287–97.

———. *Rivalry of the United States and Great Britain over Latin America (1808–1830).* New York: Octagon Books, 1964.

Rippy, J. Fred, and E. R. Brann. "Alexander von Humboldt and Simón Bolívar." *The Hispanic American Historical Review*, 52, no. 4 (July 1974): 697–703.

Robertson, William Spence. *Francisco de Miranda and the Revolutionizing of Spanish America.* American Historical Association. Washington, DC: Government Printing Office, 1909.

———. *Hispanic-American Relations.* New York: Oxford University Press, 1923.

———. "The Recognition of the Hispanic American Nations by the United States." *The Hispanic American Historical Review*, 1, no. 3 (Aug. 1918): 239–69.

———. *The Rise of the Spanish American Republics: As Told in the Lives of Their Liberators.* New York: D. Appleton-Century, 1918.

Rojas, Arístides. *Estudios históricos: Orígenes venezolanos.* Caracas: Imprenta y Litografía del Gobierno Nacional, 1891.

———. *Historia patria: Leyendas historicas de Venezuela.* 2 vols. Caracas: Imprenta de la Patria, 1890.

———. *Obras escojidas.* Paris: Garnier, 1907.

Rojas, José María, El Marqués de. *Simón Bolívar.* Paris: Librería de Garnier Hermanos, 1883.

Rojas, Ricardo. *San Martin: Knight of the Andes.* Trans. H. Brickell and C. Videla. New York: Cooper Square, 1967.

Rourke, Thomas. *Bolívar: El hombre de la gloria.* Buenos Aires: Editorial Claridad, 1942.

Rumazo González, Alfonso. *Manuela Sáenz, la Libertadora del Libertador.* Caracas: Edime, 1962.

Salcedo-Bastardo, J. L. *Bolívar: A Continent and Its Destiny.* Ed. and trans. Annella McDermott. Richmond, Surrey: Richmond Publishing Co., 1977.

———. *Historia fundamental de Venezuela.* Caracas: Universidad Central de Venezuela, 1970.

———. *Visión y revisión de Bolívar.* Caracas: Monte Avila, 1981.

Saurat, Gilette. *Bolívar, le Libertador.* Paris: Editions Jean-Claude Lattes, 1979.

Shepherd, William R. "Bolívar and the United States." *The Hispanic American Historical Review*, 1, no. 3 (Aug. 1918): 270–98.

Sherwell, Guillermo A. *Simón Bolívar: The Liberator.* Fullbooks.com, http://www.fullbooks.com/Simon-Bolivar-the-Liberator1.html, Parts 1–3.

Sinclair, David. *The Land That Never Was: Sir Gregor MacGregor and the Most Audacious Fraud in History.* Cambridge, MA: Da Capo, 2003.

Slatta, Richard, and Jane Lucas de Grummond. *Simón Bolívar's Quest for Glory.* College Station: Texas A&M University Press, 2003.

Sobrevilla Perea, Natalia. *The Caudillo of the Andes: Andrés de Santa Cruz.* New York: Cambridge University Press, 2011.

Sullivan, Francis Patrick, ed. *Indian Freedom.* Kansas City: Sheed & Ward, 1995.

Trend, J. B. *Bolívar and the Independence of Spanish America.* New York: Macmillan, 1948.

Tristan, Flora. "Cartas de Bolívar," in Marcos Falcón Briseño, *Teresa: La confidente de Bolívar.* Caracas: Imprenta Nacional, 1955.

Tucker, George Fox. *The Monroe Doctrine.* Boston: Rockwell & Churchill, 1903.

Unamuno y Jugo, Miguel de, ed. *Simón Bolívar: Libertador de la América del Sur, por los más grandes escritores americanos.* Madrid and Buenos Aires: Renacimiento, 1914.

Urdaneta, Ramón. *Los amores de Simón Bolívar y sus hijos secretos.* Caracas: Historia y Tradición Grupo Editorial, 2003.

Valdivieso Montaño, Acisclo. *Tomás Boves.* Oviedo: Grupo Editorial Asturiano, 1990.

Villanueva, Carlos A. *Bolívar y el general San Martín.* Paris: Ollendorff, 1912.

Villa-Urrutia, Marqués W. R. de. *La reina María Luisa y Bolívar.* Madrid: Francisco Beltrán, 1930.

Von Hagen, Víctor W. *The Four Seasons of Manuela: A Biography (The Love Story of Manuela Sáenz and Simón Bolívar).* Boston: Little, Brown, 1952.

Werlich, David P. *Peru: A Short History.* Carbondale: Southern Illinois University Press, 1941.

Whitaker, Arthur P. *The United States and the Independence of Latin America, 1800–1830.* New York: Russell & Russell, 1962.

Winsor, Justin, ed. *Narrative and Critical History of America.* 8 vols. (especially VIII, chap. V, by Clements R. Markham). Cambridge, MA: Houghton Mifflin, 1889.

Wood, Gordon. *Empire of Liberty.* New York: Oxford University Press, 2009.

Wright, Winthrop R. *Café con Leche: Race, Class, and National Image in Venezuela.* Austin: University of Texas Press, 1990.

Wu, Celia. *Generals and Diplomats: Great Britain and Peru, 1820–40.* Cambridge, MA: Center of Latin American Studies, 1991.